全无敌·经典教材配套丛书

线性代数同步辅导与习题全解

（高教社·卢刚·第三版）

刘剑平　主编

華東理工大學出版社
EAST CHINA UNIVERSITY OF SCIENCE AND TECHNOLOGY PRESS
·上海·

图书在版编目(CIP)数据

线性代数同步辅导与习题全解 / 刘剑平主编. —3 版.
—上海:华东理工大学出版社,2015.7(2018.3 重印)
(经典教材配套丛书:全无敌)
ISBN 978-7-5628-4321-4

Ⅰ.①线… Ⅱ.① 刘… Ⅲ.①线性代数—高等学校—教学参考资料 Ⅳ.①O151.2

中国版本图书馆 CIP 数据核字(2015)第 143184 号

全无敌·经典教材配套丛书

线性代数同步辅导与习题全解(高教社·卢刚·第三版)

主　　编 / 刘剑平
责任编辑 / 周　颖
责任校对 / 金慧娟
出版发行 / 华东理工大学出版社
地址:上海市梅陇路 130 号,200237
电话:(021)64250306(营销部)
传真:(021)64252707
网址:www.ecustpress.cn
印　　刷 / 江苏省句容市排印厂
开　　本 / 787 mm×1092 mm　1/16
印　　张 / 14
字　　数 / 328 千字
版　　次 / 2015 年 7 月第 1 版
印　　次 / 2018 年 3 月第 4 次
书　　号 / ISBN 978-7-5628-4321-4
定　　价 / 32.00 元

联系我们:电子邮箱 zongbianban@ecustpress.cn
官方微博 e.weibo.com/ecustpress
天猫旗舰店 http://hdlgdxcbs.tmall.com

华东理工大学出版社
客户端扫码进入天猫旗舰店

编 委 会

前言
PREFACE

线性代数是高等学校理、工科和经济学科专业的一门主要的基础课，也是研究生入学考试的必考内容. 由于线性问题广泛存在于科学技术的各个领域，而某些非线性问题在一定条件下可转化为线性问题得以解决，尤其是计算机的日益普及，用代数方法解决实际问题，已渗透到各个领域，显示出其重要性和实用性，且作为修读后续课程的一门必不可少的基础课程，更决定其地位的重要. 为了更好地指导学生学好这门课程，加深对所学内容的理解和掌握，提高其综合运用知识解决实际问题的能力，以及帮助学生有效地备考，我们编写了这本《线性代数同步辅导与习题全解(高教社・卢刚・第三版)》，其目的是为广大教师提供一本好的参考书，为广大学生提供一位好的"辅导老师".

本书是按教育部制定的教学基本要求组织编写，与卢刚主编的面向21世纪课程教材《线性代数(第三版)》配套的学习辅导书，内容包括矩阵、线性方程组、矩阵的特征值和特征向量、二次型、线性空间与线性变换等5章，每章均包含基本要求、基本内容、典型例题、练习题全解、习题全解等. 本书可作为大学本科、专升本的学生学习线性代数的辅导教材，也可供参加硕士生入学考试的学习复习使用.

本书通过基本要求精述、基本内容精讲和典型例题精析，不仅使学生对基本概念、基本理论、基本方法有一个系统的总结，而且对理解各概念之间的关系，提高学生的分析问题、解决问题的能力，深入理解和巩固知识无疑是极其有益的. 每章有练习题和习题全解帮助同学复习思考、开阔视野.

本书由长期从事线性代数教学和考研复习的有经验的教师编写而成. 由刘剑平主编. 曹宵临、施劲松、钱夕元、朱坤平、鲍亮、陆元鸿、李平、樊国号、孙叶、闫中凤、叶炎钧等参与部分章节的编写和讨论.

在编写中难免存在不妥或商榷之处，恳请读者指教并提出宝贵意见.

作者的 e-mail 地址为 liujianping60@163. com.

刘剑平

2015 年 5 月

目录 CONTENTS

第1章 矩　阵

1.1 基本要求

1. 理解矩阵的概念，了解单位矩阵、数量矩阵、对角矩阵、三角矩阵的概念，了解对称矩阵、反对称矩阵的概念.

2. 掌握矩阵的线性运算、乘法、转置以及它们的运算规律，了解方阵幂的性质.

3. 了解方阵行列式的概念和性质，掌握用行列式的性质及行列式按行(列)展开定理计算行列式.

4. 理解可逆矩阵的概念、性质以及矩阵可逆的充要条件，理解伴随矩阵的概念，掌握用伴随矩阵求矩阵的逆阵.

5. 了解矩阵的初等变换和初等矩阵的概念及关系，理解矩阵的秩的概念及性质，掌握用初等变换求矩阵的逆阵和秩的方法.

6. 了解分块矩阵的概念及其运算法则.

1.2 基本内容

1.2.1 矩阵的概念

1.2.1.1 定义

由 $m\times n$ 个元素 $a_{ij}(i=1,2,\cdots,m;\ j=1,2,\cdots,n)$排成的 m 行、n 列的矩形元素表

$$\boldsymbol{A}=\begin{pmatrix} a_{11} & a_{12} & \cdots & a_{1n} \\ a_{21} & a_{22} & \cdots & a_{2n} \\ \vdots & \vdots & \ddots & \vdots \\ a_{m1} & a_{m2} & \cdots & a_{mn} \end{pmatrix}$$

称为 $m\times n$ 维(阶)矩阵，简记为 $\boldsymbol{A}=(a_{ij})_{m\times n}$.

注 1　本书中我们讨论的主要是实矩阵，即 $\boldsymbol{A}$ 的元素 a_{ij} 为实数的情形.

注 2　当 $m=n$ 时，称 $\boldsymbol{A}$ 为 n 阶方阵.

注 3　称 $\boldsymbol{A}_{m\times n}$ 与 $\boldsymbol{B}_{m\times n}$ 为同维(阶)矩阵，如果两个同维矩阵 $\boldsymbol{A}$ 与 $\boldsymbol{B}$ 的对应元素相等，则 $\boldsymbol{A}=\boldsymbol{B}$.

1.2.1.2 特殊矩阵

零矩阵： 元素全为零的矩阵，记作 $\boldsymbol{O}$.

行矩阵：$\boldsymbol{A}=(a_1,a_2,\cdots,a_n)$.

列矩阵：$\boldsymbol{A}=\begin{pmatrix}a_1\\a_2\\\vdots\\a_m\end{pmatrix}$.

三角阵：$\boldsymbol{A}=\begin{pmatrix}a_{11}&a_{12}&\cdots&a_{1n}\\0&a_{22}&\cdots&a_{2n}\\\vdots&\vdots&\ddots&\vdots\\0&0&\cdots&a_{nn}\end{pmatrix}$称为上三角阵,满足 $a_{ij}=0\ (i>j)$;

$\boldsymbol{A}=\begin{pmatrix}a_{11}&0&\cdots&0\\a_{21}&a_{22}&\cdots&0\\\vdots&\vdots&\ddots&\vdots\\a_{n1}&a_{n2}&\cdots&a_{nn}\end{pmatrix}$称为下三角阵,满足 $a_{ij}=0\ (i<j)$.

对角阵：$\boldsymbol{A}=\begin{pmatrix}a_{11}&0&\cdots&0\\0&a_{22}&\cdots&0\\\vdots&\vdots&\ddots&\vdots\\0&0&\cdots&a_{nn}\end{pmatrix}\xlongequal{\triangle}\mathrm{diag}(a_{11},a_{12},\cdots,a_{nn})$,满足 $a_{ij}=0\ (i\neq j)$.

数量阵：$\mathrm{diag}(k,k,\cdots,k)=\begin{pmatrix}k&&&\\&k&&\\&&\ddots&\\&&&k\end{pmatrix}$.

单位阵：$\mathrm{diag}(1,1,\cdots,1)=\begin{pmatrix}1&&&\\&1&&\\&&\ddots&\\&&&1\end{pmatrix}$,常记作 $\boldsymbol{E}_n$ 或 $\boldsymbol{E}$,有时也记作 $\boldsymbol{I}_n$ 或 $\boldsymbol{I}$.

对称阵：$\boldsymbol{A}=\boldsymbol{A}^{\mathrm{T}}$,满足 $a_{ij}=a_{ji}(i,j=1,2,\cdots,n)$.

反对称阵：$\boldsymbol{A}=-\boldsymbol{A}^{\mathrm{T}}$,满足 $a_{ij}=-a_{ji}(i,j=1,2,\cdots,n)$.

注 1 行(列)矩阵通常称为行(列)向量,并习惯用小写字母表示,其每一元素称为分量,分量个数称为向量的维数.

注 2 上述所列的特殊矩阵,除零矩阵、行或列矩阵外,均为方阵.

注 3 对反对称阵 $\boldsymbol{A}=(a_{ij})$来说,必有 $a_{ii}=0\ (i=1,2,\cdots,n)$.

注 4 任一方阵 $\boldsymbol{A}$ 均可表示为一个对称阵与一个反对称阵之和,即

$$\boldsymbol{A}=\frac{1}{2}(\boldsymbol{A}+\boldsymbol{A}^{\mathrm{T}})+\frac{1}{2}(\boldsymbol{A}-\boldsymbol{A}^{\mathrm{T}}).$$

1.2.2 矩阵的运算

(1) **加法**：设 $\boldsymbol{A}=(a_{ij})_{m\times n},\boldsymbol{B}=(b_{ij})_{m\times n}$,则 $\boldsymbol{A}+\boldsymbol{B}=(a_{ij}+b_{ij})_{m\times n}$.

条件：同维矩阵才能相加.

运算规则：交换律：$\boldsymbol{A}+\boldsymbol{B}=\boldsymbol{B}+\boldsymbol{A}$

结合律：$(\boldsymbol{A}+\boldsymbol{B})+\boldsymbol{C}=\boldsymbol{A}+(\boldsymbol{B}+\boldsymbol{C})$

零元素：$\boldsymbol{A}+\boldsymbol{O}=\boldsymbol{A}$

负元素：$\boldsymbol{A}+(-\boldsymbol{A})=\boldsymbol{O}$

(2) **数乘**：设 $\boldsymbol{A}=(a_{ij})_{m\times n}$，$k$ 为数，则 $k\boldsymbol{A}=(ka_{ij})_{m\times n}$.

运算规则：分配律：$k(\boldsymbol{A}+\boldsymbol{B})=k\boldsymbol{A}+k\boldsymbol{B}$

结合律：$k(l\boldsymbol{A})=(kl)\boldsymbol{A}$

零元素：$0\boldsymbol{A}=\boldsymbol{O}$

1 元素：$1\boldsymbol{A}=\boldsymbol{A}$

(3) **乘法**：设 $\boldsymbol{A}=(a_{ij})_{m\times s}$，$\boldsymbol{B}=(b_{ij})_{s\times n}$，则 $\boldsymbol{AB}=(c_{ij})_{m\times n}$，其中

$$c_{ij}=\sum_{k=1}^{s}a_{ik}b_{kj}=a_{i1}b_{1j}+a_{i2}b_{2j}+\cdots+a_{is}b_{sj}\ (i=1,2,\cdots,m;\ j=1,2,\cdots,n).$$

条件：左边矩阵的列数等于右边矩阵的行数.

运算规则：结合律：$(\boldsymbol{AB})\boldsymbol{C}=\boldsymbol{A}(\boldsymbol{BC})$，$(k\boldsymbol{A})\boldsymbol{B}=k(\boldsymbol{AB})$，$k$ 为任意数

分配律：$(\boldsymbol{A}+\boldsymbol{B})\boldsymbol{C}=\boldsymbol{AC}+\boldsymbol{BC}$，$\boldsymbol{C}(\boldsymbol{A}+\boldsymbol{B})=\boldsymbol{CA}+\boldsymbol{CB}$

注 1 $\boldsymbol{A}_{m\times n}\boldsymbol{E}_n=\boldsymbol{E}_m\boldsymbol{A}_{m\times n}=\boldsymbol{A}$.

注 2 交换律不满足，即 $\boldsymbol{AB}\neq\boldsymbol{BA}$. 若 $\boldsymbol{AB}=\boldsymbol{BA}$ 称 $\boldsymbol{A}$，$\boldsymbol{B}$ 可交换相乘.

注 3 消去律不满足，即若 $\boldsymbol{AB}=\boldsymbol{AC}$，$\boldsymbol{A}\neq\boldsymbol{O}$ $\nRightarrow$ $\boldsymbol{B}=\boldsymbol{C}$. 但当 $\boldsymbol{A}$ 可逆时必有 $\boldsymbol{B}=\boldsymbol{C}$.

注 4 方阵的幂：设 $\boldsymbol{A}$，$\boldsymbol{B}$ 是 n 阶方阵，

(Ⅰ) 指数法则：$\boldsymbol{A}^k\boldsymbol{A}^l=\boldsymbol{A}^{k+l}$，$(\boldsymbol{A}^k)^l=\boldsymbol{A}^{kl}$ (k，l 为正整数)；

(Ⅱ) 矩阵多项式：设 m 次多项式

$$f(x)=a_mx^m+a_{m-1}x^{m-1}+\cdots+a_1x+a_0,$$

则 $f(\boldsymbol{A})=a_m\boldsymbol{A}^m+a_{m-1}\boldsymbol{A}^{m-1}+\cdots+a_1\boldsymbol{A}+a_0\boldsymbol{E}$ 是一个 n 阶矩阵；

(Ⅲ) 若 $\boldsymbol{AB}=\boldsymbol{BA}$，则

$$\boldsymbol{A}^2-\boldsymbol{B}^2=(\boldsymbol{A}-\boldsymbol{B})(\boldsymbol{A}+\boldsymbol{B}),\ (\boldsymbol{A}\pm\boldsymbol{B})^2=\boldsymbol{A}^2\pm2\boldsymbol{AB}+\boldsymbol{B}^2,\ (\boldsymbol{AB})^2=\boldsymbol{A}^2\boldsymbol{B}^2,$$

一般有 $(\boldsymbol{A}+\boldsymbol{B})^m=\mathrm{C}_m^0\boldsymbol{A}^m+\mathrm{C}_m^1\boldsymbol{A}^{m-1}\boldsymbol{B}+\cdots+\mathrm{C}_m^{m-1}\boldsymbol{AB}^{m-1}+\mathrm{C}_m^m\boldsymbol{B}^m$ (m 为自然数).

(4) **转置**：设 $\boldsymbol{A}=\begin{pmatrix}a_{11}&a_{12}&\cdots&a_{1n}\\a_{21}&a_{22}&\cdots&a_{2n}\\\vdots&\vdots&&\vdots\\a_{m1}&a_{m2}&\cdots&a_{mn}\end{pmatrix}$，则 $\begin{pmatrix}a_{11}&a_{21}&\cdots&a_{m1}\\a_{12}&a_{22}&\cdots&a_{m2}\\\vdots&\vdots&&\vdots\\a_{1n}&a_{2n}&\cdots&a_{mn}\end{pmatrix}$ 称为 $\boldsymbol{A}$ 的转置阵，记作 $\boldsymbol{A}^{\mathrm{T}}$ 或 $\boldsymbol{A}'$.

运算规则：$(\boldsymbol{A}^{\mathrm{T}})^{\mathrm{T}}=\boldsymbol{A}$，　$(\boldsymbol{A}+\boldsymbol{B})^{\mathrm{T}}=\boldsymbol{A}^{\mathrm{T}}+\boldsymbol{B}^{\mathrm{T}}$

$(k\boldsymbol{A})^{\mathrm{T}}=k\boldsymbol{A}^{\mathrm{T}}$ (k 为数)，　$(\boldsymbol{AB})^{\mathrm{T}}=\boldsymbol{B}^{\mathrm{T}}\boldsymbol{A}^{\mathrm{T}}$

1.2.3 方阵的行列式

1.2.3.1 “递推”定义

定义 一阶行列式 $|\boldsymbol{A}|=|a_{11}|=a_{11}$，设 $n-1$ 阶行列式已经定义，则 n 阶行列式定义为

$$|\boldsymbol{A}|=\begin{vmatrix} a_{11} & a_{12} & \cdots & a_{1n} \\ a_{21} & a_{22} & \cdots & a_{2n} \\ \vdots & \vdots & \ddots & \vdots \\ a_{n1} & a_{n2} & \cdots & a_{nn} \end{vmatrix}=\sum_{i=1}^{n}(-1)^{1+i}a_{1i}M_{1i}$$

$$=a_{11}M_{11}-a_{12}M_{12}+a_{13}M_{13}+\cdots+(-1)^{1+n}a_{1n}M_{1n}$$

其中 M_{ij} 为 a_{ij} 的余子式,表示划去元素 a_{ij} 所在的第 i 行,第 j 列后剩下的 $n-1$ 阶行列式.

如果定义代数余子式 $A_{ij}=(-1)^{i+j}M_{ij}$,则

$$|\boldsymbol{A}|=\sum_{i=1}^{n}a_{1i}A_{1i}=a_{11}A_{11}+a_{12}A_{12}+\cdots+a_{1n}A_{1n}. \tag{1.1}$$

注 1 一阶行列式 $|-3|=-3$.

二阶行列式 $\begin{vmatrix} a & b \\ c & d \end{vmatrix}=ad-bc$.

注 2 式(1.1)又称为行列式按第一行展开定义. 事实上,有按行列式中任一行或任一列展开的公式,即

$$|\boldsymbol{A}|=\sum_{k=1}^{n}a_{ik}A_{ik} \quad (i=1,2,\cdots,n),$$

$$|\boldsymbol{A}|=\sum_{k=1}^{n}a_{kj}A_{kj} \quad (j=1,2,\cdots,n).$$

1.2.3.2 “逆序”定义

定义 n 阶行列式等于所有取自不同行不同列的 n 个元素的乘积之代数和,即

$$|\boldsymbol{A}|=\sum_{j_1j_2\cdots j_n}(-1)^{\tau(j_1j_2\cdots j_n)}a_{1j_1}a_{2j_2}\cdots a_{nj_n},$$

其中 $j_1,j_2,\cdots,j_n$ 是 $1,2,\cdots,n$ 的一个全排列,$\tau(j_1j_2\cdots j_n)$ 是 $j_1j_2\cdots j_n$ 的逆序数.

注 1 n 阶行列式由 $n!$ 项组成的代数和.

注 2 一个排列 $j_1j_2\cdots j_t\cdots j_s\cdots j_n$ 中,若 $j_t>j_s$,则称这两个数组成一个逆序.

注 3 逆序数为 $j_1j_2\cdots j_n$ 中逆序的总数. 例如

$$\tau(3,1,4,2)=3;\ \tau(n,n-1,\cdots,1)=\frac{n(n-1)}{2}.$$

1.2.3.3 行列式的性质

(1) 方阵 $\boldsymbol{A}$ 的行列式与其转置的行列式相同,即

$$|\boldsymbol{A}^{\mathrm{T}}|=|\boldsymbol{A}|.$$

注 所有对列成立的行列式性质,对行也成立.

(2) 互换行列式中两列(或行)的位置,行列式变号.

推论 如果行列式的两列(或行)相同,则行列式为零.

(3) 某数 λ 乘行列式,等于用数 λ 乘它的某一列(或行)的所有元素,即

$$\lambda|\boldsymbol{\alpha}_1,\boldsymbol{\alpha}_2,\cdots,\boldsymbol{\alpha}_i,\cdots,\boldsymbol{\alpha}_n|=|\boldsymbol{\alpha}_1,\boldsymbol{\alpha}_2,\cdots,\lambda\boldsymbol{\alpha}_i,\cdots,\boldsymbol{\alpha}_n|, \tag{1.2}$$

其中 $\boldsymbol{\alpha}_1,\boldsymbol{\alpha}_2,\cdots,\boldsymbol{\alpha}_n$ 为 n 维的列向量.

注 在式(1.2)的右端,数 λ 只能乘某一列(或行),其余列(或行)不变.

推论 1 数 λ 乘方阵 $\boldsymbol{A}$ 的行列式等于 λ^n 乘 $\boldsymbol{A}$ 的行列式,即

$$|\lambda\boldsymbol{A}|=\lambda^n|\boldsymbol{A}|.$$

推论 2 如果行列式的一列(或行)为零,则行列式为零.

推论 3 如果行列式的两列(或行)对应成比例,则行列式为零.

(4) $\boldsymbol{A}$ 的行列式中某一列(或行)可分成两个向量之和,则 $\boldsymbol{A}$ 的行列式等于分别由这两个列(或行)向量取代 $|\boldsymbol{A}|$ 中这一列(或行)构成行列式之和,即

$$|\boldsymbol{\alpha}_1,\boldsymbol{\alpha}_2,\cdots,\boldsymbol{\alpha}_k+\boldsymbol{\beta}_k,\boldsymbol{\alpha}_{k+1},\cdots,\boldsymbol{\alpha}_n|=|\boldsymbol{\alpha}_1,\boldsymbol{\alpha}_2,\cdots,\boldsymbol{\alpha}_k,\boldsymbol{\alpha}_{k+1},\cdots,\boldsymbol{\alpha}_n|+|\boldsymbol{\alpha}_1,\boldsymbol{\alpha}_2,\cdots,\boldsymbol{\beta}_k,\boldsymbol{\alpha}_{k+1},\cdots,\boldsymbol{\alpha}_n|. \tag{1.3}$$

注 式(1.3)称为行列式的加法性质.

推论 将行列式的某一列(或行)的任意 λ 倍加到另一列(或行)上去,行列式不变.

(5) 对于方阵 $\boldsymbol{A}$ 的行列式,有

$$\sum_{k=1}^{n}a_{ik}A_{jk}=\begin{cases}|\boldsymbol{A}| & i=j\\ 0 & i\neq j\end{cases}.$$

(6) 拉普拉斯定理

在矩阵 $\boldsymbol{A}$ 中任意取定 k 行($1\leqslant k\leqslant n$),由这 k 行元素组成的所有 k 阶子式 $\boldsymbol{M}_i$($i=1,2,\cdots,t$)与它们的代数余子式 $\boldsymbol{B}_i$($i=1,2,\cdots,t$)的乘积之和等于 $\det\boldsymbol{A}$,即

$$\det\boldsymbol{A}=\boldsymbol{M}_1\boldsymbol{B}_1+\boldsymbol{M}_2\boldsymbol{B}_2+\cdots+\boldsymbol{M}_t\boldsymbol{B}_t,$$

其中 $t=\mathrm{C}_n^k$.

显然 $k=1$ 时,即为行列式的展开定义.

由拉普拉斯定理可得:

$$\begin{vmatrix} a_{11} & \cdots & a_{1k} & c_{11} & \cdots & c_{1r}\\ \vdots & & \vdots & \vdots & & \vdots\\ a_{k1} & \cdots & a_{kk} & c_{k1} & \cdots & c_{kr}\\ 0 & \cdots & 0 & b_{11} & \cdots & b_{1r}\\ \vdots & & \vdots & \vdots & & \vdots\\ 0 & \cdots & 0 & b_{r1} & \cdots & b_{rr} \end{vmatrix}=\begin{vmatrix} a_{11} & \cdots & a_{1k}\\ \vdots & & \vdots\\ a_{k1} & \cdots & a_{kk} \end{vmatrix}\begin{vmatrix} b_{11} & \cdots & b_{1r}\\ \vdots & & \vdots\\ b_{r1} & \cdots & b_{rr} \end{vmatrix}$$

$$=\begin{vmatrix} a_{11} & \cdots & a_{1k} & 0 & \cdots & 0\\ \vdots & & \vdots & \vdots & & \vdots\\ a_{k1} & \cdots & a_{kk} & 0 & \cdots & 0\\ c_{11} & \cdots & c_{1k} & b_{11} & \cdots & b_{1r}\\ \vdots & & \vdots & \vdots & & \vdots\\ c_{r1} & \cdots & c_{rk} & b_{r1} & \cdots & b_{rr} \end{vmatrix}.$$

1.2.3.4 特殊行列式的值

(1) 上三角行列式

$$\begin{vmatrix} a_{11} & a_{12} & \cdots & a_{1n} \\ & a_{22} & \cdots & a_{2n} \\ & & \ddots & \vdots \\ & & & a_{nn} \end{vmatrix} = a_{11}a_{22}\cdots a_{nn}.$$

(2) 下三角行列式

$$\begin{vmatrix} a_{11} & & & \\ a_{21} & a_{22} & & \\ \vdots & \vdots & \ddots & \\ a_{n1} & a_{n2} & \cdots & a_{nn} \end{vmatrix} = a_{11}a_{22}\cdots a_{nn}.$$

(3) 对角行列式

$$\begin{vmatrix} a_{11} & & & \\ & a_{22} & & \\ & & \ddots & \\ & & & a_{nn} \end{vmatrix} = a_{11}a_{22}\cdots a_{nn}.$$

(4) $\begin{vmatrix} a_{11} & \cdots & \cdots & a_{1n} \\ a_{21} & \cdots & a_{2,n-1} & \\ \vdots & ⋰ & & \\ a_{n1} & & & \end{vmatrix} = (-1)^{\frac{n(n-1)}{2}} a_{1n}a_{2,n-1}\cdots a_{n1}.$

(5) $\begin{vmatrix} & & & a_{1n} \\ & & a_{2,n-1} & a_{2n} \\ & ⋰ & \vdots & \vdots \\ a_{n1} & \cdots & a_{n,n-1} & a_{nn} \end{vmatrix} = (-1)^{\frac{n(n-1)}{2}} a_{1n}a_{2,n-1}\cdots a_{n1}.$

(6) $\begin{vmatrix} & & & a_{1n} \\ & & a_{2,n-1} & \\ & ⋰ & & \\ a_{n1} & & & \end{vmatrix} = (-1)^{\frac{n(n-1)}{2}} a_{1n}a_{2,n-1}\cdots a_{n1}.$

(7) 范德蒙行列式

$$\begin{vmatrix} 1 & 1 & \cdots & 1 \\ x_1 & x_2 & \cdots & x_n \\ x_1^2 & x_2^2 & \cdots & x_n^2 \\ \vdots & \vdots & \ddots & \vdots \\ x_1^{n-1} & x_2^{n-1} & \cdots & x_n^{n-1} \end{vmatrix} = \prod_{1 \leqslant j < i \leqslant n} (x_i - x_j),$$

其中$\prod$为连乘积的符号.

(8) 初等矩阵的行列式

$$|P(i,j)| = -1,\ |P(i(k))| = k,\ |P(i,j(k))| = 1.$$

1.2.4 分块矩阵

1.2.4.1 定义

用若干条纵线和横线把一个矩阵分成若干个小块，每一小块称为矩阵的一个子块或子矩阵，则以这些子块为元素的原矩阵称为分块矩阵.

1.2.4.2 运算

进行分块矩阵的加、减、乘法和转置运算，可将子矩阵当作通常矩阵的元素看待.

注 1 同维矩阵，只有用同样的分块方法分块时，才能进行分块相加.

注 2 分块乘法只有当左边矩阵的列分法与右边矩阵的行分法一致时才能进行.

注 3 分块转置除了行列互换外，每一子块也须转置，即若

$$\boldsymbol{A}=\begin{pmatrix}\boldsymbol{A}_{11} & \boldsymbol{A}_{12} & \cdots & \boldsymbol{A}_{1r}\\ \boldsymbol{A}_{21} & \boldsymbol{A}_{22} & \cdots & \boldsymbol{A}_{2r}\\ \vdots & \vdots & \ddots & \vdots\\ \boldsymbol{A}_{s1} & \boldsymbol{A}_{s2} & \cdots & \boldsymbol{A}_{sr}\end{pmatrix},$$

则

$$\boldsymbol{A}^{\mathrm{T}}=\begin{pmatrix}\boldsymbol{A}_{11}^{\mathrm{T}} & \boldsymbol{A}_{21}^{\mathrm{T}} & \cdots & \boldsymbol{A}_{s1}^{\mathrm{T}}\\ \boldsymbol{A}_{12}^{\mathrm{T}} & \boldsymbol{A}_{22}^{\mathrm{T}} & \cdots & \boldsymbol{A}_{s2}^{\mathrm{T}}\\ \vdots & \vdots & \ddots & \vdots\\ \boldsymbol{A}_{1r}^{\mathrm{T}} & \boldsymbol{A}_{2r}^{\mathrm{T}} & \cdots & \boldsymbol{A}_{sr}^{\mathrm{T}}\end{pmatrix},$$

这一点容易被忽视.

1.2.4.3 上(下)三角矩阵的行列式

$$\begin{vmatrix}\boldsymbol{A}_{11} & \boldsymbol{A}_{12} & \cdots & \boldsymbol{A}_{1s}\\ \boldsymbol{O} & \boldsymbol{A}_{22} & \cdots & \boldsymbol{A}_{2s}\\ \vdots & \vdots & \ddots & \vdots\\ \boldsymbol{O} & \boldsymbol{O} & \cdots & \boldsymbol{A}_{ss}\end{vmatrix}=\begin{vmatrix}\boldsymbol{A}_{11} & \boldsymbol{O} & \cdots & \boldsymbol{O}\\ \boldsymbol{A}_{21} & \boldsymbol{A}_{22} & \cdots & \boldsymbol{O}\\ \vdots & \vdots & \ddots & \vdots\\ \boldsymbol{A}_{s1} & \boldsymbol{A}_{s2} & \cdots & \boldsymbol{A}_{ss}\end{vmatrix}=\det\boldsymbol{A}_{11}\det\boldsymbol{A}_{22}\cdots\det\boldsymbol{A}_{ss}.$$

1.2.5 可逆矩阵

1.2.5.1 可逆矩阵的定义

设 $\boldsymbol{A}$ 为 n 阶方阵，若存在 n 阶方阵 $\boldsymbol{B}$，使 $\boldsymbol{AB}=\boldsymbol{BA}=\boldsymbol{E}$，则称 $\boldsymbol{A}$ 为可逆矩阵，称 $\boldsymbol{B}$ 为 $\boldsymbol{A}$ 的逆矩阵.

注 1 可逆矩阵 $\boldsymbol{A}$ 必是方阵，其逆必唯一，记作 $\boldsymbol{A}^{-1}$，即有

$$\boldsymbol{AA}^{-1}=\boldsymbol{A}^{-1}\boldsymbol{A}=\boldsymbol{E}.$$

注 2 可逆矩阵又称为非退化阵或非奇异阵或满秩阵，不可逆阵又称为退化阵或奇异阵或降秩阵.

1.2.5.2 可逆矩阵的性质

(1) 若 $\boldsymbol{A}$ 可逆，则 $\boldsymbol{A}^{\mathrm{T}}$，$\boldsymbol{A}^{-1}$ 均可逆，且

$$(\boldsymbol{A}^{-1})^{-1}=\boldsymbol{A},\ (\boldsymbol{A}^{\mathrm{T}})^{-1}=(\boldsymbol{A}^{-1})^{\mathrm{T}}.$$

(2) 若 $\boldsymbol{A}$ 可逆,数 $k\neq0$,则 $k\boldsymbol{A}$ 可逆,且 $(k\boldsymbol{A})^{-1}=\frac{1}{k}\boldsymbol{A}^{-1}$.

(3) 若 $\boldsymbol{A},\boldsymbol{B}$ 是同阶可逆阵,则 $\boldsymbol{AB}$ 可逆,且 $(\boldsymbol{AB})^{-1}=\boldsymbol{B}^{-1}\boldsymbol{A}^{-1}$.

(4) 对 $\boldsymbol{A}=\begin{pmatrix}\boldsymbol{B}&\boldsymbol{D}\\\boldsymbol{O}&\boldsymbol{C}\end{pmatrix}$ 或 $\boldsymbol{A}=\begin{pmatrix}\boldsymbol{B}&\boldsymbol{O}\\\boldsymbol{D}&\boldsymbol{C}\end{pmatrix}$,其中 $\boldsymbol{B}$ 为 $m\times m$ 可逆阵,$\boldsymbol{C}$ 为 $n\times n$ 可逆阵,则 $\boldsymbol{A}$ 可逆,且

$$\boldsymbol{A}^{-1}=\begin{pmatrix}\boldsymbol{B}^{-1}&-\boldsymbol{B}^{-1}\boldsymbol{D}\boldsymbol{C}^{-1}\\\boldsymbol{O}&\boldsymbol{C}^{-1}\end{pmatrix}\quad 或\quad \boldsymbol{A}^{-1}=\begin{pmatrix}\boldsymbol{B}^{-1}&\boldsymbol{O}\\-\boldsymbol{C}^{-1}\boldsymbol{D}\boldsymbol{B}^{-1}&\boldsymbol{C}^{-1}\end{pmatrix}.$$

(5) 若 $\boldsymbol{A}_i(i=1,2,\cdots,s)$ 可逆,

$$\begin{pmatrix}\boldsymbol{A}_1&&&\\&\boldsymbol{A}_2&&\\&&\ddots&\\&&&\boldsymbol{A}_s\end{pmatrix}^{-1}=\begin{pmatrix}\boldsymbol{A}_1^{-1}&&&\\&\boldsymbol{A}_2^{-1}&&\\&&\ddots&\\&&&\boldsymbol{A}_s^{-1}\end{pmatrix},$$

则

$$\begin{pmatrix}&&&\boldsymbol{A}_1\\&&\boldsymbol{A}_2&\\&\iddots&&\\\boldsymbol{A}_s&&&\end{pmatrix}^{-1}=\begin{pmatrix}&&&\boldsymbol{A}_s^{-1}\\&&\boldsymbol{A}_{s-1}^{-1}&\\&\iddots&&\\\boldsymbol{A}_1^{-1}&&&\end{pmatrix}.$$

注 若 $\boldsymbol{A},\boldsymbol{B}$ 为同阶的可逆矩阵,$\boldsymbol{A}+\boldsymbol{B}$ 不一定可逆.

1.2.5.3 可逆矩阵的判别方法

(1) 利用定义:若 $\boldsymbol{A},\boldsymbol{B}$ 为同阶方阵,且 $\boldsymbol{AB}=\boldsymbol{E}$ 或 $\boldsymbol{BA}=\boldsymbol{E}$,则必有 $\boldsymbol{A}$ 可逆,且 $\boldsymbol{A}^{-1}=\boldsymbol{B}$.

(2) 利用行列式:若 $|\boldsymbol{A}|\neq0$,则 $\boldsymbol{A}$ 可逆.

1.2.5.4 逆矩阵的计算方法

(1) 利用伴随阵

由 $\boldsymbol{AA}^*=|\boldsymbol{A}|\boldsymbol{E}$ 可以推出

$$\boldsymbol{A}^{-1}=\frac{\boldsymbol{A}^*}{|\boldsymbol{A}|},\ (\boldsymbol{A}^*)^{-1}=\frac{\boldsymbol{A}}{|\boldsymbol{A}|} 及 |\boldsymbol{A}^*|=|\boldsymbol{A}|^{n-1},$$

其中 $\boldsymbol{A}^*=(\boldsymbol{A}_{ij})^{\mathrm{T}}$, $\boldsymbol{A}_{ij}=(-1)^{i+j}M_{ij}$.

(2) 利用定义,从式子中凑出 $\boldsymbol{AB}=\boldsymbol{E}$,则 $\boldsymbol{A}^{-1}=\boldsymbol{B}$.

1.2.5.5 与逆有关的行列式

(1) $|\boldsymbol{A}^{-1}|=|\boldsymbol{A}|^{-1}$.

(2) 当 $\boldsymbol{A}$ 可逆时,

$$\begin{vmatrix}\boldsymbol{A}&\boldsymbol{B}\\\boldsymbol{C}&\boldsymbol{D}\end{vmatrix}=|\boldsymbol{A}|\,|\boldsymbol{D}-\boldsymbol{C}\boldsymbol{A}^{-1}\boldsymbol{B}|.$$

(3) 当 $\boldsymbol{D}$ 可逆时,

$$\begin{vmatrix}\boldsymbol{A}&\boldsymbol{B}\\\boldsymbol{C}&\boldsymbol{D}\end{vmatrix}=|\boldsymbol{D}|\,|\boldsymbol{A}-\boldsymbol{B}\boldsymbol{D}^{-1}\boldsymbol{C}|.$$

(4) 当 $\boldsymbol{A},\boldsymbol{D}$ 都可逆时,

$$|\boldsymbol{A}|\,|\boldsymbol{D}-\boldsymbol{C}\boldsymbol{A}^{-1}\boldsymbol{B}|=|\boldsymbol{D}|\,|\boldsymbol{A}-\boldsymbol{B}\boldsymbol{D}^{-1}\boldsymbol{C}|,$$

即

$$|\boldsymbol{D}-\boldsymbol{C}\boldsymbol{A}^{-1}\boldsymbol{B}|=\frac{|\boldsymbol{D}|}{|\boldsymbol{A}|}|\boldsymbol{A}-\boldsymbol{B}\boldsymbol{D}^{-1}\boldsymbol{C}|.$$

1.2.6 矩阵的初等变换与初等矩阵

1.2.6.1 初等变换、初等矩阵及其关系

(1) 矩阵的初等行变换、初等列变换统称为初等变换,有如下三类.

第一类:将 $\boldsymbol{A}$ 的第 i 行(列)与第 j 行(列)对换.

第二类:以非零常数 k 乘 $\boldsymbol{A}$ 的第 i 行(列).

第三类:将 $\boldsymbol{A}$ 的第 i 行(列)的 k 倍加到第 j 行(列)上.

(2) 单位阵 $\boldsymbol{E}$ 经过一次初等变换后得到的矩阵称为初等矩阵,记为 $\boldsymbol{P}(i,j)$,$\boldsymbol{P}(i(k))$,$\boldsymbol{P}(i,j(k))$有

$$(\boldsymbol{P}(i,j))^{-1}=\boldsymbol{P}(i,j),\quad (\boldsymbol{P}(i(k)))^{-1}=\boldsymbol{P}\left(i\left(\frac{1}{k}\right)\right),$$

$$(\boldsymbol{P}(i,j(k)))^{-1}=\boldsymbol{P}(i,j(-k)).$$

(3) 初等变换与初等矩阵之间的关系

初等矩阵左(右)乘 $\boldsymbol{A}$,相当于对 $\boldsymbol{A}$ 进行一次相应的初等行(列)变换.

注1 若矩阵 $\boldsymbol{A}$ 经过有限次初等变换得到矩阵 $\boldsymbol{B}$,则称 $\boldsymbol{B}$ 与 $\boldsymbol{A}$ 等价.

注2 任一矩阵 $\boldsymbol{A}$ 经有限次初等变换后均可化为形如 $\begin{pmatrix}\boldsymbol{E}_r & \boldsymbol{O}\\ \boldsymbol{O} & \boldsymbol{O}\end{pmatrix}$ 的矩阵,其中 r 为 $\boldsymbol{A}$ 的秩,称矩阵 $\begin{pmatrix}\boldsymbol{E}_r & \boldsymbol{O}\\ \boldsymbol{O} & \boldsymbol{O}\end{pmatrix}$ 为 $\boldsymbol{A}$ 的标准形.

注3 n 阶矩阵 $\boldsymbol{A}$ 可逆的充分必要条件是 $\boldsymbol{A}$ 可以表示成初等矩阵的乘积.

1.2.6.2 初等变换的应用

(1) 求逆阵

$$(\boldsymbol{A}\,\vdots\,\boldsymbol{E})\xrightarrow{\text{行变换}}(\boldsymbol{E}\,\vdots\,\boldsymbol{A}^{-1})\quad\text{或}\quad\begin{pmatrix}\boldsymbol{A}\\ \boldsymbol{E}\end{pmatrix}\xrightarrow{\text{列变换}}\begin{pmatrix}\boldsymbol{E}\\ \boldsymbol{A}^{-1}\end{pmatrix}.$$

注 对 $(\boldsymbol{A}\,\vdots\,\boldsymbol{E})\sim(\boldsymbol{E}\,\vdots\,\boldsymbol{A}^{-1})$ 只能用初等行变换.

对 $\begin{pmatrix}\boldsymbol{A}\\ \boldsymbol{E}\end{pmatrix}\sim\begin{pmatrix}\boldsymbol{E}\\ \boldsymbol{A}^{-1}\end{pmatrix}$ 只能用初等列变换.

(2) 若 $\boldsymbol{A}$ 可逆且 $\boldsymbol{AX}=\boldsymbol{B}$,则 $\boldsymbol{X}=\boldsymbol{A}^{-1}\boldsymbol{B}$ 可由初等行变换求得

$$(\boldsymbol{A}\,\vdots\,\boldsymbol{B})\xrightarrow{\text{行变换}}(\boldsymbol{E}\,\vdots\,\boldsymbol{A}^{-1}\boldsymbol{B}).$$

(3) 若 $\boldsymbol{A}$ 可逆且 $\boldsymbol{XA}=\boldsymbol{B}$,则 $\boldsymbol{X}=\boldsymbol{B}\boldsymbol{A}^{-1}$ 可由初等列变换求得

$$\begin{pmatrix}\boldsymbol{A}\\ \boldsymbol{B}\end{pmatrix}\xrightarrow{\text{列变换}}\begin{pmatrix}\boldsymbol{E}\\ \boldsymbol{B}\boldsymbol{A}^{-1}\end{pmatrix}.$$

1.2.7 矩阵的秩

1.2.7.1 矩阵秩的定义

定义 1 矩阵 $\boldsymbol{A}$ 的 k 阶子式

在 $m\times n$ 矩阵 $\boldsymbol{A}$ 中任取 k 行，k 列（$1\leqslant k\leqslant \min(m,n)$），位于这 k 行，k 列交叉点处的元素按原来次序所组成的行列式，称为 $\boldsymbol{A}$ 的一个 k 阶子式.

定义 2 矩阵 $\boldsymbol{A}$ 的秩

设在矩阵 $\boldsymbol{A}$ 中有一个不等于零的 r 阶子式 D，且所有的 $r+1$ 阶子式（如果有的话）全等于零，那么 D 称为矩阵 $\boldsymbol{A}$ 的最高阶非零子式，数 r 称为矩阵 $\boldsymbol{A}$ 的秩，记为 $\mathbf{rank}(\boldsymbol{A})$，简记为 $r(\boldsymbol{A})$.

定义 3 满秩阵

设 $\boldsymbol{A}$ 为 n 阶方阵，若 $r(\boldsymbol{A})=n$，则称 $\boldsymbol{A}$ 为满秩阵.

1.2.7.2 矩阵秩的性质

(1) $r(\boldsymbol{A}^{\mathrm{T}})=r(\boldsymbol{A})$； (2) $r(\lambda\boldsymbol{A})=r(\boldsymbol{A})$，其中 $\lambda\neq 0$；

(3) $r(\boldsymbol{A})=0$ 等价于 $\boldsymbol{A}=\boldsymbol{O}$； (4) $r(\boldsymbol{A}_{m\times n})\leqslant \min(m,n)$.

1.2.7.3 矩阵秩的有关结论

(1) 初等变换不改变矩阵的秩，即

$$\text{若 } \boldsymbol{A}\sim\boldsymbol{B}\text{，则 } r(\boldsymbol{A})=r(\boldsymbol{B}).$$

(2) 矩阵乘上一个可逆阵不改变原矩阵的秩，即当 $\boldsymbol{A}$ 可逆时，有

$$r(\boldsymbol{AB})=r(\boldsymbol{B});\quad r(\boldsymbol{BA})=r(\boldsymbol{B}).$$

(3) 设 $\boldsymbol{A}$ 为方阵，则 $|\boldsymbol{A}|\neq 0 \Leftrightarrow r(\boldsymbol{A})=n$.

1.2.7.4 矩阵秩的求法

(1) 用定义求矩阵的秩.

(2) 用初等变换法求矩阵的秩.

(Ⅰ) 用行初等变换化矩阵为梯矩阵；

(Ⅱ) 矩阵的秩为梯矩阵非零行的行数.

(3) 用性质求矩阵的秩.

1.3 典型例题

【例 1】 设 $\boldsymbol{A}=\begin{pmatrix}2 & 1\\ -4 & -2\end{pmatrix}$，$\boldsymbol{B}=\begin{pmatrix}3 & -1\\ -6 & 2\end{pmatrix}$，求 $\boldsymbol{AB}$，$\boldsymbol{BA}$，$\boldsymbol{A}^2$.

解 $\boldsymbol{AB}=\begin{pmatrix}2 & 1\\ -4 & -2\end{pmatrix}\begin{pmatrix}3 & -1\\ -6 & 2\end{pmatrix}=\begin{pmatrix}0 & 0\\ 0 & 0\end{pmatrix}$，

$$\boldsymbol{BA}=\begin{pmatrix}3 & -1\\ -6 & 2\end{pmatrix}\begin{pmatrix}2 & 1\\ -4 & -2\end{pmatrix}=\begin{pmatrix}10 & 5\\ -20 & -10\end{pmatrix},$$

$$A^2=\begin{pmatrix}2&1\\-4&-2\end{pmatrix}\begin{pmatrix}2&1\\-4&-2\end{pmatrix}=\begin{pmatrix}0&0\\0&0\end{pmatrix}.$$

注 1 $\boldsymbol{AB}\neq\boldsymbol{BA}$,交换律不满足.

注 2 $\boldsymbol{A}\neq\boldsymbol{O},\boldsymbol{B}\neq\boldsymbol{O}$,可用 $\boldsymbol{AB}=\boldsymbol{O},\boldsymbol{A}^2=\boldsymbol{O}$.

注 3 $\boldsymbol{AB}=\boldsymbol{A}^2,\boldsymbol{A}\neq\boldsymbol{O}$,但 $\boldsymbol{A}\neq\boldsymbol{B}$,消去律不满足.

【例 2】 已知 $\boldsymbol{A}=\begin{pmatrix}1&1\\0&1\end{pmatrix}$,求与 $\boldsymbol{A}$ 可交换的所有矩阵.

解 **解法一** 若 $\boldsymbol{B}$ 与 $\boldsymbol{A}$ 可交换,则由 $\boldsymbol{AB}=\boldsymbol{BA}$ 知,$\boldsymbol{B}$ 必为二阶方阵.

设 $\boldsymbol{B}=\begin{bmatrix}b_{11}&b_{12}\\b_{21}&b_{22}\end{bmatrix}$,则

$$\boldsymbol{AB}=\begin{pmatrix}1&1\\0&1\end{pmatrix}\begin{bmatrix}b_{11}&b_{12}\\b_{21}&b_{22}\end{bmatrix}=\begin{bmatrix}b_{11}+b_{21}&b_{12}+b_{22}\\b_{21}&b_{22}\end{bmatrix},$$

$$\boldsymbol{BA}=\begin{bmatrix}b_{11}&b_{12}\\b_{21}&b_{22}\end{bmatrix}\begin{pmatrix}1&1\\0&1\end{pmatrix}=\begin{bmatrix}b_{11}&b_{11}+b_{12}\\b_{21}&b_{21}+b_{22}\end{bmatrix}.$$

根据 $\boldsymbol{AB}=\boldsymbol{BA}$,有

$$\begin{cases}b_{11}+b_{21}=b_{11}\\b_{12}+b_{22}=b_{11}+b_{12}\\b_{21}=b_{21}\\b_{22}=b_{21}+b_{22}\end{cases},$$

解得 $b_{21}=0,b_{11}=b_{22}$,由此得到与 $\boldsymbol{A}$ 可交换的任一矩阵是

$$\boldsymbol{B}=\begin{bmatrix}b_{11}&b_{12}\\0&b_{11}\end{bmatrix},$$

其中 b_{11},b_{12} 为任意实数.

解法二 将 $\boldsymbol{A}$ 分解为

$$\boldsymbol{A}=\begin{pmatrix}1&1\\0&1\end{pmatrix}=\begin{pmatrix}1&0\\0&1\end{pmatrix}+\begin{pmatrix}0&1\\0&0\end{pmatrix}=\boldsymbol{E}+\begin{pmatrix}0&1\\0&0\end{pmatrix}.$$

由于单位阵 $\boldsymbol{E}$ 与任何同阶方阵都可交换,故问题变为求与 $\begin{pmatrix}0&1\\0&0\end{pmatrix}=\boldsymbol{C}$ 可交换的矩阵,设其为

$$\boldsymbol{B}=\begin{bmatrix}b_{11}&b_{12}\\b_{21}&b_{22}\end{bmatrix},$$

$$\boldsymbol{CB}=\begin{pmatrix}0&1\\0&0\end{pmatrix}\begin{bmatrix}b_{11}&b_{12}\\b_{21}&b_{22}\end{bmatrix}=\begin{pmatrix}b_{21}&b_{22}\\0&0\end{pmatrix},$$

$$\boldsymbol{BC}=\begin{bmatrix}b_{11}&b_{12}\\b_{21}&b_{22}\end{bmatrix}\begin{pmatrix}0&1\\0&0\end{pmatrix}=\begin{bmatrix}0&b_{11}\\0&b_{21}\end{bmatrix},$$

由 $\boldsymbol{CB}=\boldsymbol{BC}$ 得 $b_{21}=0, b_{11}=b_{22}, b_{12}$ 任意,故与 $\boldsymbol{A}$ 可交换的矩阵为

$$\boldsymbol{B}=\begin{pmatrix} b_{11} & b_{12} \\ 0 & b_{11} \end{pmatrix},$$

其中 b_{11} 和 b_{12} 是任意常数.

【例 3】 已知 $\boldsymbol{\alpha}=\left(\frac{1}{2},0,\cdots,0,\frac{1}{2}\right)^{\mathrm{T}}$ 是 n 维列向量,$\boldsymbol{A}=\boldsymbol{E}-\boldsymbol{\alpha\alpha}^{\mathrm{T}}, \boldsymbol{B}=\boldsymbol{E}+2\boldsymbol{\alpha\alpha}^{\mathrm{T}}$,求 $\boldsymbol{AB}$ 与 $\boldsymbol{BA}$.

解 显然 $\boldsymbol{A}$、$\boldsymbol{B}$ 均为 n 阶方阵,由矩阵运算规律可得

$$\begin{aligned}\boldsymbol{AB}&=(\boldsymbol{E}-\boldsymbol{\alpha\alpha}^{\mathrm{T}})(\boldsymbol{E}+2\boldsymbol{\alpha\alpha}^{\mathrm{T}})=\boldsymbol{E}+2\boldsymbol{\alpha\alpha}^{\mathrm{T}}-\boldsymbol{\alpha\alpha}^{\mathrm{T}}-2\boldsymbol{\alpha\alpha}^{\mathrm{T}}\boldsymbol{\alpha\alpha}^{\mathrm{T}}\\&=\boldsymbol{E}+(1-2\boldsymbol{\alpha}^{\mathrm{T}}\boldsymbol{\alpha})\boldsymbol{\alpha\alpha}^{\mathrm{T}}.\end{aligned}$$

由于 $\boldsymbol{\alpha}^{\mathrm{T}}\boldsymbol{\alpha}=\left(\frac{1}{2},0,\cdots,0,\frac{1}{2}\right)\begin{pmatrix}\frac{1}{2}\\0\\\vdots\\0\\\frac{1}{2}\end{pmatrix}=\frac{1}{4}+\frac{1}{4}=\frac{1}{2}$,所以 $\boldsymbol{AB}=\boldsymbol{E}$.

由于 $\boldsymbol{A}$、$\boldsymbol{B}$ 是同阶方阵,故由 $\boldsymbol{AB}=\boldsymbol{E}$,可得 $\boldsymbol{BA}=\boldsymbol{E}$.

注 1 对 n 维列向量 $\boldsymbol{\alpha}$ 来说,$\boldsymbol{\alpha\alpha}^{\mathrm{T}}$ 与 $\boldsymbol{\alpha}^{\mathrm{T}}\boldsymbol{\alpha}$ 有很大的不同,由此也说明任意矩阵 $\boldsymbol{A}$,$\boldsymbol{A}^{\mathrm{T}}\boldsymbol{A}$ 与 $\boldsymbol{AA}^{\mathrm{T}}$ 未必相同,应看仔细,不能混为一谈.

注 2 矩阵运算时,应尽量先根据运算规则进行符号运算,最后再将具体数字代入算得结果.

【例 4】 已知 $\boldsymbol{A}=\begin{pmatrix}1&-1&-1&-1\\-1&1&-1&-1\\-1&-1&1&-1\\-1&-1&-1&1\end{pmatrix}$,求 $\boldsymbol{A}^n, \boldsymbol{A}^{-1}$.

解 (递推法)

因为 $\boldsymbol{A}^2=\boldsymbol{AA}=\begin{pmatrix}4&&&\\&4&&\\&&4&\\&&&4\end{pmatrix}=4\boldsymbol{E}$,所以 $\boldsymbol{A}^3=\boldsymbol{A}^2\boldsymbol{A}=2^2\boldsymbol{A}$,于是

$$\begin{cases}\text{当 } n \text{ 为偶数时}, \boldsymbol{A}^n=(\boldsymbol{A}^2)^{\frac{n}{2}}=(2^2\boldsymbol{E})^{\frac{n}{2}}=2^n\boldsymbol{E}\\ \text{当 } n \text{ 为奇数时}, \boldsymbol{A}^n=\boldsymbol{A}^{n-1}\boldsymbol{A}=(2^{n-1}\boldsymbol{E})\boldsymbol{A}=2^{n-1}\boldsymbol{A}\end{cases},$$

由 $\boldsymbol{AA}=4\boldsymbol{E}$ 知 $\boldsymbol{A}^{-1}=\frac{1}{4}\boldsymbol{A}$.

【例 5】 已知 $\boldsymbol{A}=\begin{pmatrix}1&1&0&0&0\\2&2&0&0&0\\0&0&0&1&0\\0&0&0&0&1\\0&0&0&0&0\end{pmatrix}$,求 $\boldsymbol{A}^2, \boldsymbol{A}^3, \boldsymbol{A}^{100}$.

解 $\boldsymbol{A}=\begin{pmatrix}1&1&&&\\2&2&&&\\&&0&1&0\\&&0&0&1\\&&0&0&0\end{pmatrix}=\begin{pmatrix}\boldsymbol{B}&\boldsymbol{O}\\\boldsymbol{O}&\boldsymbol{C}\end{pmatrix}$,其中 $\boldsymbol{B}=\begin{pmatrix}1&1\\2&2\end{pmatrix}$,$\boldsymbol{C}=\begin{pmatrix}0&1&0\\0&0&1\\0&0&0\end{pmatrix}$,

$\boldsymbol{A}^n=\begin{pmatrix}\boldsymbol{B}^n&\boldsymbol{O}\\\boldsymbol{O}&\boldsymbol{C}^n\end{pmatrix}$.

而 $\boldsymbol{B}=\begin{pmatrix}1\\2\end{pmatrix}(1,1)$, $\boldsymbol{B}^2=\begin{pmatrix}1\\2\end{pmatrix}(1,1)\begin{pmatrix}1\\2\end{pmatrix}(1,1)=3\boldsymbol{B}$, $\boldsymbol{B}^n=3^{n-1}\boldsymbol{B}$,

$$\boldsymbol{C}=\begin{pmatrix}0&1&0\\0&0&1\\0&0&0\end{pmatrix},\quad \boldsymbol{C}^2=\begin{pmatrix}0&0&1\\0&0&0\\0&0&0\end{pmatrix},\quad \boldsymbol{C}^3=\boldsymbol{O},\quad \boldsymbol{C}^n=\boldsymbol{O}.$$

这时

$$\boldsymbol{A}^2=\begin{pmatrix}\boldsymbol{B}^2&\boldsymbol{O}\\\boldsymbol{O}&\boldsymbol{C}^2\end{pmatrix}=\begin{pmatrix}3&3&0&0&0\\6&6&0&0&0\\0&0&0&0&1\\0&0&0&0&0\\0&0&0&0&0\end{pmatrix},\quad \boldsymbol{A}^3=\begin{pmatrix}\boldsymbol{B}^3&\boldsymbol{O}\\\boldsymbol{O}&\boldsymbol{C}^3\end{pmatrix}=\begin{pmatrix}9&9&0&0&0\\18&18&0&0&0\\0&0&0&0&0\\0&0&0&0&0\\0&0&0&0&0\end{pmatrix},$$

$$\boldsymbol{A}^{100}=\begin{pmatrix}\boldsymbol{B}^{100}&\boldsymbol{O}\\\boldsymbol{O}&\boldsymbol{C}^{100}\end{pmatrix}=\begin{pmatrix}3^{99}&3^{99}&0&0&0\\2\times3^{99}&2\times3^{99}&0&0&0\\0&0&0&0&0\\0&0&0&0&0\\0&0&0&0&0\end{pmatrix}.$$

【例6】 设 $f(x)=x^3-3x^2+3x+2$,以 $f(\boldsymbol{A})$ 表示矩阵 $\boldsymbol{A}$ 的多项式 $\boldsymbol{A}^3-3\boldsymbol{A}^2+3\boldsymbol{A}+2\boldsymbol{E}$,即 $f(\boldsymbol{A})=\boldsymbol{A}^3-3\boldsymbol{A}^2+3\boldsymbol{A}+2\boldsymbol{E}$,如果 $\boldsymbol{A}=\begin{pmatrix}1&-1&0\\0&1&-1\\0&0&1\end{pmatrix}$,求 $f(\boldsymbol{A})$.

解 **解法一**

令 $\boldsymbol{B}=\begin{pmatrix}0&1&0\\0&0&1\\0&0&0\end{pmatrix}$,则 $\boldsymbol{B}^3=\boldsymbol{O}$,由于 $\boldsymbol{A}=\boldsymbol{E}-\boldsymbol{B}$,所以

$$\begin{aligned}f(\boldsymbol{A})&=(\boldsymbol{E}-\boldsymbol{B})^3-3(\boldsymbol{E}-\boldsymbol{B})^2+3(\boldsymbol{E}-\boldsymbol{B})+2\boldsymbol{E}\\&=\boldsymbol{E}-3\boldsymbol{B}+3\boldsymbol{B}^2-\boldsymbol{B}^3-3\boldsymbol{E}+6\boldsymbol{B}-3\boldsymbol{B}^2+3\boldsymbol{E}-3\boldsymbol{B}+2\boldsymbol{E}\\&=3\boldsymbol{E}.\end{aligned}$$

解法二

由于 $\boldsymbol{A}^3-3\boldsymbol{A}^2+3\boldsymbol{A}-\boldsymbol{E}=(\boldsymbol{A}-\boldsymbol{E})^3=\begin{pmatrix}0&-1&0\\0&0&-1\\0&0&0\end{pmatrix}^3=\boldsymbol{O}$,所以

$$f(\boldsymbol{A})=(\boldsymbol{A}-\boldsymbol{E})^3+3\boldsymbol{E}=3\boldsymbol{E}.$$

【例 7】 (1) 设$\boldsymbol{A}=\begin{pmatrix}0&2&0\\0&0&-3\\4&0&0\end{pmatrix}$,求$\boldsymbol{A}^{-1}$.

(2) 设$\boldsymbol{A}=\begin{pmatrix}\boldsymbol{O}&\boldsymbol{A}_1&\boldsymbol{O}\\\boldsymbol{O}&\boldsymbol{O}&\boldsymbol{A}_2\\\boldsymbol{A}_3&\boldsymbol{O}&\boldsymbol{O}\end{pmatrix}$,其中$\boldsymbol{A}_i(i=1,2,3)$是可逆方阵,求$\boldsymbol{A}^{-1}$.

解 (1) **解法一** (初等变换法)

$$(\boldsymbol{A}\mid\boldsymbol{E})=\left(\begin{array}{ccc:ccc}0&2&0&1&0&0\\0&0&-3&0&1&0\\4&0&0&0&0&1\end{array}\right)\sim\left(\begin{array}{ccc:ccc}4&0&0&0&0&1\\0&0&-3&0&1&0\\0&2&0&1&0&0\end{array}\right)$$

$$\sim\left(\begin{array}{ccc:ccc}4&0&0&0&0&1\\0&2&0&1&0&0\\0&0&-3&0&1&0\end{array}\right)\sim\left(\begin{array}{ccc:ccc}1&0&0&0&0&\frac{1}{4}\\0&1&0&\frac{1}{2}&0&0\\0&0&1&0&-\frac{1}{3}&0\end{array}\right)$$

所以

$$\boldsymbol{A}^{-1}=\begin{pmatrix}0&0&\frac{1}{4}\\\frac{1}{2}&0&0\\0&-\frac{1}{3}&0\end{pmatrix}.$$

解法二 (分块矩阵)

$\boldsymbol{A}=\begin{pmatrix}&\boldsymbol{B}_1\\\boldsymbol{B}_2&\end{pmatrix}$,其中$\boldsymbol{B}_1=\begin{pmatrix}2&0\\0&-3\end{pmatrix}$,$\boldsymbol{B}_2=(4)$,则

$$\boldsymbol{A}^{-1}=\begin{pmatrix}&\boldsymbol{B}_2^{-1}\\\boldsymbol{B}_1^{-1}&\end{pmatrix}=\begin{pmatrix}0&0&\frac{1}{4}\\\frac{1}{2}&0&0\\0&-\frac{1}{3}&0\end{pmatrix}.$$

(2) 类似于(1)的解法二

$\boldsymbol{A}$可分块为$\boldsymbol{A}=\begin{pmatrix}&\boldsymbol{B}\\\boldsymbol{A}_3&\end{pmatrix}$,其中$\boldsymbol{B}=\begin{pmatrix}\boldsymbol{A}_1&\\&\boldsymbol{A}_2\end{pmatrix}$,则

$$\boldsymbol{B}^{-1}=\begin{pmatrix}\boldsymbol{A}_1^{-1}&\\&\boldsymbol{A}_2^{-1}\end{pmatrix},$$

于是

$$\boldsymbol{A}^{-1}=\begin{pmatrix}&\boldsymbol{A}_3^{-1}\\\boldsymbol{B}^{-1}&\end{pmatrix}=\begin{pmatrix}\boldsymbol{O}&\boldsymbol{O}&\boldsymbol{A}_3^{-1}\\\boldsymbol{A}_1^{-1}&\boldsymbol{O}&\boldsymbol{O}\\\boldsymbol{O}&\boldsymbol{A}_2^{-1}&\boldsymbol{O}\end{pmatrix}.$$

【例 8】 设 $\boldsymbol{A}=\begin{pmatrix}1&0&0&0\\-2&3&0&0\\0&-4&5&0\\0&0&-6&7\end{pmatrix}$，$\boldsymbol{B}=(\boldsymbol{E}+\boldsymbol{A})^{-1}(\boldsymbol{E}-\boldsymbol{A})$，求$(\boldsymbol{E}+\boldsymbol{B})^{-1}$.

解 （利用单位阵技巧）

$$\begin{aligned}(\boldsymbol{E}+\boldsymbol{B})^{-1}&=(\boldsymbol{E}+(\boldsymbol{E}+\boldsymbol{A})^{-1}(\boldsymbol{E}-\boldsymbol{A}))^{-1}\\&=((\boldsymbol{E}+\boldsymbol{A})^{-1}(\boldsymbol{E}+\boldsymbol{A})+(\boldsymbol{E}+\boldsymbol{A})^{-1}(\boldsymbol{E}-\boldsymbol{A}))^{-1}\\&=((\boldsymbol{E}+\boldsymbol{A})^{-1}\cdot 2\boldsymbol{E})^{-1}=\frac{1}{2}(\boldsymbol{E}+\boldsymbol{A})\\&=\begin{pmatrix}1&0&0&0\\-1&2&0&0\\0&-2&3&0\\0&0&-3&4\end{pmatrix}.\end{aligned}$$

注 单位阵技巧主要是指巧妙地使用下面两式：

$$\boldsymbol{A}\boldsymbol{A}^{-1}=\boldsymbol{A}^{-1}\boldsymbol{A}=\boldsymbol{E},\quad \boldsymbol{A}\boldsymbol{E}=\boldsymbol{E}\boldsymbol{A}=\boldsymbol{A}.$$

这一方法对未具体给出的矩阵的有关逆的推导有较大的用处.

【例 9】 设 $\boldsymbol{A}$、$\boldsymbol{B}$ 满足 $\boldsymbol{AB}+\boldsymbol{E}=\boldsymbol{A}^2+\boldsymbol{B}$，且 $\boldsymbol{A}=\begin{pmatrix}1&0&1\\0&2&0\\-1&0&1\end{pmatrix}$，求矩阵 $\boldsymbol{B}$.

解 $\boldsymbol{AB}+\boldsymbol{E}=\boldsymbol{A}^2+\boldsymbol{B}$，即$(\boldsymbol{A}-\boldsymbol{E})\boldsymbol{B}=\boldsymbol{A}^2-\boldsymbol{E}$，由于 $\boldsymbol{A}-\boldsymbol{E}=\begin{pmatrix}0&0&1\\0&1&0\\-1&0&0\end{pmatrix}$可逆，所以

$$\boldsymbol{B}=(\boldsymbol{A}-\boldsymbol{E})^{-1}(\boldsymbol{A}^2-\boldsymbol{E})=(\boldsymbol{A}-\boldsymbol{E})^{-1}(\boldsymbol{A}-\boldsymbol{E})(\boldsymbol{A}+\boldsymbol{E})=\boldsymbol{A}+\boldsymbol{E}=\begin{pmatrix}2&0&1\\0&3&0\\-1&0&2\end{pmatrix}.$$

【例 10】 设 n 阶矩阵 $\boldsymbol{A}$、$\boldsymbol{B}$ 满足 $\boldsymbol{A}+\boldsymbol{B}=\boldsymbol{AB}$，

(1) 证明 $\boldsymbol{A}-\boldsymbol{E}$ 可逆.

(2) 已知 $\boldsymbol{B}=\begin{pmatrix}1&-3&0\\2&1&0\\0&0&2\end{pmatrix}$，求矩阵 $\boldsymbol{A}$.

解 (1) 由 $\boldsymbol{A}+\boldsymbol{B}=\boldsymbol{AB}$，得 $\boldsymbol{A}+\boldsymbol{B}-\boldsymbol{AB}=\boldsymbol{O}$，即

$$(\boldsymbol{A}-\boldsymbol{E})-(\boldsymbol{A}-\boldsymbol{E})\boldsymbol{B}=-\boldsymbol{E},$$

可得$(\boldsymbol{A}-\boldsymbol{E})(\boldsymbol{B}-\boldsymbol{E})=\boldsymbol{E}$，所以 $\boldsymbol{A}-\boldsymbol{E}$ 可逆，且

$$\boldsymbol{A}-\boldsymbol{E}=(\boldsymbol{B}-\boldsymbol{E})^{-1}.$$

(2) 由 $\boldsymbol{A}-\boldsymbol{E}=(\boldsymbol{B}-\boldsymbol{E})^{-1}$得

$$\boldsymbol{A}=\boldsymbol{E}+(\boldsymbol{B}-\boldsymbol{E})^{-1}=\boldsymbol{E}+\begin{pmatrix}0&-3&0\\2&0&0\\0&0&1\end{pmatrix}^{-1}=\boldsymbol{E}+\begin{pmatrix}0&\frac{1}{2}&0\\-\frac{1}{3}&0&0\\0&0&1\end{pmatrix}=\begin{pmatrix}1&\frac{1}{2}&0\\-\frac{1}{3}&1&0\\0&0&2\end{pmatrix}.$$

注 $\boldsymbol{A}$ 也可直接由 $\boldsymbol{A}+\boldsymbol{B}=\boldsymbol{AB}$ 求得 $\boldsymbol{A}=\boldsymbol{B}(\boldsymbol{B}-\boldsymbol{E})^{-1}$,但运算较繁.

【例 11】 设矩阵 $\boldsymbol{A}=\begin{pmatrix}1&1&-1\\-1&1&1\\1&-1&1\end{pmatrix}$,$\boldsymbol{X}$ 满足 $\boldsymbol{A}^*\boldsymbol{X}=\boldsymbol{A}^{-1}+2\boldsymbol{X}$,其中 $\boldsymbol{A}^*$ 是 $\boldsymbol{A}$ 的伴随阵,求矩阵 $\boldsymbol{X}$.

解 由 $\boldsymbol{A}^*\boldsymbol{X}=\boldsymbol{A}^{-1}+2\boldsymbol{X}$ 得 $(\boldsymbol{A}^*-2\boldsymbol{E})\boldsymbol{X}=\boldsymbol{A}^{-1}$,两边左乘 $\boldsymbol{A}$,由 $\boldsymbol{AA}^*=|\boldsymbol{A}|\boldsymbol{E}$,得 $(|\boldsymbol{A}|\boldsymbol{E}-2\boldsymbol{A})\boldsymbol{X}=\boldsymbol{E}$,从而

$$\boldsymbol{X}=(|\boldsymbol{A}|\boldsymbol{E}-2\boldsymbol{A})^{-1}=\left(2\begin{pmatrix}1&-1&1\\1&1&-1\\-1&1&1\end{pmatrix}\right)^{-1}$$

$$=\frac{1}{2}\begin{pmatrix}1&-1&1\\1&1&-1\\-1&1&1\end{pmatrix}^{-1}=\frac{1}{4}\begin{pmatrix}1&1&0\\0&1&1\\1&0&1\end{pmatrix}.$$

【例 12】 设 $\boldsymbol{A}$ 是 $m\times n$ 矩阵,$\boldsymbol{B}$ 是 $n\times m$ 矩阵. 证明:若 $\boldsymbol{E}_m-\boldsymbol{AB}$ 可逆,则 $\boldsymbol{E}_n-\boldsymbol{BA}$ 也可逆,且 $(\boldsymbol{E}_n-\boldsymbol{BA})^{-1}=\boldsymbol{E}_n+\boldsymbol{B}(\boldsymbol{E}_m-\boldsymbol{AB})^{-1}\boldsymbol{A}$.

证 本题因为已给出了 $(\boldsymbol{E}_n-\boldsymbol{BA})^{-1}$,故证明只需验证即可,即验证

$$(\boldsymbol{E}_n-\boldsymbol{BA})(\boldsymbol{E}_n+\boldsymbol{B}(\boldsymbol{E}_m-\boldsymbol{AB})^{-1}\boldsymbol{A})=\boldsymbol{E}_n.$$

因为

$$\begin{aligned}(\boldsymbol{E}_n-\boldsymbol{BA})(\boldsymbol{E}_n+\boldsymbol{B}(\boldsymbol{E}_m-\boldsymbol{AB})^{-1}\boldsymbol{A})&=\boldsymbol{E}_n-\boldsymbol{BA}+(\boldsymbol{E}_n-\boldsymbol{BA})\boldsymbol{B}(\boldsymbol{E}_m-\boldsymbol{AB})^{-1}\boldsymbol{A}\\&=\boldsymbol{E}_n-\boldsymbol{BA}+\boldsymbol{B}(\boldsymbol{E}_m-\boldsymbol{AB})(\boldsymbol{E}_m-\boldsymbol{AB})^{-1}\boldsymbol{A}\\&=\boldsymbol{E}_n-\boldsymbol{BA}+\boldsymbol{BA}=\boldsymbol{E}_n,\end{aligned}$$

故知 $\boldsymbol{E}_n-\boldsymbol{BA}$ 可逆,且

$$(\boldsymbol{E}_n-\boldsymbol{BA})^{-1}=\boldsymbol{E}_n+\boldsymbol{B}(\boldsymbol{E}_m-\boldsymbol{AB})^{-1}\boldsymbol{A}.$$

注 若没有给出结论,一般可有如下几种证法.

证法一 已知 $\boldsymbol{E}_m-\boldsymbol{AB}$ 可逆,则有

$$(\boldsymbol{E}_m-\boldsymbol{AB})(\boldsymbol{E}_m-\boldsymbol{AB})^{-1}=\boldsymbol{E}_m,$$

即

$$(\boldsymbol{E}_m-\boldsymbol{AB})^{-1}-\boldsymbol{AB}(\boldsymbol{E}_m-\boldsymbol{AB})^{-1}=\boldsymbol{E}_m,$$

上式左乘 $\boldsymbol{B}$,右乘 $\boldsymbol{A}$ 得

$$\boldsymbol{B}(\boldsymbol{E}_m-\boldsymbol{AB})^{-1}\boldsymbol{A}-\boldsymbol{BAB}(\boldsymbol{E}_m-\boldsymbol{AB})^{-1}\boldsymbol{A}=\boldsymbol{BA}$$

$$(\boldsymbol{E}_n-\boldsymbol{BA})\boldsymbol{B}(\boldsymbol{E}_m-\boldsymbol{AB})^{-1}\boldsymbol{A}=(\boldsymbol{BA}-\boldsymbol{E}_n)+\boldsymbol{E}_n$$

$$(\boldsymbol{E}_n-\boldsymbol{BA})(\boldsymbol{B}(\boldsymbol{E}_m-\boldsymbol{AB})^{-1}\boldsymbol{A}+\boldsymbol{E}_n)=\boldsymbol{E}_n,$$

故 $\boldsymbol{E}_n-\boldsymbol{BA}$ 可逆,且 $(\boldsymbol{E}_n-\boldsymbol{BA})^{-1}=\boldsymbol{E}_n+\boldsymbol{B}(\boldsymbol{E}_m-\boldsymbol{AB})^{-1}\boldsymbol{A}$.

证法二 $\boldsymbol{A}(\boldsymbol{E}_n-\boldsymbol{BA})=\boldsymbol{A}-\boldsymbol{ABA}=(\boldsymbol{E}_m-\boldsymbol{AB})\boldsymbol{A}$,

由于 $\boldsymbol{E}_m-\boldsymbol{AB}$ 可逆,故

$$(\boldsymbol{E}_m-\boldsymbol{AB})^{-1}\boldsymbol{A}(\boldsymbol{E}_n-\boldsymbol{BA})=\boldsymbol{A},$$

上式左乘 $\boldsymbol{B}$ 得

$$\boldsymbol{B}(\boldsymbol{E}_m-\boldsymbol{AB})^{-1}\boldsymbol{A}(\boldsymbol{E}_n-\boldsymbol{BA})=\boldsymbol{BA}=-(\boldsymbol{E}_n-\boldsymbol{BA})+\boldsymbol{E}_n$$

$$(\boldsymbol{B}(\boldsymbol{E}_m-\boldsymbol{AB})^{-1}\boldsymbol{A}+\boldsymbol{E}_n)(\boldsymbol{E}_n-\boldsymbol{BA})=\boldsymbol{E}_n,$$

故 $\boldsymbol{E}_n-\boldsymbol{BA}$ 可逆,且$(\boldsymbol{E}_n-\boldsymbol{BA})^{-1}=\boldsymbol{E}_n+\boldsymbol{B}(\boldsymbol{E}_m-\boldsymbol{AB})^{-1}\boldsymbol{A}$.

证法三 (反证法)

假设 $\boldsymbol{E}_n-\boldsymbol{BA}$ 不可逆,即$|\boldsymbol{E}_n-\boldsymbol{BA}|=0$,即存在 $\boldsymbol{x}\neq\boldsymbol{0}$ 使

$$(\boldsymbol{E}_n-\boldsymbol{BA})\boldsymbol{x}=\boldsymbol{0},$$

得

$$\boldsymbol{BAx}=\boldsymbol{x},$$

两边左乘 $\boldsymbol{A}$ 得

$$\boldsymbol{ABAx}=\boldsymbol{Ax},$$

记 $\boldsymbol{Ax}=\boldsymbol{y}$,则 $\boldsymbol{ABy}=\boldsymbol{y}$,即$(\boldsymbol{E}_m-\boldsymbol{AB})\boldsymbol{y}=\boldsymbol{0}$.

由 $\boldsymbol{BAx}=\boldsymbol{x}$ 即 $\boldsymbol{By}=\boldsymbol{x}$ 及 $\boldsymbol{x}\neq\boldsymbol{0}$,可得 $\boldsymbol{y}\neq\boldsymbol{0}$. 从而$|\boldsymbol{E}_m-\boldsymbol{AB}|=0$. 据此推得 $\boldsymbol{E}_m-\boldsymbol{AB}$ 不可逆,与已知矛盾,故 $\boldsymbol{E}_n-\boldsymbol{BA}$ 可逆.

【例 13】 设 $\boldsymbol{A}$ 是 n 阶方阵,$\boldsymbol{x}$ 是 n 维非零列向量,且 $\boldsymbol{A}=\boldsymbol{E}-\boldsymbol{xx}^{\mathrm{T}}$,证明:

(1) $\boldsymbol{A}^2=\boldsymbol{A}$ 的充要条件是 $\boldsymbol{x}^{\mathrm{T}}\boldsymbol{x}=1$;

(2) 当 $\boldsymbol{x}^{\mathrm{T}}\boldsymbol{x}=1$ 时,$\boldsymbol{A}$ 是不可逆矩阵.

证 (1)
$$\begin{aligned}\boldsymbol{A}^2&=(\boldsymbol{E}-\boldsymbol{xx}^{\mathrm{T}})(\boldsymbol{E}-\boldsymbol{xx}^{\mathrm{T}})=\boldsymbol{E}-2\boldsymbol{xx}^{\mathrm{T}}+(\boldsymbol{x}^{\mathrm{T}}\boldsymbol{x})\boldsymbol{xx}^{\mathrm{T}}\\&=\boldsymbol{E}+(\boldsymbol{x}^{\mathrm{T}}\boldsymbol{x}-2)\boldsymbol{xx}^{\mathrm{T}},\end{aligned}$$

若 $\boldsymbol{A}^2=\boldsymbol{A}$,则 $\boldsymbol{E}+(\boldsymbol{x}^{\mathrm{T}}\boldsymbol{x}-2)\boldsymbol{xx}^{\mathrm{T}}=\boldsymbol{E}-\boldsymbol{xx}^{\mathrm{T}}$,即得到

$$(\boldsymbol{x}^{\mathrm{T}}\boldsymbol{x}-1)\boldsymbol{xx}^{\mathrm{T}}=\boldsymbol{O},$$

因为 $\boldsymbol{x}$ 是 n 维非零列向量,所以 n 阶方阵 $\boldsymbol{xx}^{\mathrm{T}}\neq\boldsymbol{O}$,于是 $\boldsymbol{x}^{\mathrm{T}}\boldsymbol{x}-1=0$,即 $\boldsymbol{x}^{\mathrm{T}}\boldsymbol{x}=1$.

反之,若 $\boldsymbol{x}^{\mathrm{T}}\boldsymbol{x}=1$,则 $\boldsymbol{A}^2=\boldsymbol{E}-\boldsymbol{xx}^{\mathrm{T}}=\boldsymbol{A}$.

(2) **证法一**(反证法)

若 $\boldsymbol{A}$ 可逆,因为 $\boldsymbol{x}^{\mathrm{T}}\boldsymbol{x}=1$,故由(1)知 $\boldsymbol{A}^2=\boldsymbol{A}$,两边乘 $\boldsymbol{A}^{-1}$,得 $\boldsymbol{A}=\boldsymbol{E}$,从而 $\boldsymbol{xx}^{\mathrm{T}}=\boldsymbol{O}$,这与已知 $\boldsymbol{x}\neq\boldsymbol{0}$ 矛盾,故 $\boldsymbol{A}$ 不可逆.

证法二(利用方程组)

当 $\boldsymbol{x}^{\mathrm{T}}\boldsymbol{x}=1$ 时,考查

$$\boldsymbol{Ax}=(\boldsymbol{E}-\boldsymbol{xx}^{\mathrm{T}})\boldsymbol{x}=\boldsymbol{x}-\boldsymbol{x}(\boldsymbol{x}^{\mathrm{T}}\boldsymbol{x})=\boldsymbol{x}-\boldsymbol{x}=\boldsymbol{0},$$

由 $\boldsymbol{x}\neq\boldsymbol{0}$,说明齐次线性方程组 $\boldsymbol{Ax}=\boldsymbol{0}$ 有非零解,从而$|\boldsymbol{A}|=0$,故 $\boldsymbol{A}$ 不可逆.

证法三(利用矩阵的秩)

当 $\boldsymbol{x}^{\mathrm{T}}\boldsymbol{x}=1$ 时,由(1)可得 $\boldsymbol{A}^2=\boldsymbol{A}$,即 $\boldsymbol{A}(\boldsymbol{A}-\boldsymbol{E})=\boldsymbol{O}$,于是

$$r(\boldsymbol{A})+r(\boldsymbol{A}-\boldsymbol{E})\leqslant n-r(\boldsymbol{A}(\boldsymbol{A}-\boldsymbol{E}))=n,$$

由于 $\boldsymbol{A}-\boldsymbol{E}=-\boldsymbol{xx}^{\mathrm{T}}\neq\boldsymbol{O}$,即 $r(\boldsymbol{A}-\boldsymbol{E})\geqslant1$,所以可得 $r(\boldsymbol{A})<n$,即 n 阶方阵 $\boldsymbol{A}$ 可逆.

证法四(利用行列式)

当 $\boldsymbol{x}^{\mathrm{T}}\boldsymbol{x}=1$ 时,有 $\boldsymbol{xx}^{\mathrm{T}}\boldsymbol{x}=\boldsymbol{x}$,即$(\boldsymbol{xx}^{\mathrm{T}})\boldsymbol{x}=1\boldsymbol{x}$.

因为 $\boldsymbol{x}\neq\boldsymbol{0}$,所以数 1 是 $\boldsymbol{xx}^{\mathrm{T}}$ 的特征值,于是$|\boldsymbol{xx}^{\mathrm{T}}-\boldsymbol{E}|=0$,有$|\boldsymbol{E}-\boldsymbol{xx}^{\mathrm{T}}|=0$,即$|\boldsymbol{A}|=0$,故 $\boldsymbol{A}$ 不可逆.

【例 14】 设 $\boldsymbol{A}=\begin{pmatrix}a_{11}&a_{12}&a_{13}\\a_{21}&a_{22}&a_{23}\\a_{31}&a_{32}&a_{33}\end{pmatrix}$,且$|\boldsymbol{A}|=2$,求 $\begin{vmatrix}2a_{11}+3a_{21}&a_{11}&3a_{31}\\2a_{12}+3a_{22}&a_{12}&3a_{32}\\2a_{13}+3a_{23}&a_{13}&3a_{33}\end{vmatrix}$ 的值.

解 由行列式的性质可得

$$\begin{vmatrix} 2a_{11}+3a_{21} & a_{11} & 3a_{31} \\ 2a_{12}+3a_{22} & a_{12} & 3a_{32} \\ 2a_{13}+3a_{23} & a_{13} & 3a_{33} \end{vmatrix} = \begin{vmatrix} 3a_{21} & a_{11} & 3a_{31} \\ 3a_{22} & a_{12} & 3a_{32} \\ 3a_{23} & a_{13} & 3a_{33} \end{vmatrix} = -3\times 3\begin{vmatrix} a_{11} & a_{21} & a_{31} \\ a_{12} & a_{22} & a_{32} \\ a_{13} & a_{23} & a_{33} \end{vmatrix}$$

$$= -9\begin{vmatrix} a_{11} & a_{12} & a_{13} \\ a_{21} & a_{22} & a_{23} \\ a_{31} & a_{32} & a_{33} \end{vmatrix} = -9\times 2 = -18.$$

【例 15】 试证

$$\begin{vmatrix} a_1+b_1x & a_1x+b_1 & c_1 \\ a_2+b_2x & a_2x+b_2 & c_2 \\ a_3+b_3x & a_3x+b_3 & c_3 \end{vmatrix} = (1-x^2)\begin{vmatrix} a_1 & b_1 & c_1 \\ a_2 & b_2 & c_2 \\ a_3 & b_3 & c_3 \end{vmatrix}.$$

证 左边$=\begin{vmatrix} a_1 & a_1x+b_1 & c_1 \\ a_2 & a_2x+b_2 & c_2 \\ a_3 & a_3x+b_3 & c_3 \end{vmatrix} + \begin{vmatrix} b_1x & a_1x+b_1 & c_1 \\ b_2x & a_2x+b_2 & c_2 \\ b_3x & a_3x+b_3 & c_3 \end{vmatrix}$

$$= \begin{vmatrix} a_1 & b_1 & c_1 \\ a_2 & b_2 & c_2 \\ a_3 & b_3 & c_3 \end{vmatrix} + x\begin{vmatrix} b_1 & a_1x & c_1 \\ b_2 & a_2x & c_2 \\ b_3 & a_3x & c_3 \end{vmatrix}$$

$$= \begin{vmatrix} a_1 & b_1 & c_1 \\ a_2 & b_2 & c_2 \\ a_3 & b_3 & c_3 \end{vmatrix} + x^2\begin{vmatrix} b_1 & a_1 & c_1 \\ b_2 & a_2 & c_2 \\ b_3 & a_3 & c_3 \end{vmatrix}$$

$=(1-x^2)\begin{vmatrix} a_1 & b_1 & c_1 \\ a_2 & b_2 & c_2 \\ a_3 & b_3 & c_3 \end{vmatrix}=$右边,证毕.

【例 16】 已知$|\mathbf{A}| = \begin{vmatrix} 1 & 2 & 3 & 4 & 5 \\ 5 & 5 & 5 & 3 & 3 \\ 3 & 2 & 5 & 4 & 2 \\ 2 & 2 & 2 & 1 & 1 \\ 4 & 6 & 5 & 2 & 3 \end{vmatrix}$,求

(1) $A_{51}+2A_{52}+3A_{53}+4A_{54}+5A_{55}$;

(2) $A_{31}+A_{32}+A_{33}$及$A_{34}+A_{35}$.

解 由行列式的性质可知

(1) $A_{51}+2A_{52}+3A_{53}+4A_{54}+5A_{55} = \begin{vmatrix} 1 & 2 & 3 & 4 & 5 \\ 5 & 5 & 5 & 3 & 3 \\ 3 & 2 & 5 & 4 & 2 \\ 2 & 2 & 2 & 1 & 1 \\ 1 & 2 & 3 & 4 & 5 \end{vmatrix} = 0$;

(2) $5A_{31}+5A_{32}+5A_{33}+3A_{34}+3A_{35}=\begin{vmatrix}1&2&3&4&5\\5&5&5&3&3\\5&5&5&3&3\\2&2&2&1&1\\4&6&5&2&3\end{vmatrix}=0$,

$$2A_{31}+2A_{32}+2A_{33}+A_{34}+A_{35}=\begin{vmatrix}1&2&3&4&5\\5&5&5&3&3\\2&2&2&1&1\\2&2&2&1&1\\4&6&5&2&3\end{vmatrix}=0,$$

解出 $A_{31}+A_{32}+A_{33}=0$，$A_{34}+A_{35}=0$.

【例 17】 计算 n 阶行列式

$$D_n=\begin{vmatrix}x&-1&&&\\&x&-1&&\\&&\ddots&\ddots&\\&&&x&-1\\a_n&a_{n-1}&\cdots&a_2&a_1+x\end{vmatrix}.$$

解 依次按第 i 列的 x 倍加到第 $i-1$ 列($i=n$, $n=1,\cdots,2$)，再将最后 1 行依次换到第 1 行，得

$$D_n=\begin{vmatrix}&-1&&&\\&&-1&&\\&&&\ddots&\\&&&&-1\\x^n+a_1x^{n-1}+\cdots+a_n&&\cdots&&a_1+x\end{vmatrix}$$

$$=(-1)^{n-1}\begin{vmatrix}x^n+a_1x^{n-1}+\cdots+a_n&&\cdots&&a_1+x\\&-1&&&\\&&&&\vdots\\&&-1&&\\&&&\ddots&\\&&&&-1\end{vmatrix}$$

$$=x^n+a_1x^{n-1}+\cdots+a_n.$$

注 1 直接按第 n 行展开

$$D_n=a_n(-1)^{n+1}(-1)^{n-1}+a_{n-1}(-1)^{n+2}x(-1)^{n-2}+\cdots+(-1)^{n+n}(a_1+x)x^{n-1}$$
$$=a_n+a_{n-1}x+\cdots+a_1x^{n-1}+x^n.$$

注 2 递推法

$$D_n=xD_{n-1}+a_n(-1)^{n+1}(-1)^{n-1}=xD_{n-1}+a_n$$
$$=x(D_{n-1}+a_{n-1})+a_n=\cdots=x^{n-1}D_1+a_2x^{n-2}+\cdots+a_n$$
$$=x^{n-1}(a_1+x)+a_2x^{n-2}+\cdots+a_n=x^n+a_1x^{n-1}+\cdots+a_n.$$

【例 18】 计算 n 阶行列式

$$D_n=\begin{vmatrix} 1 & 2 & 3 & \cdots & n \\ 2 & 3 & 4 & \cdots & 1 \\ \vdots & \vdots & \vdots & \ddots & \vdots \\ n-1 & n & 1 & \cdots & n-2 \\ n & 1 & 2 & \cdots & n-1 \end{vmatrix}.$$

解 依次将第 i 行乘 (-1) 加到第 $i+1$ 行 $(i=n-1,n-2,\cdots,1)$，再将第 $2,3,\cdots,n$ 列全加到第 1 列，得

$$D_n=\begin{vmatrix} 1 & 2 & 3 & \cdots & n \\ 1 & 1 & 1 & \cdots & 1-n \\ \vdots & \vdots & \vdots & \ddots & \vdots \\ 1 & 1 & 1-n & \cdots & 1 \\ 1 & 1-n & 1 & \cdots & 1 \end{vmatrix}=\begin{vmatrix} \frac{n(n+1)}{2} & 2 & 3 & \cdots & n \\ 0 & 1 & 1 & \cdots & 1-n \\ \vdots & \vdots & \vdots & \ddots & \vdots \\ 0 & 1 & 1-n & \cdots & 1 \\ 0 & 1-n & 1 & \cdots & 1 \end{vmatrix}$$

$$=\frac{n(n+1)}{2}\begin{vmatrix} 1 & 1 & \cdots & 1-n \\ \vdots & \vdots & \ddots & \vdots \\ 1 & 1-n & \cdots & 1 \\ 1-n & 1 & \cdots & 1 \end{vmatrix}.$$

再将 $n-1$ 阶行列式的第 1 行乘 (-1) 加到其余各行后，将第 $1,2,\cdots,n-2$ 列全加到第 $n-1$ 列，得

$$D_n=\frac{n(n+1)}{2}\begin{vmatrix} 1 & 1 & \cdots & 1-n \\ & & -n & n \\ & \iddots & & \vdots \\ -n & & & n \end{vmatrix}$$

$$=\frac{n(n+1)}{2}\begin{vmatrix} 1 & 1 & \cdots & -1 \\ & & -n & \\ & \iddots & & \\ -n & & & \end{vmatrix}$$

$$=\frac{n(n+1)}{2}(-1)^{\frac{(n-1)(n-2)}{2}}(-n)^{n-2}(-1)$$

$$=(-1)^{\frac{(n-1)n}{2}}\cdot\frac{n(n+1)}{2}n^{n-2}.$$

【例 19】 已知方程

$$\begin{vmatrix} 1 & 1 & 1 & 1 \\ -1 & 1 & 2 & 3 \\ 1 & 1 & 4 & 15 \\ 1 & x & x^2 & x^3 \end{vmatrix}+\begin{vmatrix} 1 & 1 & 1 & 1 \\ 2 & 1 & 2 & 5 \\ 1 & 1 & 4 & 15 \\ 1 & x & x^2 & x^3 \end{vmatrix}+\begin{vmatrix} 1 & 1 & 1 & 1 \\ 1 & 2 & 4 & 8 \\ 0 & 2 & 5 & 12 \\ 1 & x & x^2 & x^3 \end{vmatrix}=0,$$

求 x.

解 由行列式的加法性质,原方程可化为

$$\begin{vmatrix}1&1&1&1\\1&2&4&8\\1&1&4&15\\1&x&x^2&x^3\end{vmatrix}+\begin{vmatrix}1&1&1&1\\1&2&4&8\\0&2&5&12\\1&x&x^2&x^3\end{vmatrix}=\begin{vmatrix}1&1&1&1\\1&2&4&8\\1&3&9&27\\1&x&x^2&x^3\end{vmatrix}=\begin{vmatrix}1&1&1&1\\1&2&3&x\\1&4&9&x^2\\1&8&27&x^3\end{vmatrix}$$

$$=(2-1)\times(3-1)\times(3-2)(x-1)(x-2)(x-3)=0,$$

得 $x=1$ 或 $x=2$ 或 $x=3$.

【例 20】 已知 $\boldsymbol{A}$ 为三阶方阵,且 $|\boldsymbol{A}|=\frac{1}{3}$,求 $\left|\left(\frac{1}{7}\boldsymbol{A}\right)^{-1}-12\boldsymbol{A}^*\right|$ 的值.

解 由逆阵的性质和转置伴随阵的定义及行列式的性质可知

$$\begin{aligned}\left|\left(\frac{1}{7}\boldsymbol{A}\right)^{-1}-12\boldsymbol{A}^*\right|&=|7\boldsymbol{A}^{-1}-12\boldsymbol{A}^*|=|\boldsymbol{A}^{-1}||7\boldsymbol{E}-12\boldsymbol{A}\boldsymbol{A}^*|\\&=|\boldsymbol{A}|^{-1}|7\boldsymbol{E}-12|\boldsymbol{A}|\boldsymbol{E}|\\&=|\boldsymbol{A}|^{-1}|7\boldsymbol{E}-4\boldsymbol{E}|=3\times3^3=81.\end{aligned}$$

【例 21】 设 $\boldsymbol{A}$ 为三阶方阵,且 A_{ij} 为 a_{ij} 的代数余子式,又 $a_{ij}=A_{ij}\,(i,j=1,2,3)$,$a_{33}\neq0$,求 $|\boldsymbol{A}|$.

解 由于 $a_{ij}=A_{ij}$,得知 $\boldsymbol{A}^*=\boldsymbol{A}^{\mathrm{T}}$,两边取行列式得 $|\boldsymbol{A}^*|=|\boldsymbol{A}^{\mathrm{T}}|$,即 $|\boldsymbol{A}|^{3-1}=|\boldsymbol{A}|$,得 $|\boldsymbol{A}|=0$ 或 1,而由于

$$|\boldsymbol{A}|=a_{31}A_{31}+a_{32}A_{32}+a_{33}A_{33}=a_{31}^2+a_{32}^2+a_{33}^2>0,$$

所以 $|\boldsymbol{A}|=1$. 这时 $\boldsymbol{A}\boldsymbol{A}^*=\boldsymbol{A}\boldsymbol{A}^{\mathrm{T}}=\boldsymbol{E}$,故 $\boldsymbol{A}$ 为正交阵.

【例 22】 计算 $2n$ 阶行列式

$$D_{2n}=\begin{vmatrix}a&&&&&&b\\&a&&&&b&\\&&\ddots&&\iddots&&\\&&&a\ \ b&&&\\&&&c\ \ d&&&\\&&\iddots&&\ddots&&\\&c&&&&d&\\c&&&&&&d\end{vmatrix}.$$

解 将第 $2n$ 行依次换到第 2 行,第 $2n$ 列依次换到第 2 列,得

$$D_{2n}=\begin{vmatrix}a&b&&&&&\\c&d&&&&&\\&&a&&&&b\\&&&\ddots&&\iddots&\\&&&&a\ \ b&&\\&&&&c\ \ d&&\\&&&\iddots&&\ddots&\\&&c&&&&d\end{vmatrix}=\begin{vmatrix}a&b\\c&d\end{vmatrix}D_{2n-2}$$

$$=\cdots=(ad-bc)^{n-1}D_2=(ad-bc)^n.$$

【例 23】 设 $\boldsymbol{A}$ 为 n 阶非奇异矩阵,$\boldsymbol{\alpha}$ 为 n 维列向量,b 为常数. 记分块矩阵

$$\boldsymbol{P}=\begin{pmatrix}\boldsymbol{E} & \boldsymbol{0}\\ -\boldsymbol{\alpha}^{\mathrm{T}}\boldsymbol{A}^{*} & |\boldsymbol{A}|\end{pmatrix},\ \boldsymbol{Q}=\begin{pmatrix}\boldsymbol{A} & \boldsymbol{\alpha}\\ \boldsymbol{\alpha}^{\mathrm{T}} & b\end{pmatrix},$$

其中 $\boldsymbol{A}^{*}$ 是矩阵 $\boldsymbol{A}$ 的伴随矩阵,$\boldsymbol{E}$ 为 n 阶单位矩阵.

(1) 计算并化简 $\boldsymbol{PQ}$; (2) 证明:矩阵 $\boldsymbol{Q}$ 可逆的充分必要条件是 $\boldsymbol{\alpha}^{\mathrm{T}}\boldsymbol{A}^{-1}\boldsymbol{\alpha}\neq b$.

解 (1) 因为 $\boldsymbol{AA}^{*}=\boldsymbol{A}^{*}\boldsymbol{A}=|\boldsymbol{A}|\boldsymbol{E}$,故

$$\begin{aligned}\boldsymbol{PQ}&=\begin{pmatrix}\boldsymbol{E} & 0\\ -\boldsymbol{\alpha}^{\mathrm{T}}\boldsymbol{A}^{*} & |\boldsymbol{A}|\end{pmatrix}\begin{pmatrix}\boldsymbol{A} & \boldsymbol{\alpha}\\ \boldsymbol{\alpha}^{\mathrm{T}} & b\end{pmatrix}=\begin{pmatrix}\boldsymbol{A} & \boldsymbol{\alpha}\\ -\boldsymbol{\alpha}^{\mathrm{T}}\boldsymbol{A}^{*}\boldsymbol{A}+|\boldsymbol{A}|\boldsymbol{\alpha}^{\mathrm{T}} & -\boldsymbol{\alpha}^{\mathrm{T}}\boldsymbol{A}^{*}\boldsymbol{\alpha}+b|\boldsymbol{A}|\end{pmatrix}\\ &=\begin{pmatrix}\boldsymbol{A} & \boldsymbol{\alpha}\\ 0 & |\boldsymbol{A}|(b-\boldsymbol{\alpha}^{\mathrm{T}}\boldsymbol{A}^{-1}\boldsymbol{\alpha})\end{pmatrix}.\end{aligned}$$

(2) 由(1)可得 $|\boldsymbol{PQ}|=\begin{vmatrix}\boldsymbol{A} & \boldsymbol{\alpha}\\ 0 & |\boldsymbol{A}|(b-\boldsymbol{\alpha}^{\mathrm{T}}\boldsymbol{A}^{-1}\boldsymbol{\alpha})\end{vmatrix}$,即

$$|\boldsymbol{P}|\cdot|\boldsymbol{Q}|=|\boldsymbol{A}|^{2}(b-\boldsymbol{\alpha}^{\mathrm{T}}\boldsymbol{A}^{-1}\boldsymbol{\alpha}). \qquad (*)$$

据已知 $|\boldsymbol{P}|=|\boldsymbol{E}|\cdot|\boldsymbol{A}|=|\boldsymbol{A}|\neq 0$,代入$(*)$,得

$$|\boldsymbol{Q}|=|\boldsymbol{A}|(b-\boldsymbol{\alpha}^{\mathrm{T}}\boldsymbol{A}^{-1}\boldsymbol{\alpha}). \qquad (**)$$

由$(**)$知,$|\boldsymbol{Q}|\neq 0$ 的充分必要条件为 $\boldsymbol{\alpha}^{\mathrm{T}}\boldsymbol{A}^{-1}\boldsymbol{\alpha}\neq b$. 故有结论:矩阵 $\boldsymbol{Q}$ 可逆的充分必要条件是 $\boldsymbol{\alpha}^{\mathrm{T}}\boldsymbol{A}^{-1}\boldsymbol{\alpha}\neq b$.

【例 24】 设 $\boldsymbol{A}$ 和 $\boldsymbol{B}$ 均为 n 阶方阵,试证 $\boldsymbol{AB}$ 和 $\boldsymbol{BA}$ 的主对角线上元素之和相等.

证 设 $\boldsymbol{A}=(a_{ij})_{n\times n}$,$\boldsymbol{B}=(b_{ij})_{n\times n}$,且记 $\boldsymbol{C}=(c_{ij})_{n\times n}=\boldsymbol{AB}$,$\boldsymbol{D}=(d_{ij})_{n\times n}=\boldsymbol{BA}$,则 $\boldsymbol{C}=\boldsymbol{AB}$ 的主对角线上元素之和为

$$\sum_{i=1}^{n}c_{ii}=\sum_{i=1}^{n}\Big(\sum_{k=1}^{n}a_{ik}b_{ki}\Big)=\sum_{i=1}^{n}\sum_{k=1}^{n}a_{ik}b_{ki},$$

而 $\boldsymbol{D}=\boldsymbol{BA}$ 的主对角线上元素之和为

$$\sum_{k=1}^{n}d_{kk}=\sum_{k=1}^{n}\Big(\sum_{i=1}^{n}b_{ki}a_{ik}\Big)=\sum_{i=1}^{n}\sum_{k=1}^{n}a_{ik}b_{ki}=\sum_{i=1}^{n}c_{ii},$$

故 $\boldsymbol{AB}$ 与 $\boldsymbol{BA}$ 的主对角线上元素之和相等.

注 1 称 n 阶方阵 $\boldsymbol{A}$ 对角线元素之和为 $\boldsymbol{A}$ 的迹,记作 $\mathrm{tr}\boldsymbol{A}$. 本例说明,对任何两个同阶方阵 $\boldsymbol{A}$、$\boldsymbol{B}$,有 $\mathrm{tr}(\boldsymbol{AB})=\mathrm{tr}(\boldsymbol{BA})$.

注 2 本例可变形成证明:对任意 n 阶方阵 $\boldsymbol{A}$ 和 $\boldsymbol{B}$ 都有

$$\boldsymbol{AB}-\boldsymbol{BA}\neq\boldsymbol{E}.$$

注 3 以后可知 $\boldsymbol{AB}$ 与 $\boldsymbol{BA}$ 的非零特征值相同,而迹为特征值之和,故 $\boldsymbol{AB}$ 与 $\boldsymbol{BA}$ 的迹一样.

【例 25】 设 $\boldsymbol{A}$ 为 n 阶可逆对称矩阵,$\boldsymbol{B}$ 为 n 阶对称矩阵,当 $\boldsymbol{E}+\boldsymbol{AB}$ 可逆时,试证 $(\boldsymbol{E}+\boldsymbol{AB})^{-1}\boldsymbol{A}$为对称矩阵.

证 **证法一**

$$\begin{aligned}((\boldsymbol{E}+\boldsymbol{AB})^{-1}\boldsymbol{A})^{\mathrm{T}}&=\boldsymbol{A}^{\mathrm{T}}((\boldsymbol{E}+\boldsymbol{AB})^{\mathrm{T}})^{-1}=\boldsymbol{A}(\boldsymbol{E}+\boldsymbol{B}^{\mathrm{T}}\boldsymbol{A}^{\mathrm{T}})^{-1}=\boldsymbol{A}(\boldsymbol{E}+\boldsymbol{BA})^{-1}\\&=((\boldsymbol{E}+\boldsymbol{BA})\boldsymbol{A}^{-1})^{-1}=(\boldsymbol{A}^{-1}+\boldsymbol{B})^{-1}=(\boldsymbol{A}^{-1}(\boldsymbol{E}+\boldsymbol{AB}))^{-1}\\&=(\boldsymbol{E}+\boldsymbol{AB})^{-1}\boldsymbol{A}.\end{aligned}$$

证法二 由于可逆的对称矩阵的逆矩阵仍为对称矩阵，因此，只须证明

$$((\boldsymbol{E}+\boldsymbol{AB})^{-1}\boldsymbol{A})^{-1}=\boldsymbol{A}^{-1}(\boldsymbol{E}+\boldsymbol{AB})=\boldsymbol{A}^{-1}+\boldsymbol{B}$$

为对称矩阵即可．而由 $\boldsymbol{A},\boldsymbol{B}$ 均为对称矩阵可知

$$(\boldsymbol{A}^{-1}+\boldsymbol{B})^{\mathrm{T}}=(\boldsymbol{A}^{\mathrm{T}})^{-1}+\boldsymbol{B}^{\mathrm{T}}=\boldsymbol{A}^{-1}+\boldsymbol{B},$$

故 $(\boldsymbol{E}+\boldsymbol{AB})^{-1}\boldsymbol{A}$ 亦为对称阵．

【例 26】 设矩阵 $\boldsymbol{A},\boldsymbol{B}$ 满足 $\boldsymbol{A}^*\boldsymbol{BA}=2\boldsymbol{BA}-8\boldsymbol{E}$，其中 $\boldsymbol{A}=\begin{pmatrix}1&0&0\\0&-2&0\\0&0&1\end{pmatrix}$，$\boldsymbol{E}$ 为单位矩阵，$\boldsymbol{A}^*$ 为 $\boldsymbol{A}$ 的伴随矩阵，求矩阵 $\boldsymbol{B}$．

解 由 $\boldsymbol{A}^*\boldsymbol{BA}=2\boldsymbol{BA}-8\boldsymbol{E}$ 知 $(\boldsymbol{A}^*-2\boldsymbol{E})\boldsymbol{BA}=-8\boldsymbol{E}$；由 $\boldsymbol{A}=\begin{pmatrix}1&0&0\\0&-2&0\\0&0&1\end{pmatrix}$ 得 $|\boldsymbol{A}|^{-1}=-2$，

$\boldsymbol{A}^{-1}=\begin{pmatrix}1&0&0\\0&-\frac{1}{2}&0\\0&0&1\end{pmatrix}$，$\boldsymbol{A}^*=|\boldsymbol{A}|\boldsymbol{A}^{-1}=\begin{pmatrix}-2&0&0\\0&1&0\\0&0&-2\end{pmatrix}$，故 $\boldsymbol{A}^*-2\boldsymbol{E}=\begin{pmatrix}-4&0&0\\0&-1&0\\0&0&-4\end{pmatrix}$．

于是

$$\begin{aligned}\boldsymbol{B}&=-8(\boldsymbol{A}^*-2\boldsymbol{E})^{-1}\boldsymbol{A}^{-1}\\&=-8\begin{pmatrix}-\frac{1}{4}&0&0\\0&-1&0\\0&0&-\frac{1}{4}\end{pmatrix}\begin{pmatrix}1&0&0\\0&-\frac{1}{2}&0\\0&0&1\end{pmatrix}\\&=\begin{pmatrix}2&0&0\\0&-4&0\\0&0&2\end{pmatrix}.\end{aligned}$$

【例 27】 设 n 阶方阵 $\boldsymbol{A}$ 可逆，若 $\boldsymbol{A}$ 的第 i 行上每一元素乘同一个常数 $k(\neq 0)$ 后得到矩阵 $\boldsymbol{B}$．

(1) 证明 $\boldsymbol{B}$ 可逆，并证明 $\boldsymbol{B}^{-1}$ 是由 $\boldsymbol{A}^{-1}$ 的第 i 列上每一个元素乘同一个常数 $\frac{1}{k}$ 后得到的矩阵．

(2) 求 $\boldsymbol{AB}^{-1}$ 及 $\boldsymbol{BA}^{-1}$．

解 由已知得 $\boldsymbol{P}(i(k))\boldsymbol{A}=\boldsymbol{B}$，$\boldsymbol{P}(i(k))$ 为 $\boldsymbol{E}$ 的第 i 行乘常数 k 后得到的初等阵．

(1) 由于 $\boldsymbol{P}(i(k))$，$\boldsymbol{A}$ 均可逆，故 $\boldsymbol{B}=\boldsymbol{P}(i(k))\boldsymbol{A}$ 亦可逆，且

$$\boldsymbol{B}^{-1}=\boldsymbol{A}^{-1}\boldsymbol{P}^{-1}(i(k))=\boldsymbol{A}^{-1}\boldsymbol{P}\left(i\left(\frac{1}{k}\right)\right),$$

可见 $\boldsymbol{B}^{-1}$ 即为 $\boldsymbol{A}^{-1}$ 的第 i 列上每一个元素乘同一个常数 $\frac{1}{k}$ 后得到的矩阵．

(2) 由(1)知 $\boldsymbol{AB}^{-1}=\boldsymbol{AA}^{-1}\boldsymbol{P}\left(i\left(\frac{1}{k}\right)\right)=\boldsymbol{P}\left(i\left(\frac{1}{k}\right)\right)$ 及

$$\boldsymbol{BA}^{-1}=(\boldsymbol{AB}^{-1})^{-1}=\boldsymbol{P}^{-1}\left(i\left(\frac{1}{k}\right)\right)=\boldsymbol{P}(i(k)).$$

【例 28】 证明:n 阶矩阵 $\boldsymbol{A}$ 与任何 n 阶矩阵可交换的充分必要条件是 $\boldsymbol{A}$ 是数量阵.

证 先证充分性. 设 $\boldsymbol{A}$ 是数量阵,即 $\boldsymbol{A}=a\boldsymbol{E}$,显然 $\boldsymbol{A}$ 与任何同阶方阵可交换.

后证必要性. 设 $\boldsymbol{A}=(a_{ij})_{n\times n}$ 与任何 n 阶方阵可交换,则 $\boldsymbol{A}$ 与 $\boldsymbol{E}_{ij}$ 可交换($\boldsymbol{E}_{ij}$ 是 $i-j$ 元素为 1,其余元素为零的 $n\times n$ 矩阵),现

$$\boldsymbol{E}_{ij}\boldsymbol{A}=\begin{pmatrix}\boldsymbol{0}^{\mathrm{T}}\\ \vdots\\ \boldsymbol{e}_j^{\mathrm{T}}\\ \vdots\\ \boldsymbol{0}^{\mathrm{T}}\end{pmatrix}\boldsymbol{A}=\begin{pmatrix}\boldsymbol{0}^{\mathrm{T}}\\ \vdots\\ \boldsymbol{e}_j^{\mathrm{T}}\boldsymbol{A}\\ \vdots\\ \boldsymbol{0}^{\mathrm{T}}\end{pmatrix}=\begin{pmatrix}0&0&\cdots&0&\cdots&0\\ \vdots&\vdots&\ddots&\vdots&\iddots&\vdots\\ a_{j1}&a_{j2}&\cdots&a_{jj}&\cdots&a_{jn}\\ \vdots&\vdots&\iddots&\vdots&\ddots&\vdots\\ 0&0&\cdots&\underset{\substack{\uparrow\\ j\text{列}}}{0}&\cdots&0\end{pmatrix}\leftarrow i\text{行},$$

$$\boldsymbol{AE}_{ij}=\boldsymbol{A}(\boldsymbol{0},\cdots,\underset{\substack{\uparrow\\ j\text{列}}}{\boldsymbol{e}_i},\cdots,\boldsymbol{0})=(\boldsymbol{0},\cdots,\boldsymbol{Ae}_i,\cdots,\boldsymbol{0}),$$

$$=\begin{pmatrix}0&0&\cdots&a_{1i}&\cdots&0\\ 0&0&\cdots&a_{2i}&\cdots&0\\ \vdots&\vdots&\ddots&\vdots&\iddots&\vdots\\ 0&0&\cdots&a_{ii}&\cdots&0\\ \vdots&\vdots&\iddots&\vdots&\ddots&\vdots\\ 0&0&\cdots&\underset{\substack{\uparrow\\ j\text{列}}}{a_{ni}}&\cdots&0\end{pmatrix}\leftarrow i\text{行},$$

其中 $\boldsymbol{e}_i,\boldsymbol{e}_j$ 是单位阵 $\boldsymbol{E}$ 的第 i 列与第 j 列. 因为 $\boldsymbol{AE}_{ij}=\boldsymbol{E}_{ij}\boldsymbol{A}$,比较两个矩阵的对应元素,得

$$a_{ii}=a_{jj},\ a_{jk}=0\ (k\neq j),\ a_{ki}=0\ (k\neq i)\ (i=1,2,\cdots,n;\ j=1,2,\cdots,n),$$

记 $a_{ii}=a$,则与任何矩阵可交换的矩阵是数量阵 $\boldsymbol{A}=a\boldsymbol{E}$.

【例 29】 设 $\boldsymbol{A}=\begin{pmatrix}a_1b_1&a_1b_2&\cdots&a_1b_n\\ a_2b_1&a_2b_2&\cdots&a_2b_n\\ \vdots&\vdots&\ddots&\vdots\\ a_nb_1&a_nb_2&\cdots&a_nb_n\end{pmatrix}$,求 $\boldsymbol{A}^2$ 的秩.

解 因为

$$\boldsymbol{A}=\begin{pmatrix}a_1b_1&a_1b_2&\cdots&a_1b_n\\ a_2b_1&a_2b_2&\cdots&a_2b_n\\ \vdots&\vdots&\ddots&\vdots\\ a_nb_1&a_nb_2&\cdots&a_nb_n\end{pmatrix}=\begin{pmatrix}a_1\\ a_2\\ \vdots\\ a_n\end{pmatrix}(b_1,b_2,\cdots,b_n)$$

易知 $\boldsymbol{A}$ 的任两行对应成比例,即所有二阶子式全为零,得 $r(\boldsymbol{A})\leqslant 1$,当 $a_1,a_2,\cdots,a_n$ 全为零或 $b_1,b_2,\cdots,b_n$ 全为零时,$r(\boldsymbol{A})=0$,否则 $r(\boldsymbol{A})=1$. 而

$$A^2=\begin{pmatrix}a_1\\a_2\\\vdots\\a_n\end{pmatrix}(b_1,b_2,\cdots,b_n)\begin{pmatrix}a_1\\a_2\\\vdots\\a_n\end{pmatrix}(b_1,b_2,\cdots,b_n)=(\sum_{i=1}^{n}a_ib_i)A,$$

故
$$r(A^2)=\begin{cases}0, & \sum_{i=1}^{n}a_ib_i=0\\1, & \sum_{i=1}^{n}a_ib_i\neq 0\end{cases}.$$

【例 30】 讨论 n 阶方阵 A 的秩

$$A=\begin{pmatrix}a & b & \cdots & b\\b & a & \cdots & b\\\vdots & \vdots & \ddots & \vdots\\b & b & \cdots & a\end{pmatrix}$$

解 将 A 化为行梯形阵,即

$$A=\begin{pmatrix}a & b & \cdots & b\\b & a & \cdots & b\\\vdots & \vdots & \ddots & \vdots\\b & b & \cdots & a\end{pmatrix}\sim\begin{pmatrix}a+(n-1)b & b & \cdots & b\\a+(n-1)b & a & \cdots & b\\\vdots & \vdots & \ddots & \vdots\\a+(n-1)b & b & \cdots & a\end{pmatrix}$$

$$\sim\begin{pmatrix}a+(n-1)b & b & \cdots & b\\ & a-b & & \\ & & \ddots & \\ & & & a-b\end{pmatrix}.$$

当 $a\neq b$ 且 $a+(n-1)b\neq 0$ 时,$r(A)=n$;
当 $a\neq b$ 且 $a+(n-1)b=0$ 时,$r(A)=n-1$;
当 $a=b=0$ 时,$r(A)=0$;
当 $a=b\neq 0$ 时,$r(A)=1$.

【例 31】 设 $A=\begin{pmatrix}1\\1\\1\\1\end{pmatrix}(1,1,1,1)$,$r(B)=2$,求 $r(AB-B)$的值.

解 因为 $AB-B=(A-E)B$,而

$$|A-E|=\begin{vmatrix}0 & 1 & 1 & 1\\1 & 0 & 1 & 1\\1 & 1 & 0 & 1\\1 & 1 & 1 & 0\end{vmatrix}=-3\neq 0,$$

即 $A-E$ 可逆,故 $r((A-E)B)=r(B)=2$.

1.4 练习题全解

练习 1.1

1. 令 $Q(\sqrt{3})=\{a+b\sqrt{3}\,|\,a,b\in Q\}$,其中 Q 为有理数域,证明 $Q(\sqrt{3})$ 为一个数域.

证 任取 $Q(\sqrt{3})$ 中两个元素 $a_1+b_1\sqrt{3}$,$a_2+b_2\sqrt{3}$,有

$$a_1+b_1\sqrt{3}+a_2+b_2\sqrt{3}=(a_1+a_2)+(b_1+b_2)\sqrt{3}\in Q(\sqrt{3}),$$

$$(a_1+b_1\sqrt{3})-(a_2+b_2\sqrt{3})=(a_1-a_2)+(b_1-b_2)\sqrt{3}\in Q(\sqrt{3}),$$

$$(a_1+b_1\sqrt{3})\cdot(a_2+b_2\sqrt{3})=(a_1a_2+3b_1b_2)+(a_1b_2+a_2b_1)\sqrt{3}\in Q(\sqrt{3}),$$

$$\frac{a_1+b_1\sqrt{3}}{a_2+b_2\sqrt{3}}=\frac{(a_1a_2-3b_1b_2)+(a_2b_1-a_1b_2)\sqrt{3}}{a_2^2-3b_2^2}\in Q(\sqrt{3}),$$

由加减乘除封闭,故 $Q(\sqrt{3})$ 是一个数域.

2. 复数域.

练习 1.2

1. 设 $\boldsymbol{A}=\begin{pmatrix}2&0&-1\\3&1&-2\end{pmatrix}$,$\boldsymbol{B}=\begin{pmatrix}-1&1&2\\-2&1&5\end{pmatrix}$,求 $\boldsymbol{A}+\boldsymbol{B}$,$\boldsymbol{A}-\boldsymbol{B}$,$2\boldsymbol{A}-3\boldsymbol{B}$.

解 $$\boldsymbol{A}+\boldsymbol{B}=\begin{pmatrix}2&0&-1\\3&1&-2\end{pmatrix}+\begin{pmatrix}-1&1&2\\-2&1&5\end{pmatrix}=\begin{pmatrix}1&1&1\\1&2&3\end{pmatrix},$$

$$\boldsymbol{A}-\boldsymbol{B}=\begin{pmatrix}2&0&-1\\3&1&-2\end{pmatrix}-\begin{pmatrix}-1&1&2\\-2&1&5\end{pmatrix}=\begin{pmatrix}3&-1&-3\\5&0&-7\end{pmatrix},$$

$$2\boldsymbol{A}-3\boldsymbol{B}=\begin{pmatrix}4&0&-2\\6&2&-4\end{pmatrix}-\begin{pmatrix}-3&3&6\\-6&3&15\end{pmatrix}=\begin{pmatrix}7&-3&-8\\12&-1&-19\end{pmatrix}.$$

2. 设矩阵 $\boldsymbol{X}$ 满足 $\boldsymbol{X}-2\boldsymbol{A}=\boldsymbol{B}-\boldsymbol{X}$,其中 $\boldsymbol{A}=\begin{pmatrix}2&-1\\-1&2\end{pmatrix}$,$\boldsymbol{B}=\begin{pmatrix}0&-2\\-2&0\end{pmatrix}$,求 $\boldsymbol{X}$.

解 由 $\boldsymbol{X}-2\boldsymbol{A}=\boldsymbol{B}-\boldsymbol{X}$,得

$$\boldsymbol{X}=\boldsymbol{A}+\frac{1}{2}\boldsymbol{B}=\begin{pmatrix}2&-1\\-1&2\end{pmatrix}+\frac{1}{2}\begin{pmatrix}0&-2\\-2&0\end{pmatrix}$$

$$=\begin{pmatrix}2&-1\\-1&2\end{pmatrix}+\begin{pmatrix}0&-1\\-1&0\end{pmatrix}$$

$$=\begin{pmatrix}2&-2\\-2&2\end{pmatrix}.$$

3. 某石油公司所属的三家炼油厂 A_1,A_2,A_3 在 1997 年和 1998 年生产的 4 种油品 B_1,B_2,B_3,B_4 的产量如下表所示(单位:万吨).

产量＼油品 炼油厂	1997年				1998年			
	B_1	B_2	B_3	B_4	B_1	B_2	B_3	B_4
A_1	58	27	15	4	63	25	13	5
A_2	72	30	18	5	90	30	20	7
A_3	65	25	14	3	80	28	18	5

(1) 作矩阵 $\boldsymbol{A}_{3\times4}$ 和 $\boldsymbol{B}_{3\times4}$ 分别表示三家炼油厂 1997 年和 1998 年各种油品的产量；

(2) 计算 $\boldsymbol{A}+\boldsymbol{B}$ 与 $\boldsymbol{B}-\boldsymbol{A}$，并说明其经济意义；

(3) 计算 $\frac{1}{2}(\boldsymbol{A}+\boldsymbol{B})$，并说明其经济意义.

解 (1) $\boldsymbol{A}=\begin{pmatrix}58&27&15&4\\72&30&18&5\\65&25&14&3\end{pmatrix}$，$\boldsymbol{B}=\begin{pmatrix}63&25&13&5\\90&30&20&7\\80&28&18&5\end{pmatrix}$.

(2) $\boldsymbol{A}+\boldsymbol{B}=\begin{pmatrix}121&52&28&9\\162&60&38&12\\145&53&32&8\end{pmatrix}$，

其经济意义表示三家炼油厂 1997 年和 1998 年两年各种油品产量的和.

$\boldsymbol{B}-\boldsymbol{A}=\begin{pmatrix}5&-2&-2&1\\18&0&2&2\\15&3&4&2\end{pmatrix}$，

其经济意义表示三家炼油厂在 1997 年和 1998 年两年之间各种油品产量的变化量.

(3) $\frac{1}{2}(\boldsymbol{A}+\boldsymbol{B})=\begin{pmatrix}60.5&26&14&4.5\\81&30&19&6\\72.5&26.5&16&4\end{pmatrix}$，

其经济意义表示三家炼油厂在 1997 年和 1998 年两年各种油品的平均产量.

4. 计算下列矩阵的乘积：

(1) $\begin{pmatrix}3&-2&1\\1&-1&2\end{pmatrix}\begin{pmatrix}-1&5\\-2&4\\3&-1\end{pmatrix}$；　　(2) $\begin{pmatrix}1&1\\0&0\end{pmatrix}\begin{pmatrix}0&2\\0&3\end{pmatrix}$；

(3) $\begin{pmatrix}0&2\\0&3\end{pmatrix}\begin{pmatrix}1&1\\0&0\end{pmatrix}$；　　(4) $\begin{pmatrix}1\\2\\3\end{pmatrix}(1\quad 2\quad 3)$；

(5) $(1\quad 2\quad 3)\begin{pmatrix}1\\2\\3\end{pmatrix}$；　　(6) $\begin{pmatrix}4&0&-1&6\\-1&2&5&3\\3&7&1&-2\end{pmatrix}\begin{pmatrix}5&-1\\2&0\\-4&7\\1&3\end{pmatrix}$；

(7) $(1\quad -1\quad 2)\begin{pmatrix}-1&2&0\\0&1&1\\3&0&-1\end{pmatrix}\begin{pmatrix}2\\-1\\-2\end{pmatrix}$.

解 (1) $\begin{pmatrix}3&-2&1\\1&-1&2\end{pmatrix}\begin{pmatrix}-1&5\\-2&4\\3&-1\end{pmatrix}=\begin{pmatrix}4&6\\7&-1\end{pmatrix}$.

(2) $\begin{pmatrix}1&1\\0&0\end{pmatrix}\begin{pmatrix}0&2\\0&3\end{pmatrix}=\begin{pmatrix}0&5\\0&0\end{pmatrix}$.

(3) $\begin{pmatrix}0&2\\0&3\end{pmatrix}\begin{pmatrix}1&1\\0&0\end{pmatrix}=\begin{pmatrix}0&0\\0&0\end{pmatrix}$.

(4) $\begin{pmatrix}1\\2\\3\end{pmatrix}(1\quad 2\quad 3)=\begin{pmatrix}1&2&3\\2&4&6\\3&6&9\end{pmatrix}$.

(5) $(1\quad 2\quad 3)\begin{pmatrix}1\\2\\3\end{pmatrix}=14$.

(6) $\begin{pmatrix}4&0&-1&6\\-1&2&5&3\\3&7&1&-2\end{pmatrix}\begin{pmatrix}5&-1\\2&0\\-4&7\\1&3\end{pmatrix}=\begin{pmatrix}30&7\\-18&45\\23&-2\end{pmatrix}$.

(7) $(1\quad -1\quad 2)\begin{pmatrix}-1&2&0\\0&1&1\\3&0&-1\end{pmatrix}\begin{pmatrix}2\\-1\\-2\end{pmatrix}=(5\quad 1\quad -3)\begin{pmatrix}2\\-1\\-2\end{pmatrix}=15$.

5. 如图 1-1 所示,考虑边长为 2 的正方形 $V_1V_2V_3V_4$:设其顶点和各边中点的坐标分别为 $V_1=\begin{pmatrix}0\\0\end{pmatrix}$,$V_2=\begin{pmatrix}2\\0\end{pmatrix}$,$V_3=\begin{pmatrix}2\\2\end{pmatrix}$,…,$V_8=\begin{pmatrix}0\\1\end{pmatrix}$.

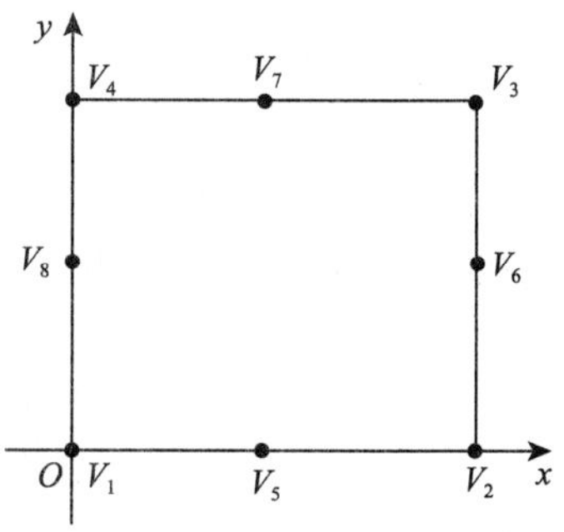

图 1-1

(1) 用矩阵 $\boldsymbol{A}=\begin{pmatrix}1&1\\1&-1\end{pmatrix}$分别左乘给定的正方形各顶点和各边中点坐标,设得到的点依次为 $W_1,W_2,W_3,\cdots,W_8$,试作出由这些点构成的平面图形;

(2) 考虑矩阵 $\boldsymbol{A}=\begin{pmatrix}\cos\theta&-\sin\theta\\\sin\theta&\cos\theta\end{pmatrix}$

分别在当 $\theta=\frac{\pi}{3}$ 和 $\theta=-\frac{\pi}{2}$ 时,用 A 左乘原正方形各顶点和各边中点的坐标,若设所得到的点的坐标为 $U_1,U_2,\cdots,U_8$ 和 $U'_1,U'_2,\cdots,U'_8$,分别作出由这两组点构成的平面图形.

解 (1) 以 $V_1,V_2,\cdots,V_8$ 的坐标为列构造 2×8 矩阵 $\boldsymbol{V}$,令

$$\boldsymbol{W}=\boldsymbol{AV}=\begin{pmatrix}1&1\\1&-1\end{pmatrix}\begin{pmatrix}0&2&2&0&1&2&1&0\\0&0&2&2&0&1&2&1\end{pmatrix}$$

$$=\begin{pmatrix}0&2&4&2&1&3&3&1\\0&2&0&-2&1&1&-1&-1\end{pmatrix},$$

则矩阵 $\boldsymbol{W}$ 的每一列依次为 $W_1,W_2,W_3,\cdots,W_8$ 的坐标,如图 1-2 所示.

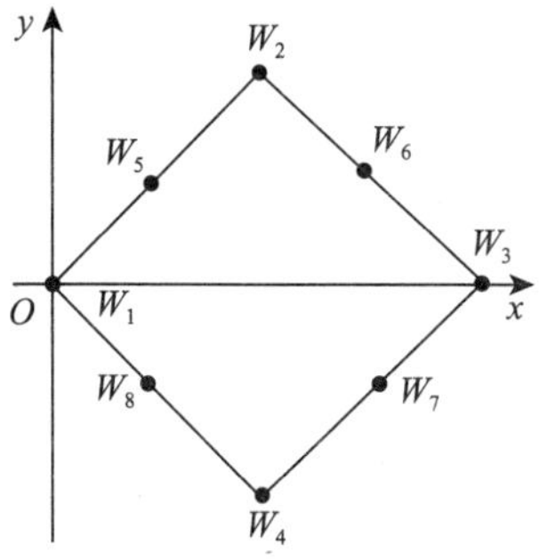

图 1-2

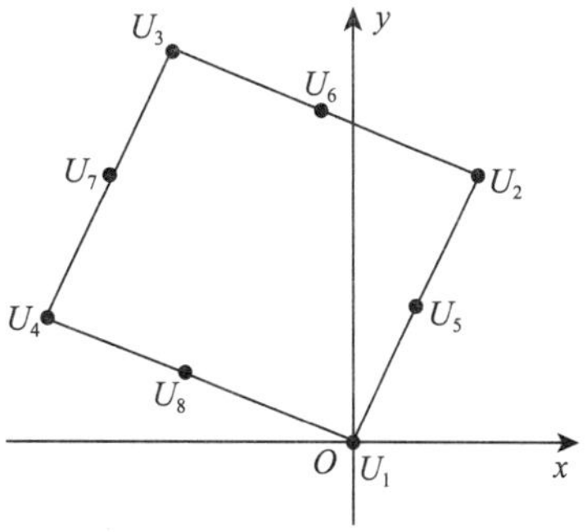

图 1-3

(2) 当 $\theta=\frac{\pi}{3}$ 时，$\boldsymbol{A}=\begin{pmatrix}\frac{1}{2} & -\frac{\sqrt{3}}{2}\\ \frac{\sqrt{3}}{2} & \frac{1}{2}\end{pmatrix}$，令

$$\boldsymbol{U}=\boldsymbol{AV}=\begin{pmatrix}\frac{1}{2} & -\frac{\sqrt{3}}{2}\\ \frac{\sqrt{3}}{2} & \frac{1}{2}\end{pmatrix}\begin{pmatrix}0&2&2&0&1&2&1&0\\0&0&2&2&0&1&2&1\end{pmatrix}$$

$$=\begin{pmatrix}0 & 1 & 1-\sqrt{3} & -\sqrt{3} & \frac{1}{2} & 1-\frac{\sqrt{3}}{2} & \frac{1}{2}-\sqrt{3} & -\frac{\sqrt{3}}{2}\\ 0 & \sqrt{3} & 1+\sqrt{3} & 1 & \frac{\sqrt{3}}{2} & \sqrt{3}+1 & \frac{\sqrt{3}}{2}+1 & \frac{1}{2}\end{pmatrix},$$

则矩阵 $\boldsymbol{U}$ 的每一列依次为 $U_1,U_2,\cdots,U_8$ 的坐标，如图 1-3 所示.

当 $\theta=-\frac{\pi}{2}$ 时，$\boldsymbol{A}=\begin{pmatrix}0 & 1\\ -1 & 0\end{pmatrix}$，令

$$\boldsymbol{U}'=\boldsymbol{AV}=\begin{pmatrix}0 & 1\\ -1 & 0\end{pmatrix}\begin{pmatrix}0&2&2&0&1&2&1&0\\0&0&2&2&0&1&2&1\end{pmatrix}$$

$$=\begin{pmatrix}0&0&2&2&0&1&2&1\\0&-2&-2&0&-1&-2&-1&0\end{pmatrix}$$

则矩阵 $\boldsymbol{U}'$ 的每一列依次为点 $U_1',U_2',\cdots,U_8'$ 的坐标，如图 1-4 所示.

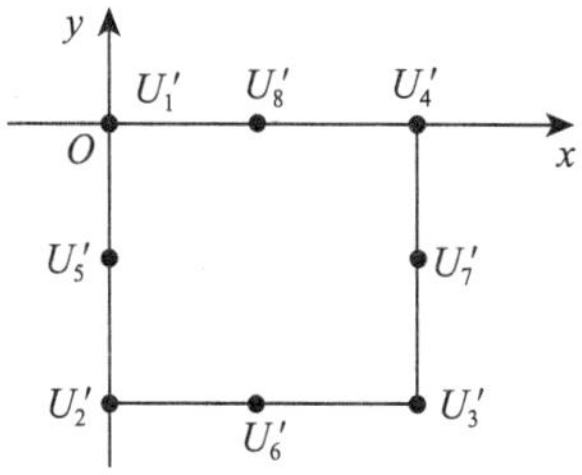

图 1-4

6. 设某港口在某月份出口到 3 个地区的两种货物 A_1,A_2 的数量以及它们一单位的价格、质量和体积见表 1-1：

表 1-1

货物 \ 出口量 \ 地区	北美	欧洲	非洲	单位价格/万元	单位质量/t	单位体积/m³
A_1	2 000	1 000	800	0.2	0.011	0.12
A_2	1 200	1 300	500	0.35	0.05	0.5

试利用矩阵乘法计算：

(1) 经该港口出口到 3 个地区的货物价值、质量、体积分别各为多少；

(2) 经该港口出口的货物总价值、总质量、总体积为多少.

解 (1) $\begin{pmatrix}0.2 & 0.35\\0.011 & 0.05\\0.12 & 0.5\end{pmatrix}\begin{pmatrix}2\,000 & 1\,000 & 800\\1\,200 & 1\,300 & 500\end{pmatrix}=\begin{pmatrix}820 & 655 & 335\\82 & 76 & 33.8\\840 & 770 & 346\end{pmatrix}$,

其中第一、二、三列分别表示北美、欧洲、非洲,第一、二、三行分别表示价值、质量、体积.

(2) $\begin{pmatrix}820 & 655 & 335\\82 & 76 & 33.8\\840 & 770 & 346\end{pmatrix}\begin{pmatrix}1\\1\\1\end{pmatrix}=\begin{pmatrix}1\,810\\191.8\\1\,956\end{pmatrix}$,

其中第一、二、三行分别表示总价值、总质量、总体积.

7. 求所有与 $\boldsymbol{A}$ 可交换的矩阵:

(1) $\boldsymbol{A}=\begin{pmatrix}1 & 0\\1 & 1\end{pmatrix}$; (2) $\boldsymbol{A}=\begin{pmatrix}1 & 1 & 0\\0 & 1 & 1\\0 & 0 & 1\end{pmatrix}$.

解 (1) 设 $\boldsymbol{X}=\begin{pmatrix}a & b\\c & d\end{pmatrix}$与$\boldsymbol{A}$ 可交换,得

$$\begin{pmatrix}a & b\\a+c & b+d\end{pmatrix}=\begin{pmatrix}1 & 0\\1 & 1\end{pmatrix}\begin{pmatrix}a & b\\c & d\end{pmatrix}=\begin{pmatrix}a & b\\c & d\end{pmatrix}\begin{pmatrix}1 & 0\\1 & 1\end{pmatrix}=\begin{pmatrix}a+b & b\\c+d & d\end{pmatrix},$$

得 $b=0,a=d$,故与 $\boldsymbol{A}$ 可交换的矩阵为 $\boldsymbol{X}=\begin{pmatrix}a & 0\\c & a\end{pmatrix}$,其中 a,c 为任意常数.

(2) 记 $\boldsymbol{A}=\begin{pmatrix}1 & 1 & 0\\0 & 1 & 1\\0 & 0 & 1\end{pmatrix}=\begin{pmatrix}1 & 0 & 0\\0 & 1 & 0\\0 & 0 & 1\end{pmatrix}+\begin{pmatrix}0 & 1 & 0\\0 & 0 & 1\\0 & 0 & 0\end{pmatrix}=\boldsymbol{E}+\boldsymbol{B}$,

并设 $\boldsymbol{X}=\begin{pmatrix}a_{11} & a_{12} & a_{13}\\a_{21} & a_{22} & a_{23}\\a_{31} & a_{32} & a_{33}\end{pmatrix}$与 $\boldsymbol{A}$ 可交换,即$(\boldsymbol{E}+\boldsymbol{B})\boldsymbol{X}=\boldsymbol{X}(\boldsymbol{E}+\boldsymbol{B})$,即 $\boldsymbol{BX}=\boldsymbol{XB}$,

而 $\boldsymbol{BX}=\begin{pmatrix}0 & 1 & 0\\0 & 0 & 1\\0 & 0 & 0\end{pmatrix}\begin{pmatrix}a_{11} & a_{12} & a_{13}\\a_{21} & a_{22} & a_{23}\\a_{31} & a_{32} & a_{33}\end{pmatrix}=\begin{pmatrix}a_{21} & a_{22} & a_{23}\\a_{31} & a_{32} & a_{33}\\0 & 0 & 0\end{pmatrix}$,

$\boldsymbol{XB}=\begin{pmatrix}a_{11} & a_{12} & a_{13}\\a_{21} & a_{22} & a_{23}\\a_{31} & a_{32} & a_{33}\end{pmatrix}\begin{pmatrix}0 & 1 & 0\\0 & 0 & 1\\0 & 0 & 0\end{pmatrix}=\begin{pmatrix}0 & a_{11} & a_{12}\\0 & a_{21} & a_{22}\\0 & a_{31} & a_{32}\end{pmatrix}$,

由 $\boldsymbol{BX}=\boldsymbol{XB}$,得 $a_{21}=a_{31}=a_{32}=0$, $a_{11}=a_{22}=a_{33}$, $a_{12}=a_{23}$,故与 $\boldsymbol{A}$ 可交换的矩阵为

$\boldsymbol{X}=\begin{pmatrix}a_{11} & a_{12} & a_{13}\\0 & a_{11} & a_{12}\\0 & 0 & a_{11}\end{pmatrix}$,其中 a_{11},a_{12},a_{13} 为任意常数.

8. 设矩阵 $\boldsymbol{A}$ 与 $\boldsymbol{B}_1,\boldsymbol{B}_2$ 均可交换,证明:$\boldsymbol{A}$ 与 $\boldsymbol{B}_1+\boldsymbol{B}_2,\boldsymbol{B}_1\boldsymbol{B}_2$ 也可交换,且 $\boldsymbol{A}^2-\boldsymbol{B}_1^2=(\boldsymbol{A}+\boldsymbol{B}_1)(\boldsymbol{A}-\boldsymbol{B}_1)$.

证 由题设可得 $\boldsymbol{AB}_1=\boldsymbol{B}_1\boldsymbol{A},\boldsymbol{AB}_2=\boldsymbol{B}_2\boldsymbol{A}$,

而 $\boldsymbol{A}(\boldsymbol{B}_1+\boldsymbol{B}_2)=\boldsymbol{A}\boldsymbol{B}_1+\boldsymbol{A}\boldsymbol{B}_2=\boldsymbol{B}_1\boldsymbol{A}+\boldsymbol{B}_2\boldsymbol{A}=(\boldsymbol{B}_1+\boldsymbol{B}_2)\boldsymbol{A}$,

$\boldsymbol{A}(\boldsymbol{B}_1\boldsymbol{B}_2)=(\boldsymbol{A}\boldsymbol{B}_1)\boldsymbol{B}_2=(\boldsymbol{B}_1\boldsymbol{A})\boldsymbol{B}_2=\boldsymbol{B}_1(\boldsymbol{A}\boldsymbol{B}_2)=\boldsymbol{B}_1(\boldsymbol{B}_2\boldsymbol{A})=(\boldsymbol{B}_1\boldsymbol{B}_2)\boldsymbol{A}$,

所以 $\boldsymbol{A}$ 与 $\boldsymbol{B}_1+\boldsymbol{B}_2$,$\boldsymbol{B}_1\boldsymbol{B}_2$都可交换,

且有 $(\boldsymbol{A}+\boldsymbol{B}_1)(\boldsymbol{A}-\boldsymbol{B}_1)=\boldsymbol{A}^2-\boldsymbol{A}\boldsymbol{B}_1+\boldsymbol{B}_1\boldsymbol{A}-\boldsymbol{B}_1^2=\boldsymbol{A}^2-\boldsymbol{B}_1{}^2$.

9. 计算(其中 n 是正整数):

(1) $\begin{pmatrix}1 & 1\\ -1 & -1\end{pmatrix}^3$; (2) $\begin{pmatrix}1 & 3\\ 0 & 1\end{pmatrix}^n$;

(3) $\begin{pmatrix}a & 0 & 0\\ 0 & b & 0\\ 0 & 0 & c\end{pmatrix}^n$; (4) $\begin{pmatrix}0 & 1 & 0 & 0\\ 0 & 0 & 1 & 0\\ 0 & 0 & 0 & 1\\ 0 & 0 & 0 & 0\end{pmatrix}^n$;

(5) $\begin{pmatrix}1 & 1 & 1 & 1\\ 0 & 1 & 1 & 1\\ 0 & 0 & 1 & 1\\ 0 & 0 & 0 & 1\end{pmatrix}^3$; (6) $\begin{pmatrix}1 & -1 & -1 & -1\\ -1 & 1 & -1 & -1\\ -1 & -1 & 1 & -1\\ -1 & -1 & -1 & 1\end{pmatrix}^n$.

解 (1) 设 $\boldsymbol{A}=\begin{pmatrix}1 & 1\\ -1 & -1\end{pmatrix}$,则 $\boldsymbol{A}^2=\begin{pmatrix}1 & 1\\ -1 & -1\end{pmatrix}\begin{pmatrix}1 & 1\\ -1 & -1\end{pmatrix}=\begin{pmatrix}0 & 0\\ 0 & 0\end{pmatrix}$,故 $\boldsymbol{A}^3=\boldsymbol{O}$.

(2) 设 $\boldsymbol{A}=\begin{pmatrix}1 & 3\\ 0 & 1\end{pmatrix}$,则 $\boldsymbol{A}^2=\begin{pmatrix}1 & 3\\ 0 & 1\end{pmatrix}\begin{pmatrix}1 & 3\\ 0 & 1\end{pmatrix}=\begin{pmatrix}1 & 6\\ 0 & 1\end{pmatrix}=\begin{pmatrix}1 & 2\times 3\\ 0 & 1\end{pmatrix}$,

故 $\boldsymbol{A}^3=\boldsymbol{A}^2\cdot\boldsymbol{A}=\begin{pmatrix}1 & 6\\ 0 & 1\end{pmatrix}\begin{pmatrix}1 & 3\\ 0 & 1\end{pmatrix}=\begin{pmatrix}1 & 9\\ 0 & 1\end{pmatrix}=\begin{pmatrix}1 & 3\times 3\\ 0 & 1\end{pmatrix}$,

$\boldsymbol{A}^4=\boldsymbol{A}^3\cdot\boldsymbol{A}=\begin{pmatrix}1 & 9\\ 0 & 1\end{pmatrix}\begin{pmatrix}1 & 3\\ 0 & 1\end{pmatrix}=\begin{pmatrix}1 & 12\\ 0 & 1\end{pmatrix}=\begin{pmatrix}1 & 4\times 3\\ 0 & 1\end{pmatrix}$,

由此推得 $\boldsymbol{A}^n=\begin{pmatrix}1 & 3n\\ 0 & 1\end{pmatrix}$.

(3) 设 $\boldsymbol{A}=\begin{pmatrix}a & 0 & 0\\ 0 & b & 0\\ 0 & 0 & c\end{pmatrix}$,则 $\boldsymbol{A}^2=\begin{pmatrix}a & 0 & 0\\ 0 & b & 0\\ 0 & 0 & c\end{pmatrix}\begin{pmatrix}a & 0 & 0\\ 0 & b & 0\\ 0 & 0 & c\end{pmatrix}=\begin{pmatrix}a^2 & 0 & 0\\ 0 & b^2 & 0\\ 0 & 0 & c^2\end{pmatrix}$,

由此推得 $\boldsymbol{A}^n=\begin{pmatrix}a^n & 0 & 0\\ 0 & b^n & 0\\ 0 & 0 & c^n\end{pmatrix}$.

(4) 设 $\boldsymbol{A}=\begin{pmatrix}0 & 1 & 0 & 0\\ 0 & 0 & 1 & 0\\ 0 & 0 & 0 & 1\\ 0 & 0 & 0 & 0\end{pmatrix}$, 则 $\boldsymbol{A}^2=\begin{pmatrix}0 & 0 & 1 & 0\\ 0 & 0 & 0 & 1\\ 0 & 0 & 0 & 0\\ 0 & 0 & 0 & 0\end{pmatrix}$,

$\boldsymbol{A}^3=\begin{pmatrix}0 & 1 & 0 & 0\\ 0 & 0 & 1 & 0\\ 0 & 0 & 0 & 1\\ 0 & 0 & 0 & 0\end{pmatrix}\begin{pmatrix}0 & 0 & 1 & 0\\ 0 & 0 & 0 & 1\\ 0 & 0 & 0 & 0\\ 0 & 0 & 0 & 0\end{pmatrix}=\begin{pmatrix}0 & 0 & 0 & 1\\ 0 & 0 & 0 & 0\\ 0 & 0 & 0 & 0\\ 0 & 0 & 0 & 0\end{pmatrix}$,

$$A^4=\begin{pmatrix}0&1&0&0\\0&0&1&0\\0&0&0&1\\0&0&0&0\end{pmatrix}\begin{pmatrix}0&0&0&1\\0&0&0&0\\0&0&0&0\\0&0&0&0\end{pmatrix}=\begin{pmatrix}0&0&0&0\\0&0&0&0\\0&0&0&0\\0&0&0&0\end{pmatrix},$$

故当 $n\geqslant 4$ 时 $\boldsymbol{A}^n=\boldsymbol{O}$.

(5) $$\boldsymbol{A}^2=\begin{pmatrix}1&1&1&1\\0&1&1&1\\0&0&1&1\\0&0&0&1\end{pmatrix}\begin{pmatrix}1&1&1&1\\0&1&1&1\\0&0&1&1\\0&0&0&1\end{pmatrix}=\begin{pmatrix}1&2&3&4\\0&1&2&3\\0&0&1&2\\0&0&0&1\end{pmatrix},$$

$$\boldsymbol{A}^3=\boldsymbol{A}^2\boldsymbol{A}=\begin{pmatrix}1&2&3&4\\0&1&2&3\\0&0&1&2\\0&0&0&1\end{pmatrix}\begin{pmatrix}1&1&1&1\\0&1&1&1\\0&0&1&1\\0&0&0&1\end{pmatrix}=\begin{pmatrix}1&3&6&10\\0&1&3&6\\0&0&1&3\\0&0&0&1\end{pmatrix}.$$

(6) 设 $\boldsymbol{A}=\begin{pmatrix}1&-1&-1&-1\\-1&1&-1&-1\\-1&-1&1&-1\\-1&-1&-1&1\end{pmatrix}$,计算 $\boldsymbol{A}^2=\begin{pmatrix}4&0&0&0\\0&4&0&0\\0&0&4&0\\0&0&0&4\end{pmatrix}=2^2\boldsymbol{E}$,

$$\boldsymbol{A}^3=\boldsymbol{A}^2\boldsymbol{A}=2^2\boldsymbol{E}\boldsymbol{A}=2^{3-1}\boldsymbol{A},\ \boldsymbol{A}^4=\boldsymbol{A}^3\boldsymbol{A}=2^{3-1}\boldsymbol{A}^2=2^4\boldsymbol{E},$$

由此推得 $\boldsymbol{A}^n=\begin{cases}2^n\boldsymbol{E},\ n \text{ 为偶数}\\2^{n-1}\boldsymbol{A},\ n \text{ 为奇数}(n\geqslant 1)\end{cases}$.

10. 设 $\boldsymbol{A}=(a_{ij})$为 n 阶矩阵,分别求 $\boldsymbol{A}^2,\boldsymbol{A}\boldsymbol{A}^{\mathrm{T}},\boldsymbol{A}^{\mathrm{T}}\boldsymbol{A}$ 的第 k 行第 l 列元.

解 $\boldsymbol{A}^2$的(k,l)元是 $\boldsymbol{A}$ 的第 k 行元素与 $\boldsymbol{A}$ 的第 l 列元素对应元素相乘的和 $\sum\limits_{j=1}^{n}a_{kj}a_{jl}$,

同样地,$\boldsymbol{A}\boldsymbol{A}^{\mathrm{T}}$的$(k,l)$元为$(a_{k1},a_{k2},\cdots,a_{kn})\begin{pmatrix}a_{l1}\\a_{l2}\\\vdots\\a_{ln}\end{pmatrix}=\sum\limits_{j=1}^{n}a_{kj}a_{lj}$,

$\boldsymbol{A}^{\mathrm{T}}\boldsymbol{A}$ 的(k,l)元为 $\sum\limits_{i=1}^{n}a_{ik}a_{il}$.

11. 设 $f(x)=a_2x^2+a_1x+a_0$,对于 n 阶矩阵 $\boldsymbol{A}$,定义:$f(\boldsymbol{A})=a_2\boldsymbol{A}^2+a_1\boldsymbol{A}+a_0\boldsymbol{E}$ (其中 $\boldsymbol{E}$ 为单位矩阵).

(1) 如果 $f(x)=x^2-5x+3$,$\boldsymbol{A}=\begin{pmatrix}2&-1\\-3&3\end{pmatrix}$,求 $f(\boldsymbol{A})$;

(2) 如果 $f(x)=x^2-x+1$,$\boldsymbol{A}=\begin{pmatrix}2&1&1\\3&1&2\\1&-1&0\end{pmatrix}$,求 $f(\boldsymbol{A})$.

解 (1) $f(\boldsymbol{A})=\boldsymbol{A}^2-5\boldsymbol{A}+3\boldsymbol{E}=\begin{pmatrix}2&-1\\-3&3\end{pmatrix}^2-5\begin{pmatrix}2&-1\\-3&3\end{pmatrix}+3\begin{pmatrix}1&0\\0&1\end{pmatrix}=\begin{pmatrix}0&0\\0&0\end{pmatrix}$.

(2) $f(\boldsymbol{A})=\boldsymbol{A}^2-\boldsymbol{A}+\boldsymbol{E}=\begin{pmatrix}2&1&1\\3&1&2\\1&-1&0\end{pmatrix}^2-\begin{pmatrix}2&1&1\\3&1&2\\1&-1&0\end{pmatrix}+\begin{pmatrix}1&0&0\\0&1&0\\0&0&1\end{pmatrix}$

$=\begin{pmatrix}7&1&3\\8&2&3\\-2&1&0\end{pmatrix}$.

12. 证明矩阵乘法及数乘的运算法则(3)和(4).

证 先证$(\boldsymbol{B}+\boldsymbol{C})\boldsymbol{D}=\boldsymbol{BD}+\boldsymbol{CD}$.

设$\boldsymbol{B}$、$\boldsymbol{C}$为$m\times s$矩阵,$\boldsymbol{D}$为$s\times n$矩阵,显然$(\boldsymbol{B}+\boldsymbol{C})\boldsymbol{D}$与$\boldsymbol{BD}+\boldsymbol{CD}$都是$m\times n$矩阵.而$(\boldsymbol{B}+\boldsymbol{C})\boldsymbol{D}$的$(i,j)$元为$(\boldsymbol{B}+\boldsymbol{C})$的第$i$行与$\boldsymbol{D}$的第$j$列乘积,即

$$\sum_{k=1}^{s}(b_{ik}+c_{ik})d_{kj}=\sum_{k=1}^{s}b_{ik}d_{kj}+\sum_{k=1}^{s}c_{ik}d_{kj}$$

为$\boldsymbol{BD}+\boldsymbol{CD}$的$(i,j)$元.从而有

$$(\boldsymbol{B}+\boldsymbol{C})\boldsymbol{D}=\boldsymbol{BD}+\boldsymbol{CD};$$

再证 $k(\boldsymbol{AB})=(k\boldsymbol{A})\boldsymbol{B}=\boldsymbol{A}(k\boldsymbol{B})$ (k为常数).

设$\boldsymbol{A}=(a_{ij})_{m\times s}$, $\boldsymbol{B}=(b_{ij})_{s\times n}$,显然$k(\boldsymbol{AB})$, $(k\boldsymbol{A})\boldsymbol{B}$, $\boldsymbol{A}(k\boldsymbol{B})$都是$m\times n$矩阵.而$k(\boldsymbol{AB})$的$(i,j)$元为

$$k\sum_{t=1}^{s}a_{it}b_{tj}=\sum_{t=1}^{s}(ka_{it})b_{tj}=\sum_{t=1}^{s}a_{it}(kb_{tj})$$

为$(k\boldsymbol{A})\boldsymbol{B}$和$\boldsymbol{A}(k\boldsymbol{B})$的$(i,j)$元,故

$$k(\boldsymbol{AB})=(k\boldsymbol{A})\boldsymbol{B}=\boldsymbol{A}(k\boldsymbol{B}).$$

13. 设$\boldsymbol{A}$,$\boldsymbol{B}$是同阶方阵,且满足$\boldsymbol{A}=\frac{1}{2}(\boldsymbol{B}+\boldsymbol{E})$,证明:$\boldsymbol{A}^2=\boldsymbol{A}$的充分必要条件是$\boldsymbol{B}^2=\boldsymbol{E}$.

证 由于$\boldsymbol{B}$与$\boldsymbol{E}$可交换,故$(\boldsymbol{B}+\boldsymbol{E})^2=\boldsymbol{B}^2+2\boldsymbol{B}+\boldsymbol{E}$,则

$$\begin{aligned}\boldsymbol{A}^2=\boldsymbol{A}&\Leftrightarrow\left(\frac{1}{2}(\boldsymbol{B}+\boldsymbol{E})\right)^2=\frac{1}{2}(\boldsymbol{B}+\boldsymbol{E})\\&\Leftrightarrow\frac{1}{4}(\boldsymbol{B}^2+2\boldsymbol{B}+\boldsymbol{E})=\frac{1}{2}(\boldsymbol{B}+\boldsymbol{E})\\&\Leftrightarrow\boldsymbol{B}^2+2\boldsymbol{B}+\boldsymbol{E}=2(\boldsymbol{B}+\boldsymbol{E})\\&\Leftrightarrow\boldsymbol{B}^2=\boldsymbol{E}.\end{aligned}$$

14. 设$\boldsymbol{A}=(a_{ij})$为n阶矩阵,称$\boldsymbol{A}$的主对角线上所有元的和为$\boldsymbol{A}$的迹,记作$\mathrm{tr}\,\boldsymbol{A}$,即$\mathrm{tr}\,\boldsymbol{A}=a_{11}+a_{22}+\cdots+a_{nn}=\sum\limits_{i=1}^{n}a_{ii}$.求证:当$\boldsymbol{A}=(a_{ij})$,$\boldsymbol{B}=(b_{ij})$均为$n$阶矩阵时,有

(1) $\mathrm{tr}(\boldsymbol{A}+\boldsymbol{B})=\mathrm{tr}\,\boldsymbol{A}+\mathrm{tr}\,\boldsymbol{B}$;

(2) $\mathrm{tr}(k\boldsymbol{A})=k\,\mathrm{tr}\,\boldsymbol{A}$($n$为任意常数);

(3) $\mathrm{tr}\,\boldsymbol{A}^{\mathrm{T}}=\mathrm{tr}\,\boldsymbol{A}$;

(4) $\mathrm{tr}(\boldsymbol{AB})=\mathrm{tr}(\boldsymbol{BA})$.

证 (1) 因为$\boldsymbol{A}+\boldsymbol{B}=(a_{ij}+b_{ij})$,

所以$\mathrm{tr}(\boldsymbol{A}+\boldsymbol{B})=\sum\limits_{i=1}^{n}(a_{ii}+b_{ii})=\sum\limits_{i=1}^{n}a_{ii}+\sum\limits_{i=1}^{n}b_{ii}=\mathrm{tr}\,\boldsymbol{A}+\mathrm{tr}\,\boldsymbol{B}$.

(2) $\mathrm{tr}(k\boldsymbol{A})=\sum_{i=1}^{n}ka_{ii}=k\sum_{i=1}^{n}a_{ii}=k\cdot\mathrm{tr}\boldsymbol{A}$.

(3) $\mathrm{tr}\boldsymbol{A}^{\mathrm{T}}=\sum_{i=1}^{n}a_{ii}=\mathrm{tr}\boldsymbol{A}$.

(4) 令 $\boldsymbol{AB}=(c_{ij})_{n\times n}$,$\boldsymbol{BA}=(d_{ij})_{n\times n}$,则 $\mathrm{tr}(\boldsymbol{AB})=\sum_{i=1}^{n}c_{ii}$,$\mathrm{tr}(\boldsymbol{BA})=\sum_{i=1}^{n}d_{ii}$,

由于 $c_{ii}=\sum_{k=1}^{n}a_{ik}b_{ki}$,$d_{ii}=\sum_{k=1}^{n}b_{ik}a_{ki}$,

所以

$$\mathrm{tr}(\boldsymbol{AB})=\sum_{i=1}^{n}c_{ii}=\sum_{i=1}^{n}\left(\sum_{k=1}^{n}a_{ik}b_{ki}\right)=\sum_{i=1}^{n}\sum_{k=1}^{n}b_{ki}a_{ik}=\sum_{k=1}^{n}\left(\sum_{i=1}^{n}b_{ki}a_{ik}\right)=\sum_{k=1}^{n}d_{kk}$$
$$=\sum_{i=1}^{n}d_{ii}=\mathrm{tr}(\boldsymbol{BA}).$$

练习 1.3

1. 计算下列行列式:

(1) $\begin{vmatrix}\cos\alpha & -\sin\alpha\\ \sin\alpha & \cos\alpha\end{vmatrix}$;

(2) $\begin{vmatrix}1 & -1 & 3\\ 2 & -1 & 1\\ 1 & 2 & 0\end{vmatrix}$;

(3) $\begin{vmatrix}34\ 215 & 35\ 215\\ 28\ 092 & 29\ 092\end{vmatrix}$;

(4) $\begin{vmatrix}5 & -1 & 3\\ 2 & 2 & 2\\ 196 & 203 & 199\end{vmatrix}$;

(5) $\begin{vmatrix}5 & 1 & 1 & 1\\ 1 & 5 & 1 & 1\\ 1 & 1 & 5 & 1\\ 1 & 1 & 1 & 5\end{vmatrix}$;

(6) $\begin{vmatrix}1 & 2 & 3 & 4\\ 2 & 3 & 4 & 1\\ 3 & 4 & 1 & 2\\ 4 & 1 & 2 & 3\end{vmatrix}$;

(7) $\begin{vmatrix}1 & 1 & 1 & 1\\ 1 & 2 & 3 & 4\\ 1^2 & 2^2 & 3^2 & 4^2\\ 1^3 & 2^3 & 3^3 & 4^3\end{vmatrix}$;

(8) $\begin{vmatrix}1 & 2 & 3 & 4\\ 2 & 2 & 0 & 0\\ 3 & 0 & 3 & 0\\ 4 & 0 & 0 & 4\end{vmatrix}$.

解 (1) $\begin{vmatrix}\cos\alpha & -\sin\alpha\\ \sin\alpha & \cos\alpha\end{vmatrix}=\cos^2\alpha+\sin^2\alpha=1$.

(2) $\begin{vmatrix}1 & -1 & 3\\ 2 & -1 & 1\\ 1 & 2 & 0\end{vmatrix}=\begin{vmatrix}1 & -3 & 3\\ 2 & -5 & 1\\ 1 & 0 & 0\end{vmatrix}=\begin{vmatrix}-3 & 3\\ -5 & 1\end{vmatrix}=12$.

(3) 第 1 列的 -1 倍加到第 2 列,并从第 2 列提取 1 000,得

$$\begin{vmatrix}34\ 215 & 35\ 215\\ 28\ 092 & 29\ 092\end{vmatrix}=\begin{vmatrix}34\ 215 & 1\ 000\\ 28\ 092 & 1\ 000\end{vmatrix}=6\ 123\ 000.$$

(4) 把第 1 列 −1 倍分别加到第 2、3 列，再按第 2 行展开，得

$$\begin{vmatrix} 5 & -1 & 3 \\ 2 & 2 & 2 \\ 196 & 203 & 199 \end{vmatrix} = \begin{vmatrix} 5 & -6 & -2 \\ 2 & 0 & 0 \\ 196 & 7 & 3 \end{vmatrix} = -2\begin{vmatrix} -6 & -2 \\ 7 & 3 \end{vmatrix} = 8.$$

(5) 把第 2、3、4 行均加到第 1 行，并在第 1 行中提取 8，得

$$\begin{vmatrix} 5 & 1 & 1 & 1 \\ 1 & 5 & 1 & 1 \\ 1 & 1 & 5 & 1 \\ 1 & 1 & 1 & 5 \end{vmatrix} = 8\begin{vmatrix} 1 & 1 & 1 & 1 \\ 1 & 5 & 1 & 1 \\ 1 & 1 & 5 & 1 \\ 1 & 1 & 1 & 5 \end{vmatrix} = 8\begin{vmatrix} 1 & 1 & 1 & 1 \\ 0 & 4 & 0 & 0 \\ 0 & 0 & 4 & 0 \\ 0 & 0 & 0 & 4 \end{vmatrix} = 512.$$

(6) 把第 2、3、4 列均加到第 1 列，并在第 1 列中提取 10，继续得

$$\begin{vmatrix} 1 & 2 & 3 & 4 \\ 2 & 3 & 4 & 1 \\ 3 & 4 & 1 & 2 \\ 4 & 1 & 2 & 3 \end{vmatrix} = 10\begin{vmatrix} 1 & 2 & 3 & 4 \\ 1 & 3 & 4 & 1 \\ 1 & 4 & 1 & 2 \\ 1 & 1 & 2 & 3 \end{vmatrix} = 10\begin{vmatrix} 1 & 2 & 3 & 4 \\ 0 & 1 & 1 & -3 \\ 0 & 2 & -2 & -2 \\ 0 & -1 & -1 & -1 \end{vmatrix} = 160.$$

(7) 由范德蒙德行列式得

$$\begin{vmatrix} 1 & 1 & 1 & 1 \\ 1 & 2 & 3 & 4 \\ 1^2 & 2^2 & 3^2 & 4^2 \\ 1^3 & 2^3 & 3^3 & 4^3 \end{vmatrix} = (2-1)\times(3-1)\times(4-1)\times(3-2)\times(4-2)\times(4-3)$$

$$= 1\times2\times3\times1\times2\times1 = 12.$$

(8) 最后一列乘以 −1 后，加到第 1 列，并按最后一行展开，继续得

$$\begin{vmatrix} 1 & 2 & 3 & 4 \\ 2 & 2 & 0 & 0 \\ 3 & 0 & 3 & 0 \\ 4 & 0 & 0 & 4 \end{vmatrix} = \begin{vmatrix} -3 & 2 & 3 & 4 \\ 2 & 2 & 0 & 0 \\ 3 & 0 & 3 & 0 \\ 0 & 0 & 0 & 4 \end{vmatrix} = 4\begin{vmatrix} -3 & 2 & 3 \\ 2 & 2 & 0 \\ 3 & 0 & 3 \end{vmatrix} = 4\begin{vmatrix} -6 & 2 & 3 \\ 2 & 2 & 0 \\ 0 & 0 & 3 \end{vmatrix} = -192.$$

2. 解方程：

(1) $\begin{vmatrix} 1 & 1 & 1 \\ 1 & 2 & x \\ 1 & x & 6 \end{vmatrix} = 1$；　　(2) $\begin{vmatrix} x & x & 2 \\ 0 & -1 & 1 \\ 1 & 2 & x \end{vmatrix} = 0$.

解 (1) $\begin{vmatrix} 1 & 1 & 1 \\ 1 & 2 & x \\ 1 & x & 6 \end{vmatrix} = \begin{vmatrix} 1 & 1 & 1 \\ 0 & 1 & x-1 \\ 0 & x-1 & 5 \end{vmatrix} = -x^2+2x+4 = 1$，

即解方程 $x^2-2x-3=0$，因此 $x=3$ 或 -1.

(2) $\begin{vmatrix} x & x & 2 \\ 0 & -1 & 1 \\ 1 & 2 & x \end{vmatrix} = \begin{vmatrix} x & x & x+2 \\ 0 & -1 & 0 \\ 1 & 2 & x+2 \end{vmatrix} = -\begin{vmatrix} x & x+2 \\ 1 & x+2 \end{vmatrix} = -(x+2)\begin{vmatrix} x & 1 \\ 1 & 1 \end{vmatrix}$

$= -(x+2)(x-1) = 0$，

解之得 $x=1$ 或 $x=-2$.

3. 设三阶行列式 $|a_{ij}|=1$,计算下列行列式:

(1) $\begin{vmatrix} 4a_{11} & 2a_{12}-3a_{11} & -a_{13} \\ 4a_{21} & 2a_{22}-3a_{21} & -a_{23} \\ 4a_{31} & 2a_{32}-3a_{31} & -a_{33} \end{vmatrix}$; (2) $\begin{vmatrix} 2a_{22}-3a_{21} & 4a_{21} & a_{23} \\ 2a_{12}-3a_{11} & 4a_{11} & a_{13} \\ 2a_{32}-3a_{31} & 4a_{31} & a_{33} \end{vmatrix}$.

解 (1) $\begin{vmatrix} 4a_{11} & 2a_{12}-3a_{11} & -a_{13} \\ 4a_{21} & 2a_{22}-3a_{21} & -a_{23} \\ 4a_{31} & 2a_{32}-3a_{31} & -a_{33} \end{vmatrix}=-4\begin{vmatrix} a_{11} & 2a_{12} & a_{13} \\ a_{21} & 2a_{22} & a_{23} \\ a_{31} & 2a_{32} & a_{33} \end{vmatrix}=-8.$

(2) $\begin{vmatrix} 2a_{22}-3a_{21} & 4a_{21} & a_{23} \\ 2a_{12}-3a_{11} & 4a_{11} & a_{13} \\ 2a_{32}-3a_{31} & 4a_{31} & a_{33} \end{vmatrix}=4\begin{vmatrix} 2a_{22} & a_{21} & a_{23} \\ 2a_{12} & a_{11} & a_{13} \\ 2a_{32} & a_{31} & a_{33} \end{vmatrix}=8\begin{vmatrix} a_{22} & a_{21} & a_{23} \\ a_{12} & a_{11} & a_{13} \\ a_{32} & a_{31} & a_{33} \end{vmatrix}$

$$=8\begin{vmatrix} a_{11} & a_{12} & a_{13} \\ a_{21} & a_{22} & a_{23} \\ a_{31} & a_{32} & a_{33} \end{vmatrix}=8.$$

4. 计算下列行列式:

(1) $\begin{vmatrix} x & y & x+y \\ y & x+y & x \\ x+y & x & y \end{vmatrix}$; (2) $\begin{vmatrix} a^2 & (a-1)^2 & (a-2)^2 & (a-3)^2 \\ b^2 & (b-1)^2 & (b-2)^2 & (b-3)^2 \\ c^2 & (c-1)^2 & (c-2)^2 & (c-3)^2 \\ d^2 & (d-1)^2 & (d-2)^2 & (d-3)^2 \end{vmatrix}$;

(3) $\begin{vmatrix} a_1 & 0 & 0 & b_1 \\ 0 & a_2 & b_2 & 0 \\ 0 & b_3 & a_3 & 0 \\ b_4 & 0 & 0 & a_4 \end{vmatrix}$; (4) $\begin{vmatrix} a & b & 0 & 0 & 0 \\ 0 & a & b & 0 & 0 \\ 0 & 0 & a & b & 0 \\ 0 & 0 & 0 & a & b \\ b & 0 & 0 & 0 & a \end{vmatrix}$ (提示:按第 1 列展开);

(5) $\begin{vmatrix} 0 & 0 & 0 & b & a \\ 0 & 0 & b & a & 0 \\ 0 & b & a & 0 & 0 \\ b & a & 0 & 0 & 0 \\ a & 0 & 0 & 0 & b \end{vmatrix}$ (提示:按第 5 行展开).

解 (1) 将第 2、3 行全加到第 1 行,得

$$\begin{vmatrix} x & y & x+y \\ y & x+y & x \\ x+y & x & y \end{vmatrix}=\begin{vmatrix} 2(x+y) & 2(x+y) & 2(x+y) \\ y & x+y & x \\ x+y & x & y \end{vmatrix}$$

$$=2(x+y)\begin{vmatrix} 1 & 1 & 1 \\ y & x+y & x \\ x+y & x & y \end{vmatrix}$$

$$=2(x+y)\begin{vmatrix} 1 & 0 & 0 \\ y & x & x-y \\ x+y & -y & -x \end{vmatrix}$$

$$=2(x+y)(xy-x^2-y^2)=-2(x^3+y^3).$$

(2) 将第 1 列的 -1 倍分别加到第 2、3、4 列，得

$$原式=\begin{vmatrix} a^2 & -2a+1 & -4a+4 & -6a+9 \\ b^2 & -2b+1 & -4b+4 & -6b+9 \\ c^2 & -2c+1 & -4c+4 & -6c+9 \\ d^2 & -2d+1 & -4d+4 & -6d+9 \end{vmatrix}=\begin{vmatrix} a^2 & -2a+1 & 2 & 3 \\ b^2 & -2b+1 & 2 & 3 \\ c^2 & -2c+1 & 2 & 3 \\ d^2 & -2d+1 & 2 & 3 \end{vmatrix}=0.$$

(3) 按第 1 列展开

$$原式=a_1\begin{vmatrix} a_2 & b_2 & 0 \\ b_3 & a_3 & 0 \\ 0 & 0 & a_4 \end{vmatrix}+(-b_4)\begin{vmatrix} 0 & 0 & b_1 \\ a_2 & b_2 & 0 \\ b_3 & a_3 & 0 \end{vmatrix}=(a_1a_4-b_1b_4)(a_2a_3-b_2b_3).$$

(4) 按第 1 列展开

$$原式=a\begin{vmatrix} a & b & 0 & 0 \\ 0 & a & b & 0 \\ 0 & 0 & a & b \\ 0 & 0 & 0 & a \end{vmatrix}+b\begin{vmatrix} b & 0 & 0 & 0 \\ a & b & 0 & 0 \\ 0 & a & b & 0 \\ 0 & 0 & a & b \end{vmatrix}=a^5+b^5.$$

(5) 按最后一行展开

$$原式=a\begin{vmatrix} 0 & 0 & b & a \\ 0 & b & a & 0 \\ b & a & 0 & 0 \\ a & 0 & 0 & 0 \end{vmatrix}+b\begin{vmatrix} 0 & 0 & 0 & b \\ 0 & 0 & b & a \\ 0 & b & a & 0 \\ b & a & 0 & 0 \end{vmatrix}=a^5+b^5.$$

5. 证明：

(1) $$\begin{vmatrix} a+b & b+c & c+a \\ a_1+b_1 & b_1+c_1 & c_1+a_1 \\ a_2+b_2 & b_2+c_2 & c_2+a_2 \end{vmatrix}=2\begin{vmatrix} a & b & c \\ a_1 & b_1 & c_1 \\ a_2 & b_2 & c_2 \end{vmatrix};$$

(2) $$\begin{vmatrix} y+z & z+x & x+y \\ x+y & y+z & z+x \\ z+x & x+y & y+z \end{vmatrix}=2\begin{vmatrix} x & y & z \\ z & x & y \\ y & z & x \end{vmatrix}.$$

证 (1) 将左边行列式第 2 列的 -1 倍，第 3 列的 1 倍都加到第 1 列，提取公因子 2，得

$$左边=2\begin{vmatrix} a & b+c & c+a \\ a_1 & b_1+c_1 & c_1+a_1 \\ a_2 & b_2+c_2 & c_2+a_2 \end{vmatrix}=2\begin{vmatrix} a & b+c & c \\ a_1 & b_1+c_1 & c_1 \\ a_2 & b_2+c_2 & c_2 \end{vmatrix}=2\begin{vmatrix} a & b & c \\ a_1 & b_1 & c_1 \\ a_2 & b_2 & c_2 \end{vmatrix}=右边.$$

(2) 用加法性质左边可拆成 8 个行列式,由两列相同行列式为零,得

$$\text{左边}=\begin{vmatrix} y & z & x \\ x & y & z \\ z & x & y \end{vmatrix}+0+0+0+0+0+0+\begin{vmatrix} z & x & y \\ y & z & x \\ x & y & z \end{vmatrix}=2\begin{vmatrix} x & y & z \\ z & x & y \\ y & z & x \end{vmatrix}=\text{右边}.$$

6. 计算下列 n 阶行列式:

(1) $\begin{vmatrix} a_1-b & a_2 & \cdots & a_n \\ a_1 & a_2-b & \cdots & a_n \\ \vdots & \vdots & \ddots & \vdots \\ a_1 & a_2 & \cdots & a_n-b \end{vmatrix}$; (2) $\begin{vmatrix} a_1-b_1 & a_1-b_2 & \cdots & a_1-b_n \\ a_2-b_1 & a_2-b_2 & \cdots & a_2-b_n \\ \vdots & \vdots & \ddots & \vdots \\ a_n-b_1 & a_n-b_2 & \cdots & a_n-b_n \end{vmatrix}$;

(3) $\begin{vmatrix} 1 & 2 & 3 & \cdots & n-1 & n \\ 1 & -1 & 0 & \cdots & 0 & 0 \\ 0 & 2 & -2 & \cdots & 0 & 0 \\ \vdots & \vdots & \vdots & \ddots & \vdots & \vdots \\ 0 & 0 & 0 & \cdots & -(n-2) & 0 \\ 0 & 0 & 0 & \cdots & n-1 & -(n-1) \end{vmatrix}$;

(4) $\begin{vmatrix} 0 & 1 & 1 & \cdots & 1 \\ 1 & 0 & 1 & \cdots & 1 \\ 1 & 1 & 0 & \cdots & 1 \\ \vdots & \vdots & \vdots & \ddots & \vdots \\ 1 & 1 & 1 & \cdots & 0 \end{vmatrix}$; (5) $\begin{vmatrix} -a_1 & a_1 & 0 & \cdots & 0 & 0 \\ 0 & -a_2 & a_2 & \cdots & 0 & 0 \\ \vdots & \vdots & \vdots & \ddots & \vdots & \vdots \\ 0 & 0 & 0 & \cdots & -a_{n-1} & a_{n-1} \\ 1 & 1 & 1 & \cdots & 1 & 1 \end{vmatrix}$.

解 (1) 把上式第 2 列,第 3 列,…,第 n 列都加到第 1 列上,提取公因子,得

$$\text{原式}=(\sum_{i=1}^{n}a_i-b)\begin{vmatrix} 1 & a_2 & \cdots & a_n \\ 1 & a_2-b & \cdots & a_n \\ \vdots & \vdots & \ddots & \vdots \\ 1 & a_2 & \cdots & a_n-b \end{vmatrix}=(\sum_{i=1}^{n}a_i-b)\begin{vmatrix} 1 & a_2 & \cdots & a_n \\ 0 & -b & \cdots & 0 \\ \vdots & \vdots & \ddots & \vdots \\ 0 & 0 & \cdots & -b \end{vmatrix}$$

$$=(-1)^{n-1}b^{n-1}(\sum_{i=1}^{n}a_i-b).$$

(2) 当 $n=1$ 时,原式 $=a_1-b_1$;

当 $n=2$ 时,原式 $=\begin{vmatrix} a_1-b_1 & a_1-b_2 \\ a_2-b_1 & a_2-b_2 \end{vmatrix}=\begin{vmatrix} a_1-b_1 & a_1-b_2 \\ a_2-a_1 & a_2-a_1 \end{vmatrix}=(a_2-a_1)(b_2-b_1)$;

当 $n\geqslant 3$ 时,把第 1 列的 -1 倍加到其他各列,可得

$$\text{原式}=\begin{vmatrix} a_1-b_1 & b_1-b_2 & \cdots & b_1-b_n \\ a_2-b_1 & b_1-b_2 & \cdots & b_1-b_n \\ \vdots & \vdots & \ddots & \vdots \\ a_n-b_1 & b_1-b_2 & \cdots & b_1-b_n \end{vmatrix}$$

$$=\prod_{i=2}^{n}(b_1-b_i)\begin{vmatrix}a_1-b_1 & 1 & \cdots & 1\\ a_2-b_1 & 1 & \cdots & 1\\ \vdots & \vdots & \ddots & \vdots\\ a_n-b_1 & 1 & \cdots & 1\end{vmatrix}=0.$$

(3) 把第 n 列加到第 $n-1$ 列，再把变化后的第 $n-1$ 列加到第 $n-2$ 列，依次类推，可得

$$原式=\begin{vmatrix}1+2+3+\cdots+n & 2+3+\cdots+n & 3+\cdots+n & \cdots & (n-1)+n & n\\ 0 & -1 & 0 & \cdots & 0 & 0\\ 0 & 0 & -2 & \cdots & 0 & 0\\ \vdots & \vdots & \vdots & \ddots & \vdots & \vdots\\ 0 & 0 & 0 & \cdots & -(n-2) & 0\\ 0 & 0 & 0 & \cdots & 0 & -(n-1)\end{vmatrix}$$

$$=(-1)^{n-1}(n-1)!\,\frac{n(n+1)}{2}=(-1)^{n-1}\frac{(n+1)!}{2}.$$

说明 本题若从第 2 列开始以后各列都加到第 1 列上去，即

$$原式=\begin{vmatrix}\frac{n(n+1)}{2} & 2 & 3 & \cdots & n-1 & n\\ 0 & -1 & 0 & \cdots & 0 & 0\\ 0 & 2 & -2 & \cdots & 0 & 0\\ \vdots & \vdots & \vdots & \ddots & \vdots & \vdots\\ 0 & 0 & 0 & \cdots & -(n-2) & 0\\ 0 & 0 & 0 & \cdots & n-1 & -(n-1)\end{vmatrix}=(-1)^{n-1}\frac{(n+1)!}{2}.$$

(4) 把第 2 列至第 n 列都加到第 1 列，提取公因子$(n-1)$，可得

$$原式=(n-1)\begin{vmatrix}1 & 1 & 1 & \cdots & 1\\ 1 & 0 & 1 & \cdots & 1\\ 1 & 1 & 0 & \cdots & 1\\ \vdots & \vdots & \vdots & \ddots & \vdots\\ 1 & 1 & 1 & \cdots & 0\end{vmatrix}=(n-1)\begin{vmatrix}1 & 1 & 1 & \cdots & 1\\ 0 & -1 & 0 & \cdots & 0\\ 0 & 0 & -1 & \cdots & 0\\ \vdots & \vdots & \vdots & \ddots & \vdots\\ 0 & 0 & 0 & \cdots & -1\end{vmatrix}$$

$$=(-1)^{n-1}(n-1).$$

(5) 从第 2 列开始以后各列都加到第 1 列上去，可得

$$原式=\begin{vmatrix}0 & a_1 & 0 & \cdots & 0 & 0\\ 0 & -a_2 & a_2 & \cdots & 0 & 0\\ \vdots & \vdots & \vdots & \ddots & \vdots & \vdots\\ 0 & 0 & 0 & \cdots & -a_{n-1} & a_{n-1}\\ n & 1 & 1 & \cdots & 1 & 1\end{vmatrix}=(-1)^{n+1}\cdot na_1a_2\cdots a_{n-1}.$$

7. 解方程

(1) $\begin{vmatrix} 1 & 2 & 3 & \cdots & n \\ 1 & x+1 & 3 & \cdots & n \\ 1 & 2 & x+1 & \cdots & n \\ \vdots & \vdots & \vdots & \ddots & \vdots \\ 1 & 2 & 3 & \cdots & x+1 \end{vmatrix}=0$； (2) $\begin{vmatrix} x & a_1 & a_2 & \cdots & a_{n-1} & 1 \\ a_1 & x & a_2 & \cdots & a_{n-1} & 1 \\ a_1 & a_2 & x & \cdots & a_{n-1} & 1 \\ \vdots & \vdots & \vdots & \ddots & \vdots & \vdots \\ a_1 & a_2 & a_3 & \cdots & x & 1 \\ a_1 & a_2 & a_3 & \cdots & a_n & 1 \end{vmatrix}=0.$

解 (1) 将所给的行列式的第1行乘以−1,加到其他行,得

$$\begin{vmatrix} 1 & 2 & 3 & \cdots & n \\ 1 & x+1 & 3 & \cdots & n \\ 1 & 2 & x+1 & \cdots & n \\ \vdots & \vdots & \vdots & \ddots & \vdots \\ 1 & 2 & 3 & \cdots & x+1 \end{vmatrix}=\begin{vmatrix} 1 & 2 & 3 & \cdots & n \\ 0 & x-1 & 0 & \cdots & 0 \\ 0 & 0 & x-2 & \cdots & 0 \\ \vdots & \vdots & \vdots & \ddots & \vdots \\ 0 & 0 & 0 & \cdots & x-(n-1) \end{vmatrix}$$

$$=(x-1)(x-2)\cdots(x-n+1)=0.$$

所以 $x=1,2,\cdots,n-1$.

(2) **解法1** 方程左边行列式展开式为 x 的 n 次多项式,因此最多只有 n 个根,而当 $x=a_1,a_2,\cdots,a_n$时,行列式都各有两行相同,因此其值为零,故 $x=a_1,a_2,\cdots,a_n$是方程的全部根.

解法2 将所给的行列式的最后一列分别乘以 $-a_n,-a_{n-1},\cdots,-a_1$ 依次加到第 n, $n-1,\cdots,1$ 列,得

$$\begin{vmatrix} x & a_1 & a_2 & \cdots & a_{n-1} & 1 \\ a_1 & x & a_2 & \cdots & a_{n-1} & 1 \\ a_1 & a_2 & x & \cdots & a_{n-1} & 1 \\ \vdots & \vdots & \vdots & \ddots & \vdots & \vdots \\ a_1 & a_2 & a_3 & \cdots & x & 1 \\ a_1 & a_2 & a_3 & \cdots & a_n & 1 \end{vmatrix}=\begin{vmatrix} x-a_1 & a_1-a_2 & a_2-a_3 & \cdots & a_{n-1}-a_n & 1 \\ 0 & x-a_2 & a_2-a_3 & \cdots & a_{n-1}-a_n & 1 \\ 0 & 0 & x-a_3 & \cdots & a_{n-1}-a_n & 1 \\ \vdots & \vdots & \vdots & \ddots & \vdots & \vdots \\ 0 & 0 & 0 & \cdots & x-a_n & 1 \\ 0 & 0 & 0 & \cdots & 0 & 1 \end{vmatrix}$$

$$=(x-a_1)(x-a_2)\cdots(x-a_n)=0,$$

所以 $x=a_1,a_2,\cdots,a_n$.

8. 证明:

(1) $\begin{vmatrix} a_1 & 1 & 1 & \cdots & 1 \\ 1 & a_2 & 1 & \cdots & 1 \\ 1 & 1 & a_3 & \cdots & 1 \\ \vdots & \vdots & \vdots & \ddots & \vdots \\ 1 & 1 & 1 & \cdots & a_n \end{vmatrix}=\prod_{i=1}^{n}(a_i-1)\left(1+\sum_{i=1}^{n}\frac{1}{a_i-1}\right)$ (其中 $a_i\neq 1,i=1,2,\cdots,n$);

(2) $\begin{vmatrix} 1 & 1 & 1 & \cdots & 1 \\ 1 & a_1 & 0 & \cdots & 0 \\ 1 & 0 & a_2 & \cdots & 0 \\ \vdots & \vdots & \vdots & \ddots & \vdots \\ 1 & 0 & 0 & \cdots & a_n \end{vmatrix}=a_1a_2\cdots a_n\left(1-\sum_{i=1}^{n}\frac{1}{a_i}\right)$ (其中 $a_i\neq 0,i=1,2,3,\cdots,n$);

(3) $\begin{vmatrix} x & 0 & 0 & \cdots & 0 & a_0 \\ -1 & x & 0 & \cdots & 0 & a_1 \\ 0 & -1 & x & \cdots & 0 & a_2 \\ \vdots & \vdots & \vdots & \ddots & \vdots & \vdots \\ 0 & 0 & 0 & \cdots & x & a_{n-2} \\ 0 & 0 & 0 & \cdots & -1 & x+a_{n-1} \end{vmatrix} = x^n + a_{n-1}x^{n-1} + \cdots + a_1 x + a_0 \ (n \geqslant 2).$

证 (1) 将行列式的第 1 行的 -1 倍分别加到其余各行,然后提取各列的公因子 a_i-1 $(i=1,2,\cdots,n)$,得

$$原式=\begin{vmatrix} a_1 & 1 & 1 & \cdots & 1 \\ 1-a_1 & a_2-1 & 0 & \cdots & 0 \\ 1-a_1 & 0 & a_3-1 & \cdots & 0 \\ \vdots & \vdots & \vdots & \ddots & \vdots \\ 1-a_1 & 0 & 0 & \cdots & a_n-1 \end{vmatrix}$$

$$=\prod_{i=1}^{n}(a_i-1)\begin{vmatrix} \frac{a_1}{a_1-1} & \frac{1}{a_2-1} & \frac{1}{a_3-1} & \cdots & \frac{1}{a_n-1} \\ -1 & 1 & 0 & \cdots & 0 \\ -1 & 0 & 1 & \cdots & 0 \\ \vdots & \vdots & \vdots & \ddots & \vdots \\ -1 & 0 & 0 & \cdots & 1 \end{vmatrix},$$

再将第 2 列到第 n 列的各元素依次加到第 1 列上去即得

$$原式=\prod_{i=1}^{n}(a_i-1)\left(1+\sum_{i=1}^{n}\frac{1}{a_i-1}\right).$$

(2) 由于 $a_i\neq 0$,可将左边行列式第 2 列的 $-\frac{1}{a_1}$ 倍,第 3 列的 $-\frac{1}{a_2}$ 倍,直到第 $n+1$ 列的 $-\frac{1}{a_n}$ 倍都加到第 1 列上,得

$$左边=\begin{vmatrix} 1-\sum_{i=1}^{n}\frac{1}{a_i} & 1 & 1 & \cdots & 1 \\ 0 & a_1 & 0 & \cdots & 0 \\ 0 & 0 & a_2 & \cdots & 0 \\ \vdots & \vdots & \vdots & \ddots & \vdots \\ 0 & 0 & 0 & \cdots & a_n \end{vmatrix} = a_1 a_2 \cdots a_n\left(1-\sum_{i=1}^{n}\frac{1}{a_i}\right)=右边.$$

(3) **证法 1** 将左边行列式按第 n 列展开,可得

$$左边=(-1)^{n+1}a_0\begin{vmatrix} -1 & x & 0 & \cdots & 0 \\ 0 & -1 & x & \cdots & 0 \\ \vdots & \vdots & \vdots & \ddots & \vdots \\ 0 & 0 & 0 & -1 & x \\ 0 & 0 & 0 & 0 & -1 \end{vmatrix}+$$

$$(-1)^{n+2}a_1\begin{vmatrix} x & 0 & 0 & \cdots & 0 \\ 0 & -1 & x & \cdots & 0 \\ \vdots & \vdots & \vdots & \ddots & \vdots \\ 0 & 0 & 0 & -1 & x \\ 0 & 0 & 0 & 0 & -1 \end{vmatrix}+\cdots+$$

$$(-1)^{n+n}(x+a_{n-1})\begin{vmatrix} x & 0 & 0 & \cdots & 0 \\ -1 & x & 0 & \cdots & 0 \\ 0 & -1 & x & \cdots & 0 \\ \vdots & \vdots & \vdots & \ddots & \vdots \\ 0 & 0 & 0 & -1 & x \end{vmatrix}$$

$$=(-1)^{n+1}(-1)^{n-1}a_0+(-1)^{n+2}(-1)^{n-2}a_1x+\cdots+(-1)^{2n}(x+a_{n-1})x^{n-1}$$

$$=x^n+a_{n-1}x^{n-1}+\cdots+a_1x+a_0=\text{右边}.$$

证法 2 先把第 n 行的 x 倍加到第$(n-1)$行,变化后的第$(n-1)$行的 x 倍加到第$(n-2)$行,依次类推,得

$$\begin{vmatrix} x & 0 & 0 & \cdots & 0 & a_0 \\ -1 & x & 0 & \cdots & 0 & a_1 \\ 0 & -1 & x & \cdots & 0 & a_2 \\ \vdots & \vdots & \vdots & \ddots & \vdots & \vdots \\ 0 & 0 & 0 & \cdots & x & a_{n-2} \\ 0 & 0 & 0 & \cdots & -1 & a_{n-1}+x \end{vmatrix}=\begin{vmatrix} 0 & 0 & 0 & \cdots & 0 & f(x) \\ -1 & 0 & 0 & \cdots & 0 & \cdots \\ 0 & -1 & 0 & \cdots & 0 & \cdots \\ \cdots & \cdots & \cdots & \ddots & \cdots & \cdots \\ 0 & 0 & 0 & \cdots & 0 & x^2+a_{n-1}x+a_{n-2} \\ 0 & 0 & 0 & \cdots & -1 & a_{n-1}+x \end{vmatrix}$$

$$=(-1)^{n-1}(-1)^{n+1}f(x)=f(x),$$

其中 $f(x)=x^n+a_{n-1}x^{n-1}+\cdots+a_1x+a_0$.

9. 已知 $\begin{vmatrix} a_{11} & a_{12} & a_{13} \\ a_{21} & a_{22} & a_{23} \\ a_{31} & a_{32} & a_{33} \end{vmatrix}=a$, $\begin{vmatrix} b_{11} & b_{12} \\ b_{21} & b_{22} \end{vmatrix}=b$,利用拉普拉斯定理计算下列行列式:

(1) $\begin{vmatrix} 0 & 0 & 0 & a_{11} & a_{12} & a_{13} \\ 0 & 0 & 0 & a_{21} & a_{22} & a_{23} \\ 0 & 0 & 0 & a_{31} & a_{32} & a_{33} \\ a_{11} & a_{12} & a_{13} & 0 & 0 & 0 \\ a_{21} & a_{22} & a_{23} & 0 & 0 & 0 \\ a_{31} & a_{32} & a_{33} & 0 & 0 & 0 \end{vmatrix}$; (2) $\begin{vmatrix} 0 & 0 & a_{11} & a_{12} & a_{13} \\ 0 & 0 & a_{21} & a_{22} & a_{23} \\ 0 & 0 & a_{31} & a_{32} & a_{33} \\ b_{11} & b_{12} & 0 & 0 & 0 \\ b_{21} & b_{22} & 0 & 0 & 0 \end{vmatrix}$;

(3) $\begin{vmatrix} a_{11} & 0 & a_{12} & 0 & a_{13} \\ a_{21} & 0 & a_{22} & 0 & a_{23} \\ a_{31} & 0 & a_{32} & 0 & a_{33} \\ 0 & b_{11} & 0 & b_{12} & 0 \\ 0 & b_{21} & 0 & b_{22} & 0 \end{vmatrix}$.

解 (1) 依次对换第 1、4 两行,第 2、5 两行,第 3、6 两行,得

$$\text{原式}=-\begin{vmatrix} a_{11} & a_{12} & a_{13} & 0 & 0 & 0 \\ a_{21} & a_{22} & a_{23} & 0 & 0 & 0 \\ a_{31} & a_{32} & a_{33} & 0 & 0 & 0 \\ 0 & 0 & 0 & a_{11} & a_{12} & a_{13} \\ 0 & 0 & 0 & a_{21} & a_{22} & a_{23} \\ 0 & 0 & 0 & a_{31} & a_{32} & a_{33} \end{vmatrix}=-\begin{vmatrix} a_{11} & a_{12} & a_{13} \\ a_{21} & a_{22} & a_{23} \\ a_{31} & a_{32} & a_{33} \end{vmatrix}\begin{vmatrix} a_{11} & a_{12} & a_{13} \\ a_{21} & a_{22} & a_{23} \\ a_{31} & a_{32} & a_{33} \end{vmatrix}=-a^2.$$

(2) 将第 1、2 列依次换到第 5、6 列，得

$$\text{原式}=\begin{vmatrix} a_{11} & a_{12} & a_{13} & 0 & 0 \\ a_{21} & a_{22} & a_{23} & 0 & 0 \\ a_{31} & a_{32} & a_{33} & 0 & 0 \\ 0 & 0 & 0 & b_{11} & b_{12} \\ 0 & 0 & 0 & b_{21} & b_{22} \end{vmatrix}=\begin{vmatrix} a_{11} & a_{12} & a_{13} \\ a_{21} & a_{22} & a_{23} \\ a_{31} & a_{32} & a_{33} \end{vmatrix}\begin{vmatrix} b_{11} & b_{12} \\ b_{21} & b_{22} \end{vmatrix}=ab.$$

(3) 将第 2、3 列对换，第 3、5 列对换，第 4、5 列对换，得

$$\text{原式}=-\begin{vmatrix} a_{11} & a_{12} & a_{13} & 0 & 0 \\ a_{21} & a_{22} & a_{23} & 0 & 0 \\ a_{31} & a_{32} & a_{33} & 0 & 0 \\ 0 & 0 & 0 & b_{11} & b_{12} \\ 0 & 0 & 0 & b_{21} & b_{22} \end{vmatrix}=-\begin{vmatrix} a_{11} & a_{12} & a_{13} \\ a_{21} & a_{22} & a_{23} \\ a_{31} & a_{32} & a_{33} \end{vmatrix}\begin{vmatrix} b_{11} & b_{12} \\ b_{21} & b_{22} \end{vmatrix}=-ab.$$

练习 1.4

1. 利用分块矩阵乘法计算 $\boldsymbol{AB}$.

(1) $\boldsymbol{A}=\begin{pmatrix} E_2 & 0 \\ A_{21} & A_{22} \end{pmatrix}$，$\boldsymbol{B}=\begin{pmatrix} B_{11} & B_{12} \\ E_2 & B_{22} \end{pmatrix}$，其中 $A_{21}=\begin{pmatrix} 2 & 0 \\ -1 & 1 \end{pmatrix}$，$A_{22}=\begin{pmatrix} 1 & 1 \\ 0 & 1 \end{pmatrix}$，

$B_{11}=\begin{pmatrix} 3 & -2 \\ -2 & 1 \end{pmatrix}$，$B_{12}=\begin{pmatrix} 5 \\ 3 \end{pmatrix}$，$B_{22}=\begin{pmatrix} -2 \\ 1 \end{pmatrix}$；

(2) $\boldsymbol{A}=\begin{pmatrix} A_1 \\ A_2 \\ A_3 \end{pmatrix}$，$\boldsymbol{B}=(B_1, B_2, B_3)$，其中 $A_1=(-2, -1, 2)$，$A_2=(2, -2, 1)$，

$A_3=(1, 2, 2)$，$B_1=\begin{pmatrix} -2 \\ -1 \\ 2 \end{pmatrix}$，$B_2=\begin{pmatrix} 2 \\ -2 \\ 1 \end{pmatrix}$，$B_3=\begin{pmatrix} 1 \\ 2 \\ 2 \end{pmatrix}$.

解 (1) $\boldsymbol{AB}=\begin{pmatrix} B_{11} & B_{12} \\ A_{21}B_{11}+A_{22} & A_{21}B_{12}+A_{22}B_{22} \end{pmatrix}$，$A_{21}B_{11}+A_{22}=\begin{pmatrix} 7 & -3 \\ -5 & 4 \end{pmatrix}$，

$A_{21}B_{12}+A_{22}B_{22}=\begin{pmatrix} 9 \\ -1 \end{pmatrix}$，所以 $\boldsymbol{AB}=\begin{pmatrix} 3 & -2 & 5 \\ -2 & 1 & 3 \\ 7 & -3 & 9 \\ -5 & 4 & -1 \end{pmatrix}$.

(2) $\boldsymbol{AB}=\begin{pmatrix}A_1\\A_2\\A_3\end{pmatrix}(B_1\quad B_2\quad B_3)=\begin{pmatrix}A_1B_1&A_1B_2&A_1B_3\\A_2B_1&A_2B_2&A_2B_3\\A_3B_1&A_3B_2&A_3B_3\end{pmatrix}=\begin{pmatrix}9&0&0\\0&9&0\\0&0&9\end{pmatrix}=9E_3$.

2. 设$\boldsymbol{A}$为三阶矩阵,且$\det\boldsymbol{A}=-2$,若将$\boldsymbol{A}$按列分块为$\boldsymbol{A}=(A_1,A_2,A_3)$,其中$A_j$为$\boldsymbol{A}$的第$j$列$(j=1,2,3)$,求下列行列式:

(1) $|A_1,2A_3,A_2|$;

(2) $|A_3-2A_1,3A_2,A_1|$.

解 (1) $|A_1,2A_3,A_2|=2|A_1,A_3,A_2|=-2|A_1,A_2,A_3|=4$.

(2) $|A_3-2A_1,3A_2,A_1|=|A_3,3A_2,A_1|-2|A_1,3A_2,A_1|=-3|A_1,A_2,A_3|=6$.

3. 设$\boldsymbol{A}$为$m\times n$矩阵,将其按行分成m块

$$\boldsymbol{A}=\begin{pmatrix}A_1\\A_2\\\vdots\\A_m\end{pmatrix},\text{其中 }A_i\text{ 为 }\boldsymbol{A}\text{ 的第 }i\text{ 行}(i=1,2,\cdots,m),$$

对于m阶单位矩阵$\boldsymbol{E}$,也将其按行分为

$$\boldsymbol{E}=\begin{pmatrix}\boldsymbol{\varepsilon}_1\\\boldsymbol{\varepsilon}_2\\\vdots\\\boldsymbol{\varepsilon}_m\end{pmatrix},\text{其中 }\boldsymbol{\varepsilon}_i\text{ 为 }\boldsymbol{E}\text{ 的第 }i\text{ 行}(i=1,2,\cdots,m),$$

试由$\boldsymbol{EA}=\boldsymbol{A}$证明:$\boldsymbol{\varepsilon}_i\boldsymbol{A}=A_i(i=1,2,\cdots,m)$.

证 $\boldsymbol{EA}=\begin{pmatrix}\boldsymbol{\varepsilon}_1\\\boldsymbol{\varepsilon}_2\\\vdots\\\boldsymbol{\varepsilon}_m\end{pmatrix}\boldsymbol{A}=\begin{pmatrix}\boldsymbol{\varepsilon}_1\boldsymbol{A}\\\boldsymbol{\varepsilon}_2\boldsymbol{A}\\\vdots\\\boldsymbol{\varepsilon}_m\boldsymbol{A}\end{pmatrix}$, $\boldsymbol{A}=\begin{pmatrix}A_1\\A_2\\\vdots\\A_m\end{pmatrix}$,

由$\boldsymbol{EA}=\boldsymbol{A}$,得$\boldsymbol{\varepsilon}_i\boldsymbol{A}=A_i(i=1,2,\cdots,m)$.

练习 1.5

1. 判断下列矩阵是否可逆,若可逆,利用伴随矩阵法求其逆矩阵:

(1) $\begin{pmatrix}5&4\\3&2\end{pmatrix}$; (2) $\begin{pmatrix}1&-3\\-2&6\end{pmatrix}$;

(3) $\begin{pmatrix}0&2&1\\1&-1&1\\3&-1&2\end{pmatrix}$; (4) $\begin{pmatrix}1&0&0\\1&2&0\\1&2&3\end{pmatrix}$.

解 (1) 设$\boldsymbol{A}=\begin{pmatrix}5&4\\3&2\end{pmatrix}$,因为$\det\boldsymbol{A}=-2\neq0$,故$\boldsymbol{A}$可逆.

$A_{11}=2,\quad A_{21}=-4,\quad A_{12}=-3,\quad A_{22}=5,$

所以 $\boldsymbol{A}^{-1}=\frac{1}{|\boldsymbol{A}|}\boldsymbol{A}^*=-\frac{1}{2}\begin{pmatrix}2&-4\\-3&5\end{pmatrix}=\begin{pmatrix}-1&2\\\frac{3}{2}&-\frac{5}{2}\end{pmatrix}$.

(2) 设 $\boldsymbol{A}=\begin{pmatrix}1&-3\\-2&6\end{pmatrix}$,因为 $\det\boldsymbol{A}=0$, 故 $\boldsymbol{A}$ 不可逆.

(3) 设 $\boldsymbol{A}=\begin{pmatrix}0&2&1\\1&-1&1\\3&-1&2\end{pmatrix}$,因为 $\det\boldsymbol{A}=\begin{vmatrix}0&2&1\\1&-1&1\\3&-1&2\end{vmatrix}=\begin{vmatrix}0&2&1\\1&-1&1\\0&2&-1\end{vmatrix}=-\begin{vmatrix}2&1\\2&-1\end{vmatrix}=4$,

故 $\boldsymbol{A}$ 可逆.

由于 $A_{11}=\begin{vmatrix}-1&1\\-1&2\end{vmatrix}=-1$, $A_{21}=-\begin{vmatrix}2&1\\-1&2\end{vmatrix}=-5$, $A_{31}=\begin{vmatrix}2&1\\-1&1\end{vmatrix}=3$,

$A_{12}=-\begin{vmatrix}1&1\\3&2\end{vmatrix}=1$, $A_{22}=\begin{vmatrix}0&1\\3&2\end{vmatrix}=-3$, $A_{32}=-\begin{vmatrix}0&1\\1&1\end{vmatrix}=1$,

$A_{13}=\begin{vmatrix}1&-1\\3&-1\end{vmatrix}=2$, $A_{23}=-\begin{vmatrix}0&2\\3&-1\end{vmatrix}=6$, $A_{33}=\begin{vmatrix}0&2\\1&-1\end{vmatrix}=-2$,

得 $\boldsymbol{A}^{-1}=\frac{1}{|\boldsymbol{A}|}\boldsymbol{A}^*=\frac{1}{4}\begin{pmatrix}-1&-5&3\\1&-3&1\\2&6&-2\end{pmatrix}=\begin{pmatrix}-\frac{1}{4}&-\frac{5}{4}&\frac{3}{4}\\\frac{1}{4}&-\frac{3}{4}&\frac{1}{4}\\\frac{1}{2}&\frac{3}{2}&-\frac{1}{2}\end{pmatrix}$.

(4) 方法同(3),$\boldsymbol{A}^{-1}=\begin{pmatrix}1&0&0\\-\frac{1}{2}&\frac{1}{2}&0\\0&-\frac{1}{3}&\frac{1}{3}\end{pmatrix}$.

2. (1) 设 $\boldsymbol{A}$ 为 n 阶方阵,$\boldsymbol{A}\neq\boldsymbol{O}$ 且存在正整数 $k\geqslant2$,使 $\boldsymbol{A}^k=\boldsymbol{O}$,证明:$\boldsymbol{E}-\boldsymbol{A}$ 可逆,且 $(\boldsymbol{E}-\boldsymbol{A})^{-1}=\boldsymbol{E}+\boldsymbol{A}+\boldsymbol{A}^2+\cdots+\boldsymbol{A}^{k-1}$.

(2) 设 $\boldsymbol{A}=\begin{pmatrix}0&1&0\\0&0&1\\0&0&0\end{pmatrix}$,求$(\boldsymbol{E}-\boldsymbol{A})^{-1}$.

证 (1)
$$\begin{aligned}&(\boldsymbol{E}-\boldsymbol{A})(\boldsymbol{E}+\boldsymbol{A}+\boldsymbol{A}^2+\cdots+\boldsymbol{A}^{k-1})\\&=\boldsymbol{E}+\boldsymbol{A}+\boldsymbol{A}^2+\cdots+\boldsymbol{A}^{k-1}-\boldsymbol{A}-\boldsymbol{A}^2-\cdots-\boldsymbol{A}^{k-1}-\boldsymbol{A}^k\\&=\boldsymbol{E}-\boldsymbol{A}^k\\&=\boldsymbol{E},\end{aligned}$$

从而 $\boldsymbol{E}-\boldsymbol{A}$ 为可逆矩阵,且$(\boldsymbol{E}-\boldsymbol{A})^{-1}=\boldsymbol{E}+\boldsymbol{A}+\boldsymbol{A}^2+\cdots+\boldsymbol{A}^{k-1}$.

(2) 因为 $\boldsymbol{A}^2=\begin{pmatrix}0&0&1\\0&0&0\\0&0&0\end{pmatrix}$,$\boldsymbol{A}^k=\boldsymbol{O}$ $(k\geqslant3)$,故

$$(\boldsymbol{E}-\boldsymbol{A})^{-1}=\boldsymbol{E}+\boldsymbol{A}+\boldsymbol{A}^2=\begin{pmatrix}1&1&1\\0&1&1\\0&0&1\end{pmatrix}.$$

3. 已知 n 阶方阵 $\boldsymbol{A}$ 满足 $\boldsymbol{A}^2-3\boldsymbol{A}-2\boldsymbol{E}=\boldsymbol{O}$,求证:$\boldsymbol{A}$ 可逆,并求 $\boldsymbol{A}^{-1}$.

证 依题意可得,$\boldsymbol{A}(\boldsymbol{A}-3\boldsymbol{E})=2\boldsymbol{E}$,则 $\boldsymbol{A}\left(\frac{1}{2}(\boldsymbol{A}-3\boldsymbol{E})\right)=\boldsymbol{E}$,故 $\boldsymbol{A}$ 可逆,且

$$\boldsymbol{A}^{-1}=\frac{1}{2}(\boldsymbol{A}-3\boldsymbol{E}).$$

4. 如果矩阵 $\boldsymbol{A}$ 可逆.

(1) 证明:$\boldsymbol{A}^*$ 也可逆,并求$(\boldsymbol{A}^*)^{-1}$;

(2) 设 $\boldsymbol{A}=\begin{pmatrix}1&0&0\\2&2&0\\3&4&5\end{pmatrix}$,求$(\boldsymbol{A}^*)^{-1}$.

(1) **证** 因为 $\boldsymbol{A}$ 可逆,$|\boldsymbol{A}|\neq0$,由 $\boldsymbol{A}\boldsymbol{A}^*=|\boldsymbol{A}|\boldsymbol{E}$,两边乘以 $\frac{1}{|\boldsymbol{A}|}$,得 $\frac{\boldsymbol{A}}{|\boldsymbol{A}|}\boldsymbol{A}^*=\boldsymbol{E}$,所以 $\boldsymbol{A}^*$ 可逆,且$(\boldsymbol{A}^*)^{-1}=\frac{1}{|\boldsymbol{A}|}\boldsymbol{A}$.

(2) **解** $\det\boldsymbol{A}=10$,故$(\boldsymbol{A}^*)^{-1}=\frac{1}{10}\boldsymbol{A}=\frac{1}{10}\begin{pmatrix}1&0&0\\2&2&0\\3&4&5\end{pmatrix}=\begin{pmatrix}\frac{1}{10}&0&0\\\frac{1}{5}&\frac{1}{5}&0\\\frac{3}{10}&\frac{2}{5}&\frac{1}{2}\end{pmatrix}$.

5. 设 $\boldsymbol{A}$ 是三阶矩阵,$\boldsymbol{A}^*$ 是其伴随矩阵,已知 $\det\boldsymbol{A}=\frac{1}{2}$,求行列式 $|(3\boldsymbol{A})^{-1}-2\boldsymbol{A}^*|$ 的值.

解 由 $(3\boldsymbol{A})^{-1}-2\boldsymbol{A}^*=\frac{1}{3}\boldsymbol{A}^{-1}-2(|\boldsymbol{A}|\boldsymbol{A}^{-1})=\frac{1}{3}\boldsymbol{A}^{-1}-\boldsymbol{A}^{-1}=-\frac{2}{3}\boldsymbol{A}^{-1}$,

故 $|(3\boldsymbol{A})^{-1}-2\boldsymbol{A}^*|=\left|-\frac{2}{3}\boldsymbol{A}^{-1}\right|=\left(-\frac{2}{3}\right)^3|\boldsymbol{A}^{-1}|=-\frac{16}{27}$.

6. 证明:如果 $\boldsymbol{A}$ 为可逆的对称(反称)矩阵,则 $\boldsymbol{A}^{-1}$ 也是对称(反称)矩阵.

证 由于 $\boldsymbol{A}^{\mathrm{T}}=\boldsymbol{A}$,且 $\boldsymbol{A}^{-1}\boldsymbol{A}=\boldsymbol{E}$,两边取转置,得 $\boldsymbol{A}^{\mathrm{T}}(\boldsymbol{A}^{-1})^{\mathrm{T}}=\boldsymbol{A}(\boldsymbol{A}^{-1})^{\mathrm{T}}=\boldsymbol{E}$,
则 $(\boldsymbol{A}^{-1})^{\mathrm{T}}$是 $\boldsymbol{A}$ 的逆矩阵. 由逆矩阵的唯一性,得$(\boldsymbol{A}^{-1})^{\mathrm{T}}=\boldsymbol{A}^{-1}$,所以 $\boldsymbol{A}^{-1}$为对称矩阵.
改为反称矩阵类似.

7. 设 $\boldsymbol{A},\boldsymbol{B},\boldsymbol{C}$ 为同阶方阵,其中 $\boldsymbol{C}$ 为可逆矩阵,且满足 $\boldsymbol{C}^{-1}\boldsymbol{A}\boldsymbol{C}=\boldsymbol{B}$,证明:对任意正整数 m,有 $\boldsymbol{C}^{-1}\boldsymbol{A}^m\boldsymbol{C}=\boldsymbol{B}^m$.

证 因为 $\boldsymbol{C}^{-1}\boldsymbol{A}\boldsymbol{C}=\boldsymbol{B}$,所以

$$\begin{aligned}\boldsymbol{B}^m&=(\boldsymbol{C}^{-1}\boldsymbol{A}\boldsymbol{C})^m=(\boldsymbol{C}^{-1}\boldsymbol{A}\boldsymbol{C})(\boldsymbol{C}^{-1}\boldsymbol{A}\boldsymbol{C})\cdots(\boldsymbol{C}^{-1}\boldsymbol{A}\boldsymbol{C})\\&=\boldsymbol{C}^{-1}\boldsymbol{A}(\boldsymbol{C}\boldsymbol{C}^{-1})\boldsymbol{A}(\boldsymbol{C}\boldsymbol{C}^{-1})\boldsymbol{A}\cdots\boldsymbol{A}(\boldsymbol{C}\boldsymbol{C}^{-1})\boldsymbol{A}\boldsymbol{C}\\&=\boldsymbol{C}^{-1}\boldsymbol{A}^m\boldsymbol{C}.\end{aligned}$$

8. 求下列分块矩阵的逆矩阵:

(1) $\boldsymbol{A}=\begin{pmatrix}\boldsymbol{A}_{11}&\boldsymbol{O}\\\boldsymbol{O}&\boldsymbol{A}_{22}\end{pmatrix}$,其中 $\boldsymbol{A}_{11}=\begin{pmatrix}2&1\\1&1\end{pmatrix}$,$\boldsymbol{A}_{22}=\begin{pmatrix}2&5\\1&3\end{pmatrix}$;

(2) $\boldsymbol{A}=\begin{pmatrix}\boldsymbol{A}_{11} & \boldsymbol{A}_{12}\\ \boldsymbol{O} & \boldsymbol{A}_{22}\end{pmatrix}$,其中 $\boldsymbol{A}_{11}=\begin{pmatrix}1 & -1 & 2\\ -2 & -1 & -2\\ 4 & 3 & 3\end{pmatrix}$,$\boldsymbol{A}_{12}=\begin{pmatrix}-1\\ 1\\ 1\end{pmatrix}$,$\boldsymbol{A}_{22}=2$;

(3) $\boldsymbol{A}=\begin{pmatrix}\boldsymbol{O} & \boldsymbol{A}_{12}\\ \boldsymbol{A}_{21} & \boldsymbol{O}\end{pmatrix}$,其中 $\boldsymbol{A}_{12}=\begin{pmatrix}1 & 1\\ 2 & 1\end{pmatrix}$, $\boldsymbol{A}_{21}=\begin{pmatrix}1 & 3\\ 2 & 5\end{pmatrix}$.

解 (1) 因为 $\boldsymbol{A}=\begin{pmatrix}\boldsymbol{A}_{11} & \boldsymbol{O}\\ \boldsymbol{O} & \boldsymbol{A}_{22}\end{pmatrix}$,所以 $\boldsymbol{A}^{-1}=\begin{pmatrix}\boldsymbol{A}_{11}^{-1} & \boldsymbol{O}\\ \boldsymbol{O} & \boldsymbol{A}_{22}^{-1}\end{pmatrix}$,

又 $\boldsymbol{A}_{11}^{-1}=\begin{pmatrix}1 & -1\\ -1 & 2\end{pmatrix}$, $\boldsymbol{A}_{22}^{-1}=\begin{pmatrix}3 & -5\\ -1 & 2\end{pmatrix}$,

故 $\boldsymbol{A}^{-1}=\begin{pmatrix}1 & -1 & 0 & 0\\ -1 & 2 & 0 & 0\\ 0 & 0 & 3 & -5\\ 0 & 0 & -1 & 2\end{pmatrix}$.

(2) 由可逆矩阵的性质知

$$\boldsymbol{A}^{-1}=\begin{pmatrix}\boldsymbol{A}_{11}^{-1} & -\boldsymbol{A}_{11}^{-1}\boldsymbol{A}_{12}\boldsymbol{A}_{22}^{-1}\\ \boldsymbol{O} & \boldsymbol{A}_{22}^{-1}\end{pmatrix},$$

$$(\boldsymbol{A}_{11} \vdots \boldsymbol{E})=\left(\begin{array}{ccc:ccc}1 & -1 & 2 & 1 & 0 & 0\\ -2 & -1 & -2 & 0 & 1 & 0\\ 4 & 3 & 3 & 0 & 0 & 1\end{array}\right)\to\left(\begin{array}{ccc:ccc}1 & -1 & 2 & 1 & 0 & 0\\ 0 & -3 & 2 & 2 & 1 & 0\\ 0 & 1 & -1 & 0 & 2 & 1\end{array}\right)$$

$$\to\left(\begin{array}{ccc:ccc}1 & 0 & 0 & 3 & 9 & 4\\ 0 & 1 & 0 & -2 & -5 & -2\\ 0 & 0 & 1 & -2 & -7 & -3\end{array}\right),$$

故 $\boldsymbol{A}_{11}^{-1}=\begin{pmatrix}3 & 9 & 4\\ -2 & -5 & -2\\ -2 & -7 & -3\end{pmatrix}$, $\boldsymbol{A}_{11}^{-1}\boldsymbol{A}_{12}=\begin{pmatrix}3 & 9 & 4\\ -2 & -5 & -2\\ -2 & -7 & -3\end{pmatrix}\begin{pmatrix}-1\\ 1\\ 1\end{pmatrix}=\begin{pmatrix}10\\ -5\\ -8\end{pmatrix}$, $\boldsymbol{A}_{22}^{-1}=\frac{1}{2}$,

由 $-\boldsymbol{A}_{11}^{-1}\boldsymbol{A}_{12}\boldsymbol{A}_{22}^{-1}=\begin{pmatrix}-5\\ \frac{5}{2}\\ 4\end{pmatrix}$, 得 $\boldsymbol{A}^{-1}=\begin{pmatrix}3 & 9 & 4 & -5\\ -2 & -5 & -2 & \frac{5}{2}\\ -2 & -7 & -3 & 4\\ 0 & 0 & 0 & \frac{1}{2}\end{pmatrix}$.

(3) 因为 $\boldsymbol{A}^{-1}=\begin{pmatrix}\boldsymbol{O} & A_{21}^{-1}\\ A_{12}^{-1} & \boldsymbol{O}\end{pmatrix}$,而 $\boldsymbol{A}_{12}^{-1}=\begin{pmatrix}-1 & 1\\ 2 & -1\end{pmatrix}$,$\boldsymbol{A}_{21}^{-1}=\begin{pmatrix}-5 & 3\\ 2 & -1\end{pmatrix}$,

所以 $\boldsymbol{A}^{-1}=\begin{pmatrix}0 & 0 & -5 & 3\\ 0 & 0 & 2 & -1\\ -1 & 1 & 0 & 0\\ 2 & -1 & 0 & 0\end{pmatrix}$.

练习 1.6

1. 求下列矩阵的等价标准形：

(1) $\begin{pmatrix}1&2\\2&4\end{pmatrix}$；　　(2) $\begin{pmatrix}1&2\\3&4\end{pmatrix}$；

(3) $\begin{pmatrix}1&-1&2\\-2&-2&-3\end{pmatrix}$；　　(4) $\begin{pmatrix}1&2&-1\\1&-2&0\\2&0&-1\end{pmatrix}$.

解 (1) $\begin{pmatrix}1&2\\2&4\end{pmatrix}\to\begin{pmatrix}1&2\\0&0\end{pmatrix}\to\begin{pmatrix}1&0\\0&0\end{pmatrix}$.

(2) $\begin{pmatrix}1&2\\3&4\end{pmatrix}\to\begin{pmatrix}1&2\\0&-2\end{pmatrix}\to\begin{pmatrix}1&0\\0&-2\end{pmatrix}\to\begin{pmatrix}1&0\\0&1\end{pmatrix}$.

(3) $\begin{pmatrix}1&-1&2\\2&-2&-3\end{pmatrix}\to\begin{pmatrix}1&-1&2\\0&0&-7\end{pmatrix}\to\begin{pmatrix}1&-1&2\\0&0&1\end{pmatrix}\to\begin{pmatrix}1&0&0\\0&0&1\end{pmatrix}\to\begin{pmatrix}1&0&0\\0&1&0\end{pmatrix}$.

(4) $\begin{pmatrix}1&2&-1\\1&-2&0\\2&0&-1\end{pmatrix}\to\begin{pmatrix}1&2&-1\\0&-4&1\\0&-4&1\end{pmatrix}\to\begin{pmatrix}1&2&-1\\0&-4&1\\0&0&0\end{pmatrix}\to\begin{pmatrix}1&0&0\\0&-4&1\\0&0&0\end{pmatrix}\to\begin{pmatrix}1&0&0\\0&1&0\\0&0&0\end{pmatrix}$.

2. 利用行初等变换法求下列矩阵的逆矩阵：

(1) $\boldsymbol{A}=\begin{pmatrix}1&0&0\\1&2&0\\1&2&3\end{pmatrix}$；　　(2) $\boldsymbol{A}=\begin{pmatrix}2&2&3\\1&-1&0\\-1&2&1\end{pmatrix}$；

(3) $\boldsymbol{A}=\begin{pmatrix}0&0&0&1\\0&0&1&1\\0&1&1&1\\1&1&1&1\end{pmatrix}$；　　(4) $\boldsymbol{A}=\begin{pmatrix}5&2&0&0\\2&1&0&0\\0&0&1&-2\\0&0&1&1\end{pmatrix}$；

(5) $\boldsymbol{A}=\begin{pmatrix}0&a_1&0&\cdots&0&0\\0&0&a_2&\cdots&0&0\\\vdots&\vdots&\vdots&\ddots&\vdots&\vdots\\0&0&0&\cdots&0&a_{n-1}\\a_n&0&0&\cdots&0&0\end{pmatrix}$ (其中 $a_i\neq0$；$i=1,2,\cdots,n$).

解 (1) $(\boldsymbol{A}\,\vdots\,\boldsymbol{E})=\left(\begin{array}{ccc:ccc}1&0&0&1&0&0\\1&2&0&0&1&0\\1&2&3&0&0&1\end{array}\right)\xrightarrow[r_3-r_1]{r_2-r_1}\left(\begin{array}{ccc:ccc}1&0&0&1&0&0\\0&2&0&-1&1&0\\0&2&3&-1&0&1\end{array}\right)$

$\to\left(\begin{array}{ccc:ccc}1&0&0&1&0&0\\0&2&0&-1&1&0\\0&0&3&0&-1&1\end{array}\right)\to\left(\begin{array}{ccc:ccc}1&0&0&1&0&0\\0&1&0&-\frac{1}{2}&\frac{1}{2}&0\\0&0&1&0&-\frac{1}{3}&\frac{1}{3}\end{array}\right)$,

所以 $\boldsymbol{A}^{-1}=\begin{pmatrix}1&0&0\\-\frac{1}{2}&\frac{1}{2}&0\\0&-\frac{1}{3}&\frac{1}{3}\end{pmatrix}$.

(2) $(\boldsymbol{A}\,\vdots\,\boldsymbol{E})=\left(\begin{array}{ccc:ccc}2&2&3&1&0&0\\1&-1&0&0&1&0\\-1&2&1&0&0&1\end{array}\right)\xrightarrow{r_1\leftrightarrow r_2}\left(\begin{array}{ccc:ccc}1&-1&0&0&1&0\\2&2&3&1&0&0\\-1&2&1&0&0&1\end{array}\right)$

$\xrightarrow[r_3+r_1]{r_2-2r_1}\left(\begin{array}{ccc:ccc}1&-1&0&0&1&0\\0&4&3&1&-2&0\\0&1&1&0&1&1\end{array}\right)\xrightarrow{r_2\leftrightarrow r_3}\left(\begin{array}{ccc:ccc}1&-1&0&0&1&0\\0&1&1&0&1&1\\0&4&3&1&-2&0\end{array}\right)$

$\xrightarrow[r_3-4r_2]{r_1+r_2}\left(\begin{array}{ccc:ccc}1&0&1&0&2&1\\0&1&1&0&1&1\\0&0&-1&1&-6&-4\end{array}\right)\xrightarrow[r_1+r_3]{r_2+r_3}\left(\begin{array}{ccc:ccc}1&0&0&1&-4&-3\\0&1&0&1&-5&-3\\0&0&1&-1&6&4\end{array}\right)$,

所以 $\boldsymbol{A}^{-1}=\begin{pmatrix}1&-4&-3\\1&-5&-3\\-1&6&4\end{pmatrix}$.

(3) 方法同上,$\boldsymbol{A}^{-1}=\begin{pmatrix}0&0&-1&1\\0&-1&1&0\\-1&1&0&0\\1&0&0&0\end{pmatrix}$.

(4) $\left(\begin{array}{cccc:cccc}5&2&0&0&1&0&0&0\\2&1&0&0&0&1&0&0\\0&0&1&-2&0&0&1&0\\0&0&1&1&0&0&0&1\end{array}\right)\to\left(\begin{array}{cccc:cccc}1&0&0&0&1&-2&0&0\\2&1&0&0&0&1&0&0\\0&0&1&-2&0&0&1&0\\0&0&0&3&0&0&-1&1\end{array}\right)$

$\to\left(\begin{array}{cccc:cccc}1&0&0&0&1&-2&0&0\\0&1&0&0&-2&5&0&0\\0&0&1&0&0&0&\frac{1}{3}&\frac{2}{3}\\0&0&0&1&0&0&-\frac{1}{3}&\frac{1}{3}\end{array}\right)$,

所以 $\boldsymbol{A}^{-1}=\begin{pmatrix}1&-2&0&0\\-2&5&0&0\\0&0&\frac{1}{3}&\frac{2}{3}\\0&0&-\frac{1}{3}&\frac{1}{3}\end{pmatrix}$.

(5) $(\boldsymbol{A}\ \vdots\ \boldsymbol{E})=\left(\begin{array}{cccccc:ccccc} 0 & a_1 & 0 & \cdots & 0 & 0 & 1 & 0 & \cdots & 0 & 0 \\ 0 & 0 & a_2 & \cdots & 0 & 0 & 0 & 1 & \cdots & 0 & 0 \\ \vdots & \vdots & \vdots & \ddots & \vdots & \vdots & \vdots & \vdots & \ddots & \vdots & \vdots \\ 0 & 0 & 0 & \cdots & 0 & a_{n-1} & 0 & 0 & \cdots & 1 & 0 \\ a_n & 0 & 0 & \cdots & 0 & 0 & 0 & 0 & \cdots & 0 & 1 \end{array}\right)$

$$\rightarrow\left(\begin{array}{ccccc:ccccc} 1 & 0 & 0 & \cdots & 0 & 0 & 0 & \cdots & 0 & \frac{1}{a_n} \\ 0 & 1 & 0 & \cdots & 0 & \frac{1}{a_1} & 0 & \cdots & 0 & 0 \\ 0 & 0 & 1 & \cdots & 0 & 0 & \frac{1}{a_2} & \cdots & 0 & 0 \\ \vdots & \vdots & \vdots & \ddots & \vdots & \vdots & \vdots & \ddots & \vdots & \vdots \\ 0 & 0 & 0 & \cdots & 1 & 0 & 0 & \cdots & \frac{1}{a_{n-1}} & 0 \end{array}\right),$$

所以 $\boldsymbol{A}^{-1}=\begin{pmatrix} 0 & 0 & 0 & \cdots & 0 & a_n^{-1} \\ a_1^{-1} & 0 & 0 & \cdots & 0 & 0 \\ 0 & a_2^{-1} & 0 & \cdots & 0 & 0 \\ \vdots & \vdots & \vdots & \ddots & \vdots & \vdots \\ 0 & 0 & 0 & \cdots & a_{n-1}^{-1} & 0 \end{pmatrix}$.

此题也可用分块来解.参考:练习 1.5 的 8(3).

3. 求解下列矩阵方程:

(1) $\begin{pmatrix} 3 & 5 \\ 1 & 2 \end{pmatrix}\boldsymbol{X}=\begin{pmatrix} 4 & -1 & 2 \\ 3 & 0 & -1 \end{pmatrix}$;

(2) $\begin{pmatrix} 2 & 1 \\ -2 & 3 \end{pmatrix}\boldsymbol{X}\begin{pmatrix} -2 & -1 \\ 1 & 1 \end{pmatrix}=\begin{pmatrix} -2 & 3 \\ -6 & 1 \end{pmatrix}$;

(3) $\boldsymbol{X}\begin{pmatrix} 1 & 0 & 5 \\ 1 & 1 & 2 \\ 1 & 2 & 5 \end{pmatrix}=\begin{pmatrix} 1 & 1 & 2 \\ 0 & 0 & -6 \end{pmatrix}$;

(4) $\boldsymbol{AX}+\boldsymbol{B}=\boldsymbol{X}$,其中 $\boldsymbol{A}=\begin{pmatrix} 0 & 1 & 0 \\ -1 & 1 & 1 \\ -1 & 0 & -1 \end{pmatrix}$, $\boldsymbol{B}=\begin{pmatrix} 1 & -1 \\ 2 & 0 \\ 5 & -3 \end{pmatrix}$.

解 (1) 对于 $\boldsymbol{AX}=\boldsymbol{B}$ 型矩阵方程,当 $\boldsymbol{A}$ 可逆时,两边左乘 $\boldsymbol{A}^{-1}$ 有:$\boldsymbol{X}=\boldsymbol{A}^{-1}\boldsymbol{B}$,所以只要对矩阵$(\boldsymbol{A}\ \vdots\ \boldsymbol{B})$做行初等变换,把 $\boldsymbol{A}$ 化为 $\boldsymbol{E}$ 时,$\boldsymbol{B}$ 可化为 $\boldsymbol{X}$,即$(\boldsymbol{A}\ \vdots\ \boldsymbol{B})\rightarrow(\boldsymbol{E}\ \vdots\ \boldsymbol{X})$.

$$\left(\begin{array}{cc:ccc} 3 & 5 & 4 & -1 & 2 \\ 1 & 2 & 3 & 0 & -1 \end{array}\right)\rightarrow\left(\begin{array}{cc:ccc} 1 & 2 & 3 & 0 & -1 \\ 0 & -1 & -5 & -1 & 5 \end{array}\right)\rightarrow\left(\begin{array}{cc:ccc} 1 & 0 & -7 & -2 & 9 \\ 0 & 1 & 5 & 1 & -5 \end{array}\right),$$

故 $\boldsymbol{X}=\begin{pmatrix} -7 & -2 & 9 \\ 5 & 1 & -5 \end{pmatrix}$.

(2) 设 $\boldsymbol{A}=\begin{pmatrix} 2 & 1 \\ -2 & 3 \end{pmatrix}$, $\boldsymbol{B}=\begin{pmatrix} -2 & -1 \\ 1 & 1 \end{pmatrix}$, $\boldsymbol{C}=\begin{pmatrix} -2 & 3 \\ -6 & 1 \end{pmatrix}$,

因为$|\boldsymbol{A}|=\begin{vmatrix} 2 & 1 \\ -2 & 3 \end{vmatrix}=8$，$|\boldsymbol{B}|=\begin{vmatrix} -2 & -1 \\ 1 & 1 \end{vmatrix}=-1$，

故$\boldsymbol{A},\boldsymbol{B}$可逆，且$\boldsymbol{A}^{-1}=\frac{1}{8}\begin{pmatrix} 3 & -1 \\ 2 & 2 \end{pmatrix}$，$\boldsymbol{B}^{-1}=\begin{pmatrix} -1 & -1 \\ 1 & 2 \end{pmatrix}$，

在方程$\boldsymbol{AXB}=\boldsymbol{C}$的两边左乘$\boldsymbol{A}^{-1}$、右乘$\boldsymbol{B}^{-1}$，得

$$\boldsymbol{X}=\boldsymbol{A}^{-1}\boldsymbol{C}\boldsymbol{B}^{-1}=\begin{pmatrix} \frac{3}{8} & -\frac{1}{8} \\ \frac{1}{4} & \frac{1}{4} \end{pmatrix}\begin{pmatrix} -2 & 3 \\ -6 & 1 \end{pmatrix}\begin{pmatrix} -1 & -1 \\ 1 & 2 \end{pmatrix}=\begin{pmatrix} 1 & 2 \\ 3 & 4 \end{pmatrix}.$$

(3) 对$\boldsymbol{XA}=\boldsymbol{B}$型矩阵方程，当$\boldsymbol{A}$可逆时，两边右乘$\boldsymbol{A}^{-1}$有：$\boldsymbol{X}=\boldsymbol{BA}^{-1}$，所以对$\begin{pmatrix} \boldsymbol{A} \\ \cdots \\ \boldsymbol{B} \end{pmatrix}$做列初等变换，把$\boldsymbol{A}$化为$\boldsymbol{E}$时，$\boldsymbol{B}$可化为$\boldsymbol{BA}^{-1}=\boldsymbol{X}$，即$\begin{pmatrix} \boldsymbol{A} \\ \cdots \\ \boldsymbol{B} \end{pmatrix}\xrightarrow{\text{列变换}}\begin{pmatrix} \boldsymbol{E} \\ \cdots \\ \boldsymbol{X} \end{pmatrix}$

$$\begin{pmatrix} 1 & 0 & 5 \\ 1 & 1 & 2 \\ 1 & 2 & 5 \\ \hdashline 1 & 1 & 2 \\ 0 & 0 & -6 \end{pmatrix}\xrightarrow{\text{列变换}}\begin{pmatrix} 1 & 0 & 0 \\ 1 & 1 & -3 \\ 1 & 2 & 0 \\ \hdashline 1 & 1 & -3 \\ 0 & 0 & -6 \end{pmatrix}\to\begin{pmatrix} 1 & 0 & 0 \\ 0 & 1 & 0 \\ -1 & 2 & 6 \\ \hdashline 0 & 1 & 0 \\ 0 & 0 & -6 \end{pmatrix}\to\begin{pmatrix} 1 & 0 & 0 \\ 0 & 1 & 0 \\ 0 & 0 & 1 \\ \hdashline 0 & 1 & 0 \\ -1 & 2 & -1 \end{pmatrix},$$

故$\boldsymbol{X}=\begin{pmatrix} 0 & 1 & 0 \\ -1 & 2 & -1 \end{pmatrix}$.

(4) 依题意，可得$(\boldsymbol{A}-\boldsymbol{E})\boldsymbol{X}=-\boldsymbol{B}$，因为

$$\det(\boldsymbol{A}-\boldsymbol{E})=\begin{vmatrix} -1 & 1 & 0 \\ -1 & 0 & 1 \\ -1 & 0 & -2 \end{vmatrix}=-3,$$

故矩阵$\boldsymbol{A}-\boldsymbol{E}$可逆，$\boldsymbol{X}=-(\boldsymbol{A}-\boldsymbol{E})^{-1}\boldsymbol{B}$，由

$$(\boldsymbol{A}-\boldsymbol{E}\ \vdots\ \boldsymbol{B})\xrightarrow{\text{行变换}}\left(\begin{array}{ccc:cc} -1 & 1 & 0 & 1 & -1 \\ -1 & 0 & 1 & 2 & 0 \\ -1 & 0 & -2 & 5 & -3 \end{array}\right)\to\left(\begin{array}{ccc:cc} 1 & -1 & 0 & -1 & 1 \\ 0 & -1 & 1 & 1 & 1 \\ 0 & 0 & -3 & 3 & -3 \end{array}\right)$$

$$\to\left(\begin{array}{ccc:cc} 1 & -1 & 0 & -1 & 1 \\ 0 & 1 & -1 & -1 & -1 \\ 0 & 0 & 1 & -1 & 1 \end{array}\right)\to\left(\begin{array}{ccc:cc} 1 & 0 & 0 & -3 & 1 \\ 0 & 1 & 0 & -2 & 0 \\ 0 & 0 & 1 & -1 & 1 \end{array}\right),$$

故$\boldsymbol{X}=-\begin{pmatrix} -3 & 1 \\ -2 & 0 \\ -1 & 1 \end{pmatrix}=\begin{pmatrix} 3 & -1 \\ 2 & 0 \\ 1 & -1 \end{pmatrix}$.

练习 1.7

1. 求下列矩阵的秩：

(1) $\boldsymbol{A}=\begin{pmatrix}2&1\\4&2\end{pmatrix}$；　　(2) $\boldsymbol{A}=\begin{pmatrix}1&2&3\\2&3&1\\3&1&2\end{pmatrix}$；

(3) $\boldsymbol{A}=\begin{pmatrix}2&-1&1\\4&-2&2\\6&-3&3\end{pmatrix}$；　　(4) $\boldsymbol{A}=\begin{pmatrix}2&3\\1&-1\\-1&2\end{pmatrix}$；

(5) $\boldsymbol{A}=\begin{pmatrix}1&1&1&1&1\\2&0&-3&2&1\\1&3&6&1&2\\4&2&6&4&3\end{pmatrix}$；　　(6) $\boldsymbol{A}=\begin{pmatrix}2&-1&2&1&1\\1&1&-1&0&2\\2&5&-4&-2&9\\3&3&-1&-1&8\end{pmatrix}$.

解　(1) 因为 $2\neq0$，$\begin{vmatrix}2&1\\4&2\end{vmatrix}=0$，故 $r(\boldsymbol{A})=1$.

(2) 因为 $\begin{vmatrix}1&2&3\\2&3&1\\3&1&2\end{vmatrix}=6\begin{vmatrix}1&2&3\\1&3&1\\1&1&2\end{vmatrix}=-18$，故 $r(\boldsymbol{A})=3$.

(3) $\boldsymbol{A}\to\begin{pmatrix}2&-1&1\\0&0&0\\0&0&0\end{pmatrix}$，故 $r(\boldsymbol{A})=1$.

(4) 因为 $\begin{vmatrix}2&3\\1&-1\end{vmatrix}=-5$，故 $r(\boldsymbol{A})=2$.

(5) 因为 $\boldsymbol{A}\to\begin{pmatrix}1&1&1&1&1\\0&-2&-5&0&-1\\0&0&-3&0&0\\0&0&0&0&0\end{pmatrix}$，故 $r(\boldsymbol{A})=3$.

(6) $\boldsymbol{A}\to\begin{pmatrix}1&1&-1&0&2\\0&-3&4&1&-3\\0&6&-6&-3&8\\0&0&2&-1&2\end{pmatrix}\to\begin{pmatrix}1&1&-1&0&2\\0&-3&4&1&-3\\0&0&2&-1&2\\0&0&0&0&0\end{pmatrix}$，故 $r(\boldsymbol{A})=3$.

2. 证明：对任意 $m\times n$ 矩阵 $\boldsymbol{A}$，若 $\boldsymbol{P}$ 为 m 阶可逆矩阵，$\boldsymbol{Q}$ 为 n 阶可逆矩阵，则

$$r(\boldsymbol{PA})=r(\boldsymbol{AQ})=r(\boldsymbol{PAQ})=r(\boldsymbol{A}).$$

证　由定理 1.7 的推论 3 知 $\boldsymbol{P}$ 为 m 阶可逆矩阵，可表示成初等行矩阵乘积，$\boldsymbol{Q}$ 为 n 阶可逆矩阵，可表示成初等列矩阵乘积，$\boldsymbol{PA}$ 为对 $\boldsymbol{A}$ 做一系列初等行变换，$\boldsymbol{AQ}$ 为做一系列初等列变换，由定理 1.9 知，秩保持不变，故

$$r(\boldsymbol{PA})=r(\boldsymbol{AQ})=r(\boldsymbol{PAQ})=r(\boldsymbol{A}).$$

3. 设 $\boldsymbol{C}$ 为三阶矩阵，且已知 $r(\boldsymbol{C})=1$.

证明:(1) 存在 3×1 矩阵 $\boldsymbol{A}=\begin{pmatrix}a_1\\a_2\\a_3\end{pmatrix}$ 和 1×3 矩阵 $\boldsymbol{B}=(b_1,b_2,b_3)$,使

$$\boldsymbol{C}=\boldsymbol{AB}=\begin{pmatrix}a_1\\a_2\\a_3\end{pmatrix}(b_1,b_2,b_3);$$

(2) $\boldsymbol{C}^2=k\boldsymbol{C}$ (k 为常数).

证 (1) 因为 $r(\boldsymbol{C})=1$,所以 $\boldsymbol{C}$ 的三行对应成比例,不妨设 $\boldsymbol{C}$ 的第 1 行非零,为 $a_1(b_1,b_2,b_3)$,第 2 行为 $a_2(b_1,b_2,b_3)$,第 3 行为 $a_3(b_1,b_2,b_3)$,这时

$$\boldsymbol{C}=\begin{pmatrix}a_1b_1 & a_1b_2 & a_1b_3\\a_2b_1 & a_2b_2 & a_2b_3\\a_3b_1 & a_3b_2 & a_3b_3\end{pmatrix}=\begin{pmatrix}a_1\\a_2\\a_3\end{pmatrix}(b_1,b_2,b_3).$$

(2) $\boldsymbol{C}^2=\begin{pmatrix}a_1\\a_2\\a_3\end{pmatrix}(b_1,b_2,b_3)\begin{pmatrix}a_1\\a_2\\a_3\end{pmatrix}(b_1,b_2,b_3)=\left(\sum\limits_{i=1}^{3}a_ib_i\right)\begin{pmatrix}a_1\\a_2\\a_3\end{pmatrix}(b_1,b_2,b_3)=k\boldsymbol{C}.$

练习 1.8

写出下列图中的邻接矩阵,并分别计算各邻接矩阵的平方:

(1) 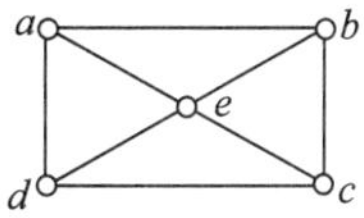

;

(2) 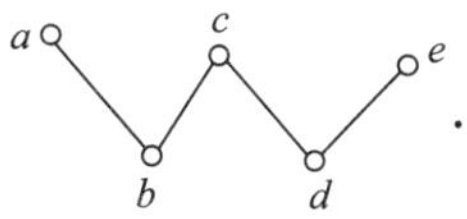

.

解 (1)

$$\text{邻接矩阵}\quad \boldsymbol{A}=\begin{pmatrix}0&1&0&1&1\\1&0&1&0&1\\0&1&0&1&1\\1&0&1&0&1\\1&1&1&1&0\end{pmatrix},\ \boldsymbol{A}^2=\begin{pmatrix}3&1&3&1&2\\1&3&1&3&2\\3&1&3&1&2\\1&3&1&3&2\\2&2&2&2&4\end{pmatrix}.$$

(2)

$$\text{邻接矩阵}\quad \boldsymbol{A}=\begin{pmatrix}0&1&0&0&0\\1&0&1&0&0\\0&1&0&1&0\\0&0&1&0&1\\0&0&0&1&0\end{pmatrix},\ \boldsymbol{A}^2=\begin{pmatrix}1&0&1&0&0\\0&2&0&1&0\\1&0&2&0&1\\0&1&0&2&0\\0&0&1&0&1\end{pmatrix}.$$

1.5 习题全解

1. 已知 $\boldsymbol{\alpha}=(1,2,3)$，$\boldsymbol{\beta}=\left(1,\frac{1}{2},\frac{1}{3}\right)$，令 $\boldsymbol{A}=\boldsymbol{\alpha}^{\mathrm{T}}\boldsymbol{\beta}$，求 $\boldsymbol{A}^n$(n 为正整数).

解 因为 $\boldsymbol{\beta}\boldsymbol{\alpha}^{\mathrm{T}}=\left(1,\frac{1}{2},\frac{1}{3}\right)\begin{pmatrix}1\\2\\3\end{pmatrix}=3$，

所以 $\boldsymbol{A}^n=\underbrace{(\boldsymbol{\alpha}^{\mathrm{T}}\boldsymbol{\beta})(\boldsymbol{\alpha}^{\mathrm{T}}\boldsymbol{\beta})\cdots(\boldsymbol{\alpha}^{\mathrm{T}}\boldsymbol{\beta})}_{n个}=\boldsymbol{\alpha}^{\mathrm{T}}\underbrace{(\boldsymbol{\beta}\boldsymbol{\alpha}^{\mathrm{T}})(\boldsymbol{\beta}\boldsymbol{\alpha}^{\mathrm{T}})\cdots(\boldsymbol{\beta}\boldsymbol{\alpha}^{\mathrm{T}})}_{n-1个}\boldsymbol{\beta}$

$$=3^{n-1}\boldsymbol{\alpha}^{\mathrm{T}}\boldsymbol{\beta}=3^{n-1}\begin{pmatrix}1&\frac{1}{2}&\frac{1}{3}\\2&1&\frac{2}{3}\\3&\frac{3}{2}&1\end{pmatrix}.$$

2. 证明：两个 n 阶上三角形矩阵的乘积仍为 n 阶上三角形矩阵，并且乘积的主对角线上元等于两个矩阵对应的主对角线上元的乘积.

证 设两个上三角矩阵

$$\boldsymbol{A}=\begin{pmatrix}a_{11}&a_{12}&\cdots&a_{1n}\\a_{21}&a_{22}&\cdots&a_{2n}\\\vdots&\vdots&\ddots&\vdots\\a_{n1}&a_{n2}&\cdots&a_{nn}\end{pmatrix},\quad \boldsymbol{B}=\begin{pmatrix}b_{11}&b_{12}&\cdots&b_{1n}\\b_{21}&b_{22}&\cdots&b_{2n}\\\vdots&\vdots&\ddots&\vdots\\b_{n1}&b_{n2}&\cdots&b_{nn}\end{pmatrix},$$

当 $i>j$ 时，$a_{ij}=0$，$b_{ij}=0$.

$\boldsymbol{C}=\boldsymbol{A}\boldsymbol{B}$.

当 $i>j$ 时，$\boldsymbol{C}_{ij}=\sum\limits_{k=1}^{n}a_{ik}b_{kj}=\sum\limits_{k=1}^{i-1}a_{ik}b_{kj}+\sum\limits_{k=i}^{n}a_{ik}b_{kj}=0$(第一个和式 $a_{ik}=0$，第二个和式 $b_{kj}=0$)，

所以 $\boldsymbol{C}=\boldsymbol{A}\boldsymbol{B}$ 为上三角矩阵，且

当 $i=j$ 时，$\boldsymbol{C}_{ii}=\sum\limits_{k=1}^{n}a_{ik}b_{ki}=\sum\limits_{k=1}^{i-1}a_{ik}b_{ki}+a_{ii}b_{ii}+\sum\limits_{k=i+1}^{n}a_{ik}b_{ki}$.

由于第一个和式 $a_{ik}=0$，第二个和式 $b_{ki}=0$，所以 $\boldsymbol{C}_{ii}=a_{ii}b_{ii}$.

3. 设对角矩阵 $\boldsymbol{A}=\begin{pmatrix}a_1&&&\\&a_2&&\\&&\ddots&\\&&&a_n\end{pmatrix}$，其中 $a_1,a_2,\cdots,a_n$ 两两互不相同. 证明：与 $\boldsymbol{A}$ 可交换的矩阵必为对角矩阵.

证 设 n 阶对角矩阵 $\boldsymbol{A}=\begin{pmatrix}a_1&&&\\&a_2&&\\&&\ddots&\\&&&a_n\end{pmatrix}$，当 $i\neq j$ 时，$a_i\neq a_j$，考虑矩阵 $\boldsymbol{B}=(b_{ij})_n$.

由 $\boldsymbol{AB}=\boldsymbol{BA}$，可得 $b_{ij}a_j=b_{ij}a_i(i\neq j)$，即 $b_{ij}(a_j-a_i)=0$，故当 $i\neq j$ 时，$b_{ij}=0$，

所以 $\boldsymbol{B}=\begin{pmatrix} b_{11} & & & \\ & b_{22} & & \\ & & \ddots & \\ & & & b_{nn} \end{pmatrix}$ 为 n 阶对角矩阵.

4. 设 $\boldsymbol{A}$ 为 n 阶可逆的上三角形矩阵. 证明：$\boldsymbol{A}^{-1}$ 也是上三角形矩阵.

证法一 因为 $\boldsymbol{A}$ 为 n 阶可逆的上三角形矩阵，所以 $\boldsymbol{A}$ 的伴随矩阵 $\boldsymbol{A}^*$ 的下三角元为零，故 $\boldsymbol{A}^*$ 为上三角形矩阵，而 $\boldsymbol{A}^{-1}=\dfrac{\boldsymbol{A}^*}{|\boldsymbol{A}|}$，则 $\boldsymbol{A}^{-1}$ 为上三角形矩阵.

证法二 设 $\boldsymbol{A}=\begin{pmatrix} a_{11} & a_{12} & \cdots & a_{1n} \\ 0 & a_{22} & \cdots & a_{2n} \\ \vdots & \vdots & \ddots & \vdots \\ 0 & 0 & \cdots & a_{nn} \end{pmatrix}$，$\boldsymbol{A}^{-1}=\boldsymbol{B}=\begin{pmatrix} b_{11} & b_{12} & \cdots & b_{1n} \\ b_{21} & b_{22} & \cdots & b_{2n} \\ \vdots & \vdots & \ddots & \vdots \\ b_{n1} & b_{n2} & \cdots & b_{nn} \end{pmatrix}$，

由 $\boldsymbol{BA}=\begin{pmatrix} b_{11} & b_{12} & \cdots & b_{1n} \\ b_{21} & b_{22} & \cdots & b_{2n} \\ \vdots & \vdots & \ddots & \vdots \\ b_{n1} & b_{n2} & \cdots & b_{nn} \end{pmatrix}\begin{pmatrix} a_{11} & a_{12} & \cdots & a_{1n} \\ 0 & a_{22} & \cdots & a_{2n} \\ \vdots & \vdots & \ddots & \vdots \\ 0 & 0 & \cdots & a_{nn} \end{pmatrix}=\begin{pmatrix} 1 & & & \\ & 1 & & \\ & & \ddots & \\ & & & 1 \end{pmatrix}$，

可得 $b_{21}=\cdots=b_{n1}=0$，$b_{32}=b_{42}=\cdots=b_{n2}=0$，$\cdots$，$b_{n,n-1}=0$，即 $i>j$，$b_{ij}=0$. 所以 $\boldsymbol{B}=\boldsymbol{A}^{-1}$ 为上三角形矩阵.

5. 证明：对任意 $m\times n$ 矩阵 $\boldsymbol{A}$，$\boldsymbol{AA}^{\mathrm{T}}$ 与 $\boldsymbol{A}^{\mathrm{T}}\boldsymbol{A}$ 均为对称矩阵.

证 设 $\boldsymbol{A}=(a_{ij})_{m\times n}$，由此可知，$\boldsymbol{AA}^{\mathrm{T}}$ 为 m 阶方阵，$\boldsymbol{A}^{\mathrm{T}}\boldsymbol{A}$ 为 n 阶方阵，

由 $(\boldsymbol{AA}^{\mathrm{T}})^{\mathrm{T}}=(\boldsymbol{A}^{\mathrm{T}})^{\mathrm{T}}\boldsymbol{A}^{\mathrm{T}}=\boldsymbol{AA}^{\mathrm{T}}$，$(\boldsymbol{A}^{\mathrm{T}}\boldsymbol{A})^{\mathrm{T}}=\boldsymbol{A}^{\mathrm{T}}(\boldsymbol{A}^{\mathrm{T}})^{\mathrm{T}}=\boldsymbol{A}^{\mathrm{T}}\boldsymbol{A}$，

可知 $\boldsymbol{AA}^{\mathrm{T}}$ 与 $\boldsymbol{A}^{\mathrm{T}}\boldsymbol{A}$ 均为对称矩阵.

6. 设 $\boldsymbol{A}$，$\boldsymbol{B}$ 均为 n 阶对称矩阵，证明：$\boldsymbol{AB}$ 为对称矩阵的充分必要条件是 $\boldsymbol{A}$ 与 $\boldsymbol{B}$ 可交换.

证 必要性. 已知 $\boldsymbol{A}^{\mathrm{T}}=\boldsymbol{A}$，$\boldsymbol{B}^{\mathrm{T}}=\boldsymbol{B}$，$(\boldsymbol{AB})^{\mathrm{T}}=\boldsymbol{AB}$，可得

$\boldsymbol{AB}=(\boldsymbol{AB})^{\mathrm{T}}=\boldsymbol{B}^{\mathrm{T}}\boldsymbol{A}^{\mathrm{T}}=\boldsymbol{BA}$，即 $\boldsymbol{AB}=\boldsymbol{BA}$；

充分性. 已知 $\boldsymbol{A}^{\mathrm{T}}=\boldsymbol{A}$，$\boldsymbol{B}^{\mathrm{T}}=\boldsymbol{B}$，$\boldsymbol{AB}=\boldsymbol{BA}$，可得

$(\boldsymbol{AB})^{\mathrm{T}}=\boldsymbol{B}^{\mathrm{T}}\boldsymbol{A}^{\mathrm{T}}=\boldsymbol{BA}=\boldsymbol{AB}$，即 $(\boldsymbol{AB})^{\mathrm{T}}=\boldsymbol{AB}$，故 $\boldsymbol{AB}$ 为对称矩阵.

7. 证明：对任意 n 阶矩阵 $\boldsymbol{A}$，都有 $\boldsymbol{A}+\boldsymbol{A}^{\mathrm{T}}$ 为对称矩阵，$\boldsymbol{A}-\boldsymbol{A}^{\mathrm{T}}$ 为反称矩阵.

证 因为 $(\boldsymbol{A}+\boldsymbol{A}^{\mathrm{T}})^{\mathrm{T}}=\boldsymbol{A}^{\mathrm{T}}+(\boldsymbol{A}^{\mathrm{T}})^{\mathrm{T}}=\boldsymbol{A}^{\mathrm{T}}+\boldsymbol{A}=\boldsymbol{A}+\boldsymbol{A}^{\mathrm{T}}$，故 $\boldsymbol{A}+\boldsymbol{A}^{\mathrm{T}}$ 为对称矩阵；

因为 $(\boldsymbol{A}-\boldsymbol{A}^{\mathrm{T}})^{\mathrm{T}}=\boldsymbol{A}^{\mathrm{T}}-(\boldsymbol{A}^{\mathrm{T}})^{\mathrm{T}}=\boldsymbol{A}^{\mathrm{T}}-\boldsymbol{A}=-(\boldsymbol{A}-\boldsymbol{A}^{\mathrm{T}})$，故 $\boldsymbol{A}-\boldsymbol{A}^{\mathrm{T}}$ 为反称矩阵.

8. 证明：(1) 若 $\boldsymbol{A}$，$\boldsymbol{B}$ 均为 n 阶对称矩阵，则 $\boldsymbol{A}+\boldsymbol{B}$ 为对称矩阵；

(2) 若 $\boldsymbol{A}$ 为 n 阶对称矩阵，则对于常数 k，$k\boldsymbol{A}$ 为对称矩阵.

证 (1) 已知 $\boldsymbol{A}^{\mathrm{T}}=\boldsymbol{A}$，$\boldsymbol{B}^{\mathrm{T}}=\boldsymbol{B}$，则 $(\boldsymbol{A}+\boldsymbol{B})^{\mathrm{T}}=\boldsymbol{A}^{\mathrm{T}}+\boldsymbol{B}^{\mathrm{T}}=\boldsymbol{A}+\boldsymbol{B}$ 为对称矩阵；

(2) 已知 $\boldsymbol{A}^{\mathrm{T}}=\boldsymbol{A}$，则 $(k\boldsymbol{A})^{\mathrm{T}}=k\boldsymbol{A}^{\mathrm{T}}=k\boldsymbol{A}$ 为对称矩阵.

9. 证明：任意 n 阶矩阵 $\boldsymbol{A}$ 都可以表示为一个对称矩阵和一个反对称矩阵之和，并且表示法唯一.

证 显然 $\boldsymbol{A}=\dfrac{\boldsymbol{A}+\boldsymbol{A}^{\mathrm{T}}}{2}+\dfrac{\boldsymbol{A}-\boldsymbol{A}^{\mathrm{T}}}{2}$，由题 7 知$\dfrac{\boldsymbol{A}+\boldsymbol{A}^{\mathrm{T}}}{2}$为对称阵，$\dfrac{\boldsymbol{A}-\boldsymbol{A}^{\mathrm{T}}}{2}$为反称阵.

设 $\boldsymbol{A}=\boldsymbol{B}+\boldsymbol{C}$，$\boldsymbol{B}$ 为对称阵，$\boldsymbol{C}$ 为反称阵，则 $\boldsymbol{A}^{\mathrm{T}}=\boldsymbol{B}^{\mathrm{T}}+\boldsymbol{C}^{\mathrm{T}}=\boldsymbol{B}-\boldsymbol{C}$，

解得 $\boldsymbol{B}=\dfrac{\boldsymbol{A}+\boldsymbol{A}^{\mathrm{T}}}{2}$，$\boldsymbol{C}=\dfrac{\boldsymbol{A}-\boldsymbol{A}^{\mathrm{T}}}{2}$，故表示法唯一.

10. 证明：如果 $\boldsymbol{A}$ 是实数域上的一个实对称矩阵，且满足 $\boldsymbol{A}^2=\boldsymbol{O}$，则 $\boldsymbol{A}=\boldsymbol{O}$.

证 设 $\boldsymbol{A}=(a_{ij})_{n\times n}$，$a_{ij}\in\mathbf{R}$ 且 $\boldsymbol{A}=\boldsymbol{A}^{\mathrm{T}}$，由 $\boldsymbol{A}^2=\boldsymbol{O}$，即 $\boldsymbol{A}\boldsymbol{A}^{\mathrm{T}}=\boldsymbol{O}$.

令 $\boldsymbol{A}\boldsymbol{A}^{\mathrm{T}}=(c_{ij})_n$，则 $c_{ii}=a_{i1}^2+a_{i2}^2+\cdots+a_{in}^2=0(i=1,2,\cdots,n)$，由 $a_{ij}\in\mathbf{R}$，得

$$a_{i1}=a_{i2}=\cdots=a_{in}=0\ (i=1,2,\cdots,n),$$

所以 $a_{ij}=0\ (i=1,2,\cdots,n;j=1,2,\cdots,n)$，故 $\boldsymbol{A}=\boldsymbol{O}$.

11. 证明：如果 $\boldsymbol{A}$ 为奇数阶的反对称矩阵，则 $\det\boldsymbol{A}=0$.

证 设 $\boldsymbol{A}=(a_{ij})_{n\times n}$，$\boldsymbol{A}^{\mathrm{T}}=-\boldsymbol{A}$，因为 $\det\boldsymbol{A}=\det\boldsymbol{A}^{\mathrm{T}}=\det(-\boldsymbol{A})=(-1)^n\det\boldsymbol{A}$，$n$ 为奇数，得 $\det\boldsymbol{A}=-\det\boldsymbol{A}$，故 $\det\boldsymbol{A}=0$.

12. 证明：(1) 如果 n 阶矩阵 $\boldsymbol{A}$ 满足 $\boldsymbol{A}^3-2\boldsymbol{A}^2+3\boldsymbol{A}-\boldsymbol{E}=\boldsymbol{O}$，则 $\boldsymbol{A}$ 可逆，并求 $\boldsymbol{A}^{-1}$；(2) 如果 n 阶矩阵 $\boldsymbol{A}$ 满足 $\boldsymbol{A}^2-2\boldsymbol{A}-4\boldsymbol{E}=\boldsymbol{O}$，则 $\boldsymbol{A}+\boldsymbol{E}$ 可逆，并求 $(\boldsymbol{A}+\boldsymbol{E})^{-1}$.

证 (1) 由 $\boldsymbol{A}^3-2\boldsymbol{A}^2+3\boldsymbol{A}-\boldsymbol{E}=\boldsymbol{O}$ 知 $\boldsymbol{A}(\boldsymbol{A}^2-2\boldsymbol{A}+3\boldsymbol{E})=\boldsymbol{E}$，即 $\boldsymbol{A}^{-1}=\boldsymbol{A}^2-2\boldsymbol{A}+3\boldsymbol{E}$.

(2) 由 $\boldsymbol{A}^2-2\boldsymbol{A}-4\boldsymbol{E}=\boldsymbol{O}$ 知 $(\boldsymbol{A}+\boldsymbol{E})(\boldsymbol{A}-3\boldsymbol{E})=\boldsymbol{E}$，即 $(\boldsymbol{A}+\boldsymbol{E})^{-1}=\boldsymbol{A}-3\boldsymbol{E}$.

13. 计算行列式 $\begin{vmatrix} 1 & -1 & 1 & x-1 \\ 1 & -1 & x+1 & -1 \\ 1 & x-1 & 1 & -1 \\ x+1 & -1 & 1 & -1 \end{vmatrix}$.

解 记原式为 D，将 D 的第 2、3、4 列加到第 1 列，并提取公因式，得

$$D=x\begin{vmatrix} 1 & -1 & 1 & x-1 \\ 1 & -1 & x+1 & -1 \\ 1 & x-1 & 1 & -1 \\ 1 & -1 & 1 & -1 \end{vmatrix}=x\begin{vmatrix} 1 & 0 & 0 & x \\ 1 & 0 & x & 0 \\ 1 & x & 0 & 0 \\ 1 & 0 & 0 & 0 \end{vmatrix}=x^4.$$

14. 设 $\boldsymbol{A}$ 为 m 阶方阵，$\boldsymbol{B}$ 为 n 阶方阵，且 $\det\boldsymbol{A}=a$，$\det\boldsymbol{B}=b$. 如果 $\boldsymbol{C}=\begin{pmatrix} \boldsymbol{O} & \boldsymbol{A} \\ \boldsymbol{B} & \boldsymbol{O} \end{pmatrix}$，求 $\det\boldsymbol{C}$.

解 将 $|\boldsymbol{C}|=\begin{vmatrix} \boldsymbol{O} & \boldsymbol{A} \\ \boldsymbol{B} & \boldsymbol{O} \end{vmatrix}$ 中 $\boldsymbol{A}$ 所在的每列与前 n 列逐次往前做列的互换，$\boldsymbol{A}$ 共有 m 列，一共要做 $n\times m$ 次互换，得 $|\boldsymbol{C}|=(-1)^{nm}\begin{vmatrix} \boldsymbol{A} & \boldsymbol{O} \\ \boldsymbol{O} & \boldsymbol{B} \end{vmatrix}=(-1)^{nm}|\boldsymbol{A}||\boldsymbol{B}|=(-1)^{nm}ab$.

15. 证明：n 阶行列式

(1) $\begin{vmatrix} 2a & a^2 & 0 & \cdots & 0 & 0 \\ 1 & 2a & a^2 & \cdots & 0 & 0 \\ 0 & 1 & 2a & \cdots & 0 & 0 \\ \vdots & \vdots & \vdots & \ddots & \vdots & \vdots \\ 0 & 0 & 0 & \cdots & 2a & a^2 \\ 0 & 0 & 0 & \cdots & 1 & 2a \end{vmatrix}=(n+1)a^n$；

(2) $\begin{vmatrix} a+b & ab & 0 & \cdots & 0 & 0 \\ 1 & a+b & ab & \cdots & 0 & 0 \\ 0 & 1 & a+b & \cdots & 0 & 0 \\ \vdots & \vdots & \vdots & \ddots & \vdots & \vdots \\ 0 & 0 & 0 & \cdots & a+b & ab \\ 0 & 0 & 0 & \cdots & 1 & a+b \end{vmatrix} = \dfrac{a^{n+1}-b^{n+1}}{a-b}$.

证 (1) 记原式左边为 D_n，将 D_n 按第 1 列拆成 2 个行列式

$$D_n = \begin{vmatrix} a & a^2 & 0 & \cdots & 0 & 0 \\ 1 & 2a & a^2 & \cdots & 0 & 0 \\ 0 & 1 & 2a & \cdots & 0 & 0 \\ \vdots & \vdots & \vdots & \ddots & \vdots & \vdots \\ 0 & 0 & 0 & \cdots & 2a & a^2 \\ 0 & 0 & 0 & \cdots & 1 & 2a \end{vmatrix} + \begin{vmatrix} a & a^2 & 0 & \cdots & 0 & 0 \\ 0 & 2a & a^2 & \cdots & 0 & 0 \\ 0 & 1 & 2a & \cdots & 0 & 0 \\ \vdots & \vdots & \vdots & \ddots & \vdots & \vdots \\ 0 & 0 & 0 & \cdots & 2a & a^2 \\ 0 & 0 & 0 & \cdots & 1 & 2a \end{vmatrix},$$

上式右边第 2 个行列式为 aD_{n-1}，对第 1 个行列式，先把第 1 列的$(-a)$倍加到第 2 列，再把变换后的第 2 列的$(-a)$倍加到第 3 列，依次类推，可得

$$\begin{vmatrix} a & a^2 & 0 & \cdots & 0 & 0 \\ 1 & 2a & a^2 & \cdots & 0 & 0 \\ 0 & 1 & 2a & \cdots & 0 & 0 \\ \vdots & \vdots & \vdots & \ddots & \vdots & \vdots \\ 0 & 0 & 0 & \cdots & 2a & a^2 \\ 0 & 0 & 0 & \cdots & 1 & 2a \end{vmatrix} = \begin{vmatrix} a & 0 & 0 & \cdots & 0 & 0 \\ 1 & a & 0 & \cdots & 0 & 0 \\ 0 & 1 & a & \cdots & 0 & 0 \\ \vdots & \vdots & \vdots & \ddots & \vdots & \vdots \\ 0 & 0 & 0 & \cdots & 1 & a \end{vmatrix} = a^n,$$

得递推关系式 $D_n = a^n + aD_{n-1}$，

$D_{n-1} = a^{n-1} + aD_{n-2}$，

……

$D_2 = a^2 + aD_1$，

将第 1 行乘 1，第 2 行乘 a，…，第 $n-1$ 行乘 a^{n-2}，相加，得

$$D_n = (n-1)a^n + a^{n-1}D_1 = (n+1)a^n.$$

(2) 方法同(1)，记原式左边为 D_n，将 D_n 按第 1 列拆成 2 个行列式，得

$$D_n = \begin{vmatrix} a & ab & 0 & \cdots & 0 & 0 \\ 0 & a+b & ab & \cdots & 0 & 0 \\ 0 & 1 & a+b & \cdots & 0 & 0 \\ \vdots & \vdots & \vdots & \ddots & \vdots & \vdots \\ 0 & 0 & 0 & \cdots & a+b & ab \\ 0 & 0 & 0 & \cdots & 1 & a+b \end{vmatrix} + \begin{vmatrix} b & ab & 0 & \cdots & 0 & 0 \\ 1 & a+b & ab & \cdots & 0 & 0 \\ 0 & 1 & a+b & \cdots & 0 & 0 \\ \vdots & \vdots & \vdots & \ddots & \vdots & \vdots \\ 0 & 0 & 0 & \cdots & a+b & ab \\ 0 & 0 & 0 & \cdots & 1 & a+b \end{vmatrix}$$

上式右边第 1 个行列式为 aD_{n-1}，而第 2 个行列式为

$$\begin{vmatrix} b & ab & 0 & \cdots & 0 & 0 \\ 1 & a+b & ab & \cdots & 0 & 0 \\ 0 & 1 & a+b & \cdots & 0 & 0 \\ \vdots & \vdots & \vdots & \ddots & \vdots & \vdots \\ 0 & 0 & 0 & \cdots & a+b & ab \\ 0 & 0 & 0 & \cdots & 1 & a+b \end{vmatrix} = \begin{vmatrix} b & 0 & 0 & \cdots & 0 & 0 \\ 1 & b & 0 & \cdots & 0 & 0 \\ 0 & 1 & b & \cdots & 0 & 0 \\ \vdots & \vdots & \vdots & \ddots & \vdots & \vdots \\ 0 & 0 & 0 & \cdots & 1 & b \end{vmatrix} = b^n,$$

得递推关系式 $D_n = aD_{n-1} + b^n$,

$$D_{n-1} = aD_{n-2} + b^{n-1},$$

$$\cdots\cdots$$

$$D_2 = aD_1 + b^2,$$

将第 1 行乘 1,第 2 行乘 a,…,第 $n-1$ 行乘 a^{n-2} 相加,得

$$\begin{aligned} D_n &= b^n + ab^{n-1} + \cdots + a^{n-2}b^2 + a^{n-1}D_1 \\ &= b^n + ab^{n-1} + \cdots + a^{n-1}b + a^n \\ &= \begin{cases} \dfrac{a^{n+1}-b^{n+1}}{a-b}, & a \neq b \\ (n+1)a^n, & a = b \end{cases}. \end{aligned}$$

16. 设 $\boldsymbol{A},\boldsymbol{B},\boldsymbol{C},\boldsymbol{D}$ 均为 n 阶矩阵,且 $\det \boldsymbol{A} \neq 0$,$\boldsymbol{AC}=\boldsymbol{CA}$. 求证:

$$\begin{vmatrix} \boldsymbol{A} & \boldsymbol{B} \\ \boldsymbol{C} & \boldsymbol{D} \end{vmatrix} = |\boldsymbol{AD}-\boldsymbol{CB}|.$$

证 因为 $|\boldsymbol{A}| \neq 0$,所以 $\boldsymbol{A}$ 可逆.

由 $\begin{pmatrix} \boldsymbol{E} & \boldsymbol{O} \\ -\boldsymbol{CA}^{-1} & \boldsymbol{E} \end{pmatrix} \begin{pmatrix} \boldsymbol{A} & \boldsymbol{B} \\ \boldsymbol{C} & \boldsymbol{D} \end{pmatrix} = \begin{pmatrix} \boldsymbol{A} & \boldsymbol{B} \\ \boldsymbol{O} & \boldsymbol{D}-\boldsymbol{CA}^{-1}\boldsymbol{B} \end{pmatrix}$,

两边取行列式,得

$$\begin{vmatrix} \boldsymbol{A} & \boldsymbol{B} \\ \boldsymbol{C} & \boldsymbol{D} \end{vmatrix} = |\boldsymbol{A}|\,|\boldsymbol{D}-\boldsymbol{CA}^{-1}\boldsymbol{B}| = |\boldsymbol{AD}-\boldsymbol{ACA}^{-1}\boldsymbol{B}| = |\boldsymbol{AD}-\boldsymbol{CAA}^{-1}\boldsymbol{B}| = |\boldsymbol{AD}-\boldsymbol{CB}|.$$

17. 设三阶矩阵 $\boldsymbol{A},\boldsymbol{B}$ 满足关系式 $\boldsymbol{A}^{-1}\boldsymbol{BA}=6\boldsymbol{A}+\boldsymbol{BA}$,其中 $\boldsymbol{A}=\begin{pmatrix} \frac{1}{3} & 0 & 0 \\ 0 & \frac{1}{4} & 0 \\ 0 & 0 & \frac{1}{7} \end{pmatrix}$,求 $\boldsymbol{B}$.

解 在 $\boldsymbol{A}^{-1}\boldsymbol{BA}=6\boldsymbol{A}+\boldsymbol{BA}$ 两边左乘 $\boldsymbol{A}$,右乘 $\boldsymbol{A}^{-1}$,得 $\boldsymbol{B}=6\boldsymbol{A}+\boldsymbol{AB}$,

则 $(\boldsymbol{E}-\boldsymbol{A})\boldsymbol{B}=6\boldsymbol{A}$,

因为 $\boldsymbol{E}-\boldsymbol{A}=\begin{pmatrix} \frac{2}{3} & & \\ & \frac{3}{4} & \\ & & \frac{6}{7} \end{pmatrix}$ 可逆,其逆 $(\boldsymbol{E}-\boldsymbol{A})^{-1}=\begin{pmatrix} \frac{3}{2} & & \\ & \frac{4}{3} & \\ & & \frac{7}{6} \end{pmatrix}$,

所以 $\boldsymbol{B}=6(\boldsymbol{E}-\boldsymbol{A})^{-1}\boldsymbol{A}=6\begin{pmatrix}\frac{3}{2}&&\\&\frac{4}{3}&\\&&\frac{7}{6}\end{pmatrix}\begin{pmatrix}\frac{1}{3}&&\\&\frac{1}{4}&\\&&\frac{1}{7}\end{pmatrix}=6\begin{pmatrix}\frac{1}{2}&&\\&\frac{1}{3}&\\&&\frac{1}{6}\end{pmatrix}$

$$=\begin{pmatrix}3&&\\&2&\\&&1\end{pmatrix}.$$

18. 设四阶矩阵 $\boldsymbol{B}=\begin{pmatrix}1&-1&0&0\\0&1&-1&0\\0&0&1&-1\\0&0&0&1\end{pmatrix}$, $\boldsymbol{C}=\begin{pmatrix}2&1&3&4\\0&2&1&3\\0&0&2&1\\0&0&0&2\end{pmatrix}$,且矩阵 A 满足关系式 $\boldsymbol{A}(\boldsymbol{E}-\boldsymbol{C}^{-1}\boldsymbol{B})^{\mathrm{T}}\boldsymbol{C}^{\mathrm{T}}=\boldsymbol{E}$,其中 $\boldsymbol{E}$ 为四阶单位矩阵,试将上式化简并求出矩阵 $\boldsymbol{A}$.

解 关系式的左边 $=\boldsymbol{A}(\boldsymbol{E}-\boldsymbol{B}^{\mathrm{T}}(\boldsymbol{C}^{\mathrm{T}})^{-1})\boldsymbol{C}^{\mathrm{T}}=\boldsymbol{A}\boldsymbol{C}^{\mathrm{T}}-\boldsymbol{A}\boldsymbol{B}^{\mathrm{T}}=\boldsymbol{A}(\boldsymbol{C}-\boldsymbol{B})^{\mathrm{T}}$,

得 $\boldsymbol{A}(\boldsymbol{C}-\boldsymbol{B})^{\mathrm{T}}=\boldsymbol{E}$,所以 $(\boldsymbol{C}-\boldsymbol{B})^{\mathrm{T}}$ 可逆,且 $\boldsymbol{A}=[(\boldsymbol{C}-\boldsymbol{B})^{\mathrm{T}}]^{-1}$,

又 $\boldsymbol{C}-\boldsymbol{B}=\begin{pmatrix}1&2&3&4\\0&1&2&3\\0&0&1&2\\0&0&0&1\end{pmatrix}$, $(\boldsymbol{C}-\boldsymbol{B})^{\mathrm{T}}=\begin{pmatrix}1&0&0&0\\2&1&0&0\\3&2&1&0\\4&3&2&1\end{pmatrix}$,

所以 $\boldsymbol{A}=[(\boldsymbol{C}-\boldsymbol{B})^{\mathrm{T}}]^{-1}=\begin{pmatrix}1&0&0&0\\-2&1&0&0\\1&-2&1&0\\0&1&-2&1\end{pmatrix}$.

第2章 线性方程组

2.1 基本要求

1. 会用克拉默(Cramer)法则解方程组.

2. 掌握齐次线性方程组有非零解的充分必要条件和非齐次线性方程组有解的充分必要条件.

3. 掌握用初等行变换求解线性方程组的方法.

4. 了解 n 维向量的概念,掌握向量的线性运算的法则.

5. 理解向量的线性组合与线性表示、向量组的线性相关与线性无关等概念.掌握向量组线性相关、线性无关的有关性质及判别法.

6. 理解向量组的极大无关组的概念,会求向量组的极大无关组和秩.

7. 了解向量组等价的概念,了解矩阵的秩与其行(列)向量组的秩之间的关系.

8. 理解齐次线性方程组的基础解系的概念,掌握齐次线性方程组的基础解系和全部解的求法.

9. 理解非齐次线性方程组解的结构和全部解的概念.

10. 了解内积的概念,会用施密特正交化方法将线性无关的向量组化为正交规范向量组.

11. 了解正交阵的概念及性质.

2.2 基本内容

2.2.1 系数矩阵可逆的线性代数方程组的求解

问题:求 $\boldsymbol{Ax}=\boldsymbol{b}$ 的解,其中 $|\boldsymbol{A}|\neq 0$.

方法(1) 克拉默法则

$x_i=\dfrac{D_i}{|\boldsymbol{A}|}$ $(i=1,2,\cdots,n)$,其中 D_i 为用右端列 $\boldsymbol{b}$ 取代 $\boldsymbol{A}$ 的第 i 列所构成的行列式.

方法(2) 逆矩阵法

$\boldsymbol{x}=\boldsymbol{A}^{-1}\boldsymbol{b}$,其中 $\boldsymbol{A}^{-1}=\dfrac{\boldsymbol{A}^*}{|\boldsymbol{A}|}$或用$(\boldsymbol{A}\ \vdots\ \boldsymbol{E})\overset{行}{\sim}(\boldsymbol{E}\ \vdots\ \boldsymbol{A}^{-1})$求 $\boldsymbol{A}^{-1}$.

方法(3) $\boldsymbol{G}$ 法

将增广矩阵 $(A \mid b)$ 经过行初等变换化为行梯形阵，回代求解.

方法(4) G-J 法

将增广矩阵 $(A \mid b)$ 经过行初等变换化为行标准形后得解.

2.2.2 齐次线性方程组

齐次线性方程组 $A_{m\times n}x=0$

(1) 齐次线性方程组有解的条件

$x=0$ 为 $Ax=0$ 的平凡解.

当 $r(A)=n$(变量个数)时，$Ax=0$ 只有零解；

当 $r(A)<n$(变量个数)时，$Ax=0$ 有含 $n-r(A)$ 个参数的无穷多组解.

注 $Ax=0$ 有非零解 $\Leftrightarrow r(A)<n$.

(2) 齐次线性方程组解的求法

将系数矩阵经过行初等变换化为行标准形矩阵后求解.

(3) 解的性质

$\xi_1,\xi_2,\cdots,\xi_k$ 为 $Ax=0$ 的解，则 $t_1\xi_1+t_2\xi_2+\cdots+t_k\xi_k$ 仍为 $Ax=0$ 的解，其中 $t_1,t_2,\cdots,t_k$ 为任意常数.

(4) 基础解系

设 $\xi_1,\xi_2,\cdots,\xi_k$ 为齐次方程组 $Ax=0$ 的解，满足：① $\xi_1,\xi_2,\cdots,\xi_k$ 线性无关；② 任一 $Ax=0$ 的解 ξ 均可由 $\xi_1,\xi_2,\cdots,\xi_k$ 线性表出，则称 $\xi_1,\xi_2,\cdots,\xi_k$ 为 $Ax=0$ 的一个基础解系.

注 $Ax=0$ 的基础解系不唯一，但基础解系中向量个数 k 必为 $n-r(A)$.

(5) 齐次方程的通解

若 $\xi_1,\xi_2,\cdots,\xi_k$ 为 $Ax=0$ 的一个基础解系，则 $Ax=0$ 的通解为

$$x=t_1\xi_1+t_2\xi_2+\cdots+t_k\xi_k,\quad t_1,t_2,\cdots,t_k\in \mathbf{R}$$

2.2.3 非齐次线性方程组

非齐次线性方程组 $A_{m\times n}x=b\ (\neq 0)$

(1) 非齐次线性方程组有解的条件

当 $r(A \mid b)=r(A)=n$(变量个数)时，方程组有唯一解；

当 $r(A \mid b)=r(A)<n$(变量个数)时，方程组有含 $n-r(A)$ 个参数的无穷多组解；

当 $r(A \mid b)\neq r(A)$ 时，方程组无解.

(2) 非齐次线性方程组解的求法

将增广矩阵 $(A \mid b)$ 经过行初等变换化为行标准形矩阵后求解.

(3) 解的性质

若 ξ_1,ξ_2 为 $Ax=b$ 的解，则 $\xi_1-\xi_2$ 为其导出方程组 $Ax=0$ 的解.

注 $\dfrac{\xi_1+\xi_2}{2}$ 为 $Ax=b$ 的一个解，则 $\xi_1+\xi_2$ 不再是 $Ax=b$ 的解.

(4) 非齐次线性方程组的通解

若 $\xi_1,\xi_2,\cdots,\xi_k$ 为 $Ax=0$ 的一个基础解系，ξ 为 $Ax=b$ 的一个解，则 $Ax=b$ 的通解为

$$x=t_1\xi_1+t_2\xi_2+\cdots+t_k\xi_k+\xi,\quad t_1,t_2,\cdots,t_k\in \mathbf{R}.$$

(5) 解的结构

非齐次线性方程组的通解 $\boldsymbol{x}_g$ 等于对应的齐次线性方程组的通解 $\boldsymbol{x}_h$，加上非齐次线性方程组的一个特解 $\boldsymbol{x}_p$，即

$$\boldsymbol{x}_g=\boldsymbol{x}_h+\boldsymbol{x}_p.$$

2.2.4 n 维向量

n 维列向量 $\boldsymbol{\alpha}=\begin{pmatrix}a_1\\a_2\\\vdots\\a_n\end{pmatrix}$ 与 n 维行向量 $\boldsymbol{\beta}^{\mathrm{T}}=(b_2,b_2,\cdots,b_n)$ 即为 $n\times1$ 及 $1\times n$ 矩阵，因而它们的运算即为矩阵运算，列向量与行向量统称为向量.

注 为方便起见，除特别说明外，本书所称向量均指列向量，从而其转置即为行向量.

2.2.5 向量的内积

设 $\boldsymbol{\alpha}=(a_1,a_2,\cdots,a_n)^{\mathrm{T}}$，$\boldsymbol{\beta}=(b_1,b_2,\cdots,b_n)^{\mathrm{T}}$.

2.2.5.1 定义

称

$$\langle\boldsymbol{\alpha},\boldsymbol{\beta}\rangle=a_1b_1+a_2b_2+\cdots+a_nb_n=\sum_{i=1}^{n}a_ib_i$$

为向量 $\boldsymbol{\alpha},\boldsymbol{\beta}$ 的内积.

2.2.5.2 性质

$\langle\boldsymbol{\alpha},\boldsymbol{\beta}\rangle=\langle\boldsymbol{\beta},\boldsymbol{\alpha}\rangle=\boldsymbol{\alpha}^{\mathrm{T}}\boldsymbol{\beta}=\boldsymbol{\beta}^{\mathrm{T}}\boldsymbol{\alpha}$；

$\langle\boldsymbol{\alpha}+\boldsymbol{\beta},\boldsymbol{\gamma}\rangle=\langle\boldsymbol{\alpha},\boldsymbol{\gamma}\rangle+\langle\boldsymbol{\beta},\boldsymbol{\gamma}\rangle$；

$\langle k\boldsymbol{\alpha},\boldsymbol{\beta}\rangle=k\langle\boldsymbol{\alpha},\boldsymbol{\beta}\rangle$；

$\langle\boldsymbol{\alpha},\boldsymbol{\alpha}\rangle\geqslant0$，等号当且仅当 $\boldsymbol{\alpha}=\boldsymbol{0}$ 时成立.

2.2.5.3 有关概念

向量的范数：$\|\boldsymbol{\alpha}\|=\sqrt{\langle\boldsymbol{\alpha},\boldsymbol{\alpha}\rangle}=\sqrt{\boldsymbol{\alpha}^{\mathrm{T}}\boldsymbol{\alpha}}$.

单位向量：若 $\|\boldsymbol{\alpha}\|=1$，则称 $\boldsymbol{\alpha}$ 为单位向量.

向量的标准化(规范化)：$\boldsymbol{\alpha}\neq\boldsymbol{0}$ 称 $\dfrac{1}{\|\boldsymbol{\alpha}\|}\boldsymbol{\alpha}$ 为 $\boldsymbol{\alpha}$ 的标准化向量.

两向量正交：若 $\langle\boldsymbol{\alpha},\boldsymbol{\beta}\rangle=0$，则称 $\boldsymbol{\alpha}$ 与 $\boldsymbol{\beta}$ 正交.

2.2.6 线性表出、线性相关、线性无关的定义

设 $\boldsymbol{\alpha}_1,\boldsymbol{\alpha}_2,\cdots,\boldsymbol{\alpha}_m$ 是一组 n 维向量

(1) **线性组合：** 设 $\boldsymbol{\beta}$ 是一个 n 维向量，若存在一组数 $t_1,t_2,\cdots,t_m$，使

$$\boldsymbol{\beta}=t_1\boldsymbol{\alpha}_1+t_2\boldsymbol{\alpha}_2+\cdots+t_m\boldsymbol{\alpha}_m \text{ 成立},$$

则称 $\boldsymbol{\beta}$ 为向量组 $\boldsymbol{\alpha}_1,\boldsymbol{\alpha}_2,\cdots,\boldsymbol{\alpha}_m$ 的一个**线性组合**，或称 $\boldsymbol{\beta}$ 可由向量组 $\boldsymbol{\alpha}_1,\boldsymbol{\alpha}_2,\cdots,\boldsymbol{\alpha}_m$ **线性表出**.

注 设两组向量(Ⅰ)$\boldsymbol{\alpha}_1,\boldsymbol{\alpha}_2,\cdots,\boldsymbol{\alpha}_m$，(Ⅱ)$\boldsymbol{\beta}_1,\boldsymbol{\beta}_2,\cdots,\boldsymbol{\beta}_s$，若每一个 $\boldsymbol{\alpha}_i(i=1,2,\cdots,m)$ 都可

由 $\boldsymbol{\beta}_1,\boldsymbol{\beta}_2,\cdots,\boldsymbol{\beta}_s$ 线性表出，则向量组(Ⅰ)可由向量组(Ⅱ)线性表出；当向量组(Ⅰ)与(Ⅱ)可相互表出时，称向量组(Ⅰ)与(Ⅱ)等价.

(2) **线性相关**：若存在一组不全为零的数 $t_1,t_2,\cdots,t_m$，使

$$t_1\boldsymbol{\alpha}_1+t_2\boldsymbol{\alpha}_2+\cdots+t_m\boldsymbol{\alpha}_m=\mathbf{0},$$

则称向量组 $\boldsymbol{\alpha}_1,\boldsymbol{\alpha}_2,\cdots,\boldsymbol{\alpha}_m$ 线性相关.

(3) **线性无关**：若当且仅当 $t_1=t_2=\cdots=t_m=0$ 时，

$$t_1\boldsymbol{\alpha}_1+t_2\boldsymbol{\alpha}_2+\cdots+t_m\boldsymbol{\alpha}_m=\mathbf{0}$$

才成立，则称 $\boldsymbol{\alpha}_1,\boldsymbol{\alpha}_2,\cdots,\boldsymbol{\alpha}_m$ 线性无关.

注　对一组向量来说，不是线性相关，就是线性无关，两者必居其一.

2.2.7　向量的线性表出及线性相关性与线性方程组的关系

(1) $\boldsymbol{\beta}$ 可由 $\boldsymbol{\alpha}_1,\boldsymbol{\alpha}_2,\cdots,\boldsymbol{\alpha}_m$ 线性表出

$\Leftrightarrow$ 线性方程组 $(\boldsymbol{\alpha}_1,\boldsymbol{\alpha}_2,\cdots,\boldsymbol{\alpha}_m)\boldsymbol{x}=\boldsymbol{\beta}$ 有解

$\Leftrightarrow$ 矩阵 $(\boldsymbol{\alpha}_1,\boldsymbol{\alpha}_2,\cdots,\boldsymbol{\alpha}_m)$ 的秩等于矩阵 $(\boldsymbol{\alpha}_1,\boldsymbol{\alpha}_2,\cdots,\boldsymbol{\alpha}_m,\boldsymbol{\beta})$ 的秩

(2) $\boldsymbol{\alpha}_1,\boldsymbol{\alpha}_2,\cdots,\boldsymbol{\alpha}_m$ 线性相关

$\Leftrightarrow$ 齐次线性方程组 $(\boldsymbol{\alpha}_1,\boldsymbol{\alpha}_2,\cdots,\boldsymbol{\alpha}_m)\boldsymbol{x}=\mathbf{0}$ 有非零解

$\Leftrightarrow$ 矩阵 $(\boldsymbol{\alpha}_1,\boldsymbol{\alpha}_2,\cdots,\boldsymbol{\alpha}_m)$ 的秩小于 m

(3) $\boldsymbol{\alpha}_1,\boldsymbol{\alpha}_2,\cdots,\boldsymbol{\alpha}_m$ 线性无关

$\Leftrightarrow$ 齐次线性方程组 $(\boldsymbol{\alpha}_1,\boldsymbol{\alpha}_2,\cdots,\boldsymbol{\alpha}_m)\boldsymbol{x}=\mathbf{0}$ 只有零解

$\Leftrightarrow$ 矩阵 $(\boldsymbol{\alpha}_1,\boldsymbol{\alpha}_2,\cdots,\boldsymbol{\alpha}_m)$ 的秩等于 m

2.2.8　向量的线性相关性的有关结论

(1) 仅含一个向量 $\boldsymbol{\alpha}$ 的向量组线性相关 $\Leftrightarrow$ $\boldsymbol{\alpha}=\mathbf{0}$.

(2) 任何含有零向量的向量组必线性相关.

(3) 含线性相关部分组的向量组必线性相关(即增加向量不改变线性相关)

注　(3)可等价地写成:线性无关向量组的任一部分组必线性无关.

(4) 线性无关的向量组的各向量扩充分量后仍线性无关(即增加分量不改变线性无关).

注　(4)可等价地写成:线性相关向量组的各向量减少分量后仍线性相关.

(5) 任意 m 个 n 维向量，当 $m>n$ 时必线性相关.

(6) 向量组 $\boldsymbol{\alpha}_1,\boldsymbol{\alpha}_2,\cdots,\boldsymbol{\alpha}_m(m\geqslant 2)$ 线性相关 $\Leftrightarrow$ $\boldsymbol{\alpha}_1,\boldsymbol{\alpha}_2,\cdots,\boldsymbol{\alpha}_m$ 中至少有一个向量可由其余向量线性表出.

(7) 向量组 $\boldsymbol{\alpha}_1,\boldsymbol{\alpha}_2,\cdots,\boldsymbol{\alpha}_m$ 线性无关，而 $\boldsymbol{\alpha}_1,\boldsymbol{\alpha}_2,\cdots,\boldsymbol{\alpha}_m,\boldsymbol{\beta}$ 线性相关 $\Leftrightarrow$ $\boldsymbol{\beta}$ 可由 $\boldsymbol{\alpha}_1,\boldsymbol{\alpha}_2,\cdots,\boldsymbol{\alpha}_m$ 线性表出，且表达式唯一.

(8) 若向量组(Ⅰ) $\boldsymbol{\alpha}_1,\boldsymbol{\alpha}_2,\cdots,\boldsymbol{\alpha}_r$ 线性无关，且可由向量组(Ⅱ) $\boldsymbol{\beta}_1,\boldsymbol{\beta}_2,\cdots,\boldsymbol{\beta}_s$ 线性表出，则 $r\leqslant s$.

(9) 不含零向量的正交向量组必线性无关.

2.2.9 向量组的极大无关组与向量组的秩

2.2.9.1 定义

设(Ⅰ) $\boldsymbol{\alpha}_{i_1},\boldsymbol{\alpha}_{i_2},\cdots,\boldsymbol{\alpha}_{i_r}$ 是(Ⅱ) $\boldsymbol{\alpha}_1,\boldsymbol{\alpha}_2,\cdots,\boldsymbol{\alpha}_m$ 的一个部分组,并且满足:① $\boldsymbol{\alpha}_{i_1},\boldsymbol{\alpha}_{i_2},\cdots,\boldsymbol{\alpha}_{i_r}$ 线性无关;② (Ⅱ)中任一向量 $\boldsymbol{\alpha}_k(k=1,2,\cdots,m)$都可由(Ⅰ)线性表出. 则称部分组(Ⅰ)为原向量组(Ⅱ)的一个极(最)大无关组,并称数 r 为向量组(Ⅱ)的秩,记作 r(Ⅱ)或 $r\{\boldsymbol{\alpha}_1,\boldsymbol{\alpha}_2,\cdots,\boldsymbol{\alpha}_m\}$.

注 一个向量组的极大无关组一般不是唯一的,但其每一个极大无关组所含向量个数必是相等的,即为该向量组的秩.

2.2.9.2 性质

(1) 线性无关向量组的极大无关组即为其本身.

(2) 向量组与其任一极大无关组等价.

(3) 向量组的任意两个极大无关组等价.

(4) 等价向量组的极大无关组等价.

(5) 等价向量组的秩相等,但其逆不一定成立.

(6) 若向量组的秩为 r,则其中任意 r 个线性无关的向量都是它的一个极大无关组.

2.2.9.3 向量组的秩与矩阵的秩之间的关系

将 $m\times n$ 矩阵 $\boldsymbol{A}$ 按行或列分块

$$\boldsymbol{A}=\begin{pmatrix}\boldsymbol{\alpha}_1^{\mathrm{T}}\\ \boldsymbol{\alpha}_2^{\mathrm{T}}\\ \vdots\\ \boldsymbol{\alpha}_m^{\mathrm{T}}\end{pmatrix}=(\boldsymbol{\beta}_1,\boldsymbol{\beta}_2,\cdots,\boldsymbol{\beta}_n),$$

向量组(Ⅰ) $\boldsymbol{\alpha}_1^{\mathrm{T}},\boldsymbol{\alpha}_2^{\mathrm{T}},\cdots,\boldsymbol{\alpha}_m^{\mathrm{T}}$,(Ⅱ) $\boldsymbol{\beta}_1,\boldsymbol{\beta}_2,\cdots,\boldsymbol{\beta}_n$ 分别为 $\boldsymbol{A}$ 的行向量组与列向量组,则 $r(\boldsymbol{A})=r(\text{Ⅰ})=r(\text{Ⅱ})$.

注 1 由此结论可容易推出矩阵运算后秩的关系式.

注 2 $\boldsymbol{\alpha}_1^{\mathrm{T}},\boldsymbol{\alpha}_2^{\mathrm{T}},\cdots,\boldsymbol{\alpha}_m^{\mathrm{T}}$ 线性无关$\Leftrightarrow r(\boldsymbol{A})=m$;

$\boldsymbol{\beta}_1,\boldsymbol{\beta}_2,\cdots,\boldsymbol{\beta}_n$ 线性无关$\Leftrightarrow r(\boldsymbol{A})=n$.

注 3 上述结论实际上也给出了向量组求秩的一个具体算法,即可利用矩阵的初等变换.

2.2.10 有相同线性关系的向量组

两个向量个数相同的向量组 $\boldsymbol{\alpha}_1,\boldsymbol{\alpha}_2,\cdots,\boldsymbol{\alpha}_s$ 和 $\boldsymbol{\beta}_1,\boldsymbol{\beta}_2,\cdots,\boldsymbol{\beta}_s$ 称为有相同线性关系,如果向量方程

$$x_1\boldsymbol{\alpha}_1+x_2\boldsymbol{\alpha}_2+\cdots+x_s\boldsymbol{\alpha}_s=\boldsymbol{0} \text{ 和 } x_1\boldsymbol{\beta}_1+x_2\boldsymbol{\beta}_2+\cdots+x_s\boldsymbol{\beta}_s=\boldsymbol{0}$$

同解,即齐次方程组$(\boldsymbol{\alpha}_1,\boldsymbol{\alpha}_2,\cdots,\boldsymbol{\alpha}_s)\boldsymbol{x}=\boldsymbol{0}$ 和$(\boldsymbol{\beta}_1,\boldsymbol{\beta}_2,\cdots,\boldsymbol{\beta}_s)\boldsymbol{x}=\boldsymbol{0}$ 同解.

注 由齐次方程组的求解过程可知,当 $\boldsymbol{A}$ 经过初等行变换化为 $\boldsymbol{B}$ 时,$\boldsymbol{A}$ 的列向量组和 $\boldsymbol{B}$ 的列向量组有相同的线性关系.

当 $\boldsymbol{\alpha}_1,\boldsymbol{\alpha}_2,\cdots,\boldsymbol{\alpha}_s$ 和 $\boldsymbol{\beta}_1,\boldsymbol{\beta}_2,\cdots,\boldsymbol{\beta}_s$ 有相同线性关系时,

(1) 它们的秩相等；

(2) 它们的极大无关组相对应；

(3) 它们有相同的内在线性表示关系.

2.2.11 极大无关组的求法

2.2.11.1　录选法

(1) 在向量组中任取一个非零向量作为 $\boldsymbol{\alpha}_{i_1}$；

(2) 取一个与 $\boldsymbol{\alpha}_{i_1}$ 的对应分量不成比例的向量作为 $\boldsymbol{\alpha}_{i_2}$；

(3) 取一个不能由 $\boldsymbol{\alpha}_{i_1},\boldsymbol{\alpha}_{i_2}$ 线性表出的向量作为 $\boldsymbol{\alpha}_{i_3}$，继续作下去便可求得极大无关组.

注　这一方法仅适合于向量组中向量个数较少的情形.

2.2.11.2　行初等变换法

(1) 将向量组中每个向量按列排放构成矩阵 $\boldsymbol{A}$，对 $\boldsymbol{A}$ 进行行初等变换化为行梯形阵；

(2) 在每个阶梯上取一列，则对应的向量所构成的向量组即为极大无关组.

2.2.12 有关秩的结论

(1) 设 $\boldsymbol{A},\boldsymbol{B}$ 为同阶矩阵，则

$$r(\boldsymbol{A}+\boldsymbol{B})\leqslant r(\boldsymbol{A})+r(\boldsymbol{B}).$$

(2) 设 $\boldsymbol{A}$ 为 $m\times n$ 矩阵，$\boldsymbol{B}$ 为 $n\times s$ 矩阵，则

$$r(\boldsymbol{AB})\leqslant \min(r(\boldsymbol{A}),r(\boldsymbol{B})),$$

$$r(\boldsymbol{AB})\geqslant r(\boldsymbol{A})+r(\boldsymbol{B})-n,$$

特别当 $\boldsymbol{AB}=\boldsymbol{O}$ 时，$r(\boldsymbol{A})+r(\boldsymbol{B})\leqslant n$ 成立.

(3)
$$r\begin{pmatrix}\boldsymbol{A} & \boldsymbol{O}\\ \boldsymbol{O} & \boldsymbol{B}\end{pmatrix}=r(\boldsymbol{A})+r(\boldsymbol{B});$$

$$r\begin{pmatrix}\boldsymbol{A} & \boldsymbol{C}\\ \boldsymbol{O} & \boldsymbol{B}\end{pmatrix}\geqslant r(\boldsymbol{A})+r(\boldsymbol{B});$$

$$r\begin{pmatrix}\boldsymbol{A} & \boldsymbol{O}\\ \boldsymbol{D} & \boldsymbol{B}\end{pmatrix}\geqslant r(\boldsymbol{A})+r(\boldsymbol{B}).$$

(4) 设 $\boldsymbol{A}$ 为 n 阶方阵，则其转置伴随阵的秩为

$$r(\boldsymbol{A}^*)=\begin{cases}n, & r(\boldsymbol{A})=n\\ 1, & r(\boldsymbol{A})=n-1.\\ 0, & r(\boldsymbol{A})\leqslant n-2\end{cases}$$

2.2.13 向量空间

(1) 规定了向量的线性运算(加法与数乘)的全体实 n 维向量构成的集合称为 n 维向量空间，记作 $\mathbf{R}^n$.

$\mathbf{R}^n$ 的非空子集 $\mathbf{V}$，若对 $\mathbf{R}^n$ 上的线性运算封闭，则 $\mathbf{V}$ 也为向量空间，称为 $\mathbf{R}^n$ 的子空间.

(2) 设有向量组 $\boldsymbol{\alpha}_1,\boldsymbol{\alpha}_2,\cdots,\boldsymbol{\alpha}_m,\boldsymbol{\alpha}_i\in\mathbf{R}^n(i=1,2,\cdots,m)$，则 $\boldsymbol{\alpha}_1,\boldsymbol{\alpha}_2,\cdots,\boldsymbol{\alpha}_m$ 的所有线性组合构成 $\mathbf{R}^n$ 的向量子空间，称为由 $\boldsymbol{\alpha}_1,\boldsymbol{\alpha}_2,\cdots,\boldsymbol{\alpha}_m$ 生成的空间，记作 $\mathbf{span}(\boldsymbol{\alpha}_1,\boldsymbol{\alpha}_2,\cdots,\boldsymbol{\alpha}_m)$，即

$$\mathbf{span}(\boldsymbol{\alpha}_1,\boldsymbol{\alpha}_2,\cdots,\boldsymbol{\alpha}_m)=\{\boldsymbol{\alpha}=t_1\boldsymbol{\alpha}_1+t_2\boldsymbol{\alpha}_2+\cdots+t_m\boldsymbol{\alpha}_m \mid t_i\in\mathbf{R},i=1,2,\cdots,m\}.$$

2.2.14 向量空间的基和维数

(1) 基与维：若向量空间 $\mathbf{V}$ 中的一组向量 $\boldsymbol{\alpha}_1,\boldsymbol{\alpha}_2,\cdots,\boldsymbol{\alpha}_r$ 满足：

① $\boldsymbol{\alpha}_1,\boldsymbol{\alpha}_2,\cdots,\boldsymbol{\alpha}_r$ 线性无关；

② 每个 $\boldsymbol{\alpha}\in\mathbf{V}$，$\boldsymbol{\alpha}$ 可由 $\boldsymbol{\alpha}_1,\boldsymbol{\alpha}_2,\cdots,\boldsymbol{\alpha}_r$ 线性表出，即

$$\boldsymbol{\alpha}=t_1\boldsymbol{\alpha}_1+t_2\boldsymbol{\alpha}_2+\cdots+t_r\boldsymbol{\alpha}_r,$$

则称 $\boldsymbol{\alpha}_1,\boldsymbol{\alpha}_2,\cdots,\boldsymbol{\alpha}_r$ 为 $\mathbf{V}$ 的一组基，其所含向量个数 r 为向量空间 $\mathbf{V}$ 的维数，记作 $\dim\mathbf{V}=r$，而称系数 $t_1,t_2,\cdots,t_r$ 为 $\boldsymbol{\alpha}$ 在基 $\boldsymbol{\alpha}_1,\boldsymbol{\alpha}_2,\cdots,\boldsymbol{\alpha}_r$ 下的坐标.

注 1 一个向量空间 $\mathbf{V}$ 的基一般不止一个，但任一组基所含向量个数是固定的，即为 $\dim\mathbf{V}$，可以推出 $\dim\mathbf{R}^n=n$.

注 2 向量 $\boldsymbol{\alpha}$ 在一组基下的坐标是唯一的.

注 3 任一向量空间 $\mathbf{V}$ 必是其一组基 $\boldsymbol{\alpha}_1,\boldsymbol{\alpha}_2,\cdots,\boldsymbol{\alpha}_r$ 的生成空间，即

$$\mathbf{V}=\mathbf{span}(\boldsymbol{\alpha}_1,\boldsymbol{\alpha}_2,\cdots,\boldsymbol{\alpha}_r).$$

*(2) 基变换与坐标变换

① 设 $\boldsymbol{\alpha}_1,\boldsymbol{\alpha}_2,\cdots,\boldsymbol{\alpha}_n$ 和 $\boldsymbol{\beta}_1,\boldsymbol{\beta}_2,\cdots,\boldsymbol{\beta}_n$ 是向量空间 $\mathbf{R}^n$ 的两组基，且

$$\begin{cases}\boldsymbol{\beta}_1=t_{11}\boldsymbol{\alpha}_1+t_{21}\boldsymbol{\alpha}_2+\cdots+t_{n1}\boldsymbol{\alpha}_n\\ \boldsymbol{\beta}_2=t_{12}\boldsymbol{\alpha}_1+t_{22}\boldsymbol{\alpha}_2+\cdots+t_{n2}\boldsymbol{\alpha}_n\\ \quad\cdots\cdots\\ \boldsymbol{\beta}_n=t_{1n}\boldsymbol{\alpha}_1+t_{2n}\boldsymbol{\alpha}_2+\cdots+t_{nn}\boldsymbol{\alpha}_n\end{cases},$$

上式称为由基 $\boldsymbol{\alpha}_1,\boldsymbol{\alpha}_2,\cdots,\boldsymbol{\alpha}_n$ 到 $\boldsymbol{\beta}_1,\boldsymbol{\beta}_2,\cdots,\boldsymbol{\beta}_n$ 的**基变换公式**，若记 $\boldsymbol{T}=(t_{ij})_{n\times n}$，则基变换公式可表示为

$$(\boldsymbol{\beta}_1,\boldsymbol{\beta}_2,\cdots,\boldsymbol{\beta}_n)=(\boldsymbol{\alpha}_1,\boldsymbol{\alpha}_2,\cdots,\boldsymbol{\alpha}_n)\boldsymbol{T},$$

矩阵 $\boldsymbol{T}$ 称为由基 $\boldsymbol{\alpha}_1,\boldsymbol{\alpha}_2,\cdots,\boldsymbol{\alpha}_n$ 到基 $\boldsymbol{\beta}_1,\boldsymbol{\beta}_2,\cdots,\boldsymbol{\beta}_n$ 的**过渡矩阵**.

注 过渡矩阵必可逆.

② 对 $\mathbf{V}$ 中任一向量 $\boldsymbol{\alpha}$，若 $\boldsymbol{\alpha}$ 在基 $\boldsymbol{\alpha}_1,\boldsymbol{\alpha}_2,\cdots,\boldsymbol{\alpha}_n$ 与基 $\boldsymbol{\beta}_1,\boldsymbol{\beta}_2,\cdots,\boldsymbol{\beta}_n$ 下的坐标分别为 $x_1,x_2,\cdots,x_n$ 和 $y_1,y_2,\cdots,y_n$，则由

$$\boldsymbol{\alpha}=x_1\boldsymbol{\alpha}_1+x_2\boldsymbol{\alpha}_2+\cdots+x_n\boldsymbol{\alpha}_n=(\boldsymbol{\alpha}_1,\boldsymbol{\alpha}_2,\cdots,\boldsymbol{\alpha}_n)\begin{pmatrix}x_1\\x_2\\\vdots\\x_n\end{pmatrix},$$

$$\boldsymbol{\alpha}=y_1\boldsymbol{\beta}_1+y_2\boldsymbol{\beta}_2+\cdots+y_n\boldsymbol{\beta}_n=(\boldsymbol{\beta}_1,\boldsymbol{\beta}_2,\cdots,\boldsymbol{\beta}_n)\begin{pmatrix}y_1\\y_2\\\vdots\\y_n\end{pmatrix},$$

可得

$$(x_1,x_2,\cdots,x_n)^{\mathrm{T}}=\boldsymbol{T}(y_1,y_2,\cdots,y_n)^{\mathrm{T}}$$

或

$$\begin{pmatrix} y_1 \\ y_2 \\ \vdots \\ y_n \end{pmatrix} = \boldsymbol{T}^{-1} \begin{pmatrix} x_1 \\ x_2 \\ \vdots \\ x_n \end{pmatrix},$$

称为**坐标变换公式**.

2.2.15　齐次线性方程组 $\mathbf{Ax}=\mathbf{0}$ 的解空间($\mathbf{A}$ 为 $m \times n$ 矩阵)

齐次线性方程组 $\mathbf{Ax}=\mathbf{0}$ 若有非零解，则其全体解构成一个向量空间，称为 $\mathbf{Ax}=\mathbf{0}$ 的解空间，记作 $\mathbf{N}(\mathbf{A})$.

(1) $\mathbf{Ax}=\mathbf{0}$ 的一个基础解系即为 $\mathbf{N}(\mathbf{A})$的一组基，故基础解系不唯一.

(2) $\mathbf{Ax}=\mathbf{0}$ 的每一个基础解系所含向量个数必为 $n-r(\mathbf{A})$即为 $\dim\mathbf{N}(\mathbf{A})$是固定的.

(3) 若已知 $\boldsymbol{\alpha}_1, \boldsymbol{\alpha}_2, \cdots, \boldsymbol{\alpha}_{n-r(\mathbf{A})}$ 是 $\mathbf{Ax}=\mathbf{0}$ 的一个基础解系，则

$$\mathbf{N}(\mathbf{A}) = \mathbf{span}(\boldsymbol{\alpha}_1, \boldsymbol{\alpha}_2, \cdots, \boldsymbol{\alpha}_{n-r(\mathbf{A})}),$$

从而 $\mathbf{Ax}=\mathbf{0}$ 的通解

$$\mathbf{x} = t_1\boldsymbol{\alpha}_1 + t_2\boldsymbol{\alpha}_2 + \cdots + t_{n-r(\mathbf{A})}\boldsymbol{\alpha}_{n-r(\mathbf{A})},$$

其中 $t_1, t_2, \cdots, t_{n-r(\mathbf{A})}$ 为任意常数.

注　由于基础解系不唯一，故通解形式不唯一.

2.2.16　施密特正交化方法

任给 $\mathbf{V}$ 中的一组基 $\boldsymbol{\alpha}_1, \boldsymbol{\alpha}_2, \cdots, \boldsymbol{\alpha}_r$，可由施密特正交化过程构造出一组新的正交基 $\boldsymbol{\beta}_1, \boldsymbol{\beta}_2, \cdots, \boldsymbol{\beta}_r$.

$$\begin{cases} \boldsymbol{\beta}_1 = \boldsymbol{\alpha}_1 \\ \boldsymbol{\beta}_2 = \boldsymbol{\alpha}_2 - \dfrac{\langle \boldsymbol{\beta}_1, \boldsymbol{\alpha}_2 \rangle}{\langle \boldsymbol{\beta}_1, \boldsymbol{\beta}_1 \rangle}\boldsymbol{\beta}_1 \\ \quad \cdots\cdots \\ \boldsymbol{\beta}_r = \boldsymbol{\alpha}_r - \dfrac{\langle \boldsymbol{\beta}_1, \boldsymbol{\alpha}_r \rangle}{\langle \boldsymbol{\beta}_1, \boldsymbol{\beta}_1 \rangle}\boldsymbol{\beta}_1 - \cdots - \dfrac{\langle \boldsymbol{\beta}_{r-1}, \boldsymbol{\alpha}_r \rangle}{\langle \boldsymbol{\beta}_{r-1}, \boldsymbol{\beta}_{r-1} \rangle}\boldsymbol{\beta}_{r-1} \end{cases}$$

2.2.17　标准正交基

2.2.17.1　定义

若 $\mathbf{V}$ 的一组基 $\boldsymbol{\eta}_1, \boldsymbol{\eta}_2, \cdots, \boldsymbol{\eta}_r$ 满足

$$\langle \boldsymbol{\eta}_i, \boldsymbol{\eta}_j \rangle = \begin{cases} 0, & i \neq j \\ 1, & i = j \end{cases} \quad (i, j = 1, 2, \cdots, r),$$

则称 $\boldsymbol{\eta}_1, \boldsymbol{\eta}_2, \cdots, \boldsymbol{\eta}_r$ 是 $\mathbf{V}$ 的一组标准(规范)正交基.

2.2.17.2　求法

第一种：对 $\mathbf{V}$ 中的任一组基 $\boldsymbol{\alpha}_1, \boldsymbol{\alpha}_2, \cdots, \boldsymbol{\alpha}_r$ 可先由施密特正交化方法，得到一组正交基 $\boldsymbol{\beta}_1, \boldsymbol{\beta}_2, \cdots, \boldsymbol{\beta}_r$，再把每个 $\boldsymbol{\beta}_k$ 单位化

$$\boldsymbol{\eta}_k=\frac{1}{\|\boldsymbol{\beta}_k\|}\boldsymbol{\beta}_k \quad (k=1,2,\cdots,r),$$

得到的 $\boldsymbol{\eta}_1,\boldsymbol{\eta}_2,\cdots,\boldsymbol{\eta}_r$ 即为 $\mathbf{V}$ 的标准正交基.

第二种：对任一 $\boldsymbol{\alpha}=\begin{pmatrix}a_1\\a_2\\\vdots\\a_n\end{pmatrix}\neq\mathbf{0},\boldsymbol{\alpha}\in\mathbf{R}^n$，可以扩充为 $\mathbf{R}^n$ 的一组标准正交基，设 $\boldsymbol{x}=(x_1,x_2,\cdots,x_n)^{\mathrm{T}}$ 满足 $\langle\boldsymbol{x},\boldsymbol{\alpha}\rangle=0$，即

$$a_1x_1+a_2x_2+\cdots+a_nx_n=0, \tag{$*$}$$

求得$(*)$的一个基础解系 $\boldsymbol{\beta}_1,\boldsymbol{\beta}_2,\cdots,\boldsymbol{\beta}_{n-1}$，从而 $\boldsymbol{\alpha},\boldsymbol{\beta}_1,\boldsymbol{\beta}_2,\cdots,\boldsymbol{\beta}_{n-1}$ 必为 $\mathbf{R}^n$ 的一组基，再由第一种方法可得到一组标准正交基.

2.2.18 正交矩阵

(1) $\boldsymbol{A}$ 为正交矩阵的定义是：$\boldsymbol{A}$ 满足 $\boldsymbol{A}\boldsymbol{A}^{\mathrm{T}}=\boldsymbol{A}^{\mathrm{T}}\boldsymbol{A}=\boldsymbol{E}$（或 $\boldsymbol{A}^{\mathrm{T}}=\boldsymbol{A}^{-1}$）.

(2) $\boldsymbol{A}$ 为正交矩阵的充要条件是 $\boldsymbol{A}$ 的列(行)向量组为标准正交向量组.

注 由(2)可知，若 $\boldsymbol{\alpha}_1,\boldsymbol{\alpha}_2,\cdots,\boldsymbol{\alpha}_n$ 是 $\mathbf{R}^n$ 的一组基，则将其标准正交化可得到一组标准正交基 $\boldsymbol{\eta}_1,\boldsymbol{\eta}_2,\cdots,\boldsymbol{\eta}_n$，以它们为列作出矩阵

$$\boldsymbol{Q}=(\boldsymbol{\eta}_1,\boldsymbol{\eta}_2,\cdots,\boldsymbol{\eta}_n),$$

则 $\boldsymbol{Q}$ 必为正交阵；反之，n 阶正交阵的列向量组是 $\mathbf{R}^n$ 的一个标准正交基.

(3) 正交阵的性质

若 $\boldsymbol{A}$ 为正交阵，则 $|\boldsymbol{A}|=\pm1$，且 $\boldsymbol{A}^{\mathrm{T}}$、$\boldsymbol{A}^{-1}$、$\boldsymbol{A}^*$ 均为正交阵. 若 $\boldsymbol{B}$ 也为正交阵，则 $\boldsymbol{AB}$ 也是正交阵.

2.3 典型例题

【例 1】 求解线性方程组

$$\begin{cases}x_1+a_1x_2+a_1^2x_3+\cdots+a_1^{n-1}x_n=1\\x_1+a_2x_2+a_2^2x_3+\cdots+a_2^{n-1}x_n=1\\\cdots\cdots\\x_1+a_nx_2+a_n^2x_3+\cdots+a_n^{n-1}x_n=1\end{cases},$$

其中 $a_1,a_2,\cdots,a_n$ 互不相同.

解 由范德蒙行列式及 $a_1,a_2,\cdots,a_n$ 互不相同知

$$|\boldsymbol{A}|=\begin{vmatrix}1&a_1&\cdots&a_1^{n-1}\\1&a_2&\cdots&a_2^{n-1}\\\vdots&\vdots&\ddots&\vdots\\1&a_n&\cdots&a_n^{n-1}\end{vmatrix}=\prod_{1\leqslant j<i\leqslant n}(a_i-a_j)\neq0,$$

由克拉默法则知方程组有唯一解，而 $D_1=|\boldsymbol{A}|$，$D_2=0$，…，$D_n=0$，故 $x_1=\dfrac{D_1}{|\boldsymbol{A}|}=1$，$x_2=\dfrac{D_2}{|\boldsymbol{A}|}=0$，…，$x_n=\dfrac{D_n}{|\boldsymbol{A}|}=0$，即解为 $(1,0,\cdots,0)^{\mathrm{T}}$.

【例 2】 设齐次线性方程组 $\begin{cases}\lambda x_1+x_2+\lambda^2x_3=0\\x_1+\lambda x_2+x_3=0\\x_1+x_2+\lambda x_3=0\end{cases}$ 的系数矩阵为 $\boldsymbol{A}$，且存在三阶方阵 $\boldsymbol{B}\neq\boldsymbol{O}$，使 $\boldsymbol{AB}=\boldsymbol{O}$，求：

(1) λ 的值；

(2) $\boldsymbol{B}$ 的行列式.

解 (1) 由题意 $\boldsymbol{B}\neq\boldsymbol{O}$，$\boldsymbol{AB}=\boldsymbol{O}$ 可知 $\boldsymbol{Ax}=\boldsymbol{0}$ 有非零解，故 $|\boldsymbol{A}|=0$，即

$$\begin{vmatrix}\lambda & 1 & \lambda^2\\1 & \lambda & 1\\1 & 1 & \lambda\end{vmatrix}=\begin{vmatrix}0 & 1-\lambda & 0\\0 & \lambda-1 & 1-\lambda\\1 & 1 & \lambda\end{vmatrix}=(1-\lambda)^2=0,$$

得 $\lambda=1$，这时 $r(\boldsymbol{A})=1$.

(2) 已知 $\boldsymbol{AB}=\boldsymbol{O}$，由秩的性质知 $r(\boldsymbol{A})+r(\boldsymbol{B})\leqslant 3$，而 $r(\boldsymbol{A})=1$，则 $r(\boldsymbol{B})\leqslant 2$，所以 $\boldsymbol{B}$ 不满秩，即 $|\boldsymbol{B}|=0$.

注 (2)也可用反证法，设 $|\boldsymbol{B}|\neq 0$，则 $\boldsymbol{B}$ 可逆，由 $\boldsymbol{AB}=\boldsymbol{O}$ 知 $\boldsymbol{ABB}^{-1}=\boldsymbol{A}=\boldsymbol{O}$ 与 $\boldsymbol{A}\neq\boldsymbol{O}$ 矛盾，故 $|\boldsymbol{B}|=0$.

【例 3】 设 n 阶方阵 $\boldsymbol{A}$ 的各行元素之和都为零，且 $r(\boldsymbol{A})=n-1$，求方程 $\boldsymbol{Ax}=\boldsymbol{0}$ 的通解，并证明 $A_{1i}=A_{1j}(i,j=1,2,\cdots,n)$.

解 由于 n 阶方阵 $\boldsymbol{A}$ 的各行元素之和都为零，故

$$\boldsymbol{A}(1,1,\cdots,1)^{\mathrm{T}}=\boldsymbol{0}\text{ 成立，}$$

即 $(1,1,\cdots,1)^{\mathrm{T}}$ 为 $\boldsymbol{Ax}=\boldsymbol{0}$ 的解. 而 $r(\boldsymbol{A})=n-1$，可知 $\boldsymbol{Ax}=\boldsymbol{0}$ 含有 $n-(n-1)=1$ 个参数的无穷多组解，则通解 $\boldsymbol{x}=(1,1,\cdots,1)^{\mathrm{T}}t$，$t\in\mathbf{R}$.

由于 $r(\boldsymbol{A})=n-1$，故 $|\boldsymbol{A}|=0$，这时 $\boldsymbol{AA}^*=|\boldsymbol{A}|\boldsymbol{E}=\boldsymbol{O}$，则 $\boldsymbol{A}^*$ 的每一列都是 $\boldsymbol{Ax}=\boldsymbol{0}$ 的解，即 $(A_{11},A_{12},\cdots,A_{1n})^{\mathrm{T}}=(1,1,\cdots,1)^{\mathrm{T}}t$，可证得 $A_{1i}=A_{1j}(i,j=1,2,\cdots,n)$.

【例 4】 已知四元齐次方程组(Ⅰ) $\begin{cases}x_1+x_2=0\\x_2-x_4=0\end{cases}$ 及另一个四元齐次方程组(Ⅱ)的通解为 $(0,1,1,0)^{\mathrm{T}}t_1+(-1,2,2,1)^{\mathrm{T}}t_2$，$t_1,t_2\in\mathbf{R}$，问方程组(Ⅰ)与(Ⅱ)是否有非零的公共解？若有，求出其公共解.

解 将方程组(Ⅱ)的通解代入方程组(Ⅰ)得

$$\begin{cases}-t_2+t_1+2t_2=0\\t_1+2t_2-t_2=0\end{cases}$$

解得 $t_1=-t_2$，故方程组(Ⅰ)与方程组(Ⅱ)有非零的公共的解为

$$(0,1,1,0)^{\mathrm{T}}t_1-(-1,2,2,1)^{\mathrm{T}}t_1=(1,-1,-1,-1)t_1,\quad t_1\neq 0.$$

【例 5】 问 a,b 为何值时，方程组

$$\begin{cases}ax_1+x_2+x_3=4\\x_1+bx_2+x_3=3\\x_1+2bx_2+x_3=4\end{cases}$$

有唯一解、无解、有无穷多组解？并在有无穷多组解时求出通解.

解　解法1　初等变换法

$$(\boldsymbol{A} \vdots \boldsymbol{b})=\left(\begin{array}{ccc:c} a & 1 & 1 & 4 \\ 1 & b & 1 & 3 \\ 1 & 2b & 1 & 4 \end{array}\right) \sim \left(\begin{array}{ccc:c} a & 1 & 1 & 4 \\ 1 & b & 1 & 3 \\ 0 & b & 0 & 1 \end{array}\right) \sim \left(\begin{array}{ccc:c} a & 1 & 1 & 4 \\ 1 & 0 & 1 & 2 \\ 0 & b & 0 & 1 \end{array}\right)$$

$$\sim \left(\begin{array}{ccc:c} 1 & 0 & 1 & 2 \\ a & 1 & 1 & 4 \\ 0 & b & 0 & 1 \end{array}\right) \sim \left(\begin{array}{ccc:c} 1 & 0 & 1 & 2 \\ 0 & 1 & 1-a & 4-2a \\ 0 & b & 0 & 1 \end{array}\right)$$

$$\sim \left(\begin{array}{ccc:c} 1 & 0 & 1 & 2 \\ 0 & 1 & 1-a & 4-2a \\ 0 & 0 & b(a-1) & 1-4b+2ab \end{array}\right),$$

当$(a-1)b\neq 0$即$a\neq 1$且$b\neq 0$时,方程组有唯一解；

当$b=0$时,方程组无解；

当$a=1$时,$(\boldsymbol{A} \vdots \boldsymbol{b}) \sim \left(\begin{array}{ccc:c} 1 & 0 & 1 & 2 \\ 0 & 1 & 0 & 2 \\ 0 & 0 & 0 & 1-2b \end{array}\right)$,这时

当$b\neq \frac{1}{2}$时,方程组无解；

当$b=\frac{1}{2}$时,方程组有无穷多组解,这时$\begin{cases} x_1=2-x_3 \\ x_2=2 \end{cases}$,令$x_3=t$,得

$$\boldsymbol{x}=\begin{pmatrix} -1 \\ 0 \\ 1 \end{pmatrix} t+\begin{pmatrix} 2 \\ 2 \\ 0 \end{pmatrix}, \quad t\in \mathbf{R}.$$

解法2　克拉默法则解法

$$|\boldsymbol{A}|=\begin{vmatrix} a & 1 & 1 \\ 1 & b & 1 \\ 1 & 2b & 1 \end{vmatrix}=\begin{vmatrix} a & 1 & 1 \\ 1 & b & 1 \\ 0 & b & 0 \end{vmatrix}=b(1-a),$$

当$|\boldsymbol{A}|\neq 0$即$a\neq 1$且$b\neq 0$时,方程组有唯一解；

当$b=0$时,第2、第3个方程矛盾,方程组无解；

当$a=1$时,这时

$$(\boldsymbol{A} \vdots \boldsymbol{b})=\left(\begin{array}{ccc:c} 1 & 1 & 1 & 4 \\ 1 & b & 1 & 3 \\ 1 & 2b & 1 & 4 \end{array}\right) \sim \left(\begin{array}{ccc:c} 1 & 1 & 1 & 4 \\ 1 & b & 1 & 3 \\ 0 & b & 0 & 1 \end{array}\right)$$

$$\sim \left(\begin{array}{ccc:c} 1 & 1 & 1 & 4 \\ 0 & b-1 & 0 & -1 \\ 0 & b & 0 & 1 \end{array}\right) \sim \left(\begin{array}{ccc:c} 1 & 1 & 1 & 4 \\ 0 & -1 & 0 & -2 \\ 0 & b & 0 & 1 \end{array}\right)$$

$$\sim \left(\begin{array}{ccc:c} 1 & 1 & 1 & 4 \\ 0 & 1 & 0 & 2 \\ 0 & 0 & 0 & 1-2b \end{array}\right) \sim \left(\begin{array}{ccc:c} 1 & 0 & 1 & 2 \\ 0 & 1 & 0 & 2 \\ 0 & 0 & 0 & 1-2b \end{array}\right),$$

当 $b\neq\frac{1}{2}$ 时，方程组无解；

当 $b=\frac{1}{2}$ 时，$\begin{cases}x_1=2-x_3\\x_2=2\end{cases}$，令 $x_3=t$ 得

$$\boldsymbol{x}=\begin{pmatrix}-1\\0\\1\end{pmatrix}t+\begin{pmatrix}2\\2\\0\end{pmatrix},\quad t\in\mathbf{R}.$$

综上所述，有

当 $a\neq1$ 且 $b\neq0$ 时，方程组有唯一解；

当 $b=0$ 时，方程组无解；

当 $a=1$ 且 $b\neq\frac{1}{2}$ 时，方程组无解；

当 $a=1$ 且 $b=\frac{1}{2}$ 时，方程组有无穷多组解

$$\boldsymbol{x}=\begin{pmatrix}-1\\0\\1\end{pmatrix}t+\begin{pmatrix}2\\2\\0\end{pmatrix},\quad t\in\mathbf{R}.$$

注　解法 2 只适用于 n 个变量 n 个方程且系数矩阵中含参数的情形.

【例 6】　已知下列非齐次线性方程组

$$(\text{Ⅰ})\begin{cases}x_1+x_2-2x_4=-6\\4x_1-x_2-x_3-x_4=1,\\3x_1-x_2-x_3=3\end{cases}\qquad(\text{Ⅱ})\begin{cases}x_1+mx_2-x_3-\ x_4=-5\\ \quad nx_2-x_3-\ x_4=-7\\ \quad\quad x_3-2x_4=p-11\end{cases}$$

(1) 求(Ⅰ)的通解，并求其导出方程组的基础解系；

(2) m、n、p 为何值时，(Ⅰ)与(Ⅱ)同解？

解　(1) 方程组(Ⅰ)用初等变换法，得

$$(\boldsymbol{A}\,\vdots\,\boldsymbol{b})=\left(\begin{array}{cccc:c}1&1&0&-2&-6\\4&-1&-1&-1&1\\3&-1&-1&0&3\end{array}\right)\sim\left(\begin{array}{cccc:c}1&1&0&-2&-6\\1&0&0&-1&-2\\3&-1&-1&0&3\end{array}\right)$$

$$\sim\left(\begin{array}{cccc:c}1&0&0&-1&-2\\1&1&0&-2&-6\\3&-1&-1&0&3\end{array}\right)\sim\left(\begin{array}{cccc:c}1&0&0&-1&-2\\0&1&0&-1&-4\\0&-1&-1&3&9\end{array}\right)$$

$$\sim\left(\begin{array}{cccc:c}1&0&0&-1&-2\\0&1&0&-1&-4\\0&0&-1&2&5\end{array}\right)\sim\left(\begin{array}{cccc:c}1&0&0&-1&-2\\0&1&0&-1&-4\\0&0&1&-2&-5\end{array}\right),$$

这时 $\begin{cases}x_1-x_4=-2\\x_2-x_4=-4\\x_3-2x_4=-5\end{cases}$，令 $x_4=t$，得

$$\boldsymbol{x}=\begin{pmatrix}1\\1\\2\\1\end{pmatrix}t+\begin{pmatrix}-2\\-4\\-5\\0\end{pmatrix},\quad t\in\mathbf{R}.$$

(2) 将(Ⅰ)的通解 $x_1=t-2,x_2=t-4,x_3=2t-5,x_4=t$ 代入(Ⅱ),得

$$\begin{cases}t-2+m(t-4)-(2t-5)-t=-5\\ n(t-4)-(2t-5)-t=-7\\ 2t-5-2t=p-11\end{cases},$$

得 $m=2,n=3,p=6$,而这时方程组(Ⅱ)的增广矩阵为

$$\left(\begin{array}{cccc:c}1&2&-1&-1&-5\\0&3&-1&-1&-7\\0&0&1&-2&-5\end{array}\right)\sim\left(\begin{array}{cccc:c}1&2&0&-3&-10\\0&3&0&-3&-12\\0&0&1&-2&-5\end{array}\right)$$

$$\sim\left(\begin{array}{cccc:c}1&2&0&-3&-10\\0&1&0&-1&-4\\0&0&1&-2&-5\end{array}\right)\sim\left(\begin{array}{cccc:c}1&0&0&-1&-2\\0&1&0&-1&-4\\0&0&1&-2&-5\end{array}\right),$$

这与(Ⅰ)增广矩阵对应的行标准形相同,故(Ⅰ)与(Ⅱ)同解.

【例 7】 试证非齐次线性方程组

$$\begin{cases}a_{11}x_1+a_{12}x_2+\cdots+a_{1n}x_n=b_1\\a_{21}x_1+a_{22}x_2+\cdots+a_{2n}x_n=b_2\\ \cdots\cdots\\a_{n1}x_1+a_{n2}x_2+\cdots+a_{nn}x_n=b_n\end{cases}$$

对任何 $b_1,b_2,\cdots,b_n$ 都有解的充分必要条件是系数行列式

$$\begin{vmatrix}a_{11}&a_{12}&\cdots&a_{1n}\\a_{21}&a_{22}&\cdots&a_{2n}\\ \vdots&\vdots&\ddots&\vdots\\a_{n1}&a_{n2}&\cdots&a_{nn}\end{vmatrix}\neq0.$$

证 先证"必要性".

方程组简记为 $\boldsymbol{AX}=\boldsymbol{b}$,因为 $\boldsymbol{AX}=\boldsymbol{b}$ 对任何 $\boldsymbol{b}$ 都有解,故取 $\boldsymbol{b}$ 分别为 $\boldsymbol{e}_1,\boldsymbol{e}_2,\cdots,\boldsymbol{e}_n$,即得

$$\boldsymbol{A\beta}_1=\boldsymbol{e}_1,\boldsymbol{A\beta}_2=\boldsymbol{e}_2,\cdots,\boldsymbol{A\beta}_n=\boldsymbol{e}_n.$$

拼成

$$\boldsymbol{A}(\boldsymbol{\beta}_1,\boldsymbol{\beta}_2,\cdots,\boldsymbol{\beta}_n)=(\boldsymbol{e}_1,\boldsymbol{e}_2,\cdots,\boldsymbol{e}_n)=\boldsymbol{E},$$

两边取行列式得

$$|\boldsymbol{A}|\,|\boldsymbol{\beta}_1,\boldsymbol{\beta}_2,\cdots,\boldsymbol{\beta}_n|=1\neq0,\text{即}|\boldsymbol{A}|\neq0.$$

再证"充分性".

因为 $|\boldsymbol{A}|\neq0$,由克拉默法则知线性方程组 $\boldsymbol{Ax}=\boldsymbol{b}$ 有唯一解,即不论 $b_1,b_2,\cdots,b_n$ 取何值,$\boldsymbol{Ax}=\boldsymbol{b}$ 都有解.

【例 8】 设 $\boldsymbol{A}=(a_{ij})_{3\times3}$ 为三阶正交阵,且 $a_{ij}=A_{ij},a_{33}=-1$,求 $\boldsymbol{Ax}=(0,0,1)^{\mathrm{T}}$ 的解.

解 由条件知 $\boldsymbol{A}$ 为正交阵,故 $\boldsymbol{AA}^{\mathrm{T}}=\boldsymbol{E}$,两边取行列式得 $|\boldsymbol{A}|=\pm1$,而由 $a_{ij}=A_{ij}$ 知

$$|\boldsymbol{A}|=a_{31}A_{31}+a_{32}A_{32}+a_{33}A_{33}=a_{31}^2+a_{32}^2+a_{33}^2=a_{31}^2+a_{32}^2+1\geqslant1,$$

得 $|\boldsymbol{A}|=1$,这时 $a_{31}=a_{32}=0$.

由 $a_{ij}=A_{ij}$ 知 $\boldsymbol{A}^*=\boldsymbol{A}^{\mathrm{T}}$,这时

$$\boldsymbol{Ax}=\begin{pmatrix}0\\0\\1\end{pmatrix},\text{得 }\boldsymbol{x}=\boldsymbol{A}^{-1}\begin{pmatrix}0\\0\\1\end{pmatrix}=\frac{\boldsymbol{A}^*}{|\boldsymbol{A}|}\begin{pmatrix}0\\0\\1\end{pmatrix}=\boldsymbol{A}^{\mathrm{T}}\begin{pmatrix}0\\0\\1\end{pmatrix}=\begin{pmatrix}a_{31}\\a_{32}\\a_{33}\end{pmatrix}=\begin{pmatrix}0\\0\\-1\end{pmatrix}.$$

【例 9】 设 n 元线性方程组 $\boldsymbol{A}\boldsymbol{x}=\boldsymbol{b}$，其中

$$\boldsymbol{A}=\begin{pmatrix}2a & 1 & & & \\ a^2 & 2a & \ddots & 1 & \\ & a^2 & \ddots & 2a & 1 \\ & & \ddots & a^2 & 2a\end{pmatrix},\quad \boldsymbol{b}=(1,0,\cdots,0)^{\mathrm{T}}.$$

(1) 证明 $|\boldsymbol{A}|=(n+1)a^n$；

(2) a 为何值时，方程组有唯一解？求 x_1；

(3) a 为何值时，方程组有无穷多解？求通解.

解 (1) $D_n=|\boldsymbol{A}|=2aD_{n-1}-a^2D_{n-2}$，即

$$D_n-aD_{n-1}=a(D_{n-1}-aD_{n-2})=\cdots=a^{n-2}(D_2-aD_1)=a^n$$

$$\begin{array}{rlr} & D_n-aD_{n-1}=a^n & \times 1 \\ & D_{n-1}-aD_{n-2}=a^{n-1} & \times a \\ & \vdots & \vdots \\ +) & D_2-aD_1=a^2 & \times a^{n-2} \\ \hline & D_n-a^{n-1}D_1=(n-1)a^n & \end{array},$$

由 $D_1=2a$，知 $D_n=(n+1)a^n$.

(2) 当 $a\neq 0$ 时，方程组有唯一解.

$$|\boldsymbol{A}_1|=\begin{vmatrix}1 & 1 & & & \\ 0 & 2a & \ddots & & \\ & a^2 & \ddots & 2a & 1 \\ & & \ddots & a^2 & 2a\end{vmatrix}=D_{n-1}=na^{n-1},$$

$$x_1=\frac{|\boldsymbol{A}_1|}{|\boldsymbol{A}|}=\frac{na^{n-1}}{(n+1)a^n}=\frac{n}{(n+1)a}.$$

(3) 当 $a=0$ 时，

$$(\boldsymbol{A}\mid\boldsymbol{b})=\left(\begin{array}{cccc:c}0 & 1 & & & 1 \\ & 0 & \ddots & & 0 \\ & & \ddots & 1 & \vdots \\ & & & 0 & 0\end{array}\right)$$

$x_1=x_1, x_2=1, x_3=0,\cdots,x_n=0$. 令 $x_1=t$，则

$$\boldsymbol{x}=(x_1,x_2,\cdots,x_n)^{\mathrm{T}}=(1,0,\cdots,0)^{\mathrm{T}}t+(0,1,\cdots,0)\quad(t\in\mathbf{R}).$$

【例 10】 求实数 a、b，使向量组 $\boldsymbol{\alpha}_1=(1,1,0,0)^{\mathrm{T}}$，$\boldsymbol{\alpha}_2=(0,1,1,0)^{\mathrm{T}}$，$\boldsymbol{\alpha}_3=(0,0,1,1)^{\mathrm{T}}$ 与另一个向量组 $\boldsymbol{\beta}_1=(1,a,b,1)^{\mathrm{T}}$，$\boldsymbol{\beta}_2=(2,1,1,2)^{\mathrm{T}}$，$\boldsymbol{\beta}_3=(0,1,2,1)^{\mathrm{T}}$ 等价.

解 因

$$(\boldsymbol{\alpha}_1,\boldsymbol{\alpha}_2,\boldsymbol{\alpha}_3\mid\boldsymbol{\beta}_1,\boldsymbol{\beta}_2,\boldsymbol{\beta}_3)=\left(\begin{array}{ccc:ccc}1 & 0 & 0 & 1 & 2 & 0 \\ 1 & 1 & 0 & a & 1 & 1 \\ 0 & 1 & 1 & b & 1 & 2 \\ 0 & 0 & 1 & 1 & 2 & 1\end{array}\right)\sim\left(\begin{array}{ccc:ccc}1 & 0 & 0 & 1 & 2 & 0 \\ 0 & 1 & 0 & a-1 & -1 & 1 \\ 0 & 0 & 1 & b-a+1 & 2 & 1 \\ 0 & 0 & 0 & a-b & 0 & 0\end{array}\right),$$

故当 $a=b$ 时，$\boldsymbol{\beta}_1,\boldsymbol{\beta}_2,\boldsymbol{\beta}_3$ 可由 $\boldsymbol{\alpha}_1,\boldsymbol{\alpha}_2,\boldsymbol{\alpha}_3$ 线性表出. 另外

$$(\boldsymbol{\beta}_1,\boldsymbol{\beta}_2,\boldsymbol{\beta}_3\mid\boldsymbol{\alpha}_1,\boldsymbol{\alpha}_2,\boldsymbol{\alpha}_3)=\left(\begin{array}{ccc:ccc}1&2&0&1&0&0\\a&1&1&1&1&0\\b&1&2&0&1&1\\1&2&1&0&0&1\end{array}\right)\xrightarrow{a=b}\left(\begin{array}{ccc:ccc}1&2&0&1&0&0\\0&1-2a&1&1-a&1&0\\0&0&1&-1&0&1\\0&0&0&0&0&0\end{array}\right)$$

$$\xrightarrow{a=\frac{1}{2}}\left(\begin{array}{ccc:ccc}1&2&0&1&0&0\\0&0&1&\frac{1}{2}&1&0\\0&0&0&-\frac{3}{2}&-1&1\\0&0&0&0&0&0\end{array}\right),$$

当 $a=b=\frac{1}{2}$ 时，$\boldsymbol{\alpha}_1,\boldsymbol{\alpha}_2,\boldsymbol{\alpha}_3$ 不能由 $\boldsymbol{\beta}_1,\boldsymbol{\beta}_2,\boldsymbol{\beta}_3$ 线性表出；

当 $a=b\neq\frac{1}{2}$ 时，$\boldsymbol{\alpha}_1,\boldsymbol{\alpha}_2,\boldsymbol{\alpha}_3$ 能由 $\boldsymbol{\beta}_1,\boldsymbol{\beta}_2,\boldsymbol{\beta}_3$ 线性表出；

综合得

当 $a=b\neq\frac{1}{2}$ 时，$\boldsymbol{\alpha}_1,\boldsymbol{\alpha}_2,\boldsymbol{\alpha}_3$ 与 $\boldsymbol{\beta}_1,\boldsymbol{\beta}_2,\boldsymbol{\beta}_3$ 等价.

事实上，由(＊)式可得：当 $a=b$ 时，

$$r(\boldsymbol{\alpha}_1,\boldsymbol{\alpha}_2,\boldsymbol{\alpha}_3\mid\boldsymbol{\beta}_1,\boldsymbol{\beta}_2,\boldsymbol{\beta}_3)=r(\boldsymbol{\alpha}_1,\boldsymbol{\alpha}_2,\boldsymbol{\alpha}_3)=3,$$

为了 $\boldsymbol{\alpha}_1,\boldsymbol{\alpha}_2,\boldsymbol{\alpha}_3$ 与 $\boldsymbol{\beta}_1,\boldsymbol{\beta}_3,\boldsymbol{\beta}_3$ 等价，只要 $r(\boldsymbol{\beta}_1,\boldsymbol{\beta}_2,\boldsymbol{\beta}_3)=3$，即

$$3=r\begin{pmatrix}1&2&0\\a-1&-1&1\\1&2&1\\0&0&0\end{pmatrix}=r\begin{pmatrix}1&2&0\\0&1-2a&1\\0&0&1\\0&0&0\end{pmatrix},$$

得 $a=\frac{1}{2}$ 即可. 综合得当 $a=b=\frac{1}{2}$ 时，$\boldsymbol{\alpha}_1,\boldsymbol{\alpha}_2,\boldsymbol{\alpha}_3$ 与 $\boldsymbol{\beta}_1,\boldsymbol{\beta}_2,\boldsymbol{\beta}_3$ 等价.

【例 11】 设 $a_1,a_2,\cdots,a_m(m\leqslant n)$ 是 m 个互不相等且不为零的常数，向量 $\boldsymbol{\alpha}_i=(a_i,a_i^2,\cdots,a_i^n)^{\mathrm{T}}(i=1,2,\cdots,m)$，问 $\boldsymbol{\alpha}_1,\boldsymbol{\alpha}_2,\cdots,\boldsymbol{\alpha}_m$ 是否线性相关？

解 由于 $m\leqslant n,a_i\neq a_j(i\neq j,i,j=1,2,\cdots,m)$ 且 $a_i\neq 0(i=1,2,\cdots,m)$，故

$$\begin{vmatrix}a_1&a_2&\cdots&a_m\\a_1^2&a_2^2&\cdots&a_m^2\\\vdots&\vdots&\ddots&\vdots\\a_1^m&a_2^m&\cdots&a_m^m\end{vmatrix}=a_1a_2\cdots a_m\begin{vmatrix}1&1&\cdots&1\\a_1&a_2&\cdots&a_m\\\vdots&\vdots&\ddots&\vdots\\a_1^{m-1}&a_2^{m-1}&\cdots&a_m^{m-1}\end{vmatrix}$$

$$=a_1a_2\cdots a_m\prod_{1\leqslant i<j\leqslant m}(a_j-a_i)\neq 0,$$

从而 $\boldsymbol{\beta}_1=(a_1,a_1^2,\cdots,a_1^m)^{\mathrm{T}},\boldsymbol{\beta}_2=(a_2,a_2^2,\cdots,a_2^m)^{\mathrm{T}},\cdots,\boldsymbol{\beta}_m=(a_m,a_m^2,\cdots,a_m^m)^{\mathrm{T}}$ 线性无关，所以向量组 $\boldsymbol{\alpha}_1,\boldsymbol{\alpha}_2,\cdots,\boldsymbol{\alpha}_m$ 亦线性无关.

【例 12】 设向量组 $\boldsymbol{\alpha}_1,\boldsymbol{\alpha}_2,\cdots,\boldsymbol{\alpha}_m(m>1)$ 线性无关，且

$$\boldsymbol{\beta}=\boldsymbol{\alpha}_1+\boldsymbol{\alpha}_2+\cdots+\boldsymbol{\alpha}_m,$$

判断向量组 $\boldsymbol{\beta}-\boldsymbol{\alpha}_1,\boldsymbol{\beta}-\boldsymbol{\alpha}_2,\cdots,\boldsymbol{\beta}-\boldsymbol{\alpha}_m$ 的线性相关性.

解 **解法一**（从定义出发）

设 $t_1(\boldsymbol{\beta}-\boldsymbol{\alpha}_1)+t_2(\boldsymbol{\beta}-\boldsymbol{\alpha}_2)+\cdots+t_m(\boldsymbol{\beta}-\boldsymbol{\alpha}_m)=\boldsymbol{0}$，即

$$(t_2+t_3+\cdots+t_m)\boldsymbol{\alpha}_1+(t_1+t_3+\cdots+t_m)\boldsymbol{\alpha}_2+\cdots+(t_1+t_2+\cdots+t_{m-1})\boldsymbol{\alpha}_m=\boldsymbol{0},$$

由 $\boldsymbol{\alpha}_1,\boldsymbol{\alpha}_2,\cdots,\boldsymbol{\alpha}_m$ 线性无关知，系数 $t_1,t_2,\cdots,t_m$ 必满足

$$\begin{cases} t_2+t_3+\cdots+t_m=0 \\ t_1+t_3+\cdots+t_m=0 \\ \quad\cdots\cdots \\ t_1+t_2+\cdots+t_{m-1}=0 \end{cases},$$

这是一齐次线性方程组，其系数行列式

$$D=\begin{vmatrix} 0 & 1 & \cdots & 1 \\ 1 & 0 & \cdots & 1 \\ \vdots & \vdots & \ddots & \vdots \\ 1 & 1 & \cdots & 0 \end{vmatrix}=(-1)^{m-1}(m-1)\neq 0,$$

所以齐次方程组只有零解，即 $t_1=t_2=\cdots=t_m=0$，故 $\boldsymbol{\beta}-\boldsymbol{\alpha}_1,\boldsymbol{\beta}-\boldsymbol{\alpha}_2,\cdots,\boldsymbol{\beta}-\boldsymbol{\alpha}_m$ 线性无关.

解法二（利用矩阵的秩）

$$(\boldsymbol{\beta}-\boldsymbol{\alpha}_1,\boldsymbol{\beta}-\boldsymbol{\alpha}_2,\cdots,\boldsymbol{\beta}-\boldsymbol{\alpha}_m)=(\boldsymbol{\alpha}_2+\boldsymbol{\alpha}_3+\cdots+\boldsymbol{\alpha}_m,\boldsymbol{\alpha}_1+\boldsymbol{\alpha}_3+\cdots+\boldsymbol{\alpha}_m,\cdots,\boldsymbol{\alpha}_1+\boldsymbol{\alpha}_2+\cdots+\boldsymbol{\alpha}_{m-1})$$

$$=(\boldsymbol{\alpha}_1,\boldsymbol{\alpha}_2,\cdots,\boldsymbol{\alpha}_m)\begin{pmatrix} 0 & 1 & \cdots & 1 \\ 1 & 0 & \cdots & 1 \\ \vdots & \vdots & \ddots & \vdots \\ 1 & 1 & \cdots & 0 \end{pmatrix},$$

由解法一知，矩阵 $\begin{pmatrix} 0 & 1 & \cdots & 1 \\ 1 & 0 & \cdots & 1 \\ \vdots & \vdots & \ddots & \vdots \\ 1 & 1 & \cdots & 0 \end{pmatrix}$ 满秩，故

$$r(\boldsymbol{\beta}-\boldsymbol{\alpha}_1,\boldsymbol{\beta}-\boldsymbol{\alpha}_2,\cdots,\boldsymbol{\beta}-\boldsymbol{\alpha}_m)=r(\boldsymbol{\alpha}_1,\boldsymbol{\alpha}_2,\cdots,\boldsymbol{\alpha}_m).$$

而由 $\boldsymbol{\alpha}_1,\boldsymbol{\alpha}_2,\cdots,\boldsymbol{\alpha}_m$ 的线性无关性知 $r(\boldsymbol{\alpha}_1,\boldsymbol{\alpha}_2,\cdots,\boldsymbol{\alpha}_m)=m$，所以

$$r(\boldsymbol{\beta}-\boldsymbol{\alpha}_1,\boldsymbol{\beta}-\boldsymbol{\alpha}_2,\cdots,\boldsymbol{\beta}-\boldsymbol{\alpha}_m)=m,$$

即 $\boldsymbol{\beta}-\boldsymbol{\alpha}_1,\boldsymbol{\beta}-\boldsymbol{\alpha}_2,\cdots,\boldsymbol{\beta}-\boldsymbol{\alpha}_m$ 线性无关.

【例 13】 设 $\boldsymbol{\alpha}_1,\boldsymbol{\alpha}_2,\cdots,\boldsymbol{\alpha}_n$ 是一个 n 维向量组，证明 $\boldsymbol{\alpha}_1,\boldsymbol{\alpha}_2,\cdots,\boldsymbol{\alpha}_n$ 线性无关当且仅当任一 n 维向量均可由它们线性表出.

证　"$\Rightarrow$"对任意 $\boldsymbol{\beta}\in\mathbf{R}^n$，若 $\boldsymbol{\beta}=\boldsymbol{\alpha}_i$，则显然有

$$\boldsymbol{\beta}=0\boldsymbol{\alpha}_1+\cdots+0\boldsymbol{\alpha}_{i-1}+\boldsymbol{\alpha}_i+0\boldsymbol{\alpha}_{i+1}+\cdots+0\boldsymbol{\alpha}_n.$$

若 $\boldsymbol{\beta}\neq\boldsymbol{\alpha}_i$，则由 $\boldsymbol{\alpha}_1,\boldsymbol{\alpha}_2,\cdots,\boldsymbol{\alpha}_n,\boldsymbol{\beta}$ 线性相关，得存在不全为零的数 $t_1,t_2,\cdots,t_n,t$ 使

$$t_1\boldsymbol{\alpha}_1+t_2\boldsymbol{\alpha}_2+\cdots+t_n\boldsymbol{\alpha}_n+t\boldsymbol{\beta}=\boldsymbol{0};$$

若 $t=0$，由 $\boldsymbol{\alpha}_1,\boldsymbol{\alpha}_2,\cdots,\boldsymbol{\alpha}_n$ 线性无关性知必有 $t_1=t_2=\cdots=t_n=0$，与 $t_1,t_2,\cdots,t_n,t$ 不全为零矛盾，所以 $t\neq 0$，从而 $\boldsymbol{\beta}=\sum\limits_{i=1}^{n}\left(-\dfrac{t_i}{t}\right)\boldsymbol{\alpha}_i$，即 $\boldsymbol{\beta}$ 可由 $\boldsymbol{\alpha}_1,\boldsymbol{\alpha}_2,\cdots,\boldsymbol{\alpha}_n$ 线性表出.

"$\Leftarrow$"设单位向量 $\boldsymbol{e}_1,\boldsymbol{e}_2,\cdots,\boldsymbol{e}_n$ 为 n 阶单位阵 $\boldsymbol{E}$ 的 n 个列向量.

证法一　由已知得 $\boldsymbol{e}_i$ 均可由 $\boldsymbol{\alpha}_1,\boldsymbol{\alpha}_2,\cdots,\boldsymbol{\alpha}_n$ 线性表示，从而有

$$(\boldsymbol{e}_1,\boldsymbol{e}_2,\cdots,\boldsymbol{e}_n)=(\boldsymbol{\alpha}_1,\boldsymbol{\alpha}_2,\cdots,\boldsymbol{\alpha}_n)\boldsymbol{P},$$

其中 n 阶方阵 $\boldsymbol{P}$ 的每一列即为 $\boldsymbol{e}_i$ 由 $\boldsymbol{\alpha}_1,\boldsymbol{\alpha}_2,\cdots,\boldsymbol{\alpha}_n$ 线性表出的表示式中的系数,由于

$$\det(\boldsymbol{e}_1,\boldsymbol{e}_2,\cdots,\boldsymbol{e}_n)=|\boldsymbol{E}|=1\neq 0,$$

所以 $\det(\boldsymbol{\alpha}_1,\boldsymbol{\alpha}_2,\cdots,\boldsymbol{\alpha}_n)\neq 0$,这就说明 $\boldsymbol{\alpha}_1,\boldsymbol{\alpha}_2,\cdots,\boldsymbol{\alpha}_n$ 是线性无关的.

证法二 设 $\boldsymbol{A}=(\boldsymbol{\alpha}_1,\boldsymbol{\alpha}_2,\cdots,\boldsymbol{\alpha}_n)$,由 $\boldsymbol{A}=\boldsymbol{E}\boldsymbol{A}$,即

$$(\boldsymbol{\alpha}_1,\boldsymbol{\alpha}_2,\cdots,\boldsymbol{\alpha}_n)=(\boldsymbol{e}_1,\boldsymbol{e}_2,\cdots,\boldsymbol{e}_n)\boldsymbol{A},$$

可知 $\boldsymbol{\alpha}_i$ 均可由 $\boldsymbol{e}_1,\boldsymbol{e}_2,\cdots,\boldsymbol{e}_n$ 线性表出. 又由已知 $\boldsymbol{e}_i$ 也都可由 $\boldsymbol{\alpha}_1,\boldsymbol{\alpha}_2,\cdots,\boldsymbol{\alpha}_n$ 线性表出,所以两向量组等价,从而它们有相同的秩,得

$$r(\boldsymbol{\alpha}_1,\boldsymbol{\alpha}_2,\cdots,\boldsymbol{\alpha}_n)=r(\boldsymbol{e}_1,\boldsymbol{e}_2,\cdots,\boldsymbol{e}_n)=n,$$

即 $\boldsymbol{\alpha}_1,\boldsymbol{\alpha}_2,\cdots,\boldsymbol{\alpha}_n$ 线性无关.

【例 14】 设 $\boldsymbol{A}$ 是 $m\times n$ 矩阵,$\boldsymbol{B}$ 是 $n\times m$ 矩阵,$\boldsymbol{E}$ 是 n 阶单位矩阵($m>n$),已知 $\boldsymbol{BA}=\boldsymbol{E}$. 试判断 $\boldsymbol{A}$ 的列向量组是否线性相关,为什么?

解 设 $\boldsymbol{A}=(\boldsymbol{\alpha}_1\ \boldsymbol{\alpha}_2\cdots\ \boldsymbol{\alpha}_n)$,其中 $\boldsymbol{\alpha}_1,\boldsymbol{\alpha}_2,\cdots,\boldsymbol{\alpha}_n$ 为 m 维列向量. 又设存在常数 $k_1,k_2,\cdots,k_n$,使

$$\boldsymbol{0}=k_1\boldsymbol{\alpha}_1+k_2\boldsymbol{\alpha}_2+\cdots+k_n\boldsymbol{\alpha}_n=(\boldsymbol{\alpha}_1\ \boldsymbol{\alpha}_2\cdots\ \boldsymbol{\alpha}_n)\begin{pmatrix}k_1\\k_2\\\vdots\\k_n\end{pmatrix},$$

即
$$\boldsymbol{A}\begin{pmatrix}k_1\\k_2\\\vdots\\k_n\end{pmatrix}=\boldsymbol{0}.$$

此时,由 $\boldsymbol{BA}=\boldsymbol{E}$,故将其左乘以 $\boldsymbol{B}$,得

$$\boldsymbol{BA}\begin{pmatrix}k_1\\k_2\\\vdots\\k_n\end{pmatrix}=\begin{pmatrix}k_1\\k_2\\\vdots\\k_n\end{pmatrix}=\boldsymbol{0},\quad 即\quad k_1=k_2=\cdots=k_n=0,$$

因此矩阵 $\boldsymbol{A}$ 的列向量组线性无关.

【例 15】 已知向量组(Ⅰ)$\boldsymbol{\alpha}_1,\boldsymbol{\alpha}_2,\boldsymbol{\alpha}_3$;(Ⅱ)$\boldsymbol{\alpha}_1,\boldsymbol{\alpha}_2,\boldsymbol{\alpha}_3,\boldsymbol{\alpha}_4$;(Ⅲ)$\boldsymbol{\alpha}_1,\boldsymbol{\alpha}_2,\boldsymbol{\alpha}_3,\boldsymbol{\alpha}_5$. 如果各向量组的秩分别为 r(Ⅰ)$=r$(Ⅱ)$=3$,r(Ⅲ)$=4$. 证明:向量组 $\boldsymbol{\alpha}_1,\boldsymbol{\alpha}_2,\boldsymbol{\alpha}_3,\boldsymbol{\alpha}_5-\boldsymbol{\alpha}_4$ 的秩为 4.

证 因为 r(Ⅰ)$=r$(Ⅱ)$=3$,故 $\boldsymbol{\alpha}_1,\boldsymbol{\alpha}_2,\boldsymbol{\alpha}_3$ 线性无关,且 $\boldsymbol{\alpha}_1,\boldsymbol{\alpha}_2,\boldsymbol{\alpha}_3,\boldsymbol{\alpha}_4$ 线性相关,故 $\boldsymbol{\alpha}_4$ 可由 $\boldsymbol{\alpha}_1,\boldsymbol{\alpha}_2,\boldsymbol{\alpha}_3$ 唯一线性表示,即

$$\boldsymbol{\alpha}_4=\lambda_1\boldsymbol{\alpha}_1+\lambda_2\boldsymbol{\alpha}_2+\lambda_3\boldsymbol{\alpha}_3 \qquad (*)$$

其中 $\lambda_1,\lambda_2,\lambda_3$ 为常数.

如有数 k_1,k_2,k_3,k_4 使得

$$\begin{aligned}\boldsymbol{0}&=k_1\boldsymbol{\alpha}_1+k_2\boldsymbol{\alpha}_2+k_3\boldsymbol{\alpha}_3+k_4(\boldsymbol{\alpha}_5-\boldsymbol{\alpha}_4)\\&=(k_1-\lambda_1k_4)\boldsymbol{\alpha}_1+(k_2-\lambda_2k_4)\boldsymbol{\alpha}_2+(k_3-\lambda_3k_4)\boldsymbol{\alpha}_3+k_4\boldsymbol{\alpha}_5\quad(据(*),并化简).\end{aligned}$$

由于 r(Ⅲ)$=4$,故 $\boldsymbol{\alpha}_1,\boldsymbol{\alpha}_2,\boldsymbol{\alpha}_3,\boldsymbol{\alpha}_5$ 线性无关,因此有

$$\begin{cases}k_1-\lambda_1k_4=0\\k_2-\lambda_2k_4=0\\k_3-\lambda_3k_4=0\\k_4=0\end{cases},$$

解之,得唯一解 $k_1=k_2=k_3=k_4=0$,故 $\boldsymbol{\alpha}_1,\boldsymbol{\alpha}_2,\boldsymbol{\alpha}_3,\boldsymbol{\alpha}_5-\boldsymbol{\alpha}_4$ 线性无关,即其秩为 4.

【例 16】 设向量组 $\boldsymbol{\alpha}_1=(1,1,1,0)^{\mathrm{T}},\boldsymbol{\alpha}_2=(1,1,0,0)^{\mathrm{T}},\boldsymbol{\alpha}_3=(3,3,2,0)^{\mathrm{T}},\boldsymbol{\alpha}_4=(1,0,0,0)^{\mathrm{T}},\boldsymbol{\alpha}_5=(3,2,1,0)^{\mathrm{T}}$,求其极大无关组及秩.

解 将向量组写成列构成矩阵 $\boldsymbol{A}$ 进行行变换.

$$\boldsymbol{A}=(\boldsymbol{\alpha}_1,\boldsymbol{\alpha}_2,\boldsymbol{\alpha}_3,\boldsymbol{\alpha}_4,\boldsymbol{\alpha}_5)=\begin{pmatrix}1&1&3&1&3\\1&1&3&0&2\\1&0&2&0&1\\0&0&0&0&0\end{pmatrix}\sim\begin{pmatrix}1&1&3&1&3\\0&0&0&-1&-1\\0&-1&-1&-1&-2\\0&0&0&0&0\end{pmatrix}$$

$$\sim\begin{pmatrix}1&1&3&1&3\\0&1&1&1&2\\0&0&0&1&1\\0&0&0&0&0\end{pmatrix},$$

在每个阶梯上取一列得 $\boldsymbol{\alpha}_1,\boldsymbol{\alpha}_2,\boldsymbol{\alpha}_4$ 或 $\boldsymbol{\alpha}_1,\boldsymbol{\alpha}_2,\boldsymbol{\alpha}_5$ 或 $\boldsymbol{\alpha}_1,\boldsymbol{\alpha}_3,\boldsymbol{\alpha}_4$ 或 $\boldsymbol{\alpha}_1,\boldsymbol{\alpha}_3,\boldsymbol{\alpha}_5$ 均是极大无关组,从而 $r(\boldsymbol{\alpha}_1,\boldsymbol{\alpha}_2,\boldsymbol{\alpha}_3,\boldsymbol{\alpha}_4,\boldsymbol{\alpha}_5)=3$.

注 1 由上述所构造的矩阵求极大无关组时,只能进行行初等变换化为梯形阵求得.

注 2 从上述求解过程可看到,向量组的秩,完全可以通过矩阵的秩的计算而得到,而且若仅是计算向量组的秩,则对所构造的矩阵进行行或列变换都可以,且所得结果一致.

【例 17】 设四维向量组 $\boldsymbol{\alpha}_1=(1+a,1,1,1)^{\mathrm{T}},\boldsymbol{\alpha}_2=(2,2+a,2,2)^{\mathrm{T}},\boldsymbol{\alpha}_3=(3,3,3+a,3)^{\mathrm{T}},\boldsymbol{\alpha}_4=(4,4,4,4+a)^{\mathrm{T}}$. 问 a 为何值时,$\boldsymbol{\alpha}_1,\boldsymbol{\alpha}_2,\boldsymbol{\alpha}_3,\boldsymbol{\alpha}_4$ 线性相关? 当 $\boldsymbol{\alpha}_1,\boldsymbol{\alpha}_2,\boldsymbol{\alpha}_3,\boldsymbol{\alpha}_4$ 线性相关时,求其一个极大线性无关组,并将其余向量用该极大线性无关组线性表出.

解 解法一 设 $\boldsymbol{A}=(\boldsymbol{\alpha}_1,\boldsymbol{\alpha}_2,\boldsymbol{\alpha}_3,\boldsymbol{\alpha}_4)$,则

$$|\boldsymbol{A}|=\begin{vmatrix}1+a&2&3&4\\1&2+a&3&4\\1&2&3+a&4\\1&2&3&4+a\end{vmatrix}=(a+10)a^3.$$

当 $a=0$ 或 $a=-10$ 时,$\boldsymbol{\alpha}_1,\boldsymbol{\alpha}_2,\boldsymbol{\alpha}_3,\boldsymbol{\alpha}_4$ 线性相关;

当 $a=0$ 时,$\boldsymbol{\alpha}_1$ 为 $\boldsymbol{\alpha}_1,\boldsymbol{\alpha}_2,\boldsymbol{\alpha}_3,\boldsymbol{\alpha}_4$ 的一个极大线性无关组,且 $\boldsymbol{\alpha}_2=2\boldsymbol{\alpha}_1,\boldsymbol{\alpha}_3=3\boldsymbol{\alpha}_1,\boldsymbol{\alpha}_4=4\boldsymbol{\alpha}_1$;

当 $a=-10$ 时,对 $\boldsymbol{A}$ 施以初等行变换,有

$$\boldsymbol{A}=\begin{pmatrix}-9&2&3&4\\1&-8&3&4\\1&2&-7&4\\1&2&3&-6\end{pmatrix}\longrightarrow\begin{pmatrix}-9&2&3&4\\10&-10&0&0\\10&0&-10&0\\10&0&0&-10\end{pmatrix}$$

$$\longrightarrow\begin{pmatrix}-9&2&3&4\\1&-1&0&0\\1&0&-1&0\\1&0&0&-1\end{pmatrix}\longrightarrow\begin{pmatrix}0&0&0&0\\1&-1&0&0\\1&0&-1&0\\1&0&0&-1\end{pmatrix}$$

$$=(\boldsymbol{\beta}_1,\boldsymbol{\beta}_2,\boldsymbol{\beta}_3,\boldsymbol{\beta}_4).$$

由于 $\boldsymbol{\beta}_2,\boldsymbol{\beta}_3,\boldsymbol{\beta}_4$ 为 $\boldsymbol{\beta}_1,\boldsymbol{\beta}_2,\boldsymbol{\beta}_3,\boldsymbol{\beta}_4$ 的一个极大线性无关组，且 $\boldsymbol{\beta}_1=-\boldsymbol{\beta}_2-\boldsymbol{\beta}_3-\boldsymbol{\beta}_4$，故 $\boldsymbol{\alpha}_2,\boldsymbol{\alpha}_3,\boldsymbol{\alpha}_4$ 为 $\boldsymbol{\alpha}_1,\boldsymbol{\alpha}_2,\boldsymbol{\alpha}_3,\boldsymbol{\alpha}_4$ 的一个极大线性无关组，且 $\boldsymbol{\alpha}_1=-\boldsymbol{\alpha}_2-\boldsymbol{\alpha}_3-\boldsymbol{\alpha}_4$.

解法二 记 $\boldsymbol{A}=(\boldsymbol{\alpha}_1,\boldsymbol{\alpha}_2,\boldsymbol{\alpha}_3,\boldsymbol{\alpha}_4)$，对 $\boldsymbol{A}$ 施以初等行变换，有

$$\boldsymbol{A}=\begin{pmatrix}1+a&2&3&4\\1&2+a&3&4\\1&2&3+a&4\\1&2&3&4+a\end{pmatrix}\longrightarrow\begin{pmatrix}1+a&2&3&4\\-a&a&0&0\\-a&0&a&0\\-a&0&0&a\end{pmatrix}=\boldsymbol{B}.$$

当 $a=0$ 时，$\boldsymbol{A}$ 的秩为 1，因而 $\boldsymbol{\alpha}_1,\boldsymbol{\alpha}_2,\boldsymbol{\alpha}_3,\boldsymbol{\alpha}_4$ 线性相关. 此时，$\boldsymbol{\alpha}_1$ 为 $\boldsymbol{\alpha}_1,\boldsymbol{\alpha}_2,\boldsymbol{\alpha}_3,\boldsymbol{\alpha}_4$ 的一个极大线性无关组，且 $\boldsymbol{\alpha}_2=2\boldsymbol{\alpha}_1,\boldsymbol{\alpha}_3=3\boldsymbol{\alpha}_1,\boldsymbol{\alpha}_4=4\boldsymbol{\alpha}_1$.

当 $a\neq0$ 时，再对 $\boldsymbol{B}$ 施以初等行变换，有

$$\boldsymbol{B}\longrightarrow\begin{pmatrix}1+a&2&3&4\\-1&1&0&0\\-1&0&1&0\\-1&0&0&1\end{pmatrix}\longrightarrow\begin{pmatrix}a+10&0&0&0\\-1&1&0&0\\-1&0&1&0\\-1&0&0&1\end{pmatrix}=\boldsymbol{C}=(\boldsymbol{\gamma}_1,\boldsymbol{\gamma}_2,\boldsymbol{\gamma}_3,\boldsymbol{\gamma}_4).$$

如果 $a\neq-10$，$\boldsymbol{C}$ 的秩为 4，从而 $\boldsymbol{A}$ 的秩为 4，故 $\boldsymbol{\alpha}_1,\boldsymbol{\alpha}_2,\boldsymbol{\alpha}_3,\boldsymbol{\alpha}_4$ 线性无关；

如果 $a=-10$，$\boldsymbol{C}$ 的秩为 3，从而 $\boldsymbol{A}$ 的秩为 3，故 $\boldsymbol{\alpha}_1,\boldsymbol{\alpha}_2,\boldsymbol{\alpha}_3,\boldsymbol{\alpha}_4$ 线性相关.

由于 $\boldsymbol{\gamma}_2,\boldsymbol{\gamma}_3,\boldsymbol{\gamma}_4$ 为 $\boldsymbol{\gamma}_1,\boldsymbol{\gamma}_2,\boldsymbol{\gamma}_3,\boldsymbol{\gamma}_4$ 的一个极大线性无关组，且 $\boldsymbol{\gamma}_1=-\boldsymbol{\gamma}_2-\boldsymbol{\gamma}_3-\boldsymbol{\gamma}_4$，于是 $\boldsymbol{\alpha}_2,\boldsymbol{\alpha}_3,\boldsymbol{\alpha}_4$ 为 $\boldsymbol{\alpha}_1,\boldsymbol{\alpha}_2,\boldsymbol{\alpha}_3,\boldsymbol{\alpha}_4$ 的一个极大线性无关组，且 $\boldsymbol{\alpha}_1=-\boldsymbol{\alpha}_2-\boldsymbol{\alpha}_3-\boldsymbol{\alpha}_4$.

【例 18】 试证：n 阶方阵 $(n\geqslant2)$ $\boldsymbol{A}$ 的秩为 1 的充要条件是可将 $\boldsymbol{A}$ 表示成 $\boldsymbol{A}=\boldsymbol{\alpha}\boldsymbol{\beta}^{\mathrm{T}}$，其中 $\boldsymbol{\alpha},\boldsymbol{\beta}$ 为 n 维非零列向量.

证 先证充分性.

若 $\boldsymbol{A}=\boldsymbol{\alpha}\boldsymbol{\beta}^{\mathrm{T}}$，由于 $\boldsymbol{\alpha}\neq\boldsymbol{0},\boldsymbol{\beta}\neq\boldsymbol{0}$，则 $r(\boldsymbol{\alpha})=r(\boldsymbol{\beta})=1$，且 $\boldsymbol{A}=\boldsymbol{\alpha}\boldsymbol{\beta}^{\mathrm{T}}\neq\boldsymbol{O}$，于是

$$1\leqslant r(\boldsymbol{A})\leqslant\min(r(\boldsymbol{\alpha}),r(\boldsymbol{\beta}))=1,$$

故 $r(\boldsymbol{A})=1$.

再证必要性.

证法一 设 $\boldsymbol{A}=(\boldsymbol{\alpha}_1,\boldsymbol{\alpha}_2,\cdots,\boldsymbol{\alpha}_n)$，则由 $r(\boldsymbol{A})=1$ 可知

(1) $\boldsymbol{A}\neq\boldsymbol{O}$;

(2) 向量组 $\boldsymbol{\alpha}_1,\boldsymbol{\alpha}_2,\cdots,\boldsymbol{\alpha}_n$ 的极大无关组含一个向量.

因为 $\boldsymbol{A}\neq\boldsymbol{O}$，不妨设 $\boldsymbol{\alpha}_1\neq\boldsymbol{0}$，从而 $\boldsymbol{\alpha}_1$ 即可作为 $\boldsymbol{\alpha}_1,\boldsymbol{\alpha}_2,\cdots,\boldsymbol{\alpha}_n$ 的一个极大无关组，故有

$$\boldsymbol{\alpha}_i=t_i\boldsymbol{\alpha}_1\quad(i=2,3,\cdots,n),$$

于是

$$\boldsymbol{A}=(\boldsymbol{\alpha}_1,\boldsymbol{\alpha}_2,\cdots,\boldsymbol{\alpha}_n)=(\boldsymbol{\alpha}_1,t_2\boldsymbol{\alpha}_1,\cdots,t_n\boldsymbol{\alpha}_1)=\boldsymbol{\alpha}_1(1,t_2,\cdots,t_n),$$

令 $\boldsymbol{\alpha}=\boldsymbol{\alpha}_1,\boldsymbol{\beta}=(1,t_2,\cdots,t_n)^{\mathrm{T}}$，则 $\boldsymbol{\alpha}\neq\boldsymbol{0},\boldsymbol{\beta}\neq\boldsymbol{0}$，且 $\boldsymbol{A}=\boldsymbol{\alpha}\boldsymbol{\beta}^{\mathrm{T}}$.

证法二 因 $r(\boldsymbol{A})=1$，故存在可逆阵 $\boldsymbol{P}$、$\boldsymbol{Q}$，使

$$\boldsymbol{A}=\boldsymbol{P}\begin{pmatrix}1&0&\cdots&0\\0&0&\cdots&0\\\vdots&\vdots&\ddots&\vdots\\0&0&\cdots&0\end{pmatrix}\boldsymbol{Q}=\boldsymbol{P}\begin{pmatrix}1\\0\\\vdots\\0\end{pmatrix}(1,0,\cdots,0)\boldsymbol{Q}=\begin{pmatrix}a_1\\a_2\\\vdots\\a_n\end{pmatrix}(b_1,b_2,\cdots,b_n),$$

其中 $\boldsymbol{\alpha}=\begin{pmatrix}a_1\\a_2\\\vdots\\a_n\end{pmatrix}$ 是 $\boldsymbol{P}$ 的第一列，$\boldsymbol{\beta}^{\mathrm{T}}=(b_1,b_2,\cdots,b_n)$ 是 $\boldsymbol{Q}$ 的第一行，由于 $\boldsymbol{P}$、$\boldsymbol{Q}$ 可逆，故 $\boldsymbol{\alpha}\neq\boldsymbol{0}$，$\boldsymbol{\beta}\neq\boldsymbol{0}$，且 $\boldsymbol{A}=\boldsymbol{\alpha}\boldsymbol{\beta}^{\mathrm{T}}$.

【例 19】 设 $\boldsymbol{A}$ 为 n 阶方阵，且 $\boldsymbol{A}^2=\boldsymbol{A}$，试证 $r(\boldsymbol{A}-\boldsymbol{E})+r(\boldsymbol{A})=n$.

证 已知 $\boldsymbol{A}^2=\boldsymbol{A}$，即 $\boldsymbol{A}(\boldsymbol{A}-\boldsymbol{E})=\boldsymbol{O}$，由性质 $r(\boldsymbol{A}+\boldsymbol{B})\leqslant r(\boldsymbol{A})+r(\boldsymbol{B})\leqslant n+r(\boldsymbol{AB})$，知

$$n=r(\boldsymbol{E}-\boldsymbol{A}+\boldsymbol{A})\leqslant r(\boldsymbol{E}-\boldsymbol{A})+r(\boldsymbol{A})=r(\boldsymbol{A}-\boldsymbol{E})+r(\boldsymbol{A})\leqslant n,$$

所以

$$r(\boldsymbol{A}-\boldsymbol{E})+r(\boldsymbol{A})=n \text{ 成立.}$$

【例 20】 设 $n(>2)$ 阶非零实方阵 $\boldsymbol{A}=(a_{ij})$ 满足 $a_{ij}=A_{ij}\,(i,j=1,2,\cdots,n)$，求 $r(\boldsymbol{A})$.

解　解法 1 因为 $a_{ij}=A_{ij}$ 且 $\boldsymbol{A}\neq\boldsymbol{O}$，不妨设 $a_{kl}\neq0$，由行列式的定义知

$$|\boldsymbol{A}|=a_{k1}A_{k1}+a_{k2}A_{k2}+\cdots+a_{kn}A_{kn}=\sum_{i=1}^{n}a_{ki}^2>0,$$

所以

$$r(\boldsymbol{A})=n.$$

解法 2 由 $a_{ij}=A_{ij}$ 知 $\boldsymbol{A}^*=\boldsymbol{A}^{\mathrm{T}}$，由于 $r(\boldsymbol{A}^{\mathrm{T}})=r(\boldsymbol{A})$ 及

$$r(\boldsymbol{A}^*)=\begin{cases}n, & r(\boldsymbol{A})=n\\1, & r(\boldsymbol{A})=n-1,\\0, & r(\boldsymbol{A})\leqslant n-2\end{cases}$$

知 $n>2$ 时，要使 $r(\boldsymbol{A})=r(\boldsymbol{A}^*)$，且 $\boldsymbol{A}\neq\boldsymbol{O}$，只能 $r(\boldsymbol{A})=n$.

【例 21】 设 $\boldsymbol{A}$ 为 n 阶矩阵，若对于任意的向量 $\boldsymbol{x}=(x_1,x_2,\cdots,x_n)^{\mathrm{T}}$ 均有 $\boldsymbol{Ax}=\boldsymbol{0}$，则 $\boldsymbol{A}=\boldsymbol{O}$.

证　证法一 设 $\boldsymbol{A}=(a_{ij})_{n\times n}$，由 $\boldsymbol{x}$ 的任意性，不妨取 $\boldsymbol{x}$ 为单位向量组

$$\boldsymbol{e}_i=(0,\cdots,0,1,0,\cdots,0)^{\mathrm{T}}\quad(i=1,2,\cdots,n),$$

由于 $\boldsymbol{Ae}_i=\boldsymbol{\alpha}_i\,(i=1,2,\cdots,n)$，其中 $\boldsymbol{\alpha}_i$ 为 $\boldsymbol{A}$ 的第 i 列，故由已知可得 $\boldsymbol{\alpha}_i=\boldsymbol{0}\,(i=1,2,\cdots,n)$，从而 $\boldsymbol{A}=\boldsymbol{O}$.

证法二 任取 $\mathbf{R}^n$ 的一组基 $\boldsymbol{\beta}_1,\boldsymbol{\beta}_2,\cdots,\boldsymbol{\beta}_n$，由题设可知

$$\boldsymbol{A\beta}_i=\boldsymbol{0}\quad(i=1,2,\cdots,n),$$

令 $\boldsymbol{B}=(\boldsymbol{\beta}_1,\boldsymbol{\beta}_2,\cdots,\boldsymbol{\beta}_n)$，则 $r(\boldsymbol{B})=n$，即 $\boldsymbol{B}$ 可逆，又

$$\boldsymbol{AB}=(\boldsymbol{A\beta}_1,\boldsymbol{A\beta}_2,\cdots,\boldsymbol{A\beta}_n)=\boldsymbol{O},$$

两边右乘 $\boldsymbol{B}^{-1}$ 得 $\boldsymbol{A}=\boldsymbol{O}$.

证法三 由题设知任一 n 维向量都是齐次方程组 $\boldsymbol{Ax}=\boldsymbol{0}$ 的解，故 $\mathbf{R}^n$ 的任一组基也是 $\boldsymbol{Ax}=\boldsymbol{0}$ 的解，从而也是 $\boldsymbol{Ax}=\boldsymbol{0}$ 的一个基础解系，因此可得

$$n-r(\boldsymbol{A})=n,$$

所以 $r(\boldsymbol{A})=0$，于是有 $\boldsymbol{A}=\boldsymbol{O}$.

注 证明矩阵 $\boldsymbol{A}=\boldsymbol{O}$ 常用两种方法：一是证明 $\boldsymbol{A}$ 中各元素 $a_{ij}=0$；二是证明 $r(\boldsymbol{A})=0$.

【例 22】 设 $\boldsymbol{A}$ 是 $n\times m$ 矩阵，$\boldsymbol{B}$ 是 $m\times n$ 矩阵，其中 $n<m$，若 $\boldsymbol{AB}=\boldsymbol{E}$，证明 $\boldsymbol{B}$ 的列向量组线性无关.

证 **证法一** 设$\boldsymbol{B}=(\boldsymbol{\beta}_1,\boldsymbol{\beta}_2,\cdots,\boldsymbol{\beta}_n)$,$\boldsymbol{E}=(\boldsymbol{e}_1,\boldsymbol{e}_2,\cdots,\boldsymbol{e}_n)$,则已知条件$\boldsymbol{AB}=\boldsymbol{E}$,即为$\boldsymbol{A\beta}_i=\boldsymbol{e}_i$ $(i=1,2,\cdots,n)$.

若$t_1\boldsymbol{\beta}_1+t_2\boldsymbol{\beta}_2+\cdots+t_n\boldsymbol{\beta}_n=\boldsymbol{0}$,两边左乘$\boldsymbol{A}$得

$$t_1\boldsymbol{A\beta}_1+t_2\boldsymbol{A\beta}_2+\cdots+t_n\boldsymbol{A\beta}_n=\boldsymbol{0},$$

即

$$t_1\boldsymbol{e}_1+t_2\boldsymbol{e}_2+\cdots+t_n\boldsymbol{e}_n=\boldsymbol{0},$$

由$\boldsymbol{e}_1,\boldsymbol{e}_2,\cdots,\boldsymbol{e}_n$之线性无关性知

$$t_1=t_2=\cdots=t_n=0\text{ 必成立},$$

所以$\boldsymbol{\beta}_1,\boldsymbol{\beta}_2,\cdots,\boldsymbol{\beta}_n$线性无关.

证法二 由$\boldsymbol{AB}=\boldsymbol{E}$,得$r(\boldsymbol{AB})=n$,而$r(\boldsymbol{AB})\leqslant r(\boldsymbol{B})$,所以$r(\boldsymbol{B})\geqslant n$. 又$\boldsymbol{B}$是$m\times n$矩阵,所以$r(\boldsymbol{B})\leqslant n$,故$r(\boldsymbol{B})=n$,即$\boldsymbol{B}$列满秩. 所以$\boldsymbol{B}$的列向量组线性无关.

【例 23】 设$\boldsymbol{A}$为n阶方阵,$\boldsymbol{A}^n=\boldsymbol{O}$,但$\boldsymbol{A}^{n-1}\neq\boldsymbol{O}$,且$\boldsymbol{\eta}$为$n$维列向量,有$\boldsymbol{A}^{n-1}\boldsymbol{\eta}\neq\boldsymbol{0}$,试证:$\boldsymbol{A\eta},\boldsymbol{A}^2\boldsymbol{\eta},\cdots,\boldsymbol{A}^{n-1}\boldsymbol{\eta}$为方程组$\boldsymbol{A}^{n-1}\boldsymbol{x}=\boldsymbol{0}$的一个基础解系.

分析 证明一向量组为$\boldsymbol{Ax}=\boldsymbol{0}$的基础解系,须证明三点:① 是解;② 线性无关;③ 个数为$n-r(\boldsymbol{A})$.

证 (1) 由$\boldsymbol{A}^{n-1}(\boldsymbol{A}^i\boldsymbol{\eta})=\boldsymbol{A}^{n+i-1}\boldsymbol{\eta}=\boldsymbol{0}$ $(i=1,2,\cdots,n-1)$,可知$\boldsymbol{A\eta},\boldsymbol{A}^2\boldsymbol{\eta},\cdots,\boldsymbol{A}^{n-1}\boldsymbol{\eta}$是方程组$\boldsymbol{A}^{n-1}\boldsymbol{x}=\boldsymbol{0}$的解.

(2) 设

$$t_1\boldsymbol{A\eta}+t_2\boldsymbol{A}^2\boldsymbol{\eta}+\cdots+t_{n-1}\boldsymbol{A}^{n-1}\boldsymbol{\eta}=\boldsymbol{0}, \qquad (*)$$

两边左乘$\boldsymbol{A}^{n-2}$得$t_1\boldsymbol{A}^{n-1}\boldsymbol{\eta}=\boldsymbol{0}$,由$\boldsymbol{A}^{n-1}\boldsymbol{\eta}\neq\boldsymbol{0}$,得$t_1=0$,则($*$)为

$$t_2\boldsymbol{A}^2\boldsymbol{\eta}+\cdots+t_{n-1}\boldsymbol{A}^{n-1}\boldsymbol{\eta}=\boldsymbol{0},$$

两边左乘$\boldsymbol{A}^{n-3}$得$t_2\boldsymbol{A}^{n-1}\boldsymbol{\eta}=\boldsymbol{0}$,故$t_2=0$,如此继续可得

$$t_1=t_2=t_3=\cdots=t_{n-1}=0,$$

所以$\boldsymbol{A\eta},\boldsymbol{A}^2\boldsymbol{\eta},\cdots,\boldsymbol{A}^{n-1}\boldsymbol{\eta}$线性无关.

(3) 欲证$n-r(\boldsymbol{A}^{n-1})=n-1$,即$r(\boldsymbol{A}^{n-1})=1$.

因为 $\boldsymbol{A}^{n-1}\neq\boldsymbol{O}$,所以$r(\boldsymbol{A}^{n-1})\geqslant 1$.

又由$\boldsymbol{A\eta},\boldsymbol{A}^2\boldsymbol{\eta},\cdots,\boldsymbol{A}^{n-1}\boldsymbol{\eta}$是$\boldsymbol{A}^{n-1}\boldsymbol{x}=\boldsymbol{0}$的线性无关解,可知其个数不会超过基础解系所含向量个数,即

$$n-1\leqslant n-r(\boldsymbol{A}^{n-1}),\ r(\boldsymbol{A}^{n-1})\leqslant 1,$$

故$r(\boldsymbol{A}^{n-1})=1$.

综合(1)(2)(3)可得$\boldsymbol{A\eta},\boldsymbol{A}^2\boldsymbol{\eta},\cdots,\boldsymbol{A}^{n-1}\boldsymbol{\eta}$是$\boldsymbol{A}^{n-1}\boldsymbol{x}=\boldsymbol{0}$的基础解系.

【例 24】 设$\boldsymbol{A}$为n阶方阵,试证$r(\boldsymbol{A}^n)=r(\boldsymbol{A}^{n+1})$.

证 分析:要证$r(\boldsymbol{A}^n)=r(\boldsymbol{A}^{n+1})$,只需证$\boldsymbol{A}^n\boldsymbol{x}=\boldsymbol{0}$与$\boldsymbol{A}^{n+1}\boldsymbol{x}=\boldsymbol{0}$同解.

因为$\boldsymbol{A}^n\boldsymbol{x}=\boldsymbol{0}$,左乘$\boldsymbol{A}$得$\boldsymbol{A}^{n+1}\boldsymbol{x}=\boldsymbol{0}$,即$\boldsymbol{A}^n\boldsymbol{x}=\boldsymbol{0}$的解为$\boldsymbol{A}^{n+1}\boldsymbol{x}=\boldsymbol{0}$的解.

反之,当$\boldsymbol{A}^{n+1}\boldsymbol{x}=\boldsymbol{0}$时,若$\boldsymbol{A}^n\boldsymbol{x}\neq\boldsymbol{0}$,这时,设

$$k_0\boldsymbol{x}+k_1\boldsymbol{Ax}+\cdots+k_n\boldsymbol{A}^n\boldsymbol{x}=\boldsymbol{0},$$

两边左乘$\boldsymbol{A}^n$,可得

$$k_0\boldsymbol{A}^n\boldsymbol{x}+k_1\boldsymbol{A}^{n+1}\boldsymbol{x}+\cdots+k_n\boldsymbol{A}^{2n}\boldsymbol{x}=\boldsymbol{0},$$

即$k_0\boldsymbol{A}^n x=\boldsymbol{0}$,而$\boldsymbol{A}^n\boldsymbol{x}\neq\boldsymbol{0}$,故$k_0=0$,依次类推,可得$k_1=k_2=\cdots=k_n=0$. 说明$\boldsymbol{x},\boldsymbol{Ax},\boldsymbol{A}^2\boldsymbol{x},\cdots,$

$\boldsymbol{A}^n\boldsymbol{x}$ 线性无关，与 $n+1$ 个 n 维向量必线性相关矛盾，故 $\boldsymbol{A}^n\boldsymbol{x}=\boldsymbol{0}$，说明 $\boldsymbol{A}^{n+1}\boldsymbol{x}=\boldsymbol{0}$ 的解必是 $\boldsymbol{A}^n\boldsymbol{x}=\boldsymbol{0}$ 的解. 由 $\boldsymbol{A}^n\boldsymbol{x}=\boldsymbol{0}$ 与 $\boldsymbol{A}^{n+1}\boldsymbol{x}=\boldsymbol{0}$ 同解，知

$$\dim\boldsymbol{N}(\boldsymbol{A}^n)=\operatorname{din}\boldsymbol{N}(\boldsymbol{A}^{n+1}),$$

这时 $n-r(\boldsymbol{A}^n)=n-r(\boldsymbol{A}^{n+1})$，即 $r(\boldsymbol{A}^n)=r(\boldsymbol{A}^{n+1})$.

【例 25】 已知四元非齐次线性方程组 $\boldsymbol{Ax}=\boldsymbol{b}$ 的系数矩阵的秩为 2，且 $\boldsymbol{\alpha}_1,\boldsymbol{\alpha}_2,\boldsymbol{\alpha}_3,\boldsymbol{\alpha}_4$ 为非齐次线性方程组的解，其中 $\boldsymbol{\alpha}_1=(1,2,1,0)^{\mathrm{T}}$，$\boldsymbol{\alpha}_2=(2,3,-1,1)^{\mathrm{T}}$，$\boldsymbol{\alpha}_3+\boldsymbol{\alpha}_4=(3,4,2,2)^{\mathrm{T}}$，求 $\boldsymbol{Ax}=\boldsymbol{b}$ 的通解.

解　因为 $r(\boldsymbol{A})=2$，$n=4$，故 $n-r(\boldsymbol{A})=2$，显然

$$\boldsymbol{\alpha}_1-\boldsymbol{\alpha}_2=(-1,-1,2,-1)^{\mathrm{T}},\ \boldsymbol{\alpha}_3+\boldsymbol{\alpha}_4-2\boldsymbol{\alpha}_1=(1,0,0,2)^{\mathrm{T}}$$

为对应齐次线性方程组的基础解系，故齐次线性方程组的通解为

$$\boldsymbol{x}=\begin{pmatrix}-1\\-1\\2\\-1\end{pmatrix}t_1+\begin{pmatrix}1\\0\\0\\2\end{pmatrix}t_2\quad(t_1,t_2\in\mathbf{R}),$$

非齐次线性方程组的通解为

$$\boldsymbol{x}=\begin{pmatrix}-1\\-1\\2\\-1\end{pmatrix}t_1+\begin{pmatrix}1\\0\\0\\2\end{pmatrix}t_2+\begin{pmatrix}1\\2\\1\\0\end{pmatrix}\quad(t_1,t_2\in\mathbf{R}).$$

【例 26】 设线性方程组

$$\begin{cases}x_1+a_1x_2+a_1^2x_3=a_1^3\\x_1+a_2x_2+a_2^2x_3=a_2^3\\x_1+a_3x_2+a_3^2x_3=a_3^3\\x_1+a_4x_2+a_4^2x_3=a_4^3\end{cases},$$

(1) 证明：当 a_1,a_2,a_3,a_4 两两不等时，线性方程组无解；

(2) 设 $a_1=a_3=k$，$a_2=a_4=-k(k\neq0)$，且已知 $\boldsymbol{\beta}_1,\boldsymbol{\beta}_2$ 是该方程组的两个解，其中 $\boldsymbol{\beta}_1=(-1,1,1)^{\mathrm{T}}$，$\boldsymbol{\beta}_2=(1,1,-1)^{\mathrm{T}}$，试写出该方程组的通解.

(1) **证**　增广矩阵是一个方阵，其行列式 $|(\boldsymbol{A}\,\vdots\,\boldsymbol{b})|$ 为范德蒙行列式，由 a_1,a_2,a_3,a_4 两两不等，知

$$|(\boldsymbol{A}\,\vdots\,\boldsymbol{b})|=(a_2-a_1)(a_3-a_1)(a_3-a_2)(a_4-a_1)(a_4-a_2)(a_4-a_3)\neq0,$$

这时，$r(\boldsymbol{A}\,\vdots\,\boldsymbol{b})=4\neq r(\boldsymbol{A})=3$，故方程组无解.

(2) **解**　当 $a_1=a_3=k$，$a_2=a_4=-k$ 时，代入得方程组

$$\begin{cases}x_1+kx_2+k^2x_3=k^3\\x_1-kx_2+k^2x_3=-k^3\end{cases},$$

其系数矩阵的秩

$$r\begin{pmatrix}1&k&k^2\\1&-k&k^2\end{pmatrix}=2,$$

而 $n=3$，$n-r(\boldsymbol{A})=1$，易知 $\boldsymbol{\beta}_1-\boldsymbol{\beta}_2$ 为 $\boldsymbol{Ax}=\boldsymbol{0}$ 的基础解系，则 $\boldsymbol{Ax}=\boldsymbol{b}$ 的通解为

$$\boldsymbol{x}=(\boldsymbol{\beta}_1-\boldsymbol{\beta}_2)t+\boldsymbol{\beta}_1=\begin{pmatrix}-2\\0\\2\end{pmatrix}t+\begin{pmatrix}-1\\1\\1\end{pmatrix}\quad(t\in\mathbf{R}).$$

【例 27】 设 n 维向量组 $\boldsymbol{\alpha}_1,\boldsymbol{\alpha}_2,\cdots,\boldsymbol{\alpha}_{n-1}$ 线性无关,$\boldsymbol{\beta}_1,\boldsymbol{\beta}_2$ 与 $\boldsymbol{\alpha}_1,\boldsymbol{\alpha}_2,\cdots,\boldsymbol{\alpha}_{n-1}$ 正交,证明 $\boldsymbol{\beta}_1,\boldsymbol{\beta}_2$ 线性相关.

证 因为 $n+1$ 个 n 维向量 $\boldsymbol{\alpha}_1,\boldsymbol{\alpha}_2,\cdots,\boldsymbol{\alpha}_{n-1},\boldsymbol{\beta}_1,\boldsymbol{\beta}_2$ 必线性相关,故存在 $n+1$ 个不全为零的数 $t_1,t_2,\cdots,t_{n-1},k_1,k_2$,使

$$t_1\boldsymbol{\alpha}_1+\cdots+t_{n-1}\boldsymbol{\alpha}_{n-1}+k_1\boldsymbol{\beta}_1+k_2\boldsymbol{\beta}_2=\mathbf{0}\qquad(*)$$

又由 $\boldsymbol{\alpha}_1,\boldsymbol{\alpha}_2,\cdots,\boldsymbol{\alpha}_{n-1}$ 线性无关可得 k_1,k_2 必不全为零,(*)两边分别与 $\boldsymbol{\beta}_1,\boldsymbol{\beta}_2$ 作内积,由正交条件,得

$$\begin{cases}\boldsymbol{\beta}_1^{\mathrm{T}}(k_1\boldsymbol{\beta}_1+k_2\boldsymbol{\beta}_2)=0 & ①\\ \boldsymbol{\beta}_2^{\mathrm{T}}(k_1\boldsymbol{\beta}_1+k_2\boldsymbol{\beta}_2)=0 & ②\end{cases},$$

①$\times k_1+$②$\times k_2$,得

$$(k_1\boldsymbol{\beta}_1^{\mathrm{T}}+k_2\boldsymbol{\beta}_2^{\mathrm{T}})(k_1\boldsymbol{\beta}_1+k_2\boldsymbol{\beta}_2)=0,$$

即

$$(k_1\boldsymbol{\beta}_1+k_2\boldsymbol{\beta}_2)^{\mathrm{T}}(k_1\boldsymbol{\beta}_1+k_2\boldsymbol{\beta}_2)=0,$$

所以有

$$k_1\boldsymbol{\beta}_1+k_2\boldsymbol{\beta}_2=\mathbf{0},$$

又由 k_1,k_2 不全为零知 $\boldsymbol{\beta}_1,\boldsymbol{\beta}_2$ 线性相关.

【例 28】 已知 $n(\geqslant 4)$ 维向量组(Ⅰ)$\boldsymbol{\alpha}_1,\boldsymbol{\alpha}_2$ 线性无关;(Ⅱ)$\boldsymbol{\beta}_1,\boldsymbol{\beta}_2$ 线性无关,$\boldsymbol{\alpha}_1,\boldsymbol{\alpha}_2$ 都与 $\boldsymbol{\beta}_1,\boldsymbol{\beta}_2$ 正交,证明 $\boldsymbol{\alpha}_1,\boldsymbol{\alpha}_2,\boldsymbol{\beta}_1,\boldsymbol{\beta}_2$ 线性无关.

证 考查

$$k_1\boldsymbol{\alpha}_1+k_2\boldsymbol{\alpha}_2+\lambda_1\boldsymbol{\beta}_1+\lambda_2\boldsymbol{\beta}_2=\mathbf{0},$$

等式两边分别对 $\boldsymbol{\alpha}_1,\boldsymbol{\alpha}_2$ 作内积,由于 $\langle\boldsymbol{\alpha}_1,\boldsymbol{\beta}_1\rangle=0,\langle\boldsymbol{\alpha}_1,\boldsymbol{\beta}_2\rangle=0,\langle\boldsymbol{\alpha}_2,\boldsymbol{\beta}_1\rangle=0,\langle\boldsymbol{\alpha}_2,\boldsymbol{\beta}_2\rangle=0$,故得齐次方程组

$$\begin{cases}\langle\boldsymbol{\alpha}_1,\boldsymbol{\alpha}_1\rangle k_1+\langle\boldsymbol{\alpha}_1,\boldsymbol{\alpha}_2\rangle k_2=0\\ \langle\boldsymbol{\alpha}_2,\boldsymbol{\alpha}_1\rangle k_1+\langle\boldsymbol{\alpha}_2,\boldsymbol{\alpha}_2\rangle k_2=0\end{cases},$$

由于方程组的系数行列式

$$\begin{aligned}D&=\begin{vmatrix}\langle\boldsymbol{\alpha}_1,\boldsymbol{\alpha}_1\rangle & \langle\boldsymbol{\alpha}_1,\boldsymbol{\alpha}_2\rangle\\ \langle\boldsymbol{\alpha}_2,\boldsymbol{\alpha}_1\rangle & \langle\boldsymbol{\alpha}_2,\boldsymbol{\alpha}_2\rangle\end{vmatrix}=\langle\boldsymbol{\alpha}_1,\boldsymbol{\alpha}_1\rangle\langle\boldsymbol{\alpha}_2,\boldsymbol{\alpha}_2\rangle-\langle\boldsymbol{\alpha}_1,\boldsymbol{\alpha}_2\rangle^2\\&=|\boldsymbol{\alpha}_1|^2|\boldsymbol{\alpha}_2|^2-\langle\boldsymbol{\alpha}_1,\boldsymbol{\alpha}_2\rangle^2,\end{aligned}$$

根据柯西-许瓦兹不等式,当 $\boldsymbol{\alpha}_1,\boldsymbol{\alpha}_2$ 线性无关时,有

$$|\langle\boldsymbol{\alpha}_1,\boldsymbol{\alpha}_2\rangle|<|\boldsymbol{\alpha}_1||\boldsymbol{\alpha}_2|,\text{即}\langle\boldsymbol{\alpha}_1,\boldsymbol{\alpha}_2\rangle^2<|\boldsymbol{\alpha}_1|^2|\boldsymbol{\alpha}_2|^2,$$

故 $D>0$,方程组仅有零解,即 $k_1=k_2=0$,代入原式,得

$$\lambda_1\boldsymbol{\beta}_1+\lambda_2\boldsymbol{\beta}_2=\mathbf{0};$$

因 $\boldsymbol{\beta}_1,\boldsymbol{\beta}_2$ 线性无关,故 $\lambda_1=\lambda_2=0$,从而得证 $\boldsymbol{\alpha}_1,\boldsymbol{\alpha}_2,\boldsymbol{\beta}_1,\boldsymbol{\beta}_2$ 线性无关.

注 柯西-许瓦兹不等式

$$|\langle\boldsymbol{\alpha},\boldsymbol{\beta}\rangle|\leqslant|\boldsymbol{\alpha}||\boldsymbol{\beta}|$$

等式成立当且仅当 $\boldsymbol{\alpha},\boldsymbol{\beta}$ 线性相关.

2.4　练习题全解

练习 2.1

1. 用克拉默法则解下列线性方程组：

(1) $\begin{cases} bx-ay+2ab=0 \\ -2cy+3bz-bc=0 \\ cx+az=0 \end{cases}$ （其中 $abc\neq 0$）；

(2) $\begin{cases} ax_1+ax_2+bx_3=1 \\ ax_1+bx_2+ax_3=1 \\ bx_1+ax_2+ax_3=1 \end{cases}$ $\left(\text{其中 } a\neq b \text{ 且 } a\neq -\dfrac{b}{2}\right)$；

(3) $\begin{cases} x_1-2x_2+3x_3-4x_4=4 \\ x_2-x_3+x_4=-3 \\ x_1+3x_2+x_4=1 \\ -7x_2+3x_3+x_4=-3 \end{cases}$.

解　(1) 原方程组化为

$$\begin{cases} bx-ay=-2ab \\ -2cy+3bz=bc \\ cx+az=0 \end{cases},$$

方程组的系数行列式为

$$D=\begin{vmatrix} b & -a & 0 \\ 0 & -2c & 3b \\ c & 0 & a \end{vmatrix}=-5abc\neq 0$$，故方程组有唯一解. 又

$$D_1=\begin{vmatrix} -2ab & -a & 0 \\ bc & -2c & 3b \\ 0 & 0 & a \end{vmatrix}=5a^2bc, D_2=\begin{vmatrix} b & -2ab & 0 \\ 0 & bc & 3b \\ c & 0 & a \end{vmatrix}=-5ab^2c,$$

$$D_3=\begin{vmatrix} b & -a & -2ab \\ 0 & -2c & bc \\ c & 0 & 0 \end{vmatrix}=-5abc^2,$$

所以方程组的解：$x_1=\dfrac{D_1}{D}=-a, x_2=\dfrac{D_2}{D}=b, x_3=\dfrac{D_3}{D}=c$.

(2) 方程组的系数行列式为

$$D=\begin{vmatrix} a & a & b \\ a & b & a \\ b & a & a \end{vmatrix}=-(2a+b)(a-b)^2\neq 0$$，故方程组有唯一解. 又

$$D_1=\begin{vmatrix} 1 & a & b \\ 1 & b & a \\ 1 & a & a \end{vmatrix}=-(a-b)^2, D_2=\begin{vmatrix} a & 1 & b \\ a & 1 & a \\ b & 1 & a \end{vmatrix}=-(a-b)^2,$$

$$D_3=\begin{vmatrix} a & a & 1 \\ a & b & 1 \\ b & a & 1 \end{vmatrix}=-(a-b)^2,$$

所以 $x_1=x_2=x_3=\dfrac{1}{(2a+b)}$.

(3) 方法同上,$D=16$,$D_1=-128$,$D_2=48$,$D_3=96$,$D_4=0$,得一组解 $x_1=-8$,$x_2=3$,$x_3=6$,$x_4=0$.

2. k 取何值时,下列齐次线性方程组仅有零解?

(1) $\begin{cases} 3x+2y-z=0 \\ kx+7y-2z=0 \\ 2x-y+3z=0 \end{cases}$;　　(2) $\begin{cases} kx+y+z=0 \\ x+ky-z=0 \\ 2x-y+z=0 \end{cases}$.

解 (1) 方程组的系数行列式 $|\boldsymbol{A}|=\begin{vmatrix} 3 & 2 & -1 \\ k & 7 & -2 \\ 2 & -1 & 3 \end{vmatrix}=63-5k$,

当 $k\neq\dfrac{63}{5}$ 时,$|\boldsymbol{A}|\neq 0$,方程组仅有零解.

(2) 方程组的系数行列式 $|\boldsymbol{A}|=\begin{vmatrix} k & 1 & 1 \\ 1 & k & -1 \\ 2 & -1 & 1 \end{vmatrix}=(k+1)(k-4)$,

当 $k\neq -1$ 且 $k\neq 4$ 时,$|\boldsymbol{A}|\neq 0$,方程组仅有零解.

3. 用消元法解下列方程组:

(1) $\begin{cases} x_1-x_2+2x_3=1 \\ x_1-2x_2-x_3=2 \\ 3x_1-x_2+5x_3=3 \\ -x_1+2x_3=-2 \end{cases}$;

(2) $\begin{cases} x_1-2x_2+3x_3-x_4+2x_5=2 \\ 3x_1-x_2+5x_3-3x_4+x_5=6 \\ 2x_1+x_2+2x_3-2x_4-x_5=8 \end{cases}$;

(3) $\begin{cases} x_1+2x_2+3x_3=4 \\ 3x_1+5x_2+7x_3=9 \\ 2x_1+3x_2+4x_3=5 \end{cases}$.

解 (1) 对方程组的增广矩阵做行初等变换

$$\overline{\boldsymbol{A}}=\left(\begin{array}{ccc:c} 1 & -1 & 2 & 1 \\ 1 & -2 & -1 & 2 \\ 3 & -1 & 5 & 3 \\ -1 & 0 & 2 & -2 \end{array}\right)\to\left(\begin{array}{ccc:c} 1 & -1 & 2 & 1 \\ 0 & -1 & -3 & 1 \\ 0 & 2 & -1 & 0 \\ 0 & -1 & 4 & -1 \end{array}\right)$$

$$\to\left(\begin{array}{ccc:c} 1 & -1 & 2 & 1 \\ 0 & -1 & -3 & 1 \\ 0 & 0 & -7 & 2 \\ 0 & 0 & 7 & -2 \end{array}\right)\to\left(\begin{array}{ccc:c} 1 & -1 & 2 & 1 \\ 0 & -1 & -3 & 1 \\ 0 & 0 & -7 & 2 \\ 0 & 0 & 0 & 0 \end{array}\right),$$

因为 $r(\overline{\mathbf{A}})=r(\mathbf{A})=3$,故方程组有唯一解. 对上面最后一个矩阵继续做行初等变换,得

$$\overline{\mathbf{A}}\rightarrow\left(\begin{array}{ccc:c}1&-1&0&\frac{11}{7}\\0&1&0&-\frac{1}{7}\\0&0&1&-\frac{2}{7}\\0&0&0&0\end{array}\right)\rightarrow\left(\begin{array}{ccc:c}1&0&0&\frac{10}{7}\\0&1&0&-\frac{1}{7}\\0&0&1&-\frac{2}{7}\\0&0&0&0\end{array}\right),$$

故原方程组的解为:$x_1=\frac{10}{7},x_2=-\frac{1}{7},x_3=-\frac{2}{7}$.

(2) 对方程组的增广矩阵做行初等变换

$$\overline{\mathbf{A}}=\left(\begin{array}{ccccc:c}1&-2&3&-1&2&2\\3&-1&5&-3&1&6\\2&1&2&-2&-1&8\end{array}\right)\rightarrow\left(\begin{array}{ccccc:c}1&-2&3&-1&2&2\\0&5&-4&0&-5&0\\0&5&-4&0&-5&4\end{array}\right)$$

$$\rightarrow\left(\begin{array}{ccccc:c}1&-2&3&-1&2&2\\0&5&-4&0&-5&0\\0&0&0&0&0&4\end{array}\right),$$

显然 $r(\mathbf{A})=2\neq3=r(\overline{\mathbf{A}})$,所以方程组无解.

(3) 对方程组的增广矩阵做行初等变换

$$\overline{\mathbf{A}}=\left(\begin{array}{ccc:c}1&2&3&4\\3&5&7&9\\2&3&4&5\end{array}\right)\rightarrow\left(\begin{array}{ccc:c}1&2&3&4\\0&-1&-2&-3\\0&-1&-2&-3\end{array}\right)\rightarrow\left(\begin{array}{ccc:c}1&0&-1&-2\\0&1&2&3\\0&0&0&0\end{array}\right),$$

得原方程组的同解方程组

$$\begin{cases}x_1=x_3-2\\x_2=-2x_3+3\end{cases},$$

令 $x_3=c$,得解

$$\begin{cases}x_1=c-2\\x_2=-2c+3\\x_3=c\end{cases}\quad(c\text{ 为任意常数}).$$

4. 当 k 为何值时,下面的齐次线性方程组有非零解?并求出此非零解.

$$\begin{cases}2x_1-x_2+3x_3=0\\3x_1-4x_2+7x_3=0\\-x_1+2x_2+kx_3=0\end{cases}$$

解 对方程组的系数矩阵做行初等变换

$$\mathbf{A}=\begin{pmatrix}2&-1&3\\3&-4&7\\-1&2&k\end{pmatrix}\rightarrow\begin{pmatrix}0&3&2k+3\\0&2&3k+7\\-1&2&k\end{pmatrix}\rightarrow\begin{pmatrix}1&-2&-k\\0&2&3k+7\\0&3&2k+3\end{pmatrix}\rightarrow\begin{pmatrix}1&-2&-k\\0&1&\frac{(3k+7)}{2}\\0&0&-\frac{(5k+15)}{2}\end{pmatrix},$$

当 $k=-3$ 时,$\det\mathbf{A}=0$,方程组有非零解. 此时

$$\overline{\mathbf{A}}\rightarrow\left(\begin{array}{ccc:c}1&-2&3&0\\0&1&-1&0\\0&0&0&0\end{array}\right)\rightarrow\left(\begin{array}{ccc:c}1&0&1&0\\0&1&-1&0\\0&0&0&0\end{array}\right)$$，故非零解为$\begin{cases}x_1=-c\\x_2=c\\x_3=c\end{cases}$ （c 为非零常数）.

5. 当 k 为何值时，下列线性方程组无解？有解？有解时，求出方程组的解.

$$\begin{cases}x_1+2x_2+kx_3=1\\2x_1+kx_2+8x_3=3\end{cases}$$

解 对方程组的增广矩阵做行初等变换

$$\overline{\mathbf{A}}=\left(\begin{array}{ccc:c}1&2&k&1\\2&k&8&3\end{array}\right)\rightarrow\left(\begin{array}{ccc:c}1&2&k&1\\0&k-4&8-2k&1\end{array}\right),$$

当 $k=4$ 时，$r(\mathbf{A})=1\neq r(\overline{\mathbf{A}})=2$，无解；

当 $k\neq4$ 时，方程组有解. 令 x_3 为自由未知量，取 $x_3=c$，得

$$\begin{cases}x_1=-(k+4)c+\dfrac{k-6}{k-4}\\x_2=2c+\dfrac{1}{k-4}\\x_3=c\end{cases}\quad（c\text{ 为任意常数}）.$$

6. 当 a 为何值时，下列线性方程组无解？有唯一解？有无穷多个解？有解时，求出方程组的解.

$$\begin{cases}x_1+x_2-x_3=1\\2x_1+3x_2+ax_3=3\\x_1+ax_2+3x_3=2\end{cases}$$

解 对方程组的增广矩阵做行初等变换：

$$\overline{\mathbf{A}}=\left(\begin{array}{ccc:c}1&1&-1&1\\2&3&a&3\\1&a&3&2\end{array}\right)\rightarrow\left(\begin{array}{ccc:c}1&1&-1&1\\0&1&a+2&1\\0&a-1&4&1\end{array}\right)\rightarrow\left(\begin{array}{ccc:c}1&1&-1&1\\0&1&a+2&1\\0&0&-(a+3)(a-2)&2-a\end{array}\right),$$

(1) 当 $a=-3$ 时，$r(\mathbf{A})=2<r(\overline{\mathbf{A}})=3$，方程组无解；

(2) 当 $a\neq-3$ 且 $a\neq2$ 时，$r(\mathbf{A})=r(\overline{\mathbf{A}})=3$，方程组有唯一解. 此时

$$\overline{\mathbf{A}}\rightarrow\left(\begin{array}{ccc:c}1&1&-1&1\\0&1&a+2&1\\0&0&(a+3)(a-2)&a-2\end{array}\right)\rightarrow\left(\begin{array}{ccc:c}1&0&-a-3&0\\0&1&a+2&1\\0&0&a+3&1\end{array}\right)\rightarrow\left(\begin{array}{ccc:c}1&0&0&1\\0&1&0&\dfrac{1}{a+3}\\0&0&1&\dfrac{1}{a+3}\end{array}\right)$$

其解为$\begin{cases}x_1=1\\x_2=\dfrac{1}{a+3}\\x_3=\dfrac{1}{a+3}\end{cases}$；

(3) 当 $a=2$ 时，$r(\mathbf{A})=r(\overline{\mathbf{A}})=2<3$，方程组有无穷多解.

此时，$\overline{A}\to\left(\begin{array}{ccc:c}1&1&-1&1\\0&1&4&1\\0&0&0&0\end{array}\right)\to\left(\begin{array}{ccc:c}1&0&-5&0\\0&1&4&1\\0&0&0&0\end{array}\right)$，

得原方程组的同解方程组

$$\begin{cases}x_1=5x_3\\x_2=1-4x_3\end{cases},$$

令 $x_3=c$，得

$$\begin{cases}x_1=5c\\x_2=1-4c\\x_3=c\end{cases}\quad (c\text{ 为任意常数}).$$

练习 2.2

1. 判定下列各组中的向量 $\boldsymbol{\beta}$ 是否可以表示为其余向量的线性组合，若可以，试求出其表示式：

(1) $\boldsymbol{\beta}=(4,5,6)^{\mathrm{T}},\boldsymbol{\alpha}_1=(3,-3,2)^{\mathrm{T}},\boldsymbol{\alpha}_2=(-2,1,2)^{\mathrm{T}},\boldsymbol{\alpha}_3=(1,2,-1)^{\mathrm{T}}$；

(2) $\boldsymbol{\beta}=(-1,1,3,1)^{\mathrm{T}},\boldsymbol{\alpha}_1=(1,2,1,1)^{\mathrm{T}},\boldsymbol{\alpha}_2=(1,1,1,2)^{\mathrm{T}},\boldsymbol{\alpha}_3=(-3,-2,1,-3)^{\mathrm{T}}$；

(3) $\boldsymbol{\beta}=\left(1,0,-\frac{1}{2}\right)^{\mathrm{T}},\boldsymbol{\alpha}_1=(1,1,1)^{\mathrm{T}},\boldsymbol{\alpha}_2=(1,-1,-2)^{\mathrm{T}},\boldsymbol{\alpha}_3=(-1,1,2)^{\mathrm{T}}$.

解　(1) $\boldsymbol{\beta}$ 是否可表示为 $\boldsymbol{\alpha}_1,\boldsymbol{\alpha}_2,\boldsymbol{\alpha}_3$ 的线性组合，取决于能否找到一组实数 k_1,k_2,k_3，使

$$\boldsymbol{\beta}=k_1\boldsymbol{\alpha}_1+k_2\boldsymbol{\alpha}_2+k_3\boldsymbol{\alpha}_3$$

成立，即线性方程组

$$\begin{cases}3k_1-2k_2+k_3=4\\-3k_1+k_2+2k_3=5\\2k_1+2k_2-k_3=6\end{cases}$$

是否有解. 由

$$\overline{A}=\left(\begin{array}{ccc:c}3&-2&1&4\\-3&1&2&5\\2&2&-1&6\end{array}\right)\to\left(\begin{array}{ccc:c}1&-4&2&-2\\0&-1&3&9\\0&10&-5&10\end{array}\right)\to$$

$$\left(\begin{array}{ccc:c}1&-4&2&-2\\0&-1&3&9\\0&0&1&4\end{array}\right)\to\left(\begin{array}{ccc:c}1&0&0&2\\0&1&0&3\\0&0&1&4\end{array}\right),$$

得唯一解，$k_1=2,k_2=3,k_3=4$，即 $\boldsymbol{\beta}=2\boldsymbol{\alpha}_1+3\boldsymbol{\alpha}_2+4\boldsymbol{\alpha}_3$.

(2) 向量 $\boldsymbol{\beta}$ 能否表示成向量组 $\boldsymbol{\alpha}_1,\boldsymbol{\alpha}_2,\boldsymbol{\alpha}_3$ 的线性组合取决于三元线性方程组

$$x_1\boldsymbol{\alpha}_1+x_2\boldsymbol{\alpha}_2+x_3\boldsymbol{\alpha}_3=\boldsymbol{\beta}$$

是否有解.

对该方程组的增广矩阵 $\overline{A}$ 做行初等变换

$$\overline{A}=\left(\begin{array}{ccc:c}1&1&-3&-1\\2&1&-2&1\\1&1&1&3\\1&2&-3&1\end{array}\right)\to\left(\begin{array}{ccc:c}1&1&-3&-1\\0&-1&4&3\\0&0&4&4\\0&1&0&2\end{array}\right)\to\left(\begin{array}{ccc:c}1&1&-3&-1\\0&1&-4&-3\\0&0&1&1\\0&0&4&5\end{array}\right)\to\left(\begin{array}{ccc:c}1&1&-3&-1\\0&1&-4&-3\\0&0&1&1\\0&0&0&1\end{array}\right),$$

可见 $r(\mathbf{A})=3, r(\overline{\mathbf{A}})=4$,从而 $r(\mathbf{A})\neq r(\overline{\mathbf{A}})$,因此该线性方程组无解,所以 $\boldsymbol{\beta}$ 不能表示成向量 $\boldsymbol{\alpha}_1,\boldsymbol{\alpha}_2,\boldsymbol{\alpha}_3$ 的线性组合.

(3) 设有方程组

$$k_1\boldsymbol{\alpha}_1+k_2\boldsymbol{\alpha}_2+k_3\boldsymbol{\alpha}_3=\boldsymbol{\beta}(k_1,k_2,k_3\text{ 不全为零}),$$

则其增广矩阵

$$\overline{\mathbf{A}}=(\boldsymbol{\alpha}_1,\boldsymbol{\alpha}_2,\boldsymbol{\alpha}_3 \vdots \boldsymbol{\beta})=\left(\begin{array}{ccc:c}1&1&-1&1\\1&-1&1&0\\1&-2&2&-\frac{1}{2}\end{array}\right)\to\left(\begin{array}{ccc:c}1&1&-1&1\\0&-2&2&-1\\0&-3&3&-\frac{3}{2}\end{array}\right)\to$$

$$\left(\begin{array}{ccc:c}1&1&-1&1\\0&1&-1&\frac{1}{2}\\0&1&-1&\frac{1}{2}\end{array}\right)\to\left(\begin{array}{ccc:c}1&1&-1&1\\0&1&-1&\frac{1}{2}\\0&0&0&0\end{array}\right)\to\left(\begin{array}{ccc:c}1&0&0&\frac{1}{2}\\0&1&-1&\frac{1}{2}\\0&0&0&0\end{array}\right),$$

可见 $r(\mathbf{A})=r(\overline{\mathbf{A}})=2<3$,该方程组有无穷多个解. 因而向量 $\boldsymbol{\beta}$ 能表示成向量 $\boldsymbol{\alpha}_1,\boldsymbol{\alpha}_2,\boldsymbol{\alpha}_3$ 的线性组合,且表示式不唯一.

由于该方程组的解为

$$\begin{cases}x_1=\frac{1}{2}\\x_2=\frac{1}{2}+c\\x_3=c\end{cases}\quad(c\text{ 为任意常数}),$$

取 $c=0$,得 $x_1=\frac{1}{2}, x_2=\frac{1}{2}, x_3=0$. 由此可得 $\boldsymbol{\beta}$ 的一个表示式

$$\boldsymbol{\beta}=\frac{1}{2}\boldsymbol{\alpha}_1+\frac{1}{2}\boldsymbol{\alpha}_2+0\boldsymbol{\alpha}_3.$$

2. 设 $\boldsymbol{\alpha}_1=(1+\lambda,1,1)^{\mathrm{T}},\boldsymbol{\alpha}_2=(1,1+\lambda,1)^{\mathrm{T}},\boldsymbol{\alpha}_3=(1,1,1+\lambda)^{\mathrm{T}},\boldsymbol{\beta}=(0,\lambda,\lambda^2)^{\mathrm{T}}$,问当 λ 为何值时,

(1) $\boldsymbol{\beta}$ 不能由 $\boldsymbol{\alpha}_1,\boldsymbol{\alpha}_2,\boldsymbol{\alpha}_3$ 线性表出?

(2) $\boldsymbol{\beta}$ 可由 $\boldsymbol{\alpha}_1,\boldsymbol{\alpha}_2,\boldsymbol{\alpha}_3$ 线性表出,并且表示法唯一?

(3) $\boldsymbol{\beta}$ 可由 $\boldsymbol{\alpha}_1,\boldsymbol{\alpha}_2,\boldsymbol{\alpha}_3$ 线性表出,并且表示法不唯一?

解 设 $\boldsymbol{\beta}=k_1\boldsymbol{\alpha}_1+k_2\boldsymbol{\alpha}_2+k_3\boldsymbol{\alpha}_3$,得

$$\begin{cases}(1+\lambda)k_1+k_2+k_3=0\\k_1+(1+\lambda)k_2+k_3=\lambda\\k_1+k_2+(1+\lambda)k_3=\lambda^2\end{cases},$$

对增广矩阵做初等行变换

$$\overline{\mathbf{A}}=\left(\begin{array}{ccc:c}1+\lambda&1&1&0\\1&1+\lambda&1&\lambda\\1&1&1+\lambda&\lambda^2\end{array}\right)\to\left(\begin{array}{ccc:c}1&1+\lambda&1&\lambda\\0&-\lambda&\lambda&\lambda^2-\lambda\\0&0&-\lambda(\lambda+3)&-\lambda(\lambda^2+2\lambda-1)\end{array}\right),$$

(1) 当 $\lambda=-3$ 时,$r(\mathbf{A})=2<r(\overline{\mathbf{A}})=3$,故方程组无解,即 $\boldsymbol{\beta}$ 不能由 $\boldsymbol{\alpha}_1,\boldsymbol{\alpha}_2,\boldsymbol{\alpha}_3$ 线性表出;

(2) 当 $\lambda\neq-3$ 且 $\lambda\neq0$ 时,$r(\mathbf{A})=r(\overline{\mathbf{A}})=3$,有唯一解,即 $\boldsymbol{\beta}$ 能由 $\boldsymbol{\alpha}_1,\boldsymbol{\alpha}_2,\boldsymbol{\alpha}_3$ 线性表出,且

表示法唯一；

(3) $\lambda=0$ 时，$r(\boldsymbol{A})=r(\overline{\boldsymbol{A}})=1<3$，有无穷多解，即 $\boldsymbol{\beta}$ 能由 $\boldsymbol{\alpha}_1,\boldsymbol{\alpha}_2,\boldsymbol{\alpha}_3$ 线性表出，但表示法不唯一.

3. 判定下列各向量组是线性相关，还是线性无关：

(1) $\boldsymbol{\alpha}_1=(3,2,0)^{\mathrm{T}},\boldsymbol{\alpha}_2=(-1,2,1)^{\mathrm{T}}$；

(2) $\boldsymbol{\alpha}_1=(1,1,-1,1)^{\mathrm{T}},\boldsymbol{\alpha}_2=(1,-1,2,-1)^{\mathrm{T}},\boldsymbol{\alpha}_3=(3,1,0,1)^{\mathrm{T}}$；

(3) $\boldsymbol{\alpha}_1=(2,1,3)^{\mathrm{T}},\boldsymbol{\alpha}_2=(-3,1,1)^{\mathrm{T}},\boldsymbol{\alpha}_3=(1,1,-2)^{\mathrm{T}}$.

解　(1) 因为 $\boldsymbol{\alpha}_1$ 与 $\boldsymbol{\alpha}_2$ 不成比例，所以向量组 $\boldsymbol{\alpha}_1,\boldsymbol{\alpha}_2$ 线性无关.

(2) 设有数 k_1,k_2,k_3，使得

$$k_1\boldsymbol{\alpha}_1+k_2\boldsymbol{\alpha}_2+k_3\boldsymbol{\alpha}_3=\boldsymbol{0},$$

由此得齐次线性方程组

$$\begin{cases}k_1+k_2+3k_3=0\\k_1-k_2+k_3=0\\-k_1+2k_2=0\\k_1-k_2+k_3=0\end{cases},$$

其系数矩阵 $\boldsymbol{A}=\begin{pmatrix}1&1&3\\1&-1&1\\-1&2&0\\1&-1&1\end{pmatrix}\to\begin{pmatrix}1&1&3\\0&-2&-2\\0&3&3\\0&-2&-2\end{pmatrix}\to\begin{pmatrix}1&1&3\\0&1&1\\0&0&0\\0&0&0\end{pmatrix}$,

因为 $r(\boldsymbol{A})=2<3$，故方程组有非零解，因此 $\boldsymbol{\alpha}_1,\boldsymbol{\alpha}_2,\boldsymbol{\alpha}_3$ 线性相关.

(3) 由于 $\boldsymbol{\alpha}_1,\boldsymbol{\alpha}_2,\boldsymbol{\alpha}_3$ 为 3 个三维向量，令 $\boldsymbol{A}=(\boldsymbol{\alpha}_1,\boldsymbol{\alpha}_2,\boldsymbol{\alpha}_3)$，由

$$\det\begin{pmatrix}2&-3&1\\1&1&1\\3&1&-2\end{pmatrix}=-23\neq0,$$

从而 $\boldsymbol{\alpha}_1,\boldsymbol{\alpha}_2,\boldsymbol{\alpha}_3$ 线性无关.

4. 设向量组 $\boldsymbol{\alpha}_1=(a,2,1)^{\mathrm{T}},\boldsymbol{\alpha}_2=(2,a,0)^{\mathrm{T}},\boldsymbol{\alpha}_3=(1,-1,1)^{\mathrm{T}}$，试确定 a 为何值时，向量组线性相关.

解　由于 $\boldsymbol{\alpha}_1,\boldsymbol{\alpha}_2,\boldsymbol{\alpha}_3$ 为 3 个三维向量，令 $\boldsymbol{A}=(\boldsymbol{\alpha}_1,\boldsymbol{\alpha}_2,\boldsymbol{\alpha}_3)$，则

$$\det\begin{pmatrix}a&2&1\\2&a&-1\\1&0&1\end{pmatrix}=(a-3)(a+2),$$

由此可知，当 $a=3$ 或 $a=-2$ 时，向量组 $\boldsymbol{\alpha}_1,\boldsymbol{\alpha}_2,\boldsymbol{\alpha}_3$ 线性相关.

5. 设 $\boldsymbol{\alpha}_1,\boldsymbol{\alpha}_2,\boldsymbol{\alpha}_3$ 为 $\mathbf{R}^3$ 中 3 个线性无关的向量，试判定下列各向量组是否线性无关，说明理由，并给出几何解释：

(1) $\boldsymbol{\beta}_1=\boldsymbol{\alpha}_1-\boldsymbol{\alpha}_2,\boldsymbol{\beta}_2=\boldsymbol{\alpha}_2-\boldsymbol{\alpha}_3,\boldsymbol{\beta}_3=\boldsymbol{\alpha}_3-\boldsymbol{\alpha}_1$；

(2) $\boldsymbol{\beta}_1=\frac{1}{2}\boldsymbol{\alpha}_1+\frac{1}{2}\boldsymbol{\alpha}_2,\boldsymbol{\beta}_2=\frac{1}{2}\boldsymbol{\alpha}_2+\frac{1}{2}\boldsymbol{\alpha}_3,\boldsymbol{\beta}_3=\frac{1}{2}\boldsymbol{\alpha}_3+\frac{1}{2}\boldsymbol{\alpha}_1$；

(3) $\boldsymbol{\beta}_1=\frac{1}{2}\boldsymbol{\alpha}_1+\frac{1}{2}\boldsymbol{\alpha}_2,\boldsymbol{\beta}_2=\frac{1}{2}\boldsymbol{\alpha}_3-\frac{1}{2}\boldsymbol{\alpha}_1,\boldsymbol{\beta}_3=\frac{1}{2}\boldsymbol{\alpha}_2+\frac{1}{2}\boldsymbol{\alpha}_3$.

解　(1) $\boldsymbol{\beta}_1,\boldsymbol{\beta}_2,\boldsymbol{\beta}_3$ 线性相关. 因为满足 $\boldsymbol{\beta}_1+\boldsymbol{\beta}_2+\boldsymbol{\beta}_3=\boldsymbol{0}$,

其几何解释如下:因为 $\boldsymbol{\alpha}_1,\boldsymbol{\alpha}_2,\boldsymbol{\alpha}_3$ 是 $\mathbf{R}^3$ 中 3 个线性无关的向量,它们是不共面的,所以可用平行六面体的一组共点棱上的 3 个向量表示之(图 2-1).

$\boldsymbol{\alpha}_1=\overrightarrow{AB},\boldsymbol{\alpha}_2=\overrightarrow{AA_1},\boldsymbol{\alpha}_3=\overrightarrow{AD}$. 这样

$$\begin{cases}\boldsymbol{\beta}_1=\boldsymbol{\alpha}_1-\boldsymbol{\alpha}_2=\overrightarrow{A_1B}\\ \boldsymbol{\beta}_2=\boldsymbol{\alpha}_2-\boldsymbol{\alpha}_3=\overrightarrow{DA_1},\\ \boldsymbol{\beta}_3=\boldsymbol{\alpha}_3-\boldsymbol{\alpha}_1=\overrightarrow{BD}\end{cases}$$

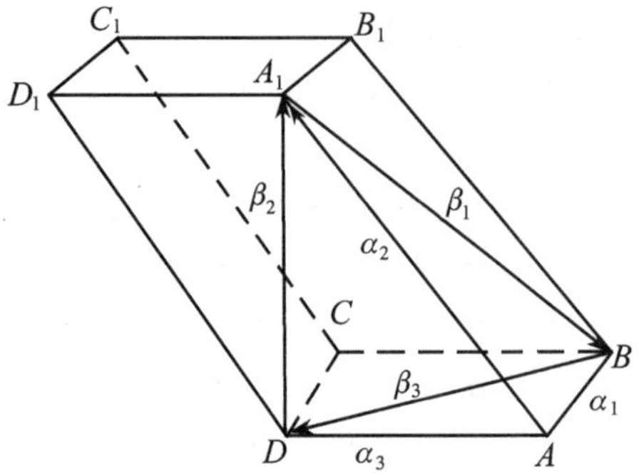

图 2-1

显然,$\boldsymbol{\beta}_1,\boldsymbol{\beta}_2,\boldsymbol{\beta}_3$ 在一个平面内,因此它们线性相关(图 2-1).

(2) 设有一组数 k_1,k_2,k_3 使 $k_1\boldsymbol{\beta}_1+k_2\boldsymbol{\beta}_2+k_3\boldsymbol{\beta}_3=0$ 成立,则有

$$\frac{1}{2}(k_1+k_3)\boldsymbol{\alpha}_1+\frac{1}{2}(k_1+k_2)\boldsymbol{\alpha}_2+\frac{1}{2}(k_2+k_3)\boldsymbol{\alpha}_3=\mathbf{0},$$

因为 $\boldsymbol{\alpha}_1,\boldsymbol{\alpha}_2,\boldsymbol{\alpha}_3$ 线性无关,故必有

$$\begin{cases}k_1+k_3=0\\ k_1+k_2=0\\ k_2+k_3=0\end{cases},$$

由于系数行列式

$$\det\boldsymbol{A}=\begin{vmatrix}1&0&1\\1&1&0\\0&1&1\end{vmatrix}=2\neq0,$$

所以方程组仅有零解,即有

$$k_1=k_2=k_3=0,$$

因此 $\boldsymbol{\beta}_1,\boldsymbol{\beta}_2,\boldsymbol{\beta}_3$ 线性无关.

其几何解释:作平行六面体 $OADC-BEFG$,因为三维向量 $\boldsymbol{\alpha}_1,\boldsymbol{\alpha}_2,\boldsymbol{\alpha}_3$ 线性无关,可设

$$\boldsymbol{\alpha}_1=\overrightarrow{OA},\boldsymbol{\alpha}_2=\overrightarrow{OB},\boldsymbol{\alpha}_3=\overrightarrow{OC},$$

这时 $\boldsymbol{\beta}_1=\frac{1}{2}(\overrightarrow{OA}+\overrightarrow{OB})=\frac{1}{2}\overrightarrow{OE},\boldsymbol{\beta}_2=\frac{1}{2}(\overrightarrow{OB}+\overrightarrow{OC})=\frac{1}{2}\overrightarrow{OG},\boldsymbol{\beta}_3=\frac{1}{2}(\overrightarrow{OC}+\overrightarrow{OA})=\frac{1}{2}\overrightarrow{OD}$.

由于$\overrightarrow{OE},\overrightarrow{OG},\overrightarrow{OD}$不共面,所以 $\boldsymbol{\beta}_1,\boldsymbol{\beta}_2,\boldsymbol{\beta}_3$ 线性无关(图 2-2).

(3) 设有一组数 k_1,k_2,k_3 使

$$k_1\boldsymbol{\beta}_1+k_2\boldsymbol{\beta}_2+k_3\boldsymbol{\beta}_3=0$$

则有 $\frac{1}{2}(k_1-k_2)\boldsymbol{\alpha}_1+\frac{1}{2}(k_1+k_3)\boldsymbol{\alpha}_2+\frac{1}{2}(k_2+k_3)\boldsymbol{\alpha}_3=\mathbf{0}$,

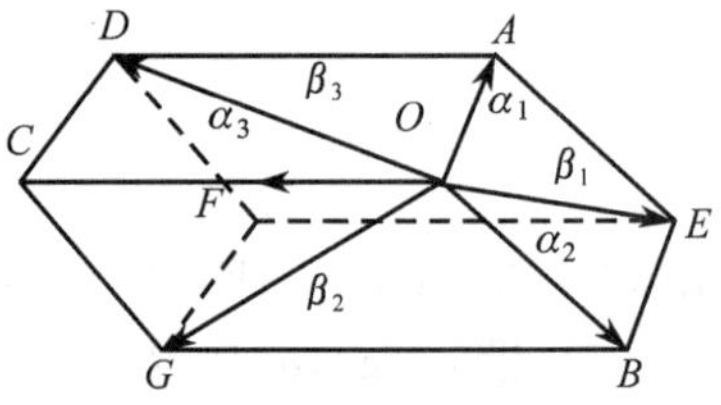

图 2-2

因为 $\boldsymbol{\alpha}_1,\boldsymbol{\alpha}_2,\boldsymbol{\alpha}_3$ 线性无关,所以

$$\begin{cases}k_1-k_2=0\\ k_1+k_3=0\\ k_2+k_3=0\end{cases},$$

由于系数行列式

$$\det \boldsymbol{A}=\begin{vmatrix}1 & -1 & 0\\ 1 & 0 & 1\\ 0 & 1 & 1\end{vmatrix}=0,$$

所以齐次线性方程组有非零解,因之有不全为零的数 k_1,k_2,k_3 使

$$k_1\boldsymbol{\beta}_1+k_2\boldsymbol{\beta}_2+k_3\boldsymbol{\beta}_3=0$$

成立,即向量组 $\boldsymbol{\beta}_1,\boldsymbol{\beta}_2,\boldsymbol{\beta}_3$ 线性相关.

其几何解释:在平行六面体 $OADC-BEFG$ 中,令 $\boldsymbol{\alpha}_1=\overrightarrow{OA}$, $\boldsymbol{\alpha}_2=\overrightarrow{OB}$, $\boldsymbol{\alpha}_3=\overrightarrow{OC}$,依题意 $\boldsymbol{\beta}_1=\dfrac{1}{2}\overrightarrow{OE}$, $\boldsymbol{\beta}_2=\dfrac{1}{2}\overrightarrow{AC}$, $\boldsymbol{\beta}_3=\dfrac{1}{2}\overrightarrow{OG}$,由于 $\boldsymbol{\beta}_2$ 与 $\overrightarrow{EG}$ 平行,而 $\boldsymbol{\beta}_1,\overrightarrow{EG},\boldsymbol{\beta}_3$ 共面,所以 $\boldsymbol{\beta}_2$ 能用 $\boldsymbol{\beta}_1,\boldsymbol{\beta}_3$ 线性表出,因此 $\boldsymbol{\beta}_1,\boldsymbol{\beta}_2,\boldsymbol{\beta}_3$ 线性相关(图 2-3).

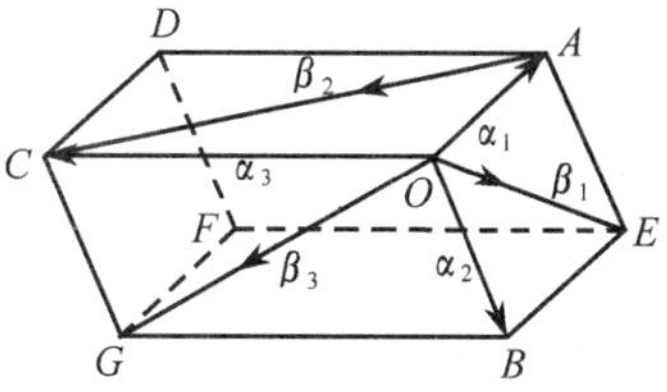

图 2-3

6. 设向量组 $\boldsymbol{\alpha}_1,\boldsymbol{\alpha}_2,\cdots,\boldsymbol{\alpha}_s$ 线性无关($s>2$),试证明下列各向量组线性无关:

(1) $\boldsymbol{\alpha}_1,\boldsymbol{\alpha}_1+\boldsymbol{\alpha}_2,\cdots,\boldsymbol{\alpha}_1+\boldsymbol{\alpha}_2+\cdots+\boldsymbol{\alpha}_s$;

(2) $-\boldsymbol{\alpha}_1+\boldsymbol{\alpha}_2+\cdots+\boldsymbol{\alpha}_s,\boldsymbol{\alpha}_1-\boldsymbol{\alpha}_2+\boldsymbol{\alpha}_3+\cdots+\boldsymbol{\alpha}_s,\cdots,\boldsymbol{\alpha}_1+\boldsymbol{\alpha}_2+\cdots+\boldsymbol{\alpha}_{s-1}-\boldsymbol{\alpha}_s$.

证　(1) 设有 $k_1,k_2,\cdots,k_s$ 满足

$k_1\boldsymbol{\alpha}_1+k_2(\boldsymbol{\alpha}_1+\boldsymbol{\alpha}_2)+\cdots+k_s(\boldsymbol{\alpha}_1+\boldsymbol{\alpha}_2+\cdots+\boldsymbol{\alpha}_s)=\boldsymbol{0}$,即

$(k_1+k_2+\cdots+k_s)\boldsymbol{\alpha}_1+(k_2+k_3\cdots+k_s)\boldsymbol{\alpha}_2+\cdots+k_s\boldsymbol{\alpha}_s=\boldsymbol{0}$

由于 $\boldsymbol{\alpha}_1,\boldsymbol{\alpha}_2,\cdots,\boldsymbol{\alpha}_s$ 线性无关,有

$$\begin{cases}k_1+k_2+\cdots+k_s=0\\ k_2+\cdots+k_s=0\\ \quad\cdots\cdots\\ k_s=0\end{cases},$$

由于系数行列式非零,所以方程组只有零解,故向量组 $\boldsymbol{\alpha}_1,\boldsymbol{\alpha}_1+\boldsymbol{\alpha}_2,\cdots,\boldsymbol{\alpha}_1+\boldsymbol{\alpha}_2+\cdots+\boldsymbol{\alpha}_s$ 线性无关.

(2) 设有 $k_1,k_2,\cdots,k_s$ 满足

$$k_1(-\boldsymbol{\alpha}_1+\boldsymbol{\alpha}_2+\cdots+\boldsymbol{\alpha}_s)+k_2(\boldsymbol{\alpha}_1-\boldsymbol{\alpha}_2+\boldsymbol{\alpha}_3+\cdots+\boldsymbol{\alpha}_s)+\cdots+k_s(\boldsymbol{\alpha}_1+\cdots+\boldsymbol{\alpha}_{s-1}-\boldsymbol{\alpha}_s)=\boldsymbol{0},$$

即　$(-k_1+k_2+\cdots+k_s)\boldsymbol{\alpha}_1+(k_1-k_2+k_3+\cdots+k_s)\boldsymbol{\alpha}_2+\cdots+(k_1+\cdots+k_{s-1}-k_s)\boldsymbol{\alpha}_s=\boldsymbol{0}$,

由于 $\boldsymbol{\alpha}_1,\boldsymbol{\alpha}_2,\cdots,\boldsymbol{\alpha}_s$ 线性无关,有

$$\begin{cases}-k_1+k_2+\cdots+k_s=0\\ k_1-k_2+\cdots+k_s=0\\ \quad\cdots\cdots\\ k_1+k_2+\cdots-k_s=0\end{cases},$$

因为系数行列式

$$\begin{vmatrix}-1 & 1 & \cdots & 1\\ 1 & -1 & \cdots & 1\\ \vdots & \vdots & \ddots & \vdots\\ 1 & 1 & \cdots & -1\end{vmatrix}_s=(s-2)(-2)^{s-1}\neq 0\quad(s>2),$$

所以方程组只有零解,故向量组 $-\boldsymbol{\alpha}_1+\boldsymbol{\alpha}_2+\cdots+\boldsymbol{\alpha}_s,\boldsymbol{\alpha}_1-\boldsymbol{\alpha}_2+\boldsymbol{\alpha}_3+\cdots+\boldsymbol{\alpha}_s,\cdots,\boldsymbol{\alpha}_1+\boldsymbol{\alpha}_2+\cdots+\boldsymbol{\alpha}_{s-1}-\boldsymbol{\alpha}_s$ 线性无关.

7. 设向量组 $\boldsymbol{\alpha}_1,\boldsymbol{\alpha}_2,\cdots,\boldsymbol{\alpha}_r$线性无关($r\geqslant 2$),任取 $r-1$ 个数 $k_1,k_2,\cdots,k_{r-1}$,构造向量组 $\boldsymbol{\beta}_1,\boldsymbol{\beta}_2,\cdots,\boldsymbol{\beta}_{r-1}$,其中 $\boldsymbol{\beta}_i=\boldsymbol{\alpha}_i+k_i\boldsymbol{\alpha}_r(i=1,2,\cdots,r-1)$.

证明:向量组 $\boldsymbol{\beta}_1,\boldsymbol{\beta}_2,\cdots,\boldsymbol{\beta}_{r-1}$线性无关.

证 设有 $l_1,l_2,\cdots,l_{r-1}$使 $l_1\boldsymbol{\beta}_1+l_2\boldsymbol{\beta}_2+\cdots+l_{r-1}\boldsymbol{\beta}_{r-1}=\mathbf{0}$,即

$$l_1\boldsymbol{\alpha}_1+l_2\boldsymbol{\alpha}_2+\cdots+l_{r-1}\boldsymbol{\alpha}_{r-1}+(l_1k_1+l_2k_2+\cdots+l_{r-1}k_{r-1})\boldsymbol{\alpha}_r=\mathbf{0},$$

由于 $\boldsymbol{\alpha}_1,\boldsymbol{\alpha}_2,\cdots,\boldsymbol{\alpha}_r$线性无关,故有 $l_1=0,l_2=0,\cdots,l_{r-1}=0$,所以向量组 $\boldsymbol{\beta}_1,\boldsymbol{\beta}_2,\cdots,\boldsymbol{\beta}_{r-1}$线性无关.

8. 设向量组 $\boldsymbol{\alpha}_1,\boldsymbol{\alpha}_2,\cdots,\boldsymbol{\alpha}_s(s>1)$中,$\boldsymbol{\alpha}_1\neq\mathbf{0}$ 并且 $\boldsymbol{\alpha}_i$不能由 $\boldsymbol{\alpha}_1,\boldsymbol{\alpha}_2,\cdots,\boldsymbol{\alpha}_{i-1}$线性表出 $(i=2,\cdots,s)$. 证明:向量组 $\boldsymbol{\alpha}_1,\boldsymbol{\alpha}_2,\cdots,\boldsymbol{\alpha}_s$线性无关.

证 (反证法)若 $\boldsymbol{\alpha}_1,\boldsymbol{\alpha}_2,\cdots,\boldsymbol{\alpha}_s$线性相关,则存在不全为零的数 $k_1,k_2,\cdots,k_s$,使得

$$k_1\boldsymbol{\alpha}_1+k_2\boldsymbol{\alpha}_2+\cdots+k_s\boldsymbol{\alpha}_s=\mathbf{0},$$

设 $k_1,k_2,\cdots,k_s$中不等于零且序列最大的那个数是 k_m,由于 $\boldsymbol{\alpha}_1\neq\mathbf{0}$,则 $m\neq 1$,上式可化为

$$k_1\boldsymbol{\alpha}_1+k_2\boldsymbol{\alpha}_2+\cdots+k_m\boldsymbol{\alpha}_m+0\boldsymbol{\alpha}_{m+1}+\cdots+0\boldsymbol{\alpha}_s=\mathbf{0},$$

即

$$k_1\boldsymbol{\alpha}_1+k_2\boldsymbol{\alpha}_2+\cdots+k_m\boldsymbol{\alpha}_m=\mathbf{0},k_m\neq 0,$$

则

$$\boldsymbol{\alpha}_m=-\frac{k_1}{k_m}\boldsymbol{\alpha}_1-\frac{k_2}{k_m}\boldsymbol{\alpha}_2-\cdots-\frac{k_{m-1}}{k_m}\boldsymbol{\alpha}_{m-1},$$

与 $\boldsymbol{\alpha}_i$不能由 $\boldsymbol{\alpha}_1,\boldsymbol{\alpha}_2,\cdots,\boldsymbol{\alpha}_{i-1}(i=2,\cdots,s)$线性表出矛盾,故 $\boldsymbol{\alpha}_1,\boldsymbol{\alpha}_2,\cdots,\boldsymbol{\alpha}_s$线性无关.

练习 2.3

1. 设向量组 $\boldsymbol{\alpha}_1,\boldsymbol{\alpha}_2,\boldsymbol{\alpha}_3$ 可由向量组 $\boldsymbol{\beta}_1,\boldsymbol{\beta}_2$ 线性表出,并且向量组 $\boldsymbol{\beta}_1,\boldsymbol{\beta}_2$ 又可由向量组 $\boldsymbol{\gamma}_1,\boldsymbol{\gamma}_2,\boldsymbol{\gamma}_3$ 线性表出. 证明:向量组 $\boldsymbol{\alpha}_1,\boldsymbol{\alpha}_2,\boldsymbol{\alpha}_3$ 必可由向量组 $\boldsymbol{\gamma}_1,\boldsymbol{\gamma}_2,\boldsymbol{\gamma}_3$ 线性表出.

证 由已知向量组 $\boldsymbol{\alpha}_1,\boldsymbol{\alpha}_2,\boldsymbol{\alpha}_3$ 可由向量组 $\boldsymbol{\beta}_1,\boldsymbol{\beta}_2$ 线性表出,即

$$(\boldsymbol{\alpha}_1,\boldsymbol{\alpha}_2,\boldsymbol{\alpha}_3)=(\boldsymbol{\beta}_1,\boldsymbol{\beta}_2)\begin{pmatrix}a_{11}&a_{12}&a_{13}\\a_{21}&a_{22}&a_{23}\end{pmatrix}=(\boldsymbol{\beta}_1,\boldsymbol{\beta}_2)\boldsymbol{A}$$

由向量组 $\boldsymbol{\beta}_1,\boldsymbol{\beta}_2$ 可由向量组 $\boldsymbol{\gamma}_1,\boldsymbol{\gamma}_2,\boldsymbol{\gamma}_3$ 线性表出,即

$$(\boldsymbol{\beta}_1,\boldsymbol{\beta}_2)=(\boldsymbol{\gamma}_1,\boldsymbol{\gamma}_2,\boldsymbol{\gamma}_3)\begin{pmatrix}b_{11}&b_{12}\\b_{21}&b_{22}\\b_{31}&b_{32}\end{pmatrix}=(\boldsymbol{\gamma}_1,\boldsymbol{\gamma}_2,\boldsymbol{\gamma}_3)\boldsymbol{B}$$

从而得

$$(\boldsymbol{\alpha}_1,\boldsymbol{\alpha}_2,\boldsymbol{\alpha}_3)=(\boldsymbol{\beta}_1,\boldsymbol{\beta}_2)\boldsymbol{A}=(\boldsymbol{\gamma}_1,\boldsymbol{\gamma}_2,\boldsymbol{\gamma}_3)\boldsymbol{BA}=(\boldsymbol{\gamma}_1,\boldsymbol{\gamma}_2,\boldsymbol{\gamma}_3)\boldsymbol{C}$$

即 $\boldsymbol{\alpha}_1,\boldsymbol{\alpha}_2,\boldsymbol{\alpha}_3$ 可由 $\boldsymbol{\gamma}_1,\boldsymbol{\gamma}_2,\boldsymbol{\gamma}_3$ 线性表出.

2. 试判定下列各组中给定的两个向量组是否等价:

(1) $\boldsymbol{\alpha}_1=(1,0)^{\mathrm{T}},\boldsymbol{\alpha}_2=(0,1)^{\mathrm{T}}$与 $\boldsymbol{\beta}_1=(1,2)^{\mathrm{T}},\boldsymbol{\beta}_2=(-1,1)^{\mathrm{T}}$;

(2) $\boldsymbol{\alpha}_1=(1,1)^{\mathrm{T}},\boldsymbol{\alpha}_2=(0,-1)^{\mathrm{T}}$与 $\boldsymbol{\beta}_1=(2,2)^{\mathrm{T}},\boldsymbol{\beta}_2=(0,0)^{\mathrm{T}}$.

解 (1) 因为 $\boldsymbol{\beta}_1=\boldsymbol{\alpha}_1+2\boldsymbol{\alpha}_2,\boldsymbol{\beta}_2=-\boldsymbol{\alpha}_1+\boldsymbol{\alpha}_2$,即 $(\boldsymbol{\beta}_1,\boldsymbol{\beta}_2)=(\boldsymbol{\alpha}_1,\boldsymbol{\alpha}_2)\begin{pmatrix}1&-1\\2&1\end{pmatrix}$,

由于矩阵$\begin{pmatrix}1&-1\\2&1\end{pmatrix}$可逆,有$(\boldsymbol{\alpha}_1,\boldsymbol{\alpha}_2)=(\boldsymbol{\beta}_1,\boldsymbol{\beta}_2)\begin{pmatrix}1&-1\\2&1\end{pmatrix}^{-1}=(\boldsymbol{\beta}_1,\boldsymbol{\beta}_2)\begin{pmatrix}\frac{1}{3}&\frac{1}{3}\\-\frac{2}{3}&\frac{1}{3}\end{pmatrix}$,所以

向量组 $\boldsymbol{\alpha}_1,\boldsymbol{\alpha}_2$ 与 $\boldsymbol{\beta}_1,\boldsymbol{\beta}_2$ 可以相互线性表出，即 $\boldsymbol{\alpha}_1,\boldsymbol{\alpha}_2$ 与 $\boldsymbol{\beta}_1,\boldsymbol{\beta}_2$ 等价.

(2) 因为等价的向量组有相同的秩，但 $r(\boldsymbol{\alpha}_1,\boldsymbol{\alpha}_2)=2$，$r(\boldsymbol{\beta}_1,\boldsymbol{\beta}_2)=1$，所以向量组 $\boldsymbol{\alpha}_1,\boldsymbol{\alpha}_2$ 与 $\boldsymbol{\beta}_1,\boldsymbol{\beta}_2$ 不等价.

3. 已知向量组 $\boldsymbol{\alpha}_1,\boldsymbol{\alpha}_2,\boldsymbol{\alpha}_3$ 与 $\boldsymbol{\beta}_1,\boldsymbol{\beta}_2,\boldsymbol{\beta}_3$ 满足

$$\begin{cases}\boldsymbol{\beta}_1=\boldsymbol{\alpha}_1-\boldsymbol{\alpha}_2+\boldsymbol{\alpha}_3\\ \boldsymbol{\beta}_2=\boldsymbol{\alpha}_1+\boldsymbol{\alpha}_2-\boldsymbol{\alpha}_3\\ \boldsymbol{\beta}_3=-\boldsymbol{\alpha}_1+\boldsymbol{\alpha}_2+\boldsymbol{\alpha}_3\end{cases},$$

试证明：$\{\boldsymbol{\alpha}_1,\boldsymbol{\alpha}_2,\boldsymbol{\alpha}_3\}\cong\{\boldsymbol{\beta}_1,\boldsymbol{\beta}_2,\boldsymbol{\beta}_3\}$.

证　由条件可知 $\boldsymbol{\beta}_1,\boldsymbol{\beta}_2,\boldsymbol{\beta}_3$ 可由 $\boldsymbol{\alpha}_1,\boldsymbol{\alpha}_2,\boldsymbol{\alpha}_3$ 线性表出，利用矩阵的乘法，

$$(\boldsymbol{\beta}_1,\boldsymbol{\beta}_2,\boldsymbol{\beta}_3)=(\boldsymbol{\alpha}_1,\boldsymbol{\alpha}_2,\boldsymbol{\alpha}_3)\begin{pmatrix}1&1&-1\\-1&1&1\\1&-1&1\end{pmatrix}，记\boldsymbol{A}=\begin{pmatrix}1&1&-1\\-1&1&1\\1&-1&1\end{pmatrix},$$

由 $\det\boldsymbol{A}=\begin{vmatrix}1&1&-1\\-1&1&1\\1&-1&1\end{vmatrix}=4\neq0$，故 $\boldsymbol{A}$ 可逆，从而

$$(\boldsymbol{\alpha}_1,\boldsymbol{\alpha}_2,\boldsymbol{\alpha}_3)=(\boldsymbol{\beta}_1,\boldsymbol{\beta}_2,\boldsymbol{\beta}_3)\begin{pmatrix}1&1&-1\\-1&1&1\\1&-1&1\end{pmatrix}^{-1},$$

即 $\boldsymbol{\alpha}_1,\boldsymbol{\alpha}_2,\boldsymbol{\alpha}_3$ 亦能由 $\boldsymbol{\beta}_1,\boldsymbol{\beta}_2,\boldsymbol{\beta}_3$ 线性表出，因此 $\{\boldsymbol{\alpha}_1,\boldsymbol{\alpha}_2,\boldsymbol{\alpha}_3\}\cong\{\boldsymbol{\beta}_1,\boldsymbol{\beta}_2,\boldsymbol{\beta}_3\}$.

4. 设 n 维向量组 $\boldsymbol{\alpha}_1=(1,0,\cdots,0)^{\mathrm{T}}$，$\boldsymbol{\alpha}_2=(1,1,0,\cdots,0)^{\mathrm{T}}$，$\cdots$，$\boldsymbol{\alpha}_n=(1,1,\cdots,1)^{\mathrm{T}}$，证明：向量组 $\boldsymbol{\alpha}_1,\boldsymbol{\alpha}_2,\cdots,\boldsymbol{\alpha}_n$ 与 n 维标准向量组 $\boldsymbol{\varepsilon}_1=(1,0,\cdots,0)^{\mathrm{T}}$，$\boldsymbol{\varepsilon}_2=(0,1,0,\cdots,0)^{\mathrm{T}}$，$\cdots$，$\boldsymbol{\varepsilon}_n=(0,\cdots,0,1)^{\mathrm{T}}$ 等价.

证　因为向量组 $\boldsymbol{\alpha}_1,\boldsymbol{\alpha}_2,\cdots,\boldsymbol{\alpha}_n$ 可由标准向量组 $\boldsymbol{\varepsilon}_1,\boldsymbol{\varepsilon}_2,\cdots,\boldsymbol{\varepsilon}_n$ 线性表出，且

$$(\boldsymbol{\alpha}_1,\boldsymbol{\alpha}_2,\cdots,\boldsymbol{\alpha}_n)=(\boldsymbol{\varepsilon}_1,\boldsymbol{\varepsilon}_2,\cdots,\boldsymbol{\varepsilon}_n)\boldsymbol{A},$$

其中 $\boldsymbol{A}=\begin{pmatrix}1&1&\cdots&1\\0&1&\cdots&1\\\vdots&\vdots&\ddots&\vdots\\0&0&\cdots&1\end{pmatrix}$，而 $\boldsymbol{A}$ 可逆，所以标准向量组 $\boldsymbol{\varepsilon}_1,\boldsymbol{\varepsilon}_2,\cdots,\boldsymbol{\varepsilon}_n$ 也可由向量组 $\boldsymbol{\alpha}_1,\boldsymbol{\alpha}_2,\cdots,\boldsymbol{\alpha}_n$ 线性表出，故这两个向量组等价.

5. 设向量 $\boldsymbol{\beta}$ 可由向量组 $\boldsymbol{\alpha}_1,\boldsymbol{\alpha}_2,\cdots,\boldsymbol{\alpha}_s$ 线性表出，但 $\boldsymbol{\beta}$ 不能由向量组 $\boldsymbol{\alpha}_1,\boldsymbol{\alpha}_2,\cdots,\boldsymbol{\alpha}_{s-1}$ 线性表出，证明：$\{\boldsymbol{\alpha}_1,\boldsymbol{\alpha}_2,\cdots,\boldsymbol{\alpha}_{s-1},\boldsymbol{\alpha}_s\}\cong\{\boldsymbol{\alpha}_1,\boldsymbol{\alpha}_2,\cdots,\boldsymbol{\alpha}_{s-1},\boldsymbol{\beta}\}$.

证　设向量组Ⅰ：$\boldsymbol{\alpha}_1,\boldsymbol{\alpha}_2,\cdots,\boldsymbol{\alpha}_s$，向量组Ⅱ：$\boldsymbol{\alpha}_1,\boldsymbol{\alpha}_2,\cdots,\boldsymbol{\alpha}_{s-1},\boldsymbol{\beta}$，由于 $\boldsymbol{\beta}$ 能由 $\boldsymbol{\alpha}_1,\boldsymbol{\alpha}_2,\cdots,\boldsymbol{\alpha}_s$ 表出，所以向量组Ⅱ可由向量组Ⅰ线性表出，且向量组Ⅰ中的向量 $\boldsymbol{\alpha}_1,\boldsymbol{\alpha}_2,\cdots,\boldsymbol{\alpha}_{s-1}$ 可由向量组Ⅱ线性表出，因而只需证明 $\boldsymbol{\alpha}_s$ 能由向量组Ⅰ线性表出. 设 $\boldsymbol{\beta}=k_1\boldsymbol{\alpha}_1+\cdots+k_{s-1}\boldsymbol{\alpha}_{s-1}+k_s\boldsymbol{\alpha}_s$，其中 $k_s\neq0$（若 $k_s=0$，说明 $\boldsymbol{\beta}$ 可由 $\boldsymbol{\alpha}_1,\boldsymbol{\alpha}_2,\cdots,\boldsymbol{\alpha}_{s-1}$ 线性表出，与已知矛盾），所以 $\boldsymbol{\alpha}_s=\dfrac{1}{k_s}\boldsymbol{\beta}-\dfrac{k_1}{k_s}\boldsymbol{\alpha}_1-\cdots-\dfrac{k_{s-1}}{k_s}\boldsymbol{\alpha}_{s-1}$，即 $\boldsymbol{\alpha}_s$ 亦可由向量组Ⅱ线性表出，故向量组Ⅰ与向量组Ⅱ等价.

6. 证明：n 维向量组 $\boldsymbol{\alpha}_1,\boldsymbol{\alpha}_2,\cdots,\boldsymbol{\alpha}_n$ 线性无关的充分必要条件是任意 n 维向量都可以表为 $\boldsymbol{\alpha}_1,\boldsymbol{\alpha}_2,\cdots,\boldsymbol{\alpha}_n$ 的线性组合.

证　必要性：若 $\boldsymbol{\alpha}_1,\boldsymbol{\alpha}_2,\cdots,\boldsymbol{\alpha}_n$ 线性无关，则 $\boldsymbol{\alpha}_1,\boldsymbol{\alpha}_2,\cdots,\boldsymbol{\alpha}_n$ 为 $\mathbf{R}^n$ 的一组基，因此，对于任意

的 n 维向量 $\boldsymbol{\beta}$ 都可由 $\boldsymbol{\alpha}_1,\boldsymbol{\alpha}_2,\cdots,\boldsymbol{\alpha}_n$ 线性表出.

充分性:若任意 n 维向量均可由 $\boldsymbol{\alpha}_1,\boldsymbol{\alpha}_2,\cdots,\boldsymbol{\alpha}_n$ 线性表出,则 n 维标准向量组 $\boldsymbol{\varepsilon}_1,\boldsymbol{\varepsilon}_2,\cdots,\boldsymbol{\varepsilon}_n$ 亦可由 $\boldsymbol{\alpha}_1,\boldsymbol{\alpha}_2,\cdots,\boldsymbol{\alpha}_n$ 线性表出,从而 $\boldsymbol{\alpha}_1,\boldsymbol{\alpha}_2,\cdots,\boldsymbol{\alpha}_n$ 与 $\boldsymbol{\varepsilon}_1,\boldsymbol{\varepsilon}_2,\cdots,\boldsymbol{\varepsilon}_n$ 等价,所以 $r\{\boldsymbol{\alpha}_1,\boldsymbol{\alpha}_2,\cdots,\boldsymbol{\alpha}_n\}=r\{\boldsymbol{\varepsilon}_1,\boldsymbol{\varepsilon}_2,\cdots,\boldsymbol{\varepsilon}_n\}=n$,故 $\boldsymbol{\alpha}_1,\boldsymbol{\alpha}_2,\cdots,\boldsymbol{\alpha}_n$ 线性无关.

7. 设向量组 $\boldsymbol{\alpha}_1,\boldsymbol{\alpha}_2,\cdots,\boldsymbol{\alpha}_s$ 的秩为 $r(r<s)$,证明:$\boldsymbol{\alpha}_1,\boldsymbol{\alpha}_2,\cdots,\boldsymbol{\alpha}_s$ 中任意 r 个线性无关的向量组均可以成为该向量组的极大无关组.

证 设向量组Ⅰ:$\boldsymbol{\alpha}_{i1},\boldsymbol{\alpha}_{i2},\cdots,\boldsymbol{\alpha}_{ir}$ 是向量组Ⅱ:$\boldsymbol{\alpha}_1,\boldsymbol{\alpha}_2,\cdots,\boldsymbol{\alpha}_s$ 中任意 r 个线性无关的向量,由于向量组Ⅱ的秩为 r,故向量组Ⅱ中任何多于 r 个向量的向量组必线性相关,所以 $\boldsymbol{\alpha}_{i1},\boldsymbol{\alpha}_{i2},\cdots,\boldsymbol{\alpha}_{ir},\boldsymbol{\alpha}_j(j=1,2,\cdots,s)$ 线性相关,则 $\boldsymbol{\alpha}_j$ 可由向量组Ⅰ线性表出,从而向量组Ⅰ为向量组Ⅱ的极大无关组.

8. 如果向量组 $\boldsymbol{\alpha}_1,\boldsymbol{\alpha}_2,\cdots,\boldsymbol{\alpha}_s$ 可由向量组 $\boldsymbol{\beta}_1,\boldsymbol{\beta}_2,\cdots,\boldsymbol{\beta}_t$ 线性表出,证明:$r(\boldsymbol{\alpha}_1,\boldsymbol{\alpha}_2,\cdots,\boldsymbol{\alpha}_s,\boldsymbol{\beta}_1,\boldsymbol{\beta}_2,\cdots,\boldsymbol{\beta}_t)=r(\boldsymbol{\beta}_1,\boldsymbol{\beta}_2,\cdots,\boldsymbol{\beta}_t)$.

证 设向量组Ⅰ:$\boldsymbol{\alpha}_1,\boldsymbol{\alpha}_2,\cdots,\boldsymbol{\alpha}_s,\boldsymbol{\beta}_1,\boldsymbol{\beta}_2,\cdots,\boldsymbol{\beta}_t$,向量组Ⅱ:$\boldsymbol{\beta}_1,\boldsymbol{\beta}_2,\cdots,\boldsymbol{\beta}_t$,由于向量组Ⅰ中的向量 $\boldsymbol{\alpha}_1,\boldsymbol{\alpha}_2,\cdots,\boldsymbol{\alpha}_s$ 可由向量组Ⅱ线性表出,所以向量组Ⅰ能由向量组Ⅱ线性表出.而向量组Ⅱ是向量组Ⅰ的一部分,所以向量组Ⅱ能由向量组Ⅰ线性表出,故向量组Ⅰ与向量组Ⅱ等价.等价必等秩,有 $r(\boldsymbol{\alpha}_1,\boldsymbol{\alpha}_2,\cdots,\boldsymbol{\alpha}_s,\boldsymbol{\beta}_1,\boldsymbol{\beta}_2,\cdots,\boldsymbol{\beta}_t)=r(\boldsymbol{\beta}_1,\boldsymbol{\beta}_2,\cdots,\boldsymbol{\beta}_t)$.

9. 设 $\boldsymbol{A},\boldsymbol{B}$ 均为 $m\times n$ 矩阵,证明:$r(\boldsymbol{A}+\boldsymbol{B})\leqslant r(\boldsymbol{A})+r(\boldsymbol{B})$.

证 设 $m\times n$ 矩阵 $\boldsymbol{A},\boldsymbol{B}$ 及 $\boldsymbol{A}+\boldsymbol{B}$ 的列向量组分别为

$$\begin{cases}\boldsymbol{\alpha}_1,\boldsymbol{\alpha}_2,\cdots,\boldsymbol{\alpha}_n & ①\\ \boldsymbol{\beta}_1,\boldsymbol{\beta}_2,\cdots,\boldsymbol{\beta}_n\ , & ②\\ \boldsymbol{\gamma}_1,\boldsymbol{\gamma}_2,\cdots,\boldsymbol{\gamma}_n & ③\end{cases}$$

其中 $\boldsymbol{\gamma}_i=\boldsymbol{\alpha}_i+\boldsymbol{\beta}_i(i=1,2,\cdots,n)$.又设 $\boldsymbol{A},\boldsymbol{B}$ 的秩分别为 s,t,而且不妨设 $\boldsymbol{\alpha}_1,\boldsymbol{\alpha}_2,\cdots,\boldsymbol{\alpha}_s$ 与 $\boldsymbol{\beta}_1,\boldsymbol{\beta}_2,\cdots,\boldsymbol{\beta}_t$,分别为向量组①与②的极大无关组.由于向量组③可由向量组

$$\boldsymbol{\alpha}_1,\boldsymbol{\alpha}_2,\cdots,\boldsymbol{\alpha}_n,\boldsymbol{\beta}_1,\boldsymbol{\beta}_2,\cdots,\boldsymbol{\beta}_n$$

线性表出,从而可由

$$\boldsymbol{\alpha}_1,\boldsymbol{\alpha}_2,\cdots,\boldsymbol{\alpha}_s,\boldsymbol{\beta}_1,\boldsymbol{\beta}_2,\cdots,\boldsymbol{\beta}_t \qquad ④$$

线性表出,所以向量组③的秩即 $\boldsymbol{A}+\boldsymbol{B}$ 的秩不会超过向量组④的秩,从而不会超过向量组④中向量的个数 $s+t$,即 $r(\boldsymbol{A}+\boldsymbol{B})\leqslant s+t=r(\boldsymbol{A})+r(\boldsymbol{B})$.

10. 设 $\mathbf{R}^n$ 中的向量组

$$\text{Ⅰ}:\boldsymbol{\alpha}_1,\boldsymbol{\alpha}_2,\cdots,\boldsymbol{\alpha}_s;\ \text{Ⅱ}:\boldsymbol{\beta}_1,\boldsymbol{\beta}_2,\cdots,\boldsymbol{\beta}_t;\ \text{Ⅲ}:\boldsymbol{\alpha}_1,\boldsymbol{\alpha}_2,\cdots,\boldsymbol{\alpha}_s,\boldsymbol{\beta}_1,\boldsymbol{\beta}_2,\cdots,\boldsymbol{\beta}_t$$

的秩分别为 r_1,r_2,r_3,证明:$\max(r_1,r_2)\leqslant r_3\leqslant r_1+r_2$.

证 因为向量组Ⅰ可由向量组Ⅲ线性表出,得向量组Ⅰ的秩不会超过向量组Ⅲ的秩,即 $r_1\leqslant r_3$,同理可证 $r_2\leqslant r_3$,所以 $\max(r_1,r_2)\leqslant r_3$.

下面证明第二个不等式.

不妨假设向量组Ⅰ与Ⅱ的极大无关组分别为 $\boldsymbol{\alpha}_1,\boldsymbol{\alpha}_2,\cdots,\boldsymbol{\alpha}_{r_1},\boldsymbol{\beta}_1,\boldsymbol{\beta}_2,\cdots,\boldsymbol{\beta}_{r_2}$,

由于向量组Ⅲ可由向量组Ⅰ与向量组Ⅱ线性表出,从而向量组Ⅲ可由向量组Ⅳ:$\boldsymbol{\alpha}_1,\boldsymbol{\alpha}_2,\cdots,\boldsymbol{\alpha}_{r_1},\boldsymbol{\beta}_1,\boldsymbol{\beta}_2,\cdots,\boldsymbol{\beta}_{r_2}$ 线性表出.所以向量组Ⅲ的秩不会超过向量组Ⅳ的秩,从而不会超过向量组Ⅳ中向量的个数,即 $r_3\leqslant r_1+r_2$,综上所述,$\max(r_1,r_2)\leqslant r_3\leqslant r_1+r_2$.

11. 分别求下列各向量组的一个极大无关组,并将其余向量表为该极大无关组的线性

组合：

(1) $\boldsymbol{\alpha}_1=(1,-2,5)^{\mathrm{T}},\boldsymbol{\alpha}_2=(3,2,-1)^{\mathrm{T}},\boldsymbol{\alpha}_3=(3,10,-17)^{\mathrm{T}}$；

(2) $\boldsymbol{\alpha}_1=(1,3,-5,1)^{\mathrm{T}},\boldsymbol{\alpha}_2=(2,6,1,4)^{\mathrm{T}},\boldsymbol{\alpha}_3=(3,9,7,10)^{\mathrm{T}}$；

(3) $\boldsymbol{\gamma}_1=(1,2,3,4)^{\mathrm{T}},\boldsymbol{\gamma}_2=(2,3,4,5)^{\mathrm{T}},\boldsymbol{\gamma}_3=(3,4,5,6)^{\mathrm{T}},\boldsymbol{\gamma}_4=(4,5,6,7)^{\mathrm{T}}$.

解　(1) $$\boldsymbol{A}=(\boldsymbol{\alpha}_1,\boldsymbol{\alpha}_2,\boldsymbol{\alpha}_3)=\begin{pmatrix}1&3&3\\-2&2&10\\5&-1&-17\end{pmatrix}\to\begin{pmatrix}1&3&3\\0&8&16\\0&-16&-32\end{pmatrix}$$
$$\to\begin{pmatrix}1&3&3\\0&1&2\\0&0&0\end{pmatrix}\to\begin{pmatrix}1&0&-3\\0&1&2\\0&0&0\end{pmatrix},$$

一个极大无关组为 $\boldsymbol{\alpha}_1,\boldsymbol{\alpha}_2$；$\boldsymbol{\alpha}_3=-3\boldsymbol{\alpha}_1+2\boldsymbol{\alpha}_2$.

(2) $$\boldsymbol{A}=(\boldsymbol{\alpha}_1,\boldsymbol{\alpha}_2,\boldsymbol{\alpha}_3)=\begin{pmatrix}1&2&3\\3&6&9\\-5&1&7\\1&4&10\end{pmatrix}\to\begin{pmatrix}1&2&3\\0&0&0\\0&11&22\\0&2&7\end{pmatrix}\to\begin{pmatrix}1&2&3\\0&1&2\\0&2&7\\0&0&0\end{pmatrix}$$
$$\to\begin{pmatrix}1&0&-1\\0&1&2\\0&0&3\\0&0&0\end{pmatrix}\to\begin{pmatrix}1&0&0\\0&1&0\\0&0&1\\0&0&0\end{pmatrix},$$

一个极大无关组为 $\boldsymbol{\alpha}_1,\boldsymbol{\alpha}_2,\boldsymbol{\alpha}_3$.

(3) $$\boldsymbol{A}=(\boldsymbol{\gamma}_1,\boldsymbol{\gamma}_2,\boldsymbol{\gamma}_3,\boldsymbol{\gamma}_4)=\begin{pmatrix}1&2&3&4\\2&3&4&5\\3&4&5&6\\4&5&6&7\end{pmatrix}\to\begin{pmatrix}1&2&3&4\\0&-1&-2&-3\\0&-2&-4&-6\\0&-3&-6&-9\end{pmatrix}\to\begin{pmatrix}1&0&-1&-2\\0&1&2&3\\0&0&0&0\\0&0&0&0\end{pmatrix},$$

一个极大无关组为 $\boldsymbol{\gamma}_1,\boldsymbol{\gamma}_2$；$\boldsymbol{\gamma}_3=-\boldsymbol{\gamma}_1+2\boldsymbol{\gamma}_2,\boldsymbol{\gamma}_4=-2\boldsymbol{\gamma}_1+3\boldsymbol{\gamma}_2$.

练习 2.4

1. 求下列齐次线性方程组的一个基础解系，并用此基础解系表示方程组的全部解：

(1) $\begin{cases}x_1+x_2-x_3+x_4=0\\x_1-x_2+2x_3-x_4=0\\3x_1+x_2+x_4=0\end{cases}$；　　(2) $\begin{cases}x_1-2x_2-x_3-x_4=0\\2x_1-4x_2+5x_3+3x_4=0\\4x_1-8x_2+17x_3+11x_4=0\end{cases}$；

(3) $\begin{cases}2x_1+x_2-x_3-x_4+x_5=0\\x_1-x_2+x_3+x_4-2x_5=0\\3x_1+3x_2-3x_3-3x_4+4x_5=0\\4x_1+5x_2-5x_3-5x_4+7x_5=0\end{cases}$.

解　(1) 由于方程组中方程的个数少于未知量的个数，所以方程组有非零解，对方程组

的系数矩阵做行初等变换

$$\overline{\boldsymbol{A}}=\begin{pmatrix}1&1&-1&1\\1&-1&2&-1\\3&1&0&1\end{pmatrix}\to\begin{pmatrix}1&1&-1&1\\0&-2&3&-2\\0&-2&3&-2\end{pmatrix}$$

$$\to\begin{pmatrix}1&1&-1&1\\0&-2&3&-2\\0&0&0&0\end{pmatrix}\to\begin{pmatrix}1&0&\frac{1}{2}&0\\0&1&-\frac{3}{2}&1\\0&0&0&0\end{pmatrix},$$

得到一般解 $\begin{cases}x_1=-\frac{1}{2}x_3\\x_2=\frac{3}{2}x_3-x_4\end{cases}$，其中 x_3,x_4 为自由未知量，令 $(x_3,x_4)^{\mathrm{T}}$ 分别为 $(2,0)^{\mathrm{T}}$ 和 $(0,1)^{\mathrm{T}}$，得方程组的一个基础解系：$\boldsymbol{\eta}_1=(-1,3,2,0)^{\mathrm{T}}$，$\boldsymbol{\eta}_2=(0,-1,0,1)^{\mathrm{T}}$，则原方程组的全部解为 $\boldsymbol{\eta}=c_1\boldsymbol{\eta}_1+c_2\boldsymbol{\eta}_2$（$c_1,c_2$ 为任意常数）.

(2) 由于方程组中方程的个数少于未知量的个数，所以方程组有非零解，对方程组的系数矩阵进行行初等变换

$$\overline{\boldsymbol{A}}=\begin{pmatrix}1&-2&-1&-1\\2&-4&5&3\\4&-8&17&11\end{pmatrix}\to\begin{pmatrix}1&-2&-1&-1\\0&0&7&5\\0&0&21&15\end{pmatrix}$$

$$\to\begin{pmatrix}1&-2&-1&-1\\0&0&7&5\\0&0&0&0\end{pmatrix}\to\begin{pmatrix}1&-2&0&-\frac{2}{7}\\0&0&7&5\\0&0&0&0\end{pmatrix},$$

得到一般解 $\begin{cases}x_1=2x_2+\frac{2}{7}x_4\\x_3=-\frac{5}{7}x_4\end{cases}$，其中 x_2,x_4 为自由未知量，令 $\begin{pmatrix}x_2\\x_4\end{pmatrix}$ 分别取得 $\begin{pmatrix}1\\0\end{pmatrix}$ 和 $\begin{pmatrix}0\\7\end{pmatrix}$，得方程组的一个基础解系：$\boldsymbol{\eta}_1=(2,1,0,0)^{\mathrm{T}}$，$\boldsymbol{\eta}_2=(2,0,-5,7)^{\mathrm{T}}$，则原方程组的全部解可表示为 $\boldsymbol{\eta}=c_1\boldsymbol{\eta}_1+c_2\boldsymbol{\eta}_2$（$c_1,c_2$ 为任意常数）.

(3) 对该齐次线性方程组的系数矩阵做初等行变换

$$\overline{\boldsymbol{A}}=\begin{pmatrix}2&1&-1&-1&1\\1&-1&1&1&-2\\3&3&-3&-3&4\\4&5&-5&-5&7\end{pmatrix}\to\begin{pmatrix}1&-1&1&1&-2\\0&3&-3&-3&5\\0&6&-6&-6&10\\0&9&-9&-9&15\end{pmatrix}$$

$$\to\begin{pmatrix}1&-1&1&1&-2\\0&1&-1&-1&\frac{5}{3}\\0&0&0&0&0\\0&0&0&0&0\end{pmatrix}\to\begin{pmatrix}1&0&0&0&-\frac{1}{3}\\0&1&-1&-1&\frac{5}{3}\\0&0&0&0&0\\0&0&0&0&0\end{pmatrix},$$

由此得方程组的一般解 $\begin{cases} x_1=\dfrac{1}{3}x_5 \\ x_2=x_3+x_4-\dfrac{5}{3}x_5 \end{cases}$，其中 x_3,x_4,x_5 为自由未知量，依次取

$\begin{pmatrix} x_3 \\ x_4 \\ x_5 \end{pmatrix}=\begin{pmatrix} 1 \\ 0 \\ 0 \end{pmatrix},\begin{pmatrix} 0 \\ 1 \\ 0 \end{pmatrix},\begin{pmatrix} 0 \\ 0 \\ 3 \end{pmatrix}$，可得原方程组的一个基础解系：

$$\boldsymbol{\eta}_1=(0,1,1,0,0)^{\mathrm{T}},\boldsymbol{\eta}_2=(0,1,0,1,0)^{\mathrm{T}},\boldsymbol{\eta}_3=(1,-5,0,0,3)^{\mathrm{T}},$$

故原方程组的全部解为

$$\boldsymbol{\eta}=c_1\boldsymbol{\eta}_1+c_2\boldsymbol{\eta}_2+c_3\boldsymbol{\eta}_3 \quad (c_1,c_2,c_3\text{为任意常数}).$$

2. 判断下列线性方程组是否有解，若有解，试求其解(在有无穷多解的情况下，用基础解系表示全部解)：

(1) $\begin{cases} 2x_1-4x_2-x_3=4 \\ -x_1-2x_2-x_4=4 \\ 3x_2+x_3+2x_4=1 \\ 3x_1+x_2+3x_4=-3 \end{cases}$；

(2) $\begin{cases} 2x_1-x_2+4x_3-3x_4=-4 \\ x_1+x_3-x_4=-3 \\ 3x_1+x_2+x_3=1 \\ 7x_1+7x_3-3x_4=3 \end{cases}$；

(3) $\begin{cases} x_1+x_2+x_3+x_4+x_5=-1 \\ 3x_1+2x_2+x_3+x_4-3x_5=-5 \\ x_2+2x_3+2x_4+6x_5=2 \\ 5x_1+4x_2+3x_3+3x_4-x_5=-7 \end{cases}$；

(4) $\begin{cases} 2x_1+3x_2-x_3-5x_4=-2 \\ x_1+2x_2-x_3+x_4=-2 \\ x_1+x_2+x_3+x_4=5 \\ 3x_1+x_2+2x_3+3x_4=4 \end{cases}$.

解 (1) 对增广矩阵做初等行变换

$$\overline{\mathbf{A}}=\left(\begin{array}{cccc:c} 2 & -4 & -1 & 0 & 4 \\ -1 & -2 & 0 & -1 & 4 \\ 0 & 3 & 1 & 2 & 1 \\ 3 & 1 & 0 & 3 & -3 \end{array}\right)\to\left(\begin{array}{cccc:c} 1 & 2 & 0 & 1 & -4 \\ 2 & -4 & -1 & 0 & 4 \\ 0 & 3 & 1 & 2 & 1 \\ 3 & 1 & 0 & 3 & -3 \end{array}\right)$$

$$\to\left(\begin{array}{cccc:c} 1 & 2 & 0 & 1 & -4 \\ 0 & -8 & -1 & -2 & 12 \\ 0 & 3 & 1 & 2 & 1 \\ 0 & -5 & 0 & 0 & 9 \end{array}\right)\to\left(\begin{array}{cccc:c} 1 & 2 & 0 & 1 & -4 \\ 0 & 1 & 2 & 4 & 15 \\ 0 & 3 & 1 & 2 & 1 \\ 0 & -5 & 0 & 0 & 9 \end{array}\right)$$

$$\to\left(\begin{array}{cccc:c} 1 & 2 & 0 & 1 & -4 \\ 0 & 1 & 2 & 4 & 15 \\ 0 & 0 & -5 & -10 & -44 \\ 0 & 0 & 10 & 20 & 84 \end{array}\right)\to\left(\begin{array}{cccc:c} 1 & 2 & 0 & 1 & -4 \\ 0 & 1 & 2 & 4 & 15 \\ 0 & 0 & -5 & -10 & -44 \\ 0 & 0 & 0 & 0 & -4 \end{array}\right),$$

$r(\mathbf{A})=3\neq r(\overline{\mathbf{A}})=4$，所以此方程组无解.

(2) $$\overline{\mathbf{A}}=\left(\begin{array}{cccc:c} 2 & -1 & 4 & -3 & -4 \\ 1 & 0 & 1 & -1 & -3 \\ 3 & 1 & 1 & 0 & 1 \\ 7 & 0 & 7 & -3 & 3 \end{array}\right)\to\left(\begin{array}{cccc:c} 1 & 0 & 1 & -1 & -3 \\ 2 & -1 & 4 & -3 & -4 \\ 3 & 1 & 1 & 0 & 1 \\ 7 & 0 & 7 & -3 & 3 \end{array}\right)$$

$$\rightarrow\left(\begin{array}{cccc:c}1&0&1&-1&-3\\0&-1&2&-1&2\\0&1&-2&3&10\\0&0&0&4&24\end{array}\right)$$

$$\rightarrow\left(\begin{array}{cccc:c}1&0&1&-1&-3\\0&-1&2&-1&2\\0&0&0&1&6\\0&0&0&0&0\end{array}\right)\rightarrow\left(\begin{array}{cccc:c}1&0&1&0&3\\0&1&-2&0&-8\\0&0&0&1&6\\0&0&0&0&0\end{array}\right),$$

$r(\boldsymbol{A})=r(\overline{\boldsymbol{A}})=3<4$,得方程组的一般解为

$$\begin{cases}x_1=-x_3+3\\x_2=2x_3-8\\x_4=6\end{cases},$$

其中 x_3 为自由未知量,令 $x_3=0$,得特解 $\boldsymbol{\gamma}_0=(3,-8,0,6)^{\mathrm{T}}$. 又导出组的一般解为

$$\begin{cases}x_1=-x_3\\x_2=2x_3\\x_4=0\end{cases}.$$

令 $x_3=1$,得基础解系 $\boldsymbol{\eta}=(-1,2,1,0)^{\mathrm{T}}$,故原方程组的全部解为 $\boldsymbol{\gamma}=\boldsymbol{\gamma}_0+c\boldsymbol{\eta}$($c$ 为任意常数).

(3) 方程组的增广矩阵为

$$\overline{\boldsymbol{A}}=\left(\begin{array}{ccccc:c}1&1&1&1&1&-1\\3&2&1&1&-3&-5\\0&1&2&2&6&2\\5&4&3&3&-1&-7\end{array}\right)\xrightarrow[\gamma_4-5\gamma_1]{\gamma_2-3\gamma_1}\left(\begin{array}{ccccc:c}1&1&1&1&1&-1\\0&-1&-2&-2&-6&-2\\0&1&2&2&6&2\\0&-1&-2&-2&-6&-2\end{array}\right)$$

$$\xrightarrow[\gamma_4-\gamma_2]{\gamma_3+\gamma_2}\left(\begin{array}{ccccc:c}1&1&1&1&1&-1\\0&-1&-2&-2&-6&-2\\0&0&0&0&0&0\\0&0&0&0&0&0\end{array}\right)\xrightarrow[(-1)\times\gamma_2]{\gamma_1+\gamma_2}\left(\begin{array}{ccccc:c}1&0&-1&-1&-5&-3\\0&1&2&2&6&2\\0&0&0&0&0&0\\0&0&0&0&0&0\end{array}\right),$$

$r(\boldsymbol{A})=r(\overline{\boldsymbol{A}})=2<5$,得方程组的一般解为

$$\begin{cases}x_1=x_3+x_4+5x_5-3\\x_2=-2x_3-2x_4-6x_5+2\end{cases},$$

其中 x_3,x_4,x_5 为自由未知量,令 $x_3=x_4=x_5=0$,得到特解 $\boldsymbol{\gamma}_0=(-3,2,0,0,0)^{\mathrm{T}}$,又导出组的一般解为

$$\begin{cases}x_1=x_3+x_4+5x_5\\x_2=-2x_3-2x_4-6x_5\end{cases},$$

分别取 $\begin{pmatrix}x_3\\x_4\\x_5\end{pmatrix}=\begin{pmatrix}1\\0\\0\end{pmatrix},\begin{pmatrix}0\\1\\0\end{pmatrix},\begin{pmatrix}0\\0\\1\end{pmatrix}$,得基础解系:

$$\boldsymbol{\eta}_1=(1,-2,1,0,0)^{\mathrm{T}},\boldsymbol{\eta}_2=(1,-2,0,1,0)^{\mathrm{T}},\boldsymbol{\eta}_3=(5,-6,0,0,1)^{\mathrm{T}},$$

故原方程组的全部解为 $\boldsymbol{\gamma}=\boldsymbol{\gamma}_0+c_1\boldsymbol{\eta}_1+c_2\boldsymbol{\eta}_2+c_3\boldsymbol{\eta}_3$($c_1,c_2,c_3$ 为任意常数).

(4) $\overline{A}=\left(\begin{array}{cccc:c}2&3&-1&-5&-2\\1&2&-1&1&-2\\1&1&1&1&5\\3&1&2&3&4\end{array}\right)\rightarrow\left(\begin{array}{cccc:c}1&1&1&1&5\\1&2&-1&1&-2\\2&3&-1&-5&-2\\3&1&2&3&4\end{array}\right)$

$$\rightarrow\left(\begin{array}{cccc:c}1&1&1&1&5\\0&1&-2&0&-7\\0&1&-3&-7&-12\\0&-2&-1&0&-11\end{array}\right)\rightarrow\left(\begin{array}{cccc:c}1&1&1&1&5\\0&1&-2&0&-7\\0&0&-1&-7&-5\\0&0&-5&0&-25\end{array}\right)$$

$$\rightarrow\left(\begin{array}{cccc:c}1&0&0&0&-3\\0&1&0&0&3\\0&0&1&0&5\\0&0&0&1&0\end{array}\right),$$

$r(\boldsymbol{A})=r(\overline{\boldsymbol{A}})=4$,则方程组有唯一解 $\boldsymbol{\eta}=(-3,3,5,0)^{\mathrm{T}}$.

3. 设 $\boldsymbol{A}$ 为 $m\times n$ 矩阵,$\boldsymbol{B}$ 为 $n\times s$ 矩阵. 证明:$\boldsymbol{AB}=\boldsymbol{O}$ 的充分必要条件是 $\boldsymbol{B}$ 的每个列向量均为齐次线性方程组 $\boldsymbol{Ax}=\boldsymbol{0}$ 的解.

证 设 $\boldsymbol{B}=(\boldsymbol{\beta}_1,\boldsymbol{\beta}_2,\cdots,\boldsymbol{\beta}_s)$,其中 $\boldsymbol{\beta}_j(j=1,2,\cdots,s)$ 为 $\boldsymbol{B}$ 的第 j 列,再把 $m\times s$ 零矩阵按列分块成 $\boldsymbol{O}=(\boldsymbol{0},\cdots,\boldsymbol{0})$,则 $\boldsymbol{AB}=\boldsymbol{O}\Leftrightarrow\boldsymbol{A}(\boldsymbol{\beta}_1,\boldsymbol{\beta}_2,\cdots,\boldsymbol{\beta}_s)=(\boldsymbol{0},\boldsymbol{0},\cdots,\boldsymbol{0})$

$$\Leftrightarrow(\boldsymbol{A\beta}_1,\boldsymbol{A\beta}_2,\cdots,\boldsymbol{A\beta}_s)=(\boldsymbol{0},\boldsymbol{0},\cdots,\boldsymbol{0})$$
$$\Leftrightarrow\boldsymbol{A\beta}_i=\boldsymbol{0}(i=1,2,\cdots,s),$$

即 $\boldsymbol{B}$ 的每个列向量均为 $\boldsymbol{Ax}=\boldsymbol{0}$ 的解 .

4. 设 $\boldsymbol{A}$ 为 $m\times n$ 矩阵,且 $r(\boldsymbol{A})=r<n$,证明:存在秩为 $n-r$ 的 $n\times(n-r)$ 矩阵 $\boldsymbol{B}$,使得 $\boldsymbol{AB}=\boldsymbol{O}$.

证 因为 $r(\boldsymbol{A})=r<n$,以 $\boldsymbol{A}$ 为系数矩阵的齐次线性方程组 $\boldsymbol{Ax}=\boldsymbol{0}$ 存在基础解系,其解空间的基有 $n-r$ 个解向量,设为 $\boldsymbol{\beta}_1,\boldsymbol{\beta}_2,\cdots,\boldsymbol{\beta}_{n-r}$. 作矩阵 $\boldsymbol{B}=(\boldsymbol{\beta}_1,\boldsymbol{\beta}_2,\cdots,\boldsymbol{\beta}_{n-r})$,则 $\boldsymbol{B}$ 为 $n\times(n-r)$ 矩阵,且 $r(\boldsymbol{B})=n-r$,有

$$\boldsymbol{AB}=\boldsymbol{A}(\boldsymbol{\beta}_1,\boldsymbol{\beta}_2,\cdots,\boldsymbol{\beta}_{n-r})=(\boldsymbol{A\beta}_1,\boldsymbol{A\beta}_2,\cdots,\boldsymbol{A\beta}_{n-r})=(\boldsymbol{0},\boldsymbol{0},\cdots,\boldsymbol{0})=\boldsymbol{O}.$$

5. 设 $\boldsymbol{A}$ 为 n 阶矩阵,并且 $\boldsymbol{A}\neq\boldsymbol{O}$,证明:存在一个 n 阶矩阵 $\boldsymbol{B}\neq\boldsymbol{O}$,使 $\boldsymbol{AB}=\boldsymbol{O}$ 的充分必要条件是 $\det\boldsymbol{A}=0$.

证 必要性:设 $\boldsymbol{B}=(\boldsymbol{\beta}_1,\boldsymbol{\beta}_2,\cdots,\boldsymbol{\beta}_n)$,其中 $\boldsymbol{\beta}_j$ 为 $\boldsymbol{B}$ 的第 j 列($j=1,2,3,\cdots,n$),因为 $\boldsymbol{AB}=(\boldsymbol{A\beta}_1,\boldsymbol{A\beta}_2,\cdots,\boldsymbol{A\beta}_n)=(\boldsymbol{0},\boldsymbol{0},\cdots,\boldsymbol{0})$,即 $\boldsymbol{A\beta}_j=\boldsymbol{0}$ ($j=1,2,3,\cdots,n$). 由于 $\boldsymbol{B}\neq\boldsymbol{O}$,至少存在 $\boldsymbol{B}$ 的某一列的元素不全为零,说明齐次线性方程组 $\boldsymbol{Ax}=\boldsymbol{0}$ 有非零解,故 $\det\boldsymbol{A}=0$.

充分性:若 $\det\boldsymbol{A}=0$,则线性方程组 $\boldsymbol{Ax}=\boldsymbol{0}$ 有非零解 $\boldsymbol{\beta}$,作 $\boldsymbol{B}=(\boldsymbol{\beta},\boldsymbol{0},\cdots,\boldsymbol{0})$,其中 $\boldsymbol{0}$ 为 n 维零向量,显然 $\boldsymbol{B}\neq\boldsymbol{O}$,且 $\boldsymbol{AB}=\boldsymbol{O}$.

注 题中的条件"$\boldsymbol{A}\neq\boldsymbol{O}$"可以不要.

6. 设 $\boldsymbol{A}$ 为 $m\times n$ 矩阵,并且 $r(\boldsymbol{A})=n$,又 $\boldsymbol{B}$ 为 n 阶矩阵,证明:

(1) 如果 $\boldsymbol{AB}=\boldsymbol{O}$,则 $\boldsymbol{B}=\boldsymbol{O}$;

(2) 如果 $\boldsymbol{AB}=\boldsymbol{A}$,则 $\boldsymbol{B}=\boldsymbol{E}$.

证 (1) 因为 $\boldsymbol{AB}=\boldsymbol{O}$,知 $\boldsymbol{B}$ 的每个列向量均为齐次线性方程组 $\boldsymbol{Ax}=\boldsymbol{0}$ 的解,又由于 $r(\boldsymbol{A})=n$,则 $\boldsymbol{A}$ 的列向量组线性无关,即齐次线性方程组 $\boldsymbol{Ax}=\boldsymbol{0}$ 只有零解,所以 $\boldsymbol{B}=\boldsymbol{O}$.

(2) 由 $\boldsymbol{AB}=\boldsymbol{A}$,得 $\boldsymbol{A}(\boldsymbol{B}-\boldsymbol{E})=\boldsymbol{O}$,由(1)得 $\boldsymbol{B}-\boldsymbol{E}=\boldsymbol{O}$,即 $\boldsymbol{B}=\boldsymbol{E}$.

练习 2.5

1. 已知 $\mathbf{R}^3$ 的一组基为 $\boldsymbol{\alpha}_1=(1,1,0)^{\mathrm{T}}$,$\boldsymbol{\alpha}_2=(1,0,1)^{\mathrm{T}}$,$\boldsymbol{\alpha}_3=(0,1,1)^{\mathrm{T}}$,求向量 $\boldsymbol{\alpha}=(2,0,0)^{\mathrm{T}}$ 在上述基下的坐标.

解 设 $\boldsymbol{\alpha}=x_1\boldsymbol{\alpha}_1+x_2\boldsymbol{\alpha}_2+x_3\boldsymbol{\alpha}_3$,即

$$\begin{cases}x_1+x_2=2\\x_1+x_3=0,\\x_2+x_3=0\end{cases}$$

解得 $x_1=1,x_2=1,x_3=-1$,所以 $\boldsymbol{\alpha}$ 在基 $\boldsymbol{\alpha}_1,\boldsymbol{\alpha}_2,\boldsymbol{\alpha}_3$ 下的坐标为 $(1,1,-1)$.

2. 计算向量 $\boldsymbol{\alpha}$ 与 $\boldsymbol{\beta}$ 的内积,并判定它们是否正交:

(1) $\boldsymbol{\alpha}=(-1,0,3,5)^{\mathrm{T}}$ 与 $\boldsymbol{\beta}=(4,-2,0,-1)^{\mathrm{T}}$;

(2) $\boldsymbol{\alpha}=\left(\frac{\sqrt{3}}{2},-\frac{1}{3},\frac{\sqrt{3}}{4},-1\right)^{\mathrm{T}}$,$\boldsymbol{\beta}=\left(-\frac{\sqrt{3}}{2},-2,\sqrt{3},\frac{2}{3}\right)^{\mathrm{T}}$.

解 (1) 向量 $\boldsymbol{\alpha}$ 与 $\boldsymbol{\beta}$ 的内积为

$$\boldsymbol{\alpha}^{\mathrm{T}}\boldsymbol{\beta}=(-1,0,3,5)\begin{pmatrix}4\\-2\\0\\-1\end{pmatrix}=(-1)\times4+0\times(-2)+3\times0+5\times(-1)=-9\neq0,$$

故 $\boldsymbol{\alpha}$ 与 $\boldsymbol{\beta}$ 不正交.

(2) 向量 $\boldsymbol{\alpha}$ 与 $\boldsymbol{\beta}$ 的内积为

$$\begin{aligned}\boldsymbol{\alpha}^{\mathrm{T}}\boldsymbol{\beta}&=\frac{\sqrt{3}}{2}\times\left(-\frac{\sqrt{3}}{2}\right)+\left(-\frac{1}{3}\right)\times(-2)+\frac{\sqrt{3}}{4}\times\sqrt{3}+(-1)\times\frac{2}{3}\\&=-\frac{3}{4}+\frac{2}{3}+\frac{3}{4}-\frac{2}{3}=0,\end{aligned}$$

所以 $\boldsymbol{\alpha}$ 与 $\boldsymbol{\beta}$ 正交.

3. 将下列向量标准化(或单位化):

(1) $\boldsymbol{\alpha}=(1,-1,-1,1)^{\mathrm{T}}$;　　(2) $\boldsymbol{\beta}=\left(\frac{1}{2},-2,0,1\right)^{\mathrm{T}}$.

解 (1) 由 $\boldsymbol{\alpha}=(1,-1,-1,1)^{\mathrm{T}}$,知 $\boldsymbol{\alpha}$ 的长度为

$\|\boldsymbol{\alpha}\|=\sqrt{\boldsymbol{\alpha}^{\mathrm{T}}\boldsymbol{\alpha}}=\sqrt{4}=2$,将 $\boldsymbol{\alpha}$ 标准化,得到

$$\frac{1}{\|\boldsymbol{\alpha}\|}\boldsymbol{\alpha}=\left(\frac{1}{2},-\frac{1}{2},-\frac{1}{2},\frac{1}{2}\right)^{\mathrm{T}}.$$

(2) $\|\boldsymbol{\beta}\|=\sqrt{\boldsymbol{\beta}^{\mathrm{T}}\boldsymbol{\beta}}=\sqrt{\left(\frac{1}{2}\right)^2+(-2)^2+0^2+1^2}=\frac{\sqrt{21}}{2}$,得

$$\frac{\boldsymbol{\beta}}{\|\boldsymbol{\beta}\|}=\frac{2}{\sqrt{21}}\left(\frac{1}{2},-2,0,1\right)^{\mathrm{T}}=\left(\frac{\sqrt{21}}{21},\frac{-4\sqrt{21}}{21},0,\frac{2\sqrt{21}}{21}\right)^{\mathrm{T}}.$$

4. 如果向量 $\boldsymbol{\beta}$ 与向量组 $\boldsymbol{\alpha}_1,\boldsymbol{\alpha}_2,\cdots,\boldsymbol{\alpha}_s$ 的每个向量都正交,证明:$\boldsymbol{\beta}$ 与 $\boldsymbol{\alpha}_1,\boldsymbol{\alpha}_2,\cdots,\boldsymbol{\alpha}_s$ 的任意线性组合也正交.

证 由条件,$\boldsymbol{\beta}$ 分别与 $\boldsymbol{\alpha}_1,\boldsymbol{\alpha}_2,\cdots,\boldsymbol{\alpha}_s$ 正交,即 $\boldsymbol{\beta}^{\mathrm{T}}\boldsymbol{\alpha}_1=\boldsymbol{\beta}^{\mathrm{T}}\boldsymbol{\alpha}_2=\cdots=\boldsymbol{\beta}^{\mathrm{T}}\boldsymbol{\alpha}_n=0$.
设 $\boldsymbol{\eta}=k_1\boldsymbol{\alpha}_1+k_2\boldsymbol{\alpha}_2+\cdots+k_s\boldsymbol{\alpha}_s$,则

$$\boldsymbol{\beta}^{\mathrm{T}}\boldsymbol{\eta}=\boldsymbol{\beta}^{\mathrm{T}}(k_1\boldsymbol{\alpha}_1+k_2\boldsymbol{\alpha}_2+\cdots+k_s\boldsymbol{\alpha}_s)=k_1\boldsymbol{\beta}^{\mathrm{T}}\boldsymbol{\alpha}_1+k_2\boldsymbol{\beta}^{\mathrm{T}}\boldsymbol{\alpha}_2+\cdots+k_s\boldsymbol{\beta}^{\mathrm{T}}\boldsymbol{\alpha}_s=0,$$

所以 $\boldsymbol{\beta}$ 与 $\boldsymbol{\eta}$ 正交，即 $\boldsymbol{\beta}$ 与 $\boldsymbol{\alpha}_1,\boldsymbol{\alpha}_2,\cdots,\boldsymbol{\alpha}_s$ 的任意线性组合正交.

5. 设 $\boldsymbol{\alpha}\in\mathbf{R}^n$，证明：如果 $\boldsymbol{\alpha}$ 与 $\mathbf{R}^n$ 中任何向量都正交，则 $\boldsymbol{\alpha}$ 必为零向量.

证　设 $\boldsymbol{\alpha}=(x_1,x_2,\cdots,x_n)^{\mathrm{T}}\in\mathbf{R}^n$，$\boldsymbol{\alpha}$ 与 $\mathbf{R}^n$ 中任何一个向量都要正交，当然与 n 维单位向量组 $\boldsymbol{\varepsilon}_1,\boldsymbol{\varepsilon}_2,\cdots,\boldsymbol{\varepsilon}_n$ 也正交，由 $\boldsymbol{\alpha}^{\mathrm{T}}\boldsymbol{\varepsilon}_i=0$，得 $x_i=0(i=1,2,\cdots,n)$，即 $\boldsymbol{\alpha}$ 为零向量.

6. 设 $\boldsymbol{\alpha}_1,\boldsymbol{\alpha}_2,\boldsymbol{\alpha}_3$ 是 $\mathbf{R}^3$ 的一组标准正交基，证明：向量组 $\boldsymbol{\beta}_1=\frac{2}{3}\boldsymbol{\alpha}_1+\frac{2}{3}\boldsymbol{\alpha}_2-\frac{1}{3}\boldsymbol{\alpha}_3$，$\boldsymbol{\beta}_2=\frac{2}{3}\boldsymbol{\alpha}_1-\frac{1}{3}\boldsymbol{\alpha}_2+\frac{2}{3}\boldsymbol{\alpha}_3$，$\boldsymbol{\beta}_3=\frac{1}{3}\boldsymbol{\alpha}_1-\frac{2}{3}\boldsymbol{\alpha}_2-\frac{2}{3}\boldsymbol{\alpha}_3$ 也是 $\mathbf{R}^3$ 的一组标准正交基.

证　因为 $\boldsymbol{\alpha}_1,\boldsymbol{\alpha}_2,\boldsymbol{\alpha}_3$ 是 $\mathbf{R}^3$ 的一组标准正交基，则 $\|\boldsymbol{\alpha}_1\|=\sqrt{\boldsymbol{\alpha}_1^{\mathrm{T}}\boldsymbol{\alpha}_1}=1$，$\|\boldsymbol{\alpha}_2\|=\sqrt{\boldsymbol{\alpha}_2^{\mathrm{T}}\boldsymbol{\alpha}_2}=1$，$\|\boldsymbol{\alpha}_3\|=\sqrt{\boldsymbol{\alpha}_3^{\mathrm{T}}\boldsymbol{\alpha}_3}=1$，$\boldsymbol{\alpha}_1^{\mathrm{T}}\boldsymbol{\alpha}_2=\boldsymbol{\alpha}_1^{\mathrm{T}}\boldsymbol{\alpha}_3=\boldsymbol{\alpha}_2^{\mathrm{T}}\boldsymbol{\alpha}_3=0$，则

$$\begin{aligned}\boldsymbol{\beta}_1^{\mathrm{T}}\boldsymbol{\beta}_2&=\left(\frac{2}{3}\boldsymbol{\alpha}_1+\frac{2}{3}\boldsymbol{\alpha}_2-\frac{1}{3}\boldsymbol{\alpha}_3\right)^{\mathrm{T}}\left(\frac{2}{3}\boldsymbol{\alpha}_1-\frac{1}{3}\boldsymbol{\alpha}_2+\frac{2}{3}\boldsymbol{\alpha}_3\right)\\&=\left(\frac{2}{3}\boldsymbol{\alpha}_1^{\mathrm{T}}+\frac{2}{3}\boldsymbol{\alpha}_2^{\mathrm{T}}-\frac{1}{3}\boldsymbol{\alpha}_3^{\mathrm{T}}\right)\left(\frac{2}{3}\boldsymbol{\alpha}_1-\frac{1}{3}\boldsymbol{\alpha}_2+\frac{2}{3}\boldsymbol{\alpha}_3\right)\\&=\frac{4}{9}\boldsymbol{\alpha}_1^{\mathrm{T}}\boldsymbol{\alpha}_1-\frac{2}{9}\boldsymbol{\alpha}_2^{\mathrm{T}}\boldsymbol{\alpha}_2-\frac{2}{9}\boldsymbol{\alpha}_3^{\mathrm{T}}\boldsymbol{\alpha}_3\\&=\frac{4}{9}-\frac{2}{9}-\frac{2}{9}=0,\end{aligned}$$

所以 $\boldsymbol{\beta}_1,\boldsymbol{\beta}_2$ 正交，同理可推出 $\boldsymbol{\beta}_1$ 与 $\boldsymbol{\beta}_3$，$\boldsymbol{\beta}_2$ 与 $\boldsymbol{\beta}_3$ 正交，所以 $\boldsymbol{\beta}_1,\boldsymbol{\beta}_2,\boldsymbol{\beta}_3$ 是一个正交向量组.

又 $\|\boldsymbol{\beta}_1\|^2=\boldsymbol{\beta}_1^{\mathrm{T}}\boldsymbol{\beta}_1=\left(\frac{2}{3}\boldsymbol{\alpha}_1+\frac{2}{3}\boldsymbol{\alpha}_2-\frac{1}{3}\boldsymbol{\alpha}_3\right)^{\mathrm{T}}\left(\frac{2}{3}\boldsymbol{\alpha}_1+\frac{2}{3}\boldsymbol{\alpha}_2-\frac{1}{3}\boldsymbol{\alpha}_3\right)$

$$\begin{aligned}&=\left(\frac{2}{3}\boldsymbol{\alpha}_1^{\mathrm{T}}+\frac{2}{3}\boldsymbol{\alpha}_2^{\mathrm{T}}-\frac{1}{3}\boldsymbol{\alpha}_3^{\mathrm{T}}\right)\left(\frac{2}{3}\boldsymbol{\alpha}_1+\frac{2}{3}\boldsymbol{\alpha}_2-\frac{1}{3}\boldsymbol{\alpha}_3\right)\\&=\frac{4}{9}\|\boldsymbol{\alpha}_1\|^2+\frac{4}{9}\|\boldsymbol{\alpha}_2\|^2+\frac{1}{9}\|\boldsymbol{\alpha}_3\|^2=1,\end{aligned}$$

则 $\|\boldsymbol{\beta}_1\|=1$，同样可得 $\|\boldsymbol{\beta}_2\|=\|\boldsymbol{\beta}_3\|=1$，所以 $\boldsymbol{\beta}_1,\boldsymbol{\beta}_2,\boldsymbol{\beta}_3$ 是 $\mathbf{R}^3$ 的一组标准正交基.

7. 利用施密特正交化方法，将下列各向量组化为正交的单位向量组：

(1) $\boldsymbol{\alpha}_1=(0,1,1)^{\mathrm{T}}$，$\boldsymbol{\alpha}_2=(1,1,0)^{\mathrm{T}}$，$\boldsymbol{\alpha}_3=(1,0,1)^{\mathrm{T}}$；

(2) $\boldsymbol{\alpha}_1=(1,-2,2)^{\mathrm{T}}$，$\boldsymbol{\alpha}_2=(-1,0,-1)^{\mathrm{T}}$，$\boldsymbol{\alpha}_3=(5,-3,-7)^{\mathrm{T}}$；

(3) $\boldsymbol{\alpha}_1=(1,1,1,1)^{\mathrm{T}}$，$\boldsymbol{\alpha}_2=(3,3,-1,-1)^{\mathrm{T}}$，$\boldsymbol{\alpha}_3=(-2,0,6,8)^{\mathrm{T}}$.

解　(1) 先求与 $\boldsymbol{\alpha}_1,\boldsymbol{\alpha}_2,\boldsymbol{\alpha}_3$ 等价的正交向量组 $\boldsymbol{\beta}_1,\boldsymbol{\beta}_2,\boldsymbol{\beta}_3$，其中

$$\boldsymbol{\beta}_1=\boldsymbol{\alpha}_1=(0,1,1)^{\mathrm{T}},$$

$$\begin{aligned}\boldsymbol{\beta}_2&=\boldsymbol{\alpha}_2-\frac{\boldsymbol{\alpha}_2^{\mathrm{T}}\boldsymbol{\beta}_1}{\boldsymbol{\beta}_1^{\mathrm{T}}\boldsymbol{\beta}_1}\boldsymbol{\beta}_1=(1,1,0)^{\mathrm{T}}-\frac{0+1+0}{0+1+1}(0,1,1)^{\mathrm{T}}\\&=(1,1,0)^{\mathrm{T}}-\frac{1}{2}(0,1,1)^{\mathrm{T}}=\left(1,\frac{1}{2},-\frac{1}{2}\right)^{\mathrm{T}},\end{aligned}$$

$$\begin{aligned}\boldsymbol{\beta}_3&=\boldsymbol{\alpha}_3-\frac{\boldsymbol{\alpha}_3^{\mathrm{T}}\boldsymbol{\beta}_1}{\boldsymbol{\beta}_1^{\mathrm{T}}\boldsymbol{\beta}_1}\boldsymbol{\beta}_1-\frac{\boldsymbol{\alpha}_3^{\mathrm{T}}\boldsymbol{\beta}_2}{\boldsymbol{\beta}_2^{\mathrm{T}}\boldsymbol{\beta}_2}\boldsymbol{\beta}_2\\&=(1,0,1)^{\mathrm{T}}-\frac{0+0+1}{0+1+1}(0,1,1)^{\mathrm{T}}-\frac{1+0-\frac{1}{2}}{1+\frac{1}{4}+\frac{1}{4}}\left(1,\frac{1}{2},-\frac{1}{2}\right)^{\mathrm{T}}\end{aligned}$$

$$=(1,0,1)^T-\frac{1}{2}(0,1,1)^T-\frac{1}{3}\left(1,\frac{1}{2},-\frac{1}{2}\right)^T$$

$$=\left(\frac{2}{3},-\frac{2}{3},\frac{2}{3}\right)^T,$$

单位化后

$$\boldsymbol{\beta}_1=\frac{1}{\sqrt{2}}(0,1,1)^T;\ \boldsymbol{\beta}_2=\sqrt{\frac{2}{3}}\left(1,\frac{1}{2},-\frac{1}{2}\right)^T;\ \boldsymbol{\beta}_3=\frac{\sqrt{3}}{2}\left(\frac{2}{3},-\frac{2}{3},\frac{2}{3}\right)^T.$$

(2) 令

$$\boldsymbol{\beta}_1=\boldsymbol{\alpha}_1=(1,-2,2)^T,$$

$$\boldsymbol{\beta}_2=\boldsymbol{\alpha}_2-\frac{\boldsymbol{\alpha}_2^T\boldsymbol{\beta}_1}{\boldsymbol{\beta}_1^T\boldsymbol{\beta}_1}\boldsymbol{\beta}_1=(-1,0,-1)^T-\frac{-1+0-2}{1+4+4}(1,-2,2)^T$$

$$=(-1,0,-1)^T+\frac{1}{3}(1,-2,2)^T=\left(-\frac{2}{3},-\frac{2}{3},-\frac{1}{3}\right)^T,$$

$$\boldsymbol{\beta}_3=\boldsymbol{\alpha}_3-\frac{\boldsymbol{\alpha}_3^T\boldsymbol{\beta}_1}{\boldsymbol{\beta}_1^T\boldsymbol{\beta}_1}\boldsymbol{\beta}_1-\frac{\boldsymbol{\alpha}_3^T\boldsymbol{\beta}_2}{\boldsymbol{\beta}_2^T\boldsymbol{\beta}_2}\boldsymbol{\beta}_2$$

$$=(5,-3,-7)^T-\frac{5+6-14}{1+4+4}(1,-2,2)^T-\frac{-\frac{10}{3}+2+\frac{7}{3}}{1}\left(-\frac{2}{3},-\frac{2}{3},-\frac{1}{3}\right)^T$$

$$=(5,-3,-7)^T+\frac{1}{3}(1,-2,2)^T-\left(-\frac{2}{3},-\frac{2}{3},-\frac{1}{3}\right)^T$$

$$=(6,-3,-6)^T,$$

单位化后

$$\boldsymbol{\beta}_1=\left(\frac{1}{3},-\frac{2}{3},\frac{2}{3}\right)^T;\ \boldsymbol{\beta}_2=\left(-\frac{2}{3},-\frac{2}{3},-\frac{1}{3}\right)^T;\ \boldsymbol{\beta}_3=\left(\frac{2}{3},-\frac{1}{3},-\frac{2}{3}\right)^T.$$

(3) 令

$$\boldsymbol{\beta}_1=\boldsymbol{\alpha}_1=(1,1,1,1)^T,$$

$$\boldsymbol{\beta}_2=\boldsymbol{\alpha}_2-\frac{\boldsymbol{\alpha}_2^T\boldsymbol{\beta}_1}{\boldsymbol{\beta}_1^T\boldsymbol{\beta}_1}\boldsymbol{\beta}_1=(3,3,-1,-1)^T-\frac{4}{4}(1,1,1,1)^T=(2,2,-2,-2)^T,$$

$$\boldsymbol{\beta}_3=\boldsymbol{\alpha}_3-\frac{\boldsymbol{\alpha}_3^T\boldsymbol{\beta}_1}{\boldsymbol{\beta}_1^T\boldsymbol{\beta}_1}\boldsymbol{\beta}_1-\frac{\boldsymbol{\alpha}_3^T\boldsymbol{\beta}_2}{\boldsymbol{\beta}_2^T\boldsymbol{\beta}_2}\boldsymbol{\beta}_2$$

$$=(-2,0,6,8)^T-\frac{12}{4}(1,1,1,1)^T-\frac{-32}{16}(2,2,-2,-2)^T$$

$$=(-2,0,6,8)^T-(3,3,3,3)^T+(4,4,-4,-4)^T$$

$$=(-1,1,-1,1)^T,$$

单位化后

$$\boldsymbol{\beta}_1=\frac{1}{2}(1,1,1,1)^T;\ \boldsymbol{\beta}_2=\frac{1}{2}(1,1,-1,-1)^T;\ \boldsymbol{\beta}_3=\frac{1}{2}(-1,1,-1,1)^T.$$

8. 设 $\boldsymbol{A}$ 为正交矩阵,证明:$\det\boldsymbol{A}=-1$ 或 1.

证 因为 $\boldsymbol{A}$ 为正交矩阵,有 $\boldsymbol{A}^T\boldsymbol{A}=\boldsymbol{E}$,两边取行列式,得

$$|\boldsymbol{A}^T\boldsymbol{A}|=|\boldsymbol{A}|^2=1,\text{故}\ \det\boldsymbol{A}=-1\ \text{或}\ 1.$$

9. 证明:如果 $\boldsymbol{A}$ 为 n 阶正交矩阵,则其逆矩阵 $\boldsymbol{A}^{-1}$ 与其伴随矩阵 $\boldsymbol{A}^*$ 也都是正交矩阵.

证　$\boldsymbol{A}$ 为正交矩阵,有 $\boldsymbol{A}^{\mathrm{T}}\boldsymbol{A}=\boldsymbol{E}$,两边取逆,得 $(\boldsymbol{A}^{\mathrm{T}}\boldsymbol{A})^{-1}=\boldsymbol{A}^{-1}(\boldsymbol{A}^{\mathrm{T}})^{-1}=\boldsymbol{E}$,而 $(\boldsymbol{A}^{\mathrm{T}})^{-1}=(\boldsymbol{A}^{-1})^{\mathrm{T}}$,即 $\boldsymbol{A}^{-1}(\boldsymbol{A}^{-1})^{\mathrm{T}}=\boldsymbol{E}$,故 $\boldsymbol{A}^{-1}$ 为正交矩阵;

因为 $(\boldsymbol{A}^*)^{\mathrm{T}}\boldsymbol{A}^*=(|\boldsymbol{A}|\boldsymbol{A}^{-1})^{\mathrm{T}}|\boldsymbol{A}|\boldsymbol{A}^{-1}=|\boldsymbol{A}|^2(\boldsymbol{A}^{-1})^{\mathrm{T}}\boldsymbol{A}^{-1}=1\boldsymbol{E}=\boldsymbol{E}$,故 $\boldsymbol{A}^*$ 也为正交矩阵.

10. 若 $\boldsymbol{A},\boldsymbol{B}$ 均为 n 阶正交矩阵,证明 $\boldsymbol{AB}$ 也是正交矩阵.

证　因为 $\boldsymbol{A},\boldsymbol{B}$ 均为正交矩阵,有 $\boldsymbol{A}^{\mathrm{T}}\boldsymbol{A}=\boldsymbol{E},\boldsymbol{B}^{\mathrm{T}}\boldsymbol{B}=\boldsymbol{E}$,而 $\boldsymbol{A},\boldsymbol{B}$ 为 n 阶矩阵,

$$(\boldsymbol{AB})^{\mathrm{T}}\boldsymbol{AB}=\boldsymbol{B}^{\mathrm{T}}\boldsymbol{A}^{\mathrm{T}}\boldsymbol{AB}=\boldsymbol{B}^{\mathrm{T}}\boldsymbol{EB}=\boldsymbol{B}^{\mathrm{T}}\boldsymbol{B}=\boldsymbol{E},$$

故 $\boldsymbol{AB}$ 为 n 阶正交矩阵.

11. 证明:上三角形的正交矩阵必为对角矩阵,并且主对角线上的元素为 1 或 −1.

证　设 $\boldsymbol{A}=\begin{pmatrix}a_{11} & a_{12} & \cdots & a_{1n}\\ & \ddots & & \vdots\\ & & \ddots & \vdots\\ & & & a_{nn}\end{pmatrix}$ 为上三角正交矩阵,则 $\boldsymbol{A}$ 可逆,$\boldsymbol{A}^{-1}=\begin{pmatrix}b_{11} & b_{12} & \cdots & b_{1n}\\ & \ddots & & \vdots\\ & & \ddots & \vdots\\ & & & b_{nn}\end{pmatrix}$ 也为上三角正交矩阵,且有 $\boldsymbol{A}^{-1}=\boldsymbol{A}^{\mathrm{T}}$,即

$$\begin{pmatrix}a_{11} & & & \\ a_{12} & a_{22} & & \\ \cdots & \cdots & \ddots & \\ a_{1n} & a_{2n} & \cdots & a_{nn}\end{pmatrix}=\begin{pmatrix}b_{11} & b_{12} & \cdots & b_{1n}\\ & \ddots & & \vdots\\ & & \ddots & \vdots\\ & & & b_{nn}\end{pmatrix},$$

所以 $a_{ij}=0(i\neq j)$,因而 $\boldsymbol{A}$ 为对角阵,即

$$\boldsymbol{A}=\begin{pmatrix}a_{11} & & & \\ & \ddots & & \\ & & \ddots & \\ & & & a_{nn}\end{pmatrix},$$

再由 $\boldsymbol{A}^{\mathrm{T}}\boldsymbol{A}=\boldsymbol{E}$ 知 $a_{ii}^2=1$,即 $a_{ii}=\pm1(i=1,2,\cdots,n)$.

12. 设 $\boldsymbol{A}$ 为 n 阶正交矩阵,$\boldsymbol{\alpha}\in\mathbf{R}^n$,证明 $\|\boldsymbol{A\alpha}\|=\|\boldsymbol{\alpha}\|$.

证　$\|\boldsymbol{A\alpha}\|=\sqrt{(\boldsymbol{A\alpha})^{\mathrm{T}}(\boldsymbol{A\alpha})}=\sqrt{\boldsymbol{\alpha}^{\mathrm{T}}\boldsymbol{A}^{\mathrm{T}}\boldsymbol{A\alpha}}=\sqrt{\boldsymbol{\alpha}^{\mathrm{T}}\boldsymbol{\alpha}}=\|\boldsymbol{\alpha}\|$.

13. 设 $\boldsymbol{A}$ 为 n 阶正交矩阵,$\boldsymbol{\alpha}_1,\boldsymbol{\alpha}_2,\cdots,\boldsymbol{\alpha}_n$ 为 $\mathbf{R}^n$ 的一组标准正交基,求证:$\boldsymbol{A\alpha}_1,\boldsymbol{A\alpha}_2,\cdots,\boldsymbol{A\alpha}_n$ 也为 $\mathbf{R}^n$ 的一组标准正交基.

证　因为 $\boldsymbol{A}$ 为正交矩阵,$\boldsymbol{A}^{\mathrm{T}}\boldsymbol{A}=\boldsymbol{E}$. 而 $\boldsymbol{\alpha}_1,\boldsymbol{\alpha}_2,\cdots,\boldsymbol{\alpha}_n$ 为标准正交基,有

$$(\boldsymbol{A\alpha}_i)^{\mathrm{T}}(\boldsymbol{A\alpha}_i)=\boldsymbol{\alpha}_i^{\mathrm{T}}\boldsymbol{A}^{\mathrm{T}}\boldsymbol{A\alpha}_j=\boldsymbol{\alpha}_i^{\mathrm{T}}\boldsymbol{\alpha}_j=\begin{cases}1, & i=j\\ 0, & i\neq j\end{cases},\text{知 }\|\boldsymbol{A\alpha}_i\|=\|\boldsymbol{\alpha}_i\|=1(1\leqslant i\leqslant n),$$

所以　$\boldsymbol{A\alpha}_1,\boldsymbol{A\alpha}_2,\cdots,\boldsymbol{A\alpha}_n$ 为标准正交基.

2.5 习题全解

1. 求解下列线性方程组(其中 a_1,a_2,a_3 两两互不相同):

$$\begin{cases}x_1+x_2+x_3=1\\a_1x_1+a_2x_2+a_3x_3=b\\a_1^2x_1+a_2^2x_2+a_3^2x_3=b^2\end{cases}.$$

解 系数矩阵行列式为范德蒙行列式

$$D=\begin{vmatrix}1&1&1\\a_1&a_2&a_3\\a_1^2&a_2^2&a_3^2\end{vmatrix}=(a_2-a_1)(a_3-a_1)(a_3-a_2)\neq0,$$

故方程组有唯一解,且

$$D_1=\begin{vmatrix}1&1&1\\b&a_2&a_3\\b^2&a_2^2&a_3^2\end{vmatrix}=(a_2-b)(a_3-b)(a_3-a_2),$$

$$D_2=\begin{vmatrix}1&1&1\\a_1&b&a_3\\a_1^2&b^2&a_3^2\end{vmatrix}=(b-a_1)(a_3-a_1)(a_3-b),$$

$$D_3=\begin{vmatrix}1&1&1\\a_1&a_2&b\\a_1^2&a_2^2&b^2\end{vmatrix}=(a_2-a_1)(b-a_1)(b-a_2),$$

得

$$x_1=\frac{D_1}{D}=\frac{(a_2-b)(a_3-b)}{(a_2-a_1)(a_3-a_1)},\ x_2=\frac{D_2}{D}=\frac{(b-a_1)(a_3-b)}{(a_2-a_1)(a_3-a_2)},$$

$$x_3=\frac{D_3}{D}=\frac{(b-a_1)(b-a_2)}{(a_3-a_1)(a_3-a_2)}.$$

2. 证明:线性方程组

$$\begin{cases}x_1-x_2=a_1\\x_2-x_3=a_2\\x_3-x_4=a_3\\x_4-x_5=a_4\\x_5-x_1=a_5\end{cases}$$

有解的充分必要条件是 $\sum\limits_{i=1}^{5}a_i=0$,在有解的情况下求方程组的解.

证 对方程组的增广矩阵做初等行变换:

$$\overline{\mathbf{A}}=\left(\begin{array}{ccccc:c}1&-1&0&0&0&a_1\\0&1&-1&0&0&a_2\\0&0&1&-1&0&a_3\\0&0&0&1&-1&a_4\\-1&0&0&0&1&a_5\end{array}\right)\to\left(\begin{array}{ccccc:c}1&-1&0&0&0&a_1\\0&1&-1&0&0&a_2\\0&0&1&-1&0&a_3\\0&0&0&1&-1&a_4\\0&0&0&0&0&\sum\limits_{i=1}^{5}a_i\end{array}\right),$$

此方程组有解$\Leftrightarrow r(\mathbf{A})=r(\overline{\mathbf{A}})\Leftrightarrow \sum\limits_{i=1}^{5} a_i=0$，故方程组有解的充要条件是$\sum\limits_{i=1}^{5} a_i=0$，

当$\sum\limits_{i=1}^{5} a_i=0$时，方程组的一般解为 $\begin{cases}x_1=x_5+a_1+a_2+a_3+a_4\\x_2=x_5+a_2+a_3+a_4\\x_3=x_5+a_3+a_4\\x_4=x_5+a_4\end{cases}$.

令 x_5 为自由未知量，取 $x_5=c$，则方程组的解为

$$\begin{cases}x_1=c+a_1+a_2+a_3+a_4\\x_2=c+a_2+a_3+a_4\\x_3=c+a_3+a_4\\x_4=c+a_4\\x_5=c\end{cases}\quad(c\text{ 为任意常数}).$$

3. 已知 $\boldsymbol{\alpha}_1=(1,0,2,3)^{\mathrm{T}}$，$\boldsymbol{\alpha}_2=(1,1,3,5)^{\mathrm{T}}$，$\boldsymbol{\alpha}_3=(1,-1,a+2,1)^{\mathrm{T}}$，$\boldsymbol{\alpha}_4=(1,2,4,a+8)^{\mathrm{T}}$ 及 $\boldsymbol{\beta}=(1,1,b+3,5)^{\mathrm{T}}$.

(1) a,b 为何值时，$\boldsymbol{\beta}$ 不能表示为 $\boldsymbol{\alpha}_1,\boldsymbol{\alpha}_2,\boldsymbol{\alpha}_3,\boldsymbol{\alpha}_4$ 的线性组合？

(2) a,b 为何值时，$\boldsymbol{\beta}$ 有 $\boldsymbol{\alpha}_1,\boldsymbol{\alpha}_2,\boldsymbol{\alpha}_3,\boldsymbol{\alpha}_4$ 的唯一线性表达式？并写出该表示式.

解 设有 x_1,x_2,x_3,x_4，使 $x_1\boldsymbol{\alpha}_1+x_2\boldsymbol{\alpha}_2+x_3\boldsymbol{\alpha}_3+x_4\boldsymbol{\alpha}_4=\boldsymbol{\beta}$，即

$$\begin{cases}x_1+x_2+x_3+x_4=1\\x_2-x_3+2x_4=1\\2x_1+3x_2+(a+2)x_3+4x_4=b+3\\3x_1+5x_2+x_3+(a+8)x_4=5\end{cases},$$

对方程组的增广矩阵做初等行变换

$$\overline{\mathbf{A}}=\left(\begin{array}{cccc:c}1&1&1&1&1\\0&1&-1&2&1\\2&3&a+2&4&b+3\\3&5&1&a+8&5\end{array}\right)\to\left(\begin{array}{cccc:c}1&1&1&1&1\\0&1&-1&2&1\\0&1&a&2&b+1\\0&2&-2&a+5&2\end{array}\right)$$

$$\to\left(\begin{array}{cccc:c}1&1&1&1&1\\0&1&-1&2&1\\0&0&a+1&0&b\\0&0&0&a+1&0\end{array}\right),$$

(1) 当 $a=-1$ 且 $b\neq0$ 时，方程组无解，即 $\boldsymbol{\beta}$ 不能由 $\boldsymbol{\alpha}_1,\boldsymbol{\alpha}_2,\boldsymbol{\alpha}_3,\boldsymbol{\alpha}_4$ 线性表出.

(2) 当 $a\neq-1$ 时，$r(\mathbf{A})=r(\overline{\mathbf{A}})=4$，方程组有唯一解：

$x_1=-\frac{2b}{a+1}$，$x_2=\frac{a+b+1}{a+1}$，$x_3=\frac{b}{a+1}$，$x_4=0$. $\boldsymbol{\beta}$ 有 $\boldsymbol{\alpha}_1,\boldsymbol{\alpha}_2,\boldsymbol{\alpha}_3,\boldsymbol{\alpha}_4$ 的唯一线性表达式为 $\boldsymbol{\beta}=-\frac{2b}{a+1}\boldsymbol{\alpha}_1+\frac{a+b+1}{a+1}\boldsymbol{\alpha}_2+\frac{b}{a+1}\boldsymbol{\alpha}_3$.

4. 设向量组 $\boldsymbol{\alpha}_1,\boldsymbol{\alpha}_2,\boldsymbol{\alpha}_3$ 线性相关，向量组 $\boldsymbol{\alpha}_2,\boldsymbol{\alpha}_3,\boldsymbol{\alpha}_4$ 线性无关，问：

(1) $\boldsymbol{\alpha}_1$ 能否由 $\boldsymbol{\alpha}_2,\boldsymbol{\alpha}_3$ 线性表出，证明你的结论；

(2) $\boldsymbol{\alpha}_4$ 能否由 $\boldsymbol{\alpha}_1,\boldsymbol{\alpha}_2,\boldsymbol{\alpha}_3$ 线性表出，证明你的结论.

解 (1) $\boldsymbol{\alpha}_1$ 能由 $\boldsymbol{\alpha}_2,\boldsymbol{\alpha}_3$ 线性表出. 这是由于向量组 $\boldsymbol{\alpha}_2,\boldsymbol{\alpha}_3,\boldsymbol{\alpha}_4$ 线性无关，所以 $\boldsymbol{\alpha}_2,\boldsymbol{\alpha}_3$ 是线性无关的，而 $\boldsymbol{\alpha}_1,\boldsymbol{\alpha}_2,\boldsymbol{\alpha}_3$ 线性相关，所以 $\boldsymbol{\alpha}_1$ 能由 $\boldsymbol{\alpha}_2,\boldsymbol{\alpha}_3$ 线性表出.

(2) $\boldsymbol{\alpha}_4$ 不能由 $\boldsymbol{\alpha}_1,\boldsymbol{\alpha}_2,\boldsymbol{\alpha}_3$ 线性表出. 若不然，假定 $\boldsymbol{\alpha}_4$ 能由 $\boldsymbol{\alpha}_1,\boldsymbol{\alpha}_2,\boldsymbol{\alpha}_3$ 线性表出，设 $\boldsymbol{\alpha}_4=k_1\boldsymbol{\alpha}_1+k_2\boldsymbol{\alpha}_2+k_3\boldsymbol{\alpha}_3$，由(1)知，$\boldsymbol{\alpha}_1$ 能由 $\boldsymbol{\alpha}_2,\boldsymbol{\alpha}_3$ 线性表出，设 $\boldsymbol{\alpha}_1=l_2\boldsymbol{\alpha}_2+l_3\boldsymbol{\alpha}_3$，故有

$$\boldsymbol{\alpha}_4=k_1l_2\boldsymbol{\alpha}_2+k_1l_3\boldsymbol{\alpha}_3+k_2\boldsymbol{\alpha}_2+k_3\boldsymbol{\alpha}_3=(k_1l_2+k_2)\boldsymbol{\alpha}_2+(k_1l_3+k_3)\boldsymbol{\alpha}_3,$$

即 $\boldsymbol{\alpha}_4$ 能由 $\boldsymbol{\alpha}_2,\boldsymbol{\alpha}_3$ 线性表出，与向量组 $\boldsymbol{\alpha}_2,\boldsymbol{\alpha}_3,\boldsymbol{\alpha}_4$ 线性无关相矛盾，所以 $\boldsymbol{\alpha}_4$ 不能由 $\boldsymbol{\alpha}_1,\boldsymbol{\alpha}_2,\boldsymbol{\alpha}_3$ 线性表出.

5. 设 $\boldsymbol{A}=(a_{ij})_{m\times s}$，$\boldsymbol{B}=(b_{ij})_{s\times n}$，证明：$r(\boldsymbol{AB})\leqslant\min(r(\boldsymbol{A}),r(\boldsymbol{B}))$.

证 因为 $\boldsymbol{AB}$ 为 $m\times n$ 矩阵，将 $\boldsymbol{AB},\boldsymbol{A}$ 按列分块为

$$\boldsymbol{AB}=(\boldsymbol{\gamma}_1,\boldsymbol{\gamma}_2,\cdots,\boldsymbol{\gamma}_n),\boldsymbol{A}=(\boldsymbol{\alpha}_1,\boldsymbol{\alpha}_2,\cdots,\boldsymbol{\alpha}_s),$$

其中 $\boldsymbol{\gamma}_1,\boldsymbol{\gamma}_2,\cdots,\boldsymbol{\gamma}_n$ 与 $\boldsymbol{\alpha}_1,\boldsymbol{\alpha}_2,\cdots,\boldsymbol{\alpha}_s$ 分别为矩阵 $\boldsymbol{AB},\boldsymbol{A}$ 的列向量组，由分块矩阵的乘法，有

$$(\boldsymbol{\gamma}_1,\boldsymbol{\gamma}_2,\cdots,\boldsymbol{\gamma}_n)=(\boldsymbol{\alpha}_1,\boldsymbol{\alpha}_2,\cdots,\boldsymbol{\alpha}_s)\begin{pmatrix}b_{11}&b_{12}&\cdots&b_{1n}\\b_{21}&b_{22}&\cdots&b_{2n}\\\vdots&\vdots&\ddots&\vdots\\b_{s1}&b_{s2}&\cdots&b_{sn}\end{pmatrix},$$

得 $\boldsymbol{AB}$ 的列向量组可由 $\boldsymbol{A}$ 的列向量组线性表出，所以 $r(\boldsymbol{AB})\leqslant r(\boldsymbol{A})$；
同样

$$\boldsymbol{AB}=\begin{pmatrix}a_{11}&a_{12}&\cdots&a_{1s}\\a_{21}&a_{22}&\cdots&a_{2s}\\\vdots&\vdots&\ddots&\vdots\\a_{m1}&a_{m2}&\cdots&a_{ms}\end{pmatrix}\begin{pmatrix}\boldsymbol{\beta}_1\\\boldsymbol{\beta}_2\\\vdots\\\boldsymbol{\beta}_s\end{pmatrix}=\begin{pmatrix}\boldsymbol{\eta}_1\\\boldsymbol{\eta}_2\\\vdots\\\boldsymbol{\eta}_m\end{pmatrix},$$

其中 $\boldsymbol{\beta}_i$ 为 $\boldsymbol{B}$ 的第 i 行($i=1,2,\cdots,s$)，$\boldsymbol{\eta}_j$ 为 $\boldsymbol{AB}$ 的第 j 行($j=1,2,\cdots,m$)，知 $\boldsymbol{AB}$ 的行向量组可由 $\boldsymbol{B}$ 的行向量组线性表出，所以 $r(\boldsymbol{AB})\leqslant r(\boldsymbol{B})$. 综上所述有 $r(\boldsymbol{AB})\leqslant\min(r(\boldsymbol{A}),r(\boldsymbol{B}))$.

6. 设向量组 $\boldsymbol{\alpha}_1,\boldsymbol{\alpha}_2,\cdots,\boldsymbol{\alpha}_s$ 可由向量组 $\boldsymbol{\beta}_1,\boldsymbol{\beta}_2,\cdots,\boldsymbol{\beta}_t$ 线性表出，且 $r(\boldsymbol{\alpha}_1,\boldsymbol{\alpha}_2,\cdots,\boldsymbol{\alpha}_s)=r(\boldsymbol{\beta}_1,\boldsymbol{\beta}_2,\cdots,\boldsymbol{\beta}_t)$，证明：$\boldsymbol{\beta}_1,\boldsymbol{\beta}_2,\cdots,\boldsymbol{\beta}_t$ 也可由 $\boldsymbol{\alpha}_1,\boldsymbol{\alpha}_2,\cdots,\boldsymbol{\alpha}_s$ 线性表出.

证 设向量组Ⅰ：$\boldsymbol{\alpha}_1,\boldsymbol{\alpha}_2,\cdots,\boldsymbol{\alpha}_s$ 与向量组Ⅱ：$\boldsymbol{\beta}_1,\boldsymbol{\beta}_2,\cdots,\boldsymbol{\beta}_t$ 的秩为 r，

因为向量组Ⅰ可由向量组Ⅱ线性表出，由练习 2.4 的第 8 题，向量组Ⅲ：$\boldsymbol{\alpha}_1,\boldsymbol{\alpha}_2,\cdots,\boldsymbol{\alpha}_s,\boldsymbol{\beta}_1,\boldsymbol{\beta}_2,\cdots,\boldsymbol{\beta}_t$ 与向量组Ⅱ等价，则向量组Ⅲ的秩为 r.

又设 $\boldsymbol{\alpha}_{i_1},\boldsymbol{\alpha}_{i_2},\cdots,\boldsymbol{\alpha}_{i_r}$ 为向量组Ⅰ的极大无关组，从而 $\boldsymbol{\alpha}_{i_1},\boldsymbol{\alpha}_{i_2},\cdots,\boldsymbol{\alpha}_{i_r}$ 也是向量组Ⅲ的极大无关组，故 $\boldsymbol{\beta}_1,\boldsymbol{\beta}_2,\cdots,\boldsymbol{\beta}_t$ 可由 $\boldsymbol{\alpha}_{i_1},\boldsymbol{\alpha}_{i_2},\cdots,\boldsymbol{\alpha}_{i_r}$ 线性表出，当然也可由 $\boldsymbol{\alpha}_1,\boldsymbol{\alpha}_2,\cdots,\boldsymbol{\alpha}_s$ 线性表出.

7. 设齐次线性方程组

$$\begin{cases}a_{11}x_1+a_{12}x_2+\cdots+a_{1n}x_n=0\\a_{21}x_1+a_{22}x_2+\cdots+a_{2n}x_n=0\\\cdots\cdots\\a_{n1}x_1+a_{n2}x_2+\cdots+a_{nn}x_n=0\end{cases}$$

的系数矩阵 $\boldsymbol{A}=(a_{ij})_{n\times n}$ 的秩为 $n-1$，证明：此方程组的全部解为 $\boldsymbol{\eta}=c(\boldsymbol{A}_{i1},\boldsymbol{A}_{i2},\cdots,\boldsymbol{A}_{in})^{\mathrm{T}}$，其中 $\boldsymbol{A}_{ij}(1\leqslant j\leqslant n)$ 为 a_{ij} 的代数余子式，且至少有一个 $\boldsymbol{A}_{ij}\neq 0$，$c$ 为任意常数.

证 因为 $r(\boldsymbol{A})=n-1$，故以下三个结论成立：

(1) 该方程组存在基础解系，且基础解系由一个解向量组成；

(2) $\det\boldsymbol{A}=0$，从而 $\boldsymbol{A}\boldsymbol{A}^*=(\det\boldsymbol{A})\boldsymbol{E}=\boldsymbol{O}$，$\boldsymbol{A}^*$ 的每一个列向量都是 $\boldsymbol{Ax}=\boldsymbol{0}$ 的解；

(3) $\boldsymbol{A}$ 至少有一个 $n-1$ 阶子式不为零，不妨设 $\boldsymbol{A}_{ij}\neq 0$，则 $\boldsymbol{\eta}_1=(\boldsymbol{A}_{i1},\cdots,\boldsymbol{A}_{ij},\cdots,\boldsymbol{A}_{in})^{\mathrm{T}}$ 是 $\boldsymbol{A}^*$ 的一个非零列向量；

综上所述，$\boldsymbol{\eta}_1$ 是 $\boldsymbol{Ax}=\boldsymbol{0}$ 的基础解系，故 $\boldsymbol{Ax}=\boldsymbol{0}$ 的全部解为

$$\boldsymbol{\eta}=c\boldsymbol{\eta}_1=c(\boldsymbol{A}_{i1},\boldsymbol{A}_{i2},\cdots,\boldsymbol{A}_{in})^{\mathrm{T}}(c\text{ 为任意常数}).$$

8. 设 $\boldsymbol{A}$ 为 4×3 矩阵，且线性方程组 $\boldsymbol{Ax}=\boldsymbol{\beta}$ 满足 $r(\boldsymbol{A})=r(\overline{\boldsymbol{A}})=2$，并且已知 $\boldsymbol{\gamma}_1=(-1,1,0)^{\mathrm{T}}$，$\boldsymbol{\gamma}_2=(1,0,1)^{\mathrm{T}}$ 为该方程组的两个解，试求出该方程组的全部解.

解 由于 $\boldsymbol{A}$ 为 4×3 矩阵，方程组 $\boldsymbol{Ax}=\boldsymbol{\beta}$ 有 3 个未知量，而 $r(\boldsymbol{A})=r(\overline{\boldsymbol{A}})=2<3$，方程组有无穷多解，在 $\boldsymbol{Ax}=\boldsymbol{0}$ 基础解系中含有 $3-2=1$ 个解向量，$\boldsymbol{\gamma}_2-\boldsymbol{\gamma}_1=(2,-1,1)^{\mathrm{T}}$ 就是 $\boldsymbol{Ax}=\boldsymbol{0}$ 的基础解系，方程组的全部解为 $\boldsymbol{\eta}=\boldsymbol{\gamma}_1+c(\boldsymbol{\gamma}_2-\boldsymbol{\gamma}_1)$（$c$ 为任意常数）.

9. 设 $m\times n$ 矩阵 $\boldsymbol{A}$ 的秩为 $r<n$，又 $\boldsymbol{\gamma}_0,\boldsymbol{\gamma}_1,\cdots,\boldsymbol{\gamma}_{n-r}$ 为非齐次线性方程组 $\boldsymbol{Ax}=\boldsymbol{\beta}$ 的 $n-r+1$ 个线性无关的解，求证：$\boldsymbol{\gamma}_1-\boldsymbol{\gamma}_0,\boldsymbol{\gamma}_2-\boldsymbol{\gamma}_0,\cdots,\boldsymbol{\gamma}_{n-r}-\boldsymbol{\gamma}_0$ 是其导出组 $\boldsymbol{Ax}=\boldsymbol{0}$ 的一个基础解系.

证 因为 $r(\boldsymbol{A}_{m\times n})=r<n$，故 $\boldsymbol{Ax}=\boldsymbol{0}$ 存在基础解系，且包含 $n-r$ 个解向量，而 $\boldsymbol{\gamma}_0$，$\boldsymbol{\gamma}_1,\cdots,\boldsymbol{\gamma}_{n-r}$ 为 $\boldsymbol{Ax}=\boldsymbol{\beta}$ 的线性无关的解，

$\boldsymbol{\gamma}_1-\boldsymbol{\gamma}_0,\boldsymbol{\gamma}_2-\boldsymbol{\gamma}_0,\cdots,\boldsymbol{\gamma}_{n-r}-\boldsymbol{\gamma}_0$ 为导出组 $\boldsymbol{Ax}=\boldsymbol{0}$ 的解，且线性无关. 否则，存在 $n-r$ 个不全为零的数 $k_1,k_2,\cdots,k_{n-r}$，使 $k_1(\boldsymbol{\gamma}_1-\boldsymbol{\gamma}_0)+k_2(\boldsymbol{\gamma}_2-\boldsymbol{\gamma}_0)+\cdots+k_{n-r}(\boldsymbol{\gamma}_{n-r}-\boldsymbol{\gamma}_0)=\boldsymbol{0}$，即

$$k_1\boldsymbol{\gamma}_1+k_2\boldsymbol{\gamma}_2+\cdots+k_{n-r}\boldsymbol{\gamma}_{n-r}+(k_1+k_2+\cdots+k_{n-r})\boldsymbol{\gamma}_0=\boldsymbol{0},$$

则 $\boldsymbol{\gamma}_0,\boldsymbol{\gamma}_1,\cdots,\boldsymbol{\gamma}_{n-r}$ 线性相关，与已知矛盾. 所以 $\boldsymbol{\gamma}_1-\boldsymbol{\gamma}_0,\boldsymbol{\gamma}_2-\boldsymbol{\gamma}_0,\cdots,\boldsymbol{\gamma}_{n-r}-\boldsymbol{\gamma}_0$ 为导出组 $\boldsymbol{Ax}=\boldsymbol{0}$ 的基础解系.

10. 设 $m\times n$ 矩阵 $\boldsymbol{A}$ 的秩为 $r<n$，$\boldsymbol{\gamma}_0$ 为非齐次线性方程组 $\boldsymbol{Ax}=\boldsymbol{\beta}$ 的一个解，而 $\boldsymbol{\eta}_1$，$\boldsymbol{\eta}_2,\cdots,\boldsymbol{\eta}_{n-r}$ 为其导出组 $\boldsymbol{Ax}=\boldsymbol{0}$ 的一个基础解系. 求证：$\boldsymbol{\gamma}_0,\boldsymbol{\gamma}_0+\boldsymbol{\eta}_1,\boldsymbol{\gamma}_0+\boldsymbol{\eta}_2,\cdots,\boldsymbol{\gamma}_0+\boldsymbol{\eta}_{n-r}$ 为方程组 $\boldsymbol{Ax}=\boldsymbol{\beta}$ 的 $n-r+1$ 个线性无关的解.

证 先证 $\boldsymbol{\gamma}_0,\boldsymbol{\gamma}_0+\boldsymbol{\eta}_1,\boldsymbol{\gamma}_0+\boldsymbol{\eta}_2,\cdots,\boldsymbol{\gamma}_0+\boldsymbol{\eta}_{n-r}$ 为方程组 $\boldsymbol{Ax}=\boldsymbol{\beta}$ 的解，再证明这些解线性无关.

因为 $\boldsymbol{\gamma}_0$ 是非齐次线性方程组 $\boldsymbol{Ax}=\boldsymbol{\beta}$ 的解，$\boldsymbol{\eta}_1,\boldsymbol{\eta}_2,\cdots,\boldsymbol{\eta}_{n-r}$ 为其导出组 $\boldsymbol{Ax}=\boldsymbol{0}$ 的一个基础解系，所以 $\boldsymbol{\gamma}_0,\boldsymbol{\gamma}_0+\boldsymbol{\eta}_1,\boldsymbol{\gamma}_0+\boldsymbol{\eta}_2,\cdots,\boldsymbol{\gamma}_0+\boldsymbol{\eta}_{n-r}$ 是 $\boldsymbol{Ax}=\boldsymbol{\beta}$ 的解.

下面证明 $\boldsymbol{\gamma}_0,\boldsymbol{\gamma}_0+\boldsymbol{\eta}_1,\boldsymbol{\gamma}_0+\boldsymbol{\eta}_2,\cdots,\boldsymbol{\gamma}_0+\boldsymbol{\eta}_{n-r}$ 是线性无关的.

设有数 $k_0,k_1,k_2,\cdots,k_{n-r}$ 使

$$k_0\boldsymbol{\gamma}_0+k_1(\boldsymbol{\gamma}_0+\boldsymbol{\eta}_1)+\cdots+k_{n-r}(\boldsymbol{\eta}_{n-r}+\boldsymbol{\gamma}_0)=\boldsymbol{0},$$

$$k_1\boldsymbol{\eta}_1+k_2\boldsymbol{\eta}_2+\cdots+k_{n-r}\boldsymbol{\eta}_{n-r}+(k_0+k_1+\cdots+k_{n-r})\boldsymbol{\gamma}_0=\boldsymbol{0},$$

当 $k_0+k_1+\cdots+k_{n-r}\neq 0$ 时，$\boldsymbol{\gamma}_0$ 可表示为 $\boldsymbol{\eta}_1,\boldsymbol{\eta}_2,\cdots,\boldsymbol{\eta}_{n-r}$ 的线性组合，则 $\boldsymbol{\gamma}_0$ 是 $\boldsymbol{Ax}=\boldsymbol{0}$ 的解，与 $\boldsymbol{\gamma}_0$ 是非齐次线性方程组 $\boldsymbol{Ax}=\boldsymbol{\beta}$ 的解相矛盾，因此必有 $k_0+k_1+\cdots+k_{n-r}=0$，从而 $k_1\boldsymbol{\eta}_1+k_2\boldsymbol{\eta}_2+\cdots+k_{n-r}\boldsymbol{\eta}_{n-r}=0$，而 $\boldsymbol{\eta}_1,\boldsymbol{\eta}_2,\cdots,\boldsymbol{\eta}_{n-r}$ 为 $\boldsymbol{Ax}=\boldsymbol{0}$ 的基础解系，所以 $k_1=k_2=\cdots=k_{n-r}=0$，再由 $k_0+k_1+\cdots+k_{n-r}=0$，可得 $k_0=0$，故 $\boldsymbol{\gamma}_0,\boldsymbol{\gamma}_0+\boldsymbol{\eta}_1,\boldsymbol{\gamma}_0+\boldsymbol{\eta}_2,\cdots,\boldsymbol{\gamma}_0+\boldsymbol{\eta}_{n-r}$ 为方程组 $\boldsymbol{Ax}=\boldsymbol{\beta}$ 的 $n-r+1$ 个线性无关的解.

11. 设 n 阶矩阵 $\boldsymbol{A}$ 各行元素之和均为 0，且 $r(\boldsymbol{A})=n-1$，求齐次线性方程组 $\boldsymbol{Ax}=\boldsymbol{0}$ 的全部解.

解 由于 $r(\boldsymbol{A})=n-1$，所以齐次线性方程组 $\boldsymbol{Ax}=\boldsymbol{0}$ 存在非零解，基础解系中含有 $n-(n-1)=1$个解向量. 设 $\boldsymbol{A}=(a_{ij})_n$，有 $\sum\limits_{j=1}^{n}a_{ij}=0(i=1,\cdots,n)$，故 $\boldsymbol{\eta}=(1,1,\cdots,1)^{\mathrm{T}}$ 是 $\boldsymbol{Ax}=\boldsymbol{0}$ 的一个非零解，其全部解为 $c\boldsymbol{\eta}=c(1,1,\cdots,1)^{\mathrm{T}}$($c$ 为任意常数).

12. 当 a,b 为何值时，线性方程组

$$\begin{cases}x_1+x_2+x_3+x_4=0\\ x_2+2x_3+2x_4=1\\ -x_2+(a-3)x_3-2x_4=b\\ 3x_1+2x_2+x_3+ax_4=-1\end{cases}$$

无解；有唯一解；有无穷多个解？并求出有无穷多个解时的全部解(或通解).

解 对方程组的增广矩阵做初等行变换

$$\overline{\boldsymbol{A}}=\left(\begin{array}{cccc:c}1&1&1&1&0\\0&1&2&2&1\\0&-1&a-3&-2&b\\3&2&1&a&-1\end{array}\right)\xrightarrow{r_4-3r_1}\left(\begin{array}{cccc:c}1&1&1&1&0\\0&1&2&2&1\\0&-1&a-3&-2&b\\0&-1&-2&a-3&-1\end{array}\right)$$

$$\xrightarrow[r_4+r_2]{r_3+r_2}\left(\begin{array}{cccc:c}1&1&1&1&0\\0&1&2&2&1\\0&0&a-1&0&b+1\\0&0&0&a-1&0\end{array}\right),$$

当 $a=1$ 且 $b\neq-1$ 时，$r(\boldsymbol{A})=2\neq r(\overline{\boldsymbol{A}})=3$，无解；

当 $a\neq1$ 时，$r(\boldsymbol{A})=r(\overline{\boldsymbol{A}})=4$，方程组有唯一解；

当 $a=1$ 且 $b=-1$ 时，$r(\boldsymbol{A})=r(\overline{\boldsymbol{A}})=2<4$，方程组有无穷多解；此时

$$\overline{\boldsymbol{A}}\to\left(\begin{array}{cccc:c}1&1&1&1&0\\0&1&2&2&1\\0&0&0&0&0\\0&0&0&0&0\end{array}\right)\xrightarrow{r_1-r_2}\left(\begin{array}{cccc:c}1&0&-1&-1&-1\\0&1&2&2&1\\0&0&0&0&0\\0&0&0&0&0\end{array}\right),$$

得方程组的一般解为 $\begin{cases}x_1=x_3+x_4-1\\ x_2=-2x_3-2x_4+1\end{cases}$.

令 x_3,x_4 为自由未知量，取 $x_3=x_4=0$，得方程组的一个特解为 $\boldsymbol{\gamma}_0=(-1,1,0,0)^{\mathrm{T}}$，

又导出组的一般解为 $\begin{cases}x_1=x_3+x_4\\ x_2=-2x_3-2x_4\end{cases}$，

取 $\begin{pmatrix}x_3\\x_4\end{pmatrix}=\begin{pmatrix}1\\0\end{pmatrix},\begin{pmatrix}0\\1\end{pmatrix}$，得导出组的基础解系 $\boldsymbol{\eta}_1=(1,-2,1,0)^{\mathrm{T}}$，$\boldsymbol{\eta}_2=(1,-2,0,1)^{\mathrm{T}}$，

故原方程组的全部解为 $\boldsymbol{\eta}=\boldsymbol{\gamma}_0+c_1\boldsymbol{\eta}_1+c_2\boldsymbol{\eta}_2$($c_1,c_2$ 为任意常数).

13. 设 $\boldsymbol{A}$ 为 n 阶矩阵($n\geqslant 2$),$\boldsymbol{A}^*$ 为 $\boldsymbol{A}$ 的伴随矩阵,证明:

$$r(\boldsymbol{A}^*)=\begin{cases} n, \text{如果 } r(\boldsymbol{A})=n \\ 1, \text{如果 } r(\boldsymbol{A})=n-1 \\ 0, \text{如果 } r(\boldsymbol{A})<n-1 \end{cases}.$$

证　(1) 当 $r(\boldsymbol{A})=n$ 时,$\boldsymbol{A}$ 可逆,$|\boldsymbol{A}|\neq 0$,对 $\boldsymbol{A}\boldsymbol{A}^*=|\boldsymbol{A}|\boldsymbol{E}$ 两边取行列式
$|\boldsymbol{A}\boldsymbol{A}^*|=|\boldsymbol{A}||\boldsymbol{A}^*|=|\boldsymbol{A}|^n|\boldsymbol{E}|=|\boldsymbol{A}|^n\neq 0$,所以 $|\boldsymbol{A}^*|\neq 0$,则 $r(\boldsymbol{A}^*)=n$.
(2) 当 $r(\boldsymbol{A})=n-1$ 时,$\boldsymbol{A}^*$ 中至少有一个元素不为零,则 $r(\boldsymbol{A}^*)\geqslant 1$;
另一方面,由 $r(\boldsymbol{A})=n-1$ 知 $|\boldsymbol{A}|=0$,从而 $\boldsymbol{A}\boldsymbol{A}^*=|\boldsymbol{A}|\boldsymbol{E}=\boldsymbol{O}$,知 $r(\boldsymbol{A})+r(\boldsymbol{A}^*)\leqslant n$,
则 $r(\boldsymbol{A}^*)\leqslant 1$,综上所述,$r(\boldsymbol{A}^*)=1$.
(3) 当 $r(\boldsymbol{A})<n-1$ 时,即 $\boldsymbol{A}$ 中所有 $n-1$ 阶子式都为零,故 $\boldsymbol{A}^*$ 为零矩阵,$r(\boldsymbol{A}^*)=0$.

14. 设 $\boldsymbol{\alpha}_1,\boldsymbol{\alpha}_2,\cdots,\boldsymbol{\alpha}_n$ 为 $\mathbf{R}^n$ 的一组标准正交基,且存在 n 阶实矩阵 $\boldsymbol{A}$,使得

$$(\boldsymbol{\beta}_1,\boldsymbol{\beta}_2,\cdots,\boldsymbol{\beta}_n)=(\boldsymbol{\alpha}_1,\boldsymbol{\alpha}_2,\cdots,\boldsymbol{\alpha}_n)\boldsymbol{A},$$

证明:$\boldsymbol{\beta}_1,\boldsymbol{\beta}_2,\cdots,\boldsymbol{\beta}_n$ 也是 $\mathbf{R}^n$ 的一组标准正交基的充分必要条件是 $\boldsymbol{A}$ 为正交矩阵.

证　由 $(\boldsymbol{\beta}_1,\boldsymbol{\beta}_2,\cdots,\boldsymbol{\beta}_n)=(\boldsymbol{\alpha}_1,\boldsymbol{\alpha}_2,\cdots,\boldsymbol{\alpha}_n)\boldsymbol{A}$ 以及 $\boldsymbol{\alpha}_1,\boldsymbol{\alpha}_2,\cdots,\boldsymbol{\alpha}_n$ 为 $\mathbf{R}^n$ 的一组标准正交基,可得

$$(\boldsymbol{\beta}_1,\boldsymbol{\beta}_2,\cdots,\boldsymbol{\beta}_n)^{\mathrm{T}}(\boldsymbol{\beta}_1,\boldsymbol{\beta}_2,\cdots,\boldsymbol{\beta}_n)=\boldsymbol{A}^{\mathrm{T}}(\boldsymbol{\alpha}_1,\boldsymbol{\alpha}_2,\cdots,\boldsymbol{\alpha}_n)^{\mathrm{T}}(\boldsymbol{\alpha}_1,\boldsymbol{\alpha}_2,\cdots,\boldsymbol{\alpha}_n)\boldsymbol{A}=\boldsymbol{A}^{\mathrm{T}}\boldsymbol{E}\boldsymbol{A}=\boldsymbol{A}^{\mathrm{T}}\boldsymbol{A}.$$

显然,当 $\boldsymbol{A}$ 为正交矩阵时,$\boldsymbol{A}^{\mathrm{T}}\boldsymbol{A}=\boldsymbol{E}$,则 $\boldsymbol{\beta}_i^{\mathrm{T}}\boldsymbol{\beta}_j=\begin{cases}1, i=j\\ 0, i\neq j\end{cases}$,所以 $\boldsymbol{\beta}_1,\boldsymbol{\beta}_2,\cdots,\boldsymbol{\beta}_n$ 为标准正交基;

反之,当 $\boldsymbol{\beta}_i^{\mathrm{T}}\boldsymbol{\beta}_j=\begin{cases}1, i=j\\ 0, i\neq j\end{cases}$ 时,$\boldsymbol{A}^{\mathrm{T}}\boldsymbol{A}=\boldsymbol{E}$,$\boldsymbol{A}$ 为正交矩阵.

15. 设 $\boldsymbol{\alpha}\in\mathbf{R}^n$,$\boldsymbol{\alpha}=(\alpha_1,\alpha_2,\cdots,\alpha_n)^{\mathrm{T}}\neq\mathbf{0}$. 证明:$\boldsymbol{A}=\boldsymbol{E}-\dfrac{2}{\boldsymbol{\alpha}^{\mathrm{T}}\boldsymbol{\alpha}}\boldsymbol{\alpha}\boldsymbol{\alpha}^{\mathrm{T}}$ 是正交矩阵.

证

$$\begin{aligned}\boldsymbol{A}^{\mathrm{T}}\boldsymbol{A}&=\left(\boldsymbol{E}-\frac{2}{\boldsymbol{\alpha}^{\mathrm{T}}\boldsymbol{\alpha}}\boldsymbol{\alpha}\boldsymbol{\alpha}^{\mathrm{T}}\right)^{\mathrm{T}}\left(\boldsymbol{E}-\frac{2}{\boldsymbol{\alpha}^{\mathrm{T}}\boldsymbol{\alpha}}\boldsymbol{\alpha}\boldsymbol{\alpha}^{\mathrm{T}}\right)\\
&=\left(\boldsymbol{E}^{\mathrm{T}}-\frac{2}{\boldsymbol{\alpha}^{\mathrm{T}}\boldsymbol{\alpha}}\boldsymbol{\alpha}\boldsymbol{\alpha}^{\mathrm{T}}\right)\left(\boldsymbol{E}-\frac{2}{\boldsymbol{\alpha}^{\mathrm{T}}\boldsymbol{\alpha}}\boldsymbol{\alpha}\boldsymbol{\alpha}^{\mathrm{T}}\right)\\
&=\left(\boldsymbol{E}-\frac{2}{\|\boldsymbol{\alpha}\|^2}\boldsymbol{\alpha}\boldsymbol{\alpha}^{\mathrm{T}}\right)\left(\boldsymbol{E}-\frac{2}{\|\boldsymbol{\alpha}\|^2}\boldsymbol{\alpha}\boldsymbol{\alpha}^{\mathrm{T}}\right)\\
&=\boldsymbol{E}^2-\frac{2}{\|\boldsymbol{\alpha}\|^2}\boldsymbol{\alpha}\boldsymbol{\alpha}^{\mathrm{T}}-\frac{2}{\|\boldsymbol{\alpha}\|^2}\boldsymbol{\alpha}\boldsymbol{\alpha}^{\mathrm{T}}+\frac{4}{\|\boldsymbol{\alpha}\|^4}\boldsymbol{\alpha}\boldsymbol{\alpha}^{\mathrm{T}}\boldsymbol{\alpha}\boldsymbol{\alpha}^{\mathrm{T}}\\
&=\boldsymbol{E}-\frac{4}{\|\boldsymbol{\alpha}\|^2}\boldsymbol{\alpha}\boldsymbol{\alpha}^{\mathrm{T}}+\frac{4}{\|\boldsymbol{\alpha}\|^4}\boldsymbol{\alpha}\|\boldsymbol{\alpha}\|^2\boldsymbol{\alpha}^{\mathrm{T}}=\boldsymbol{E},\end{aligned}$$

故 $\boldsymbol{A}$ 为正交矩阵.

16. 设

$$\boldsymbol{A}=\begin{pmatrix} a & b & c & d \\ -b & a & -d & c \\ -c & d & a & -b \\ -d & -c & b & a \end{pmatrix}.$$

(1) $\boldsymbol{A}$ 是否为正交矩阵?
(2) 求 $\det\boldsymbol{A}$.

解 (1)

$$由于 \boldsymbol{A}\boldsymbol{A}^{\mathrm{T}}=\begin{pmatrix} a^2+b^2+c^2+d^2 & & & \\ & a^2+b^2+c^2+d^2 & & \\ & & a^2+b^2+c^2+d^2 & \\ & & & a^2+b^2+c^2+d^2 \end{pmatrix},$$

从而只有当 $a^2+b^2+c^2+d^2=1$ 时 $\boldsymbol{A}$ 才为正交矩阵.

(2) $\det\boldsymbol{A}=\sqrt{\det(\boldsymbol{A}\boldsymbol{A}^{\mathrm{T}})}=\sqrt{(a^2+b^2+c^2+d^2)^4}=(a^2+b^2+c^2+d^2)^2$.

17. 求齐次线性方程组

$$\begin{cases}2x_1+x_2-x_3+x_4-3x_5=0\\ x_1+x_2+x_3+x_5=0\\ 3x_1+2x_2-x_3+x_4-2x_5=0\end{cases}$$

的解(向量)空间的一组标准正交基.

解
$$\boldsymbol{A}=\begin{pmatrix}2&1&-1&1&-3\\1&1&1&0&1\\3&2&-1&1&-2\end{pmatrix}\to\begin{pmatrix}1&1&1&0&1\\2&1&-1&1&-3\\3&2&-1&1&-2\end{pmatrix}$$

$$\to\begin{pmatrix}1&1&1&0&1\\0&-1&-3&1&-5\\0&-1&-4&1&-5\end{pmatrix}\to\begin{pmatrix}1&1&1&0&1\\0&-1&-3&1&-5\\0&0&-1&0&0\end{pmatrix}$$

$$\to\begin{pmatrix}1&1&0&0&1\\0&-1&0&1&-5\\0&0&-1&0&0\end{pmatrix}\to\begin{pmatrix}1&0&0&1&-4\\0&1&0&-1&5\\0&0&1&0&0\end{pmatrix},$$

一般解为$\begin{cases}x_1=-x_4+4x_5\\ x_2=x_4-5x_5\\ x_3=0\end{cases}$,取$\begin{pmatrix}x_4\\x_5\end{pmatrix}=\begin{pmatrix}1\\0\end{pmatrix},\begin{pmatrix}0\\1\end{pmatrix}$,得基础解系 $\boldsymbol{\alpha}_1=(-1,1,0,1,0)^{\mathrm{T}}$,$\boldsymbol{\alpha}_2=(4,-5,0,0,1)^{\mathrm{T}}$,将 $\boldsymbol{\alpha}_1,\boldsymbol{\alpha}_2$ 正交化、单位化,得

$$\boldsymbol{\gamma}_1=\frac{1}{\sqrt{3}}(-1,1,0,1,0)^{\mathrm{T}},\ \boldsymbol{\gamma}_2=\frac{1}{\sqrt{15}}(1,-2,0,3,1)^{\mathrm{T}},$$

则 $\boldsymbol{\gamma}_1,\boldsymbol{\gamma}_2$ 是解空间的一组标准正交基.

18. 设 $\boldsymbol{A}$ 为 n 阶实反对称矩阵(即 $\boldsymbol{A}^{\mathrm{T}}=-\boldsymbol{A}$),且存在列向量 $\boldsymbol{x},\boldsymbol{y}\in\mathbf{R}^n$,使得 $\boldsymbol{A}\boldsymbol{x}=\boldsymbol{y}$,证明:$\boldsymbol{x}$ 与 $\boldsymbol{y}$ 正交.

证 因为 $\boldsymbol{y}^{\mathrm{T}}\boldsymbol{x}$ 为实数,所以 $\boldsymbol{y}^{\mathrm{T}}\boldsymbol{x}=(\boldsymbol{y}^{\mathrm{T}}\boldsymbol{x})^{\mathrm{T}}=\boldsymbol{x}^{\mathrm{T}}\boldsymbol{y}$,

得
$$\boldsymbol{x}^{\mathrm{T}}\boldsymbol{y}=\boldsymbol{x}^{\mathrm{T}}\boldsymbol{A}\boldsymbol{x}=\boldsymbol{x}^{\mathrm{T}}(-\boldsymbol{A}^{\mathrm{T}})\boldsymbol{x}=-(\boldsymbol{A}\boldsymbol{x})^{\mathrm{T}}\boldsymbol{x}=-\boldsymbol{y}^{\mathrm{T}}\boldsymbol{x}=-\boldsymbol{x}^{\mathrm{T}}\boldsymbol{y},$$

$\boldsymbol{x}^{\mathrm{T}}\boldsymbol{y}=0$,即 $\boldsymbol{x}$ 与 $\boldsymbol{y}$ 正交.

19. 设 $\boldsymbol{A}$ 为 $m\times n$ 矩阵,证明:对任意 $\boldsymbol{x}\in\mathbf{R}^n$,$\boldsymbol{x}\neq\boldsymbol{0}$ 都有 $\boldsymbol{x}^{\mathrm{T}}(\boldsymbol{A}^{\mathrm{T}}\boldsymbol{A})\boldsymbol{x}>0$ 的充分必要条件是 $r(\boldsymbol{A})=n$.

证 必要性.已知对任意 $\boldsymbol{x}\in\mathbf{R}^n$,$\boldsymbol{x}\neq\boldsymbol{0}$ 有 $\boldsymbol{x}^{\mathrm{T}}(\boldsymbol{A}^{\mathrm{T}}\boldsymbol{A})\boldsymbol{x}>0$,如果 $r(\boldsymbol{A})<n$,则 $\boldsymbol{A}\boldsymbol{x}=\boldsymbol{0}$ 有非零解,这时有 $\boldsymbol{x}\neq\boldsymbol{0}$,满足$(\boldsymbol{A}\boldsymbol{x})^{\mathrm{T}}(\boldsymbol{A}\boldsymbol{x})=\boldsymbol{x}^{\mathrm{T}}(\boldsymbol{A}^{\mathrm{T}}\boldsymbol{A})\boldsymbol{x}=\boldsymbol{0}$,与已知 $\boldsymbol{x}^{\mathrm{T}}(\boldsymbol{A}^{\mathrm{T}}\boldsymbol{A})\boldsymbol{x}>0$ 矛盾.

充分性.已知 $r(\boldsymbol{A})=n$,则对任意 $\boldsymbol{x}\in\mathbf{R}^n$,有 $\boldsymbol{A}\boldsymbol{x}=\boldsymbol{0}$ 只有零解,即 $\boldsymbol{x}\in\mathbf{R}^n$,$\boldsymbol{x}\neq\boldsymbol{0}$必有 $\boldsymbol{A}\boldsymbol{x}\neq\boldsymbol{0}$,这时$(\boldsymbol{A}\boldsymbol{x})^{\mathrm{T}}(\boldsymbol{A}\boldsymbol{x})=\|\boldsymbol{A}\boldsymbol{x}\|^2>0$ 成立.

第 3 章　矩阵的特征值和特征向量

3.1　基本要求

(1) 理解矩阵的特征值和特征向量的概念及性质，并掌握其计算方法.

(2) 了解相似矩阵的概念与性质，理解矩阵对角化的充要条件.

(3) 知道实对称矩阵的特征值、特征向量的有关性质，掌握实对称矩阵的正交对角化方法.

3.2　基本内容

3.2.1　特征值与特征向量的定义

定义

设 $\boldsymbol{A}$ 是一个 n 阶方阵，若对数 λ，存在非零 n 维向量 $\boldsymbol{x}$，使 $\boldsymbol{Ax}=\lambda\boldsymbol{x}$ 成立，则称 λ 是 $\boldsymbol{A}$ 的特征值，$\boldsymbol{x}$ 是 $\boldsymbol{A}$ 的属于 λ 的特征向量.

注 1　特征值问题是对方阵而言的.

注 2　特征向量必须是非零向量.

3.2.2　特征值与特征向量的求法

(1) 若 $\boldsymbol{A}=(a_{ij})_{n\times n}$ 为具体矩阵(即 a_{ij} 具体给出)，则求解步骤如下：

第一步：求出方程 $|\boldsymbol{A}-\lambda\boldsymbol{E}|=0$ 的所有根 $\lambda_1,\lambda_2,\cdots,\lambda_n$，即为 $\boldsymbol{A}$ 的全部特征值.

第二步：对每个不同的 λ_i，解齐次方程组 $(\boldsymbol{A}-\lambda_i\boldsymbol{E})\boldsymbol{x}=\boldsymbol{0}$，求出一个基础解系：$\boldsymbol{\alpha}_{i_1},\boldsymbol{\alpha}_{i_2},\cdots,\boldsymbol{\alpha}_{i_{k_i}}$，即为 $\boldsymbol{A}$ 的属于 λ_i 的线性无关的特征向量，而 $t_1\boldsymbol{\alpha}_{i_1}+t_2\boldsymbol{\alpha}_{i_2}+\cdots+t_{k_i}\boldsymbol{\alpha}_{i_{k_i}}$ (其中任意常数 $t_1,t_2,\cdots,t_{k_i}$ 不全为零)则为 $\boldsymbol{A}$ 的属于 λ_i 的全部特征向量.

注 1　$f(\lambda)=|\boldsymbol{A}-\lambda\boldsymbol{E}|$ 称为 $\boldsymbol{A}$ 的特征多项式，其为 λ 的 n 次多项式.

$f(\lambda)=|\boldsymbol{A}-\lambda\boldsymbol{E}|=0$ 或 $|\lambda\boldsymbol{E}-\boldsymbol{A}|=0$ 称为 $\boldsymbol{A}$ 的特征方程，其在复数域内必有 n 个根(包括重根)，所以 n 阶方阵总共有 n 个特征值(根)，特征值 λ 的重数称为 λ 的代数重数，记作 m_λ.

注 2　方程组 $(\boldsymbol{A}-\lambda\boldsymbol{E})\boldsymbol{x}=\boldsymbol{0}$ 的解空间 $\boldsymbol{N}(\boldsymbol{A}-\lambda\boldsymbol{E})$ 称为 $\boldsymbol{A}$ 的属于 λ 的特征子空间，而把 $\dim\boldsymbol{N}(\boldsymbol{A}-\lambda\boldsymbol{E})=n-r(\boldsymbol{A}-\lambda\boldsymbol{E})$ 称为 λ 的几何重数，记作 ρ_λ.

(2) 若 $\boldsymbol{A}$ 为抽象矩阵(即没有给出 $\boldsymbol{A}$ 的具体元素 a_{ij}),只有 $\boldsymbol{A}$ 满足某些条件,方可由定义 $\boldsymbol{Ax}=\lambda\boldsymbol{x}$ 来分析求解.

3.2.3 特征值与特征向量的性质

(1) 属于同一特征值 λ 的特征向量的任意非零组合仍是属于 λ 的特征向量.

(2) 若 $\boldsymbol{\alpha}_1,\boldsymbol{\alpha}_2$ 是 $\boldsymbol{A}$ 的分别属于特征值 λ_1,λ_2 的特征向量,$\lambda_1\neq\lambda_2$,则 $\boldsymbol{\alpha}_1+\boldsymbol{\alpha}_2$ 不是 $\boldsymbol{A}$ 的特征向量.

(3) 属于不同特征值的特征向量必线性无关.进而有,特征值由特征向量唯一确定,但特征值却可对应多个特征向量.

(4) 设 n 阶方阵 $\boldsymbol{A}$ 的 n 个特征值为 $\lambda_1,\lambda_2,\cdots,\lambda_n$,则

$$\sum_{i=1}^{n}\lambda_i=\sum_{i=1}^{n}a_{ii}=\operatorname{tr}(\boldsymbol{A}), \tag{3.1}$$

$$\prod_{i=1}^{n}\lambda_i=|\boldsymbol{A}|. \tag{3.2}$$

注 由式(3.2)可知,$\boldsymbol{A}$ 可逆 $\Leftrightarrow$ $\boldsymbol{A}$ 没有零特征值.

(5) 特征值 λ 的几何重数 ρ_λ 与代数重数 m_λ 满足

$$1\leqslant\rho_\lambda\leqslant m_\lambda.$$

(6) 设 λ 为方阵 $\boldsymbol{A}$ 的特征值,$\boldsymbol{x}$ 是对应的特征向量,k 为常数,m 为正整数,则 $k\lambda,\lambda^m,\dfrac{1}{\lambda},\dfrac{|\boldsymbol{A}|}{\lambda}$ 及 $f(\lambda)=a_0\lambda^m+a_1\lambda^{m-1}+\cdots+a_{m-1}\lambda+a_m$ 分别为矩阵 $k\boldsymbol{A},\boldsymbol{A}^m,\boldsymbol{A}^{-1},\boldsymbol{A}^*$ 及 $f(\boldsymbol{A})$ 的特征值,而 $\boldsymbol{x}$ 为对应的特征向量.

注 若 λ,μ 分别是 $\boldsymbol{A},\boldsymbol{B}$ 的特征值,则 $\lambda+\mu$ 未必是 $\boldsymbol{A}+\boldsymbol{B}$ 的特征值,$\lambda\mu$ 也未必是 $\boldsymbol{AB}$ 的特征值.

(7) $\boldsymbol{A}$ 与 $\boldsymbol{A}^{\mathrm{T}}$ 有相同的特征值,但特征向量未必相同.

(8) 正交阵 $\boldsymbol{A}$ 的特征值只能是 1 或 -1.

3.2.4 相似矩阵的概念

定义

设 $\boldsymbol{A}$、$\boldsymbol{B}$ 都是 n 阶方阵,若存在 n 阶可逆阵 $\boldsymbol{P}$,使 $\boldsymbol{P}^{-1}\boldsymbol{AP}=\boldsymbol{B}$,则称 $\boldsymbol{A}$ 相似于 $\boldsymbol{B}$.若 $\boldsymbol{A}$ 与对角阵相似,则称 $\boldsymbol{A}$ 可对角化.

两矩阵相似必等价,故满足以下性质:

自反性: $\boldsymbol{A}$ 与 $\boldsymbol{A}$ 相似;

对称性: $\boldsymbol{A}$ 相似于 $\boldsymbol{B}$,则 $\boldsymbol{B}$ 也相似于 $\boldsymbol{A}$;

传递性: $\boldsymbol{A}$ 相似于 $\boldsymbol{B}$,$\boldsymbol{B}$ 相似于 $\boldsymbol{C}$,则 $\boldsymbol{A}$ 相似于 $\boldsymbol{C}$.

3.2.5 相似矩阵的性质

若 $\boldsymbol{P}^{-1}\boldsymbol{AP}=\boldsymbol{B}$,即 $\boldsymbol{A}$ 相似于 $\boldsymbol{B}$,则

(1) $|\boldsymbol{A}|=|\boldsymbol{B}|$.

(2) $\boldsymbol{A}^{\mathrm{T}}$ 与 $\boldsymbol{B}^{\mathrm{T}}$,$k\boldsymbol{A}$ 与 $k\boldsymbol{B}$,$\boldsymbol{A}^m$ 与 $\boldsymbol{B}^m$ 也相似(其中 k 为常数,m 为正整数).

(3) 当 $\boldsymbol{A}$ 可逆时,$\boldsymbol{A}^{-1}$ 与 $\boldsymbol{B}^{-1}$,$\boldsymbol{A}^*$ 与 $\boldsymbol{B}^*$ 也相似.

(4) $|\boldsymbol{A}-\lambda\boldsymbol{E}|=|\boldsymbol{B}-\lambda\boldsymbol{E}|$,从而 $\boldsymbol{A}$ 与 $\boldsymbol{B}$ 也有相同的特征值.

(5) $\mathrm{tr}(\boldsymbol{A})=\mathrm{tr}(\boldsymbol{B})$.

(6) $r(\boldsymbol{A})=r(\boldsymbol{B})$.

注 只有(3)为充分必要条件,其余都是相似的必要条件.

3.2.6 n 阶矩阵 $\boldsymbol{A}$ 可对角化的条件

(1) $\boldsymbol{A}$ 可对角化的充要条件是 $\boldsymbol{A}$ 有 n 个线性无关的特征向量.

(2) 若 $\boldsymbol{A}$ 有 n 个互不相等的特征值,则 $\boldsymbol{A}$ 可对角化.

注 这是 $\boldsymbol{A}$ 可对角化的充分而非必要条件.

(3) $\boldsymbol{A}$ 可对角化的充要条件是对 $\boldsymbol{A}$ 的任一特征值 λ,有

$$m_\lambda=\rho_\lambda,$$

即每个特征值的代数重数等于几何重数.

3.2.7 将 $\boldsymbol{A}$ 对角化的方法

第一步:求出 $\boldsymbol{A}$ 的所有的特征值 $\lambda_1,\lambda_2,\cdots,\lambda_n$,其中互不相等的特征值为 $\lambda_{i_1},\lambda_{i_2},\cdots,\lambda_{i_r}$ $(r\leqslant n)$.

第二步:若 $\boldsymbol{A}$ 可对角化,则 k 重特征值 λ 必对应 k 个线性无关的特征向量,求出每一个齐次方程组 $(\boldsymbol{A}-\lambda_{i_k}\boldsymbol{E})\boldsymbol{x}=\boldsymbol{0}$ $(k=1,2,\cdots,r)$ 的基础解系,合并后必可得到 $\boldsymbol{A}$ 的 n 个线性无关的特征向量 $\boldsymbol{\alpha}_1,\boldsymbol{\alpha}_2,\cdots,\boldsymbol{\alpha}_n$.

第三步:令 $\boldsymbol{P}=(\boldsymbol{\alpha}_1,\boldsymbol{\alpha}_2,\cdots,\boldsymbol{\alpha}_n)$,$\boldsymbol{\Lambda}=\begin{pmatrix}\lambda_1 & & & \\ & \lambda_2 & & \\ & & \ddots & \\ & & & \lambda_n\end{pmatrix}$,则 $\boldsymbol{P}$ 可逆,且有

$$\boldsymbol{P}^{-1}\boldsymbol{A}\boldsymbol{P}=\boldsymbol{\Lambda}\text{ 或 }\boldsymbol{A}=\boldsymbol{P}\boldsymbol{\Lambda}\boldsymbol{P}^{-1}.$$

注 $\boldsymbol{P}$ 的每一列 $\boldsymbol{\alpha}_i$ 的排序应与 $\boldsymbol{\Lambda}$ 中对应的 λ_i 的排序相同.

3.2.8 实对称矩阵的正交对角化

设 $\boldsymbol{A}$ 为实对称矩阵(即元素均为实数且满足 $\boldsymbol{A}^{\mathrm{T}}=\boldsymbol{A}$ 的矩阵),则有

(1) $\boldsymbol{A}$ 的特征值都是实数;

(2) $\boldsymbol{A}$ 的不同特征值对应的特征向量正交;

(3) $\boldsymbol{A}$ 可正交对角化,存在正交阵 $\boldsymbol{Q}$,使 $\boldsymbol{Q}^{-1}\boldsymbol{A}\boldsymbol{Q}=\boldsymbol{Q}^{\mathrm{T}}\boldsymbol{A}\boldsymbol{Q}=\boldsymbol{\Lambda}$. 其中 $\boldsymbol{\Lambda}=\mathrm{diag}(\lambda_1,\lambda_2,\cdots,\lambda_n)$,$\lambda_1,\lambda_2,\cdots,\lambda_n$ 是 $\boldsymbol{A}$ 的特征值.

注 正交阵 $\boldsymbol{Q}$ 的求法如下.

第一步:求出 $\boldsymbol{A}$ 的全部特征值 $\lambda_1,\lambda_2,\cdots,\lambda_r$;

第二步:求$(\boldsymbol{A}-\lambda_i\boldsymbol{E})\boldsymbol{x}=\boldsymbol{0}$的基础解系$\boldsymbol{\xi}_{i_1},\boldsymbol{\xi}_{i_2},\cdots,\boldsymbol{\xi}_{i_{k_i}}$,即$\boldsymbol{A}$的属于特征值$\lambda_i$($k_i$重根)的全部线性无关特征向量;

第三步:将属于每个λ_i的特征向量$\boldsymbol{\xi}_{i_1},\boldsymbol{\xi}_{i_2},\cdots,\boldsymbol{\xi}_{i_{k_i}}$先正交化,后单位化(对单特征值对应的特征向量,则无需正交化,只需单位化即可),并记这n个两两正交的单位特征向量为$\boldsymbol{\eta}_1,\boldsymbol{\eta}_2,\cdots,\boldsymbol{\eta}_n$;

第四步:令$\boldsymbol{Q}=(\boldsymbol{\eta}_1,\boldsymbol{\eta}_2,\cdots,\boldsymbol{\eta}_n)$,则$\boldsymbol{Q}$即为所求正交阵.

3.3 典型例题

【例 1】 设0是矩阵$\boldsymbol{A}=\begin{pmatrix}1&0&1\\0&2&0\\1&0&a\end{pmatrix}$的特征值,求(1) a;(2) $\boldsymbol{A}$的另一特征值.

解 **解法一** (1) 由于$|\boldsymbol{A}|$为所有特征值之积,故由0是$\boldsymbol{A}$的特征值得$|\boldsymbol{A}|=0$,

又 $|\boldsymbol{A}|=\begin{vmatrix}1&0&1\\0&2&0\\1&0&a\end{vmatrix}=2(a-1)$,所以$a=1$.

(2) $|\boldsymbol{A}-\lambda\boldsymbol{E}|=\begin{vmatrix}1-\lambda&0&1\\0&2-\lambda&0\\1&0&1-\lambda\end{vmatrix}=-\lambda(2-\lambda)^2$,所以另一特征值为2.

解法二 (1) $\boldsymbol{A}$的特征多项式

$$|\boldsymbol{A}-\lambda\boldsymbol{E}|=\begin{vmatrix}1-\lambda&0&1\\0&2-\lambda&0\\1&0&a-\lambda\end{vmatrix}=(1-\lambda)(2-\lambda)(a-\lambda)-(2-\lambda),\qquad(*)$$

因为$\lambda=0$是$\boldsymbol{A}$的特征值,所以将$\lambda=0$代入(*),有$2a-2=0$,即$a=1$.

(2) 将$a=1$代入(*),得特征方程为

$$\lambda(2-\lambda)(\lambda-2)=0,$$

从而$\lambda=2$为$\boldsymbol{A}$的另一个特征值.

【例 2】 设$\boldsymbol{A}$为n阶实矩阵,$\boldsymbol{A}\boldsymbol{A}^{\mathrm{T}}=\boldsymbol{E}$,$|\boldsymbol{A}|<0$,试求$(\boldsymbol{A}^{-1})^*$的一个特征值.

解 由于$(\boldsymbol{A}^{-1})^*=(\boldsymbol{A}^*)^{-1}$,故可先算$\boldsymbol{A}^*$的特征值,而这又只需算出$\boldsymbol{A}$的特征值及$|\boldsymbol{A}|$.

由$\boldsymbol{A}\boldsymbol{A}^{\mathrm{T}}=\boldsymbol{E}$,得$|\boldsymbol{A}|^2=1$,即$|\boldsymbol{A}|=\pm1$,又$|\boldsymbol{A}|<0$,所以$|\boldsymbol{A}|=-1$.而

$$|\boldsymbol{A}+\boldsymbol{E}|=|\boldsymbol{A}+\boldsymbol{A}\boldsymbol{A}^{\mathrm{T}}|=|\boldsymbol{A}|\,|\boldsymbol{A}^{\mathrm{T}}+\boldsymbol{E}|=|\boldsymbol{A}|\,|\boldsymbol{A}+\boldsymbol{E}|=-|\boldsymbol{A}+\boldsymbol{E}|,$$

故$|\boldsymbol{A}+\boldsymbol{E}|=0$,即$\lambda=-1$是$\boldsymbol{A}$的一个特征值.

于是可得$\boldsymbol{A}^*$的一个特征值$\dfrac{|\boldsymbol{A}|}{\lambda}$,即为1.所以$(\boldsymbol{A}^{-1})^*$即$(\boldsymbol{A}^*)^{-1}$的一个特征值为1.

注 $(\boldsymbol{A}^{-1})^*=|\boldsymbol{A}^{-1}|(\boldsymbol{A}^{-1})^{-1}=\dfrac{\boldsymbol{A}}{|\boldsymbol{A}|}=(\boldsymbol{A}^*)^{-1}$.

【例 3】 已知向量 $\boldsymbol{x}=\begin{pmatrix}1\\k\\1\end{pmatrix}$ 是矩阵 $\boldsymbol{A}=\begin{pmatrix}2&1&1\\1&2&1\\1&1&2\end{pmatrix}$ 的逆矩阵 $\boldsymbol{A}^{-1}$ 的特征向量，试求常数 k 的值.

解 **解法一** 若 $\boldsymbol{A}^{-1}\boldsymbol{x}=\lambda\boldsymbol{x}$，则 $\boldsymbol{A}\boldsymbol{x}=\frac{1}{\lambda}\boldsymbol{x}$，故 $\boldsymbol{x}$ 也是 $\boldsymbol{A}$ 的特征向量.

由 $|\boldsymbol{A}-\lambda\boldsymbol{E}|=-(\lambda-1)^2(\lambda-4)=0$，可求得 $\boldsymbol{A}$ 的特征值为 $\lambda_1=\lambda_2=1,\lambda_3=4$.

由 $\boldsymbol{A}\boldsymbol{x}=1\boldsymbol{x}$，解得 $k=-2$. 由 $\boldsymbol{A}\boldsymbol{x}=4\boldsymbol{x}$，解得 $k=1$. 所以 $k=-2$ 或 $k=1$.

解法二 由 $\boldsymbol{A}\boldsymbol{x}=t\boldsymbol{x}$，即 $\begin{pmatrix}2&1&1\\1&2&1\\1&1&2\end{pmatrix}\begin{pmatrix}1\\k\\1\end{pmatrix}=t\begin{pmatrix}1\\k\\1\end{pmatrix}$ 可得

$$\begin{cases}3+k=t\\2+2k=tk\\3+k=t\end{cases},$$

解此方程组即得 $k=-2$ 或 $k=1$.

【例 4】 设矩阵 $\boldsymbol{A}=\begin{pmatrix}0&0&1\\a&1&b\\1&0&0\end{pmatrix}$ 有 3 个线性无关的特征向量，求 a 与 b 应满足的条件.

解 可求得 $|\boldsymbol{A}-\lambda\boldsymbol{E}|=-(\lambda-1)^2(\lambda+1)$，所以 $\boldsymbol{A}$ 的特征值分别为 $\lambda_1=\lambda_2=1,\lambda_3=-1$. 由于不同的特征值对应的特征向量线性无关，所以若 $\boldsymbol{A}$ 有 3 个线性无关的特征向量，则对应 $\lambda_1=\lambda_2=1$ 应有两个线性无关的特征向量，从而 $r(\boldsymbol{A}-\boldsymbol{E})=1$，由

$$\boldsymbol{A}-\boldsymbol{E}=\begin{pmatrix}-1&0&1\\a&0&b\\1&0&-1\end{pmatrix}\sim\begin{pmatrix}-1&0&1\\0&0&a+b\\0&0&0\end{pmatrix},$$

知，当 $a+b=0$ 时，$r(\boldsymbol{A}-\boldsymbol{E})=1$，此时 $\boldsymbol{A}$ 有 3 个线性无关的特征向量.

【例 5】 设矩阵 $\boldsymbol{A}=\begin{pmatrix}a&-1&c\\5&b&3\\1-c&0&-a\end{pmatrix}$，其行列式 $|\boldsymbol{A}|=-1$，又 $\boldsymbol{A}$ 的伴随矩阵 $\boldsymbol{A}^*$ 有一个特征值 λ_0，属于 λ_0 的一个特征向量为

$$\boldsymbol{\alpha}=(-1,-1,1)^{\mathrm{T}}.$$

求 a,b,c 和 λ_0 的值.

解 据题意可得

$$\boldsymbol{A}\boldsymbol{A}^*=|\boldsymbol{A}|\boldsymbol{E}=-\boldsymbol{E},\ \boldsymbol{A}^*\boldsymbol{\alpha}=\lambda_0\boldsymbol{\alpha},$$

于是 $\boldsymbol{A}\boldsymbol{A}^*\boldsymbol{\alpha}=\lambda_0\boldsymbol{A}\boldsymbol{\alpha}$ 及 $\boldsymbol{A}\boldsymbol{A}^*\boldsymbol{\alpha}=-\boldsymbol{E}\boldsymbol{\alpha}=-\boldsymbol{\alpha}$，故 $\lambda_0\boldsymbol{A}\boldsymbol{\alpha}=-\boldsymbol{\alpha}$，即

$$\lambda_0\begin{pmatrix}a&-1&c\\5&b&3\\1-c&0&-a\end{pmatrix}\begin{pmatrix}-1\\-1\\1\end{pmatrix}=-\begin{pmatrix}-1\\-1\\1\end{pmatrix},$$

即

$$\begin{cases}\lambda_0(-a+1+c)=1\\\lambda_0(-5-b+3)=1,\\\lambda_0(c-1-a)=-1\end{cases}$$

解之得 $\lambda_0=1,b=-3,a=c$. 又由 $|\boldsymbol{A}|=-1$ 和 $a=c$,有

$$\begin{vmatrix} a & -1 & a \\ 5 & -3 & 3 \\ 1-a & 0 & -a \end{vmatrix}=a-3=-1,$$

得 $a=c=2$,所以 $a=2,b=-3,c=2,\lambda_0=1$.

【例 6】 设 $\boldsymbol{A}$ 为 n 阶矩阵,λ_1 和 λ_2 是 $\boldsymbol{A}$ 的两个不同的特征值,$\boldsymbol{\xi}_1,\boldsymbol{\xi}_2$ 是 $\boldsymbol{A}$ 的分别属于 λ_1 和 λ_2 的特征向量,证明 $\boldsymbol{\xi}_1+\boldsymbol{\xi}_2$ 不是 $\boldsymbol{A}$ 的特征向量.

证 (反证法)若 $\boldsymbol{\xi}_1+\boldsymbol{\xi}_2$ 是 $\boldsymbol{A}$ 的特征向量,则存在数 λ,使

$$\boldsymbol{A}(\boldsymbol{\xi}_1+\boldsymbol{\xi}_2)=\lambda(\boldsymbol{\xi}_1+\boldsymbol{\xi}_2)\text{成立}.$$

又由已知可得

$$\boldsymbol{A}\boldsymbol{\xi}_1=\lambda_1\boldsymbol{\xi}_1,\ \boldsymbol{A}\boldsymbol{\xi}_2=\lambda_2\boldsymbol{\xi}_2,$$

所以有

$$\lambda(\boldsymbol{\xi}_1+\boldsymbol{\xi}_2)=\lambda_1\boldsymbol{\xi}_1+\lambda_2\boldsymbol{\xi}_2,$$

即

$$(\lambda-\lambda_1)\boldsymbol{\xi}_1+(\lambda-\lambda_2)\boldsymbol{\xi}_2=\boldsymbol{0},$$

因为 $\lambda_1\neq\lambda_2$,所以 $\boldsymbol{\xi}_1$ 与 $\boldsymbol{\xi}_2$ 线性无关,故得

$$\lambda-\lambda_1=0\text{ 且 }\lambda-\lambda_2=0,$$

于是 $\lambda=\lambda_1=\lambda_2$,这与 $\lambda_1\neq\lambda_2$ 矛盾,故 $\boldsymbol{\xi}_1+\boldsymbol{\xi}_2$ 不是 $\boldsymbol{A}$ 的特征向量.

【例 7】 设 $\boldsymbol{A},\boldsymbol{B}$ 均为 n 阶方阵,证明 $\boldsymbol{AB}$ 与 $\boldsymbol{BA}$ 有相同的特征值.

证 证法一 设 λ 为 $\boldsymbol{AB}$ 的任一特征值,对应的特征向量为 $\boldsymbol{x}$,即

$$\boldsymbol{ABx}=\lambda\boldsymbol{x},$$

两边左乘 $\boldsymbol{B}$,得

$$\boldsymbol{BABx}=\lambda\boldsymbol{Bx},$$

若 $\boldsymbol{Bx}\neq\boldsymbol{0}$,则 λ 是 $\boldsymbol{BA}$ 的特征值,而 $\boldsymbol{Bx}$ 是对应的特征向量. 若 $\boldsymbol{Bx}=\boldsymbol{0}$,则 $\lambda\boldsymbol{x}=\boldsymbol{A}(\boldsymbol{Bx})=\boldsymbol{0}$,由 $\boldsymbol{x}\neq\boldsymbol{0}$ 知 $\lambda=0$,即 $\boldsymbol{AB}$ 有零特征值,故 $|\boldsymbol{AB}|=0$,从而 $|\boldsymbol{BA}|=|\boldsymbol{AB}|=0$,这表明 $\boldsymbol{BA}$ 也有零特征值,所以 $\boldsymbol{AB}$ 与 $\boldsymbol{BA}$ 有相同的特征值.

证法二

$$\begin{pmatrix} -\boldsymbol{E} & \boldsymbol{A} \\ \boldsymbol{O} & \boldsymbol{E} \end{pmatrix}\begin{pmatrix} \lambda\boldsymbol{E} & \boldsymbol{A} \\ \boldsymbol{B} & \boldsymbol{E} \end{pmatrix}=\begin{pmatrix} \boldsymbol{AB}-\lambda\boldsymbol{E} & \boldsymbol{O} \\ \boldsymbol{B} & \boldsymbol{E} \end{pmatrix},$$

两边取行列式得

$$(-1)^n\begin{vmatrix} \lambda\boldsymbol{E} & \boldsymbol{A} \\ \boldsymbol{B} & \boldsymbol{E} \end{vmatrix}=|\boldsymbol{AB}-\lambda\boldsymbol{E}|.$$

又

$$\begin{pmatrix} \lambda\boldsymbol{E} & \boldsymbol{A} \\ \boldsymbol{B} & \boldsymbol{E} \end{pmatrix}\begin{pmatrix} \boldsymbol{E} & \boldsymbol{A} \\ \boldsymbol{O} & -\lambda\boldsymbol{E} \end{pmatrix}=\begin{pmatrix} \lambda\boldsymbol{E} & \boldsymbol{O} \\ \boldsymbol{B} & \boldsymbol{BA}-\lambda\boldsymbol{E} \end{pmatrix},$$

两边取行列式得

$$(-\lambda)^n\begin{vmatrix} \lambda\boldsymbol{E} & \boldsymbol{A} \\ \boldsymbol{B} & \boldsymbol{E} \end{vmatrix}=\lambda^n|\boldsymbol{BA}-\lambda\boldsymbol{E}|,$$

所以

$$|\boldsymbol{AB}-\lambda\boldsymbol{E}|=|\boldsymbol{BA}-\lambda\boldsymbol{E}|,$$

即　$\boldsymbol{AB}$ 与 $\boldsymbol{BA}$ 有相同的特征值.

证法三　若 $|\boldsymbol{A}|\neq 0$，则 $\boldsymbol{BA}=\boldsymbol{A}^{-1}\boldsymbol{ABA}$，故 $\boldsymbol{AB}$ 与 $\boldsymbol{BA}$ 相似，所以 $\boldsymbol{AB}$ 与 $\boldsymbol{BA}$ 有相同的特征值.

若 $|\boldsymbol{A}|=0$，由于 $|\boldsymbol{A}-\lambda\boldsymbol{E}|=0$ 只有有限个根，因此存在无数个 t，使 $|\boldsymbol{A}-t\boldsymbol{E}|\neq 0$. 由上可知，$(\boldsymbol{A}-t\boldsymbol{E})\boldsymbol{B}$ 与 $\boldsymbol{B}(\boldsymbol{A}-t\boldsymbol{E})$ 有相同的特征值，即

$$|\boldsymbol{AB}-t\boldsymbol{B}-\lambda\boldsymbol{E}|=|\boldsymbol{BA}-t\boldsymbol{B}-\lambda\boldsymbol{E}|,$$

令 $f(t)=|\boldsymbol{AB}-t\boldsymbol{B}-\lambda\boldsymbol{E}|-|\boldsymbol{BA}-t\boldsymbol{B}-\lambda\boldsymbol{E}|$，则 $f(t)$ 可视作关于 t 的 n 次多项式，由于有无数个 t 使 $f(t)=0$ 成立，因而它必为零多项式，从而在 $t=0$ 时 $f(t)=0$ 仍成立，即有

$$|\boldsymbol{AB}-\lambda\boldsymbol{E}|=|\boldsymbol{BA}-\lambda\boldsymbol{E}|,$$

亦即 $\boldsymbol{AB}$ 与 $\boldsymbol{BA}$ 有相同的特征值.

【例 8】　设 n 阶矩阵 $\boldsymbol{A}=(a_{ij})_{n\times n}$，若 $\sum\limits_{j=1}^{n}|a_{ij}|<1, i=1,2,\cdots,n$（或 $\sum\limits_{i=1}^{n}|a_{ij}|<1, j=1,2,\cdots,n$）. 则 $\boldsymbol{A}$ 的所有特征值 $\lambda_i(i=1,2,\cdots,n)$ 的模小于 1，即 $|\lambda_i|<1(i=1,2,\cdots,n)$.

证　设 λ 是 $\boldsymbol{A}$ 的任意一个特征值，$\boldsymbol{\xi}=(x_1,x_2,\cdots,x_n)^{\mathrm{T}}$ 是其对应的特征向量，即

$$\boldsymbol{A\xi}=\lambda\boldsymbol{\xi},$$

即

$$\sum_{j=1}^{n}a_{ij}x_j=\lambda x_i\quad(i=1,2,\cdots,n).$$

设

$$|x_k|=\max\{|x_1|,|x_2|,\cdots,|x_n|\}\neq 0\ (\text{因 }\boldsymbol{\xi}\neq\boldsymbol{0}),$$

当 $i=k$ 时，有

$$\lambda x_k=a_{k1}x_1+a_{k2}x_2+\cdots+a_{kn}x_n=\sum_{j=1}^{n}a_{kj}x_j,$$

进而有

$$|\lambda|=\left|\frac{\sum\limits_{j=1}^{n}a_{kj}x_j}{x_k}\right|\leqslant\sum_{j=1}^{n}|a_{kj}|\left|\frac{x_j}{x_k}\right|\leqslant\sum_{j=1}^{n}|a_{kj}|<1,$$

由 λ 的任意性知 $|\lambda_i|<1\ (i=1,2,\cdots,n)$.

【例 9】　设 n 阶可逆矩阵 $\boldsymbol{A}$ 的每行上 n 个元素之和均为 c.

试证：(1) $c\neq 0$；

(2) $\boldsymbol{A}-c\boldsymbol{E}$ 不可逆；

(3) $\boldsymbol{A}^{-1}$ 中每行上 n 个元素之和为 $\dfrac{1}{c}$.

证　证法一

(1) 设 $\boldsymbol{A}=(a_{ij})_{n\times n}$，由已知 $a_{i1}+a_{i2}+\cdots+a_{in}=c\ (i=1,2,\cdots,n)$，得

$$(a_{i1},a_{i2},\cdots,a_{in})\begin{pmatrix}1\\1\\\vdots\\1\end{pmatrix}=c\quad(i=1,2,\cdots,n),$$

所以有

$$\boldsymbol{A}\begin{pmatrix}1\\1\\\vdots\\1\end{pmatrix}=\begin{pmatrix}c\\c\\\vdots\\c\end{pmatrix}=c\begin{pmatrix}1\\1\\\vdots\\1\end{pmatrix},$$

即向量 $\boldsymbol{\alpha}=\begin{pmatrix}1\\1\\\vdots\\1\end{pmatrix}(\neq\boldsymbol{0})$ 是 $\boldsymbol{A}$ 的一个特征值 c 的特征向量,由 $\boldsymbol{A}$ 的可逆及 $|\boldsymbol{A}|=\prod\limits_{i=1}^{n}\lambda_i$ 知 $c\neq0$.

(2) 由(1)知 c 是 $\boldsymbol{A}$ 的特征值,有 $|\boldsymbol{A}-c\boldsymbol{E}|=0$,即 $\boldsymbol{A}-c\boldsymbol{E}$ 不可逆.

(3) 由 $\boldsymbol{A\alpha}=c\boldsymbol{\alpha}$ 及 $\boldsymbol{A}$ 的可逆性可得

$$\boldsymbol{A}^{-1}\boldsymbol{\alpha}=\frac{1}{c}\boldsymbol{\alpha},$$

这就说明 $\boldsymbol{A}^{-1}$ 的每行上 n 个元素之和为 $\frac{1}{c}$.

证法二 (利用行列式)

(1) 将 $|\boldsymbol{A}|$ 的各列元素加到第 j 列,提出公因子 c,有

$$|\boldsymbol{A}|=\begin{vmatrix}a_{11}&\cdots&a_{1j}&\cdots&a_{1n}\\a_{21}&\cdots&a_{2j}&\cdots&a_{2n}\\\vdots&\ddots&\vdots&\ddots&\vdots\\a_{n1}&\cdots&a_{nj}&\cdots&a_{nn}\end{vmatrix}=c\begin{vmatrix}a_{11}&\cdots&1&\cdots&a_{1n}\\a_{21}&\cdots&1&\cdots&a_{2n}\\\vdots&\ddots&\vdots&\ddots&\vdots\\a_{n1}&\cdots&1&\cdots&a_{nn}\end{vmatrix}=c(A_{1j}+A_{2j}+\cdots+A_{nj}),$$

因为 $|\boldsymbol{A}|\neq0$,所以 $c\neq0$.

(2) 由 $a_{i1}+a_{i2}+\cdots+a_{in}=c$,将 $\boldsymbol{A}-c\boldsymbol{E}$ 的各列加到第 1 列,得

$$|\boldsymbol{A}-c\boldsymbol{E}|=\begin{vmatrix}a_{11}-c&a_{12}&\cdots&a_{1n}\\a_{21}&a_{22}-c&\cdots&a_{2n}\\\vdots&\vdots&\ddots&\vdots\\a_{n1}&a_{n2}&\cdots&a_{nn}-c\end{vmatrix}=\begin{vmatrix}0&a_{12}&\cdots&a_{1n}\\0&a_{22}-c&\cdots&a_{2n}\\\vdots&\vdots&\ddots&\vdots\\0&a_{n2}&\cdots&a_{nn}-c\end{vmatrix}=0.$$

(3) 由(1)知,对 $j=1,2,\cdots,n$,均可得到

$$\frac{1}{c}=\frac{1}{|\boldsymbol{A}|}(A_{1j}+A_{2j}+\cdots+A_{nj}),$$

而

$$\boldsymbol{A}^{-1}=\frac{1}{|\boldsymbol{A}|}\boldsymbol{A}^*=\frac{1}{|\boldsymbol{A}|}\begin{pmatrix}A_{11}&A_{21}&\cdots&A_{n1}\\A_{12}&A_{22}&\cdots&A_{n2}\\\vdots&\vdots&\ddots&\vdots\\A_{1n}&A_{2n}&\cdots&A_{nn}\end{pmatrix},$$

故 $\boldsymbol{A}^{-1}$ 中第 j 行的 n 个元素之和为

$$\frac{1}{|\boldsymbol{A}|}(A_{1j}+A_{2j}+\cdots+A_{nj})=\frac{1}{c}\quad(j=1,2,\cdots,n).$$

【例 10】 设 n 阶方阵 $\boldsymbol{A}$ 不可逆,若 $r(\boldsymbol{A})<n-1$,则 $\boldsymbol{A}^*$ 的特征值为零;若 $r(\boldsymbol{A})=n-1$,则 $\boldsymbol{A}^*$ 有 1 个 $n-1$ 重特征值零及 1 个单特征值 $A_{11}+A_{22}+\cdots+A_{nn}$[$\boldsymbol{A}=(a_{ij})_{n\times n}$,$A_{ij}$ 是 a_{ij} 的代数余子式].

证　若 $r(\boldsymbol{A})<n-1$，则 $r(\boldsymbol{A}^*)=0$，故 $\boldsymbol{A}^*=\boldsymbol{O}$，从而 $\boldsymbol{A}^*$ 的特征值为零.

若 $r(\boldsymbol{A})=n-1$，则 $r(\boldsymbol{A}^*)=1$，故 $\boldsymbol{A}^*$ 中所有高于一阶的子式全为零，故由特征多项式的性质知

$$\begin{aligned}|\boldsymbol{A}^*-\lambda\boldsymbol{E}|&=(-1)^n[\lambda^n-(A_{11}+A_{22}+\cdots+A_{nn})\lambda^{n-1}]\\&=(-1)^n\lambda^{n-1}[\lambda-(A_{11}+A_{22}+\cdots+A_{nn})]\end{aligned}$$

此时 $\boldsymbol{A}^*$ 有 1 个 $n-1$ 重特征值零及 1 个单特征值 $A_{11}+A_{22}+\cdots+A_{nn}$.

【例 11】　设 $\boldsymbol{A}$ 为 n 阶方阵，且 $(\boldsymbol{A}+\boldsymbol{E})^m=\boldsymbol{O}$，$m$ 为正整数，证明 $\boldsymbol{A}$ 可逆.

证　**证法一**　设 λ 为 $\boldsymbol{A}$ 的任意特征值，$\boldsymbol{\xi}$ 为对应的特征向量，则

$$(\boldsymbol{A}+\boldsymbol{E})\boldsymbol{\xi}=(\lambda+1)\boldsymbol{\xi},$$

从而

$$(\boldsymbol{A}+\boldsymbol{E})^m\boldsymbol{\xi}=(\lambda+1)^m\boldsymbol{\xi}.$$

因为 $(\boldsymbol{A}+\boldsymbol{E})^m=\boldsymbol{O}$，且 $\boldsymbol{\xi}\neq\boldsymbol{0}$，所以有 $(\lambda+1)^m=0$，得 $\lambda=-1$. 故 $\boldsymbol{A}$ 的任一特征值都为 -1，因此

$$|\boldsymbol{A}|=(-1)^n\neq 0,$$

即可知 $\boldsymbol{A}$ 可逆.

证法二　由 $(\boldsymbol{A}+\boldsymbol{E})^m=\boldsymbol{O}$ 得 $\boldsymbol{A}^m+\mathrm{C}_m^1\boldsymbol{A}^{m-1}+\cdots+\mathrm{C}_m^{m-1}\boldsymbol{A}+\boldsymbol{E}=\boldsymbol{O}$，即

$$-\boldsymbol{A}(\boldsymbol{A}^{m-1}+\mathrm{C}_m^1\boldsymbol{A}^{m-2}+\cdots+\mathrm{C}_m^{m-1}\boldsymbol{E})=\boldsymbol{E},$$

故

$$\boldsymbol{A}^{-1}=-(\boldsymbol{A}^{m-1}+\mathrm{C}_m^1\boldsymbol{A}^{m-2}+\cdots+\mathrm{C}_m^{m-1}\boldsymbol{E}).$$

【例 12】　已知 n 阶方阵 $\boldsymbol{A}$、$\boldsymbol{B}$，$\boldsymbol{B}$ 的特征多项式为 $f(\lambda)$，求证矩阵 $f(\boldsymbol{A})$ 可逆的充要条件是 $\boldsymbol{B}$ 的任一特征值都不是 $\boldsymbol{A}$ 的特征值.

证　设 $\boldsymbol{B}$ 的特征值为 $\lambda_i(i=1,2,\cdots,n)$，则

$$f(\lambda)=(-1)^n(\lambda-\lambda_1)(\lambda-\lambda_2)\cdots(\lambda-\lambda_n)=(-1)^n\prod_{i=1}^{n}(\lambda-\lambda_i),$$

于是

$$f(\boldsymbol{A})=(-1)^n(\boldsymbol{A}-\lambda_1\boldsymbol{E})(\boldsymbol{A}-\lambda_2\boldsymbol{E})\cdots(\boldsymbol{A}-\lambda_n\boldsymbol{E})=(-1)^n\prod_{i=1}^{n}(\boldsymbol{A}-\lambda_i\boldsymbol{E}),$$

因此 $f(\boldsymbol{A})$ 可逆 $\Leftrightarrow|f(\boldsymbol{A})|\neq 0\Leftrightarrow|\boldsymbol{A}-\lambda_i\boldsymbol{E}|\neq 0\quad(i=1,2,\cdots,n)$

$\Leftrightarrow\lambda_i$ 不是 $\boldsymbol{A}$ 的特征值 $(i=1,2,\cdots,n)$，

结论得证.

【例 13】　已知矩阵

$$\boldsymbol{A}=\begin{pmatrix}-2&0&0\\2&a&2\\3&1&1\end{pmatrix},\ \boldsymbol{B}=\begin{pmatrix}-1&0&0\\0&2&0\\0&0&b\end{pmatrix}$$

相似，求 a 和 b 的值.

解　**解法一**　（相似矩阵有相同的特征多项式）

因为　$|\boldsymbol{A}-\lambda\boldsymbol{E}|=-(\lambda+2)(\lambda^2-(a+1)\lambda+(a-2))$

$|\boldsymbol{B}-\lambda\boldsymbol{E}|=-(1+\lambda)(2-\lambda)(b-\lambda)$，

由

$$-(\lambda+2)(\lambda^2-(a+1)\lambda+a-2)=-(1+\lambda)(2-\lambda)(b-\lambda),$$

令 $\lambda=-2$ 得 $0=4(b+2)$,再令 $\lambda=-1$ 得 $-2a=0$,解得 $a=0,b=-2$.

解法二 (相似矩阵有相同的特征值)

由于 $\boldsymbol{B}$ 的特征值为 $\lambda_1=-1,\lambda_2=2,\lambda_3=b$,它们也是 $\boldsymbol{A}$ 的特征值,应满足 $|\boldsymbol{A}-\lambda\boldsymbol{E}|=0$,将 $\lambda_1=-1$ 代入得 $|\boldsymbol{A}+\boldsymbol{E}|=-2a=0$,所以 $a=0$. 再由 $|\boldsymbol{A}|=\lambda_1\lambda_2\lambda_3$,即 $-2(a-2)=-2b$,得 $b=-2$.

【例 14】 证明以下结论:

(1) 设 $\boldsymbol{A}$ 为二阶实矩阵,$|\boldsymbol{A}|<0$,则 $\boldsymbol{A}$ 与对角矩阵相似;

(2) 设 $\boldsymbol{A}=\begin{bmatrix} a & b \\ c & d \end{bmatrix}$,$ad-bc=1$,$|a+d|>2$,则 $\boldsymbol{A}$ 与对角阵相似.

证 (1) 令 $f(\lambda)=|\boldsymbol{A}-\lambda\boldsymbol{E}|=\begin{vmatrix} a_{11}-\lambda & a_{12} \\ a_{21} & a_{22}-\lambda \end{vmatrix}=\lambda^2-(a_{11}+a_{22})\lambda+\begin{vmatrix} a_{11} & a_{12} \\ a_{21} & a_{22} \end{vmatrix}$

$$=\lambda^2-(a_{11}+a_{22})\lambda+|\boldsymbol{A}|.$$

设 $\boldsymbol{A}$ 的两个特征值为 λ_1,λ_2,则由 $\lambda_1\lambda_2=|\boldsymbol{A}|<0$ 可知 λ_1,λ_2 异号,故 $\boldsymbol{A}$ 可对角化.

(2) $f(\lambda)=\lambda^2-(a+d)\lambda+1$,

因为 $|a+d|>2$,所以 $\Delta=(a+d)^2-4>0$,故 $f(\lambda)=0$ 有两个不同实根,所以 $\boldsymbol{A}$ 可对角化.

【例 15】 判断下列两 n 阶矩阵 $\boldsymbol{A},\boldsymbol{B}$ 是否相似.

$$\boldsymbol{A}=\begin{pmatrix} 1 & 1 & \cdots & 1 \\ 1 & 1 & \cdots & 1 \\ \vdots & \vdots & \ddots & \vdots \\ 1 & 1 & \cdots & 1 \end{pmatrix},\ \boldsymbol{B}=\begin{pmatrix} n & 0 & \cdots & 0 \\ 1 & 0 & \cdots & 0 \\ \vdots & \vdots & \ddots & \vdots \\ 1 & 0 & \cdots & 0 \end{pmatrix}.$$

解 对 $\boldsymbol{A}$,因为 $|\boldsymbol{A}-\lambda\boldsymbol{E}|=(-1)^n(\lambda-n)\lambda^{n-1}$,故 $\boldsymbol{A}$ 的特征值为

$$\lambda_1=n,\ \lambda_2=\lambda_3=\cdots=\lambda_n=0,$$

又 $\boldsymbol{A}$ 为实对称阵,故必可与对角阵相似,即存在可逆矩阵 $\boldsymbol{P}_1$,使

$$\boldsymbol{P}_1^{-1}\boldsymbol{A}\boldsymbol{P}_1=\boldsymbol{\Lambda}=\mathrm{diag}(n,0,\cdots,0).$$

对 $\boldsymbol{B}$ 可求得 $|\boldsymbol{B}-\lambda\boldsymbol{E}|=(-1)^n(\lambda-n)\lambda^{n-1}$,故 $\boldsymbol{B}$ 与 $\boldsymbol{A}$ 有相同特征值,由于 $r(\boldsymbol{B})=1$,所以 $\boldsymbol{B}\boldsymbol{x}=\boldsymbol{0}$ 的基础解系含 $n-1$ 个线性无关的向量,也即对 $\boldsymbol{B}$ 的特征值 $\lambda=0$,有 $m_\lambda=\rho_\lambda$,故 $\boldsymbol{B}$ 也可相似于对角阵,即存在可逆阵 $\boldsymbol{P}_2$,使

$$\boldsymbol{P}_2^{-1}\boldsymbol{B}\boldsymbol{P}_2=\boldsymbol{\Lambda}=\mathrm{diag}(n,0,\cdots,0).$$

所以

$$\boldsymbol{P}_1^{-1}\boldsymbol{A}\boldsymbol{P}_1=\boldsymbol{P}_2^{-1}\boldsymbol{B}\boldsymbol{P}_2.$$

即

$$\boldsymbol{P}_2\boldsymbol{P}_1^{-1}\boldsymbol{A}\boldsymbol{P}_1\boldsymbol{P}_2^{-1}=\boldsymbol{B},$$

故 $\boldsymbol{A}$ 与 $\boldsymbol{B}$ 相似.

【例 16】 设矩阵 $\boldsymbol{A}=\begin{pmatrix} 3 & 2 & -2 \\ -k & -1 & k \\ 4 & 2 & -3 \end{pmatrix}$,问 k 取何值时,$\boldsymbol{A}$ 相似于对角阵? 并求可逆矩阵 $\boldsymbol{P}$,使 $\boldsymbol{P}^{-1}\boldsymbol{A}\boldsymbol{P}$ 成对角矩阵.

解 由 $\boldsymbol{A}$ 的特征方程

$$|\boldsymbol{A}-\lambda\boldsymbol{E}|=\begin{vmatrix} 3-\lambda & 2 & -2 \\ -k & -1-\lambda & k \\ 4 & 2 & -3-\lambda \end{vmatrix}=\begin{vmatrix} 1-\lambda & 2 & -2 \\ 0 & -1-\lambda & k \\ 1-\lambda & 2 & -3-\lambda \end{vmatrix}$$

$$=\begin{vmatrix}1-\lambda & 2 & -2\\0 & -1-\lambda & k\\0 & 0 & -1-\lambda\end{vmatrix}=(\lambda+1)^2(1-\lambda)=0,$$

得 $\boldsymbol{A}$ 的全部特征值为 $\lambda_1=\lambda_2=-1,\lambda_3=1$.

对于 $\lambda_{1,2}=-1$，由

$$\boldsymbol{A}+\boldsymbol{E}=\begin{pmatrix}4 & 2 & -2\\-k & 0 & k\\4 & 2 & -2\end{pmatrix}\sim\begin{pmatrix}4 & 2 & -2\\k & 0 & -k\\0 & 0 & 0\end{pmatrix}$$

知当且仅当 $k=0$ 时[即 $r(\boldsymbol{A}+\boldsymbol{E})=1$]，属于二重特征值 $\lambda_1=-1$ 的线性无关特征向量有两个；$\boldsymbol{A}$ 的另一个特征值 $\lambda_3=1$ 为单特征值，由矩阵可对角化的充要条件知，当且仅当 $k=0$ 时，$\boldsymbol{A}$ 相似于对角矩阵.

当 $k=0$ 时，由

$$\boldsymbol{A}+\boldsymbol{E}\sim\begin{pmatrix}1 & \frac{1}{2} & -\frac{1}{2}\\0 & 0 & 0\\0 & 0 & 0\end{pmatrix}$$

得属于 $\lambda_1=-1$ 的线性无关特征向量

$$\boldsymbol{\xi}_1=(-1,2,0)^{\mathrm{T}},\ \boldsymbol{\xi}_2=(1,0,2)^{\mathrm{T}}.$$

对于 $\lambda_3=1$，由

$$\boldsymbol{A}-\boldsymbol{E}=\begin{pmatrix}2 & 2 & -2\\0 & -2 & 0\\4 & 2 & -4\end{pmatrix}\sim\begin{pmatrix}1 & 0 & -1\\0 & 1 & 0\\0 & 0 & 0\end{pmatrix}$$

得属于 $\lambda_3=1$ 的特征向量

$$\boldsymbol{\xi}_3=(1,0,1)^{\mathrm{T}}.$$

令 $\boldsymbol{P}=(\boldsymbol{\xi}_1,\boldsymbol{\xi}_2,\boldsymbol{\xi}_3)=\begin{pmatrix}-1 & 1 & 1\\2 & 0 & 0\\0 & 2 & 1\end{pmatrix}$，则有

$$\boldsymbol{P}^{-1}\boldsymbol{A}\boldsymbol{P}=\begin{pmatrix}-1 & 0 & 0\\0 & -1 & 0\\0 & 0 & 1\end{pmatrix}.$$

【例 17】 设 $\boldsymbol{\alpha}=(a_1,a_2,\cdots,a_n)^{\mathrm{T}},\boldsymbol{\beta}=(b_1,b_2,\cdots,b_n)^{\mathrm{T}}$ 均是非零向量. 记 $\boldsymbol{A}=\boldsymbol{\alpha}\boldsymbol{\beta}^{\mathrm{T}}$，就 $\boldsymbol{\alpha},\boldsymbol{\beta}$ 的情况讨论是否存在可逆阵 $\boldsymbol{P}$，使得 $\boldsymbol{A}$ 相似于对角阵 $\boldsymbol{\Lambda}$，即

$$\boldsymbol{P}^{-1}\boldsymbol{A}\boldsymbol{P}=\boldsymbol{\Lambda}.$$

解 (1) 先求 $\boldsymbol{A}$ 的特征值：

解法一 设 $\boldsymbol{A}$ 的特征值为 λ，对应的特征向量为 $\boldsymbol{\xi}$，则

$$\boldsymbol{A}\boldsymbol{\xi}=\boldsymbol{\alpha}\boldsymbol{\beta}^{\mathrm{T}}\boldsymbol{\xi}=\lambda\boldsymbol{\xi}, \tag{$*$}$$

若 $\boldsymbol{\beta}^{\mathrm{T}}\boldsymbol{\xi}=0$，则 $\lambda\boldsymbol{\xi}=\boldsymbol{0}$，而 $\boldsymbol{\xi}\neq\boldsymbol{0}$，得 $\lambda=0$；

若 $\boldsymbol{\beta}^{\mathrm{T}}\boldsymbol{\xi}\neq 0$，($*$)两边左乘 $\boldsymbol{\beta}^{\mathrm{T}}$，得

$$\boldsymbol{\beta}^{\mathrm{T}}\boldsymbol{\alpha}\boldsymbol{\beta}^{\mathrm{T}}\boldsymbol{\xi}=\lambda\boldsymbol{\beta}^{\mathrm{T}}\boldsymbol{\xi}，即\ \boldsymbol{\beta}^{\mathrm{T}}\boldsymbol{\alpha}(\boldsymbol{\beta}^{\mathrm{T}}\boldsymbol{\xi})=\lambda(\boldsymbol{\beta}^{\mathrm{T}}\boldsymbol{\xi}),$$

由 $\boldsymbol{\beta}^{\mathrm{T}}\boldsymbol{\xi}\neq 0$，得 $\lambda=\boldsymbol{\beta}^{\mathrm{T}}\boldsymbol{\alpha}=\sum_{i=1}^{n}a_ib_i$.

解法二 利用

$$\boldsymbol{A}^2=\boldsymbol{A}\boldsymbol{A}=\boldsymbol{\alpha}\boldsymbol{\beta}^{\mathrm{T}}\boldsymbol{\alpha}\boldsymbol{\beta}^{\mathrm{T}}=(\boldsymbol{\beta}^{\mathrm{T}}\boldsymbol{\alpha})\boldsymbol{\alpha}\boldsymbol{\beta}^{\mathrm{T}}=(\sum_{i=1}^{n}a_ib_i)\boldsymbol{A}$$

及特征值定义,(*)两边左乘 $\boldsymbol{A}$,得

$$\boldsymbol{A}^2\boldsymbol{\xi}=\lambda\boldsymbol{A}\boldsymbol{\xi}=\lambda^2\boldsymbol{\xi}=(\sum_{i=1}^{n}a_ib_i)\boldsymbol{A}\boldsymbol{\xi}=\lambda(\sum_{i=1}^{n}a_ib_i)\boldsymbol{\xi},$$

由 $\boldsymbol{\xi}\neq\boldsymbol{0}$, $\lambda^2=\lambda(\sum_{i=1}^{n}a_ib_i)$,得 $\lambda=0$ 或 $\lambda=\sum_{i=1}^{n}a_ib_i$.

解法三 利用特征方程. 因 $\boldsymbol{A}^2=(\sum_{i=1}^{n}a_ib_i)\boldsymbol{A}$,故

$$\boldsymbol{A}^2-(\sum_{i=1}^{n}a_ib_i)\boldsymbol{A}=\boldsymbol{A}\left[\boldsymbol{A}-(\sum_{i=1}^{n}a_ib_i)\boldsymbol{E}\right]=\boldsymbol{O}.$$

两边取行列式,得

$$|\boldsymbol{A}|\left|\boldsymbol{A}-(\sum_{i=1}^{n}a_ib_i)\boldsymbol{E}\right|=0,$$

所以 $|\boldsymbol{A}|=0$ 或 $\left|\boldsymbol{A}-(\sum_{i=1}^{n}a_ib_i)\boldsymbol{E}\right|=0$. 故 $\boldsymbol{A}$ 的特征值为

$$\lambda=0 \text{ 或 } \lambda=\sum_{i=1}^{n}a_ib_i.$$

解法四 直接从 $\boldsymbol{A}$ 的特征方程求 λ.

$$|\boldsymbol{A}-\lambda\boldsymbol{E}|=\begin{vmatrix} a_1b_1-\lambda & a_1b_2 & \cdots & a_1b_n \\ a_2b_1 & a_2b_2-\lambda & \cdots & a_2b_n \\ \vdots & \vdots & \ddots & \vdots \\ a_nb_1 & a_nb_2 & \cdots & a_nb_n-\lambda \end{vmatrix}=0,$$

当 $\lambda=0$ 时,显然满足方程 $|\boldsymbol{A}-\lambda\boldsymbol{E}|=0$[因为 $r(\boldsymbol{A})=1$];

当 $\lambda\neq0$ 时,利用加边法计算行列式

$$|\boldsymbol{A}-\lambda\boldsymbol{E}|=\begin{vmatrix} 1 & b_1 & b_2 & \cdots & b_n \\ 0 & a_1b_1-\lambda & a_1b_2 & \cdots & a_1b_n \\ 0 & a_2b_1 & a_2b_2-\lambda & \cdots & a_2b_n \\ \vdots & \vdots & \vdots & \ddots & \vdots \\ 0 & a_nb_1 & a_nb_2 & \cdots & a_nb_n-\lambda \end{vmatrix}$$

$$=\begin{vmatrix} 1 & b_1 & b_2 & \cdots & b_n \\ -a_1 & -\lambda & 0 & \cdots & 0 \\ -a_2 & 0 & -\lambda & \cdots & 0 \\ \vdots & \vdots & \vdots & \ddots & \vdots \\ -a_n & 0 & 0 & \cdots & -\lambda \end{vmatrix}$$

$$=\begin{vmatrix} 1-\frac{1}{\lambda}\sum_{i=1}^{n}a_ib_i & b_1 & b_2 & \cdots & b_n \\ 0 & -\lambda & 0 & \cdots & 0 \\ 0 & 0 & -\lambda & \cdots & 0 \\ \vdots & \vdots & \vdots & \ddots & \vdots \\ 0 & 0 & 0 & \cdots & -\lambda \end{vmatrix}=0,$$

得 $\lambda=\sum_{i=1}^{n}a_ib_i$.

(2) 求 $\boldsymbol{A}$ 的对应于 λ 的特征向量：

当 $\lambda=0$ 时，$(\boldsymbol{A}-\lambda\boldsymbol{E})\boldsymbol{x}=\boldsymbol{0}$，即 $\boldsymbol{\alpha}\boldsymbol{\beta}^{\mathrm{T}}\boldsymbol{x}=\boldsymbol{0}$，此时亦即 $\boldsymbol{\alpha}(\boldsymbol{\beta}^{\mathrm{T}}\boldsymbol{x})=\boldsymbol{0}$，但 $\boldsymbol{\alpha}\neq\boldsymbol{0}$，故 $\boldsymbol{\beta}^{\mathrm{T}}\boldsymbol{x}=0$，于是 $\lambda=0$ 对应的特征向量 $(x_1,x_2,\cdots,x_n)^{\mathrm{T}}$ 应满足

$$b_1x_1+b_2x_2+\cdots+b_nx_n=0,$$

因 $\boldsymbol{\beta}\neq\boldsymbol{0}$，不失一般性，设 $b_1\neq0$，则对应的特征向量有

$$\boldsymbol{\xi}_1=(b_2,-b_1,0,\cdots,0)^{\mathrm{T}},\ \boldsymbol{\xi}_2=(b_3,0,-b_1,\cdots,0)^{\mathrm{T}},\ \cdots,\ \boldsymbol{\xi}_{n-1}=(b_n,0,0,\cdots,-b_1);$$

当 $\lambda=\sum_{i=1}^{n}a_ib_i$ 时，$\lambda=\boldsymbol{\alpha}^{\mathrm{T}}\boldsymbol{\beta}=\boldsymbol{\beta}^{\mathrm{T}}\boldsymbol{\alpha}$，

$$(\boldsymbol{A}-\lambda\boldsymbol{E})\boldsymbol{x}=(\boldsymbol{\alpha}\boldsymbol{\beta}^{\mathrm{T}}-\boldsymbol{\beta}^{\mathrm{T}}\boldsymbol{\alpha}\boldsymbol{E})\boldsymbol{x}=\boldsymbol{0},$$

由此可见，$\boldsymbol{x}=\boldsymbol{\alpha}$ 时，有

$$(\boldsymbol{\alpha}\boldsymbol{\beta}^{\mathrm{T}}-\boldsymbol{\beta}^{\mathrm{T}}\boldsymbol{\alpha}\boldsymbol{E})\boldsymbol{\alpha}=\boldsymbol{\alpha}(\boldsymbol{\beta}^{\mathrm{T}}\boldsymbol{\alpha})-(\boldsymbol{\beta}^{\mathrm{T}}\boldsymbol{\alpha})\boldsymbol{\alpha}=\boldsymbol{0},$$

故

$$\boldsymbol{\xi}_n=\boldsymbol{\alpha}.$$

(3) 当 $\lambda=\boldsymbol{\alpha}^{\mathrm{T}}\boldsymbol{\beta}=\boldsymbol{\beta}^{\mathrm{T}}\boldsymbol{\alpha}\neq0$ 时，即 $\boldsymbol{\alpha},\boldsymbol{\beta}$ 不正交时，有 n 个线性无关特征向量，即存在可逆阵

$$\boldsymbol{P}=\begin{pmatrix} b_2 & b_3 & \cdots & b_n & a_1 \\ -b_1 & 0 & \cdots & 0 & a_2 \\ 0 & -b_1 & \cdots & 0 & a_3 \\ \vdots & \vdots & \ddots & \vdots & \vdots \\ 0 & 0 & \cdots & -b_1 & a_n \end{pmatrix},$$

使得

$$\boldsymbol{P}^{-1}\boldsymbol{A}\boldsymbol{P}=\boldsymbol{\Lambda}=\begin{pmatrix} 0 & 0 & \cdots & 0 \\ 0 & 0 & \cdots & 0 \\ \vdots & \vdots & \ddots & \vdots \\ 0 & 0 & \cdots & \sum_{i=1}^{n}a_ib_i \end{pmatrix}.$$

当 $\lambda=\boldsymbol{\alpha}^{\mathrm{T}}\boldsymbol{\beta}=\boldsymbol{\beta}^{\mathrm{T}}\boldsymbol{\alpha}=0$ 时，即 $\boldsymbol{\alpha},\boldsymbol{\beta}$ 正交时，$\lambda=0$ 是 $\boldsymbol{A}$ 的 n 重特征值. 因 $\boldsymbol{\alpha}\neq\boldsymbol{0},\boldsymbol{\beta}\neq\boldsymbol{0}$，故 $r(\boldsymbol{A})=1$. 则 $\lambda=0$ 对应的特征向量只有 $(n-1)$ 个，所以 $\boldsymbol{A}$ 不能相似于对角阵.

【例 18】 设数列 $\{u_n\},\{v_n\}$ 满足：

$$\begin{cases} u_n=2u_{n-1}-3v_{n-1} \\ v_n=\dfrac{1}{2}u_{n-1}-\dfrac{1}{2}v_{n-1} \end{cases},$$

且 $u_0=1,v_0=0$，求 $\{u_n\}$ 的通项 u_n 及 $\lim\limits_{n\to\infty}u_n$.

解
$$\begin{pmatrix} u_n \\ v_n \end{pmatrix}=\begin{pmatrix} 2 & -3 \\ \dfrac{1}{2} & -\dfrac{1}{2} \end{pmatrix}\begin{pmatrix} u_{n-1} \\ v_{n-1} \end{pmatrix}=\begin{pmatrix} 2 & -3 \\ \dfrac{1}{2} & -\dfrac{1}{2} \end{pmatrix}^2\begin{pmatrix} u_{n-2} \\ v_{n-2} \end{pmatrix}$$

$$=\cdots=\begin{pmatrix} 2 & -3 \\ \dfrac{1}{2} & -\dfrac{1}{2} \end{pmatrix}^n\begin{pmatrix} u_0 \\ v_0 \end{pmatrix}=\begin{pmatrix} 2 & -3 \\ \dfrac{1}{2} & -\dfrac{1}{2} \end{pmatrix}^n\begin{pmatrix} 1 \\ 0 \end{pmatrix},$$

设 $\boldsymbol{A}=\begin{pmatrix}2 & -3\\ \frac{1}{2} & -\frac{1}{2}\end{pmatrix}$,则问题转化为求 $\boldsymbol{A}^n$.

由 $|\boldsymbol{A}-\lambda\boldsymbol{E}|=(\lambda-1)\left(\lambda-\frac{1}{2}\right)=0$,得 $\boldsymbol{A}$ 的特征值为 $\lambda_1=1,\lambda_2=\frac{1}{2}$.

对 $\lambda_1=1$,解 $(\boldsymbol{A}-\boldsymbol{E})\boldsymbol{x}=\boldsymbol{0}$,即 $\begin{pmatrix}1 & -3\\ \frac{1}{2} & -\frac{3}{2}\end{pmatrix}\begin{pmatrix}x_1\\ x_2\end{pmatrix}=\boldsymbol{0}$,得 $\boldsymbol{\alpha}_1=\begin{pmatrix}3\\ 1\end{pmatrix}$;

对 $\lambda_2=\frac{1}{2}$,解 $\left(\boldsymbol{A}-\frac{1}{2}\boldsymbol{E}\right)\boldsymbol{x}=\boldsymbol{0}$,即 $\begin{pmatrix}\frac{3}{2} & -3\\ \frac{1}{2} & -1\end{pmatrix}\begin{pmatrix}x_1\\ x_2\end{pmatrix}=\boldsymbol{0}$,得 $\boldsymbol{\alpha}_2=\begin{pmatrix}2\\ 1\end{pmatrix}$.

令 $\boldsymbol{P}=(\boldsymbol{\alpha}_1,\boldsymbol{\alpha}_2)=\begin{pmatrix}3 & 2\\ 1 & 1\end{pmatrix}$,则有 $\boldsymbol{A}=\boldsymbol{P}\begin{pmatrix}1 & 0\\ 0 & \frac{1}{2}\end{pmatrix}\boldsymbol{P}^{-1}$. 于是

$$\boldsymbol{A}^n=\boldsymbol{P}\begin{pmatrix}1 & 0\\ 0 & \frac{1}{2}\end{pmatrix}^n\boldsymbol{P}^{-1}=\begin{pmatrix}3 & 2\\ 1 & 1\end{pmatrix}\begin{pmatrix}1 & 0\\ 0 & \frac{1}{2^n}\end{pmatrix}\begin{pmatrix}1 & -2\\ -1 & 3\end{pmatrix}=\begin{pmatrix}3-\frac{2}{2^n} & \frac{6}{2^n}-6\\ 1-\frac{1}{2^n} & \frac{3}{2^n}-2\end{pmatrix},$$

从而

$$\begin{pmatrix}u_n\\ v_n\end{pmatrix}=\boldsymbol{A}^n\begin{pmatrix}1\\ 0\end{pmatrix}=\begin{pmatrix}3-\frac{2}{2^n}\\ 1-\frac{1}{2^n}\end{pmatrix}.$$

所以 $u_n=3-\frac{2}{2^n}$,故

$$\lim_{n\to\infty}u_n=3.$$

【例 19】 设三阶实对称矩阵 $\boldsymbol{A}$ 的 3 个特征值为 $\lambda_1=-1,\lambda_2=\lambda_3=1$,对应于 $\lambda_1=-1$ 的特征向量为 $\boldsymbol{\alpha}_1=(0,1,1)^{\mathrm{T}}$. 求(1) $\boldsymbol{A}$;(2) $\boldsymbol{B}=\boldsymbol{A}^3-5\boldsymbol{A}^2$ 的相似对角阵;(3) $|\boldsymbol{A}^*-5\boldsymbol{E}|$.

解 (1) 因为 $\boldsymbol{A}$ 为实对称矩阵,且 λ_1 与 λ_2,λ_3 不等,所以 λ_2 对应的特征向量必与 $\boldsymbol{\alpha}_1$ 正交.

设特征值 λ_2 所对应的特征向量为 $\boldsymbol{x}=(x_1,x_2,x_3)^{\mathrm{T}}$,则有 $\boldsymbol{\alpha}_1^{\mathrm{T}}\boldsymbol{x}=0$. 即 $x_2+x_3=0$,求得该方程组的基础解系为

$$\boldsymbol{\alpha}_2=(1,0,0)^{\mathrm{T}},\ \boldsymbol{\alpha}_3=(0,1,-1)^{\mathrm{T}}$$

$\boldsymbol{\alpha}_2,\boldsymbol{\alpha}_3$ 即为 $\boldsymbol{A}$ 的属于 $\lambda_2=\lambda_3=1$ 的两个线性无关的特征向量,显然 $\boldsymbol{\alpha}_2,\boldsymbol{\alpha}_3$ 正好正交,故将 $\boldsymbol{\alpha}_1,\boldsymbol{\alpha}_2,\boldsymbol{\alpha}_3$ 单位化,得

$$\boldsymbol{\eta}_1=\left(0,\frac{1}{\sqrt{2}},\frac{1}{\sqrt{2}}\right)^{\mathrm{T}},\ \boldsymbol{\eta}_2=(1,0,0)^{\mathrm{T}},\ \boldsymbol{\eta}_3=\left(0,\frac{1}{\sqrt{2}},-\frac{1}{\sqrt{2}}\right)^{\mathrm{T}},$$

令 $\boldsymbol{Q}=(\boldsymbol{\eta}_1,\boldsymbol{\eta}_2,\boldsymbol{\eta}_3)$,则 $\boldsymbol{Q}$ 为正交阵,且有

$$\boldsymbol{A}=\boldsymbol{Q}\boldsymbol{\Lambda}\boldsymbol{Q}^{\mathrm{T}}=\begin{pmatrix}0 & 1 & 0\\ \frac{1}{\sqrt{2}} & 0 & \frac{1}{\sqrt{2}}\\ \frac{1}{\sqrt{2}} & 0 & -\frac{1}{\sqrt{2}}\end{pmatrix}\begin{pmatrix}-1 & & \\ & 1 & \\ & & 1\end{pmatrix}\begin{pmatrix}0 & \frac{1}{\sqrt{2}} & \frac{1}{\sqrt{2}}\\ 1 & 0 & 0\\ 0 & \frac{1}{\sqrt{2}} & -\frac{1}{\sqrt{2}}\end{pmatrix}=\begin{pmatrix}1 & 0 & 0\\ 0 & 0 & -1\\ 0 & -1 & 0\end{pmatrix}.$$

注　$\boldsymbol{Q}$ 可以不唯一，但 $\boldsymbol{A}$ 是唯一的.

(2) 由 $\boldsymbol{A}=\boldsymbol{Q\Lambda Q}^{\mathrm{T}}$ 得

$$\boldsymbol{B}=\boldsymbol{A}^3-5\boldsymbol{A}^2=\boldsymbol{Q\Lambda}^3\boldsymbol{Q}^{\mathrm{T}}-5\boldsymbol{Q\Lambda}^2\boldsymbol{Q}^{\mathrm{T}}=\boldsymbol{Q}(\boldsymbol{\Lambda}^3-5\boldsymbol{\Lambda}^2)\boldsymbol{Q}^{\mathrm{T}},$$

而 $\boldsymbol{\Lambda}^3-5\boldsymbol{\Lambda}^2=\begin{pmatrix}-1&&\\&1&\\&&1\end{pmatrix}-5\begin{pmatrix}1&&\\&1&\\&&1\end{pmatrix}=\begin{pmatrix}-6&&\\&-4&\\&&-4\end{pmatrix}$，即为 $\boldsymbol{B}$ 的相似对角阵. $-6,-4,-4$ 即为 $\boldsymbol{B}$ 的特征值.

(3) 因为 $|\boldsymbol{A}|=\lambda_1\lambda_2\lambda_3=-1$，所以 $\boldsymbol{A}^*$ 的特征值为 $\dfrac{|\boldsymbol{A}|}{\lambda}$，即 $1,-1,-1$，$\boldsymbol{A}^*-5\boldsymbol{E}$ 的特征值为 $-4,-6,-6$，故

$$|\boldsymbol{A}^*-5\boldsymbol{E}|=(-4)(-6)(-6)=-144.$$

【例 20】　设 $\boldsymbol{A}$ 为三阶矩阵，$\boldsymbol{\alpha}_1,\boldsymbol{\alpha}_2,\boldsymbol{\alpha}_3$ 是线性无关的三维列向量，且满足

$$\boldsymbol{A\alpha}_1=\boldsymbol{\alpha}_1+\boldsymbol{\alpha}_2+\boldsymbol{\alpha}_3,\quad \boldsymbol{A\alpha}_2=2\boldsymbol{\alpha}_2+\boldsymbol{\alpha}_3,\quad \boldsymbol{A\alpha}_3=2\boldsymbol{\alpha}_2+3\boldsymbol{\alpha}_3.$$

(1) 求矩阵 $\boldsymbol{B}$，使得 $\boldsymbol{A}(\boldsymbol{\alpha}_1,\boldsymbol{\alpha}_2,\boldsymbol{\alpha}_3)=(\boldsymbol{\alpha}_1,\boldsymbol{\alpha}_2,\boldsymbol{\alpha}_3)\boldsymbol{B}$；

(2) 求矩阵 $\boldsymbol{A}$ 的特征值；

(3) 求可逆矩阵 $\boldsymbol{P}$，使得 $\boldsymbol{P}^{-1}\boldsymbol{AP}$ 为对角矩阵.

解　(1) 由题设条件，有

$$\boldsymbol{A}(\boldsymbol{\alpha}_1,\boldsymbol{\alpha}_2,\boldsymbol{\alpha}_3)=(\boldsymbol{\alpha}_1,\boldsymbol{\alpha}_2,\boldsymbol{\alpha}_3)\begin{pmatrix}1&0&0\\1&2&2\\1&1&3\end{pmatrix},$$

可知

$$\boldsymbol{B}=\begin{pmatrix}1&0&0\\1&2&2\\1&1&3\end{pmatrix}.$$

(2) 因为 $\boldsymbol{\alpha}_1,\boldsymbol{\alpha}_2,\boldsymbol{\alpha}_3$ 是线性无关的三维列向量，可知矩阵 $\boldsymbol{C}=(\boldsymbol{\alpha}_1,\boldsymbol{\alpha}_2,\boldsymbol{\alpha}_3)$ 可逆，所以 $\boldsymbol{C}^{-1}\boldsymbol{AC}=\boldsymbol{B}$，即矩阵 $\boldsymbol{A}$ 与 $\boldsymbol{B}$ 相似. 由此可得矩阵 $\boldsymbol{A}$ 与 $\boldsymbol{B}$ 有相同的特征值.

由

$$|\lambda\boldsymbol{E}-\boldsymbol{B}|=\begin{vmatrix}\lambda-1&0&0\\-1&\lambda-2&-2\\-1&-1&\lambda-3\end{vmatrix}=(\lambda-1)^2(\lambda-4)=0,$$

得矩阵 $\boldsymbol{B}$ 的特征值，即矩阵 $\boldsymbol{A}$ 的特征值为

$$\lambda_1=\lambda_2=1,\quad \lambda_3=4.$$

(3) 对应于 $\lambda_1=\lambda_2=1$，解齐次线性方程组 $(\boldsymbol{E}-\boldsymbol{B})\boldsymbol{x}=\boldsymbol{0}$，得基础解系

$$\boldsymbol{\xi}_1=(-1,1,0)^{\mathrm{T}},\quad \boldsymbol{\xi}_2=(-2,0,1)^{\mathrm{T}};$$

对应于 $\lambda_3=4$，解齐次线性方程组 $(4\boldsymbol{E}-\boldsymbol{B})\boldsymbol{x}=\boldsymbol{0}$，得基础解系

$$\boldsymbol{\xi}_3=(0,1,1)^{\mathrm{T}}.$$

令矩阵

$$\boldsymbol{Q}=(\boldsymbol{\xi}_1,\boldsymbol{\xi}_2,\boldsymbol{\xi}_3)=\begin{pmatrix}-1&-2&0\\1&0&1\\0&1&1\end{pmatrix},$$

则

$$Q^{-1}BQ=\begin{pmatrix}1&0&0\\0&1&0\\0&0&4\end{pmatrix}.$$

因 $Q^{-1}BQ=Q^{-1}C^{-1}ACQ=(CQ)^{-1}A(CQ)$,记矩阵

$$P=CQ=(\boldsymbol{\alpha}_1,\boldsymbol{\alpha}_2,\boldsymbol{\alpha}_3)\begin{pmatrix}-1&-2&0\\1&0&1\\0&1&1\end{pmatrix}=(-\boldsymbol{\alpha}_1+\boldsymbol{\alpha}_2,-2\boldsymbol{\alpha}_1+\boldsymbol{\alpha}_3,\boldsymbol{\alpha}_2+\boldsymbol{\alpha}_3),$$

故 $\boldsymbol{P}$ 即为所求的可逆矩阵.

【例 21】 已知 n 阶矩阵 $\boldsymbol{A}$ 满足 $\boldsymbol{A}^2=\boldsymbol{A}$,且 $r(\boldsymbol{A})=r$,证明 $\boldsymbol{A}$ 相似于 $\begin{pmatrix}\boldsymbol{E}_r&\boldsymbol{0}\\\boldsymbol{0}&\boldsymbol{0}\end{pmatrix}$,并求 $|\boldsymbol{A}+2\boldsymbol{E}|$.

证 设 $\boldsymbol{A}$ 的一个特征值为 λ,对应的特征向量为 $\boldsymbol{\xi}$,则由 $\boldsymbol{A}^2=\boldsymbol{A}$,知 $(\lambda^2-\lambda)\boldsymbol{\xi}=\boldsymbol{0}$,即 $\boldsymbol{A}$ 的特征值的取值范围为 1 或 0,又移项得

$$(\boldsymbol{A}-\boldsymbol{E})\boldsymbol{A}=\boldsymbol{O},$$

故

$$r(\boldsymbol{A}-\boldsymbol{E})+r(\boldsymbol{A})\leqslant n.$$

又

$$r(\boldsymbol{A}-\boldsymbol{E})+r(\boldsymbol{A})=r(\boldsymbol{E}-\boldsymbol{A})+r(\boldsymbol{A})\geqslant r(\boldsymbol{E}-\boldsymbol{A}+\boldsymbol{A})=r(\boldsymbol{E})=n,$$

从而知 $r(\boldsymbol{A}-\boldsymbol{E})+r(\boldsymbol{A})=n$. 已知 $r(\boldsymbol{A})=r$,故 $r(\boldsymbol{A}-\boldsymbol{E})=n-r$.

因 $(\boldsymbol{A}-\boldsymbol{E})\boldsymbol{A}=\boldsymbol{O}$,$r(\boldsymbol{A})=r$,所以 $\boldsymbol{A}$ 有 r 列线性无关向量是 $\boldsymbol{A}$ 的特征值 $\lambda=1$ 所对应的特征向量;

再由 $\boldsymbol{A}(\boldsymbol{A}-\boldsymbol{E})=\boldsymbol{O}$,即 $(\boldsymbol{A}-0\boldsymbol{E})(\boldsymbol{A}-\boldsymbol{E})=\boldsymbol{O}$,由 $r(\boldsymbol{A}-\boldsymbol{E})=n-r$,知 $\boldsymbol{A}-\boldsymbol{E}$ 有 $n-r$ 列线性无关向量是 $\boldsymbol{A}$ 的特征值 $\lambda=0$ 所对应的特征向量. 故 $\boldsymbol{A}$ 有 n 个线性无关特征向量,且 $\boldsymbol{A}$ 相似于 $\begin{pmatrix}\boldsymbol{E}_r&\boldsymbol{O}\\\boldsymbol{O}&\boldsymbol{O}\end{pmatrix}$.

$$|\boldsymbol{A}+2\boldsymbol{E}|=\left|\boldsymbol{P}\begin{pmatrix}\boldsymbol{E}_r&\boldsymbol{O}\\\boldsymbol{O}&\boldsymbol{O}\end{pmatrix}\boldsymbol{P}^{-1}+2\boldsymbol{E}\right|=|\boldsymbol{P}|\left|\begin{pmatrix}\boldsymbol{E}_r&\boldsymbol{O}\\\boldsymbol{O}&\boldsymbol{O}\end{pmatrix}+2\boldsymbol{E}\right||\boldsymbol{P}^{-1}|=3^r2^{n-r}.$$

3.4 练习题全解

练习 3.1

1. 求下列矩阵的特征值和特征向量:

(1) $\boldsymbol{A}=\begin{pmatrix}2&-4\\-3&3\end{pmatrix}$;　　　(2) $\boldsymbol{A}=\begin{pmatrix}2&1&1\\0&2&0\\0&-1&1\end{pmatrix}$;

(3) $\boldsymbol{A}=\begin{pmatrix}1&-3&3\\3&-5&3\\6&-6&4\end{pmatrix}$;　　(4) $\boldsymbol{A}=\begin{pmatrix}0&0&1\\0&1&0\\1&0&0\end{pmatrix}$.

解　(1) 矩阵 $\boldsymbol{A}$ 的特征多项式为

$$\det(\lambda\boldsymbol{E}-\boldsymbol{A})=\begin{vmatrix}\lambda-2&4\\3&\lambda-3\end{vmatrix}=(\lambda+1)(\lambda-6),$$

由 $\det(\lambda\boldsymbol{E}-\boldsymbol{A})=0$,得 $\boldsymbol{A}$ 的特征值 $\lambda_1=-1,\lambda_2=6$,

对于特征值 $\lambda_1=-1$,解齐次线性方程组 $(-\boldsymbol{E}-\boldsymbol{A})\boldsymbol{x}=\boldsymbol{0}$,即求解

$$\begin{pmatrix}-3&4\\3&-4\end{pmatrix}\begin{pmatrix}x_1\\x_2\end{pmatrix}=\begin{pmatrix}0\\0\end{pmatrix},$$

可得基础解系:$\boldsymbol{\alpha}_1=(4,3)^{\mathrm{T}}$. 于是 $\boldsymbol{A}$ 的属于特征值 $\lambda_1=-1$ 的全部特征向量为 $c_1\boldsymbol{\alpha}_1$ ($c_1\neq0$,为任意常数);

对于 $\lambda_2=6$,解齐次线性方程组 $(6\boldsymbol{E}-\boldsymbol{A})\boldsymbol{x}=\boldsymbol{0}$,即求解

$$\begin{pmatrix}4&4\\3&3\end{pmatrix}\begin{pmatrix}x_1\\x_2\end{pmatrix}=\boldsymbol{0},$$

可得基础解系:$\boldsymbol{\alpha}_2=(1,-1)^{\mathrm{T}}$. 于是 $\boldsymbol{A}$ 的属于特征值 $\lambda_2=6$ 的全部特征向量为 $c_2\boldsymbol{\alpha}_2$ ($c_2\neq0$,为任意常数).

(2) 矩阵 $\boldsymbol{A}$ 的特征多项式为

$$\det(\lambda\boldsymbol{E}-\boldsymbol{A})=\begin{vmatrix}\lambda-2&-1&-1\\0&\lambda-2&0\\0&1&\lambda-1\end{vmatrix}=(\lambda-2)^2(\lambda-1),$$

得 $\boldsymbol{A}$ 的特征值为 $\lambda_1=1,\lambda_2=\lambda_3=2$,

对于 $\lambda_1=1$,解齐次线性方程组 $(\boldsymbol{E}-\boldsymbol{A})\boldsymbol{x}=\boldsymbol{0}$,即求解

$$\begin{pmatrix}-1&-1&-1\\0&-1&0\\0&1&0\end{pmatrix}\begin{pmatrix}x_1\\x_2\\x_3\end{pmatrix}=\begin{pmatrix}0\\0\\0\end{pmatrix},$$

可得它的一个基础解系:$\boldsymbol{\alpha}_1=(-1,0,1)^{\mathrm{T}}$. 于是 $\boldsymbol{A}$ 的属于 $\lambda_1=-1$ 的全部特征向量为 $c_1\boldsymbol{\alpha}_1$ ($c_1\neq0$,为任意常数);

对于 $\lambda_2=\lambda_3=2$,解齐次线性方程组 $(2\boldsymbol{E}-\boldsymbol{A})\boldsymbol{x}=\boldsymbol{0}$,即求解

$$\begin{pmatrix}0&-1&-1\\0&0&0\\0&1&1\end{pmatrix}\begin{pmatrix}x_1\\x_2\\x_3\end{pmatrix}=\begin{pmatrix}0\\0\\0\end{pmatrix},$$

可得它的一个基础解系:$\boldsymbol{\alpha}_2=(1,0,0)^{\mathrm{T}},\boldsymbol{\alpha}_3=(0,-1,1)^{\mathrm{T}}$. 于是 $\boldsymbol{A}$ 的属于特征值 $\lambda_2=\lambda_3=2$ 的全部特征向量为 $c_2\boldsymbol{\alpha}_2+c_3\boldsymbol{\alpha}_3$ (c_2,c_3 是不全为零的任意常数).

(3) 矩阵 $\boldsymbol{A}$ 的特征多项式为

$$\det(\lambda\boldsymbol{E}-\boldsymbol{A})=\begin{vmatrix}\lambda-1&3&-3\\-3&\lambda+5&-3\\-6&6&\lambda-4\end{vmatrix}=(\lambda+2)^2(\lambda-4),$$

得 $\boldsymbol{A}$ 的特征值为 $\lambda_1=\lambda_2=-2,\lambda_3=4$.

对于 $\lambda_1=\lambda_2=-2$,解齐次线性方程组 $(-2\boldsymbol{E}-\boldsymbol{A})\boldsymbol{x}=\boldsymbol{0}$,可得其基础解系 $\boldsymbol{\alpha}_1=(1,1,0)^{\mathrm{T}}$, $\boldsymbol{\alpha}_2=(0,1,1)^{\mathrm{T}}$. 于是 $\boldsymbol{A}$ 的属于特征值 $\lambda_1=\lambda_2=-2$ 的全部特征向量为 $c_1\boldsymbol{\alpha}_1+c_2\boldsymbol{\alpha}_2$($c_1,c_2$ 是不全为零的任意常数).

对于 $\lambda_3=4$,解齐次线性方程组 $(4\boldsymbol{E}-\boldsymbol{A})\boldsymbol{x}=\boldsymbol{0}$,可得其基础解系 $\boldsymbol{\alpha}_3=(1,1,2)^{\mathrm{T}}$,于是 $\boldsymbol{A}$ 的属于特征值 $\lambda_3=4$ 的全部特征向量为 $c_3\boldsymbol{\alpha}_3$(c_3 是不为零的任意常数).

(4) 矩阵 $\boldsymbol{A}$ 的特征多项式为

$$\det(\lambda\boldsymbol{E}-\boldsymbol{A})=\begin{vmatrix}\lambda & 0 & -1\\ 0 & \lambda-1 & 0\\ -1 & 0 & \lambda\end{vmatrix}=(\lambda+1)(\lambda-1)^2,$$

得 $\boldsymbol{A}$ 的特征值为 $\lambda_1=-1,\lambda_2=\lambda_3=1$.

对于 $\lambda_1=-1$,解齐次线性方程组 $(-\boldsymbol{E}-\boldsymbol{A})\boldsymbol{x}=\boldsymbol{0}$,即求解

$$\begin{pmatrix}-1 & 0 & -1\\ 0 & -2 & 0\\ -1 & 0 & -1\end{pmatrix}\begin{pmatrix}x_1\\ x_2\\ x_3\end{pmatrix}=\begin{pmatrix}0\\ 0\\ 0\end{pmatrix},$$

可得它的一个基础解系:$\boldsymbol{\alpha}_1=(-1,0,1)^{\mathrm{T}}$. 于是 $\boldsymbol{A}$ 的属于特征值 $\lambda_1=-1$ 的全部特征向量为 $c_1\boldsymbol{\alpha}_1$(c_1 是不为零的任意常数);

对于 $\lambda_2=\lambda_3=1$,解齐次线性方程组 $(\boldsymbol{E}-\boldsymbol{A})\boldsymbol{x}=\boldsymbol{0}$,即求解

$$\begin{pmatrix}1 & 0 & -1\\ 0 & 0 & 0\\ -1 & 0 & 1\end{pmatrix}\begin{pmatrix}x_1\\ x_2\\ x_3\end{pmatrix}=\begin{pmatrix}0\\ 0\\ 0\end{pmatrix},$$

可得它的一个基础解系:$\boldsymbol{\alpha}_2=(0,1,0)^{\mathrm{T}},\boldsymbol{\alpha}_3=(1,0,1)^{\mathrm{T}}$. 于是 $\boldsymbol{A}$ 的属于特征值 $\lambda_2=\lambda_3=1$ 的全部特征向量为 $c_2\boldsymbol{\alpha}_2+c_3\boldsymbol{\alpha}_3$($c_2,c_3$ 是不全为零的任意常数).

2. 求下列矩阵 $\boldsymbol{A}$ 的特征值和特征向量:

(1) $\boldsymbol{A}$ 是 n 阶零矩阵;

(2) $\boldsymbol{A}$ 是 n 阶数量矩阵.

解 (1) 零矩阵 $\boldsymbol{A}$ 的特征多项式为

$$\det(\lambda\boldsymbol{E}-\boldsymbol{A})=\begin{vmatrix}\lambda & 0 & \cdots & 0\\ 0 & \lambda & \cdots & 0\\ \vdots & \vdots & \ddots & \vdots\\ 0 & 0 & \cdots & \lambda\end{vmatrix}=\lambda^n,$$

得 $\boldsymbol{A}$ 的特征值 $\lambda_1=\lambda_2=\cdots=\lambda_n=0$.

对于 $\lambda_1=\lambda_2=\cdots=\lambda_n=0$,解对应的齐次线性方程组 $(0\boldsymbol{E}-\boldsymbol{A})\boldsymbol{x}=\boldsymbol{0}$. 由于 $(0\boldsymbol{E}-\boldsymbol{A})$ 是零矩阵,任意 n 维向量都是该方程组的解,取基础解系 $\boldsymbol{\alpha}_1=(1,0,0,\cdots,0)^{\mathrm{T}},\boldsymbol{\alpha}_2=(0,1,0,\cdots,0)^{\mathrm{T}},\cdots,\boldsymbol{\alpha}_n=(0,0,0,\cdots,1)^{\mathrm{T}}$,于是 $\boldsymbol{A}$ 的属于特征值 0 的全部特征向量为任意 n 维非零向量,即 $c_1\boldsymbol{\alpha}_1+c_2\boldsymbol{\alpha}_2+\cdots+c_n\boldsymbol{\alpha}_n=(c_1,c_2,\cdots,c_n)^{\mathrm{T}}$($c_1,c_2,\cdots,c_n$ 为不全为零的常数).

(2) 设 $\boldsymbol{A}=\begin{pmatrix}a & & \\ & \ddots & \\ & & a\end{pmatrix}$,矩阵 $\boldsymbol{A}$ 的特征多项式为

$$\det(\lambda\boldsymbol{E}-\boldsymbol{A})=\begin{vmatrix}\lambda-a & 0 & \cdots & 0\\ 0 & \lambda-a & \cdots & 0\\ \vdots & \vdots & \ddots & \vdots\\ 0 & 0 & \cdots & \lambda-a\end{vmatrix}=(\lambda-a)^n,$$

由 $\det(\lambda\boldsymbol{E}-\boldsymbol{A})=0$，得 $\boldsymbol{A}$ 的特征值 $\lambda_1=\lambda_2=\cdots=\lambda_n=a$.

对于 $\lambda_1=\lambda_2=\cdots=\lambda_n=a$，解对应的齐次线性方程组 $(a\boldsymbol{E}-\boldsymbol{A})\boldsymbol{x}=\boldsymbol{0}$，由 $(a\boldsymbol{E}-\boldsymbol{A})$ 是零矩阵，可得它的一个基础解系：$\boldsymbol{\alpha}_1=(1,0,0,\cdots,0)^{\mathrm{T}}$，$\boldsymbol{\alpha}_2=(0,1,0,\cdots,0)^{\mathrm{T}}$，$\cdots$，$\boldsymbol{\alpha}_n=(0,0,0,\cdots,1)^{\mathrm{T}}$，于是 $\boldsymbol{A}$ 的属于特征值 a 的全部特征向量为任意 n 维非零向量，即 $c_1\boldsymbol{\alpha}_1+c_2\boldsymbol{\alpha}_2+\cdots+c_n\boldsymbol{\alpha}_n=(c_1,c_2,\cdots,c_n)^{\mathrm{T}}$（$c_1,c_2,\cdots,c_n$ 为不全为零的常数）.

3. 设三阶矩阵 $\boldsymbol{A}$ 的特征值为 $\lambda_1=-1$（二重），$\lambda_2=4$，试求：$\det\boldsymbol{A}$ 和 $\mathrm{tr}\boldsymbol{A}$.

解　由特征值的性质可知

$$\det\boldsymbol{A}=(-1)\times(-1)\times 4=4,$$
$$\mathrm{tr}\boldsymbol{A}=(-1)+(-1)+4=2.$$

4. 如果向量 $\boldsymbol{\alpha}=(1,k)^{\mathrm{T}}$ 是矩阵 $\boldsymbol{A}=\begin{pmatrix}3 & 1\\ 5 & -1\end{pmatrix}$ 的逆矩阵 $\boldsymbol{A}^{-1}$ 的特征向量，求常数 k 的值.

解　设 $\boldsymbol{\alpha}$ 是 $\boldsymbol{A}^{-1}$ 的属于特征值 λ 的特征向量，则 $\boldsymbol{A}^{-1}\boldsymbol{\alpha}=\lambda\boldsymbol{\alpha}$，两边左乘 $\boldsymbol{A}$，得 $\boldsymbol{\alpha}=\lambda\boldsymbol{A}\boldsymbol{\alpha}$，即

$$\begin{pmatrix}1\\ k\end{pmatrix}=\lambda\begin{pmatrix}3 & 1\\ 5 & -1\end{pmatrix}\begin{pmatrix}1\\ k\end{pmatrix}=\lambda\begin{pmatrix}3+k\\ 5-k\end{pmatrix},$$

解方程组 $\begin{cases}\lambda(3+k)=1\\ \lambda(5-k)=k\end{cases}$，得 $\lambda=-\dfrac{1}{2}$，$k=-5$ 或 $\lambda=\dfrac{1}{4}$，$k=1$，

即当 $k=1$ 或 -5 时，$\boldsymbol{\alpha}$ 是 $\boldsymbol{A}^{-1}$ 的特征向量.

5. 设 λ_0 是 n 阶矩阵 $\boldsymbol{A}$ 的一个特征值，试证：

(1) $k\lambda_0$ 是 $k\boldsymbol{A}$ 的一个特征值（k 为常数）；

(2) λ_0^m 是 $\boldsymbol{A}^m$ 的一个特征值（m 为正整数）；

(3) 若 $\boldsymbol{A}$ 可逆，则 $\dfrac{1}{\lambda_0}$ 是 $\boldsymbol{A}^{-1}$ 的一个特征值；

(4) 若 $\boldsymbol{A}$ 可逆，则 $\dfrac{\det\boldsymbol{A}}{\lambda_0}$ 是 $\boldsymbol{A}^*$ 的一个特征值；

(5) 对任意数 k，$k-\lambda_0$ 是矩阵 $k\boldsymbol{E}-\boldsymbol{A}$ 的一个特征值.

解　由已知条件，存在向量 $\boldsymbol{\alpha}\neq\boldsymbol{0}$，使 $\boldsymbol{A}\boldsymbol{\alpha}=\lambda_0\boldsymbol{\alpha}$，

(1) 在上式两边左乘 k，得 $k\boldsymbol{A}\boldsymbol{\alpha}=k\lambda_0\boldsymbol{\alpha}$，即 $k\lambda_0$ 是 $k\boldsymbol{A}$ 的一个特征值.

(2) 当 $m=2$ 时，在 $\boldsymbol{A}\boldsymbol{\alpha}=\lambda_0\boldsymbol{\alpha}$ 两边左乘 $\boldsymbol{A}$，有 $\boldsymbol{A}^2\boldsymbol{\alpha}=\boldsymbol{A}(\lambda_0\boldsymbol{\alpha})=\lambda_0\boldsymbol{A}\boldsymbol{\alpha}=\lambda_0^2\boldsymbol{\alpha}$，即 λ_0^2 是 $\boldsymbol{A}^2$ 的一个特征值.

假设 λ_0^{m-1} 是矩阵 $\boldsymbol{A}^{m-1}$ 的一个特征值，对应的特征向量是 $\boldsymbol{\alpha}$，则 $\boldsymbol{A}^{m-1}\boldsymbol{\alpha}=\lambda_0^{m-1}\boldsymbol{\alpha}(\boldsymbol{\alpha}\neq 0)$，于是

$$\boldsymbol{A}^m\boldsymbol{\alpha}=\boldsymbol{A}(\boldsymbol{A}^{m-1}\boldsymbol{\alpha})=\lambda_0^{m-1}\boldsymbol{A}\boldsymbol{\alpha}=\lambda_0^m\boldsymbol{\alpha},$$

即 λ_0^m 是矩阵 $\boldsymbol{A}^m$ 的一个特征值. 根据数学归纳法原理，对任意的正整数结论成立.

(3) 若 $\boldsymbol{A}$ 可逆，则特征值 $\lambda_0\neq 0$，在 $\boldsymbol{A}\boldsymbol{\alpha}=\lambda_0\boldsymbol{\alpha}$ 两边左乘 $\boldsymbol{A}^{-1}$，得

$$\boldsymbol{A}^{-1}\boldsymbol{A}\boldsymbol{\alpha}=\boldsymbol{A}^{-1}(\lambda_0\boldsymbol{\alpha})=\lambda_0\boldsymbol{A}^{-1}\boldsymbol{\alpha},$$

即 $A^{-1}\alpha=\lambda_0^{-1}\alpha$,故 λ_0^{-1} 是 A^{-1} 的一个特征值.

(4) 由于 $A^{-1}=\dfrac{1}{|A|}A^*$,由(3)可得 $A^*\alpha=(\det A)\lambda_0^{-1}\alpha=\dfrac{\det A}{\lambda_0}\alpha$,即$\dfrac{\det A}{\lambda_0}$是 A^* 的一个特征值.

(5) 由 $A\alpha=\lambda_0\alpha(\alpha\neq 0)$,有 $k\alpha-A\alpha=k\alpha-\lambda_0\alpha$,即$(kE-A)\alpha=(k-\lambda_0)\alpha$,所以 $k-\lambda_0$ 是矩阵 $kE-A$ 的一个特征值.

6. 证明:如果正交矩阵有实特征值,则其特征值只能是 1 或 -1.

证 设 A 的实特征值为 λ,A 的属于 λ 的特征向量为 ξ,则 $A\xi=\lambda\xi$,且 $\xi^T\xi\neq 0$.

因为 A 为正交矩阵,$A^TA=E$. 由 $(A\xi)^T(A\xi)=(\lambda\xi)^T(\lambda\xi)$,得 $\xi^T\xi=\xi^T(A^TA)\xi=\lambda^2\xi^T\xi$,

即 $\lambda^2=1$,$\lambda\in\mathbf{R}$,即 $\lambda=\pm 1$. 故正交矩阵的实特征值只能是 -1 或 1.

7. 设 λ_1,λ_2 是 n 阶矩阵 A 的两个不同特征值,对应的特征向量分别为 α_1,α_2,试证:$c_1\alpha_1+c_2\alpha_2$($c_1\neq 0,c_2\neq 0$ 为常数)不是 A 的特征向量.

证 (反证法)设 $c_1\alpha_1+c_2\alpha_2$ 为 A 的属于特征值 λ 的特征向量,于是

$$A(c_1\alpha_1+c_2\alpha_2)=\lambda(c_1\alpha_1+c_2\alpha_2)=c_1\lambda\alpha_1+c_2\lambda\alpha_2,$$

因为

$$A\alpha_1=\lambda_1\alpha_1,\quad A\alpha_2=\lambda_2\alpha_2,$$

所以

$$A(c_1\alpha_1+c_2\alpha_2)=c_1A\alpha_1+c_2A\alpha_2=c_1\lambda_1\alpha_1+c_2\lambda_2\alpha_2,$$

由此得

$$c_1\lambda_1\alpha_1+c_2\lambda_2\alpha_2=c_1\lambda\alpha_1+c_2\lambda\alpha_2,$$

即

$$c_1(\lambda-\lambda_1)\alpha_1+c_2(\lambda-\lambda_2)\alpha_2=0.$$

又因为 α_1,α_2线性无关,且 $c_1\neq 0,c_2\neq 0$,

所以 $\lambda=\lambda_1=\lambda_2$,这与条件矛盾. 故 $c_1\alpha_1+c_2\alpha_2$不是 A 的特征向量.

8. 设 A 为 n 阶反称矩阵,证明:如果 λ_0 是矩阵 A 的特征值,则 $-\lambda_0$ 也是 A 的特征值.

证 因为 A 有特征值 λ_0,而 $|\lambda_0E-A^T|=|(\lambda_0E-A)^T|=|\lambda_0E-A|$,所以 λ_0 也是 A^T 的特征值,即有 $A^Tx=\lambda_0x$. 而 A 为 n 阶反称矩阵,即 $A^T=-A$,得 $-Ax=\lambda_0x$,即 $Ax=(-\lambda_0)x$,所以 $-\lambda_0$ 也是 A 的特征值.

练习 3.2

1. 证明相似矩阵的下述性质:

(1) 如果矩阵 A 与 B 相似,则 $\det A=\det B$;

(2) 如果矩阵 A 与 B 相似,则 $r(A)=r(B)$;

(3) 如果矩阵 A 与 B 相似,则 $A^T\sim B^T$;

(4) 如果矩阵 A 与 B 相似,且 A,B 都可逆,则 $A^{-1}\sim B^{-1}$.

证 如果 $A\sim B$,则存在可逆矩阵 P,使得 $P^{-1}AP=B$,

(1) 在上式两边取行列式,得 $\det B=\det(P^{-1}AP)=\det(P^{-1})\det A\det P=\det A$.

(2) 由 $P^{-1}AP=B$,P 为可逆矩阵,则 $r(B)=r(P^{-1}AP)=r(A)$.

(3) 在 $P^{-1}AP=B$ 两边取转置,得 $P^TA^T(P^{-1})^T=B^T$,故 $A^T\sim B^T$.

(4) 在 $\boldsymbol{P}^{-1}\boldsymbol{AP}=\boldsymbol{B}$ 两边取逆，得 $\boldsymbol{P}^{-1}\boldsymbol{A}^{-1}\boldsymbol{P}=\boldsymbol{B}^{-1}$，故 $\boldsymbol{A}^{-1}\sim\boldsymbol{B}^{-1}$.

2. 设 n 阶矩阵 $\boldsymbol{A}$ 与 $\boldsymbol{B}$ 相似，m 阶矩阵 $\boldsymbol{C}$ 与 $\boldsymbol{D}$ 相似，证明：分块矩阵 $\begin{pmatrix}\boldsymbol{A} & \boldsymbol{O}\\ \boldsymbol{O} & \boldsymbol{C}\end{pmatrix}$ 与 $\begin{pmatrix}\boldsymbol{B} & \boldsymbol{O}\\ \boldsymbol{O} & \boldsymbol{D}\end{pmatrix}$ 相似.

证　因为 $\boldsymbol{A}\sim\boldsymbol{B},\boldsymbol{C}\sim\boldsymbol{D}$，则存在 n 阶可逆矩阵 $\boldsymbol{P}$ 和 m 阶可逆矩阵 $\boldsymbol{Q}$，使得

$$\boldsymbol{P}^{-1}\boldsymbol{AP}=\boldsymbol{B},\quad \boldsymbol{Q}^{-1}\boldsymbol{CQ}=\boldsymbol{D},$$

取 $n+m$ 阶矩阵 $\boldsymbol{T}=\begin{pmatrix}\boldsymbol{P} & \boldsymbol{O}\\ \boldsymbol{O} & \boldsymbol{Q}\end{pmatrix}$，则 $\boldsymbol{T}$ 可逆，且 $\boldsymbol{T}^{-1}=\begin{pmatrix}\boldsymbol{P}^{-1} & \boldsymbol{O}\\ \boldsymbol{O} & \boldsymbol{Q}^{-1}\end{pmatrix}$，有

$$\boldsymbol{T}^{-1}\begin{pmatrix}\boldsymbol{A} & \boldsymbol{O}\\ \boldsymbol{O} & \boldsymbol{C}\end{pmatrix}\boldsymbol{T}=\begin{pmatrix}\boldsymbol{P}^{-1} & \boldsymbol{O}\\ \boldsymbol{O} & \boldsymbol{Q}^{-1}\end{pmatrix}\begin{pmatrix}\boldsymbol{A} & \boldsymbol{O}\\ \boldsymbol{O} & \boldsymbol{C}\end{pmatrix}\begin{pmatrix}\boldsymbol{P} & \boldsymbol{O}\\ \boldsymbol{O} & \boldsymbol{Q}\end{pmatrix}=\begin{pmatrix}\boldsymbol{B} & \boldsymbol{O}\\ \boldsymbol{O} & \boldsymbol{D}\end{pmatrix},$$

所以 $\begin{pmatrix}\boldsymbol{A} & \boldsymbol{O}\\ \boldsymbol{O} & \boldsymbol{C}\end{pmatrix}$ 与 $\begin{pmatrix}\boldsymbol{B} & \boldsymbol{O}\\ \boldsymbol{O} & \boldsymbol{D}\end{pmatrix}$ 相似.

3. 判断练习 3.1 第 1 题中的各矩阵是否可对角化，若可对角化，试求出可逆矩阵 $\boldsymbol{P}$，使 $\boldsymbol{P}^{-1}\boldsymbol{AP}$ 为对角矩阵.

解　(1) 因为特征值相异，所以可对角化. 令 $\boldsymbol{P}=\begin{pmatrix}4 & 1\\ 3 & -1\end{pmatrix}$，$\boldsymbol{\Lambda}=\begin{pmatrix}-1 & \\ & 6\end{pmatrix}$，则 $\boldsymbol{P}^{-1}\boldsymbol{AP}=\boldsymbol{\Lambda}$.

(2) 因为 $\boldsymbol{\alpha}_1,\boldsymbol{\alpha}_2,\boldsymbol{\alpha}_3$ 线性无关，故可对角化. 令 $\boldsymbol{P}=\begin{bmatrix}-1 & 1 & 0\\ 0 & 0 & -1\\ 1 & 0 & 1\end{bmatrix}$，$\boldsymbol{\Lambda}=\begin{bmatrix}1 & 0 & 0\\ 0 & 2 & 0\\ 0 & 0 & 2\end{bmatrix}$，则 $\boldsymbol{P}^{-1}\boldsymbol{AP}=\boldsymbol{\Lambda}$.

(3) 因为 $\boldsymbol{\alpha}_1,\boldsymbol{\alpha}_2,\boldsymbol{\alpha}_3$ 线性无关，故可对角化. 令 $\boldsymbol{P}=\begin{bmatrix}1 & 0 & 1\\ 1 & 1 & 1\\ 0 & 1 & 2\end{bmatrix}$，$\boldsymbol{\Lambda}=\begin{bmatrix}-2 & 0 & 0\\ 0 & -2 & 0\\ 0 & 0 & 4\end{bmatrix}$，则 $\boldsymbol{P}^{-1}\boldsymbol{AP}=\boldsymbol{\Lambda}$.

(4) 因为 $\boldsymbol{\alpha}_1,\boldsymbol{\alpha}_2,\boldsymbol{\alpha}_3$ 线性无关，故可对角化. 令 $\boldsymbol{P}=\begin{bmatrix}-1 & 0 & 1\\ 0 & 1 & 0\\ 1 & 0 & 1\end{bmatrix}$，$\boldsymbol{\Lambda}=\begin{bmatrix}-1 & 0 & 0\\ 0 & 1 & 0\\ 0 & 0 & 1\end{bmatrix}$，则 $\boldsymbol{P}^{-1}\boldsymbol{AP}=\boldsymbol{\Lambda}$.

4. 下列矩阵是否可对角化？若可对角化，试求可逆矩阵 $\boldsymbol{P}$，使 $\boldsymbol{P}^{-1}\boldsymbol{AP}$ 为对角矩阵：

(1) $\boldsymbol{A}=\begin{pmatrix}1 & 1\\ -1 & 3\end{pmatrix}$；　　(2) $\boldsymbol{A}=\begin{bmatrix}4 & 2 & 3\\ 2 & 1 & 2\\ -1 & -2 & 0\end{bmatrix}$；

(3) $\boldsymbol{A}=\begin{bmatrix}1 & -1 & 1\\ 2 & 4 & -2\\ -3 & -3 & 5\end{bmatrix}$；　　(4) $\boldsymbol{A}=\begin{bmatrix}3 & -1 & 0 & 0\\ 1 & 1 & 0 & 0\\ -2 & 4 & 5 & -3\\ 7 & 5 & 3 & -1\end{bmatrix}$.

解　(1) 矩阵 $\boldsymbol{A}$ 的特征多项式为

$$\det(\lambda\boldsymbol{E}-\boldsymbol{A})=\begin{vmatrix}\lambda-1 & -1\\ 1 & \lambda-3\end{vmatrix}=(\lambda-2)^2,$$

得 $\boldsymbol{A}$ 的特征值 $\lambda=2$(二重).

对于 $\lambda=2$(二重),代入对应的齐次线性方程组:$(2\boldsymbol{E}-\boldsymbol{A})\boldsymbol{x}=\boldsymbol{0}$,由于 $r(2\boldsymbol{E}-\boldsymbol{A})=1$,方程组基础解系中仅含一个向量,而特征值 $\lambda=2$ 是 $\boldsymbol{A}$ 的二重特征值. 故 $\boldsymbol{A}$ 不能对角化.

(2) 矩阵 A 的特征多项式为

$$\det(\lambda\boldsymbol{E}-\boldsymbol{A})=\begin{vmatrix}\lambda-4 & -2 & -3\\ -2 & \lambda-1 & -2\\ 1 & 2 & \lambda\end{vmatrix}=(\lambda-1)^2(\lambda-3),$$

得 $\boldsymbol{A}$ 的特征值 $\lambda_1=\lambda_2=1,\lambda_3=3$.

对于 $\lambda_1=\lambda_2=1$,解对应的齐次线性方程组 $(\boldsymbol{E}-\boldsymbol{A})\boldsymbol{x}=\boldsymbol{0}$,由于 $r(\boldsymbol{E}-\boldsymbol{A})=2$,方程组基础解系中仅含一个向量,而特征值 $\lambda_1=\lambda_2=1$ 是 $\boldsymbol{A}$ 的二重特征值,故 $\boldsymbol{A}$ 不能对角化.

(3) 矩阵 $\boldsymbol{A}$ 的特征多项式

$$\det(\lambda\boldsymbol{E}-\boldsymbol{A})=\begin{vmatrix}\lambda-1 & 1 & -1\\ -2 & \lambda-4 & 2\\ 3 & 3 & \lambda-5\end{vmatrix}=(\lambda-2)^2(\lambda-6),$$

得 $\boldsymbol{A}$ 的特征值为 $\lambda_1=\lambda_2=2$(二重),$\lambda_3=6$.

对于 $\lambda_1=\lambda_2=2$(二重),解对应的齐次线性方程组 $(2\boldsymbol{E}-\boldsymbol{A})\boldsymbol{x}=\boldsymbol{0}$,得其基础解系为 $\boldsymbol{\alpha}_1=(1,-1,0)^{\mathrm T}$,$\boldsymbol{\alpha}_2=(1,0,1)^{\mathrm T}$;

对于 $\lambda_3=6$,解对应的齐次线性方程组 $(6\boldsymbol{E}-\boldsymbol{A})\boldsymbol{x}=\boldsymbol{0}$,得其基础解系为 $\boldsymbol{\alpha}_3=(1,-2,3)^{\mathrm T}$.

由于 $\boldsymbol{\alpha}_1,\boldsymbol{\alpha}_2,\boldsymbol{\alpha}_3$ 线性无关,故 $\boldsymbol{A}$ 可对角化. 令

$$\boldsymbol{P}=\begin{pmatrix}1 & 1 & 1\\ -1 & 0 & -2\\ 0 & 1 & 3\end{pmatrix},\quad \boldsymbol{\Lambda}=\begin{pmatrix}2 & & \\ & 2 & \\ & & 6\end{pmatrix},$$

则 $\boldsymbol{P}^{-1}\boldsymbol{A}\boldsymbol{P}=\boldsymbol{\Lambda}$.

(4) $\boldsymbol{A}$ 的特征多项式

$$|\lambda\boldsymbol{E}-\boldsymbol{A}|=\begin{vmatrix}\lambda-3 & 1 & 0 & 0\\ -1 & \lambda-1 & 0 & 0\\ 2 & -4 & \lambda-5 & 3\\ -7 & -5 & -3 & \lambda+1\end{vmatrix}=\begin{vmatrix}\lambda-3 & 1\\ -1 & \lambda-1\end{vmatrix}\begin{vmatrix}\lambda-5 & 3\\ -3 & \lambda+1\end{vmatrix}=(\lambda-2)^4,$$

得 $\boldsymbol{A}$ 的特征值 $\lambda=2$(四重).

对于 $\lambda=2$,解方程组 $(2\boldsymbol{E}-\boldsymbol{A})\boldsymbol{x}=\boldsymbol{0}$,

由 $$2\boldsymbol{E}-\boldsymbol{A}=\begin{pmatrix}-1 & 1 & 0 & 0\\ -1 & 1 & 0 & 0\\ 2 & -4 & -3 & 3\\ -7 & -5 & -3 & 3\end{pmatrix}\to\begin{pmatrix}-1 & 1 & 0 & 0\\ 0 & 0 & 0 & 0\\ 2 & -4 & -3 & 3\\ -9 & -1 & 0 & 0\end{pmatrix},$$ 得 $r(2\boldsymbol{E}-\boldsymbol{A})=3$.

所以方程组的基础解系仅含一个向量,而 2 是 $\boldsymbol{A}$ 的四重特征值,故 $\boldsymbol{A}$ 不可对角化.

5. 设矩阵 $\boldsymbol{D}=\begin{pmatrix}2 & 0 & 0\\ 0 & 2 & 0\\ 0 & 0 & 3\end{pmatrix}$,判断下述矩阵是否与 $\boldsymbol{D}$ 相似:

(1) $A_1=\begin{pmatrix}3&0&0\\0&2&0\\0&0&2\end{pmatrix}$；　　(2) $A_2=\begin{pmatrix}2&1&0\\0&2&0\\0&0&3\end{pmatrix}$；

(3) $A_3=\begin{pmatrix}2&0&1\\0&2&0\\0&0&3\end{pmatrix}$；　　(4) $A_4=\begin{pmatrix}2&1&0\\0&2&1\\0&0&3\end{pmatrix}$.

解　矩阵 $\boldsymbol{D}$ 已经是对角矩阵，而各选项中的矩阵与 $\boldsymbol{D}$ 有相同的特征值，所以只需判断各矩阵是否可以对角化.

(1) $\boldsymbol{A}_1$ 是对角矩阵.

(2) 矩阵 $\boldsymbol{A}_2$ 的特征值 $\lambda_1=\lambda_2=2,\lambda_3=3$，考虑齐次线性方程组 $(2\boldsymbol{E}-\boldsymbol{A}_2)\boldsymbol{x}=\boldsymbol{0}$，由于 $r(2\boldsymbol{E}-\boldsymbol{A}_2)=2$，方程组的基础解系中仅含一个解向量，而特征值 $\lambda=2$ 是 $\boldsymbol{A}$ 的二重特征值. 故 $\boldsymbol{A}_2$ 不可以对角化.

(3) 矩阵 $\boldsymbol{A}_3$ 的特征值 $\lambda_1=\lambda_2=2,\lambda_3=3$，考虑齐次线性方程组 $(2\boldsymbol{E}-\boldsymbol{A}_3)\boldsymbol{x}=\boldsymbol{0}$，由于

$$2\boldsymbol{E}-\boldsymbol{A}_3=\begin{pmatrix}0&0&-1\\0&0&0\\0&0&-1\end{pmatrix}\to\begin{pmatrix}0&0&-1\\0&0&0\\0&0&0\end{pmatrix},$$

知 $r(2\boldsymbol{E}-\boldsymbol{A}_3)=1$，则方程组的基础解系中含有两个线性无关的解向量，故 $\boldsymbol{A}_3$ 可以对角化.

(4) 矩阵 $\boldsymbol{A}_4$ 的特征值 $\lambda_1=\lambda_2=2,\lambda_3=3$，考虑齐次线性方程组 $(2\boldsymbol{E}-\boldsymbol{A}_4)\boldsymbol{x}=\boldsymbol{0}$，由于 $r(2\boldsymbol{E}-\boldsymbol{A}_4)=2$，方程组的基础解系中仅含一个解向量，而特征值 $\lambda=2$ 是 $\boldsymbol{A}$ 的二重特征值. 故 $\boldsymbol{A}_4$ 不可以对角化.

由此可知，(1)(3)与 $\boldsymbol{D}$ 相似，(2)(4)与 $\boldsymbol{D}$ 不相似.

6. 已知矩阵 $\boldsymbol{A}=\begin{pmatrix}2&0&0\\0&0&1\\0&1&x\end{pmatrix}$ 与 $\boldsymbol{B}=\begin{pmatrix}2&0&0\\0&y&0\\0&0&-1\end{pmatrix}$ 相似. (1)求 x, y 的值；(2)求矩阵 $\boldsymbol{P}$，使得 $\boldsymbol{P}^{-1}\boldsymbol{AP}=\boldsymbol{B}$.

解　(1) 因为 $\boldsymbol{A}\sim\boldsymbol{B}$，则 $\boldsymbol{A},\boldsymbol{B}$ 有相同的特征值，故 $\boldsymbol{A},\boldsymbol{B}$ 的特征值都为 $\lambda_1=2,\lambda_2=y,\lambda_3=-1$，

由矩阵特征值的性质：$\lambda_1+\lambda_2+\lambda_3=\mathrm{tr}(\boldsymbol{A})=2+x$ ，即 $1+y=2+x$.

又由 $\boldsymbol{A}\sim\boldsymbol{B}$，$\det\boldsymbol{A}=\det\boldsymbol{B}$，即 $-2=-2y$. 所以 $x=0,y=1$.

(2) 由(1)知，$\boldsymbol{A}$ 的特征值 $\lambda_1=2,\lambda_2=1,\lambda_3=-1$，

对于 $\lambda_1=2$，解齐次线性方程组 $(2\boldsymbol{E}-\boldsymbol{A})\boldsymbol{x}=\boldsymbol{0}$，得其基础解系为 $\boldsymbol{\alpha}_1=(1,0,0)^{\mathrm{T}}$，

对于 $\lambda_2=1$，解齐次线性方程组 $(\boldsymbol{E}-\boldsymbol{A})\boldsymbol{x}=\boldsymbol{0}$，得其基础解系为 $\boldsymbol{\alpha}_2=(0,1,1)^{\mathrm{T}}$，

对于 $\lambda_3=-1$，解齐次线性方程组 $(-\boldsymbol{E}-\boldsymbol{A})\boldsymbol{x}=\boldsymbol{0}$，得其基础解系为 $\boldsymbol{\alpha}_3=(0,1,-1)^{\mathrm{T}}$，

由于 $\lambda_1,\lambda_2,\lambda_3$ 互异，所以 $\boldsymbol{\alpha}_1,\boldsymbol{\alpha}_2,\boldsymbol{\alpha}_3$ 线性无关. 令 $\boldsymbol{P}=(\boldsymbol{\alpha}_1,\boldsymbol{\alpha}_2,\boldsymbol{\alpha}_3)=\begin{pmatrix}1&0&0\\0&1&1\\0&1&-1\end{pmatrix}$，

则 $\boldsymbol{P}^{-1}\boldsymbol{AP}=\boldsymbol{B}$.

7. 设三阶矩阵 $\boldsymbol{A}=\begin{pmatrix}2&1&1\\0&2&0\\0&-1&1\end{pmatrix}$，求 $\boldsymbol{A}^n$(n 为正整数).

解 由练习 3.2 题 3(2)可知,$\boldsymbol{A}$ 可对角化,且 $\boldsymbol{P}^{-1}\boldsymbol{A}\boldsymbol{P}=\boldsymbol{\Lambda}$,即 $\boldsymbol{A}=\boldsymbol{P}\boldsymbol{\Lambda}\boldsymbol{P}^{-1}$,

其中 $\boldsymbol{P}=\begin{pmatrix}-1&1&0\\0&0&-1\\1&0&1\end{pmatrix}$,$\boldsymbol{\Lambda}=\begin{pmatrix}1&0&0\\0&2&0\\0&0&2\end{pmatrix}$,可得 $\boldsymbol{P}^{-1}=\begin{pmatrix}0&1&1\\1&1&1\\0&-1&0\end{pmatrix}$,

所以 $\boldsymbol{A}^n=\boldsymbol{P}\begin{pmatrix}1&&\\&2&\\&&2\end{pmatrix}^n\boldsymbol{P}^{-1}=\begin{pmatrix}2^n&2^n-1&2^n-1\\0&2^n&0\\0&1-2^n&1\end{pmatrix}$.

8. 设三阶矩阵 $\boldsymbol{A}$ 的特征值为 1,2,3,对应的特征向量分别为 $\boldsymbol{\alpha}_1=(1,1,1)^{\mathrm{T}}$,$\boldsymbol{\alpha}_2=(1,0,1)^{\mathrm{T}}$,$\boldsymbol{\alpha}_3=(0,1,1)^{\mathrm{T}}$,求矩阵 $\boldsymbol{A}$ 和 $\boldsymbol{A}^3$.

解 令 $\boldsymbol{P}=(\boldsymbol{\alpha}_1,\boldsymbol{\alpha}_2,\boldsymbol{\alpha}_3)=\begin{pmatrix}1&1&0\\1&0&1\\1&1&1\end{pmatrix}$,$\boldsymbol{P}$ 可逆,且 $\boldsymbol{P}^{-1}\boldsymbol{A}\boldsymbol{P}=\begin{pmatrix}1&&\\&2&\\&&3\end{pmatrix}$,则

$$\boldsymbol{A}=\boldsymbol{P}\begin{pmatrix}1&&\\&2&\\&&3\end{pmatrix}\boldsymbol{P}^{-1}=\begin{pmatrix}1&-1&1\\-2&1&2\\-2&-1&4\end{pmatrix},\boldsymbol{A}^3=\boldsymbol{P}\begin{pmatrix}1&&\\&2&\\&&3\end{pmatrix}^3\boldsymbol{P}^{-1}=\begin{pmatrix}1&-7&7\\-26&1&26\\-26&-7&34\end{pmatrix}.$$

9. 设 $\boldsymbol{A}$ 为三阶矩阵,$\boldsymbol{\alpha}_1,\boldsymbol{\alpha}_2,\boldsymbol{\alpha}_3$ 是线性无关的三维向量,且满足 $\boldsymbol{A}\boldsymbol{\alpha}_1=2\boldsymbol{\alpha}_1+\boldsymbol{\alpha}_2+\boldsymbol{\alpha}_3$,$\boldsymbol{A}\boldsymbol{\alpha}_2=2\boldsymbol{\alpha}_2$,$\boldsymbol{A}\boldsymbol{\alpha}_3=-\boldsymbol{\alpha}_2+\boldsymbol{\alpha}_3$.

(1) 求矩阵 $\boldsymbol{B}$,使得 $\boldsymbol{A}(\boldsymbol{\alpha}_1,\boldsymbol{\alpha}_2,\boldsymbol{\alpha}_3)=(\boldsymbol{\alpha}_1,\boldsymbol{\alpha}_2,\boldsymbol{\alpha}_3)\boldsymbol{B}$.

(2) 求 $\boldsymbol{A}$ 的特征值.

(3) 求可逆矩阵 $\boldsymbol{P}$ 和对角矩阵 $\boldsymbol{\Lambda}$,使得 $\boldsymbol{P}^{-1}\boldsymbol{A}\boldsymbol{P}=\boldsymbol{\Lambda}$.

解 (1) 由已知条件可得

$$(\boldsymbol{A}\boldsymbol{\alpha}_1,\boldsymbol{A}\boldsymbol{\alpha}_2,\boldsymbol{A}\boldsymbol{\alpha}_3)=(\boldsymbol{\alpha}_1,\boldsymbol{\alpha}_2,\boldsymbol{\alpha}_3)\begin{pmatrix}2&0&0\\1&2&-1\\1&0&1\end{pmatrix},$$

即 $\boldsymbol{A}(\boldsymbol{\alpha}_1,\boldsymbol{\alpha}_2,\boldsymbol{\alpha}_3)=(\boldsymbol{\alpha}_1,\boldsymbol{\alpha}_2,\boldsymbol{\alpha}_3)\begin{pmatrix}2&0&0\\1&2&-1\\1&0&1\end{pmatrix}$得

$$\boldsymbol{B}=\begin{pmatrix}2&0&0\\1&2&-1\\1&0&1\end{pmatrix}.$$

(2) 由(1)知 $\boldsymbol{A}$ 相似于 $\boldsymbol{B}$,而

$$|\lambda\boldsymbol{E}-\boldsymbol{B}|=\begin{vmatrix}\lambda-2&0&0\\-1&\lambda-2&1\\-1&0&\lambda-1\end{vmatrix}=(\lambda-2)^2(\lambda-1)=0,$$

得 $\lambda_1=1,\lambda_2=\lambda_3=2$.故 $\boldsymbol{A}$ 的 3 个特征值也是 1,2,2.

(3) 由 $\lambda_1=1$,解$(\boldsymbol{E}-\boldsymbol{B})\boldsymbol{x}=\boldsymbol{0}$ 得基础解系$(0,1,1)^{\mathrm{T}}$;

由 $\lambda_2=\lambda_3=2$,解$(2\boldsymbol{E}-\boldsymbol{B})\boldsymbol{x}=\boldsymbol{0}$ 得基础解系$(0,1,0)^{\mathrm{T}}$,$(1,0,1)^{\mathrm{T}}$;

令 $\boldsymbol{Q}=\begin{pmatrix}0&0&1\\1&1&0\\1&0&1\end{pmatrix}$,$\boldsymbol{Q}^{-1}\boldsymbol{B}\boldsymbol{Q}=\boldsymbol{\Lambda}=\begin{pmatrix}1&&\\&2&\\&&2\end{pmatrix}$,

所以 $\boldsymbol{Q}^{-1}(\boldsymbol{\alpha}_1,\boldsymbol{\alpha}_2,\boldsymbol{\alpha}_3)^{-1}\boldsymbol{A}(\boldsymbol{\alpha}_1,\boldsymbol{\alpha}_2,\boldsymbol{\alpha}_3)\boldsymbol{Q}=\boldsymbol{\Lambda}=\begin{pmatrix}1&&\\&2&\\&&2\end{pmatrix}$，令

$$\boldsymbol{P}=(\boldsymbol{\alpha}_1,\boldsymbol{\alpha}_2,\boldsymbol{\alpha}_3)\boldsymbol{Q}=(\boldsymbol{\alpha}_2+\boldsymbol{\alpha}_3,\boldsymbol{\alpha}_2,\boldsymbol{\alpha}_1+\boldsymbol{\alpha}_3),$$

有 $\boldsymbol{P}^{-1}\boldsymbol{AP}=\boldsymbol{\Lambda}$.

练习 3.3

1. 对下列实对称矩阵 $\boldsymbol{A}$，求：正交矩阵 $\boldsymbol{Q}$，使 $\boldsymbol{Q}^{-1}\boldsymbol{AQ}$ 为对角矩阵：

(1) $\boldsymbol{A}=\begin{pmatrix}0&0&1\\0&0&0\\1&0&0\end{pmatrix}$；　　(2) $\boldsymbol{A}=\begin{pmatrix}1&1&1\\1&1&1\\1&1&1\end{pmatrix}$；

(3) $\boldsymbol{A}=\begin{pmatrix}1&-2&0\\-2&2&-2\\0&-2&3\end{pmatrix}$；　　(4) $\boldsymbol{A}=\begin{pmatrix}2&-1&-1&1\\-1&2&1&-1\\-1&1&2&-1\\1&-1&-1&2\end{pmatrix}$.

解　(1) 矩阵 $\boldsymbol{A}$ 的特征多项式为

$$\det(\lambda\boldsymbol{E}-\boldsymbol{A})=\begin{vmatrix}\lambda&0&-1\\0&\lambda&0\\-1&0&\lambda\end{vmatrix}=\lambda(\lambda+1)(\lambda-1),$$

所以 $\boldsymbol{A}$ 的特征值为 $\lambda_1=0,\lambda_2=1,\lambda_3=-1$.

对于 $\lambda_1=0$，解齐次线性方程组 $(0\boldsymbol{E}-\boldsymbol{A})\boldsymbol{x}=\boldsymbol{0}$，可得基础解系 $\boldsymbol{\alpha}_1=(0,1,0)^{\mathrm{T}}$，

对于 $\lambda_2=1$，解齐次线性方程组 $(\boldsymbol{E}-\boldsymbol{A})\boldsymbol{x}=\boldsymbol{0}$，可得基础解系 $\boldsymbol{\alpha}_2=(1,0,1)^{\mathrm{T}}$，

对于 $\lambda_3=-1$，解的齐次线性方程组 $(-\boldsymbol{E}-\boldsymbol{A})\boldsymbol{x}=\boldsymbol{0}$，可得基础解系 $\boldsymbol{\alpha}_3=(-1,0,1)^{\mathrm{T}}$.

因为特征值相异，所以 $\boldsymbol{\alpha}_1,\boldsymbol{\alpha}_2,\boldsymbol{\alpha}_3$ 两两正交(因为 $\boldsymbol{A}$ 为实对称矩阵)，只需将 $\boldsymbol{\alpha}_1,\boldsymbol{\alpha}_2,\boldsymbol{\alpha}_3$ 单位化，得

$$\boldsymbol{\beta}_1=(0,1,0)^{\mathrm{T}},\boldsymbol{\beta}_2=\left(\frac{1}{\sqrt{2}},0,\frac{1}{\sqrt{2}}\right)^{\mathrm{T}},\boldsymbol{\beta}_3=\left(-\frac{1}{\sqrt{2}},0,\frac{1}{\sqrt{2}}\right)^{\mathrm{T}}.$$

令 $\boldsymbol{Q}=(\boldsymbol{\beta}_1,\boldsymbol{\beta}_2,\boldsymbol{\beta}_3)=\begin{pmatrix}0&\frac{1}{\sqrt{2}}&-\frac{1}{\sqrt{2}}\\1&0&0\\0&\frac{1}{\sqrt{2}}&\frac{1}{\sqrt{2}}\end{pmatrix}$，则 $\boldsymbol{Q}$ 为正交矩阵，且 $\boldsymbol{Q}^{-1}\boldsymbol{AQ}=\begin{pmatrix}0&&\\&1&\\&&-1\end{pmatrix}$.

(2) 矩阵 $\boldsymbol{A}$ 的特征多项式

$|\lambda\boldsymbol{E}-\boldsymbol{A}|=\begin{vmatrix}\lambda-1&-1&-1\\-1&\lambda-1&-1\\-1&-1&\lambda-1\end{vmatrix}=\lambda^2(\lambda-3)$，得 $\boldsymbol{A}$ 的特征值 $\lambda_1=\lambda_2=0,\lambda_3=3$.

对于 $\lambda_1=\lambda_2=0$，解齐次线性方程组 $(0\boldsymbol{E}-\boldsymbol{A})\boldsymbol{x}=\boldsymbol{0}$，得基础解系

$$\boldsymbol{\alpha}_1=(-1,1,0)^{\mathrm{T}},\boldsymbol{\alpha}_2=(-1,0,1)^{\mathrm{T}}.$$

对于 $\lambda_1=3$，解齐次线性方程组 $(3\boldsymbol{E}-\boldsymbol{A})\boldsymbol{x}=\boldsymbol{0}$，得基础解系

$$\boldsymbol{\alpha}_3=(1,1,1)^{\mathrm{T}}.$$

将 $\boldsymbol{\alpha}_1,\boldsymbol{\alpha}_2$ 正交化、单位化,得 $\boldsymbol{\beta}_1=\left(-\frac{1}{\sqrt{2}},\frac{1}{\sqrt{2}},0\right)^{\mathrm{T}},\boldsymbol{\beta}_2=\left(-\frac{1}{\sqrt{6}},-\frac{1}{\sqrt{6}},\frac{2}{\sqrt{6}}\right)^{\mathrm{T}}$.

将 $\boldsymbol{\alpha}_3$ 单位化,得 $\boldsymbol{\beta}_3=\left(\frac{1}{\sqrt{3}},\frac{1}{\sqrt{3}},\frac{1}{\sqrt{3}}\right)^{\mathrm{T}}$.

令 $\boldsymbol{Q}=(\boldsymbol{\beta}_1,\boldsymbol{\beta}_2,\boldsymbol{\beta}_3)=\begin{pmatrix}-\frac{1}{\sqrt{2}} & -\frac{1}{\sqrt{6}} & \frac{1}{\sqrt{3}}\\ \frac{1}{\sqrt{2}} & -\frac{1}{\sqrt{6}} & \frac{1}{\sqrt{3}}\\ 0 & \frac{2}{\sqrt{6}} & \frac{1}{\sqrt{3}}\end{pmatrix}$,$\boldsymbol{Q}$ 为正交阵,且 $\boldsymbol{Q}^{-1}\boldsymbol{A}\boldsymbol{Q}=\begin{pmatrix}0 & & \\ & 0 & \\ & & 3\end{pmatrix}$.

(3) 矩阵 $\boldsymbol{A}$ 的特征多项式为

$$\det(\lambda\boldsymbol{E}-\boldsymbol{A})=\begin{vmatrix}\lambda-1 & 2 & 0\\ 2 & \lambda-2 & 2\\ 0 & 2 & \lambda-3\end{vmatrix}=(\lambda+1)(\lambda-2)(\lambda-5),$$

得 $\boldsymbol{A}$ 的特征值 $\lambda_1=-1,\ \lambda_2=2,\ \lambda_3=5$.

对于 $\lambda_1=-1$,解齐次线性方程组 $(-\boldsymbol{E}-\boldsymbol{A})\boldsymbol{x}=\boldsymbol{0}$,得它的一个基础解系 $\boldsymbol{\alpha}_1=(2,2,1)^{\mathrm{T}}$;

对于 $\lambda_2=2$,解齐次线性方程组 $(2\boldsymbol{E}-\boldsymbol{A})\boldsymbol{x}=\boldsymbol{0}$,得它的一个基础解系 $\boldsymbol{\alpha}_2=(2,-1,-2)^{\mathrm{T}}$;

对于 $\lambda_3=5$,解齐次线性方程组 $(5\boldsymbol{E}-\boldsymbol{A})\boldsymbol{x}=\boldsymbol{0}$,得它的一个基础解系 $\boldsymbol{\alpha}_3=(1,-2,2)^{\mathrm{T}}$.

将 $\boldsymbol{\alpha}_1,\boldsymbol{\alpha}_2,\boldsymbol{\alpha}_3$ 单位化,可得

$$\boldsymbol{\beta}_1=\left(\frac{2}{3},\frac{2}{3},\frac{1}{3}\right)^{\mathrm{T}},\boldsymbol{\beta}_2=\left(\frac{2}{3},-\frac{1}{3},-\frac{2}{3}\right)^{\mathrm{T}},\boldsymbol{\beta}_3=\left(\frac{1}{3},-\frac{2}{3},\frac{2}{3}\right)^{\mathrm{T}},$$

令 $\boldsymbol{Q}=(\boldsymbol{\beta}_1,\boldsymbol{\beta}_2,\boldsymbol{\beta}_3)=\frac{1}{3}\begin{pmatrix}2 & 2 & 1\\ 2 & -1 & -2\\ 1 & -2 & 2\end{pmatrix}$,$\boldsymbol{Q}$ 为正交矩阵,且 $\boldsymbol{Q}^{-1}\boldsymbol{A}\boldsymbol{Q}=\begin{pmatrix}-1 & & \\ & 2 & \\ & & 5\end{pmatrix}$.

(4) 方法同上. 取 $\boldsymbol{Q}=\begin{pmatrix}\frac{1}{\sqrt{2}} & \frac{1}{\sqrt{6}} & \frac{1}{2\sqrt{3}} & \frac{1}{2}\\ \frac{1}{\sqrt{2}} & -\frac{1}{\sqrt{6}} & -\frac{1}{2\sqrt{3}} & -\frac{1}{2}\\ 0 & \frac{2}{\sqrt{6}} & -\frac{1}{2\sqrt{3}} & -\frac{1}{2}\\ 0 & 0 & -\frac{3}{2\sqrt{3}} & \frac{1}{2}\end{pmatrix}$,$\boldsymbol{Q}^{-1}\boldsymbol{A}\boldsymbol{Q}=\begin{pmatrix}1 & & & \\ & 1 & & \\ & & 1 & \\ & & & 5\end{pmatrix}$.

2. 设三阶实对称矩阵 $\boldsymbol{A}$ 的特征值为 $\lambda_1=-1,\lambda_2=1$(二重),对应于 λ_1 的特征向量 $\boldsymbol{\alpha}_1=(0,1,1)^{\mathrm{T}}$.

(1) 求 $\boldsymbol{A}$ 对应于特征值 $\lambda_2=1$ 的特征向量;

(2) 求矩阵 $\boldsymbol{A}$.

解 (1) 设 $\lambda_2=1$ 对应的特征向量为 $\boldsymbol{\alpha}=(x_1,x_2,x_3)^{\mathrm{T}}$,

因为 $\boldsymbol{A}$ 为实对称矩阵,所以属于不同特征值的特征向量正交,即

$$\boldsymbol{\alpha}_1^{\mathrm{T}}\boldsymbol{\alpha}=x_2+x_3=0,$$

解此方程组可得基础解系 $\boldsymbol{\alpha}_2=(1,0,0)^{\mathrm{T}},a_3=(0,1,-1)^{\mathrm{T}}$,故矩阵 $\boldsymbol{A}$ 对应于特征值

$\lambda_2=1$的全部特征向量为 $c_2\boldsymbol{\alpha}_2+c_3\boldsymbol{\alpha}_3$($c_2,c_3$是不全为零的任意常数).

(2) 令 $\boldsymbol{P}=\begin{pmatrix}0&1&0\\1&0&1\\1&0&-1\end{pmatrix}$, 则 $\boldsymbol{P}^{-1}\boldsymbol{AP}=\begin{pmatrix}-1&&\\&1&\\&&1\end{pmatrix}$,所以

$$\boldsymbol{A}=\boldsymbol{P}\begin{pmatrix}-1&&\\&1&\\&&1\end{pmatrix}\boldsymbol{P}^{-1}=\begin{pmatrix}1&0&0\\0&0&-1\\0&-1&0\end{pmatrix}.$$

3. 设$\boldsymbol{A}$为三阶实对称矩阵,且满足$\boldsymbol{A}^2+2\boldsymbol{A}=\boldsymbol{O}$. 若矩阵$\boldsymbol{A}$的秩$r(\boldsymbol{A})=2$,求与$\boldsymbol{A}$相似的对角矩阵$\boldsymbol{\Lambda}$.

解　由$\boldsymbol{A}^2+2\boldsymbol{A}=\boldsymbol{O}$得特征方程$\lambda^2+2\lambda=0$即$\lambda=0$或$\lambda=-2$. 而$r(\boldsymbol{A})=2$及$\boldsymbol{A}$为三阶实对称矩阵,故 3 个特征值为 $\lambda_1=0,\lambda_2=\lambda_3=-2$. 这时与 $\boldsymbol{A}$ 相似的对角矩阵为 $\begin{pmatrix}0&&\\&-2&\\&&-2\end{pmatrix}$.

4. 设$\boldsymbol{A}$、$\boldsymbol{B}$均为n阶实对称矩阵. 证明:$\boldsymbol{A}$与$\boldsymbol{B}$相似的充分必要条件是$\boldsymbol{A}$与$\boldsymbol{B}$有相同的特征多项式.

证　必要性: 已知$\boldsymbol{A}^{\mathrm{T}}=\boldsymbol{A}$, $\boldsymbol{B}^{\mathrm{T}}=\boldsymbol{B}$, 且$\boldsymbol{B}=\boldsymbol{P}^{-1}\boldsymbol{AP}$,得

$$|\lambda\boldsymbol{E}-\boldsymbol{B}|=|\lambda\boldsymbol{E}-\boldsymbol{P}^{-1}\boldsymbol{AP}|=|\boldsymbol{P}^{-1}(\lambda\boldsymbol{E}-\boldsymbol{A})\boldsymbol{P}|=|\boldsymbol{P}^{-1}||\lambda\boldsymbol{E}-\boldsymbol{A}||\boldsymbol{P}|=|\lambda\boldsymbol{E}-\boldsymbol{A}|,$$

所以$\boldsymbol{A}$与$\boldsymbol{B}$有相同的特征多项式.

充分性: 已知$\boldsymbol{A}^{\mathrm{T}}=\boldsymbol{A}$, $\boldsymbol{B}^{\mathrm{T}}=\boldsymbol{B}$, 且$|\lambda\boldsymbol{E}-\boldsymbol{B}|=|\lambda\boldsymbol{E}-\boldsymbol{A}|$,得$\boldsymbol{A}$与$\boldsymbol{B}$有相同的特征值. 不妨设为$\lambda_1,\lambda_2,\cdots,\lambda_n$,而实对称矩阵必可正交对角化知,存在$\boldsymbol{Q}_1,\boldsymbol{Q}_2$满足

$$\boldsymbol{Q}_1^{-1}\boldsymbol{AQ}_1=\boldsymbol{\Lambda}=\boldsymbol{Q}_2^{-1}\boldsymbol{BQ}_2\quad\text{即}\quad\boldsymbol{B}=\boldsymbol{Q}_2\boldsymbol{Q}_1^{-1}\boldsymbol{AQ}_1\boldsymbol{Q}_2^{-1},$$

令$\boldsymbol{P}=\boldsymbol{Q}_1\boldsymbol{Q}_2^{-1}$,得$\boldsymbol{B}=\boldsymbol{P}^{-1}\boldsymbol{AP}$.

5. 设n阶实矩阵$\boldsymbol{A}$有n个两两正交的特征向量$\boldsymbol{\alpha}_1,\boldsymbol{\alpha}_2,\cdots,\boldsymbol{\alpha}_n$. 试证:$\boldsymbol{A}$为对称矩阵.

证　由已知条件可知,$\boldsymbol{A\alpha}_1=\lambda_1\boldsymbol{\alpha}_1,\boldsymbol{A\alpha}_2=\lambda_2\boldsymbol{\alpha}_2,\cdots,\boldsymbol{A\alpha}_n=\lambda_n\boldsymbol{\alpha}_n$. 即

$$\boldsymbol{A}(\boldsymbol{\alpha}_1,\boldsymbol{\alpha}_2,\cdots,\boldsymbol{\alpha}_n)=(\boldsymbol{\alpha}_1,\boldsymbol{\alpha}_2,\cdots,\boldsymbol{\alpha}_n)\begin{pmatrix}\lambda_1&&&\\&\lambda_2&&\\&&\ddots&\\&&&\lambda_n\end{pmatrix},$$

将$\boldsymbol{\alpha}_1,\boldsymbol{\alpha}_2,\cdots,\boldsymbol{\alpha}_n$单位化后得$\boldsymbol{\beta}_1,\boldsymbol{\beta}_2,\cdots,\boldsymbol{\beta}_n$,这时$(\boldsymbol{\beta}_1,\boldsymbol{\beta}_2,\cdots,\boldsymbol{\beta}_n)$为正交阵,

$$\boldsymbol{A}(\boldsymbol{\beta}_1,\boldsymbol{\beta}_2,\cdots,\boldsymbol{\beta}_n)=(\boldsymbol{\beta}_1,\boldsymbol{\beta}_2,\cdots,\boldsymbol{\beta}_n)\begin{pmatrix}\lambda_1&&&\\&\lambda_2&&\\&&\ddots&\\&&&\lambda_n\end{pmatrix}\text{成立},$$

即

$$\boldsymbol{A}=(\boldsymbol{\beta}_1,\boldsymbol{\beta}_2,\cdots,\boldsymbol{\beta}_n)\begin{pmatrix}\lambda_1&&&\\&\lambda_2&&\\&&\ddots&\\&&&\lambda_n\end{pmatrix}(\boldsymbol{\beta}_1,\boldsymbol{\beta}_2,\cdots,\boldsymbol{\beta}_n)^{-1}$$

$$=(\boldsymbol{\beta}_1,\boldsymbol{\beta}_2,\cdots,\boldsymbol{\beta}_n)\begin{pmatrix}\lambda_1 & & & \\ & \lambda_2 & & \\ & & \ddots & \\ & & & \lambda_n\end{pmatrix}(\boldsymbol{\beta}_1,\boldsymbol{\beta}_2,\cdots,\boldsymbol{\beta}_n)^{\mathrm{T}},$$

所以 $\boldsymbol{A}^{\mathrm{T}}=\boldsymbol{A}$ 成立.

练习 3.4

1. 讨论下列向量序列$\{\boldsymbol{\alpha}^{(k)}\}$的敛散性,当向量序列$\{\boldsymbol{\alpha}^{(k)}\}$收敛时,求其极限:

(1) $\boldsymbol{\alpha}^{(k)}=(\mathrm{e}^{-k},\ \mathrm{e}^{-\frac{1}{k}})^{\mathrm{T}}\quad(k=1,2,\cdots)$;

(2) $\boldsymbol{\alpha}^{(k)}=\left(\dfrac{k}{3k+1},\ \dfrac{k^2}{3k+1}\right)^{\mathrm{T}}\quad(k=1,2,\cdots)$;

(3) $\boldsymbol{\alpha}^{(k)}=\left[\left(1-\dfrac{1}{k}\right)^k,\ \left(1+\dfrac{2}{k}\right)^k\right]^{\mathrm{T}}\quad(k=1,2,\cdots)$.

解 (1) 当 $k\to\infty$时,$\mathrm{e}^{-k}\to0$,$\mathrm{e}^{-\frac{1}{k}}\to1$. 因此,向量序列 $\boldsymbol{\alpha}^{(k)}$ 收敛,且$\lim\limits_{k\to\infty}\boldsymbol{\alpha}^{(k)}=(0,1)^{\mathrm{T}}$.

(2) 当 $k\to\infty$时,$\dfrac{k}{3k+1}\to\dfrac{1}{3}$,$\dfrac{k^2}{3k+1}\to\infty$. 因此,向量序列 $\boldsymbol{\alpha}^{(k)}$ 发散.

(3) 当 $k\to\infty$时,$\left(1-\dfrac{1}{k}\right)^k\to\mathrm{e}^{-1}$,$\left(1+\dfrac{2}{k}\right)^k\to\mathrm{e}^2$. 因此,向量序列 $\boldsymbol{\alpha}^{(k)}$ 收敛,且

$$\lim_{k\to\infty}\boldsymbol{\alpha}^{(k)}=\left(\frac{1}{\mathrm{e}},\mathrm{e}^2\right)^{\mathrm{T}}.$$

2. 讨论下列矩阵序列$\{\boldsymbol{A}^{(k)}\}$的敛散性. 当矩阵序列$\{\boldsymbol{A}^{(k)}\}$收敛时,求其极限:

(1) $\boldsymbol{A}^{(k)}=\begin{pmatrix}k\ln\left(1+\dfrac{1}{k}\right) & -\dfrac{1}{3^k}\\ -\dfrac{1}{3^k} & k\ln\left(1+\dfrac{1}{k}\right)\end{pmatrix}\quad(k=1,2,\cdots)$;

(2) $\boldsymbol{A}^{(k)}=\begin{pmatrix}\dfrac{2k}{3k+2} & \dfrac{1}{2^k}\\ \dfrac{1}{3^k} & \dfrac{2k}{3k-2}\end{pmatrix}\quad(k=1,2,\cdots)$.

解 (1) 当 $k\to\infty$时,$k\ln\left(1+\dfrac{1}{k}\right)\to1$,$-\dfrac{1}{3^k}\to0$,$k\ln\left(1+\dfrac{1}{k}\right)\to1$. 所以 $\boldsymbol{A}^{(k)}$ 收敛,且

$$\lim_{k\to\infty}\boldsymbol{A}^{(k)}=\begin{pmatrix}1&0\\0&1\end{pmatrix}.$$

(2) 当 $k\to\infty$时,$\dfrac{2k}{3k+2}\to\dfrac{2}{3}$,$\dfrac{1}{2^k}\to0$,$\dfrac{1}{3^k}\to0$,$\dfrac{2k}{3k-2}\to\dfrac{2}{3}$. 所以 $\boldsymbol{A}^{(k)}$ 收敛,且

$$\lim_{k\to\infty}\boldsymbol{A}^{(k)}=\begin{pmatrix}\dfrac{2}{3}&0\\0&\dfrac{2}{3}\end{pmatrix}.$$

3. 设矩阵 $\boldsymbol{A}=\begin{pmatrix}0.4&0.2&0.3\\0.2&0.1&0.2\\-0.1&-0.2&0\end{pmatrix}$,求 $\lim\limits_{n\to\infty}\boldsymbol{A}^n$.

解　由矩阵 $A=\begin{pmatrix}0.4 & 0.2 & 0.3\\ 0.2 & 0.1 & 0.2\\ -0.1 & -0.2 & 0\end{pmatrix}$ 可知，A 的各行元素之和小于 1，A 的所有特征值 $\lambda_i(i=1,2,3)$ 的模 $|\lambda_i|<1$，再由定理 3.15，可得 $\lim\limits_{n\to\infty}A^n=O$.

4. 讨论向量无穷级数 $\sum\limits_{k=1}^{\infty}\alpha^{(k)}$ 的敛散性，其中

$$\alpha^{(k)}=\left(\left(\frac{2}{3}\right)^k,\ \frac{1}{k(k+1)}\right)^{\mathrm{T}}.$$

解　向量无穷级数的前 k 项部分和为

$$\xi^{(k)}=\left(\sum_{i=1}^{k}\left(\frac{2}{3}\right)^i,\ \sum_{i=1}^{k}\frac{1}{i(i+1)}\right)^{\mathrm{T}}.$$

当 $k\to\infty$ 时，$\sum\limits_{i=1}^{k}\left(\frac{2}{3}\right)^i\to 2$，$\sum\limits_{i=1}^{k}\frac{1}{i(i+1)}\to 1$. 因此，$\sum\limits_{k=1}^{\infty}\alpha^{(k)}$ 收敛，且 $\sum\limits_{k=1}^{\infty}\alpha^{(k)}=(2,1)^{\mathrm{T}}$.

5. 已知矩阵 $A=\begin{pmatrix}0.1 & 0.1\\ 0.1 & 0.1\end{pmatrix}$.

(1) 证明矩阵幂级数 $E+A+A^2+\cdots+A^k+\cdots$ 收敛，并求其和；

(2) 计算 $E+A+A^2+A^3$；

(3) 计算 $(E-A)^{-1}$.

解　(1) 由 $A=\begin{pmatrix}0.1 & 0.1\\ 0.1 & 0.1\end{pmatrix}=\begin{pmatrix}0.1\\ 0.1\end{pmatrix}(1,1)$，得

$$A^2=0.2A,\ A^3=0.2^2A,\ A^k=0.2^{k-1}A.$$

当 $k\to\infty$ 时，$A^k\to O$. 所以 $\sum\limits_{k=0}^{\infty}A^k$ 收敛，且收敛于

$$(E-A)^{-1}=\begin{pmatrix}0.9 & -0.1\\ -0.1 & 0.9\end{pmatrix}^{-1}=\frac{1}{0.8}\begin{pmatrix}0.9 & 0.1\\ 0.1 & 0.9\end{pmatrix}=\begin{pmatrix}\frac{9}{8} & \frac{1}{8}\\ \frac{1}{8} & \frac{9}{8}\end{pmatrix}.$$

(2) $E+A+A^2+A^3=E+(1+0.2+0.2^2)A=\begin{pmatrix}1.124 & 0.124\\ 0.124 & 1.124\end{pmatrix}$.

(3) $(E-A)^{-1}=\begin{pmatrix}\frac{9}{8} & \frac{1}{8}\\ \frac{1}{8} & \frac{9}{8}\end{pmatrix}$.

练习 3.5

1. 考察栖息在同一地的兔子和狐狸的生态模型. 对两种动物的数量的相互关系，有人提出了以下模型：

$$\begin{cases}R_t=1.1R_{t-1}-0.15F_{t-1}\\ F_t=0.1R_{t-1}+0.85F_{t-1}\end{cases}\quad(t=1,2,\cdots),\qquad(\mathrm{I})$$

其中 R_t，F_t 分别表示第 t 年时兔子和狐狸的数量，而 R_0，F_0 分别表示基年($t=0$)时兔子和狐

狸的数量.记 $x(t)=(\boldsymbol{R}_t,\boldsymbol{F}_t)^{\mathrm{T}}(t=0,1,2,\cdots)$,

(1) 把模型(Ⅰ)写成矩阵形式;

(2) 如果 $x(0)=(\boldsymbol{F}_0,\boldsymbol{R}_0)^{\mathrm{T}}=(10,8)^{\mathrm{T}}$,试求 $x(t)$;

(3) 当 $t\to\infty$时,你可以得到什么结论?

解 (1) 模型(Ⅰ)可化为

$$\begin{pmatrix}\boldsymbol{R}_t\\ \boldsymbol{F}_t\end{pmatrix}=\begin{pmatrix}1.1 & -0.15\\ 0.1 & 0.85\end{pmatrix}\begin{pmatrix}\boldsymbol{R}_{t-1}\\ \boldsymbol{F}_{t-1}\end{pmatrix},$$

即 $x(t)=\boldsymbol{A}x(t-1)(t=1,2,\cdots)$,其中 $\boldsymbol{A}=\begin{pmatrix}1.1 & -0.15\\ 0.1 & 0.85\end{pmatrix}$. ①

(2) $\boldsymbol{A}$ 的特征多项式为 $|\lambda\boldsymbol{E}-\boldsymbol{A}|=(\lambda-1)(\lambda-0.95)$,故 $\boldsymbol{A}$ 的特征值 $\lambda_1=0.95,\lambda_2=1$.

对于 $\lambda_1=0.95$,解方程组 $(0.95\boldsymbol{E}-\boldsymbol{A})\boldsymbol{x}=\boldsymbol{0}$,得对应的特征向量 $\boldsymbol{\xi}_1=(1,1)^{\mathrm{T}}$.

对于 $\lambda_2=1$,解方程组 $(\boldsymbol{E}-\boldsymbol{A})\boldsymbol{x}=\boldsymbol{0}$,得对应的特征向量 $\boldsymbol{\xi}_2=(3,2)^{\mathrm{T}}$.

由于 $x(0)=(\boldsymbol{R}_0,\boldsymbol{F}_0)^{\mathrm{T}}=(10,8)^{\mathrm{T}}$,$x(0)$可由 $\boldsymbol{\xi}_1,\boldsymbol{\xi}_2$ 线性表示:$x(0)=4\boldsymbol{\xi}_1+2\boldsymbol{\xi}_2$,

利用式①,有

$$x(t)=\boldsymbol{A}x(t-1)=\boldsymbol{A}^2x(t-2)=\cdots=\boldsymbol{A}^tx(0),$$

即

$$x(t)=\boldsymbol{A}^tx(0)=4\boldsymbol{A}^t\boldsymbol{\xi}_1+2\boldsymbol{A}^t\boldsymbol{\xi}_2=4\lambda_1^t\boldsymbol{\xi}_1+2\lambda_2^t\boldsymbol{\xi}_2,$$

$$x(t)=0.95^t(4,4)^{\mathrm{T}}+(6,4)^{\mathrm{T}}.$$

(3) 当 $t\to\infty$时,有 $x(t)\to(6,4)^{\mathrm{T}}$,即经过充分长的时期,兔子和狐狸的数量将保持稳定,稳定于 6 比 4.

2. 某试验性生产线每年 1 月份进行熟练工与非熟练工的人数统计,然后将六分之一的熟练工支援其他生产部门,其缺额由招收新的非熟练工补齐.新、老非熟练工经过培训及实践至年终考核有五分之二成为熟练工.设第 n 年 1 月份统计的熟练工和非熟练工所占百分比分别为 x_n 和 y_n,记成向量 $(x_n,y_n)^{\mathrm{T}}$.

(1) 求 $\begin{pmatrix}x_{n+1}\\ y_{n+1}\end{pmatrix}$ 与 $\begin{pmatrix}x_n\\ y_n\end{pmatrix}$ 的关系式,并写成矩阵形式;

(2) 验证 $\boldsymbol{\eta}_1=(4,1)^{\mathrm{T}}$,$\boldsymbol{\eta}_2=(-1,1)^{\mathrm{T}}$ 是 $\boldsymbol{A}$ 的两个线性无关的特征向量,并求出相应的特征值;

(3) 当 $\begin{pmatrix}x_1\\ y_1\end{pmatrix}=\begin{pmatrix}\frac{1}{2}\\ \frac{1}{2}\end{pmatrix}$ 时,求 $\begin{pmatrix}x_{n+1}\\ y_{n+1}\end{pmatrix}$.

解 (1) 由题意知

$$\begin{cases}x_{n+1}=\dfrac{5}{6}x_n+\dfrac{2}{5}\left(\dfrac{1}{6}x_n+y_n\right)\\ y_{n+1}=\dfrac{3}{5}\left(\dfrac{1}{6}x_n+y_n\right)\end{cases},\text{化简得}\begin{cases}x_{n+1}=\dfrac{9}{10}x_n+\dfrac{2}{5}y_n\\ y_{n+1}=\dfrac{1}{10}x_n+\dfrac{3}{5}y_n\end{cases},$$

即

$$\begin{pmatrix}x_{n+1}\\ y_{n+1}\end{pmatrix}=\begin{pmatrix}\frac{9}{10} & \frac{2}{5}\\ \frac{1}{10} & \frac{3}{5}\end{pmatrix}\begin{pmatrix}x_n\\ y_n\end{pmatrix}=\boldsymbol{A}\begin{pmatrix}x_n\\ y_n\end{pmatrix},\text{其中 }\boldsymbol{A}=\begin{pmatrix}\frac{9}{10} & \frac{2}{5}\\ \frac{1}{10} & \frac{3}{5}\end{pmatrix}.$$

(2) $A\boldsymbol{\eta}_1=\lambda_1\boldsymbol{\eta}_1$，即 $\begin{pmatrix}\frac{9}{10} & \frac{2}{5}\\ \frac{1}{10} & \frac{3}{5}\end{pmatrix}\begin{pmatrix}4\\1\end{pmatrix}=\lambda_1\begin{pmatrix}4\\1\end{pmatrix}$，得 $\lambda_1=1$；

$A\boldsymbol{\eta}_2=\lambda_2\boldsymbol{\eta}_2$，即 $\begin{pmatrix}\frac{9}{10} & \frac{2}{5}\\ \frac{1}{10} & \frac{3}{5}\end{pmatrix}\begin{pmatrix}-1\\1\end{pmatrix}=\lambda_2\begin{pmatrix}-1\\1\end{pmatrix}$，得 $\lambda_2=\frac{1}{2}$；

由 $|\boldsymbol{\eta}_1,\boldsymbol{\eta}_2|=\begin{vmatrix}4 & -1\\ 1 & 1\end{vmatrix}=5\neq0$，知 $\boldsymbol{\eta}_1,\boldsymbol{\eta}_2$ 线性无关.

(3) $\begin{pmatrix}x_{n+1}\\ y_{n+1}\end{pmatrix}=A\begin{pmatrix}x_n\\ y_n\end{pmatrix}=A^2\begin{pmatrix}x_{n-1}\\ y_{n-1}\end{pmatrix}=\cdots=A^n\begin{pmatrix}\frac{1}{2}\\ \frac{1}{2}\end{pmatrix}$.

令 $P=(\boldsymbol{\eta}_1,\boldsymbol{\eta}_2)$，$P^{-1}AP=\Lambda=\begin{pmatrix}1 & 0\\ 0 & \frac{1}{2}\end{pmatrix}$，$A=P\Lambda P^{-1}$，

$$A^n=P\Lambda^nP^{-1}=\begin{pmatrix}4 & -1\\ 1 & 1\end{pmatrix}\begin{pmatrix}1 & 0\\ 0 & \frac{1}{2^n}\end{pmatrix}\begin{pmatrix}4 & -1\\ 1 & 1\end{pmatrix}^{-1}=\frac{1}{5}\begin{pmatrix}4+\frac{1}{2^n} & 4-\frac{1}{2^{n-2}}\\ 1-\frac{1}{2^n} & 1+\frac{1}{2^{n-2}}\end{pmatrix}$$

$$\begin{pmatrix}x_{n+1}\\ y_{n+1}\end{pmatrix}=A^n\begin{pmatrix}\frac{1}{2}\\ \frac{1}{2}\end{pmatrix}=\frac{1}{10}\begin{pmatrix}8-\frac{3}{2^n}\\ 2+\frac{3}{2^n}\end{pmatrix}.$$

3. 设某种动物种群分为两个年龄组，并且相应的莱斯利矩阵为

$$L=\begin{pmatrix}1 & \frac{3}{2}\\ \frac{1}{2} & 0\end{pmatrix}.$$

(1) 计算矩阵 L 的正特征值 λ_1 和对应的特征向量 $\boldsymbol{\alpha}_1$；

(2) 若初始年龄分布向量 $X^{(0)}=(100,0)^{\mathrm{T}}$，计算 $X^{(1)},X^{(2)},X^{(3)},X^{(4)}$ 和 $X^{(5)}$.

解　(1) $|\lambda E-L|=\begin{vmatrix}\lambda-1 & -\frac{3}{2}\\ -\frac{1}{2} & \lambda\end{vmatrix}=\lambda^2-\lambda-\frac{3}{4}=0$，得

$\lambda_{1,2}=\frac{1\pm2}{2}$，正特征值为 $\lambda_1=\frac{3}{2}$.

$\lambda_1E-L=\begin{pmatrix}\frac{1}{2} & -\frac{3}{2}\\ -\frac{1}{2} & \frac{3}{2}\end{pmatrix}\to\begin{pmatrix}1 & -3\\ 0 & 0\end{pmatrix}$，得特征向量 $\boldsymbol{\alpha}_1=\begin{pmatrix}3\\1\end{pmatrix}$.

(2) $X^{(1)}=LX^{(0)}=\begin{pmatrix}100\\50\end{pmatrix}$，$X^{(2)}=LX^{(1)}=\begin{pmatrix}175\\50\end{pmatrix}$，$X^{(3)}=LX^{(2)}=\begin{pmatrix}250\\87.5\end{pmatrix}$，

$$X^{(4)}=LX^{(3)}=\begin{pmatrix}381.25\\125\end{pmatrix},\ X^{(5)}=LX^{(4)}=\begin{pmatrix}568.75\\190.625\end{pmatrix}.$$

练习 3.6

1. 在一个包括三个部门的投入产出模型中,已知直接消耗系数矩阵

$$A=\begin{pmatrix}0.0109 & 0.1518 & 0.0038\\0.1383 & 0.1822 & 0.0845\\0.0550 & 0.0599 & 0.0647\end{pmatrix}.$$

(1) 求$(E-A)^{-1}$;

(2) 求完全消耗系数矩阵 B;

(3) 若最终需求向量$Y=(210,540,320)^{T}$,求总产出向量 X.

解 (1) $E-A=\begin{pmatrix}0.9891 & -0.1518 & -0.0038\\-0.1383 & 0.8178 & -0.0845\\-0.0550 & -0.0599 & 0.9353\end{pmatrix}$,计算得

$$(E-A)^{-1}=\begin{pmatrix}1.0394 & 0.1945 & 0.0218\\0.1833 & 1.2652 & 0.1150\\0.0729 & 0.0925 & 1.0778\end{pmatrix}.$$

(2) 完全消耗系数矩阵

$$B=(E-A)^{-1}-E=\begin{pmatrix}0.0394 & 0.1945 & 0.0218\\0.1833 & 0.2652 & 0.1150\\0.0729 & 0.0925 & 0.0778\end{pmatrix}.$$

(3) $X=(E-A)^{-1}Y=(330.280,\ 758.501,\ 410.155)^{T}$.

2. 在一个包括三个部门的经济系统中,已知报告期的投入产出表(价值型):

部门间流量 投入 \ 产出		中间产出			最终产出	总产出
		部门 1	部门 2	部门 3	合计 y	
中间投入	部门 1	200	500	100	1 200	2 000
	部门 2	400	2 000	300	2 300	5 000
	部门 3	200	500	0	300	1 000
新创造价值 z		1 200	2 000	600		
总投入		2 000	5 000	1 000		

(1) 求直接消耗系数矩阵;

(2) 如果计划期的最终需求向量为 $y=(1\ 250,2\ 400,320)^{T}$,试求计划期的总产出.

解 (1) 根据直接消耗系数:$a_{ij}=\dfrac{x_{ij}}{x_j}(i,j=1,2,3)$及已知的价值型投入产出表,可得

$$a_{11}=\frac{x_{11}}{x_1}=\frac{200}{2\ 000}=0.1,\quad a_{12}=\frac{x_{12}}{x_2}=\frac{500}{5\ 000}=0.1,\quad a_{13}=\frac{x_{13}}{x_3}=\frac{100}{1\ 000}=0.1,$$

$$a_{21}=\frac{x_{21}}{x_1}=\frac{400}{2\ 000}=0.2,\quad a_{22}=\frac{x_{22}}{x_2}=\frac{2\ 000}{5\ 000}=0.4,\quad a_{23}=\frac{x_{23}}{x_3}=\frac{300}{1\ 000}=0.3,$$

$$a_{31}=\frac{x_{31}}{x_1}=\frac{200}{2\ 000}=0.1,\quad a_{32}=\frac{x_{32}}{x_2}=\frac{500}{5\ 000}=0.1,\quad a_{33}=\frac{x_{33}}{x_3}=\frac{0}{1\ 000}=0.$$

所以直接消耗系数矩阵为

$$\boldsymbol{A}=\begin{pmatrix}a_{11}&a_{12}&a_{13}\\a_{21}&a_{22}&a_{23}\\a_{31}&a_{32}&a_{33}\end{pmatrix}=\begin{pmatrix}0.1&0.1&0.1\\0.2&0.4&0.3\\0.1&0.1&0\end{pmatrix}.$$

(2) 由(1)得，$\boldsymbol{E}-\boldsymbol{A}=\begin{pmatrix}0.9&-0.1&-0.1\\-0.2&0.6&-0.3\\-0.1&-0.1&1\end{pmatrix}=\frac{1}{10}\begin{pmatrix}9&-1&-1\\-2&6&-3\\-1&-1&10\end{pmatrix}$，

$$(\boldsymbol{E}-\boldsymbol{A})^{-1}=10\begin{pmatrix}9&-1&-1\\-2&6&-3\\-1&-1&10\end{pmatrix}^{-1}=\frac{10}{482}\begin{pmatrix}57&11&9\\23&89&29\\8&10&52\end{pmatrix},$$

所以，计划期的总产出向量(精确到个位)

$$\boldsymbol{X}=(\boldsymbol{E}-\boldsymbol{A})^{-1}y=\frac{10}{482}\begin{pmatrix}57&11&9\\23&89&29\\8&10&52\end{pmatrix}\begin{pmatrix}1\ 250\\2\ 400\\320\end{pmatrix}=\begin{pmatrix}2\ 086\\5\ 221\\1\ 051\end{pmatrix}.$$

3.5 习题全解

1. 判断下述结论是否正确，并简述理由：

(1) 实数域上的 n 阶矩阵 $\boldsymbol{A}$ 一定有 n 个特征值；

(2) $\boldsymbol{A}$ 与 $\boldsymbol{A}^{\mathrm{T}}$ 有相同的特征值和特征向量；

(3) 若 λ_0 是 $\boldsymbol{A}$ 的一个特征值，则齐次线性方程组 $(\lambda_0\boldsymbol{E}-\boldsymbol{A})\boldsymbol{x}=\boldsymbol{0}$ 的非零解就是 $\boldsymbol{A}$ 的属于 λ_0 的特征向量；

(4) $\boldsymbol{A}$ 的一个特征向量 $\boldsymbol{\alpha}$ 可以属于 $\boldsymbol{A}$ 的不同的特征值 λ_1 和 λ_2；

(5) 若 λ_0 不是 $\boldsymbol{A}$ 的特征值，则矩阵 $(\lambda_0\boldsymbol{E}-\boldsymbol{A})$ 可逆.

解 (1) 错.(见教材 p131 例 3).

(2) 错. 因为 $\boldsymbol{A}$ 与 $\boldsymbol{A}^{\mathrm{T}}$ 有相同的特征多项式，故有相同的特征值. 但特征向量不一定相同.

如 $\boldsymbol{A}=\begin{pmatrix}1&1\\0&1\end{pmatrix}$，显然 $\boldsymbol{A}$ 与 $\boldsymbol{A}^{\mathrm{T}}$ 的特征值都是 1(二重)，方程组 $(\boldsymbol{E}-\boldsymbol{A})\boldsymbol{x}=\boldsymbol{0}$ 的基础解系 $\boldsymbol{\alpha}=(1,0)^{\mathrm{T}}$，而方程组 $(\boldsymbol{E}-\boldsymbol{A}^{\mathrm{T}})\boldsymbol{x}=\boldsymbol{0}$ 的基础解系为 $\boldsymbol{\beta}=(0,1)^{\mathrm{T}}$.

(3) 正确.

(4) 错. $\boldsymbol{A\alpha}=\lambda_1\boldsymbol{\alpha}$，$\boldsymbol{A\alpha}=\lambda_2\boldsymbol{\alpha}$ 得 $(\lambda_1-\lambda_2)\boldsymbol{\alpha}=0$，即 $\lambda_1=\lambda_2$.

(5) 正确. 若 λ_0 不是 $\boldsymbol{A}$ 的特征值，$|\lambda_0\boldsymbol{E}-\boldsymbol{A}|\neq 0$，故矩阵 $\lambda_0\boldsymbol{E}-\boldsymbol{A}$ 可逆.

2. 设$\boldsymbol{A}=\begin{pmatrix}-1&0&2\\1&2&-1\\1&3&0\end{pmatrix}$,求$\boldsymbol{A}$的对应于其特征值的特征子空间的基.

解 矩阵A的特征多项式为

$$\det(\lambda\boldsymbol{E}-\boldsymbol{A})=\begin{vmatrix}\lambda+1&0&-2\\-1&\lambda-2&1\\-1&-3&\lambda\end{vmatrix}=(\lambda-1)^2(\lambda+1),$$

得$\boldsymbol{A}$的特征值$\lambda_1=\lambda_2=1,\lambda_3=-1$.

对于$\lambda_1=\lambda_2=1$,解齐次线性方程组$(\boldsymbol{E}-\boldsymbol{A})\boldsymbol{x}=\boldsymbol{0}$,可得它的一个基础解系$\boldsymbol{\alpha}_1=(1,0,1)^{\mathrm{T}}$,即$\boldsymbol{\alpha}_1=(1,0,1)^{\mathrm{T}}$为特征子空间$V_{\lambda_1}$的基.

对于$\lambda_3=-1$,解齐次线性方程组$(-\boldsymbol{E}-\boldsymbol{A})\boldsymbol{x}=\boldsymbol{0}$,可得它的一个基础解系$\boldsymbol{\alpha}_2=(-3,1,0)^{\mathrm{T}}$,即特征子空间$V_{\lambda_3}$的基为$\boldsymbol{\alpha}_2=(-3,1,0)^{\mathrm{T}}$.

3. 设矩阵$\boldsymbol{A}=\begin{pmatrix}1&-1&0\\y&x&0\\4&2&1\end{pmatrix}$的特征值为1,2,3,试求$x,y$的值.

解 因为$\operatorname{tr}\boldsymbol{A}=1+2+3$, $\det\begin{pmatrix}1&-1&0\\y&x&0\\4&2&1\end{pmatrix}=1\times2\times3$,解得$x=4,y=2$.

4. 已知$\boldsymbol{\alpha}=(1,1,-1)^{\mathrm{T}}$是矩阵$\boldsymbol{A}=\begin{pmatrix}2&-1&2\\5&a&3\\-1&b&-2\end{pmatrix}$的一个特征向量,试确定$a,b$的值和$\boldsymbol{\alpha}$所对应的特征值,并判断$\boldsymbol{A}$是否可对角化.

解 设$\boldsymbol{A\alpha}=\lambda\boldsymbol{\alpha}$,即

$$\begin{pmatrix}2&-1&2\\5&a&3\\-1&b&-2\end{pmatrix}\begin{pmatrix}1\\1\\-1\end{pmatrix}=\lambda\begin{pmatrix}1\\1\\-1\end{pmatrix},$$

可得$\lambda=-1,a=-3,b=0$.

由矩阵$\boldsymbol{A}$的特征多项式

$$\det(\lambda\boldsymbol{E}-\boldsymbol{A})=\begin{vmatrix}\lambda-2&1&-2\\-5&\lambda-a&-3\\1&-b&\lambda+2\end{vmatrix}=\begin{vmatrix}\lambda-2&1&-2\\-5&\lambda+3&-3\\1&0&\lambda+2\end{vmatrix}=(\lambda+1)^3,$$

得$\lambda_1=\lambda_2=\lambda_3=-1$.

对于$\lambda_1=\lambda_2=\lambda_3=-1$,解对应的齐次线性方程组$(-\boldsymbol{E}-\boldsymbol{A})\boldsymbol{x}=\boldsymbol{0}$,可得它的一个基础解系$\boldsymbol{\alpha}=(1,1,-1)^{\mathrm{T}}$,故$\boldsymbol{A}$不可对角化.

5. 设矩阵$\boldsymbol{A}=\begin{pmatrix}2&1&1\\1&2&1\\1&1&a\end{pmatrix}$可逆,向量$\boldsymbol{\alpha}=(1,b,1)^{\mathrm{T}}$是矩阵$\boldsymbol{A}^*$的一个特征向量,$\lambda$是$\boldsymbol{\alpha}$对应的特征值,其中$\boldsymbol{A}^*$是矩阵$\boldsymbol{A}$的伴随矩阵,求$a,b$和$\lambda$的值.

解 $\boldsymbol{\alpha}$是$\boldsymbol{A}^*$的一个特征向量,也是$\boldsymbol{A}$的一个特征向量,不妨设$\boldsymbol{A\alpha}=\mu\boldsymbol{\alpha}$,即

$$\begin{pmatrix}3+b\\2+2b\\1+a+b\end{pmatrix}=\begin{pmatrix}2&1&1\\1&2&1\\1&1&a\end{pmatrix}\begin{pmatrix}1\\b\\1\end{pmatrix}=\mu\begin{pmatrix}1\\b\\1\end{pmatrix}=\begin{pmatrix}\mu\\\mu b\\\mu\end{pmatrix},$$

解得 $a=2,b=1,\mu=4$ 或 $a=2,b=-2,\mu=1$，这时 $\lambda=\dfrac{|\boldsymbol{A}|}{\mu}$，即 $\lambda=1$ 或 $\lambda=4$.

6. 已知三阶矩阵 $\boldsymbol{A}$ 的特征值为 $-1,1,2$，矩阵 $\boldsymbol{B}=\boldsymbol{A}-3\boldsymbol{A}^2$. 试求 $\boldsymbol{B}$ 的特征值和 $\det\boldsymbol{B}$.

解 令 $f(\boldsymbol{A})=\boldsymbol{A}-3\boldsymbol{A}^2$，设 $\boldsymbol{\alpha}$ 是矩阵 $\boldsymbol{A}$ 的属于特征值 λ 的特征向量，即 $\boldsymbol{A}\boldsymbol{\alpha}=\lambda\boldsymbol{\alpha}$，则 $(k\boldsymbol{A})\boldsymbol{\alpha}=(k\lambda)\boldsymbol{\alpha}$，$\boldsymbol{A}^m\boldsymbol{\alpha}=\lambda^m\boldsymbol{\alpha}$（其中 $k\in\mathbf{R},m\in\mathbf{N}$），因此对任意多项式 $f(x)$，有 $f(\boldsymbol{A})\boldsymbol{\alpha}=f(\lambda)\boldsymbol{\alpha}$，即$f(\lambda)$为 $f(\boldsymbol{A})$的特征值. 即 $\lambda-3\lambda^2$ 是 $\boldsymbol{B}=\boldsymbol{A}-3\boldsymbol{A}^2$ 的特征值. 由 $\boldsymbol{A}$ 的特征值为 $-1,1,2$，可知 $\boldsymbol{B}$ 的特征值为 $-4,-2,-10$，且 $\det\boldsymbol{B}=-80$.

7. 试证：

(1) 如果 $\boldsymbol{A}$ 是奇数阶正交矩阵，且 $\det\boldsymbol{A}=1$，则 1 是 $\boldsymbol{A}$ 的一个特征值；

(2) 如果 $\boldsymbol{A}$ 是 n 阶正交矩阵，且 $\det\boldsymbol{A}=-1$，则 -1 是 $\boldsymbol{A}$ 的一个特征值.

证 因为 $\boldsymbol{A}$ 是正交矩阵，有

$\det(\boldsymbol{E}-\boldsymbol{A})=\det(\boldsymbol{A}^{\mathrm{T}}\boldsymbol{A}-\boldsymbol{A})=\det(\boldsymbol{A}^{\mathrm{T}}-\boldsymbol{E})\det\boldsymbol{A}=\det(\boldsymbol{A}-\boldsymbol{E})^{\mathrm{T}}\det\boldsymbol{A}=\det(\boldsymbol{A}-\boldsymbol{E})\det\boldsymbol{A}$.

(1) 当 $\det\boldsymbol{A}=1$，且 n 为奇数时，有

$\det(\boldsymbol{E}-\boldsymbol{A})=\det(\boldsymbol{A}-\boldsymbol{E})=(-1)^n\det(\boldsymbol{E}-\boldsymbol{A})=-\det(\boldsymbol{E}-\boldsymbol{A})$，得 $\det(\boldsymbol{E}-\boldsymbol{A})=0$，

故 1 是 $\boldsymbol{A}$ 的一个特征值.

(2) 当 $\det\boldsymbol{A}=-1$ 时，有

$$\begin{aligned}\det(-\boldsymbol{E}-\boldsymbol{A})&=\det(-\boldsymbol{A}^{\mathrm{T}}\boldsymbol{A}-\boldsymbol{A})=\det(-\boldsymbol{A}^{\mathrm{T}}-\boldsymbol{E})\det\boldsymbol{A}=-\det(-\boldsymbol{A}-\boldsymbol{E})^{\mathrm{T}}\\&=-\det(-\boldsymbol{A}-\boldsymbol{E})=-\det(-\boldsymbol{E}-\boldsymbol{A}),\end{aligned}$$

得 $\det(-\boldsymbol{E}-\boldsymbol{A})=0$，故 -1 是 $\boldsymbol{A}$ 的一个特征值.

8. 判断下述结论是否正确，并简述理由：

(1) 如果 $\boldsymbol{A}\sim\boldsymbol{B}$，则存在对角阵 $\boldsymbol{\Lambda}$，使 $\boldsymbol{A},\boldsymbol{B}$ 都相似于 $\boldsymbol{\Lambda}$；

(2) 如果 $\boldsymbol{A}\sim\boldsymbol{B}$，则 $\boldsymbol{A},\boldsymbol{B}$ 有相同的特征值和特征向量；

(3) 如果 $\boldsymbol{A}\sim\boldsymbol{B}$，则对任意常数 λ，有 $\lambda\boldsymbol{E}-\boldsymbol{A}=\lambda\boldsymbol{E}-\boldsymbol{B}$；

(4) 如果 $\boldsymbol{A}\sim\boldsymbol{B}$，则对任意常数 λ，有 $\lambda\boldsymbol{E}-\boldsymbol{A}\sim\lambda\boldsymbol{E}-\boldsymbol{B}$.

解 (1) 错. 取 $\boldsymbol{A}=\begin{pmatrix}1&1\\0&1\end{pmatrix}$，$\boldsymbol{A}$ 的特征值 $\lambda=1$（二重），但只有一个线性无关的特征向量 $\boldsymbol{\alpha}=(1,0)^{\mathrm{T}}$，所以 $\boldsymbol{A}$ 不可能对角化，取 $\boldsymbol{B}=\begin{pmatrix}1&2\\0&1\end{pmatrix}$，故 $\boldsymbol{A}\sim\boldsymbol{B}$，但不与对角阵相似.

(2) 错. $\boldsymbol{A}\sim\boldsymbol{B}$，则 $\boldsymbol{A},\boldsymbol{B}$ 有相同的特征值，但特征向量未必相同. 事实上，设 $\boldsymbol{A}$ 的属于 λ 的特征向量为 $\boldsymbol{\alpha}$，则 $\boldsymbol{A}\boldsymbol{\alpha}=\lambda\boldsymbol{\alpha}\ (\boldsymbol{\alpha}\neq\boldsymbol{0})$，因为 $\boldsymbol{A}\sim\boldsymbol{B}$，所以存在逆矩阵 $\boldsymbol{P}$，使得

$$\boldsymbol{P}^{-1}\boldsymbol{A}\boldsymbol{P}=\boldsymbol{B},\quad \boldsymbol{A}=\boldsymbol{P}\boldsymbol{B}\boldsymbol{P}^{-1},$$

于是 $\boldsymbol{P}\boldsymbol{B}\boldsymbol{P}^{-1}\boldsymbol{\alpha}=\lambda\boldsymbol{\alpha}$，即 $\boldsymbol{B}(\boldsymbol{P}^{-1}\boldsymbol{\alpha})=\lambda(\boldsymbol{P}^{-1}\boldsymbol{\alpha})$.

因此，$\boldsymbol{B}$ 的属于特征值 λ 的特征向量为 $\boldsymbol{P}^{-1}\boldsymbol{\alpha}$. 当 $\boldsymbol{P}\neq\boldsymbol{E}$ 时，$\boldsymbol{P}^{-1}\boldsymbol{\alpha}\neq\boldsymbol{\alpha}$.

(3) 错. 由(1)得，$\boldsymbol{A}=\begin{pmatrix}1&1\\0&1\end{pmatrix}$，$\boldsymbol{B}=\begin{pmatrix}1&2\\0&1\end{pmatrix}$，$\boldsymbol{A}\sim\boldsymbol{B}$，则 $\lambda\boldsymbol{E}-\boldsymbol{A}\neq\lambda\boldsymbol{E}-\boldsymbol{B}$，所以若 $\boldsymbol{A}\sim\boldsymbol{B}$，对任意常数的 λ，未必有 $\lambda\boldsymbol{E}-\boldsymbol{A}=\lambda\boldsymbol{E}-\boldsymbol{B}$.

(4) 对. 因为 $\boldsymbol{A}\sim\boldsymbol{B}$，存在可逆矩阵 $\boldsymbol{P}$，$\boldsymbol{P}^{-1}\boldsymbol{A}\boldsymbol{P}=\boldsymbol{B}$，

则 $\lambda\boldsymbol{E}-\boldsymbol{B}=\lambda\boldsymbol{E}-\boldsymbol{P}^{-1}\boldsymbol{A}\boldsymbol{P}=\boldsymbol{P}^{-1}(\lambda\boldsymbol{E}-\boldsymbol{A})\boldsymbol{P}$,所以 $\lambda\boldsymbol{E}-\boldsymbol{A}\sim\lambda\boldsymbol{E}-\boldsymbol{B}$.

9. 如果 n 阶矩阵 $\boldsymbol{A}$ 满足 $\boldsymbol{A}^2=\boldsymbol{A}$,则称 $\boldsymbol{A}$ 为幂等矩阵. 证明:如果 $\boldsymbol{A}$ 是幂等矩阵,且 $\boldsymbol{A}\sim\boldsymbol{B}$,则 $\boldsymbol{B}$ 是幂等矩阵.

证 已知 $\boldsymbol{A}^2=\boldsymbol{A}$,且 $\boldsymbol{A}\sim\boldsymbol{B}$,则存在可逆矩阵 $\boldsymbol{P}$,使得 $\boldsymbol{P}^{-1}\boldsymbol{A}\boldsymbol{P}=\boldsymbol{B}$ 成立,这时,

$$\boldsymbol{B}^2=\boldsymbol{P}^{-1}\boldsymbol{A}\boldsymbol{P}\boldsymbol{P}^{-1}\boldsymbol{A}\boldsymbol{P}=\boldsymbol{P}^{-1}\boldsymbol{A}^2\boldsymbol{P}=\boldsymbol{P}^{-1}\boldsymbol{A}\boldsymbol{P}=\boldsymbol{B},$$

故 $\boldsymbol{B}$ 为幂等矩阵.

10. 设 n 阶矩阵 $\boldsymbol{A}=\begin{pmatrix} a & a & \cdots & a \\ a & a & \cdots & a \\ a & a & \cdots & a \\ \vdots & \vdots & \ddots & \vdots \\ a & a & \cdots & a \end{pmatrix}$,$a\neq 0$,

(1) 求 $\boldsymbol{A}$ 的特征值和特征向量;

(2) $\boldsymbol{A}$ 是否可对角化?若可以,试求可逆矩阵 $\boldsymbol{P}$,使 $\boldsymbol{P}^{-1}\boldsymbol{A}\boldsymbol{P}$ 为对角矩阵.

解 (1) 矩阵 $\boldsymbol{A}$ 的特征多项式为

$$\det(\lambda\boldsymbol{E}-\boldsymbol{A})=\begin{vmatrix} \lambda-a & -a & \cdots & -a \\ -a & \lambda-a & \cdots & -a \\ \vdots & \vdots & \ddots & \vdots \\ -a & -a & \cdots & \lambda-a \end{vmatrix}=\lambda^{n-1}(\lambda-na),$$

得它的特征值为 $\lambda_1=na,\lambda_2=\lambda_3=\cdots=\lambda_n=0$.

对于 $\lambda_1=na$,解对应的齐次线性方程组 $(na\boldsymbol{E}-\boldsymbol{A})\boldsymbol{x}=\boldsymbol{0}$,即

$$\begin{pmatrix} na-a & -a & \cdots & -a \\ -a & na-a & \cdots & -a \\ \vdots & \vdots & \ddots & \vdots \\ -a & -a & \cdots & na-a \end{pmatrix}\begin{pmatrix} x_1 \\ x_2 \\ \vdots \\ x_n \end{pmatrix}=\begin{pmatrix} 0 \\ 0 \\ \vdots \\ 0 \end{pmatrix},$$

得基础解系为 $\boldsymbol{\alpha}_1=(1,1,1,\cdots,1)^{\mathrm{T}}$,故矩阵 $\boldsymbol{A}$ 的属于特征值 λ_1 的全部特征向量为 $c\boldsymbol{\alpha}_1$(c 为不等于零的任意常数).

对于 $\lambda_2=\lambda_3=\cdots=\lambda_n=0$,解其齐次线性方程组 $(0\boldsymbol{E}-\boldsymbol{A})\boldsymbol{x}=\boldsymbol{0}$,得基础解系 $\boldsymbol{\alpha}_2=(-1,1,0,\cdots,0)^{\mathrm{T}}$,$\boldsymbol{\alpha}_3=(-1,0,1,\cdots,0)^{\mathrm{T}},\cdots,\boldsymbol{\alpha}_n=(-1,0,\cdots,1)^{\mathrm{T}}$,故矩阵 $\boldsymbol{A}$ 的属于特征值 0 的全部特征向量为 $c_2\boldsymbol{\alpha}_2+c_3\boldsymbol{\alpha}_3+\cdots+c_n\boldsymbol{\alpha}_n$($c_2,\cdots,c_n$ 为不全为零的任意常数).

(2) $\boldsymbol{A}$ 可对角化,令

$$\boldsymbol{P}=(\boldsymbol{\alpha}_1,\boldsymbol{\alpha}_2,\cdots,\boldsymbol{\alpha}_n)=\begin{pmatrix} 1 & -1 & \cdots & -1 \\ 1 & 1 & \cdots & 0 \\ \vdots & \vdots & \ddots & \vdots \\ 1 & 0 & \cdots & 1 \end{pmatrix},\text{则 }\boldsymbol{P}^{-1}\boldsymbol{A}\boldsymbol{P}=\begin{pmatrix} na & & & \\ & 0 & & \\ & & \ddots & \\ & & & 0 \end{pmatrix}.$$

11. 设向量 $\boldsymbol{\alpha}=(a_1,a_2,\cdots,a_n)^{\mathrm{T}},\boldsymbol{\beta}=(b_1,b_2,\cdots,b_n)^{\mathrm{T}}$ 都是非零向量,且满足条件 $\boldsymbol{\alpha}^{\mathrm{T}}\boldsymbol{\beta}=0$,记 n 阶矩阵 $\boldsymbol{A}=\boldsymbol{\alpha}\boldsymbol{\beta}^{\mathrm{T}}$,求:

(1) $\boldsymbol{A}^2$ 及其特征值;

(2) 利用(1)的结论,求 $\boldsymbol{A}$ 的特征值和特征向量;

(3) 矩阵 $\boldsymbol{A}$ 是否可对角化.

解 (1) 因为 $\boldsymbol{\alpha}^{\mathrm{T}}\boldsymbol{\beta}=0$,则 $\boldsymbol{\beta}^{\mathrm{T}}\boldsymbol{\alpha}=0$. 由 $\boldsymbol{A}=\boldsymbol{\alpha}\boldsymbol{\beta}^{\mathrm{T}}$,$\boldsymbol{A}^2=\boldsymbol{\alpha}\boldsymbol{\beta}^{\mathrm{T}}\boldsymbol{\alpha}\boldsymbol{\beta}^{\mathrm{T}}=\boldsymbol{\alpha}(\boldsymbol{\beta}^{\mathrm{T}}\boldsymbol{\alpha})\boldsymbol{\beta}^{\mathrm{T}}=\boldsymbol{O}$,则 $\boldsymbol{A}^2$ 为 n 阶

零矩阵. 零矩阵的特征值为零，所以 $\boldsymbol{A}^2$ 的特征值全为零.

(2) 设 $\boldsymbol{A}$ 的特征值为 λ，$\boldsymbol{A}$ 的属于特征值 λ 的特征向量为 $\boldsymbol{x}$，则 $\boldsymbol{x}$ 也是 $\boldsymbol{A}^2$ 的属于特征值 λ^2 的特征向量，因此 $\lambda^2\boldsymbol{x}=\boldsymbol{A}^2\boldsymbol{x}=\boldsymbol{0}$，但 $\boldsymbol{x}\neq\boldsymbol{0}$，所以 $\lambda=0$，即 $\boldsymbol{A}$ 的特征值 $\lambda=0$(n 重).

对于 $\lambda=0$，解对应的齐次线性方程组 $(0\boldsymbol{E}-\boldsymbol{A})\boldsymbol{x}=\boldsymbol{0}$，不妨设 $a_1\neq0$，$b_1\neq0$，由

$$-\boldsymbol{A}=\begin{pmatrix}-a_1b_1 & -a_1b_2 & \cdots & -a_1b_n\\ -a_2b_1 & -a_2b_2 & \cdots & -a_2b_n\\ \vdots & \vdots & \ddots & \vdots\\ -a_nb_1 & -a_nb_2 & \cdots & -a_nb_n\end{pmatrix}\to\begin{pmatrix}b_1 & b_2 & \cdots & b_n\\ 0 & 0 & \cdots & 0\\ \vdots & \vdots & \ddots & \vdots\\ 0 & 0 & \cdots & 0\end{pmatrix},$$

得基础解系

$$\boldsymbol{\alpha}_1=\left(-\frac{b_2}{b_1},1,0,0,\cdots,0\right)^{\mathrm{T}},\boldsymbol{\alpha}_2=\left(-\frac{b_3}{b_1},0,1,0,\cdots,0\right)^{\mathrm{T}},\cdots,\boldsymbol{\alpha}_{n-1}=\left(-\frac{b_n}{b_1},0,0,0,\cdots,1\right)^{\mathrm{T}},$$

则 $\boldsymbol{A}$ 的属于特征值 0 的全部特征向量为 $c_1\boldsymbol{\alpha}_1+c_2\boldsymbol{\alpha}_2+\cdots+c_{n-1}\boldsymbol{\alpha}_{n-1}$($c_1,\cdots,c_{n-1}$ 为不全为零的任意常数).

(3) n 阶矩阵 $\boldsymbol{A}$ 的特征值 0(n 重根)有 $n-1$ 个线性无关的特征向量，故 $\boldsymbol{A}$ 不可对角化.

12. 设 $\boldsymbol{A}$ 为三阶矩阵，$\boldsymbol{A}$ 的特征值为 1,3,5，试求行列式 $\det(\boldsymbol{A}^*-2\boldsymbol{E})$ 的值，其中 $\boldsymbol{A}^*$ 是 $\boldsymbol{A}$ 的伴随矩阵.

解　因 $\boldsymbol{A}$ 的特征值为 1,3,5，所以 $\boldsymbol{A}$ 可逆，且 $\det\boldsymbol{A}=15$，于是 $\boldsymbol{A}^*$ 的特征值依次为 $\frac{15}{1}=15,\frac{15}{3}=5,\frac{15}{5}=3$. 所以 $\boldsymbol{A}^*-2\boldsymbol{E}$ 的特征值为 $15-2=13,5-2=3,3-2=1$，因此 $\det(\boldsymbol{A}^*-2\boldsymbol{E})=13\times3\times1=39$.

13. 设矩阵 $\boldsymbol{A}\sim\boldsymbol{B}$，其中 $\boldsymbol{A}=\begin{pmatrix}1 & -1 & 1\\ 2 & 4 & -2\\ -3 & -3 & a\end{pmatrix}$，$\boldsymbol{B}=\begin{pmatrix}2 & & \\ & 2 & \\ & & b\end{pmatrix}$.

(1) 求 a,b 的值；

(2) 求可逆矩阵 $\boldsymbol{P}$，使 $\boldsymbol{P}^{-1}\boldsymbol{A}\boldsymbol{P}=\boldsymbol{B}$.

解　(1) 因为 $\boldsymbol{A}\sim\boldsymbol{B}$，则 $\boldsymbol{A},\boldsymbol{B}$ 有相同的特征值，故 $\boldsymbol{A},\boldsymbol{B}$ 的特征值都为 $\lambda_1=\lambda_2=2,\lambda_3=b$，由矩阵特征值的性质得 $\lambda_1+\lambda_2+\lambda_3=\mathrm{tr}\boldsymbol{A}=5+a$，即 $5+a=4+b$，　得 $b=1+a$.

又由 $\boldsymbol{A}\sim\boldsymbol{B}$，得 $\det\boldsymbol{A}=\det\boldsymbol{B}$，即

$$\begin{vmatrix}1 & -1 & 1\\ 2 & 4 & -2\\ -3 & -3 & a\end{vmatrix}=\begin{vmatrix}2 & & \\ & 2 & \\ & & b\end{vmatrix},$$

得 $6a-6=4b$，所以 $a=5,b=6$.

(2) 对于 $\lambda_1=\lambda_2=2$，解对应的齐次线性方程组 $(2\boldsymbol{E}-\boldsymbol{A})\boldsymbol{x}=\boldsymbol{0}$，得它的一个基础解系

$$\boldsymbol{\alpha}_1=(1,-1,0)^{\mathrm{T}},\boldsymbol{\alpha}_2=(1,0,1)^{\mathrm{T}}.$$

对于 $\lambda_3=6$，解对应的齐次线性方程组 $(6\boldsymbol{E}-\boldsymbol{A})\boldsymbol{x}=\boldsymbol{0}$，得它的一个基础解系

$$\boldsymbol{\alpha}_3=(1,-2,3)^{\mathrm{T}},\text{令 }\boldsymbol{P}=\begin{pmatrix}1 & 1 & 1\\ -1 & 0 & -2\\ 0 & 1 & 3\end{pmatrix},\text{有 }\boldsymbol{P}^{-1}\boldsymbol{A}\boldsymbol{P}=\boldsymbol{B}.$$

14. 设三阶矩阵 $\boldsymbol{A}$ 满足 $\boldsymbol{A}\boldsymbol{\alpha}_i=i\boldsymbol{\alpha}_i(i=1,2,3)$，其中

$$\boldsymbol{\alpha}_1=(1,0,0)^{\mathrm{T}},\ \boldsymbol{\alpha}_2=(1,1,0)^{\mathrm{T}},\ \boldsymbol{\alpha}_3=(1,1,1)^{\mathrm{T}},$$

求矩阵 $\boldsymbol{A}$.

解 由已知条件可得

$$\boldsymbol{A}(\boldsymbol{\alpha}_1,\boldsymbol{\alpha}_2,\boldsymbol{\alpha}_3)=(\boldsymbol{\alpha}_1,2\boldsymbol{\alpha}_2,3\boldsymbol{\alpha}_3)=(\boldsymbol{\alpha}_1,\boldsymbol{\alpha}_2,\boldsymbol{\alpha}_3)\begin{pmatrix}1&0&0\\0&2&0\\0&0&3\end{pmatrix},$$

即

$$\begin{aligned}\boldsymbol{A}&=(\boldsymbol{\alpha}_1,\boldsymbol{\alpha}_2,\boldsymbol{\alpha}_3)\begin{pmatrix}1&0&0\\0&2&0\\0&0&3\end{pmatrix}(\boldsymbol{\alpha}_1,\boldsymbol{\alpha}_2,\boldsymbol{\alpha}_3)^{-1}\\&=\begin{pmatrix}1&1&1\\0&1&1\\0&0&1\end{pmatrix}\begin{pmatrix}1&0&0\\0&2&0\\0&0&3\end{pmatrix}\begin{pmatrix}1&1&1\\0&1&1\\0&0&1\end{pmatrix}^{-1}\\&=\begin{pmatrix}1&2&3\\0&2&3\\0&0&3\end{pmatrix}\begin{pmatrix}1&-1&0\\0&1&-1\\0&0&1\end{pmatrix}=\begin{pmatrix}1&1&1\\0&2&1\\0&0&3\end{pmatrix}.\end{aligned}$$

15. 设矩阵 $\boldsymbol{A}=\begin{pmatrix}1&2&-3\\-1&4&-3\\1&a&5\end{pmatrix}$ 的特征方程有 1 个二重根，求 a 的值，并讨论 $\boldsymbol{A}$ 是否可对角化.

解 $|\lambda\boldsymbol{E}-\boldsymbol{A}|=\begin{vmatrix}\lambda-1&-2&3\\1&\lambda-4&3\\-1&-a&\lambda-5\end{vmatrix}=\begin{vmatrix}\lambda-2&2-\lambda&0\\1&\lambda-4&3\\-1&-a&\lambda-5\end{vmatrix}$

$$\begin{aligned}&=(\lambda-2)\begin{vmatrix}1&-1&0\\1&\lambda-4&3\\-1&-a&\lambda-5\end{vmatrix}=(\lambda-2)\begin{vmatrix}1&0&0\\1&\lambda-3&3\\-1&-(a+1)&\lambda-5\end{vmatrix}\\&=(\lambda-2)(\lambda^2-8\lambda+18+3a).\end{aligned}$$

当 2 为二重根时，$a=-2$，这时 $|\lambda\boldsymbol{E}-\boldsymbol{A}|=(\lambda-2)^2(\lambda-6)$.

$$2\boldsymbol{E}-\boldsymbol{A}=\begin{pmatrix}1&-2&3\\1&-2&3\\-1&2&-3\end{pmatrix}\to\begin{pmatrix}1&-2&3\\0&0&0\\0&0&0\end{pmatrix},\ r(2\boldsymbol{E}-\boldsymbol{A})=1,$$

$n-r(2\boldsymbol{E}-\boldsymbol{A})=3-1=2$，故可以对角化.

当 2 为单根时，$\Delta=(-8)^2-4(18+3a)=0$ 得 $a=-\dfrac{2}{3}$，这时

$$|\lambda\boldsymbol{E}-\boldsymbol{A}|=(\lambda-2)(\lambda-4)^2,$$

$\lambda=4$ 为二重根，

$$4\boldsymbol{E}-\boldsymbol{A}=\begin{pmatrix}3&-2&3\\1&0&3\\-1&\frac{2}{3}&-1\end{pmatrix}\to\begin{pmatrix}1&0&3\\0&-2&-6\\0&\frac{2}{3}&2\end{pmatrix}\to\begin{pmatrix}1&0&3\\0&1&3\\0&0&0\end{pmatrix},\ r(4\boldsymbol{E}-\boldsymbol{A})=2,$$

$n-r(4\boldsymbol{E}-\boldsymbol{A})=3-2=1$，故不可对角化.

16. 设矩阵 $\boldsymbol{A}=\begin{pmatrix}0&1&0&0\\1&0&0&0\\0&0&y&1\\0&0&1&2\end{pmatrix}$，已知 $\boldsymbol{A}$ 的一个特征值为 3.

(1) 求 y 的值；(2) 求矩阵 $\boldsymbol{P}$，使 $(\boldsymbol{AP})^{\mathrm{T}}(\boldsymbol{AP})$ 为对角矩阵.

解　(1) 矩阵 $\boldsymbol{A}$ 的特征多项式

$$|\lambda\boldsymbol{E}-\boldsymbol{A}|=\det\begin{pmatrix}\lambda&-1&0&0\\-1&\lambda&0&0\\0&0&\lambda-y&-1\\0&0&-1&\lambda-2\end{pmatrix}$$
$$=(\lambda^2-1)[\lambda^2-(y+2)\lambda+(2y-1)].$$

由 $|3\boldsymbol{E}-\boldsymbol{A}|=0$，得 $y=2$，所以

$$\boldsymbol{A}=\begin{pmatrix}0&1&0&0\\1&0&0&0\\0&0&2&1\\0&0&1&2\end{pmatrix},$$

$|\lambda\boldsymbol{E}-\boldsymbol{A}|=(\lambda^2-1)(\lambda-1)(\lambda-3)$.

(2) 由 $\boldsymbol{A}^{\mathrm{T}}=\boldsymbol{A}$，得 $(\boldsymbol{AP})^{\mathrm{T}}(\boldsymbol{AP})=\boldsymbol{P}^{\mathrm{T}}\boldsymbol{A}^2\boldsymbol{P}$，而矩阵

$$\boldsymbol{A}^2=\begin{pmatrix}1&0&0&0\\0&1&0&0\\0&0&5&4\\0&0&4&5\end{pmatrix}$$

仍为对称矩阵. 又 $\boldsymbol{A}$ 的特征值为 $-1,1,1,3$，故 $\boldsymbol{A}^2$ 的特征值为 $\lambda_1=\lambda_2=\lambda_3=1,\lambda_4=9$.

对于 $\lambda_1=\lambda_2=\lambda_3=1$ 可得 $\boldsymbol{A}^2$ 的对应的线性无关的特征向量为

$$\boldsymbol{\alpha}_1=(1,0,0,0)^{\mathrm{T}},\boldsymbol{\alpha}_2=(0,1,0,0)^{\mathrm{T}},\boldsymbol{\alpha}_3=(0,0,-1,1)^{\mathrm{T}}.$$

对于 $\lambda_4=9$，可得 $\boldsymbol{A}^2$ 对应的特征向量为 $\boldsymbol{\alpha}_4=(0,0,1,1)^{\mathrm{T}}$.

$\boldsymbol{\alpha}_1,\boldsymbol{\alpha}_2,\boldsymbol{\alpha}_3,\boldsymbol{\alpha}_4$ 已是正交向量组，单位化得

$$\boldsymbol{\beta}_1=\boldsymbol{\alpha}_1=(1,0,0,0)^{\mathrm{T}},\boldsymbol{\beta}_2=\boldsymbol{\alpha}_2=(0,1,0,0)^{\mathrm{T}},$$
$$\boldsymbol{\beta}_3=\left(0,0,-\frac{1}{\sqrt{2}},\frac{1}{\sqrt{2}}\right)^{\mathrm{T}},\boldsymbol{\beta}_4=\left(0,0,\frac{1}{\sqrt{2}},\frac{1}{\sqrt{2}}\right)^{\mathrm{T}}.$$

令矩阵

$$\boldsymbol{P}=\begin{pmatrix}1&0&0&0\\0&1&0&0\\0&0&-\frac{1}{\sqrt{2}}&\frac{1}{\sqrt{2}}\\0&0&\frac{1}{\sqrt{2}}&\frac{1}{\sqrt{2}}\end{pmatrix},\boldsymbol{\Lambda}=\begin{pmatrix}1&0&0&0\\0&1&0&0\\0&0&1&0\\0&0&0&9\end{pmatrix},$$

则 $(\boldsymbol{AP})^{\mathrm{T}}(\boldsymbol{AP})=\boldsymbol{P}^{\mathrm{T}}\boldsymbol{A}^2\boldsymbol{P}=\boldsymbol{\Lambda}$.

17. 设 $\boldsymbol{A},\boldsymbol{B}$ 为同阶矩阵，

(1) 如果 $\boldsymbol{A}$ 可逆，证明 $\boldsymbol{AB}$ 与 $\boldsymbol{BA}$ 相似；

(2) 如果 $\boldsymbol{A}$ 不可逆,试问 $\boldsymbol{AB}$ 与 $\boldsymbol{BA}$ 是否相似? 证明你的结论.

证 (1) 因为 $\boldsymbol{A}$ 可逆,且 $\boldsymbol{A}^{-1}\boldsymbol{ABA}=\boldsymbol{BA}$,故 $\boldsymbol{AB}$ 与 $\boldsymbol{BA}$ 相似.

(2) 若 $\boldsymbol{B}$ 可逆,由(1)$\boldsymbol{BA}$ 与 $\boldsymbol{AB}$ 相似. 因此只要 $\boldsymbol{A},\boldsymbol{B}$ 中有一个可逆,$\boldsymbol{AB}$ 与 $\boldsymbol{BA}$ 相似.

若 $\boldsymbol{A},\boldsymbol{B}$ 都不可逆,未必有 $\boldsymbol{AB}$ 相似于 $\boldsymbol{BA}$. 举例如下:

$$\text{取 } \boldsymbol{A}=\begin{pmatrix}1 & 1\\ -1 & -1\end{pmatrix},\boldsymbol{B}=\begin{pmatrix}-1 & 1\\ 1 & -1\end{pmatrix},\text{则 } \boldsymbol{AB}=\boldsymbol{O},\boldsymbol{BA}=\begin{pmatrix}-2 & -2\\ 2 & 2\end{pmatrix}.$$

若 $\boldsymbol{AB}\sim\boldsymbol{BA}$,则存在可逆 $\boldsymbol{P}$,使 $\boldsymbol{P}^{-1}(\boldsymbol{BA})\boldsymbol{P}=\boldsymbol{AB}=\boldsymbol{O}$,由此可得 $\boldsymbol{BA}=\boldsymbol{O}$,与 $\boldsymbol{BA}$ 为非零矩阵相矛盾.

18. 如果实对称矩阵 $\boldsymbol{A}$ 的特征值的绝对值均为 1,证明 $\boldsymbol{A}$ 是正交矩阵.

证 设实对称矩阵 $\boldsymbol{A}$ 的特征值为 $\lambda_1,\lambda_2,\cdots,\lambda_n$,且 $\lambda_i^2=1(i=1,2,\cdots,n)$.

由于 $\boldsymbol{A}$ 是实对称矩阵,故有 $\boldsymbol{A}^{\mathrm{T}}=\boldsymbol{A},\boldsymbol{A}^{\mathrm{T}}\boldsymbol{A}=\boldsymbol{A}^2$,且存在正交矩阵 $\boldsymbol{Q}$,使

$$\boldsymbol{Q}^{-1}\boldsymbol{AQ}=\mathrm{diag}(\lambda_1,\lambda_2,\cdots,\lambda_n),$$

所以

$$\boldsymbol{Q}^{-1}\boldsymbol{A}^2\boldsymbol{Q}=(\boldsymbol{Q}^{-1}\boldsymbol{AQ})^2=\mathrm{diag}(\lambda_1^2,\lambda_2^2,\cdots,\lambda_n^2)=\mathrm{diag}(1,1,\cdots,1)=\boldsymbol{E},$$

由此可得

$$\boldsymbol{A}^2=\boldsymbol{E},$$

由此可知 $\boldsymbol{A}^{\mathrm{T}}\boldsymbol{A}=\boldsymbol{E}$,因此 $\boldsymbol{A}$ 是正交矩阵.

19. 设 $\boldsymbol{A},\boldsymbol{B}$ 是两个实对称矩阵,证明:存在正交矩阵 $\boldsymbol{Q}$,使 $\boldsymbol{Q}^{-1}\boldsymbol{AQ}=\boldsymbol{B}$ 的充分必要条件是 $\boldsymbol{A}$ 与 $\boldsymbol{B}$ 有相同的特征值.

证 必要性:因为相似矩阵有相同的特征值,所以必要性显然;

充分性:设实对称矩阵 $\boldsymbol{A},\boldsymbol{B}$ 有完全相同的特征值 $\lambda_1,\lambda_2,\cdots,\lambda_n$,则存在正交矩阵 $\boldsymbol{Q}_1,\boldsymbol{Q}_2$,使得 $\boldsymbol{Q}_1^{-1}\boldsymbol{AQ}_1=\mathrm{diag}(\lambda_1,\lambda_2,\cdots,\lambda_n)$,$\boldsymbol{Q}_2^{-1}\boldsymbol{BQ}_2=\mathrm{diag}(\lambda_1,\lambda_2,\cdots,\lambda_n)$,于是有 $\boldsymbol{Q}^{-1}\boldsymbol{AQ}=\boldsymbol{B}$,其中 $\boldsymbol{Q}=\boldsymbol{Q}_1\boldsymbol{Q}_2^{-1}$ 为正交矩阵.

20. 设三阶实对称矩阵 $\boldsymbol{A}$ 的各行元素之和为 3. 向量 $\boldsymbol{\alpha}_1=(-1,2,-1)^{\mathrm{T}}$, $\boldsymbol{\alpha}_2=(0,-1,1)^{\mathrm{T}}$ 是线性方程组 $\boldsymbol{Ax}=\boldsymbol{0}$ 的两个解.

(1) 求 $\boldsymbol{A}$ 的特征值和特征向量;

(2) 求正交矩阵 $\boldsymbol{Q}$ 和对角矩阵 $\boldsymbol{\Lambda}$,使得 $\boldsymbol{Q}^{\mathrm{T}}\boldsymbol{AQ}=\boldsymbol{\Lambda}$;

(3) 求矩阵 $\boldsymbol{A}$.

解 (1) 由 $\boldsymbol{A}$ 为三阶实对称矩阵及各行元素之和为 3,知

$$\boldsymbol{A}(1,1,1)^{\mathrm{T}}=3(1,1,1)^{\mathrm{T}},$$

即 3 为 $\boldsymbol{A}$ 的一个特征值,$(1,1,1)^{\mathrm{T}}t$, $t\neq0$ 为属于 3 的全部特征向量.

而由 $\boldsymbol{Ax}=\boldsymbol{0}$ 的两个解 $\boldsymbol{\alpha}_1,\boldsymbol{\alpha}_2$ 知 0 为 $\boldsymbol{A}$ 的另两个特征值,属于 0 的全部特征向量为 $t_1\boldsymbol{\alpha}_1+t_2\boldsymbol{\alpha}_2$($t_1,t_2$ 不全为零).

(2) 令 $\boldsymbol{\beta}_1=\boldsymbol{\alpha}_1=(-1,2,-1)^{\mathrm{T}}$, $\boldsymbol{\beta}_2=\boldsymbol{\alpha}_2-\dfrac{\boldsymbol{\beta}_1^{\mathrm{T}}\boldsymbol{\alpha}_2}{\boldsymbol{\beta}_1^{\mathrm{T}}\boldsymbol{\beta}_1}\boldsymbol{\beta}_1=\begin{pmatrix}0\\-1\\1\end{pmatrix}-\dfrac{(-3)}{6}\begin{pmatrix}-1\\2\\-1\end{pmatrix}=\begin{pmatrix}-\dfrac{1}{2}\\0\\\dfrac{1}{2}\end{pmatrix}$,

$\boldsymbol{\beta}_3=(1,1,1)^{\mathrm{T}}$.

单位化得 $\boldsymbol{\beta}_1^0=\dfrac{1}{\sqrt{6}}(-1,2,-1)^{\mathrm{T}}$, $\boldsymbol{\beta}_2^0=\dfrac{1}{\sqrt{2}}(-1,0,1)^{\mathrm{T}}$, $\boldsymbol{\beta}_3^0=\dfrac{1}{\sqrt{3}}(1,1,1)^{\mathrm{T}}$.

令 $Q=(\boldsymbol{\beta}_1^0,\boldsymbol{\beta}_2^0,\boldsymbol{\beta}_3^0)=\begin{pmatrix}-\frac{1}{\sqrt{6}} & -\frac{1}{\sqrt{2}} & \frac{1}{\sqrt{3}}\\ \frac{2}{\sqrt{6}} & 0 & \frac{1}{\sqrt{3}}\\ -\frac{1}{\sqrt{6}} & \frac{1}{\sqrt{2}} & \frac{1}{\sqrt{3}}\end{pmatrix}$ 正交阵，$Q^{\mathrm{T}}AQ=\boldsymbol{\Lambda}=\begin{pmatrix}0 & & \\ & 0 & \\ & & 3\end{pmatrix}$.

(3) $A=Q\Lambda Q^{\mathrm{T}}=\begin{pmatrix}1 & 1 & 1\\ 1 & 1 & 1\\ 1 & 1 & 1\end{pmatrix}$.

21. 设 A 为三阶实对称矩阵，且 $r(A)=2$，若 $\lambda_1=\lambda_2=6$ 是 A 的二重特征值，且 $\boldsymbol{\alpha}_1=(1,1,0)^{\mathrm{T}}$，$\boldsymbol{\alpha}_2=(2,1,1)^{\mathrm{T}}$，$\boldsymbol{\alpha}_3=(-1,2,-3)^{\mathrm{T}}$ 都是 A 的对应于特征值 6 的特征向量.

(1) 求 A 的另一个特征值 λ_3 和对应的特征向量；

(2) 求矩阵 A.

解　(1) 由于 $r(A)=2$，得 $|A|=0$，而 $|A|=\lambda_1\lambda_2\lambda_3=36\lambda_3$，故 $\lambda_3=0$.
属于 $\lambda_3=0$ 的特征向量必与属于 6 的特征向量正交，故有

$$\boldsymbol{\alpha}_1^{\mathrm{T}}\boldsymbol{x}=0,\ \boldsymbol{\alpha}_2^{\mathrm{T}}\boldsymbol{x}=0,\ \boldsymbol{\alpha}_3^{\mathrm{T}}\boldsymbol{x}=0,$$

即

$$(\boldsymbol{\alpha}_1^{\mathrm{T}},\boldsymbol{\alpha}_2^{\mathrm{T}},\boldsymbol{\alpha}_3^{\mathrm{T}})=\begin{pmatrix}1 & 1 & 0\\ 2 & 1 & 1\\ -1 & 2 & -3\end{pmatrix}\to\begin{pmatrix}1 & 1 & 0\\ 0 & -1 & 1\\ 0 & 3 & -3\end{pmatrix}\to\begin{pmatrix}1 & 0 & 1\\ 0 & 1 & -1\\ 0 & 0 & 0\end{pmatrix},$$

得基础解系 $(-1,1,1)^{\mathrm{T}}$，全部特征向量 $(-1,1,1)^{\mathrm{T}}t(t\neq0)$.

(2) $P=\begin{pmatrix}-1 & 1 & 2\\ 1 & 1 & 1\\ 1 & 0 & 1\end{pmatrix}$，$P^{-1}AP=\begin{pmatrix}0 & & \\ & 6 & \\ & & 6\end{pmatrix}$，$A=P\begin{pmatrix}0 & & \\ & 6 & \\ & & 6\end{pmatrix}P^{-1}$，

$$A=\begin{pmatrix}-1 & 1 & 2\\ 1 & 1 & 1\\ 1 & 0 & 1\end{pmatrix}\begin{pmatrix}0 & & \\ & 6 & \\ & & 6\end{pmatrix}\begin{pmatrix}-\frac{1}{3} & \frac{1}{3} & \frac{1}{3}\\ 0 & 1 & -1\\ \frac{1}{3} & -\frac{1}{3} & \frac{2}{3}\end{pmatrix}=\begin{pmatrix}4 & 2 & 2\\ 2 & 4 & -2\\ 2 & -2 & 4\end{pmatrix}.$$

22. 设 A 为 n 阶实对称矩阵，且 $A^2=A$，试证：存在正交矩阵 Q，使得

$$Q^{-1}AQ=\mathrm{diag}(1,\cdots,1,0,\cdots,0).$$

证　因 A 为实对称矩阵，故存在正交矩阵 Q，使得

$$Q^{-1}AQ=\mathrm{diag}(\lambda_1,\lambda_2,\cdots,\lambda_n),$$

其中 $\lambda_1,\lambda_2,\cdots,\lambda_n$ 为 A 的特征值，下面只需证明 $\lambda_i(1\leqslant i\leqslant n)$ 只能是 1 或 0.

设 A 的属于特征值 λ 的特征向量为 $\boldsymbol{\alpha}$，由 $A\boldsymbol{\alpha}=\lambda\boldsymbol{\alpha}$，可得 $A^2\boldsymbol{\alpha}=A(A\boldsymbol{\alpha})=\lambda^2\boldsymbol{\alpha}$.
又 $A^2=A$，则 $A^2\boldsymbol{\alpha}=A\boldsymbol{\alpha}=\lambda\boldsymbol{\alpha}$，从而 $\lambda^2\boldsymbol{\alpha}=\lambda\boldsymbol{\alpha}$. 因 $\boldsymbol{\alpha}\neq\boldsymbol{0}$，所以 $\lambda=1$ 或 0，即 A 的特征值只能为 1 或 0. 将 $\lambda_1,\lambda_2,\cdots,\lambda_n$ 适当排列，必有 $Q^{-1}AQ=\mathrm{diag}(1,\cdots,1,0,\cdots,0)$.

23. 设 A 为 n 阶实对称矩阵，且 $A^2=E$，试证：存在正交矩阵 Q，使得

$$Q^{-1}AQ=\mathrm{diag}(1,\cdots,1,-1,\cdots,-1).$$

证　因 A 为实对称矩阵，故存在正交矩阵 Q，使得

$$\boldsymbol{Q}^{-1}\boldsymbol{A}\boldsymbol{Q}=\mathrm{diag}(\lambda_1,\lambda_2,\cdots,\lambda_n),$$

其中 $\lambda_1,\lambda_2,\cdots,\lambda_n$ 为 $\boldsymbol{A}$ 的特征值. 下面证明 $\lambda_i(1\leqslant i\leqslant n)$ 只能是 1 或 -1.

设 $\boldsymbol{A}$ 的属于特征值 λ 的特征向量为 $\boldsymbol{\alpha}$. 由 $\boldsymbol{A\alpha}=\lambda\boldsymbol{\alpha}$, 可得 $\boldsymbol{A}^2\boldsymbol{\alpha}=\boldsymbol{A}(\boldsymbol{A\alpha})=\lambda^2\boldsymbol{\alpha}$, 又 $\boldsymbol{A}^2=\boldsymbol{E}$, 则 $\boldsymbol{A}^2\boldsymbol{\alpha}=\boldsymbol{E\alpha}=\boldsymbol{\alpha}$, 从而 $\lambda^2\boldsymbol{\alpha}=\boldsymbol{\alpha}$. 因 $\boldsymbol{\alpha}\neq\boldsymbol{0}$, 所以 $\lambda=1$ 或 -1, 即 $\boldsymbol{A}$ 的特征值只能为 1 或 -1. 将 $\lambda_1,\lambda_2,\cdots,\lambda_n$ 适当排列, 必有 $\boldsymbol{Q}^{-1}\boldsymbol{A}\boldsymbol{Q}=\mathrm{diag}(1,\cdots,1,-1,\cdots,-1)$.

第4章 二次型

4.1 基本要求

1. 了解二次型的概念，会用矩阵形式表示二次型，了解可逆线性替换和矩阵合同的概念.

2. 了解二次型的秩、标准形、规范形、惯性定理，会用正交替换和配方法化二次型为标准形.

3. 理解正定二次型、正定矩阵的概念，掌握正定矩阵的性质及其判别方法.

4.2 基本内容

4.2.1 二次型及其矩阵形式

4.2.1.1 定义

n 个变量的二次齐次函数

$$\begin{aligned} f(x_1,x_2,\cdots,x_n) &= a_{11}x_1^2+2a_{12}x_1x_2+2a_{13}x_1x_3+\cdots+2a_{1n}x_1x_n+ \\ &\quad a_{22}x_2^2+2a_{23}x_2x_3+\cdots+2a_{2n}x_2x_n+\cdots+a_{nn}x_n^2 \\ &= \sum_{i=1}^{n}\sum_{j=1}^{n}a_{ij}x_ix_j \quad (a_{ij}=a_{ji}\in \mathbf{R}), \end{aligned}$$

称为 n 个变量 $x_1,x_2,\cdots,x_n$ 的二次型.

注 若 $a_{ij}=0\ (i\neq j,\ i,j=1,2,\cdots,n)$，则称 f 为二次型的标准形，简称为标准形.

4.2.1.2 矩阵形式

$$f(\boldsymbol{x})=\boldsymbol{x}^{\mathrm{T}}\boldsymbol{A}\boldsymbol{x},$$

其中 $\boldsymbol{x}=(x_1,x_2,\cdots,x_n)^{\mathrm{T}}$，$\boldsymbol{A}=(a_{ij})_{n\times n}$，这里 $a_{ij}=a_{ji}$，即 $\boldsymbol{A}$ 为实对称矩阵.

注1 实对称阵 $\boldsymbol{A}$ 称为二次型 f 的矩阵，而 $\boldsymbol{A}$ 的秩称为该二次型的秩.

注2 二次型与实对称矩阵是一一对应的(也只有是实对称阵时，二次型的矩阵表示才能唯一)，即二次型的矩阵必为实对称阵，而任一实对称阵均可看作是某一二次型的矩阵.

注3 标准形的矩阵是对角阵.

4.2.2 与二次型的标准形有关的概念

4.2.2.1 满秩线性变换(可逆线性变换)

设 $\boldsymbol{x}=(x_1,x_2,\cdots,x_n)^{\mathrm{T}}$，$\boldsymbol{y}=(y_1,y_2,\cdots,y_n)^{\mathrm{T}}$，$\boldsymbol{P}=(p_{ij})_{n\times n}$ 可逆，则称 $\boldsymbol{x}=\boldsymbol{P}\boldsymbol{y}$ 为由 x_1，x_2，$\cdots$，x_n 到 y_1，y_2，$\cdots$，y_n 的满秩线性变换.

注 若 $\boldsymbol{P}$ 为正交矩阵，则称为正交(线性)变换.

4.2.2.2 合同矩阵之定义

设 $\boldsymbol{A}$，$\boldsymbol{B}$ 为 n 阶方阵，若存在 n 阶可逆阵 $\boldsymbol{C}$，使

$$\boldsymbol{C}^{\mathrm{T}}\boldsymbol{A}\boldsymbol{C}=\boldsymbol{B},$$

则称 $\boldsymbol{A}$ 合同于 $\boldsymbol{B}$，$\boldsymbol{C}$ 为合同变换矩阵.

注 1 若 $\boldsymbol{C}$ 为正交阵，满足 $\boldsymbol{C}^{\mathrm{T}}\boldsymbol{A}\boldsymbol{C}=\boldsymbol{B}$，则 $\boldsymbol{A}$ 与 $\boldsymbol{B}$ 既合同，又相似.

注 2 合同的矩阵秩相等.

注 3 合同关系满足自反性、对称性、传递性.

4.2.2.3 二次型化为标准型

对任一个二次型 $f=\boldsymbol{x}^{\mathrm{T}}\boldsymbol{A}\boldsymbol{x}$，总可通过满秩线性变换 $\boldsymbol{x}=\boldsymbol{P}\boldsymbol{y}$ 化为

$$f=\boldsymbol{y}^{\mathrm{T}}\boldsymbol{P}^{\mathrm{T}}\boldsymbol{A}\boldsymbol{P}\boldsymbol{y}=d_1y_1^2+d_2y_2^2+\cdots+d_ry_r^2,$$

称为 f 的标准形. 其中 $r=r(\boldsymbol{A})$，即任一二次型均可通过满秩变换化为标准形.

注 1 f 的标准形矩阵 $\boldsymbol{D}=\boldsymbol{P}^{\mathrm{T}}\boldsymbol{A}\boldsymbol{P}$ 与 f 的矩阵 $\boldsymbol{A}$ 合同.

注 2 将二次型化为标准形的满秩变换不是唯一的，从而二次型的标准形也不是唯一的.

注 3 当 $d_1=\cdots=d_p=1$，$d_{p+1}=\cdots=d_r=-1$ 时的标准形称为 f 的规范形. 其形式为

$$y_1^2+y_2^2+\cdots+y_p^2-y_{p+1}^2-\cdots-y_r^2,$$

二次型的规范形是唯一的.

4.2.2.4 惯性律

对一个二次型 $f=\boldsymbol{x}^{\mathrm{T}}\boldsymbol{A}\boldsymbol{x}$，无论用哪一个满秩变换将其化为标准形，其标准形中平方项前正系数个数 p 和负系数个数 $r-p$ 都是唯一确定的，称 p 为二次型的正惯性指数，$r-p$ 为负惯性指数(其中 r 为 $\boldsymbol{A}$ 的秩)，而 $p-(r-p)$ 称为符号差.

注 如果 n 个变量的两个不同的二次型的正、负惯性指数相等，则它们有相同的规范形.

4.2.3 化二次型为标准形的方法

4.2.3.1 正交变换法

对二次型 $f=\boldsymbol{x}^{\mathrm{T}}\boldsymbol{A}\boldsymbol{x}$，由于 $\boldsymbol{A}$ 是对称阵，故按实对称矩阵正交对角化的方法总可找到正交阵 $\boldsymbol{Q}$，使

$$\boldsymbol{Q}^{\mathrm{T}}\boldsymbol{A}\boldsymbol{Q}=\boldsymbol{\Lambda}=\mathrm{diag}(\lambda_1,\lambda_2,\cdots,\lambda_n),$$

所以由正交变换 $\boldsymbol{x}=\boldsymbol{Q}\boldsymbol{y}$，可得

$$f=\boldsymbol{x}^{\mathrm{T}}\boldsymbol{A}\boldsymbol{x}=y^{\mathrm{T}}\boldsymbol{Q}^{\mathrm{T}}\boldsymbol{A}\boldsymbol{Q}\boldsymbol{y}=\boldsymbol{y}^{\mathrm{T}}\boldsymbol{\Lambda}\boldsymbol{y}=\lambda_1y_1^2+\lambda_2y_2^2+\cdots+\lambda_ny_n^2.$$

注 1 用正交变换得到的标准形平方项前的系数必为 $\boldsymbol{A}$ 的特征值，但若用其他满秩变换化为标准形，则平方项前的系数与 $\boldsymbol{A}$ 的特征值无关.

注 2　正交变换保持长度不变，即当 $\boldsymbol{x}=\boldsymbol{Q}\boldsymbol{y}$，$\boldsymbol{Q}$ 为正交阵时，

$$\|\boldsymbol{x}\|=\|\boldsymbol{y}\|.$$

4.2.3.2　配方法*（又称拉格朗日法）

对二次型

$$f(x_1,x_2,\cdots,x_n)=\sum_{i=1}^{n}a_{ii}x_i^2+2\sum_{1\leqslant i<j\leqslant n}a_{ij}x_ix_j,$$

从左边先找出一个系数不为零的平方项 x_q^2，把所有包含 x_q 的项集中到一起，配成完全平方的形式；接着寻找下一个系数不为零的平方项 x_k^2，同样把所有包含 x_k 的项集中到一起，配成完全平方的形式. 依次类推，直到二次型的每一项都成为完全平方的形式.

注　若二次型不含平方项，但 $a_{ij}\neq 0\ (i\neq j)$，则可先做满秩替换

$$\begin{cases}x_i=y_i+y_j\\ x_j=y_i-y_j\\ x_k=y_k(k\neq i,j,k=1,2,\cdots,n)\end{cases},$$

化二次型为含平方项的二次型，再按上述配方法进行.

4.2.3.3　用初等变换法*

首先构造 $2n\times n$ 矩阵 $\begin{pmatrix}\boldsymbol{A}\\ \boldsymbol{E}\end{pmatrix}$，对 $\boldsymbol{A}$ 每施以一次初等行变换，就对 $\begin{pmatrix}\boldsymbol{A}\\ \boldsymbol{E}\end{pmatrix}$ 施行一次同种的初等列变换，当矩阵 $\boldsymbol{A}$ 化为对角矩阵时，矩阵 $\boldsymbol{E}$ 将化为可逆矩阵 $\boldsymbol{C}$，即

$$\begin{pmatrix}\boldsymbol{A}\\ \boldsymbol{E}\end{pmatrix}\longrightarrow\begin{pmatrix}\boldsymbol{P}_s^{\mathrm{T}}\cdots\boldsymbol{P}_2^{\mathrm{T}}\boldsymbol{P}_1^{\mathrm{T}}\boldsymbol{A}\boldsymbol{P}_1\boldsymbol{P}_2\cdots\boldsymbol{P}_s\\ \boldsymbol{P}_1\boldsymbol{P}_2\cdots\boldsymbol{P}_s\end{pmatrix},$$

由此得列可逆矩阵 $\boldsymbol{C}=\boldsymbol{P}_1\boldsymbol{P}_2\cdots\boldsymbol{P}_s$ 和对应的可逆线性替换 $\boldsymbol{X}=\boldsymbol{C}\boldsymbol{Y}$，在此变换下，二次型 $\boldsymbol{X}^{\mathrm{T}}\boldsymbol{A}\boldsymbol{X}$ 化为标准形.

4.2.4　化二次型为规范形的方法

第一步：先用配方法或正交替换法将二次型化成标准形，设

$$\boldsymbol{x}=\boldsymbol{P}_1\boldsymbol{y},$$

$$f=\boldsymbol{x}^{\mathrm{T}}\boldsymbol{A}\boldsymbol{x}=\boldsymbol{y}^{\mathrm{T}}\boldsymbol{P}_1^{\mathrm{T}}\boldsymbol{A}\boldsymbol{P}_1\boldsymbol{y}=d_1y_1^2+\cdots+d_py_p^2-d_{p+1}y_{p+1}^2-\cdots-d_ry_r^2,$$

其中 r 为 $\boldsymbol{A}$ 的秩，且 $d_i>0,i=1,2,\cdots,r$.

第二步：再做替换 $\boldsymbol{y}=\boldsymbol{P}_2\boldsymbol{z}$，即

$$\begin{cases}y_1=\dfrac{1}{\sqrt{d_1}}z_1\\ \quad\vdots\\ y_r=\dfrac{1}{\sqrt{d_r}}z_r\\ y_i=z_i\qquad(i=r+1,r+2,\cdots,n)\end{cases},$$

显然 $\boldsymbol{P}_2$ 为满秩矩阵，且有

$$\begin{aligned}f&=d_1y_1^2+\cdots+d_py_p^2-d_{p+1}y_{p+1}^2-\cdots-d_ry_r^2\\&=z_1^2+\cdots+z_p^2-z_{p+1}^2-\cdots-z_r^2,\end{aligned}$$

此即为所求的规范形.

若令 $\boldsymbol{x}=\boldsymbol{P}_1\boldsymbol{y}=\boldsymbol{P}_1\boldsymbol{P}_2\boldsymbol{z}=\boldsymbol{P}\boldsymbol{z}$,$\boldsymbol{P}=\boldsymbol{P}_1\boldsymbol{P}_2$,则显然 $\boldsymbol{P}$ 是满秩替换矩阵. 但 $\boldsymbol{P}$ 一般来说已不再是正交阵.

4.2.5 正定二次型和正定矩阵的概念

定义

对于任意 n 维非零向量 $\boldsymbol{x}$,若恒有 $f=\boldsymbol{x}^{\mathrm{T}}\boldsymbol{A}\boldsymbol{x}>0$,则称 f 为正定二次型,f 的矩阵 $\boldsymbol{A}$ 称为正定矩阵,记作 $\boldsymbol{A}>0$.

注 1 正定矩阵必是对称阵.

注 2 若对任意 $\boldsymbol{x}\in\mathbf{R}^n$,有 $f=\boldsymbol{x}^{\mathrm{T}}\boldsymbol{A}\boldsymbol{x}\geqslant 0$,且存在 $\boldsymbol{x}_0\neq\boldsymbol{0}$,使 $f=\boldsymbol{x}_0^{\mathrm{T}}\boldsymbol{A}\boldsymbol{x}_0=0$,则称 f 或 $\boldsymbol{A}$ 为半正定,记作 $\boldsymbol{A}\geqslant 0$,类似地可以定义 f 或 $\boldsymbol{A}$ 为负定或半负定. 而若对不同的向量 $\boldsymbol{x}$,$f=\boldsymbol{x}^{\mathrm{T}}\boldsymbol{A}\boldsymbol{x}$ 有正有负,则称 f 或 $\boldsymbol{A}$ 为不定的.

4.2.6 正定矩阵的判别方法

设 $\boldsymbol{A}$ 为 n 阶实对称矩阵.

(1) 若 $\boldsymbol{A}$ 的正惯性指数等于 n,则 $\boldsymbol{A}$ 正定;

(2) 若 $\boldsymbol{A}$ 的特征值全是正的,则 $\boldsymbol{A}$ 正定;

(3) 若 $\boldsymbol{A}$ 的各阶前主子式(顺序主子式)均大于零,则 $\boldsymbol{A}$ 正定;

(4) 若 $\boldsymbol{A}$ 合同于单位阵,即 $\boldsymbol{A}=\boldsymbol{C}^{\mathrm{T}}\boldsymbol{C}$($\boldsymbol{C}$ 为可逆阵),则 $\boldsymbol{A}$ 正定;

(5) 用正定二次型的定义,即任意 $\boldsymbol{x}\neq\boldsymbol{0}$,$\boldsymbol{x}\in\mathbf{R}^n$,$f=\boldsymbol{x}^{\mathrm{T}}\boldsymbol{A}\boldsymbol{x}>0$,则 $\boldsymbol{A}$ 正定.

注 1 上述各条均为实对称阵 $\boldsymbol{A}$ 正定的充要条件,最常用的方法是(2)(3)(5).

注 2 n 阶矩阵 $\boldsymbol{A}=(a_{ij})$ 的 k 阶前主子式,即为行列式

$$D_k=\det\boldsymbol{A}_k=\begin{vmatrix} a_{11} & a_{12} & \cdots & a_{1k} \\ a_{21} & a_{22} & \cdots & a_{2k} \\ \vdots & \vdots & \ddots & \vdots \\ a_{k1} & a_{k2} & \cdots & a_{kk} \end{vmatrix} \quad (k=1,2,\cdots,n),$$

共有 n 个.

注 3 对负定矩阵来说,类似于方法(3)的结论应为:

若 $(-1)^k D_k>0\ (k=1,2,\cdots,n)$,则 $\boldsymbol{A}$ 负定.

注 4 $\boldsymbol{A}$ 负定 $\Leftrightarrow -\boldsymbol{A}$ 正定.

4.2.7 正定矩阵的有关结论

(1) $\boldsymbol{A}$ 正定,则 $a_{ii}>0\ (i=1,2,\cdots,n)$.

注 这是正定的一个必要条件,常用来判定 $\boldsymbol{A}$ 不是正定的,但不能用来判断 $\boldsymbol{A}$ 正定.

(2) $\boldsymbol{A}$ 正定,则 $\boldsymbol{A}^{\mathrm{T}}$,$\boldsymbol{A}^{-1}$,$\boldsymbol{A}^*$,$\boldsymbol{A}^m$($m$ 为正整数)均为正定矩阵.

(3) $\boldsymbol{A}$,$\boldsymbol{B}$ 为 n 阶正定矩阵,则 $\boldsymbol{A}+\boldsymbol{B}$ 也是正定矩阵,但 $\boldsymbol{A}\boldsymbol{B}$ 未必是正定矩阵.

4.3 典型例题

【例 1】 设 $\boldsymbol{A}=\begin{pmatrix}1&-2&2\\-2&4&-4\\2&-4&4\end{pmatrix}$.

(1) 将 $\boldsymbol{A}$ 正交对角化；

(2) 求一个正交替换 $\boldsymbol{x}=\boldsymbol{Q}\boldsymbol{y}$,使二次型

$$f(x_1,x_2,x_3)=x_1^2-4x_1x_2+4x_1x_3+4x_2^2+4x_3^2-8x_2x_3$$

为标准形.

解 (1) 求出 $\boldsymbol{A}$ 的特征值：

$$|\boldsymbol{A}-\lambda\boldsymbol{E}|=\begin{vmatrix}1-\lambda&-2&2\\-2&4-\lambda&-4\\2&-4&4-\lambda\end{vmatrix}=-\lambda^2(\lambda-9),$$

特征值为 $\lambda_1=\lambda_2=0,\lambda_3=9$.

对 $\lambda_1=\lambda_2=0$,解方程组 $(\boldsymbol{A}-0\boldsymbol{E})\boldsymbol{x}=\boldsymbol{0}$，即

$$\begin{cases}-x_1+2x_2-2x_3=0\\2x_1-4x_2+4x_3=0,\\-2x_1+4x_2-4x_3=0\end{cases}$$

得线性无关的特征向量为

$$\boldsymbol{\alpha}_1=(2,1,0)^{\mathrm{T}},\ \boldsymbol{\alpha}_2=(-2,0,1)^{\mathrm{T}},$$

将它们正交化得

$$\boldsymbol{\beta}_1=\boldsymbol{\alpha}_1=(2,1,0)^{\mathrm{T}},\ \boldsymbol{\beta}_2=\boldsymbol{\alpha}_2-\frac{\langle\boldsymbol{\alpha}_2,\boldsymbol{\beta}_1\rangle}{\langle\boldsymbol{\beta}_1,\boldsymbol{\beta}_1\rangle}\boldsymbol{\beta}_1=\left(-\frac{2}{5},\frac{4}{5},1\right)^{\mathrm{T}};$$

对 $\lambda_3=9$,解方程组 $(\boldsymbol{A}-9\boldsymbol{E})\boldsymbol{x}=\boldsymbol{0}$，即

$$\begin{cases}8x_1+2x_2-2x_3=0\\2x_1+5x_2+4x_3=0,\\-2x_1+4x_2+5x_3=0\end{cases}$$

得一个线性无关的特征向量

$$\boldsymbol{\alpha}_3=(1,-2,2)^{\mathrm{T}},$$

由于 $\boldsymbol{\alpha}_3$ 必与 $\boldsymbol{\beta}_1,\boldsymbol{\beta}_2$ 正交,故将 $\boldsymbol{\beta}_1,\boldsymbol{\beta}_2,\boldsymbol{\alpha}_3$ 单位化,得

$$\boldsymbol{\eta}_1=\left(\frac{2}{\sqrt5},\frac{1}{\sqrt5},0\right)^{\mathrm{T}},\ \boldsymbol{\eta}_2=\left(-\frac{2}{3\sqrt5},\frac{4}{3\sqrt5},\frac{5}{3\sqrt5}\right)^{\mathrm{T}},\ \boldsymbol{\eta}_3=\left(\frac{1}{3},-\frac{2}{3},\frac{2}{3}\right)^{\mathrm{T}}.$$

令 $\boldsymbol{Q}=(\boldsymbol{\eta}_1,\boldsymbol{\eta}_2,\boldsymbol{\eta}_3)$,则 $\boldsymbol{Q}$ 为正交阵,且有

$$\boldsymbol{Q}^{\mathrm{T}}\boldsymbol{A}\boldsymbol{Q}=\boldsymbol{\Lambda},\ 即\ \boldsymbol{A}=\boldsymbol{Q}\boldsymbol{\Lambda}\boldsymbol{Q}^{\mathrm{T}},$$

其中 $\boldsymbol{\Lambda}=\begin{pmatrix}0&&\\&0&\\&&9\end{pmatrix}$.

(2) f 的矩阵恰为 $\boldsymbol{A}$，故由(1)的计算可得正交替换为 $\boldsymbol{x}=\boldsymbol{Q}\boldsymbol{y}$，则

$$f=\boldsymbol{x}^{\mathrm{T}}\boldsymbol{A}\boldsymbol{x}=\boldsymbol{y}^{\mathrm{T}}\boldsymbol{\Lambda}\boldsymbol{y}=9y_3^2$$

注1 实对称矩阵的属于不同特征值的特征向量是正交的，所以本题中属于 $\lambda_3=9$ 的特征向量 $\boldsymbol{\alpha}_3$ 与 $\lambda_1=\lambda_2=0$ 的特征向量已正交，只需将其标准化即可.

注2 特征向量(即齐次线性方程组的基础解系)的取法是不唯一的，所以正交矩阵 $\boldsymbol{Q}$ 不唯一.

注3 在构成正交矩阵 $\boldsymbol{Q}$ 时，标准正交向量 $\boldsymbol{\eta}_1,\boldsymbol{\eta}_2,\boldsymbol{\eta}_3$ 的顺序是可变的，只要 $\lambda_1,\lambda_2,\lambda_3$ 在对角阵中的位置与 $\boldsymbol{\eta}_1,\boldsymbol{\eta}_2,\boldsymbol{\eta}_3$ 在 $\boldsymbol{Q}$ 中的位置相同即可.

注4 用正交变换将二次型化为标准形，标准形的平方项系数恰为二次型矩阵的特征值，但用一般可逆变换时，这个结果不成立.

【例2】 设 $\boldsymbol{A}=\begin{pmatrix}0&1&0&0\\1&0&0&0\\0&0&y&1\\0&0&1&2\end{pmatrix}$ 的一个特征值为3.

(1) 求 y 的值；

(2) 求一个满秩矩阵 $\boldsymbol{P}$，使得 $(\boldsymbol{AP})^{\mathrm{T}}(\boldsymbol{AP})$ 为对角阵.

解 (1) 因为3为 $\boldsymbol{A}$ 的一个特征值，所以有 $|\boldsymbol{A}-3\boldsymbol{E}|=0$，即

$$|\boldsymbol{A}-3\boldsymbol{E}|=\begin{vmatrix}-3&1&0&0\\1&-3&0&0\\0&0&y-3&1\\0&0&1&-1\end{vmatrix}=8(2-y)=0,$$

故 $y=2$.

(2) **解法一** 因为 $\boldsymbol{A}^{\mathrm{T}}=\boldsymbol{A}$，所以

$$(\boldsymbol{AP})^{\mathrm{T}}(\boldsymbol{AP})=\boldsymbol{P}^{\mathrm{T}}\boldsymbol{A}^{\mathrm{T}}\boldsymbol{AP}=\boldsymbol{P}^{\mathrm{T}}\boldsymbol{A}^2\boldsymbol{P},$$

因此要使 $(\boldsymbol{AP})^{\mathrm{T}}(\boldsymbol{AP})$ 为对角阵，只要求出正交矩阵 $\boldsymbol{P}$，使得 $\boldsymbol{P}^{\mathrm{T}}\boldsymbol{AP}$ 为对角阵，即有 $(\boldsymbol{AP})^{\mathrm{T}}(\boldsymbol{AP})=\boldsymbol{P}^{\mathrm{T}}\boldsymbol{A}^2\boldsymbol{P}=(\boldsymbol{P}^{\mathrm{T}}\boldsymbol{AP})^2$ 为对角阵，而这即为实对称阵 $\boldsymbol{A}$ 的正交对角化问题.

由 $|\boldsymbol{A}-\lambda\boldsymbol{E}|=(\lambda-1)^2(\lambda-3)(\lambda+1)$，得 $\boldsymbol{A}$ 的特征值为 $\lambda_1=\lambda_2=1,\lambda_3=3,\lambda_4=-1$.

对 $\lambda_1=\lambda_2=1$，解 $(\boldsymbol{A}-\boldsymbol{E})\boldsymbol{x}=\boldsymbol{0}$，即

$$\begin{pmatrix}-1&1&0&0\\1&-1&0&0\\0&0&1&1\\0&0&1&1\end{pmatrix}\begin{pmatrix}x_1\\x_2\\x_3\\x_4\end{pmatrix}=\boldsymbol{0},$$

得基础解系为

$$\boldsymbol{\alpha}_1=\begin{pmatrix}1\\1\\0\\0\end{pmatrix},\ \boldsymbol{\alpha}_2=\begin{pmatrix}0\\0\\1\\-1\end{pmatrix}.$$

由于 $\boldsymbol{\alpha}_1,\boldsymbol{\alpha}_2$ 已正交，故只需单位化，得

$$\boldsymbol{\eta}_1=\begin{pmatrix}\frac{1}{\sqrt{2}}\\\frac{1}{\sqrt{2}}\\0\\0\end{pmatrix},\ \boldsymbol{\eta}_2=\begin{pmatrix}0\\0\\\frac{1}{\sqrt{2}}\\-\frac{1}{\sqrt{2}}\end{pmatrix};$$

对 $\lambda_3=3$，解 $(\boldsymbol{A}-3\boldsymbol{E})\boldsymbol{x}=\boldsymbol{0}$，即

$$\begin{pmatrix}-3&1&0&0\\1&-3&0&0\\0&0&-1&1\\0&0&1&-1\end{pmatrix}\begin{pmatrix}x_1\\x_2\\x_3\\x_4\end{pmatrix}=\boldsymbol{0},$$

得基础解系为

$$\boldsymbol{\alpha}_3=\begin{pmatrix}0\\0\\1\\1\end{pmatrix},\text{ 单位化得}\quad\boldsymbol{\eta}_3=\begin{pmatrix}0\\0\\\frac{1}{\sqrt{2}}\\\frac{1}{\sqrt{2}}\end{pmatrix};$$

对 $\lambda_4=-1$，解 $(\boldsymbol{A}+\boldsymbol{E})\boldsymbol{x}=\boldsymbol{0}$，即

$$\begin{pmatrix}1&1&0&0\\1&1&0&0\\0&0&3&1\\0&0&1&3\end{pmatrix}\begin{pmatrix}x_1\\x_2\\x_3\\x_4\end{pmatrix}=\boldsymbol{0},$$

得基础解系为

$$\boldsymbol{\alpha}_4=\begin{pmatrix}1\\-1\\0\\0\end{pmatrix},\text{ 单位化得}\quad\boldsymbol{\eta}_4=\begin{pmatrix}\frac{1}{\sqrt{2}}\\-\frac{1}{\sqrt{2}}\\0\\0\end{pmatrix}.$$

令

$$\boldsymbol{P}=(\boldsymbol{\eta}_1,\boldsymbol{\eta}_2,\boldsymbol{\eta}_3,\boldsymbol{\eta}_4)=\begin{pmatrix}\frac{1}{\sqrt{2}}&0&0&\frac{1}{\sqrt{2}}\\\frac{1}{\sqrt{2}}&0&0&-\frac{1}{\sqrt{2}}\\0&\frac{1}{\sqrt{2}}&\frac{1}{\sqrt{2}}&0\\0&-\frac{1}{\sqrt{2}}&\frac{1}{\sqrt{2}}&0\end{pmatrix},$$

则　$\boldsymbol{P}^{\mathrm{T}}\boldsymbol{A}\boldsymbol{P}=\mathrm{diag}(1,1,3,-1)$，这时有

$$(\boldsymbol{AP})^{\mathrm{T}}(\boldsymbol{AP})=\boldsymbol{P}^{\mathrm{T}}\boldsymbol{A}^2\boldsymbol{P}=\begin{pmatrix}1&&&\\&1&&\\&&3&\\&&&-1\end{pmatrix}^2=\begin{pmatrix}1&&&\\&1&&\\&&9&\\&&&1\end{pmatrix}.$$

解法二 由 $\boldsymbol{A}^{\mathrm{T}}=\boldsymbol{A}$,得$(\boldsymbol{AP})^{\mathrm{T}}(\boldsymbol{AP})=\boldsymbol{P}^{\mathrm{T}}\boldsymbol{A}^2\boldsymbol{P}$. 即要求可逆阵 $\boldsymbol{P}$,使得 $\boldsymbol{P}^{\mathrm{T}}\boldsymbol{A}^2\boldsymbol{P}=\boldsymbol{\Lambda}$,$\boldsymbol{A}$ 为对角阵,$\boldsymbol{A}^2$ 合同于 $\boldsymbol{\Lambda}$. 而

$$\boldsymbol{A}^2=\begin{pmatrix}1&0&0&0\\0&1&0&0\\0&0&5&4\\0&0&4&5\end{pmatrix},$$

其对应的二次型为

$$f(x_1,x_2,x_3,x_4)=x_1^2+x_2^2+5x_3^2+5x_4^2+8x_3x_4=x_1^2+x_2^2+5\left(x_3+\frac{3}{5}x_4\right)^2+\frac{9}{5}x_4^2.$$

令 $y_1=x_1,y_2=x_2,y_3=x_3+\dfrac{4}{5}x_4,y_4=x_4$,得

$$\begin{pmatrix}x_1\\x_2\\x_3\\x_4\end{pmatrix}=\begin{pmatrix}1&0&0&0\\0&1&0&0\\0&0&1&-4/5\\0&0&0&1\end{pmatrix}\begin{pmatrix}y_1\\y_2\\y_3\\y_4\end{pmatrix},\ \boldsymbol{P}=\begin{pmatrix}1&0&0&0\\0&1&0&0\\0&0&1&-4/5\\0&0&0&1\end{pmatrix},$$

则有

$$(\boldsymbol{AP})^{\mathrm{T}}(\boldsymbol{AP})=\mathrm{diag}\left(1,1,5,\frac{9}{5}\right).$$

注 例中(2)的解法一利用了求特征值,特征向量以及正交阵等知识点. 解法二利用了二次型来研究对称矩阵的问题,即矩阵合同于对角阵,相当于二次型化标准形和规范形. 因对角阵没有明确要求,故 $\boldsymbol{P}$ 不唯一.

【例 3】 用配方法化下列二次型

(1) $f(x_1,x_2,x_3)=2x_1^2-4x_1x_2+x_2^2-4x_2x_3$,

(2) $f(x_1,x_2,x_3)=x_1x_2+2x_1x_3-x_2x_3$,

(3) $f(x_1,x_2,x_3)=(x_1-x_2)^2+(x_2-x_3)^2+(x_3-x_1)^2$

为标准形,并求出所用的非退化线性替换.

解 (1) $f(x_1,x_2,x_3)=2(x_1^2-2x_1x_2)+x_2^2-4x_2x_3$

$$=2(x_1-x_2)^2-(x_2^2+4x_2x_3)$$

$$=2(x_1-x_2)^2-(x_2+2x_3)^2+4x_3^2,$$

令 $\begin{cases}y_1=x_1-x_2\\y_2=x_2+2x_3\\y_3=x_3\end{cases}$,则 $\begin{pmatrix}y_1\\y_2\\y_3\end{pmatrix}=\begin{pmatrix}1&-1&0\\0&1&2\\0&0&1\end{pmatrix}\begin{pmatrix}x_1\\x_2\\x_3\end{pmatrix}$,即

$$\boldsymbol{x}=\begin{pmatrix}1&-1&0\\0&1&2\\0&0&1\end{pmatrix}^{-1}\boldsymbol{y}=\begin{pmatrix}1&1&-2\\0&1&-2\\0&0&1\end{pmatrix}\boldsymbol{y},\ 使$$

$$f=2y_1^2-y_2^2+4y_3^2\ 成立.$$

(2) 令 $\begin{cases} x_1=y_1-y_2 \\ x_2=y_1+y_2 \\ x_3=y_3 \end{cases}$，即 $\boldsymbol{x}=\begin{pmatrix} 1 & -1 & 0 \\ 1 & 1 & 0 \\ 0 & 0 & 1 \end{pmatrix}\boldsymbol{y}$，则

$$\begin{aligned} f &= y_1^2-y_2^2+2(y_1-y_2)y_3-(y_1+y_2)y_3=y_1^2+y_3y_1-y_2^2-3y_2y_3 \\ &=\left(y_1+\frac{1}{2}y_3\right)^2-\left(y_2^2+3y_2y_3+\frac{1}{4}y_3^2\right) \\ &=\left(y_1+\frac{1}{2}y_3\right)^2-\left(y_2+\frac{3}{2}y_3\right)^2+2y_3^2, \end{aligned}$$

令 $\begin{cases} y_1+\frac{1}{2}y_3=z_1 \\ y_2+\frac{3}{2}y_3=z_2 \\ y_3=z_3 \end{cases}$，即 $\begin{cases} y_1=z_1-\frac{1}{2}z_3 \\ y_2=z_2-\frac{3}{2}z_3 \\ y_3=z_3 \end{cases}$，即 $\boldsymbol{y}=\begin{pmatrix} 1 & 0 & -\frac{1}{2} \\ 0 & 1 & -\frac{3}{2} \\ 0 & 0 & 1 \end{pmatrix}\boldsymbol{z}$，于是

$$\boldsymbol{x}=\begin{pmatrix} 1 & -1 & 0 \\ 1 & 1 & 0 \\ 0 & 0 & 1 \end{pmatrix}\begin{pmatrix} 1 & 0 & -\frac{1}{2} \\ 0 & 1 & -\frac{3}{2} \\ 0 & 0 & 1 \end{pmatrix}\boldsymbol{z}=\begin{pmatrix} 1 & -1 & 1 \\ 1 & 1 & -2 \\ 0 & 0 & 1 \end{pmatrix}\boldsymbol{z}，使$$

$$f=z_1^2-z_2^2+2z_3^2 \text{ 成立.}$$

(3) **解法一** （展开之后再配方）

$$\begin{aligned} f(x_1,x_2,x_3) &= 2x_1^2+2x_2^2+2x_3^2-2x_1x_2-2x_2x_3-2x_1x_3 \\ &=2\left(x_1-\frac{1}{2}x_2-\frac{1}{2}x_3\right)^2+\frac{3}{2}x_2^2+\frac{3}{2}x_3^2-3x_2x_3 \\ &=2\left(x_1-\frac{1}{2}x_2-\frac{1}{2}x_3\right)^2+\frac{3}{2}(x_2-x_3)^2, \end{aligned}$$

令 $\begin{cases} y_1=x_1-\frac{1}{2}x_2-\frac{1}{2}x_3 \\ y_2=x_2-x_3 \\ y_3=x_3 \end{cases}$，则 $\begin{cases} x_1=y_1+\frac{1}{2}y_2+y_3 \\ x_2=y_2+y_3 \\ x_3=y_3 \end{cases}$，即

$$\begin{pmatrix} x_1 \\ x_2 \\ x_3 \end{pmatrix}=\begin{pmatrix} 1 & \frac{1}{2} & 1 \\ 0 & 1 & 1 \\ 0 & 0 & 1 \end{pmatrix}\begin{pmatrix} y_1 \\ y_2 \\ y_3 \end{pmatrix}.$$

显然，替换是可逆的，替换后得到标准形为

$$f=2y_1^2+\frac{3}{2}y_2^2.$$

解法二

令 $\begin{cases} y_1=x_1 \\ y_2=x_2-x_3 \\ y_3=x_3-x_1 \end{cases}$，则 $\begin{cases} x_1=y_1 \\ x_2=y_1+y_2+y_3 \\ x_3=y_1+y_3 \end{cases}$，即 $\begin{pmatrix} x_1 \\ x_2 \\ x_3 \end{pmatrix}=\begin{pmatrix} 1 & 0 & 0 \\ 1 & 1 & 1 \\ 1 & 0 & 1 \end{pmatrix}\begin{pmatrix} y_1 \\ y_2 \\ y_3 \end{pmatrix}$，

则原二次型

$$f(x_1,x_2,x_3)=(-y_2-y_3)^2+y_2^2+y_3^2=2\left(y_2+\frac{1}{2}y_3\right)^2+\frac{3}{2}y_3^2.$$

再令 $\begin{cases} z_1=y_1 \\ z_2=y_2+\dfrac{1}{2}y_3 \\ z_3=y_3 \end{cases}$，则 $\begin{cases} y_1=z_1 \\ y_2=z_2-\dfrac{1}{2}z_3 \\ y_3=z_3 \end{cases}$，

即
$$\begin{pmatrix} y_1 \\ y_2 \\ y_3 \end{pmatrix}=\begin{pmatrix} 1 & 0 & 0 \\ 0 & 1 & -\dfrac{1}{2} \\ 0 & 0 & 1 \end{pmatrix}\begin{pmatrix} z_1 \\ z_2 \\ z_3 \end{pmatrix},$$

$$\begin{pmatrix} x_1 \\ x_2 \\ x_3 \end{pmatrix}=\begin{pmatrix} 1 & 0 & 0 \\ 1 & 1 & 1 \\ 1 & 0 & 1 \end{pmatrix}\begin{pmatrix} y_1 \\ y_2 \\ y_3 \end{pmatrix}=\begin{pmatrix} 1 & 0 & 0 \\ 1 & 1 & 1 \\ 1 & 0 & 1 \end{pmatrix}\begin{pmatrix} 1 & 0 & 0 \\ 0 & 1 & -\dfrac{1}{2} \\ 0 & 0 & 1 \end{pmatrix}\begin{pmatrix} z_1 \\ z_2 \\ z_3 \end{pmatrix}=\begin{pmatrix} 1 & 0 & 0 \\ 1 & 1 & \dfrac{1}{2} \\ 0 & 0 & 1 \end{pmatrix}\begin{pmatrix} z_1 \\ z_2 \\ z_3 \end{pmatrix},$$

则二次型 $f=2z_2^2+\dfrac{3}{2}z_3^2$.

注 1 所用可逆替换不同得标准形不同,但惯性律成立.

注 2 若按原平方和,令

$$\begin{cases} y_1=x_1-x_2 \\ y_2=x_2-x_3, \\ y_3=x_3-x_1 \end{cases}$$

得标准形为 $y_1^2+y_2^2+y_3^2$ 是错误的.因为该替换不是可逆线性替换,即

$$\begin{pmatrix} y_1 \\ y_2 \\ y_3 \end{pmatrix}=\begin{pmatrix} 1 & -1 & 0 \\ 0 & 1 & -1 \\ -1 & 0 & 1 \end{pmatrix}\begin{pmatrix} x_1 \\ x_2 \\ x_3 \end{pmatrix},\text{其中的}\begin{pmatrix} 1 & -1 & 0 \\ 0 & 1 & -1 \\ -1 & 0 & 1 \end{pmatrix}\text{不可逆.}$$

【例 4】 已知二次型 $f(x,y,z)=5x^2-2xy+6xz+5y^2-6yz+cz^2$ 的秩为 2,求参数 c,并指出 $f(x,y,z)=1$ 表示何种曲面.

解

$$f(x,y,z)=(x,y,z)\begin{pmatrix} 5 & -1 & 3 \\ -1 & 5 & -3 \\ 3 & -3 & c \end{pmatrix}\begin{pmatrix} x \\ y \\ z \end{pmatrix},$$

故对应的矩阵为

$$\boldsymbol{A}=\begin{pmatrix} 5 & -1 & 3 \\ -1 & 5 & -3 \\ 3 & -3 & c \end{pmatrix},$$

由已知得 $r(\boldsymbol{A})=2$,所以

$$|\boldsymbol{A}|=\begin{vmatrix} 5 & -1 & 3 \\ -1 & 5 & -3 \\ 3 & -3 & c \end{vmatrix}=24c-72=0,$$

故 $c=3$.

由 $|\boldsymbol{A}-\lambda\boldsymbol{E}|=\begin{vmatrix} 5-\lambda & -1 & 3 \\ -1 & 5-\lambda & -3 \\ 3 & -3 & 3-\lambda \end{vmatrix}=\lambda(\lambda-4)(9-\lambda)=0$,得 $\boldsymbol{A}$ 的特征值为 0,4,9,则必

有正交替换

$$\begin{pmatrix} x \\ y \\ z \end{pmatrix} = \boldsymbol{Q}\begin{pmatrix} u \\ v \\ w \end{pmatrix},$$

将二次型化为标准形 $f=4v^2+9w^2$，故 $f(x,y,z)=1$，即为

$$4v^2+9w^2=1,$$

表示椭圆柱面.

【例 5】 设二次型

$$f(x_1,x_2,x_3)=\boldsymbol{x}^{\mathrm{T}}\boldsymbol{A}\boldsymbol{x}=ax_1^2+2x_2^2-2x_3^2+2bx_1x_3\ (b>0),$$

其中二次型的矩阵 $\boldsymbol{A}$ 的特征值之和为 1，特征值之积为 -12.

(1) 求 a,b 的值；

(2) 利用正交变换将二次型 f 化为标准形，并写出所用的正交变换和对应的正交矩阵.

解法一 (1) 二次型 f 的矩阵为

$$\boldsymbol{A}=\begin{pmatrix} a & 0 & b \\ 0 & 2 & 0 \\ b & 0 & -2 \end{pmatrix}.$$

设 $\boldsymbol{A}$ 的特征值为 $\lambda_i(i=1,2,3)$. 由题设，有

$$\lambda_1+\lambda_2+\lambda_3=a+2+(-2)=1,$$

$$\lambda_1\lambda_2\lambda_3=\begin{vmatrix} a & 0 & b \\ 0 & 2 & 0 \\ b & 0 & -2 \end{vmatrix}=-4a-2b^2=-12,$$

解得 $a=1,b=2$.

(2) 由矩阵 $\boldsymbol{A}$ 的特征多项式

$$|\lambda\boldsymbol{E}-\boldsymbol{A}|=\begin{vmatrix} \lambda-1 & 0 & -2 \\ 0 & \lambda-2 & 0 \\ -2 & 0 & \lambda+2 \end{vmatrix}=(\lambda-2)^2(\lambda+3),$$

得 $\boldsymbol{A}$ 的特征值为

$$\lambda_1=\lambda_2=-2,\ \lambda_3=-3.$$

对于 $\lambda_1=\lambda_2=2$，解齐次线性方程组 $(2\boldsymbol{E}-\boldsymbol{A})\boldsymbol{x}=\boldsymbol{0}$，得其基础解系

$$\boldsymbol{\xi}_1=(2,0,1)^{\mathrm{T}},\ \boldsymbol{\xi}_2=(0,1,0)^{\mathrm{T}};$$

对于 $\lambda_3=-3$，解齐次线性方程组 $(-3\boldsymbol{E}-\boldsymbol{A})\boldsymbol{x}=\boldsymbol{0}$，得基础解系

$$\boldsymbol{\xi}_3=(1,0,-2)^{\mathrm{T}}.$$

由于 $\boldsymbol{\xi}_1,\boldsymbol{\xi}_2,\boldsymbol{\xi}_3$ 已是正交向量组，为得到规范正交向量组，只需将 $\boldsymbol{\xi}_1,\boldsymbol{\xi}_2,\boldsymbol{\xi}_3$ 单位化，得

$$\boldsymbol{\eta}_1=\left(\frac{2}{\sqrt{5}},0,\frac{1}{\sqrt{5}}\right)^{\mathrm{T}},\ \boldsymbol{\eta}_2=(0,1,0)^{\mathrm{T}},\ \boldsymbol{\eta}_3=\left(\frac{1}{\sqrt{5}},0,-\frac{2}{\sqrt{5}}\right)^{\mathrm{T}}.$$

令矩阵

$$\boldsymbol{Q}=(\boldsymbol{\eta}_1,\boldsymbol{\eta}_2,\boldsymbol{\eta}_3)=\begin{pmatrix} \frac{2}{\sqrt{5}} & 0 & \frac{1}{\sqrt{5}} \\ 0 & 1 & 0 \\ \frac{1}{\sqrt{5}} & 0 & -\frac{2}{\sqrt{5}} \end{pmatrix},$$

则 Q 为正交矩阵.在正交变换 $x=Qy$ 下,有

$$Q^{T}AQ=\begin{pmatrix}2&0&0\\0&2&0\\0&0&-3\end{pmatrix},$$

且二次型的标准形为 $f=2y_1^2+2y_2^2-3y_3^2$.

解法二 (1) 二次型 f 的矩阵为

$$A=\begin{pmatrix}a&0&b\\0&2&0\\b&0&-2\end{pmatrix},$$

A 的特征多项式为

$$|\lambda E-A|=\begin{vmatrix}\lambda-a&0&-b\\0&\lambda-2&0\\-b&0&\lambda+2\end{vmatrix}=(\lambda-2)[\lambda^2-(a-2)\lambda-(2a+b^2)].$$

设 A 的特征值为 $\lambda_1,\lambda_2,\lambda_3$,则 $\lambda_1=2,\lambda_2+\lambda_3=a-2,\lambda_2\lambda_3=-(2a+b^2)$. 由题设得

$$\lambda_1+\lambda_2+\lambda_3=2+(a-2)=1,$$

$$\lambda_1\lambda_2\lambda_3=-2(2a+b^2)=-12.$$

解得 $a=1,b=2$.

(2) 由(1),可得 A 的特征值为 $\lambda_1=\lambda_2=2,\lambda_3=-3$.

以下见解法一.

【例 6】 对二次型 $f=2x_1^2+x_2^2-4x_1x_2-4x_2x_3$ 分别做下列三个可逆线性替换,求新二次型:

(1) $\begin{pmatrix}x_1\\x_2\\x_3\end{pmatrix}=\begin{pmatrix}1&1&-2\\0&1&-2\\0&0&1\end{pmatrix}\begin{pmatrix}y_1\\y_2\\y_3\end{pmatrix}$;

(2) $\begin{pmatrix}x_1\\x_2\\x_3\end{pmatrix}=\begin{pmatrix}\frac{1}{\sqrt{2}}&1&-1\\0&1&-1\\0&0&\frac{1}{2}\end{pmatrix}\begin{pmatrix}y_1\\y_2\\y_3\end{pmatrix}$;

(3) $\begin{pmatrix}x_1\\x_2\\x_3\end{pmatrix}=\begin{pmatrix}1&-1&0\\0&1&2\\0&0&1\end{pmatrix}\begin{pmatrix}y_1\\y_2\\y_3\end{pmatrix}$.

解 (1) **解法一** 将线性关系直接代入,得

$$\begin{aligned}f&=2(y_1+y_2-2y_3)^2+(y_2-2y_3)^2-4(y_1+y_2-2y_3)(y_2-2y_3)-4(y_2-2y_3)y_3\\&=2y_1^2-y_2^2+4y_3^2.\end{aligned}$$

解法二 f 的矩阵为 $A=\begin{pmatrix}2&-2&0\\-2&1&-2\\0&-2&0\end{pmatrix}$,设线性替换矩阵为 P,则

$$f=x^{T}Ax=y^{T}P^{T}APy$$

$$=\boldsymbol{y}^{\mathrm{T}}\begin{pmatrix}1&0&0\\1&1&0\\-2&-2&1\end{pmatrix}\begin{pmatrix}2&-2&0\\-2&1&-2\\0&-2&0\end{pmatrix}\begin{pmatrix}1&1&-2\\0&1&-2\\0&0&1\end{pmatrix}\boldsymbol{y}$$

$$=\boldsymbol{y}^{\mathrm{T}}\begin{pmatrix}2&&\\&-1&\\&&4\end{pmatrix}\boldsymbol{y}=2y_1^2-y_2^2+4y_3^2.$$

(2) $\boldsymbol{P}^{\mathrm{T}}\boldsymbol{A}\boldsymbol{P}=\begin{pmatrix}\frac{1}{\sqrt{2}}&0&0\\1&1&0\\-1&-1&\frac{1}{2}\end{pmatrix}\begin{pmatrix}2&-2&0\\-2&1&-2\\0&-2&0\end{pmatrix}\begin{pmatrix}\frac{1}{\sqrt{2}}&1&-1\\0&1&-1\\0&0&\frac{1}{2}\end{pmatrix}=\begin{pmatrix}1&&\\&-1&\\&&1\end{pmatrix}$,

故 $f=y_1^2-y_2^2+y_3^2$.

(3) $\boldsymbol{P}^{\mathrm{T}}\boldsymbol{A}\boldsymbol{P}=\begin{pmatrix}1&0&0\\-1&1&0\\0&2&1\end{pmatrix}\begin{pmatrix}2&-2&0\\-2&1&-2\\0&-2&0\end{pmatrix}\begin{pmatrix}1&-1&0\\0&1&2\\0&0&1\end{pmatrix}=\begin{pmatrix}2&-4&-4\\-4&7&4\\-4&4&-4\end{pmatrix}$,

故 $f=2y_1^2+7y_2^2-4y_3^2-8y_1y_2-8y_1y_3+8y_2y_3$.

注 1　可以对一个二次型做不同的可逆线性替换，但如(3)那样，并不是任意一个可逆线性替换都可使二次型化为标准形.

注 2　二次型经可逆替换化为标准形，相当于二次型矩阵经合同替换化为对角阵.

注 3　二次型的标准形不是唯一的，如(1)与(2)的结果都是 f 的标准形，但标准形中具有的非零系数及正系数的平方项的项数是分别相同的，这需要特别注意.

【例 7】　设二次型

$$f(x_1,x_2,x_3)=x_1^2+x_2^2+x_3^2-2x_1x_2-2x_1x_3+2ax_2x_3,$$

通过正交替换化为标准形 $f=2y_1^2+by_2^2+2y_3^2$.

(1) 求常数 a,b;

(2) 若 $\boldsymbol{x}^{\mathrm{T}}\boldsymbol{x}=3$，证明 f 的值不超过 6;

(3) 求 f 的规范形及正、负惯性指数及符号差.

解　(1) 二次型及其对应的标准形的矩阵分别为

$$\boldsymbol{A}=\begin{pmatrix}1&-1&-1\\-1&1&a\\-1&a&1\end{pmatrix},\ \boldsymbol{B}=\begin{pmatrix}2&&\\&b&\\&&2\end{pmatrix},$$

因为 $\boldsymbol{A}$ 与 $\boldsymbol{B}$ 相似，所以 $\boldsymbol{A}$、$\boldsymbol{B}$ 有相同的特征值，可得

$$\mathrm{tr}\boldsymbol{A}=\mathrm{tr}\boldsymbol{B},$$

即 $3=4+b$，所以 $b=-1$.

由 $|\boldsymbol{A}-2\boldsymbol{E}|=0$，即 $\begin{vmatrix}-1&-1&-1\\-1&-1&a\\-1&a&-1\end{vmatrix}=(a+1)^2=0$，所以 $a=-1$，故

$$a=b=-1.$$

(2) 若 $\boldsymbol{x}^{\mathrm{T}}\boldsymbol{x}=3$，用正交替换长度不变的性质，必有 $\boldsymbol{y}^{\mathrm{T}}\boldsymbol{y}=3$，从而

$$f=2y_1^2-y_2^2+2y_3^2\leqslant 2(y_1^2+y_2^2+y_3^2)=2\boldsymbol{y}^{\mathrm{T}}\boldsymbol{y}=6.$$

(3) 做线性替换 $\begin{cases} y_1=\dfrac{1}{\sqrt{2}}z_1 \\ y_2=z_3 \\ y_3=\dfrac{1}{\sqrt{2}}z_2 \end{cases}$，则得 f 的规范形为

$$f=z_1^2+z_2^2-z_3^2,$$

其正惯性指数为 2,负惯性指数为 1,符号差为 $2-1=1$.

注 在确定(1)中 a 的时候,若用 $|\boldsymbol{A}|=|\boldsymbol{B}|$,得 $a=-1$ 或 $a=3$;若用 $|\boldsymbol{A}+\boldsymbol{E}|=0$,则得 $a=-1$ 或 $a=2$,但 $a=3$ 和 $a=2$ 均为不正确的答案,因为必须同时满足相似矩阵必要条件的 a 才是正确的. 我们推荐使用“相似矩阵特征多项式的同次幂系数必相等”来确定矩阵中的元素.

【例 8】 若实对称矩阵 $\boldsymbol{A}$ 的秩为 r,符号差为 s,证明:r 与 s 奇偶性相同,且 $|s|\leqslant r$.

证 设 $\boldsymbol{A}$ 的正惯性指数为 p,则符号差 $s=2p-r$,即

$$r+s=2p,$$

因为 $2p$ 为偶数,故 s 与 r 同奇偶. 又 $0\leqslant p\leqslant r$,所以

$$0\leqslant s+r\leqslant 2r,$$

于是有 $-r\leqslant s\leqslant r$,即

$$|s|\leqslant r.$$

【例 9】 判别下列二次型是否正定:

(1) $f_1(x_1,x_2,x_3)=3x_1^2+x_2^2+6x_1x_2+6x_1x_3+2x_2x_3$;

(2) $f_2(x_1,x_2,x_3)=tx_1^2+2x_1x_2+tx_2^2-2x_2x_3+x_3^2$;

(3) $f_3(x_1,x_2,\cdots,x_n)=\sum\limits_{i=1}^{n}x_i^2+\sum\limits_{i=1}^{n-1}x_ix_{i+1}$;

(4) $f_4(x_1,x_2,x_3,x_4)=(x_1+x_3-x_4)^2+(x_2+x_3-x_4)^2+(x_3+2x_4)^2$.

解 (1) 因为 $a_{33}=0$,故 f_1 不是正定二次型.

(2) f_2 对应的矩阵为 $\boldsymbol{A}=\begin{pmatrix} t & 1 & 0 \\ 1 & t & -1 \\ 0 & -1 & 1 \end{pmatrix}$,

$\boldsymbol{A}$ 的各阶顺序主子式

$$D_1=t,\ D_2=\begin{vmatrix} t & 1 \\ 1 & t \end{vmatrix}=t^2-1,\ D_3=|\boldsymbol{A}|=t^2-t-1,$$

只有当 $D_1>0,D_2>0,D_3>0$ 同时成立时,f_2 正定;否则不正定. 解上述不等式组,得 $t>\dfrac{1+\sqrt{5}}{2}$,即当 $t>\dfrac{1+\sqrt{5}}{2}$时,f_2 正定.

(3) f_3 的对应矩阵为

$$A=\begin{pmatrix} 1 & \frac{1}{2} & & & & \\ \frac{1}{2} & 1 & \frac{1}{2} & & & \\ & \frac{1}{2} & 1 & \frac{1}{2} & & \\ & & \ddots & \ddots & \ddots & \\ & & & \ddots & 1 & \frac{1}{2} \\ & & & & \frac{1}{2} & 1 \end{pmatrix},$$

经计算,A 的任意 k 阶顺序主子式 $D_k=\left(\frac{1}{2}\right)^k(k+1)>0\ (k=2,3,\cdots,n)$,所以 f_3 正定.

(4) 因为 $\begin{cases} x_1+x_3-x_4=0 \\ x_2+x_3-x_4=0 \\ x_3+2x_4=0 \end{cases}$ 必有非零解,故存在非零的 $x=(a_1,a_2,a_3,a_4)^T$,使 $f_3(x_1,x_2,x_3,x_4)=0$,故(4)不正定.

【例 10】 已知 A 为 n 阶实对称阵,且满足 $A^3-6A^2+11A-6E=O$,证明 A 为正定矩阵.

证 设 λ 是 A 的特征值,因为 $A^3-6A^2+11A-6E=O$,所以有 $\lambda^3-6\lambda^2+11\lambda-6=0$,即 $(\lambda-1)(\lambda-2)(\lambda-3)=0$,故

$$\lambda=1 \text{ 或 } \lambda=2 \text{ 或 } \lambda=3,$$

即 A 的所有可能的特征值都大于零,故 A 正定.

【例 11】 (1) 设 A 为 n 阶正定阵,B 为 n 阶半正定阵,试证 $A+B$ 为正定阵.

(2) 设 A,B 分别为 m 和 n 阶正定阵,试证 $\begin{pmatrix} A & O \\ O & B \end{pmatrix}$ 为正定阵.

证 (1) 对任意的 $x\neq 0$,因为 A 正定,B 半正定,所以有

$$x^TAx>0,\ x^TBx\geqslant 0,$$

从而

$$x^T(A+B)x=x^TAx+x^TBx>0,$$

得证 $A+B$ 正定.

(2) **证法一** (利用顺序主子式)

设 A、B 的各阶前主子式为 $\det A_1,\det A_2,\cdots,\det A_m$;$\det B_1,\det B_2,\cdots,\det B_n$,则 $C=\begin{pmatrix} A & O \\ O & B \end{pmatrix}$ 的各阶顺序主子式为

$$\det C_1=\det A_1,\cdots,\det C_m=\det A_m=\det A,\ \det C_{m+1}=\det A\det B_1,$$
$$\det C_{m+2}=\det A\det B_2,\cdots,\det C_{m+n}=\det C=\det A\det B,$$

因 A,B 皆正定,故有 $\det A_i>0\ (i=1,2,\cdots,m)$,$\det B_j>0\ (j=1,2,\cdots,n)$. 于是 $\det C_k>0\ (k=1,2,\cdots,m+n)$,又显然 C 为实对称阵,故 C 正定.

证法二 (利用特征值)

设 $C=\begin{pmatrix} A & O \\ O & B \end{pmatrix}$,则 C 的特征多项式为

$$|\boldsymbol{C}-\lambda\boldsymbol{E}|=\begin{vmatrix}\boldsymbol{A}-\lambda\boldsymbol{E}_m & \boldsymbol{O}\\ \boldsymbol{O} & \boldsymbol{B}-\lambda\boldsymbol{E}_n\end{vmatrix}=|\boldsymbol{A}-\lambda\boldsymbol{E}_m||\boldsymbol{B}-\lambda\boldsymbol{E}_n|,$$

可见 $\boldsymbol{A}$ 的特征值 $\lambda_1,\lambda_2,\cdots,\lambda_m$，$\boldsymbol{B}$ 的特征值 $\mu_1,\mu_2,\cdots,\mu_n$ 均为 $\boldsymbol{C}$ 的特征值，所以 $\boldsymbol{C}$ 的全部特征值为 $\lambda_1,\cdots,\lambda_m,\mu_1,\cdots,\mu_n$.

由 $\boldsymbol{A},\boldsymbol{B}$ 的正定性知 $\lambda_i>0\ (i=1,2,\cdots,m)$，$\mu_j>0\ (j=1,2,\cdots,n)$，故 $\boldsymbol{C}$ 的所有特征值皆正，又 $\boldsymbol{C}$ 为实对称阵，所以 $\boldsymbol{C}$ 正定.

证法三 （用定义）

设 $\boldsymbol{z}^{\mathrm{T}}=(\boldsymbol{x}^{\mathrm{T}},\boldsymbol{y}^{\mathrm{T}})\in\mathbf{R}^{m+n}$，其中 $\boldsymbol{x}\in\mathbf{R}^m$，$\boldsymbol{y}\in\mathbf{R}^n$，若 $\boldsymbol{z}\neq\boldsymbol{0}$，则有 $\boldsymbol{x}\neq\boldsymbol{0}$ 或 $\boldsymbol{y}\neq\boldsymbol{0}$，于是

$$\boldsymbol{z}^{\mathrm{T}}\boldsymbol{C}\boldsymbol{z}=(\boldsymbol{x}^{\mathrm{T}},\boldsymbol{y}^{\mathrm{T}})\begin{pmatrix}\boldsymbol{A} & \boldsymbol{O}\\ \boldsymbol{O} & \boldsymbol{B}\end{pmatrix}\begin{pmatrix}\boldsymbol{x}\\ \boldsymbol{y}\end{pmatrix}=\boldsymbol{x}^{\mathrm{T}}\boldsymbol{A}\boldsymbol{x}+\boldsymbol{y}^{\mathrm{T}}\boldsymbol{B}\boldsymbol{y}>0,$$

且 $\boldsymbol{C}$ 为实对称阵，故 $\boldsymbol{C}$ 正定.

注1 要证明某个矩阵正定，首先要说明该矩阵是实对称阵.

注2 本例(2)中列举方法是证明矩阵正定的几种基本方法.

注3 若直接证明一个矩阵是正定矩阵有困难时，可以转化为证明对应的二次型是正定二次型，此时往往可用定义，某些情况下这是较为简单的方法，本例(1)即是.

【例 12】 设 n 阶实矩阵 $\boldsymbol{A}$ 满足 $\boldsymbol{A}^2-4\boldsymbol{A}+3\boldsymbol{E}=\boldsymbol{O}$，试证 $(\boldsymbol{A}-2\boldsymbol{E})^{\mathrm{T}}(\boldsymbol{A}-2\boldsymbol{E})$ 为正定矩阵.

证 设 $\boldsymbol{B}=(\boldsymbol{A}-2\boldsymbol{E})^{\mathrm{T}}(\boldsymbol{A}-2\boldsymbol{E})$，则

$$\boldsymbol{B}^{\mathrm{T}}=((\boldsymbol{A}-2\boldsymbol{E})^{\mathrm{T}}(\boldsymbol{A}-2\boldsymbol{E}))^{\mathrm{T}}=(\boldsymbol{A}-2\boldsymbol{E})^{\mathrm{T}}(\boldsymbol{A}-2\boldsymbol{E})=\boldsymbol{B},$$

故 $\boldsymbol{B}$ 是实对称阵.

对任一非零向量 $\boldsymbol{x}\in\mathbf{R}^n$，有

$$\boldsymbol{x}^{\mathrm{T}}\boldsymbol{B}\boldsymbol{x}=\boldsymbol{x}^{\mathrm{T}}(\boldsymbol{A}-2\boldsymbol{E})^{\mathrm{T}}(\boldsymbol{A}-2\boldsymbol{E})\boldsymbol{x}=((\boldsymbol{A}-2\boldsymbol{E})\boldsymbol{x})^{\mathrm{T}}((\boldsymbol{A}-2\boldsymbol{E})\boldsymbol{x}),$$

由 $\boldsymbol{A}^2-4\boldsymbol{A}+3\boldsymbol{E}=\boldsymbol{O}$，即 $(\boldsymbol{A}-2\boldsymbol{E})^2=\boldsymbol{E}$，得 $\boldsymbol{A}-2\boldsymbol{E}$ 可逆，故 $(\boldsymbol{A}-2\boldsymbol{E})\boldsymbol{x}\neq\boldsymbol{0}$. 所以有

$$\boldsymbol{x}^{\mathrm{T}}\boldsymbol{B}\boldsymbol{x}=((\boldsymbol{A}-2\boldsymbol{E})\boldsymbol{x})^{\mathrm{T}}((\boldsymbol{A}-2\boldsymbol{E})\boldsymbol{x})>0,$$

故 $\boldsymbol{B}$ 即 $(\boldsymbol{A}-2\boldsymbol{E})^{\mathrm{T}}(\boldsymbol{A}-2\boldsymbol{E})$ 正定.

注 本题也可用特征值证 $\boldsymbol{A}-2\boldsymbol{E}$ 可逆，证法如下.

设 λ 是 $\boldsymbol{A}$ 的任一特征值，则 λ 必满足 $\lambda^2-4\lambda+3=0$，于是 $\lambda=1$ 或 $\lambda=3$，可知 2 不是 $\boldsymbol{A}$ 的特征值，故有 $|\boldsymbol{A}-2\boldsymbol{E}|\neq0$，所以 $\boldsymbol{A}-2\boldsymbol{E}$ 可逆.

【例 13】 证明：n 阶矩阵 $\boldsymbol{A}$ 为正定矩阵的充要条件是存在 n 个线性无关的列向量 $\boldsymbol{\alpha}_1,\boldsymbol{\alpha}_2,\cdots,\boldsymbol{\alpha}_n$，使 $\boldsymbol{A}=\boldsymbol{\alpha}_1\boldsymbol{\alpha}_1^{\mathrm{T}}+\boldsymbol{\alpha}_2\boldsymbol{\alpha}_2^{\mathrm{T}}+\cdots+\boldsymbol{\alpha}_n\boldsymbol{\alpha}_n^{\mathrm{T}}$.

证 先证必要性：

若 $\boldsymbol{A}$ 正定，则存在 n 阶可逆阵 $\boldsymbol{P}$，使 $\boldsymbol{A}=\boldsymbol{P}\boldsymbol{P}^{\mathrm{T}}$，设 $\boldsymbol{P}$ 的 n 个列向量为 $\boldsymbol{\alpha}_1,\boldsymbol{\alpha}_2,\cdots,\boldsymbol{\alpha}_n$，则由 $\boldsymbol{P}$ 的可逆性知 $\boldsymbol{\alpha}_1,\boldsymbol{\alpha}_2,\cdots,\boldsymbol{\alpha}_n$ 线性无关，且

$$\boldsymbol{A}=\boldsymbol{P}\boldsymbol{P}^{\mathrm{T}}=(\boldsymbol{\alpha}_1,\boldsymbol{\alpha}_2,\cdots,\boldsymbol{\alpha}_n)\begin{pmatrix}\boldsymbol{\alpha}_1^{\mathrm{T}}\\ \boldsymbol{\alpha}_2^{\mathrm{T}}\\ \vdots\\ \boldsymbol{\alpha}_n^{\mathrm{T}}\end{pmatrix}=\boldsymbol{\alpha}_1\boldsymbol{\alpha}_1^{\mathrm{T}}+\boldsymbol{\alpha}_2\boldsymbol{\alpha}_2^{\mathrm{T}}+\cdots+\boldsymbol{\alpha}_n\boldsymbol{\alpha}_n^{\mathrm{T}};$$

再证充分性：

$$A=\alpha_1\alpha_1^T+\alpha_2\alpha_2^T+\cdots+\alpha_n\alpha_n^T=(\alpha_1,\alpha_2,\cdots,\alpha_n)\begin{pmatrix}\alpha_1^T\\ \alpha_2^T\\ \vdots\\ \alpha_n^T\end{pmatrix},$$

记 $P=(\alpha_1,\alpha_2,\cdots,\alpha_n)$，则由 $\alpha_1,\alpha_2,\cdots,\alpha_n$ 的线性无关性知 P 可逆，故对任一 $x\in\mathbf{R}^n$，$x\neq 0$，有 $Px\neq 0$. 从而

$$x^TAx=x^TPP^Tx=(P^Tx)^T(P^Tx)>0,$$

所以 A 正定.

【例 14】 设 A 是 n 阶正定矩阵，证明：$|A+E|>1$.

证　设 $\lambda_1,\lambda_2,\cdots,\lambda_n$ 是 A 的特征值，则由 A 正定知 $\lambda_i>0\ (i=1,2,\cdots,n)$.

证法一　因为 $A+E$ 的特征值为 $\lambda_1+1,\lambda_2+1,\cdots,\lambda_n+1$. 则由 $\lambda_i>0$，知 $\lambda_i+1>1\ (i=1,2,\cdots,n)$，所以

$$|A+E|=(\lambda_1+1)(\lambda_2+1)\cdots(\lambda_n+1)>1.$$

证法二　由 A 正定知 A 必对称，故存在正交阵 Q，使得

$$A=Q\Lambda Q^T=Q\begin{pmatrix}\lambda_1 & & & \\ & \lambda_2 & & \\ & & \ddots & \\ & & & \lambda_n\end{pmatrix}Q^T,$$

因此

$$\begin{aligned}|A+E|&=|Q\Lambda Q^T+E|=|Q\Lambda Q^T+QQ^T|\\&=|Q|\,|\Lambda+E|\,|Q^T|=|\Lambda+E|\\&=(\lambda_1+1)(\lambda_2+1)\cdots(\lambda_n+1)>1.\end{aligned}$$

【例 15】 设 $f(x_1,x_2,\cdots,x_n)=x^TAx$ 是一实二次型，$\lambda_1,\lambda_2,\cdots,\lambda_n$ 是 A 的特征值，且 $\lambda_1\leqslant\lambda_2\leqslant\cdots\leqslant\lambda_n$. 证明：对任一实 n 维向量 x，有

$$\lambda_1x^Tx\leqslant x^TAx\leqslant\lambda_nx^Tx.$$

证　对实二次型 $f=x^TAx$，总存在正交替换 $x=Qy$，使

$$f=\lambda_1y_1^2+\lambda_2y_2^2+\cdots+\lambda_ny_n^2,$$

由题设知

$$\lambda_1y^Ty\leqslant f=\lambda_1y_1^2+\lambda_2y_2^2+\cdots+\lambda_ny_n^2\leqslant\lambda_ny^Ty,$$

又因 Q 为正交阵，故有 $x^Tx=y^Ty$. 所以

$$\lambda_1x^Tx\leqslant x^TAx\leqslant\lambda_nx^Tx.$$

【例 16】 设 A 为 n 阶实对称矩阵，试证：如果 A 是正定矩阵又是正交矩阵，则 $A=E$.

证　证法一

因为 A 为实对称阵，故存在可逆阵 P，使

$$P^{-1}AP=\mathrm{diag}(\lambda_1,\lambda_2,\cdots,\lambda_n),$$

其中，$\lambda_1,\lambda_2,\cdots,\lambda_n$ 为 A 的特征值. 因为 A 正定，所以 $\lambda_i>0\ (i=1,2,\cdots,n)$，且 $\frac{1}{\lambda_i}$ 为 A^{-1} 也即 A^T 的特征值，由于 A^{-1} 的属于 $\frac{1}{\lambda_i}$ 的特征向量与 A 的属于 λ_i 的特征向量相同，故有

$$P^{-1}A^{-1}P=\mathrm{diag}\left(\frac{1}{\lambda_1},\frac{1}{\lambda_2},\cdots,\frac{1}{\lambda_n}\right);$$

又由 $P^{-1}A^{-1}P=P^{-1}A^{\mathrm{T}}P=P^{-1}AP$ 可得

$$\mathrm{diag}(\lambda_1,\lambda_2,\cdots,\lambda_n)=\mathrm{diag}\left(\frac{1}{\lambda_1},\frac{1}{\lambda_2},\cdots,\frac{1}{\lambda_n}\right),$$

所以 $\lambda_i=\frac{1}{\lambda_i}\ (i=1,2,\cdots,n)$，由 $\lambda_i>0$ 得 $\lambda_i=1\ (i=1,2,\cdots,n)$. 即 $P^{-1}AP=E$，故

$$A=PEP^{-1}=E.$$

证法二 由 $A^{\mathrm{T}}A=E$ 及 $A=A^{\mathrm{T}}$，得 $A^2=E$，即 $(A+E)(A-E)=O$，因为 A 正定，所以 -1 不是 A 的特征值，即 $|A+E|\neq0$，所以 $A+E$ 可逆，从而 $A-E=O$，即 $A=E$.

【例 17】 设 A 为三阶实对称矩阵，且满足条件 $A^2+2A=O$，已知 A 的秩 $r(A)=2$.

(1) 求 A 的全部特征值；

(2) 当 k 为何值时，矩阵 $A+kE$ 为正定矩阵？其中 E 为三阶单位矩阵.

解法一 (1) 设 λ 为 A 的一个特征值，对应的特征向量为 $\boldsymbol{\alpha}$，则

$$A\boldsymbol{\alpha}=\lambda\boldsymbol{\alpha}\quad(\boldsymbol{\alpha}\neq\mathbf{0}),\ A^2\boldsymbol{\alpha}=\lambda^2\boldsymbol{\alpha}.$$

于是

$$(A^2+2A)\boldsymbol{\alpha}=(\lambda^2+2\lambda)\boldsymbol{\alpha}.$$

由条件 $A^2+2A=O$，推知 $(\lambda^2+2\lambda)\boldsymbol{\alpha}=\mathbf{0}$.

又由于 $\boldsymbol{\alpha}\neq\mathbf{0}$，故有 $\lambda^2+2\lambda=0$，解得 $\lambda=-2,\lambda=0$.

因为实对称矩阵 A 必可对角化，且 $r(A)=2$，所以

$$A\sim\begin{pmatrix}-2&&\\&-2&\\&&0\end{pmatrix}=\Lambda,$$

因此，矩阵 A 的全部特征值为

$$\lambda_1=\lambda_2=-2,\quad \lambda_3=0.$$

(2) 矩阵 $A+kE$ 仍为实对称矩阵，由(1)知，$A+kE$ 的全部特征值为

$$-2+k,\quad -2+k,\quad k.$$

于是，当 $k>2$ 时矩阵 $A+kE$ 的全部特征值大于零. 因此，矩阵 $A+kE$ 为正定矩阵.

解法二 (1) 同解法一.

(2) 实对称矩阵必可对角化，故存在可逆矩阵 P，使得

$$P^{-1}AP=\Lambda,\quad A=p\Lambda P^{-1}.$$

于是

$$A+kE=P\Lambda P^{-1}+kPP^{-1}=P(\Lambda+kE)P^{-1},$$

所以

$$A+kE\sim\Lambda+kE.$$

而

$$\Lambda+kE=\begin{pmatrix}k-2&&\\&k-2&\\&&k\end{pmatrix}.$$

$\Lambda+kE$ 为正定矩阵，只需其顺序主子式均大于 0，即 k 需满足

$$k-2>0,\quad (k-2)^2>0,\quad (k-2)^2k>0.$$

因此,当 $k>2$ 时,矩阵 $\boldsymbol{A}+k\boldsymbol{E}$ 为正定矩阵.

【例 18】 设 $\boldsymbol{A}$ 为 n 阶正定矩阵,$\boldsymbol{\alpha}_1,\boldsymbol{\alpha}_2,\cdots,\boldsymbol{\alpha}_n$ 为 $\mathbf{R}^n$ 中的非零向量,当 $i\neq j$ 时,有 $\boldsymbol{\alpha}_i^{\mathrm{T}}\boldsymbol{A}\boldsymbol{\alpha}_j=0$,证明 $\boldsymbol{\alpha}_1,\boldsymbol{\alpha}_2,\cdots,\boldsymbol{\alpha}_n$ 线性无关.

证 证法一

设 $t_1\boldsymbol{\alpha}_1+t_2\boldsymbol{\alpha}_2+\cdots+t_n\boldsymbol{\alpha}_n=\mathbf{0}$,两边左乘 $\boldsymbol{\alpha}_i^{\mathrm{T}}\boldsymbol{A}$ $(i=1,2,\cdots,n)$,得

$$t_1\boldsymbol{\alpha}_i^{\mathrm{T}}\boldsymbol{A}\boldsymbol{\alpha}_1+\cdots+t_i\boldsymbol{\alpha}_i^{\mathrm{T}}\boldsymbol{A}\boldsymbol{\alpha}_i+\cdots+t_n\boldsymbol{\alpha}_i^{\mathrm{T}}\boldsymbol{A}\boldsymbol{\alpha}_n=0.$$

当 $i\neq j$ 时,有 $\boldsymbol{\alpha}_i^{\mathrm{T}}\boldsymbol{A}\boldsymbol{\alpha}_j=0$,故上式即为

$$t_i\boldsymbol{\alpha}_i^{\mathrm{T}}\boldsymbol{A}\boldsymbol{\alpha}_i=0.$$

因为 $\boldsymbol{A}$ 正定,$\boldsymbol{\alpha}_i\neq\mathbf{0}$,所以 $\boldsymbol{\alpha}_i^{\mathrm{T}}\boldsymbol{A}\boldsymbol{\alpha}_i>0$. 故 $t_i=0$ $(i=1,2,\cdots,n)$,所以 $\boldsymbol{\alpha}_1,\boldsymbol{\alpha}_2,\cdots,\boldsymbol{\alpha}_n$ 线性无关.

证法二

令 $\boldsymbol{B}=(\boldsymbol{\alpha}_1,\boldsymbol{\alpha}_2,\cdots,\boldsymbol{\alpha}_n)$,则 $\boldsymbol{B}^{\mathrm{T}}=\begin{pmatrix}\boldsymbol{\alpha}_1^{\mathrm{T}}\\\boldsymbol{\alpha}_2^{\mathrm{T}}\\\vdots\\\boldsymbol{\alpha}_n^{\mathrm{T}}\end{pmatrix}$. 考查

$$\boldsymbol{B}^{\mathrm{T}}\boldsymbol{A}\boldsymbol{B}=\begin{pmatrix}\boldsymbol{\alpha}_1^{\mathrm{T}}\\\boldsymbol{\alpha}_2^{\mathrm{T}}\\\vdots\\\boldsymbol{\alpha}_n^{\mathrm{T}}\end{pmatrix}\boldsymbol{A}(\boldsymbol{\alpha}_1,\boldsymbol{\alpha}_2,\cdots,\boldsymbol{\alpha}_n)=\begin{pmatrix}\boldsymbol{\alpha}_1^{\mathrm{T}}\\\boldsymbol{\alpha}_2^{\mathrm{T}}\\\vdots\\\boldsymbol{\alpha}_n^{\mathrm{T}}\end{pmatrix}(\boldsymbol{A}\boldsymbol{\alpha}_1,\boldsymbol{A}\boldsymbol{\alpha}_2,\cdots,\boldsymbol{A}\boldsymbol{\alpha}_n)$$

$$=\begin{pmatrix}\boldsymbol{\alpha}_1^{\mathrm{T}}\boldsymbol{A}\boldsymbol{\alpha}_1 & \boldsymbol{\alpha}_1^{\mathrm{T}}\boldsymbol{A}\boldsymbol{\alpha}_2 & \cdots & \boldsymbol{\alpha}_1^{\mathrm{T}}\boldsymbol{A}\boldsymbol{\alpha}_n\\\boldsymbol{\alpha}_2^{\mathrm{T}}\boldsymbol{A}\boldsymbol{\alpha}_1 & \boldsymbol{\alpha}_2^{\mathrm{T}}\boldsymbol{A}\boldsymbol{\alpha}_2 & \cdots & \boldsymbol{\alpha}_2^{\mathrm{T}}\boldsymbol{A}\boldsymbol{\alpha}_n\\\vdots & \vdots & \ddots & \vdots\\\boldsymbol{\alpha}_n^{\mathrm{T}}\boldsymbol{A}\boldsymbol{\alpha}_1 & \boldsymbol{\alpha}_n^{\mathrm{T}}\boldsymbol{A}\boldsymbol{\alpha}_2 & \cdots & \boldsymbol{\alpha}_n^{\mathrm{T}}\boldsymbol{A}\boldsymbol{\alpha}_n\end{pmatrix}$$

$$=\begin{pmatrix}d_1 & 0 & \cdots & 0\\0 & d_2 & \cdots & 0\\\vdots & \vdots & \ddots & \vdots\\0 & 0 & \cdots & d_n\end{pmatrix}.$$

由于 $\boldsymbol{\alpha}_i\neq\mathbf{0}$,且 $\boldsymbol{A}$ 正定,所以 $\boldsymbol{\alpha}_i^{\mathrm{T}}\boldsymbol{A}\boldsymbol{\alpha}_i=d_i>0$ $(i=1,2,\cdots,n)$,从而

$$|\boldsymbol{B}^{\mathrm{T}}\boldsymbol{A}\boldsymbol{B}|=d_1d_2\cdots d_n>0,$$

即 $|\boldsymbol{B}|^2|\boldsymbol{A}|>0$,故 $|\boldsymbol{B}|\neq0$,所以 $\boldsymbol{\alpha}_1,\boldsymbol{\alpha}_2,\cdots,\boldsymbol{\alpha}_n$ 线性无关.

【例 19】 设 $n(>1)$ 维列向量 $\boldsymbol{\alpha}\neq\mathbf{0}$,试证:(1) $\boldsymbol{\alpha}\boldsymbol{\alpha}^{\mathrm{T}}$ 是秩为 1 的半正定阵;(2) $\boldsymbol{\alpha}\boldsymbol{\alpha}^{\mathrm{T}}$ 只有一个特征值非零,且该特征值大于零.

证 (1) 由 $\boldsymbol{\alpha}\neq\mathbf{0}$,知 $\boldsymbol{\alpha}\boldsymbol{\alpha}^{\mathrm{T}}\neq\boldsymbol{O}$,故 $r(\boldsymbol{\alpha}\boldsymbol{\alpha}^{\mathrm{T}})\geqslant1$,而 $r(\boldsymbol{\alpha}\boldsymbol{\alpha}^{\mathrm{T}})\leqslant\min[r(\boldsymbol{\alpha}),r(\boldsymbol{\alpha}^{\mathrm{T}})]=1$,所以 $r(\boldsymbol{\alpha}\boldsymbol{\alpha}^{\mathrm{T}})=1$(或说明 $\boldsymbol{\alpha}\boldsymbol{\alpha}^{\mathrm{T}}$ 为每两行对应成比例的非零矩阵,初等变换得秩 1). $\forall\boldsymbol{x}\neq\mathbf{0}$,$\boldsymbol{x}^{\mathrm{T}}\boldsymbol{\alpha}\boldsymbol{\alpha}^{\mathrm{T}}\boldsymbol{x}=(\boldsymbol{\alpha}^{\mathrm{T}}\boldsymbol{x})^{\mathrm{T}}(\boldsymbol{\alpha}^{\mathrm{T}}\boldsymbol{x})=\|\boldsymbol{\alpha}^{\mathrm{T}}\boldsymbol{x}\|^2\geqslant\mathbf{0}$,而 $r(\boldsymbol{\alpha}^{\mathrm{T}})=1$,得 $\boldsymbol{\alpha}^{\mathrm{T}}\boldsymbol{x}=\mathbf{0}$ 有非零解,所以 $\boldsymbol{\alpha}\boldsymbol{\alpha}^{\mathrm{T}}$ 为半正定阵.

(2) **证法 1** 由 $(\boldsymbol{\alpha}\boldsymbol{\alpha}^{\mathrm{T}})\boldsymbol{\alpha}=(\boldsymbol{\alpha}^{\mathrm{T}}\boldsymbol{\alpha})\boldsymbol{\alpha}$,得 $\boldsymbol{\alpha}$ 是矩阵 $\boldsymbol{\alpha}\boldsymbol{\alpha}^{\mathrm{T}}$ 对应特征值为 $\boldsymbol{\alpha}^{\mathrm{T}}\boldsymbol{\alpha}(>\mathbf{0})$ 的特征向量. 由(1) $\boldsymbol{\alpha}\boldsymbol{\alpha}^{\mathrm{T}}$ 为半正定阵知特征值全大于零,而 $\mathrm{tr}(\boldsymbol{\alpha}\boldsymbol{\alpha}^{\mathrm{T}})=\boldsymbol{\alpha}^{\mathrm{T}}\boldsymbol{\alpha}=$特征值之和,故其余 $n-1$

个特征值全等于零.

证法 2 由$(\boldsymbol{\alpha}\boldsymbol{\alpha}^{\mathrm{T}})\boldsymbol{x}=\boldsymbol{0} \Rightarrow (\boldsymbol{\alpha}^{\mathrm{T}}\boldsymbol{\alpha})\boldsymbol{\alpha}^{\mathrm{T}}\boldsymbol{x}=\boldsymbol{\alpha}^{\mathrm{T}}\boldsymbol{0}=\boldsymbol{0} \Rightarrow \boldsymbol{\alpha}^{\mathrm{T}}\boldsymbol{x}=\boldsymbol{0}$,因为$r(\boldsymbol{\alpha}^{\mathrm{T}})=1$,所以方程组$\boldsymbol{\alpha}^{\mathrm{T}}\boldsymbol{x}=\boldsymbol{0}$有$n-1$个无关解,由几何重数$\rho_\lambda \leqslant m_\lambda$代数重数,知零特征值至少$n-1$个,而已知一个特征值$\boldsymbol{\alpha}^{\mathrm{T}}\boldsymbol{\alpha}$非零,得零特征值恰为$n-1$个.

证法 3 由$|\lambda\boldsymbol{E}-\boldsymbol{\alpha}\boldsymbol{\alpha}^{\mathrm{T}}|=\frac{|\lambda\boldsymbol{E}|}{1}[1-\boldsymbol{\alpha}^{\mathrm{T}}(\lambda\boldsymbol{E})^{-1}\boldsymbol{\alpha}]=\lambda^n\left(1-\frac{\boldsymbol{\alpha}^{\mathrm{T}}\boldsymbol{\alpha}}{\lambda}\right)=\lambda^{n-1}(\lambda-\boldsymbol{\alpha}^{\mathrm{T}}\boldsymbol{\alpha})=\boldsymbol{0} \Rightarrow$ $\lambda_1=\boldsymbol{\alpha}^{\mathrm{T}}\boldsymbol{\alpha}$,其余$n-1$个特征值为零.

【例 20】 设$\boldsymbol{D}=\begin{pmatrix}\boldsymbol{A} & \boldsymbol{O}\\ \boldsymbol{C}^{\mathrm{T}} & \boldsymbol{B}\end{pmatrix}$为正定矩阵,其中$\boldsymbol{A},\boldsymbol{B}$分别为$m$阶、$n$阶对称矩阵,$\boldsymbol{C}$为$m\times n$矩阵.

(1) 计算$\boldsymbol{P}^{\mathrm{T}}\boldsymbol{D}\boldsymbol{P}$,其中$\boldsymbol{P}=\begin{bmatrix}\boldsymbol{E}_m & -\boldsymbol{A}^{-1}\boldsymbol{C}\\ \boldsymbol{O} & \boldsymbol{E}_n\end{bmatrix}$;

(2) 利用(1)的结果判断矩阵$\boldsymbol{B}-\boldsymbol{C}^{\mathrm{T}}\boldsymbol{A}^{-1}\boldsymbol{C}$是否为正定矩阵,并证明你的结论.

解 (1) 因$\boldsymbol{P}^{\mathrm{T}}=\begin{bmatrix}\boldsymbol{E}_m & \boldsymbol{O}\\ -\boldsymbol{C}^{\mathrm{T}}\boldsymbol{A}^{-1} & \boldsymbol{E}_n\end{bmatrix}$,有

$$\begin{aligned}\boldsymbol{P}^{\mathrm{T}}\boldsymbol{D}\boldsymbol{P}&=\begin{bmatrix}\boldsymbol{E}_m & \boldsymbol{O}\\ -\boldsymbol{C}^{\mathrm{T}}\boldsymbol{A}^{-1} & \boldsymbol{E}_n\end{bmatrix}\begin{pmatrix}\boldsymbol{A} & \boldsymbol{C}\\ \boldsymbol{C}^{\mathrm{T}} & \boldsymbol{B}\end{pmatrix}\begin{bmatrix}\boldsymbol{E}_m & -\boldsymbol{A}^{-1}\boldsymbol{C}\\ \boldsymbol{O} & \boldsymbol{E}_n\end{bmatrix}\\&=\begin{pmatrix}\boldsymbol{A} & \boldsymbol{C}\\ \boldsymbol{O} & \boldsymbol{B}-\boldsymbol{C}^{\mathrm{T}}\boldsymbol{A}^{-1}\boldsymbol{C}\end{pmatrix}\begin{bmatrix}\boldsymbol{E}_m & -\boldsymbol{A}^{-1}\boldsymbol{C}\\ \boldsymbol{O} & \boldsymbol{E}_n\end{bmatrix}=\begin{pmatrix}\boldsymbol{A} & \boldsymbol{O}\\ \boldsymbol{O} & \boldsymbol{B}-\boldsymbol{C}^{\mathrm{T}}\boldsymbol{A}^{-1}\boldsymbol{C}\end{pmatrix}.\end{aligned}$$

(2) 矩阵$\boldsymbol{B}-\boldsymbol{C}^{\mathrm{T}}\boldsymbol{A}^{-1}\boldsymbol{C}$是正定矩阵.

由(1)的结果可知,矩阵$\boldsymbol{D}$合同于矩阵

$$\boldsymbol{M}=\begin{pmatrix}\boldsymbol{A} & \boldsymbol{O}\\ \boldsymbol{O} & \boldsymbol{B}-\boldsymbol{C}^{\mathrm{T}}\boldsymbol{A}^{-1}\boldsymbol{C}\end{pmatrix},$$

又$\boldsymbol{D}$为正定矩阵,可知矩阵$\boldsymbol{M}$为正定矩阵.

因矩阵$\boldsymbol{M}$为对称矩阵,故$\boldsymbol{B}-\boldsymbol{C}^{\mathrm{T}}\boldsymbol{A}^{-1}\boldsymbol{C}$为对称矩阵. 对$\boldsymbol{x}=\underbrace{(0,0,\cdots,0)}_{m}{}^{\mathrm{T}}$及任意的$\boldsymbol{y}=(y_1,y_2,\cdots,y_n)^{\mathrm{T}}\neq\boldsymbol{0}$,有

$$(\boldsymbol{x}^{\mathrm{T}},\boldsymbol{y}^{\mathrm{T}})\begin{pmatrix}\boldsymbol{A} & \boldsymbol{O}\\ \boldsymbol{O} & \boldsymbol{B}-\boldsymbol{C}^{\mathrm{T}}\boldsymbol{A}^{-1}\boldsymbol{C}\end{pmatrix}\begin{pmatrix}\boldsymbol{x}\\ \boldsymbol{y}\end{pmatrix}>0,$$

即$\boldsymbol{y}^{\mathrm{T}}(\boldsymbol{B}-\boldsymbol{C}^{\mathrm{T}}\boldsymbol{A}^{-1}\boldsymbol{C})\boldsymbol{y}>0$,故$\boldsymbol{B}-\boldsymbol{C}^{\mathrm{T}}\boldsymbol{A}^{-1}\boldsymbol{C}$为正定矩阵.

4.4 练习题全解

练习 4.1

1. 写出下列二次型的矩阵:

(1) $f(x_1,x_2,x_3)=2x_1^2-x_2^2+4x_1x_3-2x_2x_3$;

(2) $f(x_1,x_2,x_3,x_4)=2x_1x_2+2x_1x_3+2x_1x_4+2x_3x_4$.

解 (1) $f(x_1,x_2,x_3)=2x_1^2-x_2^2+4x_1x_3-2x_2x_3$

$$=(x_1,x_2,x_3)\begin{pmatrix}2&0&2\\0&-1&-1\\2&-1&0\end{pmatrix}\begin{pmatrix}x_1\\x_2\\x_3\end{pmatrix},$$

故二次型的矩阵为 $\begin{pmatrix}2&0&2\\0&-1&-1\\2&-1&0\end{pmatrix}$.

(2) $f(x_1,x_2,x_3,x_4)=(x_1,x_2,x_3,x_4)\begin{pmatrix}0&1&1&1\\1&0&0&0\\1&0&0&1\\1&0&1&0\end{pmatrix}\begin{pmatrix}x_1\\x_2\\x_3\\x_4\end{pmatrix}$,

故二次型的矩阵为 $\begin{pmatrix}0&1&1&1\\1&0&0&0\\1&0&0&1\\1&0&1&0\end{pmatrix}$.

2. 写出下列各对称矩阵所对应的二次型：

(1) $\boldsymbol{A}=\begin{pmatrix}1&-\frac{1}{2}&\frac{1}{2}\\-\frac{1}{2}&0&-2\\\frac{1}{2}&-2&2\end{pmatrix}$； (2) $\boldsymbol{A}=\begin{pmatrix}0&\frac{1}{2}&-1&0\\\frac{1}{2}&-1&\frac{1}{2}&\frac{1}{2}\\-1&\frac{1}{2}&0&\frac{1}{2}\\0&\frac{1}{2}&\frac{1}{2}&1\end{pmatrix}$.

解 (1) $f(x_1,x_2,x_3)=(x_1,x_2,x_3)\begin{pmatrix}1&-\frac{1}{2}&\frac{1}{2}\\-\frac{1}{2}&0&-2\\\frac{1}{2}&-2&2\end{pmatrix}\begin{pmatrix}x_1\\x_2\\x_3\end{pmatrix}$

$$=x_1^2+2x_3^2-x_1x_2+x_1x_3-4x_2x_3.$$

(2) $f(x_1,x_2,x_3,x_4)=-x_2^2+x_4^2+x_1x_2-2x_1x_3+x_2x_3+x_2x_4+x_3x_4$.

3. 设二次型 $f(x_1,x_2,x_3)=(x_1+x_2)^2+(x_2-x_3)^2+(x_3+x_1)^2$，求此二次型的秩.

解 二次型 $f(x_1,x_2,x_3)=2x_1^2+2x_2^2+2x_3^2+2x_1x_2+2x_1x_3-2x_2x_3$ 的矩阵

$$\boldsymbol{A}=\begin{pmatrix}2&1&1\\1&2&-1\\1&-1&2\end{pmatrix}\to\begin{pmatrix}1&2&-1\\2&1&1\\1&-1&2\end{pmatrix}\to\begin{pmatrix}1&2&-1\\0&-3&3\\0&-3&3\end{pmatrix}\to\begin{pmatrix}1&2&-1\\0&1&-1\\0&0&0\end{pmatrix},$$

由于 $r(\boldsymbol{A})=2$，故 $r(f)=2$.

4. 若二次型 $f(x_1,x_2,x_3)=x_1^2+x_2^2+x_3^2+2ax_1x_2+2x_1x_3+2bx_2x_3$ 的秩为 2，则 a,b 应满足什么条件?

解 二次型 f 的矩阵

$$\boldsymbol{A}=\begin{pmatrix}1&a&1\\a&1&b\\1&b&1\end{pmatrix}\to\begin{pmatrix}1&a&1\\0&1-a^2&b-a\\0&b-a&0\end{pmatrix}\to\begin{pmatrix}1&a&1\\0&b-a&0\\0&1-a^2&b-a\end{pmatrix}.$$

当 $a=b$ 时,

$$\boldsymbol{A}\to\begin{pmatrix}1&a&1\\0&0&0\\0&1-a^2&0\end{pmatrix}\to\begin{pmatrix}1&a&1\\0&1-a^2&0\\0&0&0\end{pmatrix},$$

故当 $a\neq\pm1$ 时,$r(\boldsymbol{A})=2$. 所以当 $a=b\neq\pm1$ 时,$r(f)=2$.

当 $a\neq b$ 时,

$$\boldsymbol{A}\to\begin{pmatrix}1&a&1\\0&b-a&0\\0&0&b-a\end{pmatrix},\ r(\boldsymbol{A})=3,\ 即\ r(f)=3.$$

综上所述,当 $a=b\neq\pm1$ 时,$r(f)=2$.

5. 设 $\boldsymbol{A}$、$\boldsymbol{B}$ 均为 n 阶可逆矩阵,且 $\boldsymbol{A}$ 与 $\boldsymbol{B}$ 合同. 试证:$\boldsymbol{A}^{-1}$ 与 $\boldsymbol{B}^{-1}$ 合同.

证 因为 $\boldsymbol{A}$ 与 $\boldsymbol{B}$ 合同,则存在可逆阵 $\boldsymbol{P}$,满足 $\boldsymbol{P}^{\mathrm{T}}\boldsymbol{A}\boldsymbol{P}=\boldsymbol{B}$,两边求逆得

$$\boldsymbol{P}^{-1}\boldsymbol{A}^{-1}(\boldsymbol{P}^{\mathrm{T}})^{-1}=\boldsymbol{B}^{-1},\ 即\ \ [(\boldsymbol{P}^{\mathrm{T}})^{-1}]^{\mathrm{T}}\boldsymbol{A}^{-1}(\boldsymbol{P}^{\mathrm{T}})^{-1}=\boldsymbol{B}^{-1},$$

说明 $\boldsymbol{A}^{-1}$ 与 $\boldsymbol{B}^{-1}$ 合同.

6. 设矩阵 $\boldsymbol{A}$ 与 $\boldsymbol{B}$ 合同,$\boldsymbol{C}$ 与 $\boldsymbol{D}$ 合同. 试证:矩阵 $\begin{pmatrix}\boldsymbol{A}&\boldsymbol{O}\\\boldsymbol{O}&\boldsymbol{C}\end{pmatrix}$ 与 $\begin{pmatrix}\boldsymbol{B}&\boldsymbol{O}\\\boldsymbol{O}&\boldsymbol{D}\end{pmatrix}$ 合同.

证 由 $\boldsymbol{A}$ 与 $\boldsymbol{B}$ 合同,$\boldsymbol{C}$ 与 $\boldsymbol{D}$ 合同,知存在可逆阵 $\boldsymbol{P}$,$\boldsymbol{Q}$ 满足

$$\boldsymbol{P}^{\mathrm{T}}\boldsymbol{A}\boldsymbol{P}=\boldsymbol{B},\ \boldsymbol{Q}^{\mathrm{T}}\boldsymbol{C}\boldsymbol{Q}=\boldsymbol{D},$$

这时,令 $\boldsymbol{R}=\begin{pmatrix}\boldsymbol{P}&\boldsymbol{O}\\\boldsymbol{O}&\boldsymbol{Q}\end{pmatrix}$,满足 $\boldsymbol{R}^{\mathrm{T}}\begin{pmatrix}\boldsymbol{A}&\boldsymbol{O}\\\boldsymbol{O}&\boldsymbol{C}\end{pmatrix}\boldsymbol{R}=\begin{pmatrix}\boldsymbol{P}^{\mathrm{T}}\boldsymbol{A}\boldsymbol{P}&\boldsymbol{O}\\\boldsymbol{O}&\boldsymbol{Q}^{\mathrm{T}}\boldsymbol{C}\boldsymbol{Q}\end{pmatrix}=\begin{pmatrix}\boldsymbol{B}&\boldsymbol{O}\\\boldsymbol{O}&\boldsymbol{D}\end{pmatrix}$.

练习 4.2

1. 用正交替换法将下列二次型化为标准形,并写出所做的线性替换:

(1) $f(x_1,x_2,x_3)=2x_1^2+x_2^2-4x_1x_2-4x_2x_3$;

(2) $f(x_1,x_2,x_3)=2x_1x_2-2x_2x_3$;

(3) $f(x_1,x_2,x_3)=x_1^2+2x_2^2+3x_3^2-4x_1x_2-4x_2x_3$.

解 (1) 二次型 f 的矩阵为

$$\boldsymbol{A}=\begin{pmatrix}2&-2&0\\-2&1&-2\\0&-2&0\end{pmatrix},$$

矩阵 $\boldsymbol{A}$ 的特征多项式

$$|\lambda\boldsymbol{E}-\boldsymbol{A}|=\begin{vmatrix}\lambda-2&2&0\\2&\lambda-1&2\\0&2&\lambda\end{vmatrix}=(\lambda-1)(\lambda-4)(\lambda+2),$$

所以 $\boldsymbol{A}$ 的特征值为 $\lambda_1=1,\lambda_2=4,\lambda_3=-2$.

对于 $\lambda_1=1$,解方程组 $(\boldsymbol{E}-\boldsymbol{A})\boldsymbol{x}=\boldsymbol{0}$,得基础解系 $\boldsymbol{\alpha}_1=(2,1,-2)^{\mathrm{T}}$.

对于 $\lambda_2=4$，解方程组 $(4\boldsymbol{E}-\boldsymbol{A})\boldsymbol{x}=\boldsymbol{0}$，得基础解系 $\boldsymbol{\alpha}_2=(-2,2,-1)^{\mathrm{T}}$.

对于 $\lambda_3=-2$，解方程组 $(-2\boldsymbol{E}-\boldsymbol{A})\boldsymbol{x}=\boldsymbol{0}$，得基础解系 $\boldsymbol{\alpha}_3=(1,2,2)^{\mathrm{T}}$.

由于 $\boldsymbol{A}$ 为实对称矩阵，其不同特征值对应的特征向量正交，故只需将 $\boldsymbol{\alpha}_1,\boldsymbol{\alpha}_2,\boldsymbol{\alpha}_3$ 单位化，得

$$\boldsymbol{\beta}_1=\left(\frac{2}{3},\frac{1}{3},-\frac{2}{3}\right)^{\mathrm{T}},\boldsymbol{\beta}_2=\left(-\frac{2}{3},\frac{2}{3},-\frac{1}{3}\right)^{\mathrm{T}},\boldsymbol{\beta}_3=\left(\frac{1}{3},\frac{2}{3},\frac{2}{3}\right)^{\mathrm{T}}.$$

令矩阵 $\boldsymbol{Q}=(\boldsymbol{\beta}_1,\boldsymbol{\beta}_2,\boldsymbol{\beta}_3)$，$\boldsymbol{B}=\mathrm{diag}(1,4,-2)$，则 $\boldsymbol{Q}$ 为正交矩阵，且 $\boldsymbol{Q}^{\mathrm{T}}\boldsymbol{AQ}=\boldsymbol{B}$，即二次型 $f=\boldsymbol{x}^{\mathrm{T}}\boldsymbol{Ax}$ 经过正交替换 $\boldsymbol{x}=\boldsymbol{Qy}$，可化为标准形 $f=y_1^2+4y_2^2-2y_3^2$.

(2) 二次型 f 的矩阵

$$\boldsymbol{A}=\begin{pmatrix}0&1&0\\1&0&-1\\0&-1&0\end{pmatrix},$$

其特征多项式

$$|\lambda\boldsymbol{E}-\boldsymbol{A}|=\begin{vmatrix}\lambda&-1&0\\-1&\lambda&1\\0&1&\lambda\end{vmatrix}=\lambda(\lambda^2-2),$$

所以 $\boldsymbol{A}$ 的特征值为 $\lambda_1=0,\lambda_2=\sqrt{2},\lambda_3=-\sqrt{2}$.

对于 $\lambda_1=0$，解方程组 $\boldsymbol{Ax}=\boldsymbol{0}$，得基础解系 $\boldsymbol{\alpha}_1=(1,0,1)^{\mathrm{T}}$.

对于 $\lambda_2=\sqrt{2}$，解方程组 $(\sqrt{2}\boldsymbol{E}-\boldsymbol{A})\boldsymbol{x}=\boldsymbol{0}$，得基础解系 $\boldsymbol{\alpha}_2=(1,\sqrt{2},-1)^{\mathrm{T}}$.

对于 $\lambda_3=-\sqrt{2}$，解方程组 $(-\sqrt{2}\boldsymbol{E}-\boldsymbol{A})\boldsymbol{x}=\boldsymbol{0}$，得基础解系 $\boldsymbol{\alpha}_3=(-1,\sqrt{2},1)^{\mathrm{T}}$.

因为 $\boldsymbol{\alpha}_1,\boldsymbol{\alpha}_2,\boldsymbol{\alpha}_3$ 是正交向量组，所以只需将它们单位化，得

$$\boldsymbol{\beta}_1=\left(\frac{1}{\sqrt{2}},0,\frac{1}{\sqrt{2}}\right)^{\mathrm{T}},\boldsymbol{\beta}_2=\left(\frac{1}{2},\frac{\sqrt{2}}{2},-\frac{1}{2}\right)^{\mathrm{T}},\boldsymbol{\beta}_3=\left(-\frac{1}{2},\frac{\sqrt{2}}{2},\frac{1}{2}\right)^{\mathrm{T}}.$$

令矩阵 $\boldsymbol{Q}=(\boldsymbol{\beta}_1,\boldsymbol{\beta}_2,\boldsymbol{\beta}_3)$，$\boldsymbol{B}=\mathrm{diag}(0,\sqrt{2},-\sqrt{2})$，则 $\boldsymbol{Q}$ 为正交矩阵，且 $\boldsymbol{Q}^{\mathrm{T}}\boldsymbol{AQ}=\boldsymbol{B}$.

对二次型 f 做正交替换 $\boldsymbol{x}=\boldsymbol{Qy}$，可化为标准形 $f=\sqrt{2}y_2^2-\sqrt{2}y_3^2$.

(3) 方法同上.

$$取正交矩阵\ \boldsymbol{Q}=\begin{pmatrix}\frac{2}{3}&\frac{1}{3}&\frac{2}{3}\\-\frac{1}{3}&-\frac{2}{3}&\frac{2}{3}\\-\frac{2}{3}&\frac{2}{3}&\frac{1}{3}\end{pmatrix},$$

对二次型 $f=\boldsymbol{x}^{\mathrm{T}}\boldsymbol{Ax}$ 做正交替换 $\boldsymbol{x}=\boldsymbol{Qy}$，化为标准形 $f=2y_1^2+5y_2^2-y_3^2$.

2. 用配方法将下列二次型化为标准形：

(1) $f(x_1,x_2,x_3)=x_1^2+2x_2^2+5x_3^2+2x_1x_2+2x_1x_3+6x_2x_3$；

(2) $f(x_1,x_2,x_3)=2x_1x_2+4x_1x_3$；

(3) $f(x_1,x_2,x_3)=-4x_1x_2+2x_1x_3+2x_2x_3$.

解 (1)
$$\begin{aligned}f(x_1,x_2,x_3)&=x_1^2+2x_2^2+5x_3^2+2x_1x_2+2x_1x_3+6x_2x_3\\&=(x_1^2+2x_1x_2+2x_1x_3+2x_2x_3+x_2^2+x_3^2)+(x_2^2+4x_2x_3+4x_3^2)\\&=(x_1+x_2+x_3)^2+(x_2+2x_3)^2.\end{aligned}$$

令 $\begin{cases} y_1=x_1+x_2+x_3 \\ y_2=x_2+2x_3 \\ y_3=x_3 \end{cases}$，代入 f 得 $f(x_1,x_2,x_3)=y_1^2+y_2^2$,这就是 f 的标准形.

(2) 先把 f 化为含有平方项的二次型,再配方. 令 $\begin{cases} x_1=y_1+y_2 \\ x_2=y_1-y_2 \\ x_3=y_3 \end{cases}$，代入 f 得

$$\begin{aligned} f(x_1,x_2,x_3) &= 2x_1x_2+4x_1x_3 \\ &= 2(y_1+y_2)(y_1-y_2)+4(y_1+y_2)y_3 \\ &= 2(y_1+y_3)^2-2(y_2-y_3)^2. \end{aligned}$$

再令 $\begin{cases} z_1=y_1+y_3 \\ z_2=y_2-y_3 \\ z_3=y_3 \end{cases}$，得 $f(x_1,x_2,x_3)=2z_1^2-2z_2^2$.

(3) 先把 f 化为含有平方项的二次型,再配方. 令 $\begin{cases} x_1=y_1+y_2 \\ x_2=y_1-y_2 \\ x_3=y_3 \end{cases}$，代入 f 得

$$\begin{aligned} f(x_1,x_2,x_3) &= -4x_1x_2+2x_1x_3+2x_2x_3 \\ &= -4(y_1+y_2)(y_1-y_2)+2(y_1+y_2)y_3+2(y_1-y_2)y_3 \\ &= -4\left(y_1-\frac{1}{2}y_3\right)^2+4y_2^2+y_3^2. \end{aligned}$$

再令 $\begin{cases} z_1=y_1-\frac{1}{2}y_3 \\ z_2=y_2 \\ z_3=y_3 \end{cases}$，得 $f(x_1,x_2,x_3)=-4z_1^2+4z_2^2+z_3^2$.

3. 用初等变换法将二次型化为标准形：

(1) $f(x_1,x_2,x_3)=x_1^2+2x_2^2+4x_3^2+2x_1x_2+4x_2x_3$；

(2) $f(x_1,x_2,x_3)=x_1^2-3x_2^2+x_3^2-2x_1x_2+2x_1x_3-6x_2x_3$；

(3) $f(x_1,x_2,x_3)=2x_1x_2+2x_1x_3+6x_2x_3$.

解 (1) 二次型 f 的矩阵为

$$\boldsymbol{A}=\begin{pmatrix} 1 & 1 & 0 \\ 1 & 2 & 2 \\ 0 & 2 & 4 \end{pmatrix},$$

由于不要求写出可逆线性替换,只需求出标准形,所以只需对矩阵做合同替换,即对 $\boldsymbol{A}$ 施以某种初等列替换,同时对 $\boldsymbol{A}$ 施以相同的初等行替换,将 $\boldsymbol{A}$ 化为标准形：

$$\boldsymbol{A}=\begin{pmatrix} 1 & 1 & 0 \\ 1 & 2 & 2 \\ 0 & 2 & 4 \end{pmatrix} \xrightarrow[c_2-c_1]{r_2-r_1} \begin{pmatrix} 1 & 0 & 0 \\ 0 & 1 & 2 \\ 0 & 2 & 4 \end{pmatrix} \xrightarrow[c_3-2c_2]{r_3-2r_2} \begin{pmatrix} 1 & & \\ & 1 & \\ & & 0 \end{pmatrix},$$

得 f 的标准形 $f=y_1^2+y_2^2$.

(2) 二次型的矩阵

$$\boldsymbol{A}=\begin{pmatrix} 1 & -1 & 1 \\ -1 & -3 & -3 \\ 1 & -3 & 1 \end{pmatrix},$$

对 $\boldsymbol{A}$ 做合同替换

$$\boldsymbol{A}=\begin{pmatrix}1&-1&1\\-1&-3&-3\\1&-3&1\end{pmatrix}\xrightarrow[c_2+c_1,c_3-c_1]{r_2+r_1,r_3-r_1}\begin{pmatrix}1&0&0\\0&-4&-2\\0&-2&0\end{pmatrix}\xrightarrow[c_3-\frac{1}{2}c_2]{r_3-\frac{1}{2}r_2}\begin{pmatrix}1&&\\&-4&\\&&1\end{pmatrix},$$

得 f 的标准形 $f=y_1^2-4y_2^2+y_3^2$.

(3) 二次型的矩阵

$$\boldsymbol{A}=\begin{pmatrix}0&1&1\\1&0&3\\1&3&0\end{pmatrix},$$

对 $\boldsymbol{A}$ 做合同替换

$$\boldsymbol{A}=\begin{pmatrix}0&1&1\\1&0&3\\1&3&0\end{pmatrix}\xrightarrow[c_1+c_2]{r_1+r_2}\begin{pmatrix}2&1&4\\1&0&3\\4&3&0\end{pmatrix}\xrightarrow[c_2-\frac{1}{2}c_1,c_3-2c_1]{r_2-\frac{1}{2}r_1,r_3-2r_1}\begin{pmatrix}2&0&0\\0&-\frac{1}{2}&1\\0&1&-8\end{pmatrix}\xrightarrow[c_3+2c_2]{r_3+2r_2}\begin{pmatrix}2&&\\&-\frac{1}{2}&\\&&-6\end{pmatrix},$$

得 f 的标准形 $f=2y_1^2-\frac{1}{2}y_2^2-6y_3^2$.

4. 已知二次型

$$f(x_1,x_2,x_3)=5x_1^2+5x_2^2+cx_3^2-2x_1x_2+6x_1x_3-6x_2x_3$$

的秩为 2,求参数 c 的值,并将此二次型化为标准形.

解 把二次型 f 的矩阵化为梯矩阵

$$\boldsymbol{A}=\begin{pmatrix}5&-1&3\\-1&5&-3\\3&-3&c\end{pmatrix}\to\begin{pmatrix}-1&5&-3\\0&2&-1\\0&0&c-3\end{pmatrix},$$

因为 f 的秩为 2,即 $\boldsymbol{A}$ 的秩为 2,由上式得 $c=3$.

当 $c=3$ 时,$\boldsymbol{A}$ 的特征多项式

$$|\lambda\boldsymbol{E}-\boldsymbol{A}|=\begin{vmatrix}\lambda-5&1&-3\\1&\lambda-5&3\\-3&3&\lambda-3\end{vmatrix}=\lambda(\lambda-4)(\lambda-9),$$

得 $\boldsymbol{A}$ 的特征值为 $\lambda_1=0,\lambda_2=4,\lambda_3=9$.

由于特征值相异,一定存在可逆矩阵 $\boldsymbol{P}$,使得 $\boldsymbol{P}^{-1}\boldsymbol{AP}=\mathrm{diag}(\lambda_1,\lambda_2,\lambda_3)$,即二次型 $f=\boldsymbol{x}^{\mathrm{T}}\boldsymbol{Ax}$ 经过可逆线性替换 $\boldsymbol{x}=\boldsymbol{Py}$,可化为标准形 $f=4y_2^2+9y_3^2$.

5. 设 $2n$ 元二次型

$$f(x_1,x_2,\cdots,x_{2n})=x_1x_{2n}+x_2x_{2n-1}+\cdots+x_nx_{n+1},$$

试用可逆线性替换将其化为标准形.

解 令 $\begin{cases} x_1=y_1+y_{2n} \\ x_2=y_2+y_{2n-1} \\ \quad\cdots\cdots \\ x_n=y_n+y_{n+1} \\ x_{n+1}=y_n-y_{n+1} \\ \quad\cdots\cdots \\ x_{2n-1}=y_2-y_{2n-1} \\ x_{2n}=y_1-y_{2n} \end{cases}$，即 $\boldsymbol{x}=\boldsymbol{C}\boldsymbol{y}$，$\boldsymbol{C}=\begin{pmatrix} 1 & & & & & 1 \\ & \ddots & & & \iddots & \\ & & 1 & 1 & & \\ & & 1 & -1 & & \\ & \iddots & & & \ddots & \\ 1 & & & & & -1 \end{pmatrix}$，

代入 f 得

$$f=y_1^2+\cdots+y_n^2-y_{n+1}^2-\cdots-y_{2n}^2.$$

6. 已知二次型 $f(x_1,x_2,x_3)=2x_1^2+3x_2^2+3x_3^2+2ax_2x_3(a>0)$ 通过正交替换化为标准形 $f=y_1^2+2y_2^2+5y_3^2$，求 a 的值及所做的正交替换矩阵.

解 二次型 f 及其标准形的矩阵分别为

$$\boldsymbol{A}=\begin{pmatrix} 2 & 0 & 0 \\ 0 & 3 & a \\ 0 & a & 3 \end{pmatrix},\quad \boldsymbol{B}=\begin{pmatrix} 1 & & \\ & 2 & \\ & & 5 \end{pmatrix}.$$

由于是正交替换，所以标准形中平方项的系数 1,2,5 就是 $\boldsymbol{A}$ 的特征值. 则 $|\boldsymbol{A}|=2(9-a^2)=\lambda_1\lambda_2\lambda_3=1\times2\times5=10$，得 $a=2$（$a=-2$ 不合题意）.

当 $a=2$ 时，

对于 $\lambda_1=1$，解方程组 $(\boldsymbol{E}-\boldsymbol{A})\boldsymbol{x}=\boldsymbol{0}$，得基础解系 $\boldsymbol{\alpha}_1=(0,1,-1)^{\mathrm{T}}$；

对于 $\lambda_2=2$，解方程组 $(2\boldsymbol{E}-\boldsymbol{A})\boldsymbol{x}=\boldsymbol{0}$，得基础解系 $\boldsymbol{\alpha}_2=(1,0,0)^{\mathrm{T}}$；

对于 $\lambda_3=5$，解方程组 $(5\boldsymbol{E}-\boldsymbol{A})\boldsymbol{x}=\boldsymbol{0}$，得基础解系 $\boldsymbol{\alpha}_3=(0,1,1)^{\mathrm{T}}$.

由于 $\boldsymbol{\alpha}_1,\boldsymbol{\alpha}_2,\boldsymbol{\alpha}_3$ 是正交向量组，只需将它们单位化，得

$$\boldsymbol{\beta}_1=\left(0,\frac{1}{\sqrt{2}},-\frac{1}{\sqrt{2}}\right)^{\mathrm{T}},\quad \boldsymbol{\beta}_2=(1,0,0)^{\mathrm{T}},\quad \boldsymbol{\beta}_3=\left(0,\frac{1}{\sqrt{2}},\frac{1}{\sqrt{2}}\right)^{\mathrm{T}}.$$

令 $\boldsymbol{Q}=(\boldsymbol{\beta}_1,\boldsymbol{\beta}_2,\boldsymbol{\beta}_3)$，则 $\boldsymbol{x}=\boldsymbol{Q}\boldsymbol{y}$ 就是所做的正交替换.

练习 4.3

1. 判别下列二次型是否为正定二次型：

(1) $f(x_1,x_2,x_3)=5x_1^2+6x_2^2+4x_3^2-4x_1x_2-4x_2x_3$；

(2) $f(x_1,x_2,x_3)=10x_1^2+2x_2^2+x_3^2+8x_1x_2+24x_1x_3-28x_2x_3$；

(3) $f(x_1,x_2,x_3,x_4)=x_1^2+x_2^2+4x_3^2+7x_4^2+6x_1x_3+4x_1x_4-4x_2x_3+2x_2x_4+4x_3x_4$.

解 (1) f 的矩阵为 $\boldsymbol{A}=\begin{pmatrix} 5 & -2 & 0 \\ -2 & 6 & -2 \\ 0 & -2 & 4 \end{pmatrix}$，

因为 $5>0$，$\begin{vmatrix} 5 & -2 \\ -2 & 6 \end{vmatrix}>0$，$|\boldsymbol{A}|>0$，即 $\boldsymbol{A}$ 的一切顺序主子式都大于零，所以 f 为正定二次型.

(2) f 的矩阵 $\boldsymbol{A}=\begin{pmatrix}10 & 4 & 12\\ 4 & 2 & -14\\ 12 & -14 & 1\end{pmatrix}$,

因为 $|\boldsymbol{A}_1|=10>0$, $|\boldsymbol{A}_2|=\begin{vmatrix}10 & 4\\ 4 & 2\end{vmatrix}=4>0$, $|\boldsymbol{A}|=-3\ 588<0$,

所以 f 不是正定的.

(3) 方法同上, f 为非正定的.

2. 当 t 取何值时,下列二次型为正定二次型:

(1) $f(x_1,x_2,x_3)=x_1^2+4x_2^2+x_3^2+2tx_1x_2+10x_1x_3+6x_2x_3$;

(2) $f(x_1,x_2,x_3)=x_1^2+x_2^2+5x_3^2+2tx_1x_2-2x_1x_3+4x_2x_3$;

(3) $f(x_1,x_2,x_3)=2x_1^2+x_2^2+x_3^2+2x_1x_2+tx_2x_3$.

解　(1) f 的矩阵为 $\boldsymbol{A}=\begin{pmatrix}1 & t & 5\\ t & 4 & 3\\ 5 & 3 & 1\end{pmatrix}$,由于

$$\begin{vmatrix}1 & t\\ t & 4\end{vmatrix}=4-t^2,\ |\boldsymbol{A}|=-t^2+30t-105,$$

但不等式组 $\begin{cases}4-t^2>0\\ -t^2+30t-105>0\end{cases}$ 无解. 所以不论 t 取何值, f 都不是正定的.

(2) f 的矩阵为 $\boldsymbol{A}=\begin{pmatrix}1 & t & -1\\ t & 1 & 2\\ -1 & 2 & 5\end{pmatrix}$, f 为正定的充要条件是

$$1>0,\quad \begin{vmatrix}1 & t\\ t & 1\end{vmatrix}=1-t^2>0, \boldsymbol{A}=-5t^2-4t>0,$$

解得 $-\frac{4}{5}<t<0$,即 t 取开区间 $\left(-\frac{4}{5},0\right)$ 内的值时, f 是正定的.

(3) f 的矩阵为 $\boldsymbol{A}=\begin{pmatrix}2 & 1 & 0\\ 1 & 1 & \frac{t}{2}\\ 0 & \frac{t}{2} & 1\end{pmatrix}$,由 $2>0$, $\begin{vmatrix}2 & 1\\ 1 & 1\end{vmatrix}>0$, $|\boldsymbol{A}|=1-\frac{t^2}{2}>0$ 解得,当 $-\sqrt{2}<t<\sqrt{2}$ 时, f 是正定的.

3. 设 $\boldsymbol{A},\boldsymbol{B}$ 为 n 阶正定矩阵,证明 $\boldsymbol{BAB}$ 也是正定矩阵.

证　因 $\boldsymbol{A},\boldsymbol{B}$ 是正定矩阵,存在可逆矩阵 $\boldsymbol{C}_1,\boldsymbol{C}_2$,使 $\boldsymbol{A}=\boldsymbol{C}_1^{\mathrm{T}}\boldsymbol{C}_1$, $\boldsymbol{B}=\boldsymbol{C}_2^{\mathrm{T}}\boldsymbol{C}_2$,

$\boldsymbol{BAB}=\boldsymbol{C}_2^{\mathrm{T}}\boldsymbol{C}_2\boldsymbol{C}_1^{\mathrm{T}}\boldsymbol{C}_1\boldsymbol{C}_2^{\mathrm{T}}\boldsymbol{C}_2=(\boldsymbol{C}_1\boldsymbol{C}_2^{\mathrm{T}}\boldsymbol{C}_2)^{\mathrm{T}}(\boldsymbol{C}_1\boldsymbol{C}_2^{\mathrm{T}}\boldsymbol{C}_2)$,且 $\boldsymbol{C}_1\boldsymbol{C}_2^{\mathrm{T}}\boldsymbol{C}_2$ 是可逆矩阵. 故 $\boldsymbol{BAB}$ 是正定矩阵.

4. 如果 $\boldsymbol{A},\boldsymbol{B}$ 为 n 阶正定矩阵,则 $\boldsymbol{A}+\boldsymbol{B}$ 也是正定矩阵.

证　设 $\boldsymbol{x}=(x_1,x_2,\cdots,x_n)^{\mathrm{T}}$,因为 $\boldsymbol{A},\boldsymbol{B}$ 是正定矩阵,所以 $\boldsymbol{A},\boldsymbol{B}$ 都为实对称矩阵,从而 $\boldsymbol{A}+\boldsymbol{B}$ 为实对称矩阵,且 $f=\boldsymbol{x}^{\mathrm{T}}\boldsymbol{Ax}$, $g=\boldsymbol{x}^{\mathrm{T}}\boldsymbol{Bx}$ 为正定二次型,对于不全为零的数 $x_1,\cdots,x_n$,有 $\boldsymbol{x}^{\mathrm{T}}\boldsymbol{Ax}>0$, $\boldsymbol{x}^{\mathrm{T}}\boldsymbol{Bx}>0$,故 $h=\boldsymbol{x}^{\mathrm{T}}(\boldsymbol{A}+\boldsymbol{B})\boldsymbol{x}=\boldsymbol{x}^{\mathrm{T}}\boldsymbol{Ax}+\boldsymbol{x}^{\mathrm{T}}\boldsymbol{Bx}>0$,即二次型 h 为正定二次型,所以 $\boldsymbol{A}+\boldsymbol{B}$ 为正定矩阵.

5. 设 $\boldsymbol{A}$ 为正定矩阵,则 $\boldsymbol{A}^*$ 也是正定矩阵,其中 $\boldsymbol{A}^*$ 是 $\boldsymbol{A}$ 的伴随矩阵.

证 因 $\boldsymbol{A}$ 是正定矩阵,所以 $|\boldsymbol{A}|>0$,且存在可逆矩阵 $\boldsymbol{C}$,使 $\boldsymbol{A}=\boldsymbol{C}^{\mathrm{T}}\boldsymbol{C}$,由此

$$\boldsymbol{A}^{-1}=\boldsymbol{C}^{-1}(\boldsymbol{C}^{-1})^{\mathrm{T}};$$

$$\boldsymbol{A}^{*}=|\boldsymbol{A}|\boldsymbol{A}^{-1}=|\boldsymbol{A}|\boldsymbol{C}^{-1}(\boldsymbol{C}^{-1})^{\mathrm{T}}=(\sqrt{|\boldsymbol{A}|}\boldsymbol{C}^{-1})\cdot(\sqrt{|\boldsymbol{A}|}\boldsymbol{C}^{-1})^{\mathrm{T}},$$

故 $\boldsymbol{A}^{*}$ 是正定矩阵.

6. 设 $\boldsymbol{A}$ 为 $n\times m$ 实矩阵,且 $r(\boldsymbol{A})=m<n$,证明:

(1) $\boldsymbol{A}^{\mathrm{T}}\boldsymbol{A}$ 为 m 阶正定矩阵;

(2) $\boldsymbol{A}\boldsymbol{A}^{\mathrm{T}}$ 为 n 阶半正定矩阵.

证 (1) 因为 $r(\boldsymbol{A}_{n\times m})=m$,所以齐次线性方程组 $\boldsymbol{A}\boldsymbol{x}=\boldsymbol{0}$ 只有零解,则对任意的

$$\boldsymbol{x}=(x_1,\cdots,x_m)\neq\boldsymbol{0},\boldsymbol{A}\boldsymbol{x}\neq\boldsymbol{0}.$$

由于二次型 $\boldsymbol{x}^{\mathrm{T}}\boldsymbol{E}\boldsymbol{x}$ 是正定的,故$(\boldsymbol{A}\boldsymbol{x})^{\mathrm{T}}\boldsymbol{E}(\boldsymbol{A}\boldsymbol{x})>0$,即 $\boldsymbol{x}^{\mathrm{T}}(\boldsymbol{A}^{\mathrm{T}}\boldsymbol{A})\boldsymbol{x}>0$,所以 $\boldsymbol{x}^{\mathrm{T}}\boldsymbol{A}^{\mathrm{T}}\boldsymbol{A}\boldsymbol{x}$ 是正定二次型,对应的矩阵 $\boldsymbol{A}^{\mathrm{T}}\boldsymbol{A}$ 是正定矩阵.

(2) 任取 $\boldsymbol{x}=(x_1,\cdots,x_n)^{\mathrm{T}}$,$r(\boldsymbol{A})=m<n$,$\boldsymbol{A}^{\mathrm{T}}\boldsymbol{x}=0$ 有非零解. 根据内积的性质,有$(\boldsymbol{A}^{\mathrm{T}}\boldsymbol{x})^{\mathrm{T}}(\boldsymbol{A}^{\mathrm{T}}\boldsymbol{x})\geqslant0$,即 $\boldsymbol{x}^{\mathrm{T}}(\boldsymbol{A}\boldsymbol{A}^{\mathrm{T}})\boldsymbol{x}\geqslant0$,所以二次型$\boldsymbol{x}^{\mathrm{T}}(\boldsymbol{A}\boldsymbol{A}^{\mathrm{T}})\boldsymbol{x}$是半正定的,对应的矩阵 $\boldsymbol{A}\boldsymbol{A}^{\mathrm{T}}$ 为半正定矩阵.

7. 试证实二次型 $f(x_1,x_2\cdots,x_n)$是半正定的充分必要条件是 f 的正惯性指数等于它的秩.

证 充分性:设 f 的秩为 r,且等于正惯性指数,则 f 可经过可逆线性替换 $\boldsymbol{x}=\boldsymbol{C}\boldsymbol{y}$ 化成 $f(x_1,\cdots,x_n)=y_1^2+\cdots+y_r^2$,从而对任意 $\boldsymbol{x}=(x_1,\cdots,x_n)^{\mathrm{T}}$,由 $\boldsymbol{x}=\boldsymbol{C}\boldsymbol{y}$ 得 $\boldsymbol{y}=\boldsymbol{C}^{-1}\boldsymbol{x}$,即有相应的实数 $y_1,\cdots,y_r,y_{r+1},\cdots,y_n$,使得

$$f(x_1,\cdots,x_n)=y_1^2+\cdots+y_r^2\geqslant0,$$

故 f 是半正定的.

必要性:设 f 为半正定的,则 f 的负惯性指数必为 0. 否则 f 可经过可逆线性替换 $\boldsymbol{x}=\boldsymbol{C}\boldsymbol{y}$,化为 $f(x_1,\cdots,x_n)=y_1^2+\cdots+y_s^2-y_{s+1}^2-\cdots-y_r^2(s<r)$,取 $y_i=0\ (i=1,\cdots,r-1)$,$y_r=1$,代入得 $f=-1<0$,与 f 是半正定的矛盾.

8. 证明:正定矩阵主对角线上的元都是正的.

证 设 $\boldsymbol{A}$ 为正定矩阵,对应的二次型 $f=\boldsymbol{x}^{\mathrm{T}}\boldsymbol{A}\boldsymbol{x}$ 为正定二次型. 则对任意

$$\boldsymbol{x}=(x_1,\cdots,x_n)^{\mathrm{T}}\neq\boldsymbol{0},有\ \boldsymbol{x}^{\mathrm{T}}\boldsymbol{A}\boldsymbol{x}>0.$$

于是依次取 $\boldsymbol{x}=\boldsymbol{\varepsilon}_i=(0,\cdots,0,\overset{i}{1},0,\cdots,0)^{\mathrm{T}}\quad(i=1,2,\cdots,n)$,则

$$\boldsymbol{\varepsilon}_i^{\mathrm{T}}\boldsymbol{A}\boldsymbol{\varepsilon}_i=a_{ii}>0\ (i=1,2,\cdots,n),$$

所以 $\boldsymbol{A}$ 的主对角线上的元素都是正的.

练习 4.4

1. 求函数 $f(x_1,x_2,x_3)=x_1^3+x_2^3+x_3^3+3x_1x_2+3x_1x_3+3x_2x_3$ 的极值.

解 因为

$$\frac{\partial f}{\partial x_1}=3x_1^2+3x_2+3x_3,\ \frac{\partial f}{\partial x_2}=3x_2^2+3x_1+3x_3,\ \frac{\partial f}{\partial x_3}=3x_3^2+3x_1+3x_2,$$

令$\dfrac{\partial f}{\partial x_1}=0$,$\dfrac{\partial f}{\partial x_2}=0$,$\dfrac{\partial f}{\partial x_3}=0$,得驻点 $x_0=(0,0,0)^{\mathrm{T}}$,$x_1=(-2,-2,-2)^{\mathrm{T}}$. 又

$$\frac{\partial^2 f}{\partial x_1^2}=6x_1,\ \frac{\partial^2 f}{\partial x_1\partial x_2}=3,\ \frac{\partial^2 f}{\partial x_1\partial x_3}=3,\ \frac{\partial^2 f}{\partial x_2^2}=6x_2,\ \frac{\partial^2 f}{\partial x_2 x_3}=3,\ \frac{\partial^2 f}{\partial x_3^2}=6x_3,$$

得黑塞矩阵

$$H(x)=\begin{pmatrix}6x_1 & 3 & 3\\ 3 & 6x_2 & 3\\ 3 & 3 & 6x_3\end{pmatrix}.$$

在点 $x_0=(0,0,0)^{\mathrm{T}}$，有

$$H(x_0)=\begin{pmatrix}0 & 3 & 3\\ 3 & 0 & 3\\ 3 & 3 & 0\end{pmatrix},$$

而 $H(x_0)$的顺序主子式

$$\det H_1=0,\ \det H_2=\begin{vmatrix}0 & 3\\ 3 & 0\end{vmatrix}=-9<0,\ \det H_3=54>0,$$

故 $H(x_0)$不定，$x_0=(0,0,0)^{\mathrm{T}}$ 不是极值点.

在点 $x_1=(-2,-2,-2)^{\mathrm{T}}$，有

$$H(x_1)=\begin{pmatrix}-12 & 3 & 3\\ 3 & -12 & 3\\ 3 & 3 & -12\end{pmatrix},$$

$H(x_1)$的顺序主子式

$$\det H_1=-12<0,\ \det H_2=138>0,\ \det H_3=-1\ 350<0,$$

故 $H(x_1)$为负定矩阵，$x_1=(-2,-2,-2)^{\mathrm{T}}$ 为极大值点，极大值为 12.

2. 在 $\mathbf{R}^3$ 中，将下述二次方程化为标准形式，并判断曲面类型：

(1) $x_1^2-2x_2^2-2x_3^2-4x_1x_2+4x_1x_3+8x_2x_3-4\sqrt{5}x_1+2\sqrt{5}x_2-3\sqrt{5}x_3-\frac{5}{7}=0$；

(2) $4x_1^2-6x_2^2-6x_3^2-4x_2x_3-4x_1+4x_2+4x_3-5=0$.

解　(1)设 $\boldsymbol{A}=\begin{pmatrix}1 & -2 & 2\\ -2 & -2 & 4\\ 2 & 4 & -2\end{pmatrix}$，$\boldsymbol{\alpha}=\begin{pmatrix}-2\sqrt{5}\\ \sqrt{5}\\ -\frac{3}{2}\sqrt{5}\end{pmatrix}$，$\boldsymbol{x}=\begin{pmatrix}x_1\\ x_2\\ x_3\end{pmatrix}$，记二次方程为

$$\boldsymbol{x}^{\mathrm{T}}\boldsymbol{A}\boldsymbol{x}+2\boldsymbol{\alpha}^{\mathrm{T}}\boldsymbol{x}-\frac{5}{7}=0.$$

由 $|\lambda\boldsymbol{E}-\boldsymbol{A}|=0$，可得 $\boldsymbol{A}$ 的特征值和对应的特征向量

$$\lambda_1=\lambda_2=2,\ \boldsymbol{\alpha}_1=(-2,1,0)^{\mathrm{T}},\ \boldsymbol{\alpha}_2=(2,0,1)^{\mathrm{T}};\lambda_3=-7,\ \boldsymbol{\alpha}_3=(1,2,-2)^{\mathrm{T}}.$$

将 $\boldsymbol{\alpha}_1,\boldsymbol{\alpha}_2$正交化，设 $\boldsymbol{\beta}_1=\boldsymbol{\alpha}_1$，

$$\boldsymbol{\beta}_2=\boldsymbol{\alpha}_2-\frac{(\boldsymbol{\alpha}_2,\boldsymbol{\beta}_1)}{(\boldsymbol{\beta}_1,\boldsymbol{\beta}_1)}\boldsymbol{\beta}_1=(2,0,1)^{\mathrm{T}}+\frac{4}{5}(-2,1,0)^{\mathrm{T}}=\left(\frac{2}{5},\frac{4}{5},1\right)^{\mathrm{T}}.$$

将 $\boldsymbol{\beta}_1,\boldsymbol{\beta}_2,\boldsymbol{\alpha}_3$单位化，得

$$\boldsymbol{\gamma}_1=\left(-\frac{2}{\sqrt{5}},\frac{1}{\sqrt{5}},0\right)^{\mathrm{T}},\ \boldsymbol{\gamma}_2=\left[\frac{2}{3\sqrt{5}},\frac{4}{3\sqrt{5}},\frac{\sqrt{5}}{3}\right]^{\mathrm{T}},\ \boldsymbol{\gamma}_3=\left(\frac{1}{3},\frac{2}{3},-\frac{2}{3}\right)^{\mathrm{T}}.$$

取正交阵 $\boldsymbol{Q}=(\boldsymbol{\gamma}_1,\boldsymbol{\gamma}_2,\boldsymbol{\gamma}_3)$，则 $\boldsymbol{Q}^{\mathrm{T}}\boldsymbol{A}\boldsymbol{Q}=\mathrm{diag}(2,2,-7)$.

设 $\boldsymbol{x}=\boldsymbol{Q}\boldsymbol{y}$，其中 $\boldsymbol{y}=(y_1,y_2,y_3)^{\mathrm{T}}$，二次方程化为

$$\boldsymbol{y}^{\mathrm{T}}(\boldsymbol{Q}^{\mathrm{T}}\boldsymbol{A}\boldsymbol{Q})\boldsymbol{y}+2\boldsymbol{\alpha}^{\mathrm{T}}\boldsymbol{Q}\boldsymbol{y}-\frac{5}{7}=0,$$

即

$$2y_1^2+2y_2^2-7y_3^2+10y_1-5y_2+2\sqrt{5}y_3-\frac{5}{7}=0,$$

令 $z_1=y_1+\frac{5}{2}, z_2=y_2-\frac{5}{4}, z_3=y_3-\frac{\sqrt{5}}{7}$，得 $2z_1^2+2z_2^2-7z_3^2=\frac{125}{8}$，这是一个单叶双曲面.

(2) 方法同(1). 可得 $\frac{4}{5}z_1^2-z_2^2-\frac{8}{5}z_3^2=1$，这是一个双叶双曲面.

3. 已知二次曲面方程 $x^2+ay^2+z^2+2bxy+2xz+2yz=4$ 可以经过正交替换

$$(x,y,z)^{\mathrm{T}}=\boldsymbol{P}(x_1,y_1,z_1)^{\mathrm{T}}$$

化为椭圆柱面方程 $y_1^2+4z_1^2=4$，求 a,b 的值和正交矩阵 $\boldsymbol{P}$.

解 设二次型的矩阵

$$\boldsymbol{A}=\begin{pmatrix}1&b&1\\b&a&1\\1&1&1\end{pmatrix},$$

依题意 $\boldsymbol{A}$ 与对角矩阵 $\boldsymbol{\Lambda}=\mathrm{diag}(0,1,4)$ 相似，所以 $\boldsymbol{A}$ 的特征值为 $\lambda_1=0,\lambda_2=1,\lambda_3=4$.

由特征值的性质

$$\begin{cases}\mathrm{tr}\boldsymbol{A}=\lambda_1+\lambda_2+\lambda_3=0+1+4\\|\boldsymbol{A}|=\lambda_1\lambda_2\lambda_3=0\end{cases},$$

解得 $a=3,b=1$. 当 $a=3,b=1$ 时，

对于 $\lambda_1=0$，解方程组 $\boldsymbol{A}\boldsymbol{x}=\boldsymbol{0}$，得基础解系 $\boldsymbol{\alpha}_1=(1,0,-1)^{\mathrm{T}}$；

对于 $\lambda_2=1$，解方程组 $(\boldsymbol{E}-\boldsymbol{A})\boldsymbol{x}=\boldsymbol{0}$，得基础解系 $\boldsymbol{\alpha}_2=(1,-1,1)^{\mathrm{T}}$；

对于 $\lambda_3=4$，解方程组 $(4\boldsymbol{E}-\boldsymbol{A})\boldsymbol{x}=\boldsymbol{0}$，得基础解系 $\boldsymbol{\alpha}_3=(1,2,1)^{\mathrm{T}}$.

由于 $\boldsymbol{\alpha}_1,\boldsymbol{\alpha}_2,\boldsymbol{\alpha}_3$ 是正交向量组，只需单位化，得

$$\boldsymbol{\beta}_1=\left(\frac{1}{\sqrt{2}},0,-\frac{1}{\sqrt{2}}\right)^{\mathrm{T}},\ \boldsymbol{\beta}_2=\left(\frac{1}{\sqrt{3}},-\frac{1}{\sqrt{3}},\frac{1}{\sqrt{3}}\right)^{\mathrm{T}},\ \boldsymbol{\beta}_3=\left(\frac{1}{\sqrt{6}},\frac{2}{\sqrt{6}},\frac{1}{\sqrt{6}}\right)^{\mathrm{T}}.$$

令 $\boldsymbol{P}=(\boldsymbol{\beta}_1,\boldsymbol{\beta}_2,\boldsymbol{\beta}_3)$，则 $\boldsymbol{P}$ 即为所求的正交矩阵.

4.5 习题全解

1. 设二次型 $f(x_1,x_2,x_3)=x_1^2+4x_2^2+4x_3^2-4x_1x_2+2ax_1x_3+2bx_2x_3$ 的秩为 1，求 a、b 的值.

解 二次型 f 的矩阵

$$\boldsymbol{A}=\begin{pmatrix}1&-2&a\\-2&4&b\\a&b&4\end{pmatrix}\to\begin{pmatrix}1&-2&a\\0&0&b+2a\\0&b+2a&4-a^2\end{pmatrix}\to\begin{pmatrix}1&-2&a\\0&b+2a&4-a^2\\0&0&b+2a\end{pmatrix},$$

由 $r(f)=1$，知 $b+2a=0, 4-a^2=0$，解得

$$a=2, b=-4 \text{ 或 } a=-2, b=4.$$

2. 试求二次型 $f(x_1,x_2,x_3)=(a_1x_1+a_2x_2+a_3x_3)^2$ 的矩阵和秩.

解 $f(x_1,x_2,x_3)=a_1^2x_1^2+a_2^2x_2^2+a_3^2x_3^2+2a_1a_2x_1x_2+2a_1a_3x_1x_3+2a_2a_3x_2x_3$，

二次型 f 下的矩阵

$$\boldsymbol{A}=\begin{pmatrix} a_1^2 & a_1a_2 & a_1a_3 \\ a_1a_2 & a_2^2 & a_2a_3 \\ a_1a_3 & a_2a_3 & a_3^2 \end{pmatrix}=\begin{pmatrix} a_1 \\ a_2 \\ a_3 \end{pmatrix}(a_1,a_2,a_3),$$

由 a_1,a_2,a_3 不全为零，知 $r(f)=r(\boldsymbol{A})=1$.

3. 设 $\boldsymbol{A}$ 为 n 阶实对称矩阵，如果对任一 n 维列向量 $\boldsymbol{x}\in\mathbf{R}^n$，都有 $\boldsymbol{x}^{\mathrm{T}}\boldsymbol{A}\boldsymbol{x}=0$，试证：$\boldsymbol{A}=\boldsymbol{O}$.

证 设 $\boldsymbol{A}=(a_{ij})_n$ 为实对称矩阵，依题意对任意 $\boldsymbol{x}$，有 $\boldsymbol{x}^{\mathrm{T}}\boldsymbol{A}\boldsymbol{x}=0$，

取 $\boldsymbol{x}=\boldsymbol{\varepsilon}_i=(0,\cdots,0,\overset{i}{1},0,\cdots,0)^{\mathrm{T}}(i=1,2,\cdots,n)$，则 $\boldsymbol{\varepsilon}_i{}^{\mathrm{T}}\boldsymbol{A}\boldsymbol{\varepsilon}_i=a_{ii}=0\ (i=1,2,\cdots,n)$.

再取 $\boldsymbol{x}=\boldsymbol{\varepsilon}_i+\boldsymbol{\varepsilon}_j(i\neq j, i,j=1,2,\cdots,n)$，则 $\boldsymbol{x}^{\mathrm{T}}\boldsymbol{A}\boldsymbol{x}=a_{ii}+a_{jj}+a_{ij}+a_{ji}=a_{ij}+a_{ji}=0$.

由于 $a_{ij}=a_{ji}$，所以 $a_{ij}=0\ (i,j=1,2,\cdots,n)$. 故 $\boldsymbol{A}=\boldsymbol{O}$.

4. 判断矩阵 $\boldsymbol{A}$ 与 $\boldsymbol{B}$ 是否合同，若 $\boldsymbol{A}$ 与 $\boldsymbol{B}$ 合同，试求可逆矩阵 $\boldsymbol{C}$，使得 $\boldsymbol{C}^{\mathrm{T}}\boldsymbol{A}\boldsymbol{C}=\boldsymbol{B}$.

(1) $\boldsymbol{A}=\begin{pmatrix} \lambda_1 & 0 & 0 \\ 0 & \lambda_2 & 0 \\ 0 & 0 & \lambda_3 \end{pmatrix}$，$\boldsymbol{B}=\begin{pmatrix} \lambda_2 & 0 & 0 \\ 0 & \lambda_3 & 0 \\ 0 & 0 & \lambda_1 \end{pmatrix}$；

(2) $\boldsymbol{A}=\begin{pmatrix} 0 & 1 & 1 \\ 1 & 2 & 1 \\ 1 & 1 & 0 \end{pmatrix}$，$\boldsymbol{B}=\begin{pmatrix} 2 & 1 & 1 \\ 1 & 0 & 1 \\ 1 & 1 & 0 \end{pmatrix}$.

解 (1) 显然 $\boldsymbol{A}$ 与 $\boldsymbol{B}$ 合同. 令

$$\boldsymbol{C}=\begin{pmatrix} 0 & 0 & 1 \\ 1 & 0 & 0 \\ 0 & 1 & 0 \end{pmatrix},$$

$$\boldsymbol{C}^{\mathrm{T}}\boldsymbol{A}\boldsymbol{C}=\begin{pmatrix} 0 & 1 & 0 \\ 0 & 0 & 1 \\ 1 & 0 & 0 \end{pmatrix}\begin{pmatrix} \lambda_1 & & \\ & \lambda_2 & \\ & & \lambda_3 \end{pmatrix}\begin{pmatrix} 0 & 0 & 1 \\ 1 & 0 & 0 \\ 0 & 1 & 0 \end{pmatrix}=\begin{pmatrix} \lambda_2 & 0 & 0 \\ 0 & \lambda_3 & 0 \\ 0 & 0 & \lambda_1 \end{pmatrix}=\boldsymbol{B}.$$

(2) $|\lambda\boldsymbol{E}-\boldsymbol{A}|=\begin{vmatrix} \lambda & -1 & -1 \\ -1 & \lambda-2 & -1 \\ -1 & -1 & \lambda \end{vmatrix}=\lambda(\lambda-3)(\lambda+1)=0$，得

$\lambda_1=0$，$\lambda_2=3$，$\lambda_3=-1$.

$$|\lambda\boldsymbol{E}-\boldsymbol{B}|=\begin{vmatrix} \lambda-2 & -1 & -1 \\ -1 & \lambda & -1 \\ -1 & -1 & \lambda \end{vmatrix}=\lambda(\lambda-3)(\lambda+1)=0, \text{得}$$

$\lambda_1=0$，$\lambda_2=3$，$\lambda_3=-1$.

故 $\boldsymbol{A}$ 与 $\boldsymbol{B}$ 合同. 令

$$\boldsymbol{C}=\begin{pmatrix} 0 & 1 & 0 \\ 1 & 0 & 0 \\ 0 & 0 & 1 \end{pmatrix},$$

$$C^TAC=\begin{pmatrix}0&1&0\\1&0&0\\0&0&1\end{pmatrix}\begin{pmatrix}0&1&1\\1&2&1\\1&1&0\end{pmatrix}\begin{pmatrix}0&1&0\\1&0&0\\0&0&1\end{pmatrix}=\begin{pmatrix}2&1&1\\1&0&1\\1&1&0\end{pmatrix}=B.$$

5. 已知实二次型 $f(x_1,x_2,x_3)=a(x_1^2+x_2^2+x_3^2)+6x_1x_2+6x_1x_3+6x_2x_3$，经正交变换 $x=Qy$ 可化为标准形 $f=9y_1^2$，求 a 的值和正交矩阵 Q.

解 二次型 f 的矩阵

$$A=\begin{pmatrix}a&3&3\\3&a&3\\3&3&a\end{pmatrix},$$

经正交变换化为 $f=9y_1^2$，则 $\lambda_1=9$，$\lambda_2=0$，$\lambda_3=0$.

由 $\lambda_1+\lambda_2+\lambda_3=\mathrm{tr}A=3a$，得 $a=3$.

对 $\lambda_1=9$，解 $(9E-A)x=0$，得基础解系

$$\alpha_1=(1,1,1)^T.$$

对 $\lambda_2=\lambda_3=0$，解 $(0E-A)x=0$，得基础解系

$$\alpha_2=(1,-1,0)^T,\ \alpha_3=(1,0,-1)^T.$$

令 $\beta_2=(1,-1,0)^T$，$\beta_3=\alpha_3-\dfrac{(\beta_2,\alpha_3)}{(\beta_2,\beta_2)}\beta_2=\begin{pmatrix}1\\0\\-1\end{pmatrix}-\dfrac{1}{2}\begin{pmatrix}1\\-1\\0\end{pmatrix}=\begin{pmatrix}\frac{1}{2}\\\frac{1}{2}\\-1\end{pmatrix}$，

单位化 $\beta_1^0=\dfrac{1}{\sqrt{3}}(1,1,1)^T$，$\beta_2^0=\dfrac{1}{\sqrt{2}}(1,-1,0)^T$，$\beta_3^0=\dfrac{1}{\sqrt{6}}(1,1,-2)^T$，

令 $Q=(\beta_1^0,\beta_2^0,\beta_3^0)=\begin{pmatrix}\frac{1}{\sqrt{3}}&\frac{1}{\sqrt{2}}&\frac{1}{\sqrt{6}}\\\frac{1}{\sqrt{3}}&-\frac{1}{\sqrt{2}}&\frac{1}{\sqrt{6}}\\\frac{1}{\sqrt{3}}&0&-\frac{2}{\sqrt{6}}\end{pmatrix}$ 正交矩阵.

6. 已知二次型 $f(x_1,x_2,x_3)=(1-a)x_1^2+(1-a)x_2^2+2x_3^2+2(1+a)x_1x_2$ 的秩为 2.

(1) 求 a 的值；

(2) 求正交变换 $x=Qy$，把 $f(x_1,x_2,x_3)$ 化为标准形；

(3) 求方程 $f(x_1,x_2,x_3)=0$ 的根.

解 (1) 二次型 f 的矩阵

$$A=\begin{pmatrix}1-a&1+a&0\\1+a&1-a&0\\0&0&2\end{pmatrix},$$

由 $r(f)=r(A)=2$，知 $a=0$.

(2) 由 $|\lambda E-A|=0$ 得 $\lambda_1=0,\lambda_2=\lambda_3=2$.

对于 $\lambda_1=0$，解 $(\lambda_1E-A)x=0$，得基础解系

$$\alpha_1=(1,-1,0)^T;$$

对于 $\lambda_2=\lambda_3=2$，解 $(\lambda_2E-A)x=0$，得基础解系

$$\boldsymbol{\alpha}_2=(1,1,0)^{\mathrm{T}},\ \boldsymbol{\alpha}_3=(0,0,1)^{\mathrm{T}};$$

单位化 $\boldsymbol{\beta}_1=\left(\frac{1}{\sqrt{2}},-\frac{1}{\sqrt{2}},0\right)^{\mathrm{T}}$，$\boldsymbol{\beta}_2=\left(\frac{1}{\sqrt{2}},\frac{1}{\sqrt{2}},0\right)^{\mathrm{T}}$，$\boldsymbol{\beta}_3=(0,0,1)^{\mathrm{T}}$.

令 $Q=(\boldsymbol{\beta}_1,\boldsymbol{\beta}_2,\boldsymbol{\beta}_3)=\begin{pmatrix}\frac{1}{\sqrt{2}} & \frac{1}{\sqrt{2}} & 0\\ -\frac{1}{\sqrt{2}} & \frac{1}{\sqrt{2}} & 0\\ 0 & 0 & 1\end{pmatrix}$正交矩阵，正交变换 $\boldsymbol{x}=\boldsymbol{Q}\boldsymbol{y}$，

$$f(x_1,x_2,x_3)=2y_2^2+2y_3^2.$$

(3) $f(x_1,x_2,x_3)=x_1^2+x_2^2+2x_3^2+2x_1x_2=(x_1+x_2)^2+2x_3^2=0$，

得　$x_1+x_2=0$，$x_3=0$，即 $x_1=-c$，$x_2=c$，$x_3=0$.

7. 试证：二次型

$$f(x_1,x_2,\cdots,x_n)=2\sum_{i=1}^{n}x_i^2+2\sum_{1\leqslant i<j\leqslant n}x_ix_j \text{ 为正定二次型.}$$

证　f 的矩阵为 $\boldsymbol{A}=\begin{pmatrix}2 & 1 & 1 & \cdots & 1\\ 1 & 2 & 1 & \cdots & 1\\ \vdots & \vdots & \vdots & \ddots & \vdots\\ 1 & 1 & 1 & \cdots & 2\end{pmatrix}$.

令 $\boldsymbol{A}_k$ 为 $\boldsymbol{A}$ 的 k 阶顺序主子式，则

$$\boldsymbol{A}_k=\begin{vmatrix}2 & 1 & \cdots & 1\\ 1 & 2 & \cdots & 1\\ \vdots & \vdots & \ddots & \vdots\\ 1 & 1 & \cdots & 2\end{vmatrix}_k=k+1>0\ (k=1,2,\cdots,n),$$

所以 f 为正定二次型.

8. 设 n 元二次型

$$f(x_1,x_2,\cdots,x_n)=(x_1+a_1x_2)^2+(x_2+a_2x_3)^2+\cdots+(x_{n-1}+a_{n-1}x_n)^2+(x_n+a_nx_1)^2,$$

其中 $a_i(i=1,2,\cdots,n)$为实数，试问：当 $a_1,a_2,\cdots,a_n$满足何种条件时，二次型 $f(x_1,x_2,\cdots,x_n)$为正定二次型？

解　令$\begin{cases}y_1=x_1+a_1x_2\\ y_2=x_2+a_2x_3\\ \cdots\cdots\\ y_n=x_n+a_nx_1\end{cases}$，即 $\boldsymbol{y}=\boldsymbol{C}\boldsymbol{x}$，其中 $\boldsymbol{C}=\begin{pmatrix}1 & a_1 & 0 & \cdots & 0\\ 0 & 1 & a_2 & \cdots & 0\\ 0 & 0 & 1 & \cdots & 0\\ \vdots & \vdots & \vdots & \ddots & \vdots\\ a_n & 0 & 0 & \cdots & 1\end{pmatrix}$，

则 $f(x_1,\cdots,x_n)=y_1^2+\cdots+y_n^2$为正定二次型.

因为做可逆线性替换，不改变二次型的正定性，所以要使 $f(x_1,\cdots,x_n)$为正定二次型，只需 $\boldsymbol{C}$ 为可逆矩阵. 因为 $|\boldsymbol{C}|=1+(-1)^{n+1}a_1a_2\cdots a_n$，故当 $a_1\cdots a_n\neq(-1)^n$时，f 为正定二次型.

9. 已知 $\boldsymbol{A}$ 为反对称矩阵，试证：$\boldsymbol{E}-\boldsymbol{A}^2$为正定矩阵.

证　因为 $\boldsymbol{A}$ 为反对称矩阵，所以 $\boldsymbol{A}^2$为对称矩阵，且$(\boldsymbol{E}-\boldsymbol{A}^2)^{\mathrm{T}}=\boldsymbol{E}^{\mathrm{T}}-(\boldsymbol{A}^2)^{\mathrm{T}}=\boldsymbol{E}-\boldsymbol{A}^2$，因此 $\boldsymbol{E}-\boldsymbol{A}^2$为对称矩阵. 任取 $\boldsymbol{x}=(x_1,\cdots,x_n)^{\mathrm{T}}\neq\boldsymbol{0}$，

$$f(x_1,\cdots,x_n)=\boldsymbol{x}^{\mathrm{T}}(\boldsymbol{E}-\boldsymbol{A}^2)\boldsymbol{x}=\boldsymbol{x}^{\mathrm{T}}\boldsymbol{x}-\boldsymbol{x}^{\mathrm{T}}\boldsymbol{A}^2\boldsymbol{x}=\boldsymbol{x}^{\mathrm{T}}\boldsymbol{x}+\boldsymbol{x}^{\mathrm{T}}\boldsymbol{A}^{\mathrm{T}}\boldsymbol{A}\boldsymbol{x}$$
$$=\boldsymbol{x}^{\mathrm{T}}\boldsymbol{x}+(\boldsymbol{A}\boldsymbol{x})^{\mathrm{T}}\boldsymbol{A}\boldsymbol{x}>0,$$

故 $\boldsymbol{E}-\boldsymbol{A}^2$ 为正定矩阵.

10. 设 $\boldsymbol{A}$ 是一个实对称矩阵,试证:对于实数 t,当 t 充分大时,$t\boldsymbol{E}+\boldsymbol{A}$ 为正定矩阵.

证 因为 $\boldsymbol{A}$ 是一个实对称矩阵,所以存在正交矩阵 $\boldsymbol{Q}$,成立 $\boldsymbol{Q}^{-1}\boldsymbol{A}\boldsymbol{Q}=\boldsymbol{\Lambda}$,这时

$$\boldsymbol{Q}^{-1}(t\boldsymbol{E}+\boldsymbol{A})\boldsymbol{Q}=t\boldsymbol{E}+\boldsymbol{\Lambda}=\begin{pmatrix}t+\lambda_1 & & & \\ & t+\lambda_2 & & \\ & & \ddots & \\ & & & t+\lambda_n\end{pmatrix},$$

当 t 充分大时,$t+\lambda_i>0\ (i=1,2,\cdots,n)$,所有特征值为正的实对称矩阵是正定矩阵.

11. 设 $\boldsymbol{A}$ 是实对称矩阵,且 $\det\boldsymbol{A}<0$,试证:必存在 n 维列向量 $\boldsymbol{x}\in\mathbf{R}^n$,使得 $\boldsymbol{x}^{\mathrm{T}}\boldsymbol{A}\boldsymbol{x}<0$.

证 因为 $\boldsymbol{A}$ 是 n 阶实对称矩阵,且 $|\boldsymbol{A}|<0$,所以 $\boldsymbol{x}^{\mathrm{T}}\boldsymbol{A}\boldsymbol{x}$ 是一个非正定且满秩的二次型,其负惯性指数至少为 1,从而 f 经过可逆线性替换 $\boldsymbol{x}=\boldsymbol{C}\boldsymbol{y}$ 可化成

$$f=\boldsymbol{x}^{\mathrm{T}}\boldsymbol{A}\boldsymbol{x}=y_1^2+\cdots+y_s^2-y_{s+1}^2-\cdots-y_n^2,$$

其中 $s<n$. 取 $\boldsymbol{y}=(0,0,\cdots,1)^{\mathrm{T}}$ 时,则存在相应的 $\boldsymbol{x}=\boldsymbol{C}\boldsymbol{y}\neq\boldsymbol{0}$,使得

$$\boldsymbol{x}^{\mathrm{T}}\boldsymbol{A}\boldsymbol{x}=(\boldsymbol{C}\boldsymbol{y})^{\mathrm{T}}\boldsymbol{A}(\boldsymbol{C}\boldsymbol{y})=-1<0.$$

12. 设 $\boldsymbol{A}$ 为实对称矩阵,且

$$\boldsymbol{A}^3-3\boldsymbol{A}^2+5\boldsymbol{A}-3\boldsymbol{E}=\boldsymbol{O},$$

问 $\boldsymbol{A}$ 是否为正定矩阵?

解 设 λ 为 $\boldsymbol{A}$ 的任意特征值,则 λ 为实数,且 $\lambda^3-3\lambda^2+5\lambda-3$ 是矩阵 $\boldsymbol{A}^3-3\boldsymbol{A}^2+5\boldsymbol{A}-3\boldsymbol{E}$ 的特征值. 又因 $\boldsymbol{A}^3-3\boldsymbol{A}^2+5\boldsymbol{A}-3\boldsymbol{E}=\boldsymbol{O}$,所以 $\lambda^3-3\lambda^2+5\lambda-3=0$,即

$\lambda^3-3\lambda^2+5\lambda-3=(\lambda-1)(\lambda^2-2\lambda+3)$,所以实根 $\lambda=1>0$.

因此可知 $\boldsymbol{A}$ 的实特征值都是 1,故 $\boldsymbol{A}$ 是正定矩阵.

13. 设 $\boldsymbol{A}$ 为 n 阶正定矩阵,证明 $\boldsymbol{A}+\boldsymbol{E}$ 的行列式大于 1.

证 因为 $\boldsymbol{A}$ 正定,存在正交阵 $\boldsymbol{Q}$,使得

$$\boldsymbol{Q}^{\mathrm{T}}\boldsymbol{A}\boldsymbol{Q}=\mathrm{diag}(\lambda_1,\cdots,\lambda_n),$$

其中 λ_i 是 $\boldsymbol{A}$ 的特征值,且 $\lambda_i>0(i=1,2,\cdots,n)$,则

$$\boldsymbol{Q}^{\mathrm{T}}(\boldsymbol{A}+\boldsymbol{E})\boldsymbol{Q}=\boldsymbol{Q}^{\mathrm{T}}\boldsymbol{A}\boldsymbol{Q}+\boldsymbol{Q}^{\mathrm{T}}\boldsymbol{Q}=\mathrm{diag}(\lambda_1,\cdots,\lambda_n)+\boldsymbol{E}=\mathrm{diag}(\lambda_1+1,\cdots,\lambda_n+1).$$

两边取行列式

$$|\boldsymbol{Q}^{\mathrm{T}}|\,|\boldsymbol{A}+\boldsymbol{E}|\,|\boldsymbol{Q}|=|\boldsymbol{A}+\boldsymbol{E}|\,|\boldsymbol{Q}^{\mathrm{T}}\boldsymbol{Q}|=(\lambda_1+1)(\lambda_2+1)\cdots(\lambda_n+1),$$

即 $|\boldsymbol{A}+\boldsymbol{E}|=(\lambda_1+1)(\lambda_2+1)\cdots(\lambda_n+1)>1.$

14. 设矩阵 $\boldsymbol{A}=\begin{pmatrix}1&0&1\\0&2&0\\1&0&1\end{pmatrix}$,矩阵 $\boldsymbol{B}=(k\boldsymbol{E}+\boldsymbol{A})^2$,其中 k 为实数,$\boldsymbol{E}$ 为单位矩阵,求对角矩阵 $\boldsymbol{\Lambda}$,使得 $\boldsymbol{B}$ 与 $\boldsymbol{\Lambda}$ 相似. 并求 k 为何值时,$\boldsymbol{B}$ 为正定矩阵.

解 $\boldsymbol{A}$ 的特征多项式 $|\lambda\boldsymbol{E}-\boldsymbol{A}|=\begin{vmatrix}\lambda-1&0&-1\\0&\lambda-2&0\\-1&0&\lambda-1\end{vmatrix}=\lambda(\lambda-2)^2$ 得 $\lambda_1=0,\lambda_2=\lambda_3=2.$

因为 $\boldsymbol{A}$ 为实对称矩阵,故存在正交矩阵 $\boldsymbol{Q}$,使得

$$\boldsymbol{Q}^{\mathrm{T}}\boldsymbol{A}\boldsymbol{Q}=\mathrm{diag}(0,2,2),$$

所以 $\boldsymbol{Q}^{\mathrm{T}}(k\boldsymbol{E}+\boldsymbol{A})\boldsymbol{Q}=k\boldsymbol{E}+\mathrm{diag}(0,2,2)=\mathrm{diag}(k,k+2,k+2)$.
于是，$\boldsymbol{B}=(k\boldsymbol{E}+\boldsymbol{A})^2=[\boldsymbol{Q}\mathrm{diag}(k,k+2,k+2)\boldsymbol{Q}^{\mathrm{T}}]^2=\boldsymbol{Q}\mathrm{diag}[k^2,(k+2)^2,(k+2)^2]\boldsymbol{Q}^{\mathrm{T}}$，
故令 $\boldsymbol{\Lambda}=\mathrm{diag}[k^2,(k+2)^2,(k+2)^2]$，就有 $\boldsymbol{B}$ 与 $\boldsymbol{\Lambda}$ 相似. 当 $k\neq 0, k\neq -2$ 时，$\boldsymbol{B}$ 的特征值均大于 0，此时 $\boldsymbol{B}$ 为正定矩阵.

15. 设 $\boldsymbol{A}$ 为 $m\times n$ 实矩阵，$\boldsymbol{E}$ 为 n 阶单位矩阵，已知矩阵 $\boldsymbol{B}=\lambda\boldsymbol{E}+\boldsymbol{A}^{\mathrm{T}}\boldsymbol{A}$，试证：当 $\lambda>0$ 时，矩阵 $\boldsymbol{B}$ 为正定矩阵.

证　因为 $\boldsymbol{B}^{\mathrm{T}}=(\lambda\boldsymbol{E}+\boldsymbol{A}^{\mathrm{T}}\boldsymbol{A})^{\mathrm{T}}=\lambda\boldsymbol{E}+\boldsymbol{A}^{\mathrm{T}}\boldsymbol{A}=\boldsymbol{B}$，所以 $\boldsymbol{B}$ 为 n 阶对称矩阵.

任取 $\boldsymbol{x}=(x_1,\cdots,x_n)^{\mathrm{T}}$，则有

$$\boldsymbol{x}^{\mathrm{T}}\boldsymbol{B}\boldsymbol{x}=\boldsymbol{x}^{\mathrm{T}}(\lambda\boldsymbol{E}+\boldsymbol{A}^{\mathrm{T}}\boldsymbol{A})\boldsymbol{x}=\lambda\boldsymbol{x}^{\mathrm{T}}\boldsymbol{x}+(\boldsymbol{A}\boldsymbol{x})^{\mathrm{T}}\boldsymbol{A}\boldsymbol{x},$$

根据内积的性质，当 $\lambda>0$ 且 $\boldsymbol{x}\neq\boldsymbol{0}$ 时，$\lambda\boldsymbol{x}^{\mathrm{T}}\boldsymbol{x}>0$，$(\boldsymbol{A}\boldsymbol{x})^{\mathrm{T}}\boldsymbol{A}\boldsymbol{x}\geqslant 0$，所以 $\boldsymbol{x}^{\mathrm{T}}\boldsymbol{B}\boldsymbol{x}>0$.

因此，当 $\lambda>0$ 时，$\boldsymbol{B}$ 为正定矩阵.

16. 设实对称矩阵 $\boldsymbol{A}$ 为 m 阶正定矩阵，$\boldsymbol{B}$ 为 $m\times n$ 实矩阵，试证 $\boldsymbol{B}^{\mathrm{T}}\boldsymbol{A}\boldsymbol{B}$ 为正定矩阵的充分必要条件是矩阵 $\boldsymbol{B}$ 的秩 $r(\boldsymbol{B})=n$.

证　必要性：设 $\boldsymbol{B}^{\mathrm{T}}\boldsymbol{A}\boldsymbol{B}$ 为正定矩阵，对任意的 n 维列向量 $\boldsymbol{x}\neq\boldsymbol{0}$，有

$$\boldsymbol{x}^{\mathrm{T}}(\boldsymbol{B}^{\mathrm{T}}\boldsymbol{A}\boldsymbol{B})\boldsymbol{x}>0，\text{即 }(\boldsymbol{B}\boldsymbol{x})^{\mathrm{T}}\boldsymbol{A}(\boldsymbol{B}\boldsymbol{x})>0,$$

于是 $\boldsymbol{B}\boldsymbol{x}\neq 0$，则 $\boldsymbol{B}\boldsymbol{x}=\boldsymbol{0}$ 只有零解，所以 $\boldsymbol{B}$ 的列向量组线性无关，$r(\boldsymbol{B})=n$.

充分性：因为$(\boldsymbol{B}^{\mathrm{T}}\boldsymbol{A}\boldsymbol{B})^{\mathrm{T}}=\boldsymbol{B}^{\mathrm{T}}\boldsymbol{A}^{\mathrm{T}}\boldsymbol{B}=\boldsymbol{B}^{\mathrm{T}}\boldsymbol{A}\boldsymbol{B}$，所以 $\boldsymbol{B}^{\mathrm{T}}\boldsymbol{A}\boldsymbol{B}$ 为对称矩阵.

当 $r(\boldsymbol{B})=n$ 时，$\boldsymbol{B}\boldsymbol{x}=\boldsymbol{0}$ 只有零解. 即对任意 $\boldsymbol{x}\neq\boldsymbol{0}$，$\boldsymbol{B}\boldsymbol{x}\neq\boldsymbol{0}$，由 $\boldsymbol{A}$ 是正定的，得

$$\boldsymbol{x}^{\mathrm{T}}(\boldsymbol{B}^{\mathrm{T}}\boldsymbol{A}\boldsymbol{B})\boldsymbol{x}=(\boldsymbol{B}\boldsymbol{x})^{\mathrm{T}}\boldsymbol{A}(\boldsymbol{B}\boldsymbol{x})>0,$$

故 $\boldsymbol{B}^{\mathrm{T}}\boldsymbol{A}\boldsymbol{B}$ 为正定矩阵.

第5章　线性空间与线性变换

5.1　基本要求

(本章属于选学内容)

1. 了解线性空间的概念,知道线性空间的维数、基与坐标,两组基之间的过渡矩阵,基变换公式与坐标变换公式,线性子空间.

2. 理解线性变换的概念,掌握线性变换的性质,线性变换在一组基下的矩阵,线性变换与矩阵的一一对应关系.

3. 了解内积的概念、欧氏空间的定义及标准正交基的概念;掌握施密特正交化方法.

5.2　基本内容

5.2.1　线性空间

5.2.1.1　线性空间的定义

设$\boldsymbol{V}$是一个非空集合,$\boldsymbol{F}$是一个数域,在$\boldsymbol{V}$中定义了两种代数运算.

加法:对于$\boldsymbol{V}$中的任意两个元素$\boldsymbol{\alpha}$与$\boldsymbol{\beta}$,按某一法则,在$\boldsymbol{V}$中都有唯一的一个元素$\boldsymbol{\gamma}$与之对应,称为$\boldsymbol{\alpha}$与$\boldsymbol{\beta}$的和,记作$\boldsymbol{\gamma}=\boldsymbol{\alpha}+\boldsymbol{\beta}$.

数量乘法:对于$\boldsymbol{V}$中的任意元素$\boldsymbol{\alpha}$和数域$\boldsymbol{F}$中的任意数k,按某一法则,在$\boldsymbol{V}$中都有唯一的一个元素$\boldsymbol{\delta}$与之对应,称为k与$\boldsymbol{\alpha}$的数量乘积,记作$\delta=k\boldsymbol{\alpha}$.

如果加法与数量乘法满足八条运算律,则称$\boldsymbol{V}$是数域$\boldsymbol{F}$上的一个线性空间.

$\boldsymbol{V}$中的元素也称为向量.

注　其中加法满足下列四条运算律:

① $\boldsymbol{\alpha}+\boldsymbol{\beta}=\boldsymbol{\beta}+\boldsymbol{\alpha}$;

② $(\boldsymbol{\alpha}+\boldsymbol{\beta})+\boldsymbol{\gamma}=\boldsymbol{\alpha}+(\boldsymbol{\beta}+\boldsymbol{\gamma})$;

③ $\boldsymbol{\alpha}+\boldsymbol{0}=\boldsymbol{\alpha}$;

④ $\boldsymbol{\alpha}+(-\boldsymbol{\alpha})=\boldsymbol{0}$;

数量乘法满足两条运算律:

⑤ $1\cdot\boldsymbol{\alpha}=\boldsymbol{\alpha}$;

⑥ $k(l\boldsymbol{\alpha})=(kl)\boldsymbol{\alpha}$;

数量乘法与加法满足两条运算律:

⑦ $(k+l)\boldsymbol{\alpha}=k\boldsymbol{\alpha}+l\boldsymbol{\alpha}$；

⑧ $k(\boldsymbol{\alpha}+\boldsymbol{\beta})=k\boldsymbol{\alpha}+k\boldsymbol{\beta}\quad(\boldsymbol{\alpha},\boldsymbol{\beta},\boldsymbol{\gamma}\in\boldsymbol{V};k,l\in\boldsymbol{F})$.

5.2.1.2 线性空间的维数,基与坐标

如果在线性空间 $\boldsymbol{V}$ 中,有 n 个线性无关的向量,而没有更多数量的线性无关的向量,则称 $\boldsymbol{V}$ 是 n 维的,记作 $\dim\boldsymbol{V}=n$,称这 n 个线性无关的向量为 $\boldsymbol{V}$ 的一组基.

设 $\boldsymbol{\alpha}_1,\boldsymbol{\alpha}_2,\cdots,\boldsymbol{\alpha}_n$ 为线性空间 $\boldsymbol{V}$ 的一组基,则对任意 $\boldsymbol{\alpha}\in\boldsymbol{V}$,$\boldsymbol{\alpha}$ 必可由 $\boldsymbol{\alpha}_1,\boldsymbol{\alpha}_2,\cdots,\boldsymbol{\alpha}_n$ 唯一地线性表出,若设 $\boldsymbol{\alpha}=x_1\boldsymbol{\alpha}_1+x_2\boldsymbol{\alpha}_2+\cdots x_n\boldsymbol{\alpha}_n$,则称表出系数 $x_1,x_2,\cdots,x_n$ 为 $\boldsymbol{\alpha}$ 在基 $\boldsymbol{\alpha}_1,\boldsymbol{\alpha}_2,\cdots,\boldsymbol{\alpha}_n$ 下的坐标,记作 $(x_1,x_2,\cdots,x_n)$.

5.2.1.3 过渡矩阵,基变换公式与坐标变换公式

设 $\boldsymbol{\alpha}_1,\boldsymbol{\alpha}_2,\cdots,\boldsymbol{\alpha}_n$ 与 $\boldsymbol{\beta}_1,\boldsymbol{\beta}_2,\cdots,\boldsymbol{\beta}_n$ 是 n 维线性空间 $\boldsymbol{V}$ 中的两组基,它们可以互相线性表出,若设

$$\begin{cases}\boldsymbol{\beta}_1=a_{11}\boldsymbol{\alpha}_1+a_{21}\boldsymbol{\alpha}_2+\cdots+a_{n1}\boldsymbol{\alpha}_n\\ \boldsymbol{\beta}_2=a_{12}\boldsymbol{\alpha}_1+a_{22}\boldsymbol{\alpha}_2+\cdots+a_{n2}\boldsymbol{\alpha}_n\\ \quad\cdots\cdots\\ \boldsymbol{\beta}_n=a_{1n}\boldsymbol{\alpha}_1+a_{2n}\boldsymbol{\alpha}_2+\cdots+a_{nn}\boldsymbol{\alpha}_n\end{cases},\tag{5.1}$$

利用分块矩阵乘法,可将上式表示为

$$(\boldsymbol{\beta}_1,\boldsymbol{\beta}_2,\cdots,\boldsymbol{\beta}_n)=(\boldsymbol{\alpha}_1,\boldsymbol{\alpha}_2,\cdots,\boldsymbol{\alpha}_n)\begin{pmatrix}a_{11}&\cdots&a_{1n}\\ \vdots&\ddots&\vdots\\ a_{n1}&\cdots&a_{nn}\end{pmatrix},\tag{5.2}$$

或简记为 $(\boldsymbol{\beta}_1,\boldsymbol{\beta}_2,\cdots,\boldsymbol{\beta}_n)=(\boldsymbol{\alpha}_1,\boldsymbol{\alpha}_2,\cdots,\boldsymbol{\alpha}_n)\boldsymbol{A}$. 其中 $\boldsymbol{A}=(a_{ij})_{n\times n}$ 称为由基 $\boldsymbol{\alpha}_1,\boldsymbol{\alpha}_2,\cdots,\boldsymbol{\alpha}_n$ 到 $\boldsymbol{\beta}_1,\boldsymbol{\beta}_2,\cdots,\boldsymbol{\beta}_n$ 的过渡矩阵. 过渡矩阵 $\boldsymbol{A}$ 是可逆矩阵. $\boldsymbol{A}$ 的列向量分别是基 $\boldsymbol{\beta}_1,\boldsymbol{\beta}_2,\cdots,\boldsymbol{\beta}_n$ 在基 $\boldsymbol{\alpha}_1,\boldsymbol{\alpha}_2,\cdots,\boldsymbol{\alpha}_n$ 下的坐标,式(5.1)或式(5.2)称基变换公式.

如果向量 $\boldsymbol{\alpha}\in\boldsymbol{V}$ 在这两组基下的坐标分别为 $(x_1,x_2,\cdots,x_n)$ 和 $(y_1,y_2,\cdots,y_n)$,那么

$$\begin{pmatrix}x_1\\ x_2\\ \vdots\\ x_n\end{pmatrix}=\begin{pmatrix}a_{11}&\cdots&a_{1n}\\ \vdots&\ddots&\vdots\\ a_{n1}&\cdots&a_{nn}\end{pmatrix}\begin{pmatrix}y_1\\ y_2\\ \vdots\\ y_n\end{pmatrix},\tag{5.3}$$

或

$$\begin{pmatrix}y_1\\ y_2\\ \vdots\\ y_n\end{pmatrix}=\begin{pmatrix}a_{11}&\cdots&a_{1n}\\ \vdots&\ddots&\vdots\\ a_{n1}&\cdots&a_{nn}\end{pmatrix}^{-1}\begin{pmatrix}x_1\\ x_2\\ \vdots\\ x_n\end{pmatrix},\tag{5.4}$$

称式(5.3)或式(5.4)为坐标变换公式.

5.2.1.4 线性子空间

$\boldsymbol{W}$ 是数域 $\boldsymbol{F}$ 上线性空间 $\boldsymbol{V}$ 的一个非空子集,如果 $\boldsymbol{W}$ 对 $\boldsymbol{V}$ 的两种运算封闭,称 $\boldsymbol{W}$ 为 $\boldsymbol{V}$ 的一个线性子空间. 简称子空间.

5.2.1.5 生成子空间

设 $\boldsymbol{\alpha}_1,\boldsymbol{\alpha}_2,\cdots,\boldsymbol{\alpha}_s$ 是线性空间 $\boldsymbol{V}$ 中的一组向量,由这组向量的所有可能的线性组合 $k_1\boldsymbol{\alpha}_1+k_2\boldsymbol{\alpha}_2+\cdots k_s\boldsymbol{\alpha}_s$ 所构成的集合也是 $\boldsymbol{V}$ 的一个子空间,称为由 $\boldsymbol{\alpha}_1,\boldsymbol{\alpha}_2,\cdots,\boldsymbol{\alpha}_s$ 生成的子空间,记作 $\boldsymbol{L}(\boldsymbol{\alpha}_1,\boldsymbol{\alpha}_2,\cdots,\boldsymbol{\alpha}_s)$.

注1 两个向量组生成相同子空间的充要条件是这两个向量组等价.

注2 $L(\boldsymbol{\alpha}_1,\boldsymbol{\alpha}_2,\cdots,\boldsymbol{\alpha}_n)$的维数等于$\boldsymbol{\alpha}_1,\boldsymbol{\alpha}_2,\cdots,\boldsymbol{\alpha}_s$的秩.

5.2.2 线性变换

5.2.2.1 线性变换

设σ是线性空间$\boldsymbol{V}$的一个变换,如果对于$\boldsymbol{V}$的任意向量$\boldsymbol{\alpha},\boldsymbol{\beta}$和数域$\boldsymbol{F}$中的任意数$k$,都有

$$\sigma(\boldsymbol{\alpha}+\boldsymbol{\beta})=\sigma(\boldsymbol{\alpha})+\sigma(\boldsymbol{\beta}),\quad \sigma(k\boldsymbol{\alpha})=k\sigma(\boldsymbol{\alpha}).$$

则称σ是线性空间$\boldsymbol{V}$的一个线性变换. $\sigma(\boldsymbol{\alpha})$称为向量$\boldsymbol{\alpha}$在线性变换$\sigma$下的像. $\sigma(\boldsymbol{\alpha})$还是$\boldsymbol{V}$中的向量.

注 集合$\boldsymbol{M}$到自身的映射,称为变换.

5.2.2.2 线性变换的性质

1. 设σ是线性空间$\boldsymbol{V}$的线性变换,则$\sigma(\boldsymbol{0})=\boldsymbol{0},\sigma(-\boldsymbol{\alpha})=-\sigma(\boldsymbol{\alpha})$.

2. 线性变换保持线性组合与线性关系式不变,即如果已知$\boldsymbol{\beta}=k_1\boldsymbol{\alpha}_1+k_2\boldsymbol{\alpha}_2+\cdots+k_s\boldsymbol{\alpha}_s$,则$\sigma(\boldsymbol{\beta})=k_1\sigma(\boldsymbol{\alpha}_1)+k_2\sigma(\boldsymbol{\alpha}_2)+\cdots+k_s\sigma(\boldsymbol{\alpha}_s)$. 又如果$\boldsymbol{\alpha}_1,\boldsymbol{\alpha}_2,\cdots,\boldsymbol{\alpha}_s$之间有线性关系式$l_1\boldsymbol{\alpha}_1+l_2\boldsymbol{\alpha}_2+\cdots+l_s\boldsymbol{\alpha}_s=\boldsymbol{0}$,则它们的像$\sigma(\boldsymbol{\alpha}_1),\sigma(\boldsymbol{\alpha}_2),\cdots,\sigma(\boldsymbol{\alpha}_s)$之间有同样的关系式$l_1\sigma(\boldsymbol{\alpha}_1)+l_2\sigma(\boldsymbol{\alpha}_2)+\cdots+l_s\sigma(\boldsymbol{\alpha}_s)=\boldsymbol{0}$.

3. 线性变换将线性相关的向量组变为线性相关的向量组,即线性相关的向量组经过线性变换后,其像构成的向量组仍然线性相关.

5.2.2.3 线性变换的矩阵

设$\boldsymbol{\alpha}_1,\boldsymbol{\alpha}_2,\cdots,\boldsymbol{\alpha}_n$是数域$\boldsymbol{F}$上的$n$维线性空间$\boldsymbol{V}$的一组基,$\sigma$是$\boldsymbol{V}$的线性变换,则基的像$\sigma(\boldsymbol{\alpha}_1),\sigma(\boldsymbol{\alpha}_2),\cdots,\sigma(\boldsymbol{\alpha}_n)$可以被基$\boldsymbol{\alpha}_1,\boldsymbol{\alpha}_2,\cdots,\boldsymbol{\alpha}_n$线性表出,设

$$\begin{cases}\sigma(\boldsymbol{\alpha}_1)=a_{11}\boldsymbol{\alpha}_1+a_{21}\boldsymbol{\alpha}_2+\cdots+a_{n1}\boldsymbol{\alpha}_n\\ \sigma(\boldsymbol{\alpha}_2)=a_{12}\boldsymbol{\alpha}_1+a_{22}\boldsymbol{\alpha}_2+\cdots+a_{n2}\boldsymbol{\alpha}_n\\ \qquad\cdots\cdots\\ \sigma(\boldsymbol{\alpha}_n)=a_{1n}\boldsymbol{\alpha}_1+a_{2n}\boldsymbol{\alpha}_2+\cdots+a_{nn}\boldsymbol{\alpha}_n\end{cases},\tag{5.5}$$

令

$$\boldsymbol{A}=\begin{pmatrix}a_{11}&\cdots&a_{1n}\\ \vdots&\ddots&\vdots\\ a_{n1}&\cdots&a_{nn}\end{pmatrix},$$

若记$\sigma(\boldsymbol{\alpha}_1,\boldsymbol{\alpha}_2,\cdots,\boldsymbol{\alpha}_n)=(\sigma(\boldsymbol{\alpha}_1),\sigma(\boldsymbol{\alpha}_2),\cdots,\sigma(\boldsymbol{\alpha}_n))$,则式(5.5)可表示为

$$\sigma(\boldsymbol{\alpha}_1,\boldsymbol{\alpha}_2,\cdots,\boldsymbol{\alpha}_n)=(\boldsymbol{\alpha}_1,\boldsymbol{\alpha}_2,\cdots,\boldsymbol{\alpha}_n)\boldsymbol{A},\tag{5.6}$$

称n阶矩阵$\boldsymbol{A}$为线性变换σ在基$\boldsymbol{\alpha}_1,\boldsymbol{\alpha}_2,\cdots,\boldsymbol{\alpha}_n$下的矩阵,其中$\boldsymbol{A}$的第$j$列元是$\sigma(\boldsymbol{\alpha}_j)$在基$\boldsymbol{\alpha}_1,\boldsymbol{\alpha}_2,\cdots,\boldsymbol{\alpha}_n$下的坐标$(j=1,2,\cdots n)$.

5.2.2.4 线性变换与矩阵的一一对应关系

引理:设$\boldsymbol{\alpha}_1,\boldsymbol{\alpha}_2,\cdots,\boldsymbol{\alpha}_n$是数域$\boldsymbol{F}$上的$n$维线性空间$\boldsymbol{V}$的一组基,对于$\boldsymbol{V}$中任意给定的$n$个向量$\boldsymbol{\beta}_1,\boldsymbol{\beta}_2,\cdots,\boldsymbol{\beta}_n$,都存在线性变换$\sigma$,使得$\sigma(\boldsymbol{\alpha}_i)=\boldsymbol{\beta}_i(i=1,2,\cdots,n)$.

定理:设$\boldsymbol{\alpha}_1,\boldsymbol{\alpha}_2,\cdots,\boldsymbol{\alpha}_n$是数域$\boldsymbol{F}$上的$n$维线性空间$\boldsymbol{V}$的一组基,$\boldsymbol{A}=(a_{ij})_{n\times n}$是$\boldsymbol{F}$上的任意一个$n$阶矩阵,则存在$\boldsymbol{V}$的唯一一个线性变换$\sigma$,使得

$$\sigma(\boldsymbol{\alpha}_1,\boldsymbol{\alpha}_2,\cdots,\boldsymbol{\alpha}_n)=(\boldsymbol{\alpha}_1,\boldsymbol{\alpha}_2,\cdots,\boldsymbol{\alpha}_n)\boldsymbol{A}.$$

5.2.3 欧几里得空间简介

5.2.3.1 欧氏空间

设 $\boldsymbol{V}$ 是实数域 $\mathbf{R}$ 上一个线性空间，在 $\boldsymbol{V}$ 上定义了一个二元实函数，称为内积，记作 $(\boldsymbol{\alpha},\boldsymbol{\beta})$，它具有以下性质：

(1) $(\boldsymbol{\alpha},\boldsymbol{\beta})=(\boldsymbol{\beta},\boldsymbol{\alpha})$；

(2) $(k\boldsymbol{\alpha},\boldsymbol{\beta})=k(\boldsymbol{\alpha},\boldsymbol{\beta})$；

(3) $(\boldsymbol{\alpha}+\boldsymbol{\beta},\boldsymbol{\gamma})=(\boldsymbol{\alpha},\boldsymbol{\gamma})+(\boldsymbol{\beta},\boldsymbol{\gamma})$；

(4) $(\boldsymbol{\alpha},\boldsymbol{\alpha})\geqslant 0$，当且仅当 $\boldsymbol{\alpha}=0$ 时 $(\boldsymbol{\alpha},\boldsymbol{\alpha})=0$，

其中 $\boldsymbol{\alpha},\boldsymbol{\beta},\boldsymbol{\gamma}$ 是 $\boldsymbol{V}$ 中的向量，k 是实数.

定义了内积的线性空间 $\boldsymbol{V}$ 称为欧几里得空间，简称欧氏空间.

(1) 向量 $\boldsymbol{\alpha}$ 的长度

在欧氏空间 $\boldsymbol{V}$ 中，对于任意 $\boldsymbol{\alpha}\in\boldsymbol{V}$，非负实数 $\sqrt{(\boldsymbol{\alpha},\boldsymbol{\alpha})}$ 称为向量 $\boldsymbol{\alpha}$ 的长度，记作 $\|\boldsymbol{\alpha}\|$：

① 向量的长度一般是正数，零向量的长度为零；

② $\forall\boldsymbol{\alpha}\in\boldsymbol{V},k\in\mathbf{R},\|k\boldsymbol{\alpha}\|=|k|\,\|\boldsymbol{\alpha}\|$.

(2) 单位向量

长度为 1 的向量称为单位向量. 任意非零向量都可以单位化. 若 $\boldsymbol{\alpha}\neq 0,\boldsymbol{\beta}=\dfrac{1}{\|\boldsymbol{\alpha}\|}\boldsymbol{\alpha}$ 是单位向量.

(3) 柯西-布涅柯夫斯基不等式

设 $\boldsymbol{V}$ 是欧氏空间，对于 $\boldsymbol{V}$ 中任意向量 $\boldsymbol{\alpha},\boldsymbol{\beta}$ 有 $|(\boldsymbol{\alpha},\boldsymbol{\beta})|\leqslant\|\boldsymbol{\alpha}\|\cdot\|\boldsymbol{\beta}\|$，当且仅当 $\boldsymbol{\alpha}$ 与 $\boldsymbol{\beta}$ 线性相关时等号成立.

(4) $\boldsymbol{\alpha}$ 与 $\boldsymbol{\beta}$ 的夹角 θ

在欧氏空间 $\boldsymbol{V}$ 中，对任意非零向量 $\boldsymbol{\alpha},\boldsymbol{\beta}$，规定 $\boldsymbol{\alpha}$ 与 $\boldsymbol{\beta}$ 的夹角 θ 由下式确定：

$$\cos\theta=\frac{(\boldsymbol{\alpha},\boldsymbol{\beta})}{\|\boldsymbol{\alpha}\|\,\|\boldsymbol{\beta}\|},0\leqslant\theta\leqslant\pi.$$

(5) $\boldsymbol{\alpha}$ 与 $\boldsymbol{\beta}$ 正交

对于欧氏空间 $\boldsymbol{V}$ 中的向量 $\boldsymbol{\alpha}$ 与 $\boldsymbol{\beta}$，如果 $(\boldsymbol{\alpha},\boldsymbol{\beta})=0$，则称 $\boldsymbol{\alpha}$ 与 $\boldsymbol{\beta}$ 正交或相互垂直，记作 $\boldsymbol{\alpha}\perp\boldsymbol{\beta}$.

5.2.3.2 标准正交基

欧氏空间 $\boldsymbol{V}$ 中一组非零的向量，如果它们两两正交，称之为一个正交向量组.

在 n 维欧氏空间 $\boldsymbol{V}$ 中，由 n 个向量组成的正交向量组称为 $\boldsymbol{V}$ 的一个正交基. 由单位向量组成的正交基称为标准正交基.

注　正交向量组一定线性无关.

5.2.3.3 在标准正交基下向量坐标

设 $\boldsymbol{\varepsilon}_1,\boldsymbol{\varepsilon}_2,\cdots,\boldsymbol{\varepsilon}_n$ 是 n 维欧氏空间 $\boldsymbol{V}$ 的一组标准正交基，$\boldsymbol{V}$ 中的向量 $\boldsymbol{\alpha}$ 在基 $\boldsymbol{\varepsilon}_1,\boldsymbol{\varepsilon}_2,\cdots,\boldsymbol{\varepsilon}_n$ 下的坐标为 $\boldsymbol{x}=(x_1,x_2,\cdots,x_n)^{\mathrm{T}}$，则 $x_i=(\boldsymbol{\alpha},\boldsymbol{\varepsilon}_i)(i=1,2,\cdots,n)$.

5.2.3.4 欧氏空间中的施密特正交化方法

设 $\boldsymbol{\alpha}_1,\boldsymbol{\alpha}_2,\cdots,\boldsymbol{\alpha}_s$ 是 n 维欧氏空间 $\boldsymbol{V}$ 中的 s 个线性无关的向量，令

$$\boldsymbol{\beta}_1=\boldsymbol{\alpha}_1,$$

$$\boldsymbol{\beta}_2=\boldsymbol{\alpha}_2-\frac{(\boldsymbol{\alpha}_2,\boldsymbol{\beta}_1)}{(\boldsymbol{\beta}_1,\boldsymbol{\beta}_1)}\boldsymbol{\beta}_1,$$

……

$$\boldsymbol{\beta}_s=\boldsymbol{\alpha}_s-\frac{(\boldsymbol{\alpha}_s,\boldsymbol{\beta}_1)}{(\boldsymbol{\beta}_1,\boldsymbol{\beta}_1)}\boldsymbol{\beta}_1-\frac{(\boldsymbol{\alpha}_s,\boldsymbol{\beta}_2)}{(\boldsymbol{\beta}_2,\boldsymbol{\beta}_2)}\boldsymbol{\beta}_2-\cdots-\frac{(\boldsymbol{\alpha}_s,\boldsymbol{\beta}_{s-1})}{(\boldsymbol{\beta}_{s-1},\boldsymbol{\beta}_{s-1})}\boldsymbol{\beta}_{s-1},$$

则 $\boldsymbol{\beta}_1,\boldsymbol{\beta}_2,\cdots,\boldsymbol{\beta}_s$ 是一个与 $\boldsymbol{\alpha}_1,\boldsymbol{\alpha}_2,\cdots,\boldsymbol{\alpha}_s$ 等价的正交向量组.

再令
$$r_i=\frac{1}{\|\boldsymbol{\beta}_i\|}\boldsymbol{\beta}_i=\frac{1}{\sqrt{(\boldsymbol{\beta}_i,\boldsymbol{\beta}_i)}}\boldsymbol{\beta}_i\quad(i=1,2,\cdots,s),$$

则 $r_1,r_2,\cdots,r_s$ 为一个标准正交向量组. 当 $s=n$ 时,$r_1,r_2,\cdots,r_n$ 即为 $\boldsymbol{V}$ 的一组标准正交基.

注 n 维欧氏空间 $\boldsymbol{V}$ 中,两组标准正交基间的过渡矩阵为正交矩阵.

5.2.3.5 正交变换

设 σ 是 n 维欧氏空间 $\boldsymbol{V}$ 的一个线性变换,如果 σ 在一组标准正交基下的矩阵是正交矩阵,则称 σ 是正交变换.

5.2.3.6 正交变换的性质

设 σ 是欧氏空间 $\boldsymbol{V}$ 的一个正交变换,则:

① σ 保持向量的内积不变,即对任意 $\boldsymbol{\alpha},\boldsymbol{\beta}\in\boldsymbol{V}$,有 $(\sigma(\boldsymbol{\alpha}),\sigma(\boldsymbol{\beta}))=(\boldsymbol{\alpha},\boldsymbol{\beta})$;

② σ 保持向量的长度不变,即对任意 $\boldsymbol{\alpha}\in\boldsymbol{V}$,$\|\sigma(\boldsymbol{\alpha})\|=\|\boldsymbol{\alpha}\|$;

③ 如果 $\boldsymbol{\varepsilon}_1,\boldsymbol{\varepsilon}_2,\cdots,\boldsymbol{\varepsilon}_n$ 是 $\boldsymbol{V}$ 的一组标准正交基,则 $\sigma(\boldsymbol{\varepsilon}_1),\sigma(\boldsymbol{\varepsilon}_2),\cdots,\sigma(\boldsymbol{\varepsilon}_n)$ 也是 $\boldsymbol{V}$ 的一组标准正交基.

5.2.3.7 线性空间的同构

数域 $\boldsymbol{F}$ 上的两个线性空间 $\boldsymbol{V}$ 与 $\boldsymbol{V}'$ 称为同构的,如果由 $\boldsymbol{V}$ 到 $\boldsymbol{V}'$ 有一个一一对应的映射 σ,使得

$$(1)\ \sigma(\boldsymbol{\alpha}+\boldsymbol{\beta})=\sigma(\boldsymbol{\alpha})+\sigma(\boldsymbol{\beta});\ (2)\ \sigma(k\boldsymbol{\alpha})=k\sigma(\boldsymbol{\alpha}),$$

其中 $\boldsymbol{\alpha},\boldsymbol{\beta}\in\boldsymbol{V},k\in\boldsymbol{F}$,这样的映射 σ 称为同构映射.

5.2.3.8 欧氏空间同构概念

实数域 $\mathbf{R}$ 上的欧氏空间 $\boldsymbol{V}$ 与 $\boldsymbol{V}'$ 称为同构的,如果由 $\boldsymbol{V}$ 到 $\boldsymbol{V}'$ 有一个一一对应的映射 σ,使得

$$(1)\ \sigma(\boldsymbol{\alpha}+\boldsymbol{\beta})=\sigma(\boldsymbol{\alpha})+\sigma(\boldsymbol{\beta});\ (2)\ \sigma(k\boldsymbol{\alpha})=k\sigma(\boldsymbol{\alpha});\ (3)\ [\sigma(\boldsymbol{\alpha}),\sigma(\boldsymbol{\beta})]=(\boldsymbol{\alpha},\boldsymbol{\beta}).$$

其中 $\boldsymbol{\alpha},\boldsymbol{\beta}\in\boldsymbol{V},k\in\mathbf{R}$. 这样的映射 σ 称为 $\boldsymbol{V}$ 到 $\boldsymbol{V}'$ 的同构映射.

① 如果 σ 是欧氏空间 $\boldsymbol{V}$ 到 $\boldsymbol{V}'$ 的同构映射,则 σ 也是线性空间 $\boldsymbol{V}$ 到 $\boldsymbol{V}'$ 的同构映射.

② 同构的欧氏空间有相同的维数,且任意一个 n 维欧氏空间 $\boldsymbol{V}$ 都与 n 维欧氏空间 $\mathbf{R}^n$ 同构.

③ 任意两个 n 维欧氏空间也同构.

5.3 典型例题

【例 1】 判定全体正实数 $\mathbf{R}^+$,对下列指定的运算是否构成 $\mathbf{R}$ 上的线性空间. 加法和数量乘法定义为

$$\boldsymbol{\alpha}\oplus\boldsymbol{\beta}=\boldsymbol{\alpha}\boldsymbol{\beta},k\circ\boldsymbol{\alpha}=\boldsymbol{\alpha}^k,$$

其中 $\boldsymbol{\alpha},\boldsymbol{\beta}\in\mathbf{R}^+,k\in\mathbf{R}$.

解　先检验对两种运算是否封闭

设 $\boldsymbol{\alpha},\boldsymbol{\beta}\in\mathbf{R}^+,\boldsymbol{\alpha}\oplus\boldsymbol{\beta}=\boldsymbol{\alpha}\boldsymbol{\beta}\in\mathbf{R}^+;\boldsymbol{\alpha}\in\mathbf{R}^+,k\in\mathbf{R},k\circ\boldsymbol{\alpha}=\boldsymbol{\alpha}^k\in\mathbf{R}^+$,

故对加法与数量乘法封闭.

再依次检验是否满足八条运算律:

(1) $\boldsymbol{\alpha}\oplus\boldsymbol{\beta}=\boldsymbol{\alpha}\boldsymbol{\beta}=\boldsymbol{\beta}\boldsymbol{\alpha}=\boldsymbol{\beta}\oplus\boldsymbol{\alpha}$;

(2) $(\boldsymbol{\alpha}\oplus\boldsymbol{\beta})\oplus\boldsymbol{\gamma}=(\boldsymbol{\alpha}\boldsymbol{\beta})\oplus r=\boldsymbol{\alpha}\boldsymbol{\beta}\boldsymbol{\gamma}=\boldsymbol{\alpha}(\boldsymbol{\beta}\boldsymbol{\gamma})=\boldsymbol{\alpha}\oplus(\boldsymbol{\beta}\oplus\boldsymbol{\gamma})$;

(3) 在 $\mathbf{R}^+$ 中存在一个元素 1,对任意 $\boldsymbol{\alpha}\in\mathbf{R}^+$,有 $1\oplus\boldsymbol{\alpha}=1\cdot\boldsymbol{\alpha}=\boldsymbol{\alpha}$. 即 1 为 $\mathbf{R}^+$ 的零元素;

(4) 对 $\mathbf{R}^+$ 中的每一个元素 $\boldsymbol{\alpha}$,存在元素 $\frac{1}{\boldsymbol{\alpha}}\in\mathbf{R}^+$,有 $\boldsymbol{\alpha}\oplus\frac{1}{\boldsymbol{\alpha}}=\boldsymbol{\alpha}\ \frac{1}{\boldsymbol{\alpha}}=1$,即 $\frac{1}{\boldsymbol{\alpha}}$ 为 $\boldsymbol{\alpha}$ 的负元素;

(5) 对于 $\mathbf{R}$ 中数 1 和 $\mathbf{R}^+$ 中的任一元素 $\boldsymbol{\alpha}$,$1\circ\boldsymbol{\alpha}=\boldsymbol{\alpha}^1=\boldsymbol{\alpha}$;

(6) $k\circ(l\circ\boldsymbol{\alpha})=k\circ\boldsymbol{\alpha}^l=(\boldsymbol{\alpha}^l)^k=\boldsymbol{\alpha}^{kl}=(k\circ l)\circ\boldsymbol{\alpha}$;

(7) $(k+l)\circ\boldsymbol{\alpha}=\boldsymbol{\alpha}^{k+l}=\boldsymbol{\alpha}^k\boldsymbol{\alpha}^l=\boldsymbol{\alpha}^k\oplus\boldsymbol{\alpha}^l=(k\circ\boldsymbol{\alpha})\oplus(l\circ\boldsymbol{\alpha})$;

(8) $k\circ(\boldsymbol{\alpha}+\boldsymbol{\beta})=k\circ(\boldsymbol{\alpha}\boldsymbol{\beta})=(\boldsymbol{\alpha}\boldsymbol{\beta})^k=\boldsymbol{\alpha}^k\boldsymbol{\beta}^k=\boldsymbol{\alpha}^k\oplus\boldsymbol{\beta}^k=(k\circ\boldsymbol{\alpha})\oplus(k\circ\boldsymbol{\beta})$.

(其中 $\boldsymbol{\alpha},\boldsymbol{\beta},\boldsymbol{\gamma}$ 为 $\mathbf{R}^+$ 中的任意元素,k,l 为 $\mathbf{R}$ 的任意数).

以上结果说明加法与数量乘法满足八条运算律,从而对给定的运算 $\mathbf{R}^+$ 构成 $\mathbf{R}$ 上的线性空间.

【例 2】　求线性空间的维数与一组基,实数域上由矩阵 $\boldsymbol{A}$ 的全体实系数多项式组成的空间,其中

$$\boldsymbol{A}=\begin{pmatrix}1&0&0\\0&\omega&0\\0&0&\omega^2\end{pmatrix},\omega=\frac{-1+\sqrt{3}\mathrm{i}}{2}.$$

解　$\boldsymbol{A}$ 为实数域上三维空间,

因为 $\omega=\frac{-1+\sqrt{3}\mathrm{i}}{2}$,故 $\omega^2=\frac{-1-\sqrt{3}\mathrm{i}}{2}$,$\omega^3=1$.

由此可得

$$\boldsymbol{A}^n=\begin{cases}\boldsymbol{E},\ 当\ n=3k\ 时\\ \boldsymbol{A},\ 当\ n=3k+1\ 时\\ \boldsymbol{A}^2,\ 当\ n=3k+2\ 时\end{cases}.$$

于是,每个关于 $\boldsymbol{A}$ 的多项式都可由 $\boldsymbol{A}^2,\boldsymbol{A},\boldsymbol{E}$ 线性表示,其次,若 $k_1\boldsymbol{A}+k_2\boldsymbol{A}^2+k_3\boldsymbol{E}=\boldsymbol{O}$,即

$$k_1\begin{pmatrix}1&0&0\\0&\omega&0\\0&0&\omega^2\end{pmatrix}+k_2\begin{pmatrix}1&0&0\\0&\omega^2&0\\0&0&\omega\end{pmatrix}+k_3\begin{pmatrix}1&0&0\\0&1&0\\0&0&1\end{pmatrix}=\boldsymbol{O},$$

则得

$$\begin{cases}k_1+k_2+k_3=0\\ \omega k_1+\omega^2k_2+k_3=0,\\ \omega^2k_1+\omega k_2+k_3=0\end{cases}$$

因为

$$\begin{vmatrix}1&1&1\\ \omega&\omega^2&1\\ \omega^2&\omega&1\end{vmatrix}\neq0,$$

所以 $k_1=k_2=k_3=0$.

说明 $\boldsymbol{A}^2,\boldsymbol{A},\boldsymbol{E}$ 线性无关,从而 $\boldsymbol{A}^2,\boldsymbol{A},\boldsymbol{E}$ 构成一组基,空间为三维.

【例 3】 设 $\boldsymbol{\alpha}_1=(1,0,1)^{\mathrm{T}},\boldsymbol{\alpha}_2=(1,1,-1)^{\mathrm{T}},\boldsymbol{\alpha}_3=(1,-1,1)^{\mathrm{T}}$;$\boldsymbol{\beta}_1=(3,0,1)^{\mathrm{T}}$,$\boldsymbol{\beta}_2=(2,0,0)^{\mathrm{T}},\boldsymbol{\beta}_3=(0,2,-2)^{\mathrm{T}}$ 是 $\mathbf{R}^3$ 的两组基.

(1) 求 $\boldsymbol{\alpha}_1,\boldsymbol{\alpha}_2,\boldsymbol{\alpha}_3$ 到 $\boldsymbol{\beta}_1,\boldsymbol{\beta}_2,\boldsymbol{\beta}_3$ 的过渡矩阵 $\boldsymbol{C}$;

(2) 求向量 $\boldsymbol{\eta}=(1,0,-1)^{\mathrm{T}}$ 在基 $\boldsymbol{\beta}_1,\boldsymbol{\beta}_2,\boldsymbol{\beta}_3$ 下的坐标;

(3) 已知向量 $\boldsymbol{\xi}$ 在基 $\boldsymbol{\beta}_1,\boldsymbol{\beta}_2,\boldsymbol{\beta}_3$ 下的坐标为(1,2,0),求 $\boldsymbol{\xi}$ 在基 $\boldsymbol{\alpha}_1,\boldsymbol{\alpha}_2,\boldsymbol{\alpha}_3$ 下的坐标;

(4) 求在基 $\boldsymbol{\alpha}_1,\boldsymbol{\alpha}_2,\boldsymbol{\alpha}_3$ 和基 $\boldsymbol{\beta}_1,\boldsymbol{\beta}_2,\boldsymbol{\beta}_3$ 下有相同坐标的非零向量.

解 (1) 设 $(\boldsymbol{\beta}_1,\boldsymbol{\beta}_2,\boldsymbol{\beta}_3)=(\boldsymbol{\alpha}_1,\boldsymbol{\alpha}_2,\boldsymbol{\alpha}_3)\boldsymbol{C}$,

$$\boldsymbol{C}=(\boldsymbol{\alpha}_1,\boldsymbol{\alpha}_2,\boldsymbol{\alpha}_3)^{-1}(\boldsymbol{\beta}_1,\boldsymbol{\beta}_2,\boldsymbol{\beta}_3)=\begin{pmatrix}1&1&1\\0&1&-1\\1&-1&1\end{pmatrix}^{-1}\begin{pmatrix}3&2&0\\0&0&2\\1&0&-2\end{pmatrix}$$

$$=\frac{1}{2}\begin{pmatrix}0&2&2\\1&0&-1\\1&-2&-1\end{pmatrix}\begin{pmatrix}3&2&0\\0&0&2\\1&0&-2\end{pmatrix}=\begin{pmatrix}1&0&0\\1&1&1\\1&1&-1\end{pmatrix}.$$

注 可先求 $(\boldsymbol{\alpha}_1,\boldsymbol{\alpha}_2,\boldsymbol{\alpha}_3)^{-1}$,再求 $(\boldsymbol{\alpha}_1,\boldsymbol{\alpha}_2,\boldsymbol{\alpha}_3)^{-1}(\boldsymbol{\beta}_1,\boldsymbol{\beta}_2,\boldsymbol{\beta}_3)$,也可直接用初等变换求.

$$(\boldsymbol{\alpha}_1,\boldsymbol{\alpha}_2,\boldsymbol{\alpha}_3 \,\vdots\, \boldsymbol{\beta}_1,\boldsymbol{\beta}_2,\boldsymbol{\beta}_3)\sim(\boldsymbol{E} \,\vdots\, (\boldsymbol{\alpha}_1,\boldsymbol{\alpha}_2,\boldsymbol{\alpha}_3)^{-1}(\boldsymbol{\beta}_1,\boldsymbol{\beta}_2,\boldsymbol{\beta}_3))=(\boldsymbol{E} \,\vdots\, \boldsymbol{C})$$

(2) 设 $\boldsymbol{\eta}=x_1\boldsymbol{\beta}_1+x_2\boldsymbol{\beta}_2+x_3\boldsymbol{\beta}_3=(\boldsymbol{\beta}_1,\boldsymbol{\beta}_2,\boldsymbol{\beta}_3)\begin{pmatrix}x_1\\x_2\\x_3\end{pmatrix}$,

即

$$\begin{pmatrix}3&2&0\\0&0&2\\1&0&-2\end{pmatrix}\begin{pmatrix}x_1\\x_2\\x_3\end{pmatrix}=\begin{pmatrix}1\\0\\-1\end{pmatrix},$$

解得 $x_1=-1,x_2=2,x_3=0$.

(3) 设 $\boldsymbol{\xi}$ 在 $\boldsymbol{\alpha}_1,\boldsymbol{\alpha}_2,\boldsymbol{\alpha}_3$ 下的坐标为 x_1,x_2,x_3,由题设可得

$$\boldsymbol{\xi}=(\boldsymbol{\beta}_1,\boldsymbol{\beta}_2,\boldsymbol{\beta}_3)\begin{pmatrix}1\\2\\0\end{pmatrix}=(\boldsymbol{\alpha}_1,\boldsymbol{\alpha}_2,\boldsymbol{\alpha}_3)\begin{pmatrix}x_1\\x_2\\x_3\end{pmatrix},$$

则

$$\begin{pmatrix}x_1\\x_2\\x_3\end{pmatrix}=(\boldsymbol{\alpha}_1,\boldsymbol{\alpha}_2,\boldsymbol{\alpha}_3)^{-1}(\boldsymbol{\beta}_1,\boldsymbol{\beta}_2,\boldsymbol{\beta}_3)\begin{pmatrix}1\\2\\0\end{pmatrix}=\begin{pmatrix}1&0&0\\1&1&1\\1&1&-1\end{pmatrix}\begin{pmatrix}1\\2\\0\end{pmatrix}=\begin{pmatrix}1\\3\\3\end{pmatrix},$$

故 $\boldsymbol{\xi}$ 在 $\boldsymbol{\alpha}_1,\boldsymbol{\alpha}_2,\boldsymbol{\alpha}_3$ 下的坐标为 1,3,3.

(4) 设向量 $\boldsymbol{\xi}$ 在 $\boldsymbol{\alpha}_1,\boldsymbol{\alpha}_2,\boldsymbol{\alpha}_3$ 及 $\boldsymbol{\beta}_1,\boldsymbol{\beta}_2,\boldsymbol{\beta}_3$ 下有相同的坐标 x_1,x_2,x_3,则

$$\boldsymbol{\xi}=(\boldsymbol{\alpha}_1,\boldsymbol{\alpha}_2,\boldsymbol{\alpha}_3)\begin{pmatrix}x_1\\x_2\\x_3\end{pmatrix}=(\boldsymbol{\beta}_1,\boldsymbol{\beta}_2,\boldsymbol{\beta}_3)\begin{pmatrix}x_1\\x_2\\x_3\end{pmatrix},$$

得

$$[(\boldsymbol{\alpha}_1,\boldsymbol{\alpha}_2,\boldsymbol{\alpha}_3)-(\boldsymbol{\beta}_1,\boldsymbol{\beta}_2,\boldsymbol{\beta}_3)]\begin{pmatrix}x_1\\x_2\\x_3\end{pmatrix}=\mathbf{0},$$

即

$$\begin{pmatrix}-2&-1&1\\0&1&-3\\0&-1&3\end{pmatrix}\begin{pmatrix}x_1\\x_2\\x_3\end{pmatrix}=\mathbf{0},$$

得 $x_1=-k,x_2=3k,x_3=k,k$ 为非零任意常数.从而在 $\boldsymbol{\alpha}_1,\boldsymbol{\alpha}_2,\boldsymbol{\alpha}_3$ 及 $\boldsymbol{\beta}_1,\boldsymbol{\beta}_2,\boldsymbol{\beta}_3$ 下有相同坐标的非零向量为

$$\boldsymbol{\xi}=(\boldsymbol{\alpha}_1,\boldsymbol{\alpha}_2,\boldsymbol{\alpha}_3)\begin{pmatrix}x_1\\x_2\\x_3\end{pmatrix}=k\begin{pmatrix}1&1&1\\0&1&-1\\1&-1&1\end{pmatrix}\begin{pmatrix}-1\\3\\1\end{pmatrix}=k\begin{pmatrix}3\\2\\-3\end{pmatrix},$$

其中 k 为任意的非零常数.

【例 4】 求齐次方程组 $x_1-x_2-x_3+x_4=0$ 的解空间的一组正交基.

解 显然 $n-r(\mathbf{A})=4-1=3$,故 $\dim\mathbf{N}(\mathbf{A})=3$.因有

$$\begin{cases}x_1=x_2+x_3-x_4\\x_2=x_2\\x_3=x_3\\x_4=x_4\end{cases},$$

故方程组的通解为

$$\boldsymbol{x}=\begin{pmatrix}x_1\\x_2\\x_3\\x_4\end{pmatrix}=t_1\begin{pmatrix}1\\1\\0\\0\end{pmatrix}+t_2\begin{pmatrix}1\\0\\1\\0\end{pmatrix}+t_3\begin{pmatrix}-1\\0\\0\\1\end{pmatrix}\xlongequal{\text{记为}}t_1\boldsymbol{\alpha}_1+t_2\boldsymbol{\alpha}_2+t_3\boldsymbol{\alpha}_3. \qquad (*)$$

解法一 先求出一组基,再正交化.

显然 $\boldsymbol{\alpha}_1,\boldsymbol{\alpha}_2,\boldsymbol{\alpha}_3$ 是方程组的一个基础解系,也即解空间的一组基,对 $\boldsymbol{\alpha}_1,\boldsymbol{\alpha}_2,\boldsymbol{\alpha}_3$ 用施密特正交化方法,得

$$\boldsymbol{\beta}_1=\boldsymbol{\alpha}_1=\begin{pmatrix}1\\1\\0\\0\end{pmatrix},$$

$$\boldsymbol{\beta}_2=\boldsymbol{\alpha}_2-\frac{\langle\boldsymbol{\alpha}_2,\boldsymbol{\beta}_1\rangle}{\langle\boldsymbol{\beta}_1,\boldsymbol{\beta}_1\rangle}\boldsymbol{\beta}_1=\frac{1}{2}\begin{pmatrix}1\\-1\\2\\0\end{pmatrix},$$

$$\boldsymbol{\beta}_3=\boldsymbol{\alpha}_3-\frac{\langle\boldsymbol{\alpha}_3,\boldsymbol{\beta}_1\rangle}{\langle\boldsymbol{\beta}_1,\boldsymbol{\beta}_1\rangle}\boldsymbol{\beta}_1-\frac{\langle\boldsymbol{\alpha}_3,\boldsymbol{\beta}_2\rangle}{\langle\boldsymbol{\beta}_2,\boldsymbol{\beta}_2\rangle}\boldsymbol{\beta}_2=\frac{1}{3}\begin{pmatrix}-1\\1\\1\\3\end{pmatrix},$$

则 $\boldsymbol{\beta}_1,\boldsymbol{\beta}_2,\boldsymbol{\beta}_3$ 即为所求.

解法二 取 $\boldsymbol{\beta}_1=\boldsymbol{\alpha}_2=\begin{pmatrix}1\\1\\0\\0\end{pmatrix}$,由此扩充出解空间的一组正交基. 由(*)可得方程组的任一解,并可设为

$$\boldsymbol{x}=\begin{pmatrix}t_1+t_2-t_3\\t_1\\t_2\\t_3\end{pmatrix},$$

令 $\langle\boldsymbol{x},\boldsymbol{\beta}_1\rangle=0$,即 $(t_1+t_2-t_3)+t_1=0$,取满足条件的一组 t_i,例取 $t_1=0,t_2=t_3=1$,可得

$$\boldsymbol{\beta}_2=\begin{pmatrix}1\\0\\1\\0\end{pmatrix}+\begin{pmatrix}-1\\0\\0\\1\end{pmatrix}=\begin{pmatrix}0\\0\\1\\1\end{pmatrix},$$

再令 $\langle\boldsymbol{x},\boldsymbol{\beta}_1\rangle=0$ 及 $\langle\boldsymbol{x},\boldsymbol{\beta}_2\rangle=0$,由

$$\begin{cases}\langle\boldsymbol{x},\boldsymbol{\beta}_1\rangle=(t_1+t_2-t_3)+t_1=0\\\langle\boldsymbol{x},\boldsymbol{\beta}_2\rangle=t_2+t_3=0\end{cases},$$

取 $t_1=1,t_2=-1,t_3=1$ 可得

$$\boldsymbol{\beta}_3=\begin{pmatrix}1\\1\\0\\0\end{pmatrix}-\begin{pmatrix}1\\0\\1\\0\end{pmatrix}+\begin{pmatrix}-1\\0\\0\\1\end{pmatrix}=\begin{pmatrix}-1\\1\\-1\\1\end{pmatrix},$$

则 $\boldsymbol{\beta}_1,\boldsymbol{\beta}_2,\boldsymbol{\beta}_3$ 即为所求.

【例 5】 在线性空间 $\mathbf{R}^4$ 中,求由基 $\boldsymbol{\varepsilon}_1,\boldsymbol{\varepsilon}_2,\boldsymbol{\varepsilon}_3,\boldsymbol{\varepsilon}_4$ 到基 $\boldsymbol{\eta}_1,\boldsymbol{\eta}_2,\boldsymbol{\eta}_3,\boldsymbol{\eta}_4$ 的过渡矩阵,并求向量 $\boldsymbol{\alpha}=(x_1,x_2,x_3,x_4)$ 在基 $\boldsymbol{\eta}_1,\boldsymbol{\eta}_2,\boldsymbol{\eta}_3,\boldsymbol{\eta}_4$ 下的坐标. 其中,

$$\begin{cases}\boldsymbol{\varepsilon}_1=(1,0,0,0)\\\boldsymbol{\varepsilon}_2=(0,1,0,0)\\\boldsymbol{\varepsilon}_3=(0,0,1,0)\\\boldsymbol{\varepsilon}_4=(0,0,0,1)\end{cases},\quad\begin{cases}\boldsymbol{\eta}_1=(2,1,-1,1)\\\boldsymbol{\eta}_2=(0,3,1,0)\\\boldsymbol{\eta}_3=(5,3,2,1)\\\boldsymbol{\eta}_4=(6,6,1,3)\end{cases}.$$

解 因为

$$\begin{cases}\boldsymbol{\eta}_1=2\boldsymbol{\varepsilon}_1+\boldsymbol{\varepsilon}_2-\boldsymbol{\varepsilon}_3+\boldsymbol{\varepsilon}_4\\\boldsymbol{\eta}_2=3\boldsymbol{\varepsilon}_2+\boldsymbol{\varepsilon}_3\\\boldsymbol{\eta}_3=5\boldsymbol{\varepsilon}_1+3\boldsymbol{\varepsilon}_2+2\boldsymbol{\varepsilon}_3+\boldsymbol{\varepsilon}_4\\\boldsymbol{\eta}_4=6\boldsymbol{\varepsilon}_1+6\boldsymbol{\varepsilon}_2+\boldsymbol{\varepsilon}_3+3\boldsymbol{\varepsilon}_4\end{cases},$$

$$(\boldsymbol{\eta}_1,\boldsymbol{\eta}_2,\boldsymbol{\eta}_3,\boldsymbol{\eta}_4)=(\boldsymbol{\varepsilon}_1,\boldsymbol{\varepsilon}_2,\boldsymbol{\varepsilon}_3,\boldsymbol{\varepsilon}_4)\begin{pmatrix}2&0&5&6\\1&3&3&6\\-1&1&2&1\\1&0&1&3\end{pmatrix},$$

故由基 $\boldsymbol{\varepsilon}_1,\boldsymbol{\varepsilon}_2,\boldsymbol{\varepsilon}_3,\boldsymbol{\varepsilon}_4$ 到基 $\boldsymbol{\eta}_1,\boldsymbol{\eta}_2,\boldsymbol{\eta}_3,\boldsymbol{\eta}_4$ 的过渡矩阵为

$$\boldsymbol{A}=\begin{pmatrix}2&0&5&6\\1&3&3&6\\-1&1&2&1\\1&0&1&3\end{pmatrix},$$

由于

$$\boldsymbol{A}^{-1}=\frac{1}{27}\begin{pmatrix}12&9&-27&-33\\1&12&-9&-23\\9&0&0&-18\\-7&-3&9&26\end{pmatrix},$$

设 $\boldsymbol{\alpha}=(x_1,x_2,x_3,x_4)$ 在 $\boldsymbol{\eta}_1,\boldsymbol{\eta}_2,\boldsymbol{\eta}_3,\boldsymbol{\eta}_4$ 之下的坐标为 x'_1,x'_2,x'_3,x'_4，

即 $\boldsymbol{\alpha}=x'_1\boldsymbol{\eta}_1+x'_2\boldsymbol{\eta}_2+x'_3\boldsymbol{\eta}_3+x'_4\boldsymbol{\eta}_4$，

则

$$\begin{pmatrix}x'_1\\x'_2\\x'_3\\x'_4\end{pmatrix}=\boldsymbol{A}^{-1}\begin{pmatrix}x_1\\x_2\\x_3\\x_4\end{pmatrix}=\frac{1}{27}\begin{pmatrix}12&9&-27&-33\\1&12&-9&-23\\9&0&0&-18\\-7&-3&9&26\end{pmatrix}\begin{pmatrix}x_1\\x_2\\x_3\\x_4\end{pmatrix},$$

即

$$\begin{cases}x'_1=\dfrac{4}{9}x_1+\dfrac{1}{3}x_2-x_3-\dfrac{11}{9}x_4\\x'_2=\dfrac{1}{27}x_1+\dfrac{4}{9}x_2-\dfrac{1}{3}x_3-\dfrac{23}{27}x_4\\x'_3=\dfrac{1}{3}x_1-\dfrac{2}{3}x_4\\x'_4=-\dfrac{7}{27}x_1-\dfrac{1}{9}x_2+\dfrac{1}{3}x_3+\dfrac{26}{27}x_4\end{cases},$$

这就是向量 $\boldsymbol{\alpha}=(x_1,x_2,x_3,x_4)$ 在基 $\boldsymbol{\eta}_1,\boldsymbol{\eta}_2,\boldsymbol{\eta}_3,\boldsymbol{\eta}_4$ 下的坐标.

【例 6】 在四维向量空间中，求由齐次线性方程组

$$\begin{cases}2x_1+x_2-2x_3+3x_4=0\\3x_1+3x_2+3x_3-3x_4=0\\3x_1+2x_2-x_3+2x_4=0\end{cases}$$

所确定的解空间的基与维数.

解 先求出该方程的基础解系，由

$$\begin{pmatrix}2&1&-2&3\\3&3&3&-3\\3&2&-1&2\end{pmatrix}\to\begin{pmatrix}2&1&-2&3\\0&3&12&-15\\0&1&4&-5\end{pmatrix}\to\begin{pmatrix}2&1&-2&3\\0&1&4&-5\\0&0&0&0\end{pmatrix}\to\begin{pmatrix}1&0&-3&4\\0&1&4&-5\\0&0&0&0\end{pmatrix},$$

得阶梯形方程组

$$\begin{cases}x_1=3x_3-4x_4\\x_2=-4x_3+5x_4\end{cases},$$

其中 x_3,x_4 为自由变量，取 $\begin{pmatrix}x_3\\x_4\end{pmatrix}=\begin{pmatrix}1\\0\end{pmatrix},\begin{pmatrix}0\\1\end{pmatrix}$ 分别代入以上方程中得基础解系为

$\boldsymbol{\eta}_1=(3,-4,1,0)^{\mathrm{T}}$，$\boldsymbol{\eta}_2=(-4,5,0,1)^{\mathrm{T}}$，即为原齐次线性方程组解空间的一组基，因此解空间是二维的.

小结 一般来说，设齐次线性方程组为 $\boldsymbol{Ax}=\boldsymbol{0}$，如果 $r(\boldsymbol{A})=r<n$，则这个方程组的解空间可由 $n-r$ 个线性无关的解向量(即方程组的一个基础解系)生成，所以解空间的维数为 $n-r$，而方程组的一个基础解系就构成解空间的一组基.

【例 7】 在 $\mathbf{R}^4$ 中求由向量 $\boldsymbol{\alpha}_1,\boldsymbol{\alpha}_2,\boldsymbol{\alpha}_3,\boldsymbol{\alpha}_4$ 生成的线性子空间的维数和一组基，其中 $\boldsymbol{\alpha}_1=(2,1,-1,-2)^{\mathrm{T}}$，$\boldsymbol{\alpha}_2=(1,0,-3,2)^{\mathrm{T}}$，$\boldsymbol{\alpha}_3=(2,2,1,-1)^{\mathrm{T}}$，$\boldsymbol{\alpha}_4=(3,3,3,-5)^{\mathrm{T}}$.

解 由 $\boldsymbol{\alpha}_1,\boldsymbol{\alpha}_2,\boldsymbol{\alpha}_3,\boldsymbol{\alpha}_4$ 生成的子空间的维数即为该向量组的秩，其基即为该向量组的一个极大无关组，故用下述形式求解：

$$\begin{pmatrix}2&1&-1&-2\\1&0&-3&2\\2&2&1&-1\\3&3&3&-5\end{pmatrix}\begin{matrix}\boldsymbol{\alpha}_1^{\mathrm{T}}\\\boldsymbol{\alpha}_2^{\mathrm{T}}\\\boldsymbol{\alpha}_3^{\mathrm{T}}\\\boldsymbol{\alpha}_4^{\mathrm{T}}\end{matrix}\to\begin{pmatrix}1&0&-3&2\\0&1&5&-6\\0&2&7&-5\\0&3&12&-11\end{pmatrix}\begin{matrix}\boldsymbol{\alpha}_2^{\mathrm{T}}\\\boldsymbol{\alpha}_1^{\mathrm{T}}-2\boldsymbol{\alpha}_2^{\mathrm{T}}\\\boldsymbol{\alpha}_3^{\mathrm{T}}-2\boldsymbol{\alpha}_2^{\mathrm{T}}\\\boldsymbol{\alpha}_4^{\mathrm{T}}-2\boldsymbol{\alpha}_2^{\mathrm{T}}\end{matrix}$$

$$\to\begin{pmatrix}1&0&-3&2\\0&1&5&-6\\0&0&-3&7\\0&0&0&0\end{pmatrix}\begin{matrix}\boldsymbol{\alpha}_2^{\mathrm{T}}\\\boldsymbol{\alpha}_1^{\mathrm{T}}-2\boldsymbol{\alpha}_2^{\mathrm{T}}\\\boldsymbol{\alpha}_3^{\mathrm{T}}-2\boldsymbol{\alpha}_1^{\mathrm{T}}+2\boldsymbol{\alpha}_2^{\mathrm{T}}\\\boldsymbol{\alpha}_4^{\mathrm{T}}-\boldsymbol{\alpha}_1^{\mathrm{T}}-\boldsymbol{\alpha}_3^{\mathrm{T}}+2\boldsymbol{\alpha}_2^{\mathrm{T}}\end{matrix},$$

从而，由 $\boldsymbol{\alpha}_1,\boldsymbol{\alpha}_2,\boldsymbol{\alpha}_3,\boldsymbol{\alpha}_4$ 生成的子空间的维数为三，$\boldsymbol{\alpha}_1,\boldsymbol{\alpha}_2,\boldsymbol{\alpha}_3$ 为其一组基.

【例 8】 判断下列变换是否为 $\mathbf{R}^3$ 上的线性变换：

(1) $\sigma(a_1,a_2,a_3)^{\mathrm{T}}=(2a_1-a_2,a_2+a_3,a_1)^{\mathrm{T}}$；

(2) $\sigma(a_1,a_2,a_3)^{\mathrm{T}}=(a_1,a_2^2,3a_3)^{\mathrm{T}}$.

解 设 $\boldsymbol{\alpha},\boldsymbol{\beta}\in\mathbf{R}^3$，$k\in\mathbf{R}$，其中 $\boldsymbol{\alpha}=(a_1,a_2,a_3)^{\mathrm{T}}$，$\boldsymbol{\beta}=(b_1,b_2,b_3)^{\mathrm{T}}$.

(1)
$$\begin{aligned}\sigma(\boldsymbol{\alpha}+\boldsymbol{\beta})&=\sigma(a_1+b_1,a_2+b_2,a_3+b_3)^{\mathrm{T}}\\&=(2(a_1+b_1)-(a_2+b_2),(a_2+b_2)+(a_3+b_3),a_1+b_1)^{\mathrm{T}}\\&=((2a_1-a_2)+(2b_1-b_2),(a_2+a_3)+(b_2+b_3),a_1+b_1)^{\mathrm{T}}\\&=\sigma(\boldsymbol{\alpha})+\sigma(\boldsymbol{\beta}),\end{aligned}$$

$$\begin{aligned}\sigma(k\boldsymbol{\alpha})&=\sigma(ka_1,ka_2,ka_3)^{\mathrm{T}}=(2ka_1-ka_2,ka_2+ka_3,ka_1)^{\mathrm{T}}\\&=k(2a_1-a_2,a_2+a_3,a_1)^{\mathrm{T}}=k\sigma(\boldsymbol{\alpha}),\end{aligned}$$

因此 σ 是 $\mathbf{R}^3$ 上的一个线性变换.

(2)
$$\begin{aligned}\sigma(\boldsymbol{\alpha}+\boldsymbol{\beta})&=\sigma(a_1+b_1,a_2+b_2,a_3+b_3)^{\mathrm{T}}\\&=(a_1+b_1,(a_2+b_2)^2,3(a_3+b_3))^{\mathrm{T}},\end{aligned}$$

而
$$\begin{aligned}\sigma(\boldsymbol{\alpha})+\sigma(\boldsymbol{\beta})&=(a_1,a_2^2,3a_3)^{\mathrm{T}}+(b_1,b_2^2,3b_3)^{\mathrm{T}}\\&=(a_1+b_1,a_2^2+b_2^2,3a_3+3b_3)^{\mathrm{T}},\end{aligned}$$

由于 a_2,b_2 为任意实数，则当 $a_2\neq0$ 且 $b_2\neq0$ 时，有 $(a_2+b_2)^2\neq a_2^2+b_2^2$，从而

$$\sigma(\boldsymbol{\alpha}+\boldsymbol{\beta})\neq\sigma(\boldsymbol{\alpha})+\sigma(\boldsymbol{\beta}),$$

因此 σ 不是 $\mathbf{R}^3$ 上的一个线性变换.

【例 9】 给定 $\mathbf{R}^3$ 的两组基 $\boldsymbol{\varepsilon}_1=(1,0,1)^{\mathrm{T}}$，$\boldsymbol{\varepsilon}_2=(2,1,0)^{\mathrm{T}}$，$\boldsymbol{\varepsilon}_3=(1,1,1)^{\mathrm{T}}$ 和 $\boldsymbol{\eta}_1=(1,2,-1)^{\mathrm{T}}$，$\boldsymbol{\eta}_2=(2,2,-1)^{\mathrm{T}}$，$\boldsymbol{\eta}_3=(2,-1,-1)^{\mathrm{T}}$. 定义线性变换：$\sigma(\boldsymbol{\varepsilon}_i)=\boldsymbol{\eta}_i\,(i=1,2,3)$，分别求 σ 在基 $\boldsymbol{\varepsilon}_1,\boldsymbol{\varepsilon}_2,\boldsymbol{\varepsilon}_3$ 与 $\boldsymbol{\eta}_1,\boldsymbol{\eta}_2,\boldsymbol{\eta}_3$ 下的矩阵.

解 由于 $\sigma(\boldsymbol{\varepsilon}_i)=\boldsymbol{\eta}_i\,(i=1,2,3)$，设由基 $\boldsymbol{\varepsilon}_1,\boldsymbol{\varepsilon}_2,\boldsymbol{\varepsilon}_3$ 到 $\boldsymbol{\eta}_1,\boldsymbol{\eta}_2,\boldsymbol{\eta}_3$ 的过渡矩阵为 $\boldsymbol{A}$，则有

$$\sigma(\boldsymbol{\varepsilon}_1,\boldsymbol{\varepsilon}_2,\boldsymbol{\varepsilon}_3)=[\sigma(\boldsymbol{\varepsilon}_1),\sigma(\boldsymbol{\varepsilon}_2),\sigma(\boldsymbol{\varepsilon}_3)]=(\boldsymbol{\eta}_1,\boldsymbol{\eta}_2,\boldsymbol{\eta}_3)=(\boldsymbol{\varepsilon}_1,\boldsymbol{\varepsilon}_2,\boldsymbol{\varepsilon}_3)\boldsymbol{A},$$

即 σ 在基 $\boldsymbol{\varepsilon}_1,\boldsymbol{\varepsilon}_2,\boldsymbol{\varepsilon}_3$ 下的矩阵就是由基 $\boldsymbol{\varepsilon}_1,\boldsymbol{\varepsilon}_2,\boldsymbol{\varepsilon}_3$ 到 $\boldsymbol{\eta}_1,\boldsymbol{\eta}_2,\boldsymbol{\eta}_3$ 的过渡矩阵.

令 $\boldsymbol{B}=(\boldsymbol{\varepsilon}_1,\boldsymbol{\varepsilon}_2,\boldsymbol{\varepsilon}_3)=\begin{pmatrix}1&2&1\\0&1&1\\1&0&1\end{pmatrix},\boldsymbol{C}=(\boldsymbol{\eta}_1,\boldsymbol{\eta}_2,\boldsymbol{\eta}_3)=\begin{pmatrix}1&2&2\\2&2&-1\\-1&-1&-1\end{pmatrix}$,

则由 $(\boldsymbol{\eta}_1,\boldsymbol{\eta}_2,\boldsymbol{\eta}_3)=(\boldsymbol{\varepsilon}_1,\boldsymbol{\varepsilon}_2,\boldsymbol{\varepsilon}_3)\boldsymbol{A}$ 或 $\boldsymbol{C}=\boldsymbol{B}\boldsymbol{A}$,则 $\boldsymbol{A}=\boldsymbol{B}^{-1}\boldsymbol{C}$,

$$(\boldsymbol{B},\boldsymbol{C})=\left(\begin{array}{ccc:ccc}1&2&1&1&2&2\\0&1&1&2&2&-1\\1&0&1&-1&-1&-1\end{array}\right)\xrightarrow{\text{行初等变换}}\left(\begin{array}{ccc:ccc}1&0&0&-2&-\frac{3}{2}&\frac{3}{2}\\0&1&0&1&\frac{3}{2}&\frac{3}{2}\\0&0&1&1&\frac{1}{2}&-\frac{5}{2}\end{array}\right),$$

所以 σ 在基 $\boldsymbol{\varepsilon}_1,\boldsymbol{\varepsilon}_2,\boldsymbol{\varepsilon}_3$ 下的矩阵为

$$\boldsymbol{A}=\begin{pmatrix}-2&-\frac{3}{2}&\frac{3}{2}\\1&\frac{3}{2}&\frac{3}{2}\\1&\frac{1}{2}&-\frac{5}{2}\end{pmatrix};$$

再求 σ 在基 $\boldsymbol{\eta}_1,\boldsymbol{\eta}_2,\boldsymbol{\eta}_3$ 下的矩阵.

由于　$\sigma(\boldsymbol{\eta}_1,\boldsymbol{\eta}_2,\boldsymbol{\eta}_3)=\sigma(\boldsymbol{\varepsilon}_1,\boldsymbol{\varepsilon}_2,\boldsymbol{\varepsilon}_3)\boldsymbol{A}=[\sigma(\boldsymbol{\varepsilon}_1),\sigma(\boldsymbol{\varepsilon}_2),\sigma(\boldsymbol{\varepsilon}_3)]\boldsymbol{A}=(\boldsymbol{\eta}_1,\boldsymbol{\eta}_2,\boldsymbol{\eta}_3)\boldsymbol{A}$,

这表明 σ 在基 $\boldsymbol{\eta}_1,\boldsymbol{\eta}_2,\boldsymbol{\eta}_3$ 下的矩阵也是 $\boldsymbol{A}$.

【例 10】 在闭区间 $[a,b]$ 上所有全体实连续函数构成的线性空间 $\boldsymbol{C}[a,b]$,对任意 $f(x),g(x)\in\boldsymbol{C}[a,b]$,证明二元实函数

$$(f,g)=\int_a^b f(x)g(x)\mathrm{d}x$$

为 $\boldsymbol{C}[a,b]$ 上的内积,从而 $\boldsymbol{C}[a,b]$ 为一个欧氏空间.

证　依次验证定义的二元函数满足内积的四个性质:

(1) $(f,g)=\int_a^b f(x)g(x)\mathrm{d}x=\int_a^b g(x)f(x)\mathrm{d}x=(g,f)$;

(2) $(kf,g)=\int_a^b kf(x)g(x)\mathrm{d}x=k\int_a^b f(x)g(x)\mathrm{d}x=k(f,g)$;

(3) $(f+g,h)=\int_a^b [f(x)+g(x)]h(x)\mathrm{d}x=\int_a^b f(x)h(x)\mathrm{d}x+\int_a^b g(x)h(x)\mathrm{d}x$
$=(f,h)+(g,h)$;

(4) $(f,f)=\int_a^b f(x)f(x)\mathrm{d}x=\int_a^b [f(x)]^2\mathrm{d}x\geqslant 0$,当且仅当 $f(x)=0$ 时,$(f,f)=\int_b^b 0^2\mathrm{d}x=0$.

其中,$f=f(x)$,$g=g(x)$,$h=h(x)$ 为 $\boldsymbol{C}[a,b]$ 上的任意元素,k 为任意实数,由于 $(f,g)=\int_a^b f(x)g(x)\mathrm{d}x$ 满足内积的四个性质,从而定义了这个内积的线性空间 $\boldsymbol{C}[a,b]$ 为一个欧氏空间.

【例 11】 已知 $f_1=1, f_2=x+1, f_3=(x+1)(x+2)$ 为线性空间 $\boldsymbol{C}[-1,1]$ 的一组基，对于 $\boldsymbol{C}[-1,1]$ 的内积 $(f,g)=\int_{-1}^{1} f(x)g(x)\mathrm{d}x$，利用施密特正交化方法，求出与 f_1, f_2, f_3 等价的一组标准正交基.

解 令 $g_1=f_1=1$,

$$g_2=f_2-\frac{(f_2,g_1)}{(g_1,g_1)}g_1=(x+1)-\frac{\int_{-1}^{1}(x+1)\mathrm{d}x}{\int_{-1}^{1}\mathrm{d}x}\cdot 1=(x+1)-1=x,$$

$$\begin{aligned}g_3&=f_3-\frac{(f_3,g_1)}{(g_1,g_1)}g_1-\frac{(f_3,g_2)}{(g_2,g_2)}g_2\\&=(x+1)(x+2)-\frac{\int_{-1}^{1}(x+1)(x+2)\mathrm{d}x}{\int_{-1}^{1}\mathrm{d}x}\times 1-\frac{\int_{-1}^{1}(x+1)(x+2)x\mathrm{d}x}{\int_{-1}^{1}x^2\mathrm{d}x}\cdot x\\&=(x^2+3x+2)-\frac{7}{3}-3x=x^2-\frac{1}{3},\end{aligned}$$

再将 $g_1=1, g_2=x, g_3=x^2-\frac{1}{3}$ 单位化.

由

$$\begin{cases}\|g_1\|=\sqrt{(g_1,g_1)}=\sqrt{\int_{-1}^{1}\mathrm{d}x}=\sqrt{2}\\\|g_2\|=\sqrt{(g_2,g_2)}=\sqrt{\int_{-1}^{1}x^2\mathrm{d}x}=\sqrt{\frac{2}{3}}\\\|g_3\|=\sqrt{(g_3,g_3)}=\sqrt{\int_{-1}^{1}\left(x^2-\frac{1}{3}\right)^2\mathrm{d}x}=\sqrt{\frac{8}{45}}=\frac{2}{3}\sqrt{\frac{2}{5}}\end{cases},$$

令

$$\begin{cases}h_1=\frac{1}{\|g_1\|}g_1=\frac{1}{\sqrt{2}}=\frac{\sqrt{2}}{2}\\h_2=\frac{1}{\|g_2\|}g_2=\sqrt{\frac{3}{2}}x=\frac{\sqrt{6}}{2}x\\h_3=\frac{1}{\|g_3\|}g_3=\frac{3}{2}\sqrt{\frac{5}{2}}\left(x^2-\frac{1}{3}\right)=\frac{3\sqrt{10}}{4}\left(x^2-\frac{1}{3}\right)\end{cases},$$

从而 h_1, h_2, h_3 即为所求的标准正交基.

5.4 练习题全解

练习 5.1

1. 检验下列集合对指定的运算是否构成实数域上的线性空间：

(1) 全体 n 阶对称(反对称、上三角形、可逆)矩阵，对于矩阵的加法和数量乘法；

(2) 次数等于 $n(n\geqslant 1)$ 的实系数一元多项式，对于多项式的加法和数与多项式的乘法；

(3) 平面上的全体向量，对于向量的加法和如下定义的数量乘法：$k\boldsymbol{\alpha}=\boldsymbol{\alpha}$；

(4) 全体正实数 $\mathbf{R}^+$，加法和数量乘法定义为

$$a \oplus b = ab, k \circ a = a^k,$$

其中 $a,b \in \mathbf{R}^+$，$k \in \mathbf{R}$.

解　(1) n 阶实对称(反对称、上三角形)矩阵的集合，对矩阵的加法和数量乘法封闭，且满足八条，构成线性空间；但 n 阶实可逆矩阵的集合不构成线性空间. 因为两个可逆矩阵的和不一定是可逆矩阵.

(2) 不构成线性空间. 因为两个 n 次多项式的和不一定是 n 次多项式.

(3) 不构成线性空间，因为当 $\boldsymbol{\alpha} \neq \mathbf{0}$ 时，$(k+l)\boldsymbol{\alpha}=\boldsymbol{\alpha}$，$k\boldsymbol{\alpha}+l\boldsymbol{\alpha}=2\boldsymbol{\alpha}$，所以 $(k+l)\boldsymbol{\alpha} \neq k\boldsymbol{\alpha}+l\boldsymbol{\alpha}$.

(4) 构成线性空间. 因为所给集合对定义的加法和数量乘法封闭，且加法满足交换律、结合律、1 是零元素：$a \oplus 1 = a \cdot 1 = a$，对 $\forall a \in \mathbf{R}^+$，$\frac{1}{a}$ 是 a 的负元，有

$$a \oplus \frac{1}{a} = a \cdot \frac{1}{a} = 1, \frac{1}{a} \oplus a = \frac{1}{a} \cdot a = 1.$$

且

$$1 \cdot a = a, \quad k \circ (l \circ a) = a^{kl} = (kl) \circ a,$$
$$(k+l) \circ a = a^{(k+l)} = a^k a^l = (k \circ a) \oplus (l \circ a),$$
$$k \circ (a \oplus b) = (ab)^k = a^k b^k = (k \circ a) \oplus (k \circ b).$$

2. 在线性空间中，证明：

(1) $k\mathbf{0}=\mathbf{0}$；

(2) $k(\boldsymbol{\alpha}-\boldsymbol{\beta})=k\boldsymbol{\alpha}-k\boldsymbol{\beta}$.

证　设 $\mathbf{V}$ 是数域 $\boldsymbol{F}$ 上的线性空间，$\forall \boldsymbol{\alpha},\boldsymbol{\beta} \in \mathbf{V}$，$k,l \in \boldsymbol{F}$，

(1) 因为 $k\boldsymbol{\alpha}=k(\boldsymbol{\alpha}+\mathbf{0})=k\boldsymbol{\alpha}+k\mathbf{0}$，故 $k\mathbf{0}=\mathbf{0}$，

(2) 因为 $k(\boldsymbol{\alpha}-\boldsymbol{\beta})+k\boldsymbol{\beta}=k(\boldsymbol{\alpha}-\boldsymbol{\beta}+\boldsymbol{\beta})=k\boldsymbol{\alpha}$，故 $k(\boldsymbol{\alpha}-\boldsymbol{\beta})=k\boldsymbol{\alpha}-k\boldsymbol{\beta}$.

3. 求出第 1 题中的线性空间的维数和一组基.

解　设 $\boldsymbol{E}_{ij}$ 表示：位于第 i 行第 j 列的元素为 1，其余元素为 0 的 n 阶方阵.

(1) 设 $\mathbf{V}_1=\{\boldsymbol{A} \mid \boldsymbol{A} \in \mathbf{R}^{n\times n}, \boldsymbol{A}^{\mathrm{T}}=\boldsymbol{A}\}$，其中 $\mathbf{R}^{n\times n}$ 是实数域 $\mathbf{R}$ 上的所有 n 阶矩阵的集合.

令 $\boldsymbol{F}_{ij}=\begin{cases}\boldsymbol{E}_{ij}+\boldsymbol{E}_{ji}, & i\neq j\\ \boldsymbol{E}_{ii}, & i=j\end{cases}$　$(i,j=1,2,\cdots,n)$，$\boldsymbol{F}_{ij} \in \mathbf{V}_1$，则

$\{\boldsymbol{F}_{11},\boldsymbol{F}_{12},\cdots,\boldsymbol{F}_{1n},\boldsymbol{F}_{22},\cdots,\boldsymbol{F}_{2n},\cdots,\boldsymbol{F}_{nn}\}$ 构成 $\mathbf{V}_1$ 的一组基，故 $\mathbf{V}_1$ 的维数为 $\dfrac{n(n+1)}{2}$.

(2) 设 $\mathbf{V}_2=\{\boldsymbol{A} \mid \boldsymbol{A} \in \mathbf{R}^{n\times n}, \boldsymbol{A}^{\mathrm{T}}=-\boldsymbol{A}\}$，

令 $\boldsymbol{G}_{ij}=\boldsymbol{E}_{ij}-\boldsymbol{E}_{ji} \in \mathbf{V}_2$　$(1\leqslant i<j\leqslant n)$，则

$\{\boldsymbol{G}_{12},\boldsymbol{G}_{13},\cdots,\boldsymbol{G}_{1n},\boldsymbol{G}_{23},\cdots,\boldsymbol{G}_{2n},\cdots,\boldsymbol{G}_{n-1,n}\}$ 构成 $\mathbf{V}_2$ 的一组基，故 $\mathbf{V}_2$ 的维数为 $\dfrac{n(n-1)}{2}$.

(3) 设 $\mathbf{V}_3=\{\boldsymbol{A}=(a_{ij}) \in \mathbf{R}^{n\times n} \mid$ 当 $i>j$ 时，$a_{ij}=0\}$，

考虑矩阵 $\boldsymbol{E}_{ij}$ $(1\leqslant i\leqslant j\leqslant n)$，则

$\{\boldsymbol{E}_{11},\boldsymbol{E}_{12},\cdots,\boldsymbol{E}_{1n},\boldsymbol{E}_{22},\cdots,\boldsymbol{E}_{2n},\cdots,\boldsymbol{E}_{nn}\}$ 构成 $\mathbf{V}_3$ 的一组基，故 $\mathbf{V}_3$ 的维数为 $\dfrac{n(n+1)}{2}$.

(4) 任一不等于 1 的正实数都是基，如取 2 为基，$\mathbf{R}^+$ 中的任意正实数 a，都可由 2 线性表出，$a=2^{\log_2 a}=\log_2 a \circ 2$，故线性空间 $\mathbf{R}^+$ 是一维的.

4. 在 $\mathbf{R}^4$ 中，求向量 $\boldsymbol{\alpha}$ 在基 $\boldsymbol{\varepsilon}_1,\boldsymbol{\varepsilon}_2,\boldsymbol{\varepsilon}_3,\boldsymbol{\varepsilon}_4$ 下的坐标，设

(1) $\boldsymbol{\varepsilon}_1=(1,1,1,1)^{\mathrm{T}},\boldsymbol{\varepsilon}_2=(1,1,-1,-1)^{\mathrm{T}},\boldsymbol{\varepsilon}_3=(1,-1,1,-1)^{\mathrm{T}}$,
$\boldsymbol{\varepsilon}_4=(1,-1,-1,1)^{\mathrm{T}};\boldsymbol{\alpha}=(1,2,1,1)^{\mathrm{T}}$;

(2) $\boldsymbol{\varepsilon}_1=(1,1,0,1)^{\mathrm{T}},\boldsymbol{\varepsilon}_2=(2,1,3,1)^{\mathrm{T}},\boldsymbol{\varepsilon}_3=(1,1,0,0)^{\mathrm{T}},\boldsymbol{\varepsilon}_4=(0,1,-1,-1)^{\mathrm{T}}$;
$\boldsymbol{\alpha}=(0,0,0,1)^{\mathrm{T}}$.

解 (1) 设有线性关系

$$\boldsymbol{\alpha}=x_1\boldsymbol{\varepsilon}_1+x_2\boldsymbol{\varepsilon}_2+x_3\boldsymbol{\varepsilon}_3+x_4\boldsymbol{\varepsilon}_4,$$

则

$$\begin{cases}x_1+x_2+x_3+x_4=1\\x_1+x_2-x_3-x_4=2\\x_1-x_2+x_3-x_4=1\\x_1-x_2-x_3+x_4=1\end{cases},$$

解此方程组,得唯一解 $x_1=\dfrac{5}{4},x_2=\dfrac{1}{4},x_3=x_4=-\dfrac{1}{4}$,

故$\left(\dfrac{5}{4},\dfrac{1}{4},-\dfrac{1}{4},-\dfrac{1}{4}\right)$就是 $\boldsymbol{\alpha}$ 在基 $\boldsymbol{\varepsilon}_1,\boldsymbol{\varepsilon}_2,\boldsymbol{\varepsilon}_3,\boldsymbol{\varepsilon}_4$ 下的坐标.

(2) 方法同上,$\boldsymbol{\alpha}$ 在基 $\boldsymbol{\varepsilon}_1,\boldsymbol{\varepsilon}_2,\boldsymbol{\varepsilon}_3,\boldsymbol{\varepsilon}_4$ 下的坐标为$(1,0,-1,0)$.

5. 设 $\boldsymbol{\alpha}_1,\boldsymbol{\alpha}_2,\boldsymbol{\alpha}_3$ 是三维线性空间 $\mathbf{V}$ 的一组基,又 $\mathbf{V}$ 中的向量 $\boldsymbol{\alpha}$ 在这组基下的坐标为(a_1,a_2,a_3),求:

(1) $\boldsymbol{\alpha}$ 在基 $\boldsymbol{\alpha}_3,\boldsymbol{\alpha}_1,\boldsymbol{\alpha}_2$ 下的坐标;

(2) $\boldsymbol{\alpha}$ 在基 $\boldsymbol{\alpha}_1,\boldsymbol{\alpha}_2,k\boldsymbol{\alpha}_3$ 下的坐标;

(3) $\boldsymbol{\alpha}$ 在基 $\boldsymbol{\alpha}_1+k\boldsymbol{\alpha}_2,\boldsymbol{\alpha}_2,\boldsymbol{\alpha}_3$ 下的坐标.

其中 $k\in\mathbf{R},k\neq 0$.

解 已知 $\boldsymbol{\alpha}=a_1\boldsymbol{\alpha}_1+a_2\boldsymbol{\alpha}_2+a_3\boldsymbol{\alpha}_3$,

(1) 由已知可得,$\boldsymbol{\alpha}=a_3\boldsymbol{\alpha}_3+a_1\boldsymbol{\alpha}_1+a_2\boldsymbol{\alpha}_2$,所以 $\boldsymbol{\alpha}$ 在基 $\boldsymbol{\alpha}_3,\boldsymbol{\alpha}_1,\boldsymbol{\alpha}_2$ 下的坐标为(a_3,a_1,a_2).

(2) 由已知可得,$\boldsymbol{\alpha}=a_1\boldsymbol{\alpha}_1+a_2\boldsymbol{\alpha}_2+k^{-1}a_3(k\boldsymbol{\alpha}_3)$,所以 $\boldsymbol{\alpha}$ 在基 $\boldsymbol{\alpha}_1,\boldsymbol{\alpha}_2,k\boldsymbol{\alpha}_3$ 下的坐标为$(a_1,a_2,k^{-1}a_3)$.

(3) 由已知可得,$\boldsymbol{\alpha}=a_1(\boldsymbol{\alpha}_1+k\boldsymbol{\alpha}_2)+(a_2-ka_1)\boldsymbol{\alpha}_2+a_3\boldsymbol{\alpha}_3$,所以 $\boldsymbol{\alpha}$ 在基 $\boldsymbol{\alpha}_1+k\boldsymbol{\alpha}_2,\boldsymbol{\alpha}_2,\boldsymbol{\alpha}_3$ 下的坐标为(a_1,a_2-ka_1,a_3).

6. 在 $\mathbf{R}^4$ 中,求由基 $\boldsymbol{\varepsilon}_1,\boldsymbol{\varepsilon}_2,\boldsymbol{\varepsilon}_3,\boldsymbol{\varepsilon}_4$ 到基 $\boldsymbol{\eta}_1,\boldsymbol{\eta}_2,\boldsymbol{\eta}_3,\boldsymbol{\eta}_4$ 的过渡矩阵:

$$(1)\begin{cases}\boldsymbol{\varepsilon}_1=(1,0,0,0)^{\mathrm{T}}\\\boldsymbol{\varepsilon}_2=(0,1,0,0)^{\mathrm{T}}\\\boldsymbol{\varepsilon}_3=(0,0,1,0)^{\mathrm{T}}\\\boldsymbol{\varepsilon}_4=(0,0,0,1)^{\mathrm{T}}\end{cases}\quad\begin{cases}\boldsymbol{\eta}_1=(-1,-2,3,4)^{\mathrm{T}}\\\boldsymbol{\eta}_2=(-2,-3,4,1)^{\mathrm{T}}\\\boldsymbol{\eta}_3=(-3,-4,1,2)^{\mathrm{T}}\\\boldsymbol{\eta}_4=(-4,-1,2,3)^{\mathrm{T}}\end{cases};$$

$$(2)\begin{cases}\boldsymbol{\varepsilon}_1=(1,2,-1,0)^{\mathrm{T}}\\\boldsymbol{\varepsilon}_2=(1,-1,1,1)^{\mathrm{T}}\\\boldsymbol{\varepsilon}_3=(-1,2,1,1)^{\mathrm{T}}\\\boldsymbol{\varepsilon}_4=(-1,-1,0,1)^{\mathrm{T}}\end{cases}\quad\begin{cases}\boldsymbol{\eta}_1=(2,1,0,1)^{\mathrm{T}}\\\boldsymbol{\eta}_2=(0,1,2,2)^{\mathrm{T}}\\\boldsymbol{\eta}_3=(-2,1,1,2)^{\mathrm{T}}\\\boldsymbol{\eta}_4=(1,3,1,2)^{\mathrm{T}}\end{cases};$$

$$(3)\begin{cases}\boldsymbol{\varepsilon}_1=(1,1,1,1)^{\mathrm{T}}\\\boldsymbol{\varepsilon}_2=(1,1,-1,-1)^{\mathrm{T}}\\\boldsymbol{\varepsilon}_3=(1,-1,1,-1)^{\mathrm{T}}\\\boldsymbol{\varepsilon}_4=(1,-1,-1,1)^{\mathrm{T}}\end{cases}\quad\begin{cases}\boldsymbol{\eta}_1=(1,1,0,1)^{\mathrm{T}}\\\boldsymbol{\eta}_2=(2,1,3,1)^{\mathrm{T}}\\\boldsymbol{\eta}_3=(1,1,0,0)^{\mathrm{T}}\\\boldsymbol{\eta}_4=(0,1,-1,-1)^{\mathrm{T}}\end{cases}.$$

解　(1) 因为$(\boldsymbol{\eta}_1,\boldsymbol{\eta}_2,\boldsymbol{\eta}_3,\boldsymbol{\eta}_4)=(\boldsymbol{\varepsilon}_1,\boldsymbol{\varepsilon}_2,\boldsymbol{\varepsilon}_3,\boldsymbol{\varepsilon}_4)\boldsymbol{A}$,其中 $\boldsymbol{A}=\begin{pmatrix}-1&-2&-3&-4\\-2&-3&-4&-1\\3&4&1&2\\4&1&2&3\end{pmatrix}$,所以由基 $\boldsymbol{\varepsilon}_1,\boldsymbol{\varepsilon}_2,\boldsymbol{\varepsilon}_3,\boldsymbol{\varepsilon}_4$ 到基 $\boldsymbol{\eta}_1,\boldsymbol{\eta}_2,\boldsymbol{\eta}_3,\boldsymbol{\eta}_4$ 的过渡矩阵为 $\boldsymbol{A}$.

(2) 令 $e_1=(1,0,0,0),e_2=(0,1,0,0),e_3=(0,0,1,0),e_4=(0,0,0,1)$,则

$$(\boldsymbol{\eta}_1,\boldsymbol{\eta}_2,\boldsymbol{\eta}_3,\boldsymbol{\eta}_4)=(e_1,e_2,e_3,e_4)\boldsymbol{A},\ (\boldsymbol{\varepsilon}_1,\boldsymbol{\varepsilon}_2,\boldsymbol{\varepsilon}_3,\boldsymbol{\varepsilon}_4)=(e_1,e_2,e_3,e_4)\boldsymbol{B},$$

其中 $\boldsymbol{A}=\begin{pmatrix}2&0&-2&1\\1&1&1&3\\0&2&1&1\\1&2&2&2\end{pmatrix}$, $\boldsymbol{B}=\begin{pmatrix}1&1&-1&-1\\2&-1&2&-1\\-1&1&1&0\\0&1&1&1\end{pmatrix}$.

于是$(\boldsymbol{\eta}_1,\boldsymbol{\eta}_2,\boldsymbol{\eta}_3,\boldsymbol{\eta}_4)=(e_1,e_2,e_3,e_4)\boldsymbol{A}=(\boldsymbol{\varepsilon}_1,\boldsymbol{\varepsilon}_2,\boldsymbol{\varepsilon}_3,\boldsymbol{\varepsilon}_4)\boldsymbol{B}^{-1}\boldsymbol{A}$,其中

$$\boldsymbol{B}^{-1}\boldsymbol{A}=\begin{pmatrix}1&0&0&1\\1&1&0&1\\0&1&1&1\\0&0&1&0\end{pmatrix},$$

由基 $\boldsymbol{\varepsilon}_1,\boldsymbol{\varepsilon}_2,\boldsymbol{\varepsilon}_3,\boldsymbol{\varepsilon}_4$ 到基 $\boldsymbol{\eta}_1,\boldsymbol{\eta}_2,\boldsymbol{\eta}_3,\boldsymbol{\eta}_4$ 的过渡矩阵为$\begin{pmatrix}1&0&0&1\\1&1&0&1\\0&1&1&1\\0&0&1&0\end{pmatrix}$.

(3) 方法同(2),

由基 $\boldsymbol{\varepsilon}_1,\boldsymbol{\varepsilon}_2,\boldsymbol{\varepsilon}_3,\boldsymbol{\varepsilon}_4$ 到基 $\boldsymbol{\eta}_1,\boldsymbol{\eta}_2,\boldsymbol{\eta}_3,\boldsymbol{\eta}_4$ 的过渡矩阵为$\dfrac{1}{4}\begin{pmatrix}3&7&2&-1\\1&-1&2&3\\-1&3&0&-1\\1&-1&0&-1\end{pmatrix}$.

7. 设 $\boldsymbol{\alpha}_1,\boldsymbol{\alpha}_2,\cdots,\boldsymbol{\alpha}_n$是 n 维线性空间 $\boldsymbol{V}$ 的一组基,求:

(1) 由这组基到基 $\boldsymbol{\alpha}_2,\boldsymbol{\alpha}_3,\cdots,\boldsymbol{\alpha}_n,\boldsymbol{\alpha}_1$ 的过渡矩阵;

(2) 若 $\boldsymbol{\alpha}$ 在基$\boldsymbol{\alpha}_2,\boldsymbol{\alpha}_3,\cdots,\boldsymbol{\alpha}_n,\boldsymbol{\alpha}_1$下的坐标为$(a_1,a_2,\cdots,a_n)$,求 $\boldsymbol{\alpha}$ 在基 $\boldsymbol{\alpha}_1,\boldsymbol{\alpha}_2,\cdots,\boldsymbol{\alpha}_n$ 下的坐标.

解　(1) 设

$$\boldsymbol{A}=\begin{pmatrix}0&0&0&\cdots&0&1\\1&0&0&\cdots&0&0\\0&1&0&\cdots&0&0\\\vdots&\vdots&\vdots&\ddots&\vdots&\vdots\\0&0&0&\cdots&1&0\end{pmatrix},$$

则$(\boldsymbol{\alpha}_2,\boldsymbol{\alpha}_3,\cdots,\boldsymbol{\alpha}_n,\boldsymbol{\alpha}_1)=(\boldsymbol{\alpha}_1,\boldsymbol{\alpha}_2,\cdots,\boldsymbol{\alpha}_n)\boldsymbol{A}$. 所以由基 $\boldsymbol{\alpha}_1,\boldsymbol{\alpha}_2,\cdots,\boldsymbol{\alpha}_n$到基$\boldsymbol{\alpha}_2,\boldsymbol{\alpha}_3,\cdots,\boldsymbol{\alpha}_n,\boldsymbol{\alpha}_1$的过渡矩阵为 $\boldsymbol{A}$.

(2) 因为 $\boldsymbol{\alpha}=(\boldsymbol{\alpha}_2,\boldsymbol{\alpha}_3,\cdots,\boldsymbol{\alpha}_n,\boldsymbol{\alpha}_1)\begin{pmatrix}a_1\\a_2\\\vdots\\a_n\end{pmatrix}=(\boldsymbol{\alpha}_1,\boldsymbol{\alpha}_2,\cdots,\boldsymbol{\alpha}_n)\boldsymbol{A}\begin{pmatrix}a_1\\a_2\\\vdots\\a_n\end{pmatrix}$,而

$$\boldsymbol{A}\begin{pmatrix}a_1\\a_2\\\vdots\\a_n\end{pmatrix}=\begin{pmatrix}a_n\\a_1\\\vdots\\a_{n-1}\end{pmatrix},$$

所以 $\boldsymbol{\alpha}$ 在基 $\boldsymbol{\alpha}_1,\boldsymbol{\alpha}_2,\cdots,\boldsymbol{\alpha}_n$ 下的坐标为 $(a_n,a_1,a_2,\cdots,a_{n-1})$.

8. 设 $\boldsymbol{\eta}_1=(2,1,-1,1)^{\mathrm{T}},\boldsymbol{\eta}_2=(0,3,1,0)^{\mathrm{T}},\boldsymbol{\eta}_3=(5,3,2,1)^{\mathrm{T}},\boldsymbol{\eta}_4=(6,6,1,3)^{\mathrm{T}}$ 是 $\mathbf{R}^4$ 的一组基,求 $\mathbf{R}^4$ 中的一个非零向量 $\boldsymbol{\alpha}$,使 $\boldsymbol{\alpha}$ 在这组基下的坐标与 $\boldsymbol{\alpha}$ 在基 $\boldsymbol{\varepsilon}_1=(1,0,0,0)^{\mathrm{T}},\boldsymbol{\varepsilon}_2=(0,1,0,0)^{\mathrm{T}},\boldsymbol{\varepsilon}_3=(0,0,1,0)^{\mathrm{T}},\boldsymbol{\varepsilon}_4=(0,0,0,1)^{\mathrm{T}}$ 下的坐标相同.

解 设 $\boldsymbol{\alpha}=(x_1,x_2,x_3,x_4)$,因为 $\boldsymbol{\alpha}$ 在基 $\boldsymbol{\varepsilon}_1,\boldsymbol{\varepsilon}_2,\boldsymbol{\varepsilon}_3,\boldsymbol{\varepsilon}_4$ 下的坐标就是它的分量 x_1,x_2,x_3,x_4,所以依题意 $\boldsymbol{\alpha}=x_1\boldsymbol{\eta}_1+x_2\boldsymbol{\eta}_2+x_3\boldsymbol{\eta}_3+x_4\boldsymbol{\eta}_4$,得

$$\begin{cases}2x_1+5x_3+6x_4=x_1\\x_1+3x_2+3x_3+6x_4=x_2\\-x_1+x_2+2x_3+x_4=x_3\\x_1+x_3+3x_4=x_4\end{cases},$$

解此方程组,得 $(x_1,x_2,x_3,x_4)=(a,a,a,-a)$ (a 为任意非零常数).

取 $a=1$,向量 $\boldsymbol{\alpha}=(1,1,1-1)$ 满足条件.

9. 设 $\boldsymbol{\alpha}_1,\boldsymbol{\alpha}_2,\boldsymbol{\alpha}_3$ 与 $\boldsymbol{\beta}_1,\boldsymbol{\beta}_2,\boldsymbol{\beta}_3$ 是 $\mathbf{R}^3$ 的两组基,且由基 $\boldsymbol{\beta}_1,\boldsymbol{\beta}_2,\boldsymbol{\beta}_3$ 到 $\boldsymbol{\alpha}_1,\boldsymbol{\alpha}_2,\boldsymbol{\alpha}_3$ 的过渡矩阵为

$$\boldsymbol{A}=\begin{pmatrix}1&1&1\\1&1&0\\1&0&0\end{pmatrix}.$$

(1) 如果 $\boldsymbol{\alpha}$ 在基 $\boldsymbol{\beta}_1,\boldsymbol{\beta}_2,\boldsymbol{\beta}_3$ 下的坐标为 $(2,-1,3)$,求 $\boldsymbol{\alpha}$ 在基 $\boldsymbol{\alpha}_1,\boldsymbol{\alpha}_2,\boldsymbol{\alpha}_3$ 下的坐标;

(2) 如果 $\boldsymbol{\alpha}_1=(1,1,0)^{\mathrm{T}},\boldsymbol{\alpha}_2=(1,0,-1)^{\mathrm{T}},\boldsymbol{\alpha}_3=(0,-1,1)^{\mathrm{T}}$,求基 $\boldsymbol{\beta}_1,\boldsymbol{\beta}_2,\boldsymbol{\beta}_3$;

(3) 如果 $\boldsymbol{\beta}_1=(1,1,0)^{\mathrm{T}},\boldsymbol{\beta}_2=(1,0,-1)^{\mathrm{T}},\boldsymbol{\beta}_3=(0,-1,1)^{\mathrm{T}}$,求基 $\boldsymbol{\alpha}_1,\boldsymbol{\alpha}_2,\boldsymbol{\alpha}_3$.

解 (1) 因为 $(\boldsymbol{\alpha}_1,\boldsymbol{\alpha}_2,\boldsymbol{\alpha}_3)=(\boldsymbol{\beta}_1,\boldsymbol{\beta}_2,\boldsymbol{\beta}_3)\boldsymbol{A}$,

$$\boldsymbol{\alpha}=(\boldsymbol{\beta}_1,\boldsymbol{\beta}_2,\boldsymbol{\beta}_3)\begin{pmatrix}2\\-1\\3\end{pmatrix}=(\boldsymbol{\alpha}_1,\boldsymbol{\alpha}_2,\boldsymbol{\alpha}_3)\boldsymbol{A}^{-1}\begin{pmatrix}2\\-1\\3\end{pmatrix}=(\boldsymbol{\alpha}_1,\boldsymbol{\alpha}_2,\boldsymbol{\alpha}_3)\begin{pmatrix}3\\-4\\3\end{pmatrix},$$

所以 $\boldsymbol{\alpha}$ 在基 $\boldsymbol{\alpha}_1,\boldsymbol{\alpha}_2,\boldsymbol{\alpha}_3$ 下的坐标为 $(3,-4,3)$.

(2) 因为 $(\boldsymbol{\beta}_1,\boldsymbol{\beta}_2,\boldsymbol{\beta}_3)=(\boldsymbol{\alpha}_1,\boldsymbol{\alpha}_2,\boldsymbol{\alpha}_3)\boldsymbol{A}^{-1}$

$$=\begin{pmatrix}1&1&0\\1&0&-1\\0&-1&1\end{pmatrix}\begin{pmatrix}0&0&1\\0&1&-1\\1&-1&0\end{pmatrix}=\begin{pmatrix}0&1&0\\-1&1&1\\1&-2&1\end{pmatrix},$$

所以 $\boldsymbol{\beta}_1=(0,-1,1)^{\mathrm{T}},\boldsymbol{\beta}_2=(1,1,-2)^{\mathrm{T}},\boldsymbol{\beta}_3=(0,1,1)^{\mathrm{T}}$.

(3) 因为$(\boldsymbol{\alpha}_1,\boldsymbol{\alpha}_2,\boldsymbol{\alpha}_3)=(\boldsymbol{\beta}_1,\boldsymbol{\beta}_2,\boldsymbol{\beta}_3)\boldsymbol{A}$

$$=\begin{pmatrix}1&1&0\\1&0&-1\\0&-1&1\end{pmatrix}\begin{pmatrix}1&1&1\\1&1&0\\1&0&0\end{pmatrix}=\begin{pmatrix}2&2&1\\0&1&1\\0&-1&0\end{pmatrix},$$

所以 $\boldsymbol{\alpha}_1=(2,0,0)^{\mathrm{T}},\boldsymbol{\alpha}_2=(2,1,-1)^{\mathrm{T}},\boldsymbol{\alpha}_3=(1,1,0)^{\mathrm{T}}$.

10. 在 $\mathbf{R}^4$ 中,求由向量 $\boldsymbol{\alpha}_1,\boldsymbol{\alpha}_2,\boldsymbol{\alpha}_3,\boldsymbol{\alpha}_4$ 生成的线性子空间的维数和一组基:

(1) $\boldsymbol{\alpha}_1=(2,0,1,2)^{\mathrm{T}},\boldsymbol{\alpha}_2=(-1,1,0,3)^{\mathrm{T}},\boldsymbol{\alpha}_3=(0,2,1,8)^{\mathrm{T}},\boldsymbol{\alpha}_4=(5,-1,2,1)^{\mathrm{T}}$;

(2) $\boldsymbol{\alpha}_1=(2,1,-1,-2)^{\mathrm{T}},\boldsymbol{\alpha}_2=(1,0,-3,2)^{\mathrm{T}},\boldsymbol{\alpha}_3=(2,2,1,-1)^{\mathrm{T}},\boldsymbol{\alpha}_4=(3,3,3,-5)^{\mathrm{T}}$.

解　(1) 对列向量 $\boldsymbol{\alpha}_1,\boldsymbol{\alpha}_2,\boldsymbol{\alpha}_3,\boldsymbol{\alpha}_4$ 施行初等行变换,

$$(\boldsymbol{\alpha}_1,\boldsymbol{\alpha}_2,\boldsymbol{\alpha}_3,\boldsymbol{\alpha}_4)=\begin{pmatrix}2&-1&0&5\\0&1&2&-1\\1&0&1&2\\2&3&8&1\end{pmatrix}\to\begin{pmatrix}1&0&1&2\\0&1&2&-1\\2&-1&0&5\\2&3&8&1\end{pmatrix}$$

$$\to\begin{pmatrix}1&0&1&2\\0&1&2&-1\\0&-1&-2&1\\0&3&6&-3\end{pmatrix}\to\begin{pmatrix}1&0&1&2\\0&1&2&-1\\0&0&0&0\\0&0&0&0\end{pmatrix},$$

所以子空间 $\boldsymbol{L}(\boldsymbol{\alpha}_1,\boldsymbol{\alpha}_2,\boldsymbol{\alpha}_3,\boldsymbol{\alpha}_4)$ 的维数为 2,$\boldsymbol{\alpha}_1,\boldsymbol{\alpha}_2$ 为空间的一组基.

(2) 方法同上,得子空间 $\boldsymbol{L}(\boldsymbol{\alpha}_1,\boldsymbol{\alpha}_2,\boldsymbol{\alpha}_3,\boldsymbol{\alpha}_4)$ 的维数为 3,$\boldsymbol{\alpha}_1,\boldsymbol{\alpha}_2,\boldsymbol{\alpha}_3$ 为空间的一组基.

11. 求齐次线性方程组

$$\begin{cases}3x_1+2x_2-5x_3+4x_4=0\\3x_1-x_2+3x_3-3x_4=0\\3x_1+5x_2-13x_3+11x_4=0\end{cases}$$

的解空间的维数和一组基.

解　对方程组的系数矩阵 $\boldsymbol{A}$ 进行初等行变换

$$\boldsymbol{A}=\begin{pmatrix}3&2&-5&4\\3&-1&3&-3\\3&5&-13&11\end{pmatrix}\to\begin{pmatrix}3&2&-5&4\\0&-3&8&-7\\0&0&0&0\end{pmatrix}\to\begin{pmatrix}1&0&\frac{1}{9}&-\frac{2}{9}\\0&1&-\frac{8}{3}&\frac{7}{3}\\0&0&0&0\end{pmatrix},$$

得方程组系数矩阵的秩为 2,有 2 个自由未知量,从而基础解系含有 2 个解向量,得基础解系为

$$\left(-\frac{1}{9},\frac{8}{3},1,0\right)^{\mathrm{T}},\left(\frac{2}{9},-\frac{7}{3},0,1\right)^{\mathrm{T}},$$

这就是方程组解空间的一组基,且解空间的维数为二.

12. 设 $\boldsymbol{A}=\begin{pmatrix}1&0\\1&1\end{pmatrix}$,求二阶实矩阵中所有与 $\boldsymbol{A}$ 可交换的矩阵生成的子空间的维数和一组基.

解　由于 $\boldsymbol{A}=\begin{pmatrix}1&0\\1&1\end{pmatrix}=\begin{pmatrix}1&0\\0&1\end{pmatrix}+\begin{pmatrix}0&0\\1&0\end{pmatrix}=\boldsymbol{E}+\boldsymbol{B}$,所以与 $\boldsymbol{A}$ 可换的方阵就是与 $\boldsymbol{B}$ 可换

的方阵. 设$\boldsymbol{C}=\begin{pmatrix} a & c \\ b & d \end{pmatrix}$与$\boldsymbol{B}$可换,由$\boldsymbol{CB}=\boldsymbol{BC}$,得$\boldsymbol{C}=\begin{pmatrix} a & 0 \\ b & a \end{pmatrix}$. 故其生成子空间的维数为二,一组基为$\begin{pmatrix} 1 & 0 \\ 0 & 1 \end{pmatrix}$,$\begin{pmatrix} 0 & 0 \\ 1 & 0 \end{pmatrix}$.

练习 5.2

1. 判定下列变换是否为$\mathbf{R}^3$上的线性变换:

(1) $\sigma(a_1,a_2,a_3)^{\mathrm{T}}=(1,a_2,a_3)^{\mathrm{T}}$;

(2) $\sigma(a_1,a_2,a_3)^{\mathrm{T}}=(0,a_3,a_2)^{\mathrm{T}}$;

(3) $\sigma(a_1,a_2,a_3)^{\mathrm{T}}=(2a_1-a_2,a_2+a_3,a_1)^{\mathrm{T}}$;

(4) $\sigma(a_1,a_2,a_3)^{\mathrm{T}}=(a_1,a_2^2,3a_3)^{\mathrm{T}}$.

解 (1) σ不是线性变换. 因为$\sigma(0,0,0)=(1,0,0)$,零向量的像不是零向量.

(2) σ是线性变换. 设$\boldsymbol{\alpha}=(a_1,a_2,a_3)^{\mathrm{T}}$,$\boldsymbol{\beta}=(b_1,b_2,b_3)^{\mathrm{T}}$,

$$\begin{aligned}\sigma(\boldsymbol{\alpha}+\boldsymbol{\beta})&=\sigma(a_1+b_1,a_2+b_2,a_3+b_3)^{\mathrm{T}}=(0,a_3+b_3,a_2+b_2)^{\mathrm{T}}\\&=(0,a_3,a_2)^{\mathrm{T}}+(0,b_3,b_2)^{\mathrm{T}}=\sigma(\boldsymbol{\alpha})+\sigma(\boldsymbol{\beta}),\end{aligned}$$

$$\sigma(k\boldsymbol{\alpha})=\sigma(ka_1,ka_2,ka_3)^{\mathrm{T}}=(0,ka_3,ka_2)^{\mathrm{T}}=k(0,a_3,a_2)^{\mathrm{T}}=k\sigma(\boldsymbol{\alpha}).$$

(3) σ是线性变换.(验证同(2))

(4) σ不是线性变换. 取$\boldsymbol{\alpha}=(0,-1,0)^{\mathrm{T}}$,$\boldsymbol{\beta}=(0,1,0)^{\mathrm{T}}$,

$$\sigma(\boldsymbol{\alpha}+\boldsymbol{\beta})=\sigma(0,0,0)^{\mathrm{T}},\sigma(\boldsymbol{\alpha})+\sigma(\boldsymbol{\beta})=(0,2,0)^{\mathrm{T}},$$

所以$\sigma(\boldsymbol{\alpha}+\boldsymbol{\beta})\neq\sigma(\boldsymbol{\alpha})+\sigma(\boldsymbol{\beta})$.

2. 已知$\boldsymbol{F}^3$中的线性变换σ在基$\boldsymbol{\eta}_1=(-1,1,1)^{\mathrm{T}}$,$\boldsymbol{\eta}_2=(1,0,-1)^{\mathrm{T}}$,$\boldsymbol{\eta}_3=(0,1,1)^{\mathrm{T}}$下的矩阵为

$$\boldsymbol{A}=\begin{pmatrix} 1 & 0 & 1 \\ 1 & 1 & 0 \\ -1 & 2 & 1 \end{pmatrix},$$

求σ在基$\boldsymbol{\varepsilon}_1=(1,0,0)^{\mathrm{T}}$,$\boldsymbol{\varepsilon}_2=(0,1,0)^{\mathrm{T}}$,$\boldsymbol{\varepsilon}_3=(0,0,1)^{\mathrm{T}}$下的矩阵.

解 设σ在基$\boldsymbol{\varepsilon}_1,\boldsymbol{\varepsilon}_2,\boldsymbol{\varepsilon}_3$下的矩阵为$\boldsymbol{B}$,$(\boldsymbol{\eta}_1,\boldsymbol{\eta}_2,\boldsymbol{\eta}_3)=(\boldsymbol{\varepsilon}_1,\boldsymbol{\varepsilon}_2,\boldsymbol{\varepsilon}_3)\boldsymbol{C}$,其中

$$\boldsymbol{C}=\begin{pmatrix} -1 & 1 & 0 \\ 1 & 0 & 1 \\ 1 & -1 & 1 \end{pmatrix},$$

又因为$\sigma(\boldsymbol{\eta}_1,\boldsymbol{\eta}_2,\boldsymbol{\eta}_3)=(\boldsymbol{\eta}_1,\boldsymbol{\eta}_2,\boldsymbol{\eta}_3)\boldsymbol{A}$,

$$\begin{aligned}\sigma(\boldsymbol{\varepsilon}_1,\boldsymbol{\varepsilon}_2,\boldsymbol{\varepsilon}_3)&=\sigma((\boldsymbol{\eta}_1,\boldsymbol{\eta}_2,\boldsymbol{\eta}_3)\boldsymbol{C}^{-1})=\sigma(\boldsymbol{\eta}_1,\boldsymbol{\eta}_2,\boldsymbol{\eta}_3)\boldsymbol{C}^{-1}\\&=(\boldsymbol{\eta}_1,\boldsymbol{\eta}_2,\boldsymbol{\eta}_3)\boldsymbol{A}\boldsymbol{C}^{-1}=(\boldsymbol{\varepsilon}_1,\boldsymbol{\varepsilon}_2,\boldsymbol{\varepsilon}_3)\boldsymbol{C}\boldsymbol{A}\boldsymbol{C}^{-1},\end{aligned}$$

故σ在基$\boldsymbol{\varepsilon}_1=(1,0,0)^{\mathrm{T}}$,$\boldsymbol{\varepsilon}_2=(0,1,0)^{\mathrm{T}}$,$\boldsymbol{\varepsilon}_3=(0,0,1)^{\mathrm{T}}$下的矩阵为

$$\boldsymbol{B}=\boldsymbol{C}\boldsymbol{A}\boldsymbol{C}^{-1}=\begin{pmatrix} -1 & 1 & -2 \\ 2 & 2 & 0 \\ 3 & 0 & 2 \end{pmatrix}.$$

3. 设$\boldsymbol{\varepsilon}_1=(1,0,0)^{\mathrm{T}}$,$\boldsymbol{\varepsilon}_2=(0,1,0)^{\mathrm{T}}$,$\boldsymbol{\varepsilon}_3=(0,0,1)^{\mathrm{T}}$为$\mathbf{R}^3$的一组基,分别求第1题(2)(3)中的线性变换在基$\boldsymbol{\varepsilon}_1,\boldsymbol{\varepsilon}_2,\boldsymbol{\varepsilon}_3$下的矩阵.

解 (1) 由第 1 题(2)得

$\sigma(1,0,0)^{\mathrm{T}}=(0,0,0)^{\mathrm{T}},\sigma(0,1,0)^{\mathrm{T}}=(0,0,1)^{\mathrm{T}},\sigma(0,0,1)^{\mathrm{T}}=(0,1,0)^{\mathrm{T}}$,即

$$\sigma(\boldsymbol{\varepsilon}_1,\boldsymbol{\varepsilon}_2,\boldsymbol{\varepsilon}_3)=(\boldsymbol{\varepsilon}_1,\boldsymbol{\varepsilon}_2,\boldsymbol{\varepsilon}_3)\begin{pmatrix}0&0&0\\0&0&1\\0&1&0\end{pmatrix},$$

所以 σ 在基 $\boldsymbol{\varepsilon}_1,\boldsymbol{\varepsilon}_2,\boldsymbol{\varepsilon}_3$ 下的矩阵为 $\begin{pmatrix}0&0&0\\0&0&1\\0&1&0\end{pmatrix}$.

(2) 由第 1 题(3)得

$\sigma(1,0,0)^{\mathrm{T}}=(2,0,1)^{\mathrm{T}},\sigma(0,1,0)^{\mathrm{T}}=(-1,1,0)^{\mathrm{T}},\sigma(0,0,1)^{\mathrm{T}}=(0,1,0)^{\mathrm{T}}$,即

$$\sigma(\boldsymbol{\varepsilon}_1,\boldsymbol{\varepsilon}_2,\boldsymbol{\varepsilon}_3)=(\boldsymbol{\varepsilon}_1,\boldsymbol{\varepsilon}_2,\boldsymbol{\varepsilon}_3)\begin{pmatrix}2&-1&0\\0&1&1\\1&0&0\end{pmatrix},$$

所以 σ 在基 $\boldsymbol{\varepsilon}_1,\boldsymbol{\varepsilon}_2,\boldsymbol{\varepsilon}_3$ 下的矩阵为 $\begin{pmatrix}2&-1&0\\0&1&1\\1&0&0\end{pmatrix}$.

4. 在由所有二阶实矩阵构成的线性空间 $\mathbf{V}$ 中,定义线性变换:

(1) $\sigma(\boldsymbol{x})=\begin{pmatrix}a&b\\c&d\end{pmatrix}\boldsymbol{x}$;　　(2) $\tau(\boldsymbol{x})=\boldsymbol{x}\begin{pmatrix}a&b\\c&d\end{pmatrix}$.

分别求上述线性变换在基 $\boldsymbol{E}_{11},\boldsymbol{E}_{12},\boldsymbol{E}_{21},\boldsymbol{E}_{22}$ 下的矩阵.

解 (1) 由

$$\begin{cases}\sigma\boldsymbol{E}_{11}=\begin{pmatrix}a&b\\c&d\end{pmatrix}\begin{pmatrix}1&0\\0&0\end{pmatrix}=\begin{pmatrix}a&0\\c&0\end{pmatrix}=a\boldsymbol{E}_{11}+c\boldsymbol{E}_{21}\\ \sigma\boldsymbol{E}_{12}=\begin{pmatrix}a&b\\c&d\end{pmatrix}\begin{pmatrix}0&1\\0&0\end{pmatrix}=\begin{pmatrix}0&a\\0&c\end{pmatrix}=a\boldsymbol{E}_{12}+c\boldsymbol{E}_{22}\\ \sigma\boldsymbol{E}_{21}=\begin{pmatrix}a&b\\c&d\end{pmatrix}\begin{pmatrix}0&0\\1&0\end{pmatrix}=\begin{pmatrix}b&0\\d&0\end{pmatrix}=b\boldsymbol{E}_{11}+d\boldsymbol{E}_{21}\\ \sigma\boldsymbol{E}_{22}=\begin{pmatrix}a&b\\c&d\end{pmatrix}\begin{pmatrix}0&0\\0&1\end{pmatrix}=\begin{pmatrix}0&b\\0&d\end{pmatrix}=b\boldsymbol{E}_{12}+d\boldsymbol{E}_{22}\end{cases},$$

得 σ 在基 $\boldsymbol{E}_{11},\boldsymbol{E}_{12},\boldsymbol{E}_{21},\boldsymbol{E}_{22}$ 下的矩阵为 $\begin{pmatrix}a&0&b&0\\0&a&0&b\\c&0&d&0\\0&c&0&d\end{pmatrix}$.

(2) 由

$$\begin{cases}\tau\boldsymbol{E}_{11}=\begin{pmatrix}1&0\\0&0\end{pmatrix}\begin{pmatrix}a&b\\c&d\end{pmatrix}=\begin{pmatrix}a&b\\0&0\end{pmatrix}=a\boldsymbol{E}_{11}+b\boldsymbol{E}_{12}\\ \tau\boldsymbol{E}_{12}=\begin{pmatrix}0&1\\0&0\end{pmatrix}\begin{pmatrix}a&b\\c&d\end{pmatrix}=\begin{pmatrix}c&d\\0&0\end{pmatrix}=c\boldsymbol{E}_{11}+d\boldsymbol{E}_{12}\\ \tau\boldsymbol{E}_{21}=\begin{pmatrix}0&0\\1&0\end{pmatrix}\begin{pmatrix}a&b\\c&d\end{pmatrix}=\begin{pmatrix}0&0\\a&b\end{pmatrix}=a\boldsymbol{E}_{21}+b\boldsymbol{E}_{22}\\ \tau\boldsymbol{E}_{22}=\begin{pmatrix}0&0\\0&1\end{pmatrix}\begin{pmatrix}a&b\\c&d\end{pmatrix}=\begin{pmatrix}0&0\\c&d\end{pmatrix}=c\boldsymbol{E}_{21}+d\boldsymbol{E}_{22}\end{cases},$$

得 τ 在基 $\boldsymbol{E}_{11},\boldsymbol{E}_{12},\boldsymbol{E}_{21},\boldsymbol{E}_{22}$ 下的矩阵为 $\begin{pmatrix} a & c & 0 & 0 \\ b & d & 0 & 0 \\ 0 & 0 & a & c \\ 0 & 0 & b & d \end{pmatrix}$.

5. 设三维线性空间 $\boldsymbol{V}$ 的线性变换 σ 在基 $\boldsymbol{\varepsilon}_1,\boldsymbol{\varepsilon}_2,\boldsymbol{\varepsilon}_3$ 下的矩阵为 $\boldsymbol{A}=\begin{pmatrix} a_{11} & a_{12} & a_{13} \\ a_{21} & a_{22} & a_{23} \\ a_{31} & a_{32} & a_{33} \end{pmatrix}$,

求:(1) σ 在基 $\boldsymbol{\varepsilon}_3,\boldsymbol{\varepsilon}_2,\boldsymbol{\varepsilon}_1$ 下的矩阵;

(2) σ 在基 $\boldsymbol{\varepsilon}_1,k\boldsymbol{\varepsilon}_2,\boldsymbol{\varepsilon}_3$ 下的矩阵($k\in\boldsymbol{F},k\neq 0$);

(3) σ 在基 $\boldsymbol{\varepsilon}_1+\boldsymbol{\varepsilon}_2,\boldsymbol{\varepsilon}_2,\boldsymbol{\varepsilon}_3$ 下的矩阵.

解 设 σ 在基 $\boldsymbol{\varepsilon}_1,\boldsymbol{\varepsilon}_2,\boldsymbol{\varepsilon}_3$ 下的矩阵为 $\boldsymbol{A}$,即 $\sigma(\boldsymbol{\varepsilon}_1,\boldsymbol{\varepsilon}_2,\boldsymbol{\varepsilon}_3)=(\boldsymbol{\varepsilon}_1,\boldsymbol{\varepsilon}_2,\boldsymbol{\varepsilon}_3)\boldsymbol{A}$,

由此可得 $\begin{cases} \sigma\boldsymbol{\varepsilon}_1=a_{11}\boldsymbol{\varepsilon}_1+a_{21}\boldsymbol{\varepsilon}_2+a_{31}\boldsymbol{\varepsilon}_3 \\ \sigma\boldsymbol{\varepsilon}_2=a_{12}\boldsymbol{\varepsilon}_1+a_{22}\boldsymbol{\varepsilon}_2+a_{32}\boldsymbol{\varepsilon}_3 \\ \sigma\boldsymbol{\varepsilon}_3=a_{13}\boldsymbol{\varepsilon}_1+a_{23}\boldsymbol{\varepsilon}_2+a_{33}\boldsymbol{\varepsilon}_3 \end{cases}$.

(1) 因为 $\begin{cases} \sigma\boldsymbol{\varepsilon}_3=a_{33}\boldsymbol{\varepsilon}_3+a_{23}\boldsymbol{\varepsilon}_2+a_{13}\boldsymbol{\varepsilon}_1 \\ \sigma\boldsymbol{\varepsilon}_2=a_{32}\boldsymbol{\varepsilon}_3+a_{22}\boldsymbol{\varepsilon}_2+a_{12}\boldsymbol{\varepsilon}_1 \\ \sigma\boldsymbol{\varepsilon}_1=a_{31}\boldsymbol{\varepsilon}_3+a_{21}\boldsymbol{\varepsilon}_2+a_{11}\boldsymbol{\varepsilon}_1 \end{cases}$,

所以 σ 在基 $\boldsymbol{\varepsilon}_3,\boldsymbol{\varepsilon}_2,\boldsymbol{\varepsilon}_1$ 下的矩阵为 $\begin{pmatrix} a_{33} & a_{32} & a_{31} \\ a_{23} & a_{22} & a_{21} \\ a_{13} & a_{12} & a_{11} \end{pmatrix}$.

(2) 因为 $\begin{cases} \sigma\boldsymbol{\varepsilon}_1=a_{11}\boldsymbol{\varepsilon}_1+k^{-1}a_{21}(k\boldsymbol{\varepsilon}_2)+a_{31}\boldsymbol{\varepsilon}_3 \\ \sigma(k\boldsymbol{\varepsilon}_2)=ka_{12}\boldsymbol{\varepsilon}_1+a_{22}(k\boldsymbol{\varepsilon}_2)+ka_{32}\boldsymbol{\varepsilon}_3 \\ \sigma\boldsymbol{\varepsilon}_3=a_{13}\boldsymbol{\varepsilon}_1+k^{-1}a_{23}(k\boldsymbol{\varepsilon}_2)+a_{33}\boldsymbol{\varepsilon}_3 \end{cases}$,

所以 σ 在基 $\boldsymbol{\varepsilon}_1,k\boldsymbol{\varepsilon}_2,\boldsymbol{\varepsilon}_3$ 下的矩阵为 $\begin{pmatrix} a_{11} & ka_{12} & a_{13} \\ k^{-1}a_{21} & a_{22} & k^{-1}a_{23} \\ a_{31} & ka_{32} & a_{33} \end{pmatrix}$.

(3) 因为 $\begin{cases} \sigma(\boldsymbol{\varepsilon}_1+\boldsymbol{\varepsilon}_2)=\sigma(\boldsymbol{\varepsilon}_1)+\sigma(\boldsymbol{\varepsilon}_2)=(a_{11}+a_{12})\boldsymbol{\varepsilon}_1+(a_{21}+a_{22})\boldsymbol{\varepsilon}_2+(a_{31}+a_{32})\boldsymbol{\varepsilon}_3 \\ \qquad =(a_{11}+a_{12})(\boldsymbol{\varepsilon}_1+\boldsymbol{\varepsilon}_2)+(a_{21}+a_{22}-a_{11}-a_{12})\boldsymbol{\varepsilon}_2+(a_{31}+a_{32})\boldsymbol{\varepsilon}_3 \\ \sigma\boldsymbol{\varepsilon}_2=a_{12}(\boldsymbol{\varepsilon}_1+\boldsymbol{\varepsilon}_2)+(a_{22}-a_{12})\boldsymbol{\varepsilon}_2+a_{32}\boldsymbol{\varepsilon}_3 \\ \sigma\boldsymbol{\varepsilon}_3=a_{13}(\boldsymbol{\varepsilon}_1+\boldsymbol{\varepsilon}_2)+(a_{23}-a_{13})\boldsymbol{\varepsilon}_2+a_{33}\boldsymbol{\varepsilon}_3 \end{cases}$,

所以 σ 在基 $(\boldsymbol{\varepsilon}_1+\boldsymbol{\varepsilon}_2),\boldsymbol{\varepsilon}_2,\boldsymbol{\varepsilon}_3$ 下的矩阵为 $\begin{pmatrix} a_{11}+a_{12} & a_{12} & a_{13} \\ a_{21}+a_{22}-a_{11}-a_{12} & a_{22}-a_{12} & a_{23}-a_{13} \\ a_{31}+a_{32} & a_{32} & a_{33} \end{pmatrix}$.

6. 给定 $\mathbf{R}^3$ 的两组基

$$\boldsymbol{\varepsilon}_1=(1,0,1)^{\mathrm{T}},\boldsymbol{\varepsilon}_2=(2,1,0)^{\mathrm{T}},\boldsymbol{\varepsilon}_3=(1,1,1)^{\mathrm{T}}\text{和}$$

$$\boldsymbol{\eta}_1=(1,2,-1)^{\mathrm{T}},\boldsymbol{\eta}_2=(2,2,-1)^{\mathrm{T}},\boldsymbol{\eta}_3=(2,-1,-1)^{\mathrm{T}},$$

定义线性变换 $\sigma(\boldsymbol{\varepsilon}_i)=\boldsymbol{\eta}_i(i=1,2,3)$.

求:(1) 由基 $\boldsymbol{\varepsilon}_1,\boldsymbol{\varepsilon}_2,\boldsymbol{\varepsilon}_3$ 到基 $\boldsymbol{\eta}_1,\boldsymbol{\eta}_2,\boldsymbol{\eta}_3$ 的过渡矩阵;

(2) σ 在基 $\boldsymbol{\varepsilon}_1,\boldsymbol{\varepsilon}_2,\boldsymbol{\varepsilon}_3$ 下的矩阵;

(3) σ 在基 $\boldsymbol{\eta}_1,\boldsymbol{\eta}_2,\boldsymbol{\eta}_3$ 下的矩阵；

(4) 设 $\boldsymbol{\alpha}$ 在基 $\boldsymbol{\varepsilon}_1,\boldsymbol{\varepsilon}_2,\boldsymbol{\varepsilon}_3$ 下的坐标为$(1,-2,2)$，求 $\sigma(\boldsymbol{\alpha})$在基 $\boldsymbol{\varepsilon}_1,\boldsymbol{\varepsilon}_2,\boldsymbol{\varepsilon}_3$ 下的坐标.

解　(1) 设$(\boldsymbol{\eta}_1,\boldsymbol{\eta}_2,\boldsymbol{\eta}_3)=(\boldsymbol{\varepsilon}_1,\boldsymbol{\varepsilon}_2,\boldsymbol{\varepsilon}_3)\mathbf{A}$，则

$$\mathbf{A}=(\boldsymbol{\varepsilon}_1,\boldsymbol{\varepsilon}_2,\boldsymbol{\varepsilon}_3)^{-1}(\boldsymbol{\eta}_1,\boldsymbol{\eta}_2,\boldsymbol{\eta}_3)=\begin{pmatrix}1&2&1\\0&1&1\\1&0&1\end{pmatrix}^{-1}\begin{pmatrix}1&2&2\\2&2&-1\\-1&-1&-1\end{pmatrix}=\frac{1}{2}\begin{pmatrix}-4&-3&3\\2&3&3\\2&1&-5\end{pmatrix},$$

即从基 $\boldsymbol{\varepsilon}_1,\boldsymbol{\varepsilon}_2,\boldsymbol{\varepsilon}_3$ 到基 $\boldsymbol{\eta}_1,\boldsymbol{\eta}_2,\boldsymbol{\eta}_3$ 的过渡矩阵为

$$\mathbf{A}=\frac{1}{2}\begin{pmatrix}-4&-3&3\\2&3&3\\2&1&-5\end{pmatrix}.$$

(2) 由 $\sigma(\boldsymbol{\varepsilon}_i)=\boldsymbol{\eta}_i(i=1,2,3)$以及(1)，得 $\sigma(\boldsymbol{\varepsilon}_1,\boldsymbol{\varepsilon}_2,\boldsymbol{\varepsilon}_3)=(\boldsymbol{\eta}_1,\boldsymbol{\eta}_2,\boldsymbol{\eta}_3)=(\boldsymbol{\varepsilon}_1,\boldsymbol{\varepsilon}_2,\boldsymbol{\varepsilon}_3)\mathbf{A}$，所以 σ 在基 $\boldsymbol{\varepsilon}_1,\boldsymbol{\varepsilon}_2,\boldsymbol{\varepsilon}_3$ 下的矩阵为 $\mathbf{A}$.

(3) 因为$(\boldsymbol{\eta}_1,\boldsymbol{\eta}_2,\boldsymbol{\eta}_3)=(\boldsymbol{\varepsilon}_1,\boldsymbol{\varepsilon}_2,\boldsymbol{\varepsilon}_3)\mathbf{A}$，且 $\sigma(\boldsymbol{\varepsilon}_1,\boldsymbol{\varepsilon}_2,\boldsymbol{\varepsilon}_3)=(\boldsymbol{\eta}_1,\boldsymbol{\eta}_2,\boldsymbol{\eta}_3)$

$$\sigma(\boldsymbol{\eta}_1,\boldsymbol{\eta}_2,\boldsymbol{\eta}_3)=\sigma(\boldsymbol{\varepsilon}_1,\boldsymbol{\varepsilon}_2,\boldsymbol{\varepsilon}_3)\mathbf{A}=(\boldsymbol{\eta}_1,\boldsymbol{\eta}_2,\boldsymbol{\eta}_3)\mathbf{A},$$

所以 σ 在基 $\boldsymbol{\eta}_1,\boldsymbol{\eta}_2,\boldsymbol{\eta}_3$ 下的矩阵也为 $\mathbf{A}$.

(4) 因为 $\boldsymbol{\alpha}$ 在基 $\boldsymbol{\varepsilon}_1,\boldsymbol{\varepsilon}_2,\boldsymbol{\varepsilon}_3$ 下的坐标为$(1,-2,2)^{\mathrm{T}}$，线性变换 σ 在基 $\boldsymbol{\varepsilon}_1,\boldsymbol{\varepsilon}_2,\boldsymbol{\varepsilon}_3$ 下的矩阵为 $\mathbf{A}$，所以 $\sigma(\boldsymbol{\alpha})$在基 $\boldsymbol{\varepsilon}_1,\boldsymbol{\varepsilon}_2,\boldsymbol{\varepsilon}_3$ 下的坐标为 $\mathbf{A}(1,-2,2)^{\mathrm{T}}=(4,1,-5)^{\mathrm{T}}$.

7. 设 $\boldsymbol{\alpha}_1=(1,2)^{\mathrm{T}},\boldsymbol{\alpha}_2=(0,1)^{\mathrm{T}}$为 $\mathbf{R}^2$ 的一组基，且 $\boldsymbol{\beta}_1=(2,3)^{\mathrm{T}},\boldsymbol{\beta}_2=(1,4)^{\mathrm{T}}$，证明：在 $\mathbf{R}^2$ 中存在唯一的线性变换 σ，使 $\sigma(\boldsymbol{\alpha}_i)=\boldsymbol{\beta}_i(i=1,2)$，并且对于 $\boldsymbol{\alpha}=(3,4)^{\mathrm{T}}$，求 $\sigma(\boldsymbol{\alpha})$.

证　设 $x=x_1\boldsymbol{\alpha}_1+x_2\boldsymbol{\alpha}_2\in\mathbf{R}^2$，定义 $\mathbf{R}^2$ 到自身的一个映射 σ：

$$\sigma(x)=x_1\boldsymbol{\beta}_1+x_2\boldsymbol{\beta}_2.$$

下面证明 σ 是 $\mathbf{R}^2$ 的一个线性变换，设 $y=y_1\boldsymbol{\alpha}_1+y_2\boldsymbol{\alpha}_2\in\mathbf{R}^2$，

因为　$x+y=(x_1+y_1)\boldsymbol{\alpha}_1+(x_2+y_2)\boldsymbol{\alpha}_2$，

$$\begin{aligned}\sigma(x+y)&=(x_1+y_1)\boldsymbol{\beta}_1+(x_2+y_2)\boldsymbol{\beta}_2\\&=(x_1\boldsymbol{\beta}_1+x_2\boldsymbol{\beta}_2)+(y_1\boldsymbol{\beta}_1+y_2\boldsymbol{\beta}_2)\\&=\sigma(x)+\sigma(y),\end{aligned}$$

设 $k\in\mathbf{R}$，那么

$$\sigma(kx)=kx_1\boldsymbol{\beta}_1+kx_2\boldsymbol{\beta}_2=k(x_1\boldsymbol{\beta}_1+x_2\boldsymbol{\beta}_2)=k\sigma(x),$$

所以 σ 是 $\mathbf{R}^2$ 的一个线性变换，且满足 $\sigma(\boldsymbol{\alpha}_i)=\boldsymbol{\beta}_i(i=1,2)$.

如果 τ 是 $\mathbf{R}^2$ 的另一个线性变换，且满足 $\tau(\boldsymbol{\alpha}_i)=\boldsymbol{\beta}_i(i=1,2)$，因为 $\boldsymbol{\alpha}_1,\boldsymbol{\alpha}_2$ 为 $\mathbf{R}^2$ 的一组基，所以对于任意的 $x\in\mathbf{R}^2$，有 $x=x_1\boldsymbol{\alpha}_1+x_2\boldsymbol{\alpha}_2$，对某个 $x_1,x_2\in\mathbf{R}$，

$$\begin{aligned}\sigma(x)&=x_1\sigma(\boldsymbol{\alpha}_1)+x_2\sigma(\boldsymbol{\alpha}_2)=x_1\boldsymbol{\beta}_1+x_2\boldsymbol{\beta}_2\\&=x_1\tau(\boldsymbol{\alpha}_1)+x_2\tau(\boldsymbol{\alpha}_2)=\tau(x)\ \text{成立},\end{aligned}$$

故 $\sigma=\tau$.

又由于 $\boldsymbol{\alpha}=(3,4)^{\mathrm{T}}=3\boldsymbol{\alpha}_1-2\boldsymbol{\alpha}_2$，所以 $\sigma(\boldsymbol{\alpha})=3\boldsymbol{\beta}_1-2\boldsymbol{\beta}_2=(4,1)^{\mathrm{T}}$.

8. 设 $\mathbf{R}^3$ 的线性变换 σ，对于基 $\boldsymbol{\alpha}_1=(1,0,0)^{\mathrm{T}},\boldsymbol{\alpha}_2=(1,1,0)^{\mathrm{T}},\boldsymbol{\alpha}_3=(1,1,1)^{\mathrm{T}}$，有 $\sigma(\boldsymbol{\alpha}_1)=(2,3,5)^{\mathrm{T}},\sigma(\boldsymbol{\alpha}_2)=(1,0,0)^{\mathrm{T}},\sigma(\boldsymbol{\alpha}_3)=(0,1,-1)^{\mathrm{T}}$，求：

(1) σ 在基 $\boldsymbol{\varepsilon}_1=(1,0,0)^{\mathrm{T}},\boldsymbol{\varepsilon}_2=(0,1,0)^{\mathrm{T}},\boldsymbol{\varepsilon}_3=(0,0,1)^{\mathrm{T}}$下的矩阵；

(2) σ 在基 $\boldsymbol{\alpha}_1,\boldsymbol{\alpha}_2,\boldsymbol{\alpha}_3$ 下的矩阵.

解 (1) 设$\boldsymbol{A}=\begin{pmatrix}1&1&1\\0&1&1\\0&0&1\end{pmatrix}$,$\boldsymbol{B}=\begin{pmatrix}2&1&0\\3&0&1\\5&0&-1\end{pmatrix}$,则

$$(\boldsymbol{\alpha}_1,\boldsymbol{\alpha}_2,\boldsymbol{\alpha}_3)=(\boldsymbol{\varepsilon}_1,\boldsymbol{\varepsilon}_2,\boldsymbol{\varepsilon}_3)\boldsymbol{A},\sigma(\boldsymbol{\alpha}_1,\boldsymbol{\alpha}_2,\boldsymbol{\alpha}_3)=(\boldsymbol{\varepsilon}_1,\boldsymbol{\varepsilon}_2,\boldsymbol{\varepsilon}_3)\boldsymbol{B},$$

$$\sigma(\boldsymbol{\varepsilon}_1,\boldsymbol{\varepsilon}_2,\boldsymbol{\varepsilon}_3)=\sigma[(\boldsymbol{\alpha}_1,\boldsymbol{\alpha}_2,\boldsymbol{\alpha}_3)\boldsymbol{A}^{-1}]=\sigma(\boldsymbol{\alpha}_1,\boldsymbol{\alpha}_2,\boldsymbol{\alpha}_3)\boldsymbol{A}^{-1}=(\boldsymbol{\varepsilon}_1,\boldsymbol{\varepsilon}_2,\boldsymbol{\varepsilon}_3)\boldsymbol{B}\boldsymbol{A}^{-1},$$

即σ在基$\boldsymbol{\varepsilon}_1,\boldsymbol{\varepsilon}_2,\boldsymbol{\varepsilon}_3$下的矩阵为$\boldsymbol{B}\boldsymbol{A}^{-1}=\begin{pmatrix}2&-1&-1\\3&-3&1\\5&-5&-1\end{pmatrix}$.

(2) $\sigma(\boldsymbol{\alpha}_1)=-\boldsymbol{\alpha}_1-2\boldsymbol{\alpha}_2+5\boldsymbol{\alpha}_3,\sigma(\boldsymbol{\alpha}_2)=\boldsymbol{\alpha}_1,\sigma(\boldsymbol{\alpha}_3)=-\boldsymbol{\alpha}_1+2\boldsymbol{\alpha}_2-\boldsymbol{\alpha}_3$,

$$\sigma(\boldsymbol{\alpha}_1,\boldsymbol{\alpha}_2,\boldsymbol{\alpha}_3)=(\boldsymbol{\alpha}_1,\boldsymbol{\alpha}_2,\boldsymbol{\alpha}_3)\begin{pmatrix}-1&1&-1\\-2&0&2\\5&0&-1\end{pmatrix},$$

所以σ在基$\boldsymbol{\alpha}_1,\boldsymbol{\alpha}_2,\boldsymbol{\alpha}_3$下的矩阵为$\begin{pmatrix}-1&1&-1\\-2&0&2\\5&0&-1\end{pmatrix}$.

练习 5.3

1. 证明:在$\mathbf{R}^2$中,对于$\boldsymbol{\alpha}=(a_1,a_2)^{\mathrm{T}},\boldsymbol{\beta}=(b_1,b_2)^{\mathrm{T}}\in\mathbf{R}^2$,$(\boldsymbol{\alpha},\boldsymbol{\beta})=\boldsymbol{\alpha}^{\mathrm{T}}\boldsymbol{A}\boldsymbol{\beta}$为$\mathbf{R}^2$的一个内积,其中$\boldsymbol{A}=\begin{pmatrix}1&-1\\-1&2\end{pmatrix}$.

证 $(\boldsymbol{\alpha},\boldsymbol{\beta})=(a_1,a_2)\begin{pmatrix}1&-1\\-1&2\end{pmatrix}\begin{pmatrix}b_1\\b_2\end{pmatrix}=a_1b_1-a_2b_1-a_1b_2+2a_2b_2$.

(1) $(\boldsymbol{\beta},\boldsymbol{\alpha})=(b_1,b_2)\begin{pmatrix}1&-1\\-1&2\end{pmatrix}\begin{pmatrix}a_1\\a_2\end{pmatrix}=b_1a_1-b_2a_1-b_1a_2+2b_2a_2=(\boldsymbol{\alpha},\boldsymbol{\beta})$;

(2) $(k\boldsymbol{\alpha},\boldsymbol{\beta})=(ka_1,ka_2)\begin{pmatrix}1&-1\\-1&2\end{pmatrix}\begin{pmatrix}b_1\\b_2\end{pmatrix}=ka_1b_1-ka_2b_1-ka_1b_2+k2a_2b_2=k(\boldsymbol{\alpha},\boldsymbol{\beta})$;

(3) 设$\boldsymbol{\gamma}=(c_1,c_2)^{\mathrm{T}}$,则

$$\begin{aligned}(\boldsymbol{\alpha}+\boldsymbol{\beta},\boldsymbol{\gamma})&=(a_1+b_1,a_2+b_2)\begin{pmatrix}1&-1\\-1&2\end{pmatrix}\begin{pmatrix}c_1\\c_2\end{pmatrix}\\&=(a_1+b_1)c_1-(a_2+b_2)c_1-(a_1+b_1)c_2+2(a_2+b_2)c_2\\&=a_1c_1-a_2c_1-a_1c_2+2a_2c_2+b_1c_1-b_2c_1-b_1c_2+2b_2c_2\\&=(\boldsymbol{\alpha},\boldsymbol{\gamma})+(\boldsymbol{\beta},\boldsymbol{\gamma});\end{aligned}$$

(4) 当$\boldsymbol{\alpha}=(a_1,a_2)\neq\mathbf{0}$时,即$a_1,a_2$不全为零,则

$$\begin{aligned}(\boldsymbol{\alpha},\boldsymbol{\alpha})&=(a_1,a_2)\begin{pmatrix}1&-1\\-1&2\end{pmatrix}\begin{pmatrix}a_1\\a_2\end{pmatrix}=a_1^2-2a_1a_2+2a_2^2\\&=(a_1-a_2)^2+a_2^2>0,\end{aligned}$$

所以$(\boldsymbol{\alpha},\boldsymbol{\beta})=\boldsymbol{\alpha}^{\mathrm{T}}\boldsymbol{A}\boldsymbol{\beta}$为$\mathbf{R}^2$的一个内积.

2. 证明:对任意$f(x),g(x)\in\mathbf{R}[x]_4$,$(f,g)=\int_{-1}^{1}f(x)g(x)\mathrm{d}x$为$\mathbf{R}[x]_4$的一个内积.

证　设 $f(x),g(x),h(x)\in \mathbf{R}[x]_4$，

因为　$(f,g)=\int_{-1}^{1} f(x)g(x)\mathrm{d}x$，有

(1) $(g,f)=\int_{-1}^{1} g(x)f(x)\mathrm{d}x=(f,g)$；

(2) $(kf,g)=\int_{-1}^{1} kf(x)g(x)\mathrm{d}x=k\int_{-1}^{1} f(x)g(x)\mathrm{d}x=k(f,g)$；

(3)
$$\begin{aligned}(f+g,h)&=\int_{-1}^{1} [f(x)+g(x)]h(x)\mathrm{d}x\\&=\int_{-1}^{1} [f(x)h(x)+g(x)h(x)]\mathrm{d}x\\&=\int_{-1}^{1} f(x)h(x)\mathrm{d}x+\int_{-1}^{1} g(x)h(x)\mathrm{d}x\\&=(f,h)+(g,h);\end{aligned}$$

(4) 当 $f(x)\neq 0$ 时，$(f,f)=\int_{-1}^{1} f^2(x)\mathrm{d}x>0$.

所以 $(f,g)=\int_{-1}^{1} f(x)g(x)\mathrm{d}x$ 为 $\mathbf{R}[x]_4$ 的一个内积.

3. 在 $\mathbf{R}^4$ 中求一单位向量，与 $(1,1,-1,1)^{\mathrm{T}}$，$(1,-1,-1,1)^{\mathrm{T}}$，$(2,1,1,3)^{\mathrm{T}}$ 都正交(内积按照通常定义).

解　设 $\boldsymbol{x}=(x_1,x_2,x_3,x_4)^{\mathrm{T}}\neq\mathbf{0}$，则 $\boldsymbol{x}$ 与三个向量正交的充要条件为 x_1,x_2,x_3,x_4 是方程组

$$\begin{cases}x_1+x_2-x_3+x_4=0\\x_1-x_2-x_3+x_4=0\\2x_1+x_2+x_3+3x_4=0\end{cases}$$

的非零解. 对系数矩阵 $\boldsymbol{A}$ 进行行初等变换

$$\boldsymbol{A}=\begin{pmatrix}1&1&-1&1\\1&-1&-1&1\\2&1&1&3\end{pmatrix}\rightarrow\begin{pmatrix}1&0&0&\frac{4}{3}\\0&1&0&0\\0&0&1&\frac{1}{3}\end{pmatrix},$$

故此系数矩阵的秩为 3，令 $x_4=-3$，得解向量 $\boldsymbol{\alpha}=(4,0,1,-3)^{\mathrm{T}}$.

所以 $\boldsymbol{\varepsilon}=\pm\dfrac{\boldsymbol{\alpha}}{\|\boldsymbol{\alpha}\|}=\dfrac{1}{\sqrt{26}}(4,0,1,-3)^{\mathrm{T}}$ 就是所求的单位向量.

4. 在 $\mathbf{R}^4$ 中，对于通常的内积，求 $\boldsymbol{\alpha}$ 与 $\boldsymbol{\beta}$ 的夹角：

(1) $\boldsymbol{\alpha}=(2,1,3,2)^{\mathrm{T}}$，$\boldsymbol{\beta}=(1,2,-2,1)^{\mathrm{T}}$；

(2) $\boldsymbol{\alpha}=(1,2,2,3)^{\mathrm{T}}$，$\boldsymbol{\beta}=(3,1,5,1)^{\mathrm{T}}$.

解　(1) 因 $(\boldsymbol{\alpha},\boldsymbol{\beta})=2+2-6+2=0$，所以 $\boldsymbol{\alpha}$ 与 $\boldsymbol{\beta}$ 的夹角 $<\boldsymbol{\alpha},\boldsymbol{\beta}>=\arccos 0=\dfrac{\pi}{2}$.

(2) 因 $(\boldsymbol{\alpha},\boldsymbol{\beta})=3+2+10+3=18$，

$$\|\boldsymbol{\alpha}\|=\sqrt{(\boldsymbol{\alpha},\boldsymbol{\alpha})}=3\sqrt{2},\quad \|\boldsymbol{\beta}\|=\sqrt{(\boldsymbol{\beta},\boldsymbol{\beta})}=6,$$

所以 $\boldsymbol{\alpha}$ 与 $\boldsymbol{\beta}$ 夹角的余弦为 $\cos\langle\boldsymbol{\alpha},\boldsymbol{\beta}\rangle=\dfrac{18}{3\sqrt{2}\times 6}=\dfrac{\sqrt{2}}{2}$，则 $\boldsymbol{\alpha}$ 与 $\boldsymbol{\beta}$ 的夹角为

$$\langle \boldsymbol{\alpha},\boldsymbol{\beta}\rangle=\arccos\frac{\sqrt{2}}{2}=\frac{\pi}{4}.$$

5. 设 $\boldsymbol{\varepsilon}_1,\boldsymbol{\varepsilon}_2,\boldsymbol{\varepsilon}_3$ 是三维欧氏空间 $\boldsymbol{V}$ 的一组标准正交基,证明:$\boldsymbol{\alpha}_1=\frac{1}{3}(2\boldsymbol{\varepsilon}_1+2\boldsymbol{\varepsilon}_2-\boldsymbol{\varepsilon}_3)$,$\boldsymbol{\alpha}_2=\frac{1}{3}(2\boldsymbol{\varepsilon}_1-\boldsymbol{\varepsilon}_2+2\boldsymbol{\varepsilon}_3)$,$\boldsymbol{\alpha}_3=\frac{1}{3}(\boldsymbol{\varepsilon}_1-2\boldsymbol{\varepsilon}_2-2\boldsymbol{\varepsilon}_3)$也是 $\boldsymbol{V}$ 的一组标准正交基.

证 设 $(\boldsymbol{\alpha}_1,\boldsymbol{\alpha}_2,\boldsymbol{\alpha}_3)=(\boldsymbol{\varepsilon}_1,\boldsymbol{\varepsilon}_2,\boldsymbol{\varepsilon}_3)\boldsymbol{A}$,其中 $\boldsymbol{A}=\frac{1}{3}\begin{pmatrix}2&2&1\\2&-1&-2\\-1&2&-2\end{pmatrix}$,

因为 $\boldsymbol{A}^{\mathrm{T}}\boldsymbol{A}=\boldsymbol{E}$,所以 $\boldsymbol{A}$ 是正交矩阵,由于 $\boldsymbol{\varepsilon}_1,\boldsymbol{\varepsilon}_2,\boldsymbol{\varepsilon}_3$ 是 $\boldsymbol{V}$ 的一组标准正交基,故 $\boldsymbol{\alpha}_1,\boldsymbol{\alpha}_2,\boldsymbol{\alpha}_3$ 也是 $\boldsymbol{V}$ 的一组标准正交基.

6. 设 $\boldsymbol{\varepsilon}_1,\boldsymbol{\varepsilon}_2,\boldsymbol{\varepsilon}_3,\boldsymbol{\varepsilon}_4,\boldsymbol{\varepsilon}_5$ 是五维欧氏空间 $\boldsymbol{V}$ 的一组标准正交基,设 $\boldsymbol{V}_1=\boldsymbol{L}(\boldsymbol{\alpha}_1,\boldsymbol{\alpha}_2,\boldsymbol{\alpha}_3)$,其中 $\boldsymbol{\alpha}_1=\boldsymbol{\varepsilon}_1+\boldsymbol{\varepsilon}_5,\boldsymbol{\alpha}_2=\boldsymbol{\varepsilon}_1-\boldsymbol{\varepsilon}_2+\boldsymbol{\varepsilon}_4,\boldsymbol{\alpha}_3=2\boldsymbol{\varepsilon}_1+\boldsymbol{\varepsilon}_2+\boldsymbol{\varepsilon}_3$,求 $\boldsymbol{V}_1$ 的一组标准正交基.

解 由题意可推出 $\boldsymbol{\alpha}_1,\boldsymbol{\alpha}_2,\boldsymbol{\alpha}_3$ 线性无关,故是 $\boldsymbol{V}_1$ 的一组基,以下先对其正交化,得

$$\boldsymbol{\beta}_1=\boldsymbol{\alpha}_1=\boldsymbol{\varepsilon}_1+\boldsymbol{\varepsilon}_5,$$

$$\boldsymbol{\beta}_2=\boldsymbol{\alpha}_2-\frac{(\boldsymbol{\alpha}_2,\boldsymbol{\beta}_1)}{(\boldsymbol{\beta}_1,\boldsymbol{\beta}_1)}\boldsymbol{\beta}_1=\frac{1}{2}\boldsymbol{\varepsilon}_1-\boldsymbol{\varepsilon}_2+\boldsymbol{\varepsilon}_4-\frac{1}{2}\boldsymbol{\varepsilon}_5,$$

$$\boldsymbol{\beta}_3=\boldsymbol{\alpha}_3-\frac{(\boldsymbol{\alpha}_3,\boldsymbol{\beta}_1)}{(\boldsymbol{\beta}_1,\boldsymbol{\beta}_1)}\boldsymbol{\beta}_1-\frac{(\boldsymbol{\alpha}_3,\boldsymbol{\beta}_2)}{(\boldsymbol{\beta}_2,\boldsymbol{\beta}_2)}\boldsymbol{\beta}_2=\boldsymbol{\varepsilon}_1+\boldsymbol{\varepsilon}_2+\boldsymbol{\varepsilon}_3-\boldsymbol{\varepsilon}_5,$$

再单位化,得

$$\boldsymbol{\eta}_1=\frac{1}{\sqrt{2}}(\boldsymbol{\varepsilon}_1+\boldsymbol{\varepsilon}_5),$$

$$\boldsymbol{\eta}_2=\frac{1}{\sqrt{10}}(\boldsymbol{\varepsilon}_1-2\boldsymbol{\varepsilon}_2+2\boldsymbol{\varepsilon}_4-\boldsymbol{\varepsilon}_5),$$

$$\boldsymbol{\eta}_3=\frac{1}{2}(\boldsymbol{\varepsilon}_1+\boldsymbol{\varepsilon}_2+\boldsymbol{\varepsilon}_3-\boldsymbol{\varepsilon}_5).$$

这就是 $\boldsymbol{V}_1$ 的一组标准正交基.

7. 求齐次线性方程组

$$\begin{cases}x_1+x_2-x_3+x_4-3x_5=0\\x_1+x_2-x_3+x_5=0\end{cases}$$

的解空间(作为 $\mathbf{R}^5$ 的子空间)的一组标准正交基(内积按通常定义).

解 因为方程组系数矩阵的秩为 2,则有 3 个自由未知量,所以解空间是三维的,可取 x_2,x_3,x_5 为自由未知量,得基础解系

$$\boldsymbol{\alpha}_1=(-1,1,0,0,0)^{\mathrm{T}},\quad \boldsymbol{\alpha}_2=(1,0,1,0,0)^{\mathrm{T}},\quad \boldsymbol{\alpha}_3=(-1,0,0,4,1)^{\mathrm{T}}.$$

先正交化,得

$$\boldsymbol{\beta}_1=\boldsymbol{\alpha}_1,$$

$$\boldsymbol{\beta}_2=\boldsymbol{\alpha}_2-\frac{(\boldsymbol{\alpha}_2,\boldsymbol{\beta}_1)}{(\boldsymbol{\beta}_1,\boldsymbol{\beta}_1)}\boldsymbol{\beta}_1=\left(\frac{1}{2},\frac{1}{2},1,0,0\right)^{\mathrm{T}},$$

$$\boldsymbol{\beta}_3=\boldsymbol{\alpha}_3-\frac{(\boldsymbol{\alpha}_3,\boldsymbol{\beta}_1)}{(\boldsymbol{\beta}_1,\boldsymbol{\beta}_1)}\boldsymbol{\beta}_1-\frac{(\boldsymbol{\alpha}_3,\boldsymbol{\beta}_2)}{(\boldsymbol{\beta}_2,\boldsymbol{\beta}_2)}\boldsymbol{\beta}_2=\left(-\frac{1}{3},-\frac{1}{3},\frac{1}{3},4,1\right)^{\mathrm{T}},$$

再单位化,得

$$\boldsymbol{\eta}_1=\frac{1}{\sqrt{2}}(-1,1,0,0,0)^{\mathrm{T}},$$

$$\boldsymbol{\eta}_2=\frac{1}{\sqrt{6}}(1,1,2,0,0)^{\mathrm{T}},$$

$$\boldsymbol{\eta}_3=\frac{1}{2\sqrt{39}}(-1,-1,1,12,3)^{\mathrm{T}}.$$

这就是齐次线性方程组解空间的一组标准正交基.

8. 在 $\mathbf{R}[x]_4$ 中定义内积 $(f,g)=\int_{-1}^{1}f(x)g(x)\mathrm{d}x$，其中 $f(x),g(x)\in\mathbf{R}[x]_4$. 利用施密特正交化方法，求与 $\mathbf{R}[x]_4$ 的基 $1,x,x^2,x^3$ 等价的一组标准正交基.

解　依题意 $(x,1)=0,(1,1)=2,(x^2,1)=(x,x)=\frac{2}{3},(x^3,1)=(x^2,x)=0.$

将这组基 $1,x,x^2,x^3$ 先正交化，得

$$\begin{cases}\boldsymbol{\beta}_1=1\\ \boldsymbol{\beta}_2=x-\dfrac{(x,1)}{(1,1)}1=x\\ \boldsymbol{\beta}_3=x^2-\dfrac{(x^2,1)}{(1,1)}1-\dfrac{(x^2,x)}{(x,x)}x=x^2-\dfrac{1}{3}\\ \boldsymbol{\beta}_4=x^3-\dfrac{(x^3,1)}{(1,1)}1-\dfrac{(x^3,x)}{(x,x)}x-\dfrac{\left(x^3,x^2-\frac{1}{3}\right)}{\left(x^2-\frac{1}{3},x^2-\frac{1}{3}\right)}\left(x^2-\dfrac{1}{3}\right)=x^3-\dfrac{3}{5}x\end{cases},$$

再单位化，得

$$\boldsymbol{\eta}_1=\frac{\sqrt{2}}{2},\boldsymbol{\eta}_2=\frac{\sqrt{6}}{2}x,\boldsymbol{\eta}_3=\frac{\sqrt{10}}{4}(3x^2-1),\boldsymbol{\eta}_4=\frac{\sqrt{14}}{4}(5x^3-3x),$$

这就是与 $\mathbf{R}[x]_4$ 的基 $1,x,x^2,x^3$ 等价的一组标准正交基.

9. 对于 $\mathbf{R}^2$ 的内积 $(\boldsymbol{\alpha},\boldsymbol{\beta})=\boldsymbol{\alpha}^{\mathrm{T}}\mathbf{A}\boldsymbol{\beta}$，其中 $\boldsymbol{\alpha}=(a_1,a_2)^{\mathrm{T}},\boldsymbol{\beta}=(b_1,b_2)^{\mathrm{T}}$ 为 $\mathbf{R}^2$ 中的任意向量，$\mathbf{A}=\begin{pmatrix}1&-1\\-1&2\end{pmatrix}$. 利用施密特正交化方法求与 $\mathbf{R}^2$ 的基 $\boldsymbol{\alpha}_1=(1,2)^{\mathrm{T}},\boldsymbol{\alpha}_2=(-1,1)^{\mathrm{T}}$ 等价的一组标准正交基.

解　已知 $(\boldsymbol{\alpha}_1,\boldsymbol{\alpha}_1)=(1,2)\begin{pmatrix}1&-1\\-1&2\end{pmatrix}\begin{pmatrix}1\\2\end{pmatrix}=5,(\boldsymbol{\alpha}_2,\boldsymbol{\alpha}_1)=(-1,1)\begin{pmatrix}1&-1\\-1&2\end{pmatrix}\begin{pmatrix}1\\2\end{pmatrix}=4,$

先正交化，得

$$\boldsymbol{\beta}_1=\boldsymbol{\alpha}_1=(1,2)^{\mathrm{T}},$$

$$\boldsymbol{\beta}_2=\boldsymbol{\alpha}_2-\frac{(\boldsymbol{\alpha}_2,\boldsymbol{\beta}_1)}{(\boldsymbol{\beta}_1,\boldsymbol{\beta}_1)}\boldsymbol{\beta}_1=\left(-\frac{9}{5},-\frac{3}{5}\right)^{\mathrm{T}},$$

再单位化，得

$$\boldsymbol{\eta}_1=\left(\frac{1}{\sqrt{5}},\frac{2}{\sqrt{5}}\right)^{\mathrm{T}},\qquad \boldsymbol{\eta}_2=\left(-\frac{3}{\sqrt{5}},-\frac{1}{\sqrt{5}}\right)^{\mathrm{T}}.$$

这就是与 $\mathbf{R}^2$ 的基 $\boldsymbol{\alpha}_1=(1,2)^{\mathrm{T}},\boldsymbol{\alpha}_2=(-1,1)^{\mathrm{T}}$ 等价的一组标准正交基.

参考文献

[1] 刘剑平.线性代数习题全解与考研辅导.上海:华东理工大学出版社,2010.
[2] 卢刚.线性代数.3版.北京:高等教育出版社,2009.
[3] 刘剑平,等.线性代数解题分析与考研辅导.上海:华东理工大学出版社,2012.
[4] 刘剑平,等.线性代数精析与精练.上海:华东理工大学出版社,2004.
[5] 刘剑平,等.线性代数及其应用.2版.上海:华东理工大学出版社,2008.
[6] 刘剑平,等.线性代数.2版.上海:华东理工大学出版社,2014.
[7] 卢刚.线性代数中的典型例题分析与习题.2版.北京:高等教育出版社,2009.
[8] 毕恺,尚德庆.线性代数同步辅导与考研指津.上海:华东理工大学出版社,2007.
[9] 刘剑平,等.工程数学.上海:华东理工大学出版社,2003.
[10] 刘剑平,等.线性代数复习与解题指导.上海:华东理工大学出版社,2001.
[11] 刘剑平,等.工程数学习题解答与复习指南.上海:华东理工大学出版社,2003.

内容提要

本书是与卢刚主编的面向21世纪课程教材《线性代数(第三版)》配套的学习辅导书.每章内容包括:基本要求、基本内容、典型例题、练习题全解、习题全解等五个部分.

本书相对于教材有一定的独立性,既可作为非数学专业线性代数课程的学习参考书,又可作为硕士研究生入学考试的复习指导书.